조선전기역철학사

朝鮮前期易哲學史

엄연석 嚴連錫 EOM, YEON-SEOK

1960년 忠北 丹陽에서 태어나 堤川高를 졸업하였다. 서울대학교 철학과를 졸업하고, 동대학원에서 동양철학전공으로 박사학위를 받았다. 한국고등교육재단 한학연수과정과 한림대학교 태동고전연구소 한문연수과정을 수료하였다. 현재 한림대학교 태동고전연구소 교수로 재직하고 있다. 전공분야는 한국 및 중국 유가철학(성리학)이며, 세부 전공은 『周易』과 역철학사이다. 박사논문은 「정이 『易傳』의 역학 이론에 관한 연구」(1999)이다. 저역서에는 『국역 심경주해총람』(공역, 동과서,2014)이 있고, 「맹자와 순자 왕패론의 相對的 논리와 相補的 논리」(2014), 「寒岡 鄭逑 『心經發揮』의 경학사상적 특징과 의의」(2013), 「『예기』텍스트의 개념지도 분석을 통한 사회적 덕목으로서 신뢰 연구」(2012) 등의 논문이 있다. E-mail: yseom0@lycos.co.kr

조선전기역철학사

朝鮮前期易哲學史

2013년 5월 25일 초판 1쇄 발행
2014년 9월 25일 초판 2쇄 발행

지은이 : 엄연석
펴낸이 : 김병환
펴낸곳 : 학자원
주 소 : 134-883 서울시 강동구 천호대로 1121 일성하이츠오피스텔
전 화 : 02) 6403-1000
팩 스 : 02) 6338-1001
E-mail : hakjaone@daum.net
등 록 : 2011년 3월 24일 제2011-14호

ISBN : 978-89-966625-4-9 93140

HAKJAONE Publishing Co.
1121 Cheonho-Daero Kangdong-Gu Seoul

값 39,000원

본 연구서는 재단법인 한국연구원의 학술지원사업의 일환으로 발간된 한국연구총서 81집임.

조선전기역철학사

朝鮮前期易哲學史

嚴連錫 著

학자원

The Philosophical History of the *I Ching* during the early Period of the Joseon Dynasty

EOM, YEON-SEOK

서문序文

요즈음 한국 사회에서 대단히 난해한 책으로 인식되면서도 고급 인문교양서로서 『주역』에 대한 관심은 상당히 높은 편인데 비해 효율적으로 배우기가 쉽지 않다. 그러면 현대 사회에서 『주역』을 배워야 하는 이유는 무엇인가? 간단하게 요약하면 『주역』으로부터 '독단으로부터 탈출escape from dogma'과 '시의적절한 실천practice according to timeliness'이라는 두 가지 목적을 이끌어낼 수 있기 때문이라고 판단된다. 첫째, 『주역』은 음양陰陽이란 가장 단순한 부호로부터 팔괘를 거쳐 육십사괘를 구성하고 384효로 자연과 인사의 모든 변화를 드러내 준다. 『주역』은 어떤 사물도 고정되지 않는 자연과 인사에 대한 변화를 상징하는 체계로서 모든 사물의 시공간에 따른 차이를 보여준다. 따라서 『주역』은 사물의 미묘한 변화에 대한 객관적인 가치평가를 포함하는 범례凡例를 보여 줌으로써 사물을 주관적인 시각에서 바라보는 독단에서 벗어나는 지혜를 가르쳐 준다.

둘째는 『주역』은 계속하여 전형적으로 패러다임화 할 수 있는 자연과 인사의 여러 현상으로부터 길흉회인吉凶悔吝과 같은 가치평가사를 포함한 범례를 이끌어냄으로써 특정한 상황에서 어떻게 시의적절하게 행동할 것인가에 대한 표준을 제시해 준다. 예컨대, 「건괘乾卦」 초효初爻에서 '숨어 있는 용이니 쓰지 말라[潛龍勿用]'는 것은 신령神靈한 용의 덕을 가지고 있다고 해도 익숙하지 않은 자질을 성급하게 발휘하려고 해서는 안 된다는 것이다. 이렇게 볼 때, 현대 사회에서 『주역』을 배워야 하는 이유는 이 저술이 자연과 인사의 길흉吉凶을 범례로 보여줌으로써 독단으로부터 벗어나 시의에 맞게 행동할 수 있는 지혜와 표준을 가르쳐 주기 때문이다.

본 연구는 넓은 의미에서 『주역』의 이러한 목표와 연관되는 것으로서 조선전기 학자들의 『주역周易』에 관한 학설을 인물에 중점을 두면서도 시대순에 따라 상수象數와 의리義理, 그리고 도상圖象과 같은 역철학적 관점에 유의하여 계통별로 분류하여 연구한 저작이다. 고려 후기에 성리학을 도입하는 과정에서 관료 학자들이 중국으로부터 받아들인 역학易學은 조선전기 이후 매우 복잡하고 다양한 방향으로 전개되었다. 『주역』에 대한 학설과 견해가 이처럼 복잡하게 분화된 것은 『주역』 자체가 매우 복합적이면서도 다양한 요소를 자체에 내포하고 있기 때문이다.

그러므로 『주역』의 구성 체계와 개념, 다양한 학설, 그리고 이론적 특색 등을 종합적이고 넓은 시야를 가지고 바라보지 않으면 조선전기역철학사를 의미 있게 연구하는 일은 매우 난해한 작업이 될 수밖에 없다. 조선전기역철학사에 대한 이상적이고 표준적인 연구 수준을 생각해 볼 때, 본 연구는 조선전기 자료 전체를 다루지 못하고 이론적 체계가 온전하지 못한 등 몇 가지 측면에서 불충분한 연구가 아닐 수 없다. 하지만 필자는 본 연구가 『주역』에 관한 체계적이고 종합적인 조망을 가지는 데 초점을 두고 조선시대역철학사를 더욱 발전된 수준에서 연구하기 위한 사다리 역할을 할 수 있도록 하는 데 노력하였다.

본 연구에서 제시하고자 한 조선전기역철학사에 대한 학설상의 특징과 전체적인 연구의 방향과 흐름, 그리고 그 구체적 내용은 다음과 같이 몇 가지로 정리할 수 있다. 첫째, 권근을 비롯한 조선 전기 학자들 중 소수는 도덕적 정치적 실천의 표준을 상징적으로 드러내는 『주역』 본래의 목표에 따라 '중정론中正論', '비응론比應論'과 같은 의리역학적 방법론을 가지고 『주역』을 해석하였다. 둘째는 주희가 『역학계몽』에서 제시했던 도표의 수리와 상수를 중심으로 하는 역학사상이 일부의 학자들에 의하여 연구되었다. 셋째는 상수역학의 방법론 중 괘변론卦變論, 호체론互體論을 중심으로 하는 한대漢代 상수역학 이론을 적용하여 『주역』의 괘효사를 해석하는 일부 흐름이 있었다. 조선초기에서 전기에 이르기까지 『주역』의 괘효사에 대하여 구체적으로 주석을 붙인 학자가 적어 바로 일반화할 수는 없으나, 조선초기에 의리역학적 방법에 따른 해석의 비중이 높았다면 시대가 지날수록 상수역학적 방법에 따라 해석하는 비중이 높아지는 경향을 보인다.

넷째는 형이상학적 본체론에 따라 이기理氣와 상수象數 사이를 연결함으로써 『주역』을 성리학의 이기론적 관점에서 이해하고자 하는 경향 또한 하나의 흐름을 이루고 있다. 이 경우는 일반적으로 태극이기론과 『주역』의 상수개념을 중점적으로 연관시키면서 『주역』에서 말하는 변화의 세계가 이기론의 실제 내용을 구성하는 것으로 보며, 태극이기론은 변화의 세계를 틀지우는 존재론적 근거로 이해된다. 다섯째는 「선천도先天圖」를 중심으로 한 소강절의 역학을 계승한 도상학적 선천역학의 흐름도 비교적 일정한 경향을 가지고 이어졌다. 여섯째는 조금 응용적인 부분으로 간주되지만, 『주역』의 원리를 문자학, 음운학에 적용하여 그 법칙적 수리적 원리를 제시한 연구의 흐름이 있다. 예컨대, 조선 초기 세종과 집현전 학사들에 의해 지어진 『훈민정음』과 서경덕의 「성음해」는 문자학과 음운학에 『주역』의 원리를 적용한 두드러지면서도 대표적인 성과이다.

그러면 조선전기역철학사를 연구하는 근본 의의는 어디에 있는가? 이 점을 살펴보기 위해서는 상고시대 『주역』의 신화적 연원으로부터 그 특징을 더듬어 보는 것이 필요하다. 『주역』 「계사」에서는 성인이 「하도」와 「낙서」를 본받아 『역』을 만들었으며, 천일天一에서 지십地十까지 오십오五十五의 천지天地의 수로부터 모든 사물이 생성되면서 오묘한 자연의 변화가 이루어지는 것으로 언급하였다. 뿐만 아니라 「계사」에서는 변화 가운데 태극太極이 있어서 이로부터 양의兩儀, 사상四象, 팔괘八卦가 생긴다고 하여 자연의 모든 변화가 '태극'이라는 일자一者에서 시작하여 2, 4, 8과 같이 승수적乘數的인 반복적 분화에 따라 이루어지는 것으로 설명하였다. 이렇게 볼 때, 『주역』은 처음 만들어질 때 기본적으로 수적 원리에 기초하여 구성된 것임을 알 수 있다. 중국철학사는 일반적으로 인문적 삶과 도덕적 실천, 정치적 이념의 실현 문제를 강조하는 것으로 인식되어 왔다. 하지만 중국철학사의 유구한 근원으로서 『주역』의 구성 원리를 살펴볼 때, 서양철학사가 수학적 원리에 기초를 두고 있는 것과 같이 중국철학사의 연원에는 수리적 원리가 근저에 놓여있다고 말할 수 있다.

서양철학사를 관통하는 수학적 토대는 그리스 철학에까지 소급된다. 플라톤Platon B.C.428~B.C.348의 대화편 중 '덕이 가르쳐질 수 있는가?'라는 주제로 시작하는 『메논』*Meno*에는 소크라테스가 노예소년에게 일정한 넓이의 정방형보다 면적이 2배가 되는 도형을 그리는 방법으로 피타고라스정리를 상기해 내도록 하는 대화가 나온다. 이것은 서양철학의 원류로서 플라톤 철학이 수학에 토대를 두고 있음을 보여주는 구체적 사례이다. 플라톤의 철학에서 수학은 추리를 통하여 이데아idea 세계를 이해하는 역할을 한다. 이데아는 자연사물로서 집, 책상, 나무 등의 이데아도 존재하지만 아름다움, 덕, 용기와 같은 인문학적 가치를 표현하는 개념들 또한 이데아 속에서 자신들의 보편성을 확인한다.(한대희, 2001) 산술과 기하는 현상적 사물 세계가 아닌 불변하는 보편적 실재로서 추리를 통하여 선의 이데아를 인식하도록 한다. 이렇게 볼 때, 플라톤에서 수학의 역할은 선의 이데아를 인식하고 덕을 함양하는 이성적 활동을 본질로 하는 것이라고 할 수 있다.

피타고라스Pythagoras?B.C.580~?B.C.500 학파와 유클리드Euclid의 『원론』을 교재로 사용한 플라톤의 '아카데미' 이후에 수학은 지속적으로 서양철학사의 토대를 이루어 왔다. 해석기하학을 창시한 데카르트Rene Descartes1596~1650, 미분적분법을 정리한 라이프니쯔Gottfrid Leibniz1646~1716는 근대 대륙의 합리론 철학을 형성하였고, 스피노자Spinoza Baruch1632~1677는 공리로부터 추론을 거쳐 정리를 이끌어내는 수학적 방법론에 따라 그의 윤리학을 구성하였다. 칸트Immanuel Kant1724~1804는 수학적 원리들로부터 선천적 종합적인 판단의 토대를 이끌어냄으로써 그의 비판철학을 체계화하였다. 현대에 이르러 언어분석철학과 과정철학을 제시하였던 러셀Bertrand Russell1872~1970과 화이트헤드 Alfred North Whitehead1861~1947는 공동으로 『프린키피아

매스메티카』*Principia Mathematica*라는 유명한 수학 원리에 관한 책을 지었다. 이처럼 서양철학사를 일별해 볼 때 수학은 실로 그 저류에 흐르는 학문적 원천이자 뼈대라고 할 수 있다. 한걸음 나아가 서양철학사에서 수학은 수의 비례적 표준에 따라 미적 도덕적 가치를 드러내는 근거로서의 역할을 하는 것으로 이해되기도 한다.

화이트헤드는 『관념의 모험』*Adventures of ideas*에서 그리스의 조화설을 설명하면서, 그리스인들은 기하학이나 측량의 수적 비례에 존재하는 수학적 관계Mathematical Relations가 아름다운 구성체의 여러 뚜렷한 사례들에서 실현되고 있음을 발견한 것으로 보았다. 그는 현弦의 소리는 다른 조건이 동일할 때, 현의 길이에 의존한다고 하여 소리의 아름다움은 현의 길이의 비례에 따른다는 것을 발견한 아르키타스*Archytas*의 예를 들고 있다. 화이트헤드는 이것을 세계의 질적 요소가 수학적 관계에 의존하고 있다는 거대한 발견으로 간주하였다.(오영환 역, 2002) 서양철학 전통에서 수학은 대상에 대한 순수한 추리뿐만 아니라, 선이나 미와 같은 질적 가치를 드러내는 토대가 되는 것으로 이해된다. 서양철학에서의 다양한 자연적 질서와 현상에 대한 수학적 원리의 가치의존적 해석은 수리적 원리를 근거로 한 『주역』의 인문적 가치지향적 목표와 부합하는 공통성을 가진다.

『주역』은 천지의 수[55], 음양[2], 사상[4], 팔괘[8], 육십사괘[64] 등의 수리적 연산에 따라 구성된 것으로서 수적 법칙을 근거로 하여 인사의 도덕적 선과 정치적 실천을 목표로 하여 행위의 표준을 제시하고자 하는 것이다. 『주역』에서 수화목금토 오행五行은 천지의 생수生數와 성수成數를 결합한 것에 짝하여 구체적인 자연사물 세계를 생성 변화시키는 가장 단순한 구성요소가 된다. 또한 『주역』은 천天·지地·수水·화火·뢰雷·택澤·산山·풍風의 8가지 자연 사물을 팔괘의 상징물로 배치하고, 괘효와 괘효상에 자연과 인간 사회의 여러 복잡한 현상을 표현하는 문장을 붙여 괘효의 수적 배치와 특성을 길흉吉凶으로 평가함으로써 이들 현상을 가치 의존적으로 해석하였다. 이처럼 『주역』은 괘효의 상과 괘효사를 통하여 자연 현상 자체의 질서와 무질서, 그리고 인사의 치란治亂과 당위의 문제를 길흉吉凶으로 평가하고 이를 행동의 표준으로 제시한 것이다.

『주역』 자체는 수리적 법칙으로부터 시작하여 괘효, 괘효상, 괘효사, 물상, 그리고 이들에 관한 가치판단으로서 길흉의 평가와 같은 다양한 내용이 복잡하게 얽혀 있다. 하지만 괘효사의 문장이 드러내는 길흉의 가치판단은 도덕적 선의 실천과 정치적 이념을 실현하기 위한 표준을 제시하는 의미를 가지고 있다.

결국 조선전기역철학사를 구성하는 많은 자료들은 상수와 의리, 그리고 도상 등 여러 방면의 이론적인 내용을 포함하고 있으나, 모두가 도덕적 실천을 위한 기준의 제시를 목표로 한다. 매우 복잡다단한 조선전기역철학사를 연구하는 것은 마치 인간에게 효용성과 가치를 가지는 생물이나 초목들의 성질을 발견하기 위하여 수많은 수목樹木과 생물들을 연구하는 생물학자의 여정에 비유할 수 있다. 요컨대, 조선전기역철학사를 연구하는 취지는 바로 현대적 관점에서 당면한 현실을 이끌어갈 수 있는 도덕적 선의 실천과 정치적 제도 및 이념의 실현을 위한 표준을 이끌어 내고자 하는 점에서 찾을 수 있다.

필자는 본 연구가 몇몇 방면에서 보다 수준 높은 연구를 고무鼓舞하고 추동할 수 있기를 기대한다. 첫째, 조선시대 성리학은 대체로 이기론과 심성론, 수양론, 실천론, 그리고 격물궁리론 등의 주제로 이루어진다. 하지만 이기론을 중심으로 하는 형이상학 또는 존재론ontology과 격물궁리론을 중심으로 하는 도덕인식론, 심성론과 수양론을 중심으로 하는 도덕실천론을 구성하는 개념 사이에는 존재론적 범주의 불균형과 간극이 존재한다. 하지만 본 연구는 『주역』의 상象과 의리義理를 중심으로 자연과 인간 사이에 결부되어 있는 필연必然과 당연當然의 세계를 연속성을 가지는 것으로 이해하는 측면이 있다. 또한 본 연구는 현상으로 드러나는 상象을 통하여 그 배후의 법칙을 파악하는 인식론적 계기를 포함하고 있다. 여기에서 상과 의리는 존재론과 도덕인식론, 그리고 실천론을 일관시키는 매개개념이 될 수 있다. 이것은 본 연구가 존재론, 인식론, 실천론을 포괄하는 조선성리학의 여러 분야를 보다 체계적이고 일관된 연속성을 가지고 바라볼 수 있는 이론적 토대가 될 수 있음을 뜻한다. 이 점에서 본 연구가 조선 성리학을 새로운 관점과 수준에서 연구하는 데 기여할 수 있기를 기대한다.

둘째, 조선시대 율려, 회화, 건축, 무용, 천문역법 등 사회문화, 자연과학 및 예술 분야의 근저에는 『주역』 사상과 이론의 토대가 있다. 이러한 분야에서 『주역』의 기초 이론에 대한 이해를 넓힌다면 보다 수준 높은 연구 성과를 이룰 수 있을 것이다. 본 연구가 이들 분야에 대한 연구수준을 크게 고양시킴으로써 한국 문화가 심원한 지혜의 원천으로서 『주역』에 뿌리를 두고 있음을 드러내는 바탕이 되기를 기대한다.

본 연구는 1956년 이후 한국학의 다양한 분야에 연구비를 지원하여 연구성과를 『한국연구총서』로 출판하고 있는 중추적인 한국학 연구지원기관인 한국연구원韓國硏究院의 지원으로 이루어졌다. 2010년 한국연구원의 연구비 지원을 계기로 조선전기역학사상에 대해 이미 작성해 놓은 몇몇 논문에 앞뒤로 빠진 부분을 보충하여 본 저작을 구성하였다. 필자는 본 저작에 『한국경학자료집성』87, 『역경』1권에 수록된 『주역』 관련 자료들을 연구에 포함시켰고, 조선전기 중요한 학자들의 역학사상을 고찰하였다. 먼저 한국학의 발전에 각별한 애정을 쏟으셨던 한국연구원의 고故 박영식朴煐植 이사장을 추모하고, 본 연구를 위하여 연구비를 적극 지원해 주신 한국연구원의 김상원金尙垣 원장께 깊이 감사드린다. 저작이 완성되기까지 연구를 위하여 여러 가지로 배려를 아끼지 않은 연구원의 양숙경梁淑庚 님께 각별히 감사드리고, 저서가 오류 없이 발간되도록 마지막까지 도움을 주셨던 신동일, 황수미 님께 깊이 감사드린다. 마지막으로 본 저서를 성심을 다해 출판해 주신 학자원學資苑의 김병환金秉煥 사장님께 각별히 감사드린다.

2014. 9

지곡북실(之谷北室)에서 엄연석 씀

차례次例

II. 조선초기朝鮮初期 ◁ 101 ▷

제7장 서경덕의 선천기론과 상수역학 사상

제8장 황효공의 『역범도』 체계와 도설의 상수학적 의미

제9장 퇴계의 상수역학 이론과 의리역학적 목표

【표차례 表次例】

일러두기
凡例

1. 이 책은 조선전기역철학사朝鮮前期易哲學史를 시대순에 따라 인물을 중심으로 하되 도상圖象과 상수象數, 의리義理를 포괄하는 주제의식을 가지고 연구한 저술이다.
2. 본 연구는 『한국경학자료집성韓國經學資料集成』 87卷, 『역경易經』 일一에 수록된 조선전기 『주역』 관련 저작들에 대한 연구를 포함한다.
3. 저술은 겹꺾쇠(『』)로 처리하고, 개별 편명이나 논설문 등은 홑꺾쇠(「」)로 처리하였다.
4. 한자를 번역하고 뒤에 한자를 병기할 때는 [ ] 부호로 한자를 묶었다.
5. 한자는 괄호 없이 글자크기를 8포인트로 줄여 병기하였다.
6. 『주역』의 전문용어에 대한 설명을 부록으로 붙여 본서를 읽는데 편리하도록 하였다.
7. 부록에 『주역』 64괘의 부호와 괘명을 순서대로 정리해 놓아 본문을 읽는데 편리하도록 하였다.
8. 팔괘八卦와 64괘의 괘명을 홑꺾쇠(「」)로 처리하여 홑꺾쇠 안에 괘상부호를 「수괘隨卦䷐」와 같이 이어서 표시하였다.

서 론

연구 목적

연구 방법론

기존의 주요 연구 성과

준거틀의 정립과 연구의 방향

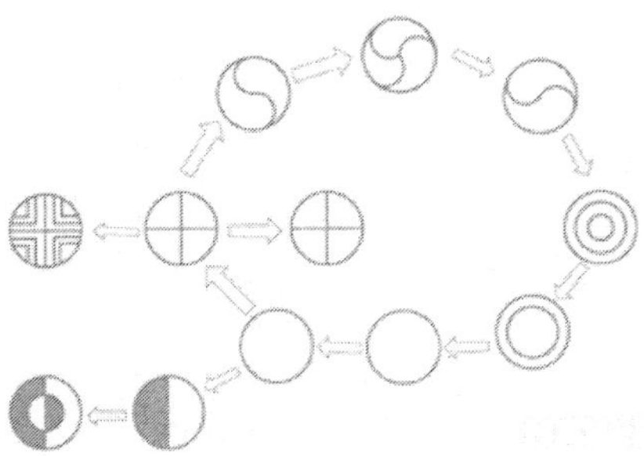

서론緖論

1. 연구목적

본 연구는 중국에서 오랜 연원을 가지는 『주역』을 상수역학과 의리역학을 중심으로 하여 주제별로 분류하고 분석함으로써 조선전기 역학易學의 전체적 면모를 보다 심화된 관점에서 체계적이고 종합적으로 규명하고자 한다. 특히 본 연구는 상수역학과 의리역학, 그리고 『역학계몽』[1] 및 역에 관한 일반적 이론에 대한 규명을 기초로 조선시대전기 역학 자료를 해석학적 *hermeneutic* 관점에서 분석하고 논구하고자 한다. 하지만 본 연구를 행하는 데 있어서 먼저 유의한 사항은 실제 조선시대 역학자들의 역학이론이 위에서 분류한 역철학적 관점에 따라 엄격하게 구별되는 것이 아니고, 대체로 강조점의 차이에도 불구하고 부분적으로 이들 학설의 요소를 함께 가지고 있는 경우가 많다는 점이다. 이것은 『주역』이란 저술 자체가 상수와 의리의 요소를 함께 가지고 있기 때문에 어쩌면 매우 당연한 결과라 할 수 있다.

고려 후기에 도입된 성리학性理學과 역학에 연원을 두고 있는 조선전기역철학사[2]는 몇 가지 주요한 흐름을 형성하였다. 첫째는 『주역』 괘효사 해석

---

1) 중국 南宋의 朱熹1130~1200가 지은 『주역』 해설서이다. 주석서로는 송나라 胡方平이 지은 『易學啓蒙通釋』과 명나라 때 편찬된 『易學啓蒙附注』가 있다. 조선에는 1465년(세조 11) 세조가 崔恒 등에게 명하여 편찬한 『啓蒙啓蒙要解』가 선구적인 주석이며, 1557년(명종 12) 李滉이 자신의 의견을 덧붙여 해설한 『啓蒙傳疑』가 있다. 1772년(영조 48)에는 당시 세손이던 정조가 徐命膺에게 명하여 편찬한 『易學啓蒙集箋』이 있다.

방법론을 중심으로 한 연구경향이다. 이런 연구경향은 한대漢代 역학의 상수역학적 해석방법론에 영향을 받은 상수역학과 정이 『역전』의 영향을 받은 것으로서 의리역학적 해석방법론에 따른 의리역학으로 나뉜다. 둘째는 『역학계몽』 가운데 「하도낙서」, 「복희선천팔괘도」, 「문왕후천팔괘도」 등 도표나 그림을 중심으로 한 도상학적 선천역학의 연구경향과 『역학계몽』의 구체적 내용에 대한 주석을 중심으로 한 상수역학적 연구경향이다. 셋째는 납갑설納甲說, 괘기설卦氣說, 비복설飛伏說과 같이 역학의 원리를 역법과 간지干支, 율려律呂 등에 적용하는 한대의 일반적 상수역학에 대한 연구경향이 있다. 넷째는 도통론道統論과 유가적 도덕실천을 목표로 한 일반적 의리역학과 성리학의 태극이기론과 연관한 의리역학적 연구경향이 있다.

2) 조선전기역철학사를 연구하는 데 있어서 고려해야 할 핵심사항은 易學에 있어서 '조선전기'라는 시대를 어떻게 규정하는가 하는 점이다. 일반적으로 역사학에서 조선시대(1392년~1910년)의 역사는 크게 전기와 후기로 나누며, 전기를 다시 둘로 나눠 전기와 중기로 보아 전기~중기~후기로 구분하기도 한다. 이때 전기~후기를 가르는 기준은 임진왜란(1592~1598)이며, 전기~중기~후기를 나누는 기준은 다시 전기와 중기 사이는 중종반정(1506), 중기와 후기 사이는 임진왜란 또는 병자호란(1636~1637)이다. 하지만 이러한 시대 구분 또한 어떤 절대적인 기준이 있는 것이 아니라, 커다란 시대적 차이를 낳은 분기가 되는 사건을 중심으로 구별한 의미론적인 것이라 하겠다. 본 연구에서 역철학사적으로 규정하고자 하는 '조선전기'라는 시대 또한 절대적이고 보편적인 구분기준을 제시할 수는 없다. 본 연구에서 역철학사적 관점에서 구분한 '조선전기'는 역학이 고려 말기에 중국으로부터 도입된 이후 형성되는 단계를 전기, 이후 학파적인 또는 응용적인 연구가 진행되던 단계를 중기, 마지막으로 역학이 시대적 변화에 따라 새로운 발전과 전환을 이루는 단계를 후기로 구분할 수 있다는 데 근거를 두고 있다. 본 연구에서는 麗末에 성리학과 함께 역학을 중국으로부터 도입한 이후 조선초기를 거쳐 상수와 의리역학적 이해를 도모하면서 퇴계와 율곡 단계에 이르러 역학상 전반적인 문제들이 논의되는 단계까지를 조선전기로 규정하였다. 이후 역학이 상수역학과 의리역학, 도상학, 그리고 응용역학 등이 확립된 이후 여러 분야로 다양화되면서 전개되던 시기를 조선중기로 규정하였다. 이 시기는 대체로 이황과 이이의 학문을 계승한 曺好益, 張顯光 등 후학들로부터 李瀷, 韓元震 등의 학자들이 활동한 시기까지이다. 마지막 후기는 청대 고증학파의 역학에 영향을 받은 茶山 丁若鏞, 李元龜 등이 활동했던 시기 이후부터 조선시대 말기까지이다. 하지만 이러한 시대구분은 커다란 틀에서 잠정적으로 규정한 것이라 할 수 있다. 조선시대 역철학사에 대한 보다 의미 있는 시대구분이 가능하기 위해서는 조선시대 역철학사에 대한 전체적인 연구가 보다 진전되고 나서 비로소 가능할 것이다.

이처럼 조선전기역철학사는 도상圖象과 상수象數, 유가의 도통론道統論과 함께 도덕실천을 목표로 한 의리義理, 그리고 역학적 원리를 인문사회 및 자연현상과 법칙에 적용하는 응용 분야 등을 전체적인 연구범위로 한다. 하지만 이러한 연구경향은 학자들의 학문적 특성과 방법론, 그리고 『주역』과 관련한 자료의 다양성에 따라서 매우 복잡한 양상을 띠고 있다. 이러한 이유로 조선전기역철학사를 연구하고자 할 때는 이러한 복잡다단한 특성을 가지는 자료와 학자들의 철학적 관점을 일정한 기준을 가지고서 표준화하여 체계적으로 연구하는 것이 필요하다.

따라서 본 연구에서는 편의상 먼저 위와 같이 주제별로 구별하는 방향성을 설정하고 나서 학자들의 역학 이론을 인물 중심으로 분석하되 각각의 인물의 역학사상에 내포된 역철학적 경향을 규명하고자 한다. 이렇게 개별적인 인물들의 역학사상을 정리하고 난 후에 이들의 역철학의 경향에 대하여 비슷한 학설을 제시한 학자들끼리 분류하여 그 흐름을 설명하는 방법을 취할 예정이다. 나아가 이들 인물과 주제에 따른 다양성을 기준으로 특정 시대의 역철학사적 경향을 정리하고자 한다. 요컨대, 첫 단계에 개별학자마다 역학이론의 세부 요소를 주제별로 분석적으로 고찰하고 나서, 두 번째 단계에 비슷한 역철학적 관점과 이론을 유형별로 나눈다. 그리고 이들을 다시 시대별로 배열하여 주제와 인물별 특성이 시대적으로 어떤 흐름을 가지는가 하는 점을 정리할 예정이다. 이것은 다시 말하면 인물과 주제, 그리고 시대를 함께 고려함으로써 조선시대 역철학사의 흐름을 입체적으로 살펴보는 것을 의미한다.

여기에서 조선전기 역철학사의 연구 주제를 제시하면 다음과 같다. 첫째는 『역학계몽』을 중심으로 하는 수리적 원리와 「하도낙서」에 관한 수리적 탐구를 행한 학자들에 대하여 살펴보고자 한다. 다음으로는 호체설互體說과 효변설爻變說을 중심으로 하는 상수역학 이론을 적용하여 『주역』을 해석한 학자들의 주석내용을 분석하고 검토한다. 계속하여 도덕실천적 목표와 연관된 의리역학의 구체적 내용과 『주역』 해석에 있어서 의리역학적 관점을 제시한 학자들의 견해를 점검할 예정이다. 그리고 성리학의 이기론과 연관하여 『주역』의 원리를 설명하고자 한 연구경향에 대하여 살펴보고자 한다. 역학에 관한 일반론을 언급한 주장들의 경우는 상수역학과 의리역학적 관점을 매개하는 측면에 대하여 유의할 예정이다.

역학 혹은 『주역』에 대한 학설은 동양철학 내지 한국철학을 거론할 때 빼놓을 수 없는 핵심적 부분으로 인식된다. 역학은 동양인의 인간관과 윤리관은 물론 우주 자연에 대한 인식까지도 모두 포괄하고 있는 학문이라 할 수 있다. 그래서 현대 중국에서는 일찍부터 철학사와 함께 역학사 내지 역학철학사가 하나의 독립된 분야로 성립되어 독자적으로 발전해왔다. 역학이 갖는 이러한 의의는 조선시대 학자들에게도 마찬가지로 적용된다. 『주역』이 조선시대 국가의 이념적 틀이었던 성리학을 실질적으로 토대지우는 자연학적 기초가 되었던 만큼, 역학은 성리학적 소양을 가지고 있던 대부분의 학자들이 연구한 저술이었다.

역학 연구의 이와 같은 중요성에도 불구하고 조선시대 역학사에 대한 연구는 비록 인물별 또는 주제별로 여러 다양한 연구가 진전되고 있으나, 그 전체적인 체계와 흐름을 이해하는 데는 많은 한계를 가지고 있다. 따라서 조선시대 역학 연구의 질적 수준을 제고하기 위해서는 조선시대 역학을 체계적으로 파악할 수 있는 준거틀*frame of reference*을 구성하여 역학의 전체적인 이론적 지형도를 파악할 수 있는 표준을 확립하는 일이 매우 시급한 과제이다.

본 연구는 바로 고려 후기 이후 조선전기 학자들이 송대 이래의 역학 이론들이 수용하고 전개해 나가는 역사적 과정을 고려하면서 지금까지 단편적으로 연구되던 역학 관련 자료들에 대한 보다 체계적인 연구를 통하여 후속 연구의 토대를 마련하고자 한다. 본 연구는 이런 목적을 위해 의리역학과 상수역학의 상관적 관계에 주목하고자 한다. 의리역학과 상수역학은 중국의 역학사를 구성하는 『주역』에 관한 핵심적인 이해의 틀이면서 동시에 조선시대 역학의 형성과 발전과정을 살필 수 있는 중요한 분석틀이다.

본 연구는 주로 의리역학과 상수역학을 준거기준으로 삼아 이에 해당되는 조선전기에 활동했던 여러 학자들의 자료를 분석하고자 한다.

상수역학과 의리역학은 각각 '상수'와 '의리'를 강조하는 것으로서 분명히 구분이 되면서도 『주역』이 상수와 의리가 상호보완적으로 통합되는 의미를 가지는 만큼 많은 학자들은 이 양자를 통합적 관점에서 바라보았다. 실제로 조선시대 역학에 가장 커다란 영향을 준 주희朱熹 역학 또한 상수의 본래적인 뜻[本義]을 강조하면서도 의리역학과 상수역학을 통합하고자 하였다. 주희가 『역본의易本義』를 짓고 『역학계몽易學啓蒙』을 저술한 이유는 의리義理 쪽으로 치우쳤던 정이의 역학적 관점을 교정하기 위한 노력의 결과였다. 주희는 의리 위주의 『주역』 해석서인 정이程頤의 『역전易傳』을 보완하여 『주역』의 본래 의미를 해명하고자 하였으며 이를 위해 그는 상수역학에 관심을 두었다. 주희의 『역학계몽』은 바로 의리에 토대로 두면서도 궁극적으로 의리의 기초가 상수임을 강조하는 역학 저술이었다.

사실 『역학계몽』은 주희가 상수象數에 주목하여 저술하였던 작품인 만큼 상수학적 요소가 대부분이다. 그러나 이 저술은 의리를 목표로 하면서 그 토대가 되는 상象에 주목하여 상과 의리의 중층적 의미구조를 반영하고 있다. 따라서 상과 의리의 관계와 상관성을 파악하기 위해서는 『역학계몽』에 대한 연구가 필수적이라 할 것이다. 조선시대에 있어서 『역학계몽』에 관한 연구는 사실 조선시대 학자들이 주희를 존숭했던 만큼, 매우 지속적이고 집중적으로 이루어졌다. 본 연구에서는 의리역학과 상수역학을 분석틀로 하여 자료를 수집하되 양자의 이론적 기반을 제시한 『역학계몽』에 대한 연구에 주목하지 않을 수 없다.

요컨대, 조선전기역철학사에 대한 연구는 기본적으로 네 가지 주제영역으로 나뉘어진다. 첫째, 의리역학적 관점을 기준으로 하는 연구, 둘째 도상학적 선천역학을 포함하여 상수역학적 관점을 기준으로 삼는 연구, 그리고 셋째 『역학계몽』의 내용을 주석하거나 분석하는 자료에 대한 연구, 마지막으로 성리학의 이기론과 연관하여 『주역』의 원리를 해명하고자 하는 연구로 구분된다. 따라서 본 연구는 이러한 몇 가지 연구 영역을 중심으로 조선전기 여러 학자들의 역학적 특징을 체계적으로 해명할 예정이다.

2. 연구방법론

조선전기역철학사를 해명하고자 하는 본 연구를 보다 효과적으로 수행하기 위해서는 조선시대 전체 역철학사의 연구방법론을 반성해 볼 필요가 있다. 조선시대 역철학사는 외연적으로는 조선시대 학자들이 『주역』을 중심으로 저술한 역학易學 연구 자료에 대한 철학적 또는 철학사적인 연구를 의미한다. 조선시대 역철학사 연구를 위한 원전 자료들은 1996년 성균관대 대동문화연구원에서 발간된 『한국경학자료집성韓國經學資料集成-역경易經』에 실린 자료만 하더라도 그 분량이 매우 방대하다. 뿐만 아니라 국내 여러 대학 도서관 등에 소장되어 있는 자료로서 『한국경학자료집성』에 실려 있지 않은 자료도 상당히 많다. 그리고 조선시대 학자들의 문집을 집성한 『한국문집총간』에도 부분적인 내용들이 많이 포함되어 있다.

이들 자료에 대해서는 국내 역학 연구자들에 의하여 연구가 진전되고 있다. 국내에서 조선시대 역학에 관한 연구는 1980년대 이후부터 현재까지 대체로 『주역』 원문에 대한 주석이나 체계적인 학설을 제시한 유명한 학자를 중심으로 하여 이루어져 왔다. 예컨대, 조선전기부터 볼 때, 권근權近1352~1409, 이황李滉1501~1570, 장현광張顯光1554~1637, 정약용丁若鏞1762~1836 등은 대표적인 학자이다. 뿐만 아니라 현재까지 이루어지고 있는 역학연구 성과 가운데는 조선시대의 학문적 주류가 되었던 성리학의 우주론을 설명하는 것과 일관하여 성리학의 틀 안에서 역학을 연구하는 경우도 종종 있다. 그리고 회화, 언어, 건축, 무용, 도자기, 경세론 등과 같은 분야로 연역하여 분석하는 역학의 응용 분야도 연구되고 있다. 여기에 중국에 연원을 둔 상수역학과 의리역학을 구분하는 역철학적 관점에 따른 연구는 역학 연구의 핵심적 방향이다.

이처럼 현재까지 조선시대 역학에 관한 연구는 인물별 뿐만 아니라 여러 주제별로 적지 않은 연구 성과들이 축적되었다. 따라서 조선시대 역학에 관한 연구 수준을 한 단계 심화시키기 위해서는 역철학사에서 전개된 표준적인 역학 이론에 의거하여 자료들을 보다 체계적으로 연구할 필요가 있다. 다시 말하면 조선시대 역철학사 연구를 좀 더 높은 수준으로 진전시키기 위해서는 『주역』과 역학 자체를 위한 연구방법론과 함께 주제, 철학적 방향, 목표 등과 같은 요소들을 보다 체계화할 필요가 있다. 이러한 토대 위에서 비로소 조선시대 역학에 관한 연구는 체계적인 계통성을 가질 수 있을 것이다.

그러면 기존의 연구 성과들과 차별화하면서 조선시대 역철학사 연구를 심화시키기 위해서는 어떤 조건이 충족되어야 하는가? 이를 위해서는 바로 『주역』을 엄밀한 철학적 관점과 기준에 따라 연구하는 안목과 함께 『주역』을 해석하는 방법론에 대한 이해를 넓히는 것이 전제되어야 할 것이다. 그렇다면 조선시대 역학사를 철학적 관점에 따라 연구한다는 것은 어떤 연구 방법을 뜻하는가? 이것은 중국으로부터 전개된 학설과 연관된 것으로서 『주역』에 관한 이론적 논의가 본체本體를 강조하느냐, 현상을 강조하느냐, 또는 인식을 강조하느냐, 아니면 도덕적 의리를 강조하느냐와 같은 일정한 철학적 관점에 따른 연구를 뜻한다.

『주역』을 철학사적으로 연구하는 것의 필요성은 『주역』의 구성 체계가 갖는 특성에 말미암는다. 『주역』은 가장 단순한 음양의 부호로부터 시작하여 팔괘八卦, 육십사괘六十四卦의 괘효卦爻, 그리고 괘효를 문자적으로 해석하는 데 필요한 물상物象, 그리고 물상을 중심으로 구성되는 괘효사卦爻辭, 나아가 이들 괘효사에 대하여 철학적으로 해석하는 『역전易傳』 등으로 구성되어 있다. 뿐만 아니라 여기에는 부수적으로 수리적 원리를 드러내는 「하도낙서河圖洛書」와 같은 도표도 포함된다. 이들 여러 복합적이고 중층적인 구성 체계를 가지는 『주역』은 전체적으로는 자연세계의 변화와 인간세계의 도덕적 질서를 특정한 상징물과 상징체계를 통하여 설명하고자 하는 목적을 가지고 있다.

그런 만큼 『주역』은 우주론, 자연과학적 경험법칙, 인식론, 도덕적 실천의 관점에 따라 연구할 수 있는 여러 복합적 함의를 가진다. 이러한 이유로 중국 역철학사에서는 상수역학과 의리역학, 그리고 고증학적 역학, 역사적 역학 등의 여러 관점이 형성되었다. 『주역』에 관한 연구가 이처럼 다양한 철학적 경향과 관점에 따라 이루어져 왔기 때문에 『주역』에 대한 역철학사적 관점에서의 연구는 충분히 가능하다.

역철학사적 관점 가운데 상수역학과 의리역학은 중국역철학사에서 전개된 『주역』을 이해하는 대표적인 이론 체계이다. 그리고 송대 주희가 저술한 『역학계몽』은 주희를 존숭하던 조선시대 학자들 사이에서 많이 연구되었다. 세조의 『역학계몽요해』와 이황의 『계몽전의』를 비롯하여 중기 이후에는 여러 주석과 연구서들이 저술되었다. 『한국경학자료집성』에 수록되어 있는 조선 시대 전시기의 역철학사 자료는 여러 가지 복잡한 주제로 얽혀 있지만 크게 상수역학, 의리역학, 그리고 『역학계몽』으로 구분할 수 있다. 이들 자료는 시기에 있어서 조선전기로부터 조선후기까지를 포괄하고 있다. 이러한 분류는 역학의 내적 의미와 특정한 목적을 가진 저술로 구분한 것으로 조선전기부터 후기에 이르기까지 주제별로 역철학사를 연구할 때 일정한 주제를 가지고 일관성 있게 그 다양한 변주變奏와 특징을 이끌어 낼 수 있음을 보여준다. 이들 자료 가운데 역철학사적으로 비교적 중요한 저작을 주제별로 분류하여 도표로 그리면 대체로 다음과 같이 정리할 수 있다.

【표0-0】『한국경학자료집성』『역경』편 주제별 분류-상수역학[3)]

저자명	서 명	책수	내 용
서경덕 徐敬德	六十四卦方圓之解(1冊)	1	소강절이 그린「선천육십사괘방도」와「원도」를 해설한 것이다.
신 흠 申 欽	求正錄:易-先天竅管	2	서경덕의 제자로 북송대 소옹이 체계화한 선천학先天學을 계승하였다.
조호익 曺好益	易象說	2	『주역』 원문을 『정전程傳』과 『본의本義』를 참고하여 해명한 것이다. 상수역학적 해석 방법이 많이 원용되고 있다.
장현광 張顯光	易學圖說	3, 4	태극, 천지, 일월, 성진, 지리, 음양, 오행, 시령 등을 문제시하였다.(「본원편本原篇」)
선우협 鮮于浹	易學圖說	3, 4	역학의 기본이 되는 도상과 수에 관한 제자諸子의 견해를 서술하였다.
송시열 宋時烈	易說	6	정이가 의리만 논하고 상수를 논하지 않은 것에 대해 반대하고 상수와 의리를 함께 논하였다.
이휘일 李徽逸	一元消長圖後語	6	스승 장흥효의「일원소장도一元消長圖」를 해석한 것이다. 역易은 시공간이 달라짐에 따라 각각 다를 수 있다고 보아 역易의 개방성을 이야기한다.
김만영 金萬英	易象小訣	6	어떻게 각 효가 각기 다른 상을 가지게 되는가를 해명하고자 한다. 역의 상에 대해서 설명을 다하고자 하였다.
이형상 李衡祥	瓶窩講義-衍易注解	8	태극, 이기, 체용, 물칙物則, 명名 등의 구조를 세우고, 의리역과 상수역을 망라하고 있다.
김원행 金元行	漢上經義-周易	14	이의소李儀韶, 임성주任聖周, 이규위李奎緯 등에게 『주역』괘와 『본의本義』의 설, 그리고 음양의 일기일우一奇一偶의 상관관계에 관하여 문답한 내용을 모은 것이다.
강석경 姜碩慶	易疑問答	11	역상도서와 수에 통달하였고, 의리역과 상수역 어느 쪽으로도 치우치지 않았다.
계덕해 桂德海	經說-易	14	『주역』의 상수, 착종錯綜, 변變, 중효,「정종착변도正綜錯變圖」등에 대하여 설명하고 있다.

서명응 徐命膺	先天四演	18	선천이 상象을 세우고 모두 대대對待로서 변화 추이하는 모습을 설명한다. 「하도」로부터 복희의 선천사도(「팔괘도」 「방위도」 「차서도」 「방원도」)에서 「선천도」에 이르기까지 언言, 상象, 수數, 의意의 네 가지로 부연 설명하고 있다.
심정진 沈定鎭	易說	20	천간天干을 팔괘에 대응시키는 납갑설納甲說을 중심으로 한대 상수역학에 대하여 설명하고자 한다.
홍대용 洪大容	周易辨疑	20	상수 중심으로 설명이 이루어지고 있는 『역학계몽』 가운데 일부 신비적이고 비과학적인 내용에 대하여 비판하고 있다.
이만운 李萬運	八卦方圖 外	20	주로 상수역학에 많은 관심을 가진다. 선후천도, 「서일원소장도후書一元消長圖後」 등은 상수역학과 관련되는 도설圖說들이다.
박제가 朴齊家	周易	22	정주의 『역전』과 『본의』에 대해 비판적 검토를 행하고 괘상의 본래 모습과 경문에 충실하고자 하였다.
배상열 裵相說	易學諸圖	23	상수역학을 연구하는 중에 이상정의 문하에 들어가 이것을 더욱 깊이 연구하였다.
신 작 申 綽	易次故	23	한대 역학을 총결산할 필요성을 가지고 삼조역례三條易例를 세워 괘상과 괘효사를 전체적으로 재해석하였다.
정약용 丁若鏞	周易四箋	24	추이, 물상, 호체, 효변 등 역리사법易理四法의 상수역학적 방법론에 따라 『주역』을 해석하였다. 태극 음양 사상, 팔괘가 세계의 근원인 태극에서 자기분화와 변화의 원리에 의해 형성된 것으로 봄으로써 경험론적 관점을 지니고 있다.
김정희 金正喜	周易虞義攷	27	우번虞翻의 역 해석에 대하여 비판하면서 자신의 견해를 제시하고 있다.

3) 위의 자료들에 대한 설명은 『한국경학자료집성韓國經學資料集成』-『역경易經』편 속의 각각의 저작에 대한 해제에 근거하여 정리한 것이다. 해제는 이기동李基東(1冊), 임형택林熒澤(2冊), 최영진崔英辰(3, 4冊), 최일범崔一凡(5冊), 임옥균 林玉均(6, 19, 27冊), 서경요徐坰遙(7~9冊), 김교빈金敎斌(10冊), 최영성崔英成(11, 20, 33, 36冊), 최석기崔錫起(12, 28, 32冊), 김성기金聖基(13冊), 진재교陳在敎(14, 37冊), 안병걸安秉杰(15, 16冊) 장호성張豪晟(17, 18, 29, 34冊), 김능하金綾夏(21冊), 안재순安在淳(22冊),

【표0-1】『한국경학자료집성』『역경』편 주제별 분류-의리역학

저자명	서 명	책수	내 용
권 근 權 近	周易淺見錄	1	정이程頤와 주희朱熹, 그리고 오징吳澄의 『주역』에 관한 견해를 수용하면서도 비판적으로 『주역』 원문을 해석하고 있다. 조선 전기 『주역』 연구서로서 특수한 지위를 차지한다.
이세응 李世應	安齋易說	1	성리학의 의리적 해석에 바탕을 두고 있으며, 용어에 대한 정의를 많이 내리고 있다.
이 이 李 珥	易數策	2	역수易數의 연원을 기술하고 있으며 의리적 요소가 있다.
최 립 崔 岦	周易本義口訣附說	2	『역전易傳』과 『본의本義』의 용어를 구결로 표시하였다.
이덕홍 李德弘	周易質疑	2	퇴계와 질의 응답한 내용으로 상과 의리적 측면을 함께 포함하고 있다.
조호익 曺好益	易象說	2	『주역본의』와 『정역전』을 참고하면서 변석해명하고 있다. 중정中正, 비응比應과 같은 의리역학의 방법론을 쓰면서도 주로 호체론에 의거한 상수역학 방법론을 가지고 『주역』 괘효사를 해석한 경우가 더 많다.
김장생 金長生	經書辨疑-周易	2	『주역전의』를 대상으로 순서에 따라 문제를 제기하였다. 정이와 주희의 설에 근거를 두었다.
장현광 張顯光	易學圖說	3, 4	윤리성, 합리성, 고증정신 등을 중심으로 하여 『주역』을 연구하였다.
선우협 鮮于浹	大易理象	5	송대 역학자들의 글을 부분적으로 옮겨 놓았다.
조수홍 曺守弘	策:易	5	역경의 의미에 대한 질문에 저자 자신의 견해를 피력한 것이다.
박지계 朴知誡	箚錄-周易乾坤卦, 繫辭上傳	5	성리학의 이기설, 이선기후적理先氣後的 세계관으로 『주역』을 해석하였다.
이유태 李惟泰	易說	5	의리역을 중시하는 정주학의 전통적 관점에서 소강절의 역학을 비판하였다.

이세동李世東(23, 25, 31, 35冊), 이지형李篪衡(24冊), 김영호金暎鎬(26, 31冊), 장병한張炳漢(30冊) 등이 작성하였다.

석지행 石之洐	五位龜鑑	6	『주역』이 임금에게 어떤 교훈을 줄 수 있는가라는 관점에서 주로 오위五位를 중심으로 해설하고 있다.
이만부 李萬敷	易大象便覽	11	17개 항목 『주역』 64괘를 22개 주제에 맞게 유형별로 나누어 『주역』의 이념을 통해 성명지치聖明之治를 이루고자 한 것을 언급하였다.
권 거 權 榘	讀易瑣義	11	의리와 상수의 관계를 성리학에서 리와 기의 관계에 비유하고 그 양자의 불상리를 강조한다.
성이심 成以心	人易	13	『주역』 전체를 사람의 성정性情과 윤리 개념으로 대비시켜 이론을 전개한 것으로 인간을 세계와 우주사물의 중심으로 극히 중시한 인간학적 역易이다.
유정원 柳正源	易解參考	15, 16	성인은 상을 빌어 이치를 밝히는 것으로 보아, 상수에만 마음을 두고 의리에 근거하지 않는 것은 『주역』의 취지가 아니라고 하면서, 중정비응 등의 이념으로 해설하였다.
백봉래 白鳳來	易傳, 序易本義	18	64괘의 배열 차례와 이유를 말한 「서괘전」의 뜻에 대해 자신의 견해를 보충한 책이다.
김상악 金相岳	山天易說	19	중정中正, 비응比應 등의 개념으로 주역을 해석하고 있다. 일음일양지위도一陰一陽之謂道에 대한 해석도 정이의 견해를 따른다.
유광천 柳匡天	御製經義問對- 周易	20	도학자들의 성왕지학을 제시한 역易에 대한 설명을 통해 성현상전聖賢相傳의 심법을 체득하여 대중지정한 입장에서 지치至治를 이루어야 한다는 내용이 중심을 이루고 있다.
윤행임 尹行恁	薪湖隨筆-易	23	괘사, 「상전」, 「문언전」이나 「계사전」의 의리를 발명하는 데 역점을 두어 의리적 역설을 제시하였다.
오희상 吳熙常	雜著-易	26	역의 근본 취지가 중中의 도리를 이루는 데 있음을 주장하였다. 곧 『중용』은 독역의 계단임을 설명함. 시時와 위位를 보아 그 의리義理의 귀추歸趨를 궁구할 때 역易이 드러난다고 보았다.
이항로 李恒老	周易傳義同異 釋義	28	『정전』과 『본의』를 인용하고 자신의 견해를 붙인 것으로, 이 양자의 차이점을 분별하고 그 뜻을 융회관통 하는데 주안점을 두었다.

【표0-2】『한국경학자료집성』『역경』편 주제별 분류-『역학계몽』

저 자	서 명	책수	내 용
세조/최항崔恒/한계희韓繼禧	易學啓蒙要解	1	『역학계몽요해』는 세조가 동궁시절에 『역학계몽』에 대한 요해를 저술해 놓은 것을 최항崔恒과 한계희韓繼禧에게 명하여 교정과 주를 더하게 하여 완성한 책이다.
이 황 李 滉	啓蒙傳疑	2	『역학계몽』에서 요의를 취하여 보충 설명을 하고 또 의심스러운 부분을 변석한 것이다.
정경세 鄭經世	思問錄 -易學啓蒙	5	이 책은 『사문록』의 일부로서 주자의 『역학계몽』과 퇴계의 『계몽전의啓蒙傳疑』에서 문제가 있는 곳을 지적하여 서술하였다.
노경임 盧景任	易學啓蒙說	5	정이천의 『역전』은 단지 역학의 의리義理만을 말하였는데, 『주역』은 사실 점을 치기 위해 지어진 것이므로 주자가 『본의』를 짓고 또 『역학계몽』을 지어 괘변卦變과 점서占筮의 오묘함을 밝혔다고 한다. 노경임의 역학은 주자의 점법과 그 속에 내재하는 상수의 변화원리를 중시하는 특성을 보인다.
이휘일 李徽逸	啓蒙圖說	6	주자가 『역학계몽』 제9조(6조로 표기된 번역본도 있음)에서 「하도河圖」를 설명하면서 그림에 나타난 점의 수가 실제로는 1부터 5까지인데, 모두 '한 점'이라고 부르고 있는 것에 대해 설명한 글이다.
김 해 金 楷	易學啓蒙覆繹	6	『역학계몽』의 그림과 원문을 앞에 두고, 다음에 세주細注로 이전의 학자들이나 저서들의 견해를 싣고, 그 뒤에 「해안楷案」이라 하여 자신의 견해를 밝히고, 필요한 경우에는 중요 항목에 대한 설명을 덧붙였다.
한여유 韓汝愈	與篪叟鄭徵士論易學啓蒙別紙	10	『역학계몽』에 대한 주자 주 뿐만 아니라 송대 제현의 주를 적고 자신의 의견을 붙였다.
박치화 朴致和	易學啓蒙; 雪溪隨錄	12	주자의 『역학계몽』에 대해 편차대로 장을 나누어 그 뜻을 풀이한 것. 각 장의 자字·구句·절節 등에 대해 간명하게 그 의미를 주해해 놓았다.
한원진 韓元震	易學啓蒙: 經義記聞錄	13	『주역』의 기본사항에 대해 주희의 『역학계몽』을 중심으로 제설의 주를 참작하여 상세하게 논하였다.

김교행 金敎行	易學啓蒙本圖書 五位相得說	14	『역학계몽』이 도서圖書로써 『주역周易』을 해석한 경향을 받아들여, 저자 나름의 풀이를 제시하고 있다.
서명응 徐命膺	易學啓蒙集箋	17	왕세손王世孫으로 있던 정조正祖의 명으로, 저자가 『역학계몽부주易學啓蒙附註』의 편제에 맞춰 『역학계몽요해易學啓蒙要解』와 『계몽전의啓蒙傳疑』를 합본하여 『역학계몽』을 이해하기 쉽게 편찬한 책이다.
〃	啓蒙圖說	17	세손좌부빈객世孫左副賓客으로 있던 저자가 당시 왕세손인 정조가 『주역周易』을 강독하는 데 참고로 할 수 있도록 『역학계몽』을 쉽게 도해圖解하여 바친 책이다.
황윤석 黃胤錫	易學啓蒙解	20	『역학계몽해』는 『역학계몽』의 난해한 대목을 뽑아 순차에 따라 안설按說로 풀이한 것이다.
홍대용 洪大容	周易辨疑	20	여기서는 상수象數 중심으로 설명이 이루어지고 있는 『역학계몽』에 일부 발견되는 신비적이고 비과학적인 내용에 대해 비판적 입장을 취하고 있는 것이 주목된다
김귀주 金龜柱	易學啓蒙箚錄	21	모두 4조항으로 이루어져 있으며, 체제는 그의 『주역차록』과 마찬가지로 어느 한 문제를 지적하여 그 본문을 제시한 다음, 이어서 저자의 견해를 논술하였다.
배상열 裵相說	啓蒙傳疑攷疑	23	퇴계 이황의 『계몽전의啓蒙傳疑』(1577년)를 판각하면서 의문점을 고찰한 것이다.

위의 조선시대 역학 연구 저작들에 대한 주제별 분류는 다양한 주제들 가운데 역철학사에서 중요성을 가지는 것으로 판단되는 중요한 주제를 크게 구별한 것이다. 이들 주제별 분류 저작들에 대한 내용 설명에서 볼 수 있는 바와 같이 이들 저작들이 지니는 가장 두드러진 특징은 이전 시대의 저작들과 긴밀한 연관성을 가지고 설명하는 형식을 취하는 경우가 많다는 점이다. 또한 이들 저작은 상수와 의리로 구별을 했으나, 『주역』의 성격 자체가 상수와 의리라는 두 가지 축을 중심으로 그림, 그리고 성리학적 개념, 수리 등 여러 구성요소들로 이루어져 있기 때문에 연구자들의 시각 또한 여기에 근거해 있다.

조선시대 역학 저작들은 『주역』과 관련한 여러 이론적 요소들이 함께 결합되어 있는 경우가 많다는 점이 특징이라 할 수 있다. 또한 위의 자료들은 『주역』 원문을 주석한 것, 『주역』에 관한 일반적인 설명, 「하도낙서」, 선후천도 등 도표를 위주로 하는 상수역학적 관점, 성리학적의 형이상학적 본체로서 태극의 리를 『주역』의 관점에서 설명하는 차원, 이기理氣와 상象, 수數 사이의 연관성, 그리고 『역학계몽』에 대한 송대 여러 학자들의 주석 등과 같은 다양한 주제를 다루고 있다. 이들 주제는 시대를 거치면서 분화되면서 세밀화 되어간다고 할 수 있다. 하지만 그동안 조선시대역철학사에 대한 연구는 이러한 여러 주제들에 대한 인식을 부분적으로 가지면서도 대부분 단편적인 논문으로 작성된 경우가 많았다.

이제 본 조선전기역철학사에 관한 연구에서는 그동안 부분적으로 이루어져 온 조선시대 역학연구를 역철학사의 전체적인 조망 속에서 『주역』이 내포하고 있는 전체적인 구성에 유의하여 그 준거틀을 정립함으로써 체계적으로 연구하고자 한다. 구체적으로 조선전기역철학사는 조선전기에 전개되었던 역학을 철학적 그리고 철학사적 관점에서 「선천도」, 「하도낙서」와 같은 도상을 중심으로 하는 상수역학과 수리역학, 『역학계몽』을 중심으로 하는 연구, 의리역학, 그리고 응용역학 등과 같은 주제를 연구하고자 한다. 이러한 주제에 대하여 일정한 기준과 관점을 가지고 연구를 행할 때 조선전기역철학사 뿐만 아니라 조선시대 전체 역철학사는 보다 높은 수준에서 의미 있는 연구 성과를 이룰 수 있을 것이다.

3. 기존의 주요 연구성과

본 절에서는 그동안 국내에서 발표된 조선시대 전기에서부터 후기까지 『주역』 이론과 역학사상에 관한 연구한 성과를 개관하기로 한다. 그 동안 조선시대 『주역』 및 역학에 관한 연구는 여러 방향에서 많은 논문이 발표되었다. 조선시대 『주역』 연구는 무엇보다도 주요 학자를 중심으로 하는 인물별 연구가 그 주된 경향을 이루고 있다. 이어서 주제별 연구, 개별 영역의 응용 분야, 학자 간 또는 학설 간 비교적 시각, 역학사적 관점, 그리고 성리학과의 연관성의 측면에서 바라보는 관점 등 다양한 분야로 구분된다. 여기에서는 연구성과 전체는 아니지만 그 경향을 다음과 같이 개관할 수 있다.

【표0-3】 조선시대역철학사 영역별 연구현황

영역	인물 \ 간행형식	학술지논문	학위논문	단행본
인물별	권 근權近	▪ 금장태(2005); 강문식(2003); 서근식(2003); 엄연석(2003); 최영성(1999); 조장연(1997); 최원진(1995); 곽신환(1984)	▪ 김재갑(2010박); 이기훈(2002박)	▪ 이광호옮김, 『주역천견록』
	서경덕徐敬德	▪ 정병석(1992)	▪ 장정림(2011석)	
	이 황李滉	▪ 정병석(2004); 송인창(2001); 김경천(2001); 김학권(1999); 곽신환(1995); 윤종빈(2007); 엄연석(2001); 여소강(1998);		

		김익수(1989); 최정준(1997)		
	이 이李珥	▪ 곽신환(2011); 임채우(2005); 여소강(심재걸)(1997)		
	장현광張顯光	▪ 김문용(2008); 조장연(2004); 김필수(1986); 유권종(1999)		
	조호익曺好益	▪ 엄연석(2001)		
	송준길宋浚吉	▪ 송인창(2006)		
	정제두鄭齊斗	▪ 박권수(2008); 김연재(2005)		
	윤선거尹宣擧	▪ 최영진(2008)		
	성이심成以心	▪ 금장태(2007)		
	서명응徐命膺	▪ 한민섭(2007); 서근식(2006)	▪ 조희영(2010박); 박권수(1996석)	
	이 익李瀷	▪ 김인철(2007)		
	한원진韓原震	▪ 김진근(1999)		
	이원구李元龜	▪ 이선경(2003)	▪ 이선경(2002박)	
	정약용 丁若鏞	▪ 방 인(2003); 황병기(2003); 방 인(2002); 장승구(1998); 김인철(1996); 장회익(1998); 방 인(1991); 금장태(1982)	▪ 방 인(1982석) 박병훈(2009석); 백영빈(1995석); 임재규(1998석); 김왕연(1989박); 정해왕(1990박); 김인철(1999박); 김영우(2000박); 박주병(2001박); 유문상(2002박); 황병기(2004박)	▪ 이을호(1993) 『다산의 역학』
	김정희金正禧	▪ 지두환(2002)		
	신후담愼候譚	▪ 강병수(2001)		

<table>
<tr><td rowspan="4">인물
비교</td><td>권근: 오징</td><td>▪ 이기훈(2004)</td><td></td><td></td></tr>
<tr><td>이황:주희</td><td>▪ 장입문(1984)</td><td>▪ 임영희(1999박)</td><td></td></tr>
<tr><td>이황:조호익</td><td>▪ 김인철(2005)</td><td></td><td></td></tr>
<tr><td>다산:모기령
다산:이광지</td><td>▪ 김영우(2004);
신원봉(2002);
방 인(2002);
김승동(1990)</td><td></td><td></td></tr>
<tr><td rowspan="9">주제별</td><td>도자기</td><td>▪ 박경희(2001)</td><td></td><td rowspan="9">▪ 윤종빈,
『한국역학의
논리』(2007);
금장태,
『조선유학의
주역사상』
(2007)</td></tr>
<tr><td>훈민정음</td><td>▪ 이선경(2009);
황경수(2007);
정달영(2007)</td><td></td></tr>
<tr><td>무 용</td><td>▪ 김용복(2008)</td><td>▪ 차명희(2009박)</td></tr>
<tr><td>서 예</td><td>▪ 장지훈(2003)</td><td></td></tr>
<tr><td>사상의학</td><td>▪ 김응학(2005)</td><td></td></tr>
<tr><td>회 화</td><td>▪ 김은경(2009);
조민환(2003)</td><td>▪ 박춘순(2009석);
최동춘(1994석)</td></tr>
<tr><td>건 축</td><td>▪ 박광규(1996)</td><td></td></tr>
<tr><td>천문역법</td><td>▪ 김일권(2004);
문중양(1999)</td><td></td></tr>
</table>

먼저 인물별 연구로는 조선초기의 권근, 중기의 이황, 장현광, 그리고 후기의 이익(김인철2007), 서명응(서근식2006; 한민섭2007), 정약용, 이원구(이선경2003) 등이 있다. 이 밖에도 송준길(송인창2006), 정제두(박권수2008), 윤선거(최영진2008), 성이심(금장태2007), 한원진(김진근1999), 김정희(지두환2002), 신후담(강병수2001) 등과 같은 학자의 역학에 대한 연구 성과도 발표되었다. 이어서 주제별 연구는 선천역학과 도상학을 포괄하는 상수역학과 성리학적 이기론을 포함하는 의리역학, 그리고 『역학계몽』과 관련한 연구 등으로 구별할 수 있으며 위에서 언급한 대부분의 연구 성과는 이 안에 포괄된다. 다만 역학이론을 다양한 문화예술 분야에 응용한 연구 성과도 이루어졌다. 이들을 살펴보면 도자기(박경희2001)를 역학적 관점에서 고찰하는 논문에서부터, 훈민정음(이선경2009, 황

경수2007), 무용(김용복2008), 서예(장지훈2003), 사상의학(김응학2005), 천문(김일권2004), 회화(미술; 김은경2009; 조민환2003), 건축(박광규1996)등과 같은 여러 다양한 분야를 역학과 연관하여 해석하는 논문이 발표되었다.

조선시대 역학사상을 연구한 논문 가운데 또 다른 연구 분야는 중국 청대 역학사상과의 사상사적 연관성을 가지고 연구하는 경향과 역학을 천문학 또는 과학사상과 연관하여 연구한 경우가 있다. 먼저 청대 역학사상과 연관성을 가지고 연구하는 경우는 한편으로 청대 역학자와의 사상적 연관성을 고려(윤석민2009)하기도 하고 다른 한편으로 비판적 관점을 가지고 연구하기도 한다. 구체적으로 정약용의 역학을 모기령의 역학과 사상적 연관성을 가지는 측면에서 비교하는 연구 성과가 제출되었다.(김영우2003; 방인2005) 또 과학사상과 연관하여 연구하는 경우, 천문역법과 연관시키는 경우(김일권2004; 문중양1999)와 서구의 자연과학 사상과의 연관성을 살펴보는 경우(황병기2004)가 있다.

그러면 조선시대 『주역』 또는 역학을 연구하는 주된 경향으로서 인물을 중심으로 한 연구 성과를 개관하기로 한다. 조선시대 인물별 연구에 관하여 언급하고자 한다면 많은 인물이 거론될 수 있다. 이들 가운데 중요한 인물로는 조선 초기에는 권근이 있고, 중기에 이황이 있으며, 후기에 정약용이 대표적인 학자이다. 이 밖에도 위의 표에서 언급한 바와 같이 여러 학자들이 있으나, 지면 관계상 이들에 관한 논문들을 모두 살펴볼 수 없는 만큼 먼저 이들 중심이 되는 학자로부터 조선시대의 역학에 관한 연구 성과를 살펴보기로 한다.

조선 초기에 역학에 관심을 집중시킨 학자는 권근이었다. 권근은 『주역천견록』을 저술하면서 정이와 주희 그리고 원대 오징吳澄의 『역찬언易纂言』의 학설을 수용하면서도 다른 한편으로 이들 학설을 비판하기도 하였다. 그의 『주역천견록周易淺見錄』을 중심으로 하는 역학에 관한 논문은 1980년대 초 이후 여러 편이 작성되었는데, 곽신환(1984), 최영성(1993), 최원진(1995), 엄연석(2003), 서근식(2003), 이기훈(2004), 금장태(2005) 등의 연구논문이 있다. 이광호

(1999)는 『주역천견록』을 번역함으로써 권근의 역학에 관한 연구를 진전시키는 데 기여하였다.

이들 가운데 곽신환은 권근 역학이 지닌 중요한 특징을 상수와 의리를 상호 보완하는 관점에서 『주역』을 해석하는 데 있다고 분석하였다. 그는 또한 『주역천견록』에서 권근이 『정전』과 『본의』의 견해를 비평하고, 오징吳澄 1249~1333의 역학에 육왕학 및 불교적 관점이 농후한 것으로 비판하는 것에 주목하였다.[4] 최영성은 권근의 역학사상은 존고정신尊古精神의 기조 아래 고증에 힘쓰면서 상수역과 의리역을 종합하여 양자를 조화시킨 데 특징이 있는 것으로 평가하였다.[5]

반면 최원진은 권근의 역철학은 기본적으로 정이와 주희의 의리역학을 계승하는 것이라고 보아 유가적 의리義理에 주목하였다. 그는 『주역천견록』은 인간의 존재근거에서 천도를 규명하고 인간존재의 도덕실현가능성을 인도로 드러내고자 한 것이라[6]고 파악하였다. 엄연석은 권근의 역학사상 가운데 주로 의리역학적 관점을 분석하면서, 그의 중정론과 비응론 같은 의리역학적 『주역』 해석방법론을 구체적으로 검토하고 있다. 그는 『주역천견록』의 의의를 성리학적 본체론과 유가적인 도덕실천을 포괄하는 토대를 『주역』에서 찾고자 한 노력의 산물이라는 관점에서 보고 있다.[7]

금장태는 『조선유학의 주역사상』이라는 저술을 통하여 통시적으로는 역철학사적 관점에서 그리고 공시적으로는 도학道學을 토대지우는 관점에서 『주역천견록』을 분석하고 있다.[8] 이기훈은 오징의 역학에 대한 권근의 견해를 중점적으로 검토하고 있다. 그는 권근이 『주역』에 대한 오징의 해석에서 마음이론을 불교나 도교로부터 수용했다고 보았으나, 실은 육구연의 심학心學을 받아들여 『주역』을 주석한 것이라고 보았다.[9] 서근식은 권근의 역

---

4) 郭信煥, 「周易淺見錄과 陽村 權近의 易學」, 『정신문화연구』 21집, 1984, 103쪽.
5) 崔英成, 「周易淺見錄을 통해 본 권근의 경학사상(1)」, 『한국철학논집』 제3집, 1993, 125쪽.
6) 최원진, 「권근의 의리학적 역철학 연구」, 『유교사상연구』 제9집, 1997, 361쪽.
7) 엄연석, 「권근의 주역천견록과 의리역학」, 『주역철학과 문화』 창간호, 2003, 208쪽.
8) 금장태, 『조선유학의 주역사상』, 예문서원, 2007. 103~105쪽.

학사상이 독창적인 근거를 그의 체용론體用論에서 찾고 있다. 그에 의하면 권근은 『주역』 상경上經과 하경下經을 체용관계로 파악하고 있으며, 또 천도天道의 체용과 인도人道의 체용을 나누어 보면서도 체용일원體用一源의 측면에서 하나로 귀결시키고 있다.10)

다음으로 조선 중기에는 이황의 역학사상에 관한 연구 성과들이 역학 연구의 많은 부분을 이루고 있는데, 다음과 같은 논문과 저작들이 있다. 먼저 퇴계 이황의 역학사상은 퇴계학연구원에서 1973년부터 『퇴계학보』를 발간하면서, 강천봉이 『계몽전의啓蒙傳疑』를 번역 게재하고, 1979년에 유남상이 퇴계의 『계몽전의』에 대하여 '근세유학과 퇴계학국제학술회의'에서 발표한 것이 연구의 단초를 이루었다. 이후 1980년대는 중국과 한국에서 장입문과 김익수가 주희와 퇴계의 역학을 비교한 논문을 작성하였다. 이후 1999년에 임영희는 북경대에서 퇴계와 주희의 역학사상을 비교하는 논문을 발표하였다. 이 시기를 전후하여 일본에서 다지리유우이치로田尻裕一郎는 1995년에 야마자키 안사이山崎闇齋의 역학을 검토하면서 『계몽전의』의 의의를 연구한 논문을 작성하기도 하였다.

2000년대 이후 퇴계의 역학은 각각 상수역학과 의리역학을 구분하여 연구하고자 하는 경향을 강하게 보여주고 있으며, 다른 한편에서는 그의 역학을 성리학의 이기심성론과 결합하여 연구하는 흐름도 일부 형성되었다. 따라서 퇴계의 역학사상은 크게 주희와 비교하는 관점, 상수역과 의리역을 구별하는 관점, 그리고 성리학의 이기심성론과 결합하여 연구하는 관점 등으로 대별할 수 있다. 이 가운데 퇴계의 역학이 성리학적 형이상학의 내용을 이루는 측면에서 연구한 학자는 김학권(1999), 송인창(2001), 곽신환(1995) 등이 있다.

김학권은 「건괘乾卦」, 「곤괘坤卦」, 「계사전繫辭傳」, 「설괘전說卦傳」 등의 핵심

9) 이기훈, 「권근 역학과 원대 오징 역학의 관련성 연구」, 『철학연구』 제92집 2004, 265쪽.

10) 서근식, 「권근 역학의 체용론적 구조에 관한 연구」, 『동양철학연구』 33, 2003, 154쪽.

관련 구절 등에 대한 해석을 통하여 퇴계 성리학에 내포되어 있는 역철학적 토대를 해명하고 있다. 그는 퇴계가 '태극생양의太極生兩儀'로부터 리의 주체적 절대성을, '궁리진성이지어명窮理盡性以至於命'이란 구절에서 절대적 도덕론을, '경이직내敬以直內 의이방외義以方外'로부터는 경敬을 핵심으로 하는 수양방법론을 이끌어내는 것으로 파악하였다.[11] 송인창은 이귀기천理貴氣賤의 존리적尊理的 사고와 이발설理發說에 대한 역학적 토대를 규명하였다. 그는 퇴계가 '체용일원體用一源'의 논리를 가지고 「하도」와 「낙서」사이의 대대하고 유행하는 상호적 관계를 설명하고, 이를 통해 이발설의 체계를 세우려 했던 것으로 보았다.[12] 곽신환은 퇴계 역학의 출발점은 바로 천인일리天人一理에 토대를 두고 있다고 주장하면서 퇴계의 경敬 사상과 관련하여 『주역』을 궁리窮理의 학문이자 거경居敬의 학문으로 규정하였다. 곧 그는 『주역』이 성리학의 거경궁리설의 실질적 내용이 됨을 강조하였다.[13] 유장림 또한 퇴계가 『주역』의 태극, 음양, 오행, 팔괘 등의 개념을 이용하고 있음을 언급하면서 이기理氣 관계를 태극과 음양의 관계로 귀결시킨 것으로 보았다. 그는 이어서 역의 원형이정元亨利貞을 리로 간주한 것과 함께 태극이 양의를 낳는다는 구절에 근거하여 퇴계가 리理를 스스로 발용하는 주체로 생각했다고 보았다.[14]

반면 퇴계의 역학을 의리역학적 입장에서 연구한 논문으로는 여소강(1998), 임영희(1999), 김경천(2001), 정병석(2004), 김인철(2005) 등이 있다. 김경천은 퇴계의 역학이 의리를 위주로 하여 상수를 함께 밝히고 있다고 주장하면서 '주의리겸상수설主義理兼象數說'을 제시하였다. 그는 특히 퇴계의 역학이 도덕실천을 위하여 경전의 의리를 발명하는 경학의 한 방법으로 제시되고 있음을 강조하였다.[15] 정병석은 퇴계가 『주역』을 의리적 관점으로 이해하는 근

11) 김학권, 「이황의 역학연구」, 『주역연구』 4, 1999.
12) 송인창, 「퇴계 이발설의 역학적 이해」, 『철학논총』 26, 새한철학회, 2001, 45쪽.
13) 곽신환, 「易學과 退溪의 천명사상 - 자연과 인간에 대한 敬-」, 『퇴계학논총』 창간호, 1995.
14) 유장림, 「퇴계의 이기관과 역학」, 『퇴계학보』 85, 1995, 56쪽.
15) 김경천, 「퇴계의 경전인식」, 『퇴계학보』 110, 퇴계학연구원, 2001, 263쪽.

거를 역의 철학적 원리를 제시하는 『역전』을 통하여 경經을 이해는 이전해경以傳解經과 '경과 전을 결합하여 이해하는 입장經傳合觀'을 취하는 점에서 찾고 있다. 또 그는 퇴계가 리理를 귀하다고 하면서도 의리와 상수를 함께 중시하는 입장은 리를 탐구하는 방법으로서 수의 탐구가 필수적이기 때문이라고 주장하였다.[16]

김인철은 퇴계의 『주역석의周易釋義』에 주목하여 그가 『주역』을 해석하는 관점이 의리적 해석에 입각한 정확한 훈석訓釋과 함께 상象으로 의리를 보완하는 것으로 보았다. 그는 퇴계가 정이의 『역전』과 주희의 『역본의』를 동시에 해석근거로 삼으면서도 차이가 있을 때는 정이의 『역전』을 우선함으로써 의리에 강조점을 두고 있다고 언급하였다.[17] 여소강은 퇴계가 의리義理를 중시하고 상수象數를 중시하지 않았으며 비록 상수를 강구했다고 해도 공자가 「계사」에서 언급했던 정도에 머문다고 보았다. 그는 퇴계가 역을 해석할 때는 경經과 전傳을 함께 보아야 하며, 전傳으로 경經을 해석해야 한다는 입장을 견지하였으며, 역의 의리를 개진한 공자의 『역전』과 정이의 『정전程傳』을 중시하였다고 언급하였다.[18] 임영희는 퇴계의 역학관이 정자와 주희의 의리역학의 전통을 계승하여 『주역』 괘효상과 괘효사의 의리와 음양소장의 이치를 탐구하여 우환의식을 강조하고 도덕수양의 경지를 높인 것으로 언급하였다. 그는 퇴계가 『계몽전의』에서 주희의 관점에 따라 상수象數의 지위 또한 인정하였다고 보고 있다.[19]

이어서 퇴계의 상수역학적 측면에 강조점을 두어 연구한 학자로는 장입문(1984), 김익수(1989), 최정준(1997), 엄연석(2001), 윤종빈(2007) 등이 있다. 장입문은 퇴계의 역학이 주희의 역학을 계승하면서도 이수理數에 중점을 두면서 실제로 상수를 보다 중시하고 의리를 가볍게 여긴 점에서 주희와 달랐다고 언급하였다.[20] 장입문의 이러한 시각은 퇴계의 역학에 내포되어 있는 의리

---

16) 정병석, 「주역에 대한 퇴계의 의리적 관점」, 『퇴계학보』 115, 121쪽.
17) 김인철, 「퇴계와 지산의 『주역』 해석」, 『퇴계학과 한국문화』 36, 2005, 13쪽.
18) 여소강, 「退溪易學初論」, 『한국의 철학』 26, 경북대 퇴계연구소, 1998, 101쪽.
19) 임영희, 「李退溪與朱熹易哲學比較硏究」, 북경대박사학위논문, 1999, 21쪽.

적 요소를 소홀히 본다는 점에서 한계가 있는 것으로 지적할 수 있다. 김익수는 주자의 「하도낙서」에 대한 이론을 계승하고 있는 『계몽전의』의 상수역학적 측면을 중점적으로 규명하였다. 그는 퇴계의 이수理數 사상의 핵심은 「하도낙서」의 상변常變하는 수를 통하여 태극, 양의, 사상, 팔괘 사이의 관계와 음양오행으로 만물의 생성과정을 밝힘으로써 상수와 의리를 하나로 합한 것이라고 주장하였다.[21]

윤종빈은 퇴계의 『계몽전의』에서 제시된 도서상수학적 관점 가운데 '서남금화호역지리西南金火互易之理'[22]에 대한 논의를 통하여 퇴계역학의 논리적 특성을 탐구하였다. 이를 통하여 그는 퇴계가 주자의 「복희팔괘차서지도-횡도」에 나타난 문제점과 한계를 극복함으로써 자신의 독창적 역학관을 드러냈다[23]고 보았다. 엄연석은 퇴계의 『계몽전의』 내용 중 「하도낙서」의 수론, 괘효의 변화, 대연수로부터 음양노소의 수로의 변화와 연역과정, 괘효 형성의 수리논리적 과정 등 상수학적 의미를 고찰하였다. 그에 따르면 퇴계의 역학은 그의 이기론과 달리 자연의 기계적이고 법칙적인 측면을 강조함으로써 이기론의 우주론적 기초를 정립하는 의미를 가진다.[24]

최정준은 퇴계가 서법상筮法上의 수리를 천문과의 연관성 속에 파악하여, 설시법揲蓍法과 천문역법과의 긴밀한 관계를 강조한 것으로 파악하고 있다. 그는 퇴계에서 발견되는 역상易象, 수리數理의 상수학적 요소는 조선후기 자연과학에 관심을 가졌던 낙론계학풍의 맹아를 낳은 것으로 이해하였다.[25] 이처럼 퇴계의 역학사상은 자연에 내재해 있는 변화의 세계를 인간의 주체적이고 도덕적인 세계로 해석하고 있다는 점에서 그의 태극이기론 및 심성수양론과 밀접한 연관성을 갖는다. 이러한 시각을 연역하여 퇴계의 역학은

---

20) 張立文, 「朱熹與李滉的易學思想比較硏究」, 『退溪學報』 43, 1984.
21) 김익수, 「퇴계의 역학관(-)」, 『퇴계학연구』 3, 1989, 81쪽.
22) '서남금화호역지리'는 「하도낙서」의 四九와 二七이 五行으로는 金과 火로 결부되어 마침내 金火가 서로 交易하여 先天이 後天으로 바뀐다는 논리이다.
23) 윤종빈, 「퇴계 이황의 주역 이해」, 『한국역학의 논리』, 문경출판사, 2007, 62쪽.
24) 엄연석, 「이황의 계몽전의와 상수역학」, 『한국사상과 문화』 11, 2001, 224쪽.
25) 최정준, 「퇴계의 『계몽전의』에 관한 연구-『주역질의』와 관련하여」, 성균관대 석사논문, 1997, 93쪽.

우주론과 심성론, 역철학사적 견지, 예론禮論과의 연관성, 그리고 생태계의 위기 및 사회문화적 문제를 해결하는 원리를 탐색하는 등의 관점으로 새롭게 탐색할 수 있을 것이다.

다음으로 정약용의 역학에 관한 연구 성과는 어떤 과정을 거쳐 어떤 주제를 내포하고 있는지 점검해 보기로 한다. 조선후기의 철학사상을 대표하는 정약용의 학문은 『주역』뿐만 아니라 육경사서六經四書와 일표이서一表二書를 대표 저작으로 하여 경학經學과 경세론經世論을 포괄하면서 광범위한 영역에 걸쳐 연구되고 있다. 이 가운데 그의 역학 사상에 관한 연구 또한 비교적 많은 성과가 축적되어 왔다.

다산의 역학사상에 관하여 의미 있는 연구가 시작된 것은 1980년대 전후에 다산의 학문을 연구하였던 이을호李乙浩에 의해서였다. 그는 민음사民音社에서 대우학술총서로 발간된 『다산의 역학』(1990)을 저술하였다. 이 저술은 다산의 『역학서언易學緒言』과 『주역사전周易四箋』을 분석하고 고정考定하여 다산이 바라보는 역학사에 대한 비판적 평가와 함께 역리사법易理四法의 의의를 구체적인 내용을 제시하면서 해명하고 있다는 점에서 다산 역학에 대한 선구적 연구로서의 의미를 갖는다. 이 시기를 전후하여 방인方仁은 논리적인 측면에서 '역리사법'을 분석하고 설명하여 다산 역학의 수리논리적 측면에 주목하였다.[26] 금장태는 한국유교를 재조명하는 관점에서 다산의 역학사상을 서학정신의 관점에서 해명하고자 하였다.[27] 이들 연구도 다산 역학 연구에 있어서 선도적인 의미를 갖는다.

이후 다산의 역학사상은 많은 학자들의 관심이 집중되면서 학위 논문을 중심으로 다양한 연구 성과가 이루어졌다. 김왕연(1989)과 정해왕(1990)은 박사학위를 통하여 다산 역학의 전체적인 체제와 의미를 본격적으로 분석하기 시작하였다. 김왕연은 다산이 이정조李鼎祚, 소옹邵雍1011~1077, 주희朱熹1130~1200에 대한 비판을 통하여 그의 역학의 실천성을 해명하고자 하였

26) 방인, 「다산 역학사상에 대한 연구」, 정신문화연구원, 1982
27) 금장태, 「다산의 역학사상과 서학정신」, 『한국유교의 재조명』, 전망사, 1982, 291~299쪽.

다고 평가하였다. 특히 그는 이기론, 심성론, 천론, 가치론, 인간관의 입장에서 다산 역학의 철학적 기초를 탐구하고 있다.28) 정해왕은 주로 『주역』에 있어서 기호記號가 언어言語로 어떻게 표출되는가 하는 점을 다산 역학을 통하여 구명하고자 하였다.29)

1990년대에 들어서면서 『주역사전周易四箋』의 대한 연구는 주로 다산 역학의 역리사법易理四法을 중심으로 한 연구방법론, 『주역』 해석체계, 그리고 점서적 성격 등을 중심으로 연구되었다. 백영빈(1995)과 박주병(1998)이 역리사법을 중심으로 한 연구방법론에 주목하였다면,30) 김인철(1999)은 해석체계에 주목하였다. 김인철은 경문해석과 역리사법을 중심으로 하는 그의 역해석 이론의 실제적 연관성이 분리되는 것을 극복하고자 하는 해석체계를 제시하고자 하였다. 특히 그는 역리와 그것의 적용을 일목요연하게 정리했으며 「시괘전蓍卦傳」에 대하여 검토하면서 다산의 학역學易 과정을 치밀하게 분석하고 있다.31)

방인(1999)과 임재규(1998)는 또한 다산역의 점서적 측면을 중점적으로 고찰하는 논문을 작성하였다.32) 이 밖에 1990년대 중후반에 다산 역학에 관한 연구는 김경일(1998), 장회익(1998) 등에 의해 서양철학 및 과학사상과 관련하여 조명되기도 하였다. 김경일은 역리사법을 중심으로 하는 다산의 역학을 화이트헤드의 유기체 철학과 비교하여 해석하였다. 그에 따르면 물상物象과 추이推移, 호체互體와 효변爻變으로 구성된 다산의 역리사법은 화이트헤드의 유기체철학과 유비추리가 가능하며, 이것은 논리적 유사성과 변화·생성·

28) 김왕연, 「다산 역학의 연구」, 고려대 박사학위논문, 1989, 34~59쪽.

29) 정해왕, 『주역』의 해석방법론에 관한 연구-정약용의 역학을 중심으로-」, 부산대박사학위논문, 1990.

30) 백영빈, 「정약용의 『주역』 해석방법의 특징」, 정신문화연구원, 석사논문, 1995; 박주병, 「丁茶山 易學에 있어서 易理四法에 대한 硏究」, 영남대 석사학위논문, 1998.

31) 김인철, 「茶山의 『周易』 解釋 체계」, 고려대 박사학위논문, 1999; 경인문화사, 2003, 222~31쪽.

32) 방인, 「다산의 易論을 통해 본 卜筮의 模擬實驗的 기능」, 『주역연구』 4, 1999.; 임재규, 「다산 역학의 점서적 성격에 관한 연구」, 서울대 석사학위논문, 1998.

과정의 원리가 추론될 수 있다고 주장하였다.[33] 장회익은 『주역』과 양자역학을 비교하고 나서 다산의 자연관을 과학사상의 측면에서 고찰하였다.[34]

이후 2000년대 들어 와서 다산 역학에 대한 연구는 여러 방면에서 새로이 심화된 양상을 띠면서 이루어졌다. 이들 가운데 두드러진 경향은 김승동(1990)의 연구[35]를 이어 다산 역학을 중국 역학자들과 비교하는 시각에서 연구하는 경향이 형성되었다는 점이다. 신원봉(2002), 김영우(2004)가 중국 역학의 다산에 대한 영향의 측면에 초점을 두었다면,[36] 방인(2002; 2004)은 다산의 중국역학에 대한 비판적 시각에 초점을 두어 연구하였다.[37] 이들 논문은 다산 역학사상의 기본 구조를 설명하면서도 청대 고증학과의 연관관계에 대한 전망을 가지고 다산 역학의 특징을 검토하고 있다.

2000년 이후 다산 역학에 대한 또 하나의 흐름은 역사易詞, 괘卦, 수數 등과 대비하여 상象 개념에 주목한 연구가 진전되었다는 점이다. 박주병(2001)과 황병기(2004)가 대표적인 사례이다. 박주병은 다산이 상象과 사詞 가운데서 사사완상舍詞玩象을 주장한다는 점을 들어 상일원론象一元論으로 규정하고 있다.[38] 하지만 다산역 속에서 사詞를 제거한다면 상象을 논할 근거가 없어

---

33) 김경일, 「정약용 역학과 화이트헤드 유기체철학의 비교」, 『동양철학연구』 18, 1997, 342쪽.

34) 장회익, 「조선실학의 과학사상-정약용의 자연관을 중심으로」, 『삶과 온생명』, 솔, 1998, 136~145쪽.

35) 김승동, 「모기령과 정약용의 역괘 해석에 관한 비교연구」, 『인문논총』 36, 부산대, 1990, 김승동은 다산과 모기령의 역학을 비교하면서 이들이 모두 주자학적 역설에 반기를 든 것이 『주역』 해석에 반영되어 있다는 점에서 공통점을 가지고 있다고 보았다. 그리고 모기령은 五易說로 다산의 四法說 및 三易說과 같은 방법론을 통하여 『주역』을 해석하는 점에서 한대 역학을 계승하고 있다고 보았다. 하지만 이들 두 사람은 같은 개념을 쓰더라도 그 의미를 달리하여 사용하였는데, 종합적으로 볼 때 다산의 이론이 보다 치밀한 것으로 평가하였다.(229~230쪽)

36) 신원봉, 「다산의 역학관 정립에 미친 청대사상의 영향-모기령을 중심으로」, 『다산학』 3, 2002.; 김영우, 「정약용과 모기령의 역학사상 비교연구」, 『동방학지』, 2004.

37) 방인, 「다산의 明淸易學비판」, 『철학연구』 84, 대한철학회, 2004; 방인, 「다산의 李光地 역학에 대한 비판」, 『철학연구』 90, 2004.

38) 박주병, 『周易反正-정약용 역학을 중심으로-』, 서문당, 2002; 황병기, 「다산정

진다는 점에서 한계를 가진다고 할 수 있다. 반면 황병기는 「다산 정약용의 역상학」이란 논문에서 고대 원시 역상易象의 체계를 통해서 전통 성리학적 세계관이 아닌 전혀 다른 세계관으로, 오히려 다르다고 하기보다는 유가儒家 본원의 세계관으로 역학을 재정립하려 한 것이 다산역의 핵심이라고 보았다[39]

이와 같은 논문이 발표된 이후 다산 역학에 관해서는 '연세대 강진다산실학연구원'에서 2008년에 다산의 『주역사전周易四箋』 무진본戊辰本 발간 200주년을 기념하는 학술대회가 열려 다산 역학을 새로운 관점에서 연구하는 논문이 발표되었다. 여기에서 방인은 『주역사전』을 기호학적으로 독해하고자 하여 그의 인식론을 모사론으로 규정하면서 모사된 기호가 갖는 기능적 역할을 분석하고 있다.[40] 김영우는 다산 역학의 종교성과 윤리성이란 주제로 접근하였는데, 그는 다산의 역학과 윤리론 모두 상제천의 존재를 강조하면서도 상제천의 모습이 적극적으로 나타나지 않는다고 분석하였다.[41] 이창일은 다산 역학을 오늘의 시각에서 비판적으로 검토하되, 그의 역학을 영성적靈性的 측면에서 해석하여 새로운 의리역학이라는 관점에서 바라보았다. 논문에서 『주역』 괘효사 해석을 이용한 카를 융Carl Jung1875~1961 학파의 심리치료적 기법을 다산의 해석과 비교하는 대목은 『주역』의 미래적 활용이 어떤 방향으로 나아가야 할지를 시사해 준다고 할 수 있다.[42]

이처럼 권근, 이황, 정약용을 대표로 하는 조선시대 역학사상은 현재 여러 시각과 주제, 그리고 방법론의 측면에서 그 연구 저변을 다양하게 넓혀가고 있다. 뿐만 아니라 이들 학자 이외에 이이, 장현광, 조호익, 이덕홍, 이원구, 성이심, 한원진, 김정희 등 조선시대 여러 학자들의 역학에 관한 논문

약용의 역상학」, 연세대 박사학위논문, 2004, 19쪽.

39) 황병기, 「다산정약용의 역상학」, 연세대 박사학위논문, 2004, 249~254쪽.

40) 방인, 「『周易四箋』의 기호학적 독해」 『다산 주역사전 무진본 발간 200주년 기념학술대회자료집』, 2008, 5~34쪽.

41) 김영우, 「다산 역학의 두 차원:종교성과 윤리성」, 『다산 주역사전 무진본 발간 200주년 기념학술대회자료집』, 2008, 51~65쪽.

42) 이창일, 「다산 역학과 오늘-다산 역전 해석의 비판적 이해와 미래적 전망」, 73~105쪽.

도 많이 발표되었다. 이들 학자들의 역학사상에 관한 연구 가운데 대표적인 것을 정리하기로 한다.

먼저 이이의 역학에 관한 연구는 여소강(1997)과 임채우(2005)의 논문이 있다. 여소강은 이이의 역학이 실학의 궤도를 형성하면서 의리의 방향을 가졌다는 측면에 유의하였다.[43] 임채우는 율곡의 「역수책易數策」은 의리와 상수를 종합하였는데, 『주역』의 철학을 현실에 실현하고자 하는 실천성에 율곡 역학의 독창성이 있다고 평가하였다.[44]

장현광의 역학에 관한 연구는 유권종(1999), 김문용(2008)의 논문이 있다. 유권종은 성리설과의 연관 속에서 장현광의 역학은 소강절의 선천학先天學에 바탕을 두면서도 상수학적 방법에 입각해 있으며, 관물觀物이라는 사변을 통하여 일원적 도덕의 응축을 중추적인 방법으로 삼는다[45]고 보았다. 반면 김문용은 장현광의 상수학적 우주론은 자연학을 성리학의 영역 안으로 끌어들인 것으로 평가하였다. 그러나 그는 장현광의 우주론이 그 내부에 새로운 지식과 정보를 수용하기 어려워 서양과학을 수용하지 못하는 한계를 가지는 것으로 해석하였다.[46]

이덕홍과 조호익의 역학에 관한 논문은 엄연석이 제출하였다. 그는 이덕홍의 역학은 의리역학적 목표를 가지면서도 상수, 도상학적인 이론을 고찰함으로써, 퇴계의 역학사상을 이어 조선 중기의 상수와 도상학의 발전에 계기가 된 것으로 보았다. 또 조호익의 역학에 대해서 그는 『역상설易象說』의 내용을 구체적으로 분석하면서 조호익의 역학이 목표에 있어서 의리적인 방향을 가지면서도, 괘효사 해석에 있어서는 주로 상수역학적 방법을 취하

43) 여소강, 심재결, 「율곡의 역학사상 천론」, 『율곡사상연구』 3집, 1997, 203~234쪽.
44) 임채우, 「율곡 「易數策」의 역학관-의리와 상수의 상보론적 관점에서」, 『한국사상과 문화』 31, 2005. 238쪽.
45) 유권종, 「여헌 장현광의 역학과 성리학의 철학적 연관성에 관한 연구」, 『동양학』 29, 1999, 239쪽. 조장연은 장현광이 도설을 중시하여 이를 우주자연에 확장시키는 태도를 소옹의 영향으로 보았다.(조장연, 「장현광 역학의 원천에 관한 고찰」, 『한국철학논집』, 2004, 226쪽)
46) 김문용, 「장현광 우주론의 상수학적 성격에 관한 연구」, 『동양고전연구』 33집, 2008, 25~27쪽.

고 있음을 규명하였다.[47)]

이원구의 역학에 관해서는 이선경(2005)이 『심성록心性錄』의 구도육사론九道六事論을 중심으로 박사학위 논문을 제출하였다. 그는 이원구가 구도육사론의 핵심이 생명의 가치 아래 인륜人倫과 산업産業을 통합한 데 있는 것으로 해석하였다.[48)] 성이심成以心의 역학에 관해서는 금장태가 『인역人易』을 분석하면서 그 이론적 특색을 제시하였다. 그는 성이심의 『인역』을 역의 인간중심적 전환, 역의 성리학적 융해, 그리고 역의 새로운 가능성의 탐색이라는 관점에서 해석하고 있으며, 성이심의 역학에서는 『주역』이 해체되어 성리학적 인식 속에서 활용되고 있음을 강조하였다.[49)]

이 밖에도 조선시대 많은 학자들의 역학사상에 관한 논문이 이루어졌다. 지면의 제한으로 인하여 모두 정리하지 못했으나, 이들 논문은 대체로 특정 인물을 위주로 하여 그의 학문전체와 연관하여 역학사상을 문제 삼는 경향이 강하다. 이러한 상황을 고려하여 국내외에서 이미 연구된 조선시대 역학 연구의 초점과 경향을 요약하면 제한된 주제와 인물 위주, 그리고 특정 학자의 전체 학문 사상과의 연관성의 측면에서 문제를 제기하는 경향이 매우 강한 점을 들 수 있다. 이러한 연구 방법과 방향은 조선시대 역학 연구를 단순한 역학사상의 차원에 머무르게 하는 한계를 가지는 것으로 평가된다. 조선시대 역학사상에 대한 연구를 '조선시대역철학사' 연구로 격상시키기 위해서는 조선시대 역학 연구 자료가 지니는 철학적 특성들을 파악하는 준거틀을 확립하고 개념적 엄밀성을 가지고 연구하는 풍토를 진작시켜야 할 것이다.

---

47) 엄연석, 「간재 이덕홍의 이기심성론과 역학의 특징」, 『퇴계학보』 114, 2003, 77쪽; 엄연석, 「조호익 역학의 상수학적 방법과 의리학적 목표」, 『대동문화연구』 38, 2001, 241쪽.

48) 이선경, 「一叟 李元龜의 易學思想硏究」, 성균관대 박사논문, 2002, 132쪽.

49) 금장태, 『조선유학의 주역사상』, 예문서원, 2007, 188쪽.

4. 준거틀의 정립과 연구의 방향

위의 연구 성과를 개관해 볼 때, 조선시대 역학사상 연구는 현재까지 역학에서 문제 삼는 주제별 연구, 개별 학술영역과 연관한 응용 분야, 학자 사이를 비교하는 시각, 역학사 또는 주석사적 관점, 그리고 성리학과의 연관성의 측면, 현대의 생태학적 관점 등 다양한 분야로 구분되고 있다. 이러한 연구경향을 평가해보면 조선시대 역학에 관한 연구는 당시대를 살면서 학문적 활동을 하였던 학자들의 연구경향을 따라가는 특성을 가진다고 할 수 있다. 이것을 구체적으로 말하면 당시의 학자들은 부분적으로 당면한 현실에서 이용되는 구체적이고 실용적인 필요와 연관된 문제를 역학적 원리에서 찾고자 했다는 것이다. 그리고 또한 성리학의 우주론적 토대를 정립하고자 하는 문제에 중심적인 관심을 가진 것 또한 조선시대 역학의 경향으로 해석할 수 있다.

그러나 조선시대 역학에 관한 현대 연구자들은 여러 실용적 분야와 연관된 역학 사상에 대해서도 연구를 진전시키고 있지만, 2000년대 이후 최근에 들어와서는 『주역』의 일반적 원리에 관한 이론, 그리고 개별 역학자의 역학사상에 내포되어 있는 의미를 다양한 주제를 설정하여 연역해내고 있다. 다시 말하면 최근에 조선시대 역학을 연구하는 학자들은 『주역』 자체에 내포되어 있는 여러 철학적, 문화적 이론과 같은 보다 심도 있는 의미를 이끌어내고자 한다는 것이다. 예컨대 『주역』에 함축되어 있는 과학사상, 기호론적 의미, 영성적 해석, 문화론적 해석 등과 같은 새로운 시각을 가지고 조선시대 역학을 해석하고 있다는 것이다. 이와 같은 관점과 해석은 『주역』에 내포되어 있는 다양한 의미를 해명하는 데 매우 효과적인 연구방법론이라고 할 수 있다.

본 연구에서는 이러한 연구방법론들을 종합하면서도 『주역』이 포함하고 있는 유기적이고 체계적인 의미연관성에 따라 엄밀한 개념과 주제를 중심으로 하는 준거틀을 설정하여 조선시대 역철학사를 체계적으로 연구하고자 하며, 구체적인 연구 내용을 설정해보고자 한다. 여기에서 개념과 주제를 중심으로 준거틀을 세우는 것은 『주역』을 구성하는 데 핵심 개념 또는 방법론이 되는 것이다. 이것은 태극, 양의, 사상, 팔괘, 64괘, 상수象數, 의리義理, 괘효卦爻, 괘효사卦爻辭, 물상物象, 상象, 「설괘전說卦傳」, 효변爻變, 중정中正, 비응比應, 호체互體, 「하도낙서」의 수리, 음양노소의 수, 대연지수大衍之數, 내괘외괘內卦外卦 등이 지니는 상호간 의미연관성을 구체적으로 분석하여, 일정한 주제적 기준에 따라 분류를 행하는 것을 뜻한다.

앞 장에서 언급한 바와 같이 『주역』은 가장 단순한 음양의 부호로부터 팔괘, 64괘의 괘효와 괘효를 해석하는 문장으로서 괘효사, 여기에 포함된 물상, 나아가 이들 괘효사를 철학적으로 해석하는 『역전易傳』을 포함하고 있다. 또한 『주역』에는 수리적 원리의 근거로서 「하도낙서河圖洛書」도 포함된다. 이들 여러 중층적이고 단계적인 체계를 가지는 『주역』은 자연의 변화와 인간의 사회문화적 질서를 특정한 상징물과 문장체계를 통하여 설명하고자 한다.

칼 구스타프 융은 '역경易經이 실재를 바라보는 태도는 우리의 인과적 절차에 대해 싫어하는 것 같다. 실제 관찰하는 순간은 고대 중국인들에게 있어서는 발생하는 인과적 연쇄과정의 결과라기보다 우연한 적중으로 보인다'[50]고 말하였다. 이러한 관점은 실재나 현상들이 단일한 인과적 연쇄에 따라 연결된 것이 아니라 복합적인 총체성을 이루고 있음에 따라 복합적 상관성을 가지고 있는 것으로 이해하는 시각과 연관된다고 할 수 있다. 이러한 중층적 체계로서 『주역』의 내용을 구성하는 개념들은 각각 친연관계에 따라 여러 연구 분야마다 강조점이 다르다. 이제 연구 분야에 따른 개념적 분류를 통하여 조선시대역철학사 연구를 위한 준거틀*frame of reference*을 정리해 보기로 한다.

먼저 준거틀에는 역학을 연구한 조선시대 인물이 기준이 되는데, 이들은

---

50) Richard Wilhelm, trans. by Cary F. Baynes, *The I Ching or Book of Changes*, Princeton University Press, 1987, 'Forword', *xxiii.*

준거 개념에 의해 연구되어야 하는 원자료의 저작자이다. 이들 원자료가 역철학사의 복합적인 내용을 많이 포함하고 있다면 여러 준거 개념들에 의해 여러 분야에서 연구할 수 있다. 다음으로 역철학사적 관점과 역학적 주제, 그리고 여러 응용분야와 연관하여 커다란 주제를 나눌 수 있다. 구체적으로 이것은 상수역학, 의리역학, 『역학계몽』, 성리학설, 응용역학(자연과학), 선천역학, 도상학, 사회문화(응용) 등으로 분류할 수 있다. 이들 주제들은 각각 이들 주제를 떠받치는 준거개념들이 있다. 이것들은 다시 여러 개념들로 나뉜다. 물론 이들 개념은 상호간 밀접한 연관성을 가진다.

먼저 상수역학에서 근거로 삼는 준거개념은 물상物象, 효변爻變, 호체互體, 추이推移, 그리고 설괘說卦 등이 있다. 이들 개념들은 현상적인 측면에서 사물의 변화와 상象을 중시하는 관점을 반영한다. 반면, 의리역학에서 준거로 삼는 개념은 괘명卦名, 서괘序卦, 중정中正, 비응比應, 괘덕卦德 등이 있다. 이들 개념은 상수역학에서와 같이 현상적 변화를 설명해 주기보다 주로 일정한 상황에서 보편적인 의미와 의리를 드러내는 데 적절한 개념적 틀이 된다. 다음으로 『역학계몽』은 주희가 저술한 저작이다. 이 저술은 조선시대 학자들이 많은 연구를 해온 저술로서, 「하도낙서」, 괘의 형성과정, 점치는 방법, 점의 해석 등을 설명하고 있다. 따라서 여기에서는 음양노소의 수와 사상四象, 팔괘, 그리고 대연지수大衍之數 등이 준거개념이 될 수 있다. 다음으로 『주역』을 성리학설의 관점과 연결하는 경우 태극太極, 이기理氣, 음양陰陽, 성경誠敬 등의 개념이 준거 개념이 된다. 그리고 응용역학(자연과학)에서는 천문역법과 관련하여 납갑納甲, 비복飛伏, 효변爻變 등의 개념이 준거개념이 될 수 있다. 또 선천역학에서는 「복희팔괘도伏羲八卦圖」, 가일배법加一倍法 등이 준거개념이 된다. 도상학에서는 「하도낙서」와 「문왕팔괘도」, 「육십사괘도」 등이 있다. 그리고 사회문화적 응용 분야에서는 음운, 회화, 도자기, 무용 등의 분야가 있는데 이들 분야에서는 삼재三才, 음양陰陽, 강유剛柔, 팔괘 등의 개념이 준거 개념으로 중요하다고 할 수 있다. 이제 이들을 체계화한 종합적인 준거틀을 다음과 같이 도표로 표시할 수 있다.

【표0-4】 주제, 준거개념 및 인물 기준에 따른 준거틀의 범례

주제	준거개념 \ 인물	권근	이황	장현광	서명응	성이심	정약용	정선	…
상수역학	물상物象		◆				◆		
	설괘說卦								
	효변爻變								
	호체互體								
의리역학	괘명卦名	◆			◆	◆			
	서괘序卦								
	중정中正	◆							
	비응比應								
역학계몽	대연지수 大衍之數 노소음양수 老少陰陽數		◆				◆		
	양의사상 兩儀四象 팔괘八卦		◆				◆		
성리학설	태극太極		◆	◆					
	음양이기 陰陽理氣		◆						
응용역학 (자연과학)	납갑納甲		◆	◆					
	십이율十二律 간지干支			◆	◆	◆			
선천역학	복희팔괘도 伏羲八卦圖			◆					
	가일배법 加一倍法			◆					
도상학	하도낙서 河圖洛書		◆	◆					
	문왕팔괘도 文王八卦圖								
사회문화	회화繪畫 무용舞踊							◆	
	도자기陶瓷器, 언어言語								

이러한 준거틀이 정립되고 나면 조선시대에 전개되었던 역학易學을 역철학적 그리고 철학사적 관점에서 상수역학과, 수리역학, 그리고 의리역학, 고증역학, 성리학설과의 연관성, 응용역학(자연과학), 도상학, 『역학계몽』 등과 같은 주제를 보다 체계적으로 연구할 수 있을 것이다. 나아가 이렇게 조선시대역철학사를 일정한 준거틀에 기준을 두어 『주역』 각각의 주제 영역의 연구 내용이 지니는 의미연관성을 분명히 함으로써 조선시대의 다양한 역학 분야에 대하여 보다 체계적이고 종합적으로 이해할 수 있는 시야를 확보할 수 있을 것이다. 또한 현대적 관점에서 조선시대 『주역』 사상이 가지는 여러 의미를 평가하고 전망할 수 있을 것이다. 요컨대, 조선시대 역철학사에 대한 준거틀이 의미 있게 설정되면 보다 체계적인 후속 연구가 진행될 수 있을 것이다. 구체적으로 말하면 다음과 같이 준거틀에 따른 연구, 자연학과 인간학의 관점, 경학적 관점, 사상사적 관점, 서양철학 및 과학과 연관된 관점, 그리고 현대의 사회문화적 생태학적 관점과 같은 영역으로 연구를 확대할 수 있을 것이다.

【표0-5】 주제에 따른 『주역』 연구내용

주 제	내 용	비 고
준거틀에 따른 연구	【표0-4】에 근거한 상수역학, 의리역학, 역학계몽, 성리학설, 응용역학, 도상학, 선천역학, 사회문화의 응용분야 등 다양한 연구	
자연학과 인간학	『주역』의 자연학과 우주론, 그리고 인식론적 관점에 기초하여 성리학의 형이상학과 심성론, 그리고 도덕실천론 및 수양론에 대한 좀 더 입체적인 연구	
경학적 관점	『주역』과 예학禮學, 춘추학春秋學을 중심으로 한 경학 사상에 대한 연구.	
사상사적 관점	『주역』과 조선시대 경세론, 사회정치사상, 사상문화론 등과의 연관성에 관한 연구.	
서양철학・과학과 연관	『주역』을 서양철학 및 사회과학, 자연과학과 연	

	관한 연구.	
현대적 시각	변화를 통하여 사물 본성을 실현하고자 하는 것을 설명하고자 하는 것이 『주역』의 이상임을 고려하여 현대적 시각에서 『주역』의 사회문화적 이상, 생태학적 함의와 연관된 연구.	

이제 본 저작에서 고찰하고자 하는 내용을 간략하게 요약하면 다음과 같다. 먼저 다음 장에서는 조선전기역철학사의 방향과 흐름을 크게 상수역학과 의리역학으로 구분하여 개관하고자 한다. 다음은 조선초기朝鮮初期와 조선전기朝鮮前期로 편을 나누어 해당시기 여러 학자들의 『주역』에 대한 학설과 견해를 고찰하고자 한다. 이 가운데 조선초기는 먼저 '권근의 상수학적 토대와 의리역학사상'을 고찰하고 나서, '정도전의 성리학적 『주역』 인식과 의리역학', '『훈민정음』의 상수역학적 기초와 의리적 목표'에 대하여 살펴볼 예정이다. 이어서 '세조의 『역학계몽요해』와 상수역학적 해석'과 '김시습의 『주역』 인식과 의리역학적 지향'에 대하여 고찰함으로써 조선초기 역학사상을 마무리 지을 예정이다.

다음으로 조선전기는 먼저 '이세응의 의리적 『주역』 해석과 상수학적 요소'를 고찰하고 나서, '서경덕의 선천기론과 상수역학사상', '황효공의 『역범도』 체계와 도설의 상수학적 의미'에 대하여 해명하고자 한다. 이어서 '퇴계의 상수역학과 의리역학적 목표', '남명 철학에서 경의敬義의 실천과 의리역학사상'에 대하여 고찰하고, 마지막으로 '율곡의 이기지묘理氣之妙 이론과 의리역학적 지향'에 대하여 살펴봄으로써 조선전기 역학사상에 대한 분석을 마칠 예정이다. 마지막 결론에서는 조선전기역철학사의 특징과 의의를 주로 인물을 중심으로 하되 역철학사적 주제와 시대적 흐름에 중점을 두어 요약하고자 한다. 이어서 조선전기역철학사가 조선 중기와 후기 역철학사에 끼친 영향을 검토하고 후속 연구방향에 대하여 다시 한 번 전망함으로써 본 연구의 의의를 환기하고자 한다.

I. 조선전기역철학사개관

朝鮮前期易哲學史槪觀

⊛ 조선전기역철학사의 분기와 흐름

제0장
조선전기역철학사의 분기와 흐름

1. 머리말

본 장에서는 조선전기역철학사의 분기와 흐름에 유의하여 상수역학과 의리역학 및 이들 사이의 상관관계를 중심으로 한 조선전기 역학의 전체적 면모를 개관하고자 한다. 이 장은 본론에서 논의되는 조선전기의 여러 역학적 흐름과 주제에 대한 핵심개요와 연구방법론을 살펴보는 것을 의미한다. 따라서 이 장은 조선전기역철학사를 보다 심도 있게 연구하기 위한 기초정립으로서 서론에서 언급한 준거틀*frame of reference*을 설정하는 문제와도 깊은 연관성을 가진다.

조선전기역철학사를 문제 삼고자 할 때 가장 먼저 주목해야 할 것은 고려 말의 유학자들이 원나라로부터 수용한 역학이 어떤 특징을 가지는가 하는 점이다. 고려 말기 유학자들이 성리학 이론서들을 전래하면서 수입한 역학에 관한 서적은 바로 성리학의 기초적 이론을 담고 있는 정이의 『역전』이었다.[1] 고려 말의 학자들이 성리학을 수용하면서 의리역학의 중심 이론

1) 정이의 『역전』은 『주역』을 의리적으로 해석하면서 『주역』의 괘효사를 인간의 자기수양, 齊家의 문제, 공직에 나아가 봉사하는 일, 그리고 출처진퇴 등의 치국과 관련한 도덕적 실천의 문제와 관련하여 해석하였다.(Kidder Smith,

서인 『역전』을 전래했다는 사실은 이후 학자들이 의리역학을 중심으로 『역』을 연구했을 것이라는 추론을 가능케 한다. 조선 초기에 정이의 『역전』에 영향을 받은 대표적인 학자는 권근이다.2) 권근 이후 조선 전기 여러 학자들의 역에 관한 관심과 경향은 몇 가지 관점으로 구분된다.

첫째, 조선 전기 학자들 중 일부는 도덕실천의 표준을 제시하려는 『주역』 본래의 의도와 『역전』의 영향에 따라 중정론中正論, 비응론比應論과 같은 의리역학적인 해석방법론에 따라 『주역』을 해석하고자 하였다. 둘째는 주희가 『역학계몽』에서 제시했던 「하도낙서」와 「복희선천팔괘도」와 「문왕후천팔괘도」 등 도표에 대한 상수학적 연구가 일부 학자들에 의하여 탐구되었다. 이 중에서 이황의 『계몽전의』는 『역학계몽』에서의 수리 및 상수역학 이론, 한대의 상수역학 이론을 제시하며, 상수와 수리역학의 흐름을 주도하였다.

셋째는 상수역학 방법론 중에 괘변론, 호체론을 중심으로 하는 한대 상수역학 이론을 적용하여 『주역』 괘효사를 해석하는 일부 흐름도 있었다. 이러한 상수역학적 해석방법론에 따른 연구는 정이의 『역전』에 영향을 받은 의리역학적 해석방법론과 함께 같은 학자에서 동시에 나타나기도 한다. 그러나 시대의 선후에 따라서 이 두 방법론을 이용하여 괘효사를 해석하는 비중이 달라지는 경향을 보인다. 조선초기에서 전기에 이르기까지 『주역』 괘효사에 주석을 붙인 학자가 많지 않으므로 그 경향을 바로 일반화할 수는 없다. 하지만 초기에 의리역학적 방법에 따른 해석의 비중이 높았다면 조선 전기에 시대가 지날수록 상수역학적 방법에 따라 해석하는 비중이 높아지는 경향을 보인다.

넷째는 『주역』을 이기理氣와 상수 사이의 연관성에 주목하여 성리학의 본체론과 결합하여 이해하고자 하는 경향 또한 하나의 흐름을 이루고 있다. 이 경우는 일반적으로 태극이기론과 『주역』의 상수 개념을 중점적으로 연

"Ch'eng I and Heaven-and-Earth", *Sung Dynasty Uses of the I Ching*, Princeton U. P., 1990. p.160)

2) 곽신환은 『주역천견록』에 나타난 양촌 권근의 역학에 관한 논문에서 양촌은 성리학적인 역학의 계열 안에서 의리역학과 상수역학을 상호 발용의 관계로 파악하고 있다(1996, 265쪽)고 분석하였다.

관시키면서 『주역』에서 말하는 변화의 세계가 이기론의 실제 내용을 구성하는 것으로 보며, 태극이기론은 변화의 세계를 틀지우는 형식적 존재론적 근거로 이해된다. 성리학의 본체론에서의 태극이기와 『주역』에 있어서 음양의 변화는 다시 말하면 형식과 내용으로 구분되면서도 하나의 전체적인 유기적 체계로 결합하여 일체가 되는 것이다. 정이와 주희가 이기상수理氣象數를 연속적인 일관성을 가지는 것으로 말한 것은 바로 성리학의 이기론과 『주역』의 상수를 중심으로 하는 변화체계 사이의 유기적인 일체성을 설명해 주는 것이다.

다섯째는 「선천도先天圖」를 중심으로 하여 소강절의 역학을 계승한 도상학적 선천역학의 흐름도 권근의 『입학도설』을 효시로 하여 비교적 일정한 경향을 가지고 이어졌다. 여섯째는 약간 지엽적인 것으로 간주되긴 하지만, 『주역』의 원리를 음운학音韻學에 적용하여 그 법칙적 수리적 원리를 제시한 연구의 흐름이 발견되기도 한다. 조선 초기 세종과 집현전 학사들에 의해 지어진 『훈민정음』은 음운학에 『주역』의 원리를 적용한 대표적인 성과이다. 서경덕의 「성음해聲音解」는 소옹의 「경세사상체용지수도經世四象體用之數圖」의 음운학적 내용을 자세하게 해설한 글이다. 이 「성음해」 또한 조선 전기에 『주역』의 원리를 음운학에 적용한 대표적인 사례라고 할 수 있다. 이제 본 장에서는 여러 학자들에 의해 전개된 조선전기역철학사의 몇 가지 경향을 의리역학과 상수역학의 방법론을 기준으로 구분하여 그 역철학사적 의의를 조망해 보고자 한다.

다음 제2절에서 먼저 고려 후기에 성리학자들이 중국으로부터 역학을 도입하던 시기로부터 조선전기에 이르는 시기의 역학을 중심으로 조선전기역철학사를 특징짓는 시대적 학문적 배경을 살펴보기로 한다. 다음으로 제3장에서는 중국역철학사에서 전개된 여러 이론의 핵심 개념인 동시에 『주역』을 구성하는 기본 요소로서 상象과 의리義理 및 이들 사이의 상관관계에 대하여 검토하고자 한다. 이어서 제4절 제1항에서는 조선전기에 도상과 그림을 중심으로 수리역학 이론을 제시한 학자들의 이론적 특징과 내용을 제시할 예정이다. 제2항에서는 한대漢代 이래 상수역학 이론으로서 괘변론卦變論과 호체론互體論, 비복설飛伏說 등의 이론을 통하여 괘효사를 해석한 내용을 제시하여, 학자들이 상수역학의 어떤 측면을 강조하는가 하는 점을 살펴보기로 한다. 제3항에서는 『주역』의 삼재론이 음운학에 적용된 저술로서 『훈민정음』의 구성원리와 서경덕의 「성음해」의 상수역학적 토대에 대하여 살펴볼 예정이다.

제5절 제1항에서는 성리학의 이기론과 연관하여 의리역학의 관점을 보여주는 일부 학자들의 유가적인 도덕실천적 목표에 관한 시각을 제시하고자 한다. 제2항에서는 의리역학에서 『주역』 해석의 중요한 방법론으로 강조하는 중정론中正論 및 비응론比應論과 관련하여 몇몇 학자들이 제시한 괘효사에 대한 해석상의 특징을 고찰하고자 하였다. 마지막으로 제6절의 결론에서는 조선전기역철학사의 네 가지 흐름을 요약하고 그 철학사적인 의의를 제시하였다.

2. 역철학사의 학문적 배경

조선 초기와 전기의 역학사상은 고려 후기에 학자들이 중국으로부터 성리학을 도입하고 『주역』에 대한 주석서를 받아들이면서 형성되기 시작하였다. 따라서 조선전기 역학사상의 특징을 이해하기 위해서는 고려 후기에 『주역』 주석서를 수용하고 연구한 학문적 배경을 살펴볼 필요가 있다. 이 절에서는 고려 후기 학자들이 성리학을 수용하면서 『주역』을 연구하고 이해한 것으로부터 이후 조선전기 역학 사상의 토대가 되었던 학문적 배경에 대하여 살펴보기로 한다.

고려 후기에 일부 관료 학자들은 고려 시대 전반에 걸쳐 국가를 통치하는 이념적 토대가 되었던 불교의 폐단을 극복하고자 하였다. 이들은 이러한 목표를 가지고 원나라로부터 성리학을 도입하였는데, 성리학은 이후 새로운 시대를 열어가는 철학적 토대가 되었다. 안유安裕1243~1306, 백이정白頤正1247~1323, 권부權溥1262~1346, 이제현李齊賢1287~1367, 이곡李穀1298~1351을 거쳐 고려말기의 백문보白文寶1303~1374, 이색李穡1328~1396, 정몽주鄭夢周1337~1392 등은 이 시기에 성리학을 연구한 대표적인 관료 학자들이다. 안유가 충렬왕을 따라 원나라에 갔다가 주자서朱子書를 베껴서 돌아온 이후[3], 학자들은 여러 성리학 관련 서적과 이론을 수용하였다. 이 가운데 정이의 『역전易傳』과 주희의 『사서집주四書集註』를 수입 간행한 것은 특기할 만한 일이다.[4] 이 서적들은 성리학의 핵심 이론들을 주석의 형태로 기록하고 있는 저술이다.

고려 후기 및 말기에 원나라로부터 성리학을 도입했던 학자들은 북송대 성리학의 선구자들이 성리학의 형이상학적 토대를 이루는 저술로 중시했던 『주역』에 관한 주석서 또한 함께 도입하였다. 이 때 도입된 『주역』에 관한 주석서 중에 유가적 의리역학 사상을 반영하고 있는 정이의 『역전』은 대표적인 서적이다. 하지만 학자들이 중국으로부터 도입한 성리학은 원나라에서 연구했던 여러 학설을 함께 포함하고 있다. 『주역』 또한 송나라를 거쳐서 상수역학과 의리역학을 함께 포함하고 있는 원나라 학풍을 받아들인 측면이 있다. 따라서 고려에 도입한 『주역』 사상은 소옹邵雍1011~1077을 대표로 하는 상수역학과 정이程頤1033~1107를 대표로 하는 의리역학을 포괄한다.

고려 말기 학자들 중에서 백문보白文寶[5]는 소옹의 상수역학을 연구하였고,

---

3) 『安子年譜』別本卷1, "時朱子書, 未及盛於世. 先生始得見之, 必自篤好, 知其爲孔門正脈, 遂手錄其書, 又寫其孔朱歸."

4) 『四書集註』를 간행할 것을 건의하고, 이를 반포한 사람은 權溥이다.(『高麗史』「列傳」'權溥'條, "嘗以朱子四書集註, 建白刊行, 東方性理之學, 自溥倡.") 권부는 특히 元에서 주자학이 官學이 되어 科擧試目에서 四書集註가 채택되고 있음을 중시하여 간행 보급하였다.(李南隨, 「白文寶의 性理學 受容과 排佛論」, 『한국사연구』 74, 1991, 33쪽.)

5) 백문보는 15세 때 「易學說」(行狀)을 지었고, 자신의 호인 動齋 및 그의 문인 金九容에게 호인 '惕若齋說'을 지어준 것도 『주역』의 乾道에서 취했다. 공민왕 12년 「斥佛疏」의 상소에서는 『주역』의 상수학적 원리에 의해 불교에서 유교로 이념을 교체할 것을 주장한 점 등에서 그가 『주역』에 정통해 있었음을 볼 수 있다.(앞의 李南隨 논문, 34쪽 주석 46)에서 재인용)

이색과 정몽주는 정이의 의리역학을 주로 연구한 대표적인 학자이다. 먼저 백문보는 소옹邵雍의 선천역학 이론을 받아 들여 수數를 제일의第一義로 삼아 세계를 해석하였다. 그는 일기一氣를 세계의 토대이며 근원으로 보면서 동시에 일본만수설一本萬殊說을 주장하였다. 그는 소옹의 원회운세설元會運世說을 소개함으로써 이 이론을 고려의 변혁을 위한 역사철학적 근거로 제시하였다.[6]

반면 이색은 원元나라로부터 수용하였던 정이의 『역전』에 커다란 영향을 받아 『주역』을 주로 의리역학적 관점에서 이해함으로써 도덕적 실천 문제를 중시하였다. 이색은 「건괘乾卦」의 덕德을 가지고 문왕文王이나 주공周公과 같은 유가의 성인을 설명하였다. 또한 그는 양陽을 선善 또는 군자君子를 상징하는 것으로 높이는 반면 음陰을 소인으로 보아 억제하는 부양억음설扶陽抑陰說을 제시하였다. 이것은 그가 정이 이론을 계승하여 『주역』을 의리적으로 해석하는 것이다. 이색은 또한 『주역』의 구체적인 괘를 유가적 의리역학의 관점에서 그 인륜적 정치적 의미로 이해하기도 하였다.[7]

정몽주 또한 정이의 의리역학에 많은 영향을 받았다. 그는 『주역』과 관련하여 복희가 괘획을 그리기 이전에 인간과 자연의 변화 속에 역의 원리가 내재해 있는 것으로 보는 자연역自然易을 말하였다. 그는 「건괘」와 「곤괘」, 「감괘」와 「리괘」를 천지자연의 본체本體와 운용으로 보아 『주역』을 체용론적 관점에서 이해하기도 하였다. 또한 그는 성리학자들이 인仁으로 해석하는 「복괘復卦䷗」 초구효初九爻의 천심天心에 대하여 주목하였다. 그는 이색이 정이의 역학으로부터 받아들인 부양억음설을 계승하였다.[8] 이처럼 고려 말기의 역학에 관한 연구는 소옹의 상수역학과 정이의 의리역학을 계승한 학자들을 중심으로 전개되었다.

---

6) 김보경, 「고려후기 주역 인식의 특성과 그 의미-白文寶를 중심으로」, 『한국한문학연구』 32, 2003, 207~239쪽.
7) 엄연석, 「목은의 『주역』 인식과 그 의리적 특성」, 『영남학』 제14호, 2008, 15쪽.
8) 엄연석, 「포은 정몽주의 유가적 의리실천과 역사철학적 인식」, 『한국인물사연구』 11, 2009, 71~73쪽.

고려 말기의 『주역』에 관한 이러한 연구는 조선 왕조가 개창되면서 문물제도를 정비하고 통치이념을 확립하는 과정에서 성리학의 형이상학에 근거를 둔 도덕적 실천을 강조함으로써 의리역학에 중점을 두는 흐름을 보였다. 조선 초기에 상수역학과 의리역학에 관한 연구는 중국으로부터 유학과 성리학에 관련된 여러 서적이 보다 폭넓게 도입되면서 더욱 진전되어 갔다.

고려 말에 일부 학자들이 성리학의 여러 서적을 도입한 이후, 조선 초기에는 한걸음 나아가 국가적 차원에서 유학과 성리학의 핵심 학설을 담고 있는 서적들을 중국으로부터 도입하여 국내에 유포하였다. 세종 연간에 『사서대전四書大全』과 『오경대전五經大全』이 『성리대전性理大全』과 함께 간행 반포되었다. 이들 서적은 세종 원년인 1418년 1월에 영락제가 조선에 229책 완질을 제공하였다. 이후 세종 6년에는 『사서대전』을 간행하여 반포하고, 『성리대전』은 1427년(세종9)에 경상감사 최부崔府가 상재上梓하여 올렸으며, 세종 11년까지는 『오경대전』이 모두 간행되었다.[9]

이 가운데 『성리대전』은 태종 연간에 수입 간행되어, 세종 대와 성종 대에 경연經筵에서 강론하기도 하였으나, 성리학 연구가 부족한 형편에서 전면적인 연구는 이루어지지 않았다. 『성리대전』에 대한 연구가 새롭게 시작된 것은 1510년대에 이르러 기묘사림에 의해서였다. 1518년(중종13) 김안국金安國, 조광조趙光祖 등은 『성리대전』을 강독할 학자를 뽑아 이 저술에 대한 연구에 전념케 하였고, 14년 이후에는 경연에서 『성리대전』을 강독하였다.[10] 특히 『성리대전』이 『주역』에 대한 조선전기 학자들의 연구와 관련하여 중요한 의미를 지니는 것은 이 저술 속에 『역학계몽』이 포함되어 있기 때문

9) 심경호, 「조선전기의 註解本 간행과 문헌 가공에 대하여」, 『대동한문학』 20집, 2004, 187쪽.

10) 『중종실록』권34, 중종 13년 11월 임인조. 같은 책, 권36, 중종 14년 5월, 임인조 및 기유조.(金恒洙, 「朝鮮前期 性理書 解釋의 推移」, 『同大論叢』 제25집, 1995, 222쪽) 『성리대전』을 이어서 16세기 중반 사림파 학자들에게 가장 큰 영향을 준 성리서는 『주자대전』과 『주자어류』였다. 『주자대전』과 『주자어류』의 간행은 16세기 중반 사림들이 성리학의 연구를 심화시키는 계기가 되었다.(김항수, 위의 논문, 223쪽.)

이다. 『역학계몽』은 주희가 저술한 역학서로서 자신의 상수학적 원리를 해명한 저술이다. 조선전기 학자들이 『역학계몽』을 연구하면서 이 저술은 조선전기 역학의 흐름을 바꾸는 데 커다란 영향을 주었다고 할 수 있다.

이들 서적이 도입된 이후 학자들은 『주자가례朱子家禮』와 『의례경전통해儀禮經傳通解』를 주목하면서 이들 서적을 간행 연구하였다. 이 가운데 『주자가례』는 정몽주가 보급 활동을 벌였던 서적으로 가정에서 행해야 할 유교적 의례 규범을 세목으로 정한 저술로서 『성리대전』본이 주로 활용되었다. 『주자가례』에 대한 연구가 활성화되면서 『성리대전』은 처음 목판으로 간행된 지 100년 만인 1531년에 갑인자甲寅字로 다시 간행되었다. 일상생활의 규범을 실천하는데 도움을 주었다고 할 수 있는 『주자가례朱子家禮』와 함께 조선 초기에 국가의 예법을 제정하는 데에 활용되었던 저술로 『의례경전통해』가 있다. 주희가 편찬한 이 저술은 『의례』에 관한 여러 학설을 모으고 이를 해설한 책이다. 『의례경전통해儀禮經傳通解』는 태조太祖 대에 『경제육전經濟六典』을 편찬할 때에 이미 참조하였고, 태종太宗 대에 왕조례를 정비하는 과정에서 이용하는 빈도가 높았다. 그러나 『의례경전통해』는 선조 즉위년 이전에는 간행되었다는 기록이 없고, 1567년에서 1570년 사이에 목활자木活字가 혼입된 갑인자본의 전집前集이 비로소 간행되었다.[11)]

이들 서적 이외에 고려 말에 수입된 저술로서 주희가 성리학의 형이상학을 연구하기 위한 기초 단계로서 수신에 도움이 되는 내용을 유가경전에서 뽑아서 지은 『소학小學』에 대한 관심이 커졌다. 조선 초기에 『소학』은 사학四學, 향교鄕校 등의 관학을 통하여 보급되었다. 권근權近 또한 『소학』의 중요성을 강조하며 성균관 생도에게 『소학』을 시험 볼 것을 주장하였다. 하지만 조선 초기에 『소학』의 보급은 관학에만 의존하여 별다른 성과를 거두지 못하였다.

이후 『소학』은 15세기 말부터 김굉필金宏弼1454~1504, 김안국金安國1478~

11) 장동우, 「家禮 註釋書를 통해 본 朝鮮 禮學의 進展過程」, 『동양철학』 34집, 2010, 241쪽.

1543 등 초기 사람에 의해 그 가치가 새로이 인식되기 시작하였다. 김굉필, 정여창鄭汝昌1450~1504 등 사림파는 소학계를 조직하여 『소학』 윤리를 체득하기도 하였다.[12] 특히 당시 지식인들은 『소학』 교육을 국왕이나 사대부 계급에 있어서 단순한 지식이나 교양을 넘어서 자신의 내면세계의 경험에 비추어 자기반성의 기준 또는 자기완성의 목표로 삼았다.[13]

이와 같은 서적의 도입과 연구를 통하여 조선 초기에서 전기에 이르는 시기에는 성리학에 대한 연구, 교육이 기반을 잡아가기 시작하였다. 요컨대, 조선 전기의 유학 교육과정은 성리학의 이념에 따라 유학 정통주의를 확립하고, 『소학』과 『가례』를 필수 학습 교재로 삼았으며, 『사서오경』의 교재 체계를 정립하였다. 하지만 조선 전기의 유학 교육과정은 아직 본격적인 성리학 교육과정의 수준에는 도달하지 못하였다. 다시 말하여, 조선 전기에는 사장파詞章派와 도학파道學派의 대립과 갈등에서도 볼 수 있듯이, 아직은 기존의 사장詞章·훈고訓詁 유학적 기풍을 완전히 탈피하지 못하였다. 또한 본격적인 성리학 교육과정으로 진입하기에는 성리학 관련 주요 서적의 보급도 완전히 이루어지지 않았고, 성리학에 대한 이해 역시 충분치 못했다.[14]

하지만 조선전기 역학연구의 관점에서 볼 때, 성리서를 중심으로 하는 이러한 학문적 연구와 교육적 실천적 노력은 『주역』에 관한 연구와 병행되면서 조선 중기에 이르러 형이상학을 중심으로 하는 성리학의 학문적 심화에 토대를 정립하는 의미를 가진다고 할 수 있다.

---

12) 金恒洙, 위의 논문, 218쪽.
13) 韓寬一, 「朝鮮前期 小學敎育에 관한 硏究」, 『敎育科學硏究』 제2집, 1988, 132쪽.
14) 박종배, 「조선시대 유학교육의 변천과 그 특징」, 『한국교육사학』 제33권, 2011, 8쪽.

3. 『주역』의 구성요소로서의 상과 의리

『주역』은 음양陰陽의 부호를 중첩하여 팔괘八卦·육십사괘六十四卦를 구성하고, 여기에 괘효사卦爻辭를 붙여 자연과 인간 사회의 모든 현상과 그 변화법칙을 반영하여 의미를 드러내는 상징체계이다. 나아가 『주역』은 천지를 상징하는 음양강유陰陽剛柔의 대립적인 요소가 서로 교감하면서 변화하는 법칙과 양태에 주목하여, 이들 상징체계에 내포되어 있는 철학적 원리를 설명하고 있다. 여기에서 괘효 및 괘효사의 상象과 이들이 내포하고 있는 의리(또는 의미)는 『주역』의 두 가지 주된 구성요소이다. 이제 이 장에서는 『주역』에서 '상'과 '의리'가 어떻게 이해되는가를 고찰하고자 한다.

먼저 상象은 철학적으로 추상抽象, 현상現象, 표상表象, 상징象徵, 구상具象, 징표徵表 등 여러 방면으로 그 의미가 분화될 수 있다. 『주역』에서 '상'은 기본적으로 구체적인 사물의 성질을 추상적인 부호로 상징하는 괘상卦象과 추상적인 의미를 구체적인 사물들로 상징하는 물상物象을 포괄한다. 「계사」에 따르면 『역』은 상징[象]의 체계인데, 상은 '모사하는 것'이다.15) 여기에서 '모사한다'는 것은 두 가지 의미를 가진다. 첫째는 구체적이고 다양한 현상으로부터 보편적인 원리를 추상하는 경우이다. 이것은 『주역』 가운데 음양이라는 양극兩極을 현상세계의 기본 구성 원리로 보고 64괘, 384효를 구성함으로써 다양한 현상의 추상적인 측면을 모사하는 것을 말한다. 이때에 다양한 현상세계는 64괘의 추상적인 부호가 지시하는 보편적인 의미에 따라 분류된다.

둘째는 보편적인 의미를 구체적인 상징물로 드러낼 때의 모사가 있다. 이 경우의 모사는 『주역』에서 추상적이고 보편적인 괘효의 의미를 문장에 포함된 물상으로 드러낼 때의 모사를 말한다. 이 때에 64괘 각각의 추상적이고 보편적인 의미는 괘사·효사의 물상이 지시하는 특수한 의미 상황에 따라 달라진다. 요컨대, '모사한다'는 것은 한편으로는 구체적이고 다양한 현

---

15) 『周易』「繫辭下」3章, "是故易者, 象也. 象也者, 像也."

상으로부터 보편적인 의미를 추상하는 것과 보편적인 의미로부터 구체적이고 특수한 현상을 물상으로 드러내는 구상具象을 포괄한다.

『주역』「계사」에서는 이 두 방향의 모사가 지니는 의미를 간단하게 언급하고 있다. 먼저 구체적인 현상으로부터 추상한 것을 상징으로 삼는 경우의 예와 관련하여 「계사」는 '상을 이루는 것을 건乾이라고 하며, 법으로 드러내는 것을 곤坤이라고 한다'고 하였다. 또 '상을 이루고 법으로 드러낸 것 가운데는 천지天地만큼 중요한 것은 없다'[16]고 하였다. 이 구절들은 일차적으로 하늘은 일월성신日月星辰의 천문현상을 드리우고 있으며, 땅은 산천초목의 구체적인 현상들을 드러내는 것을 뜻한다. 그러나 이 말은 천문현상과 산천초목들을 통하여 하늘과 땅이 음양의 덕을 드러내는 것을 의미한다. 다시 말하면, 천지는 법상法象을 통하여 자신들의 음양 또는 건순健順이라는 보편적인 성질과 덕을 드러낸다는 것이다. 또한 「계사」에서 '단사彖辭는 상을 말한 것이고, 효사爻辭는 변화를 말한 것이다'[17]고 언급하고 있다. 여기에서 상은 보편적인 의미를 추상한 괘효의 상을 말하는 것이며, 단사는 한 괘 전체의 보편적인 의미를 규정한다면, 효사는 구체적인 상황을 물상을 포함한 문장을 통하여 설명하는 것이다.

다른 한편으로 「계사」는 '성인은 천하의 깊은 이치를 보고 나서 그 형상을 헤아려 마땅한 사물로 그것을 상징하였으니, 이것을 상象이라고 한다'[18]고 하였다. 이것은 보편적인 이치를 구체적이고 특수한 형체를 가진 물상으로 표현하는 것이 상象이라는 말이다. 이 점을 「계사」는 '그 변화에 통하여

16) 앞의 책, 「繫辭上」 5, "成象之謂乾, 效法之謂坤." / 『周易』 「繫辭上」 11章, "是故法象莫大乎天地." 「계사」에서는 大衍之數로부터 설시揲蓍하여 음양의 수를 연역해내는 과정에서 산가지를 둘로 나누는 것을 兩儀를 상징하는 것으로, 하나를 거는 것을 三才를 상징하는 것으로, 네 개씩 세는 것을 四時를 상징하는 것으로, 그리고 남는 것을 륵扐에 다시 돌리는 것을 윤일을 상징하는 것으로 이해하는 경우도 보다 구체적인 현상을 형식적인 수의 연산으로 추상하는 것이다.(『周易』 「繫辭上」 9章, "大衍之數, 五十. 其用四十有九, 分而爲二, 以象兩, 掛一以象三. 揲之以四, 以象四時. 歸奇於扐, 以象閏")

17) 앞의 책, 「繫辭上」 3章, "象者, 言乎象者也, 爻者, 言乎變者也."

18) 앞의 책, 「繫辭上」 8章, "聖人有以見天下之賾, 而擬諸其形容, 象其物宜, 是故謂之象."

마침내 천지의 형식을 이루고, 그 이수理數를 다하여 천하의 상을 정한다'[19]고 언급하고 있다. 구체적으로 '성인은 괘를 구성하고 나서 그 괘상卦象을 보고 거기에 문장을 붙여서 길흉을 밝혔다'[20]고 하였다. 여기에서 괘상을 보고 붙인 문장은 괘효사를 말한다. 이 가운데 괘사는 한 괘의 전체적인 의미 상황을, 효사는 전체적인 의미 상황에서 다시 특수하게 변화되는 의미 상황을 설명하는 내용으로 이루어져 있다.

『주역』에서는 이처럼 구체적인 현상의 본질적인 덕과 양태를 괘효로 추상하기도 하며, 다른 한편으로 보편적인 괘효의 의미를 구체적인 물상을 통하여 드러내기도 한다. 「계사」에서 공자는 '성인은 상을 세워서 의미를 다하였다'[21]고 언급하였다. 특히 보편적인 의미를 드러내기 위한 물상의 중요성을 「계사」에서는 성인의 네 가지 도 가운데 하나라고 주장하였다. 곧 성인이 기물器物을 제작하는 것은 그 '상'을 중시하기 때문이라고 하였다.[22] 이것은 보편적인 의미를 구체적인 사물에 투사하여 이해하기 쉽게 하여 실천의 준칙으로 삼게 하고자 한 것이다. 예컨대, 『예기』에서 수레, 관복, 면류관, 옥홀, 제기 등을 제작하여 고유한 절도와 등급, 꾸밈과 형식을 규정해 두는 것은 이런 기물을 매개로 이들에 내포된 상징적인 의미를 받아들여 실천하도록 하기 위한 것이다.

나아가 「계사」는 『주역』 괘효사에서 언급되는 길흉吉凶·회인悔吝, 강유剛柔·변화變化 등을 얻거나 잃는 일, 우려하는 마음, 나아가거나 물러나는 것, 낮과 밤 등을 상징하는 것이라고 언급하고 있다.[23] 이것은 『주역』에서 구체적인 물상을 통해서 뿐만 아니라 사태의 성질이나 인간이 느끼는 감정

19) 앞의 책, 「繫辭上」 10章, "通其變, 遂成天下之文, 極其數, 遂定天下之象."
20) 앞의 책, 「繫辭上」 2章, "聖人設卦觀象繫辭焉, 而明吉凶."
21) 앞의 책, 「繫辭上」 12章, "子曰, '書不盡言, 言不盡意. 然則聖人之意, 其不可見乎?' 子曰, '聖人立象以盡意, 設卦以盡情僞. 繫辭焉以盡其言.'"
22) 앞의 책, 「繫辭上」 10章, "易有聖人之道四焉. 以言者, 尙其辭. 以動者, 尙其變. 以制器者, 尙其象, 以卜筮者, 尙其占."
23) 앞의 책, 「繫辭上」 2, "聖人設卦觀象繫辭焉, 而明吉凶. 剛柔相推, 而生變化, 是故吉凶者, 失得之象也. 悔吝者, 憂虞之象也. 變化者, 進退之象也. 剛柔者, 晝夜之象也."

또한 길흉회인이나 강유의 변화로 표상할 수 있음을 의미한다. 이 경우는 인식 주체가 느끼는 감정이나 인식 내용을 객관적인 성질로 투사하는 것을 의미한다.

다른 한편으로 『주역』에서 상象은 괘효가 구성되는 발생적인 측면에서도 그 의미를 살펴볼 수 있다. 『주역』에서 괘효의 구성과정과 관련하여 음양의 상, 팔괘의 상, 육십사괘의 상, 그리고 384효의 상이 있다. 여기에서 음양은 일반적으로 천지자연과 만물에 내포되어 있는 대립적이고 모순적인 성질을 상징한다. 반면에 팔괘八卦는 그 자체로 동질적이며 보편적인 성질을 가지는 여덟 가지 자연 사물을 상징한다. 「계사」에서 '팔괘가 배열을 이루면 상은 그 가운데 있다'[24]고 한 언명이 이것이다. 이 팔괘는 분명히 자연의 거대한 현상에 대한 포괄적이고 깊이 있는 관찰과 경험에 기반하여 얻은 사물을 대표하는 것으로 볼 수 있다.[25]

그러나 이 팔괘가 상징하는 대상들은 각각 강건함[健:☰乾], 유순함[順:☷坤], 험난함[險:☵坎], 밝음[明:☲離], 정지함[止:☶艮], 움직임[動:☳震], 기쁨[說:☱兌], 들어감[入:☴巽] 등 동질적이고 단일한 성질을 가진 것으로 규정되어 있다. 물론 이들 팔괘를 상징하는 소성괘는 「설괘전說卦傳」에서 언급한 것처럼 여러 물상들을 상징하여 다양한 성질을 가지는 것으로 해석되기도 한다. 하지만 팔괘 각각만으로는 상황에 따른 자연의 다양한 변화를 포괄하여 보여줄 수 없는 한계를 가진다. 그래서 『주역』은 팔괘를 중첩하여 육십사괘 384효의 체계와 상을 구성함으로써 자연의 다양한 현상과 그 변화를 설명해 준다. 여기에서 육십사괘는 인간사회와 자연의 변화를 보편적으로 규정하여 상징한다. 반면에 384효는 특정한 국면의 보편적인 상황 안에서 국면의 세밀한 변화를 상징한다. 다시 말하면 괘효는 자연과 인간 사회의 여러 현상을 보편적으로 추상하는 동시에 보편적인 상황 안에서도 특수한 변화를 반영할 수 있는 체계를 그 자체로 포함하고 있다.

---

24) 『周易』「繫辭 下」1章, "八卦成列, 象在其中矣, 因而重之, 爻在其中矣."
25) 成中英, 「『易經』之理想系統」, 『中國文化與中國哲學』, 深圳大學國學研究所, 1988, 63쪽.

요컨대, 『주역』의 상징체계는 보편적이고 추상적인 의미를 가지는 괘효의 상象과 이런 보편적인 의미를 구체적인 물상物象을 포함한 문장으로 드러내는 괘효사의 상으로 구분된다. 이 때 괘효의 상은 음양·팔괘·육십사괘·384효로 표현된다. 이들은 각각 보편적인 것으로부터 점차 구체적인 현상과 그 변화를 상징하는 것으로서 분화된 기능과 의미를 가진다. 또 한편 괘효사의 상은 괘사와 효사의 상으로 나뉘어진다. 여기에서 괘사의 상은 한 괘 전체의 의미를 보편적인 측면에서 규정하되 괘효의 상을 구체적인 사물을 통하여 드러낸다. 반면 효사의 상은 한 괘의 구체적이고 특수한 의미의 변화 양상을 그에 맞는 물상을 통하여 드러내는 기능을 한다.[26)]

그러면 『주역』에서 상象과 관련하여 의리義理 또는 의미意味는 어떻게 이해되는가? 『주역』 육십사괘는 앞에서 언급한 바와 같이 자연과 인간 사회의 다양한 현상 가운데 가장 보편적이고 근본적인 성질을 추상하여 음효와 양효로 규정하고 이를 반복하여 조합함으로써 구성한 것이다. 이렇게 추상한 괘효는 이해하기가 어려워 팔괘를 구체적인 자연물로 상징하여 드러냈으며, 64괘에는 각각 고유한 의미를 가진 괘명卦名을 붙였다. 나아가 문왕文王과 주공周公은 각각 괘와 효에 물상을 포함한 문장을 붙여서 그 괘효상의 의미를 보다 구체적으로 이해할 수 있도록 하였다. 여기에서 괘효의 '의미'는 바로 특정한 괘효가 포함하고 있는 본질적인 성질로서 괘명이나 괘효사로 표현된다. 그러면 『주역』에서 괘명 또는 괘효사로 표현되는 '의미' 또는 의리가 중요한 이유는 무엇인가?

「계사」에서는 '역이라는 책은 모든 것을 광범하게 갖추고 있어서 천도天道를 가지고, 인도人道를 가지며 지도地道를 가지고 있는데, 삼재三才를 두 개씩 겸하여 여섯이 된다. 여섯 효는 다른 것이 아니라 바로 삼재의 도리이다'[27)]

---

26) 장선문은 괘효와 괘효사의 상을 각각 음양·팔괘·64괘·384효 및 괘사와 효사의 상으로 구분하여, 자세히 설명하고 있다. 특히 384효의 상에 대해서는 효상이 지니는 자리, 삼재의 상징, 자리의 바름과 중절, 그리고 乘承比應의 관계 등 의리역학의 측면에서 이를 분석하고 있다.(張善文, 『象數與義理』, 遼寧教育出版社, 1993, 18~31쪽)

27) 『周易』 「繫辭下」 10章, "易之爲書, 廣大悉備, 有天道焉, 有人道焉, 有地道焉. 兼

라고 하였다. 이 구절은 『역』이 자연의 물리적인 법칙과 인간의 실천적인 도리를 포괄하여 제시하고 있음을 강조한 것이다. 이 점은 「계사」에서 '옛날 성인이 『역』을 만들 때는 하늘의 도를 세워 음陰과 양陽이라고 하였고, 땅의 도리를 세워 강剛과 유柔라고 하였으며, 사람의 도리를 세워 인仁과 의義라고 하였다'[28]고 한 내용과 상응한다. 이처럼 『주역』은 자연과 인간사회에서의 변화와 그 법칙에 대한 사실적인 기술과 가치평가를 통하여 인간의 실천적인 행동준칙을 제시해 주고자 하였다.

『주역』을 인간 행동의 실천 준칙으로 삼고자 하는 취지를 「계사」에서는 '도덕에 조화롭게 따르고 의리에 맞게 하며, 사물의 이치를 궁구하고 본성을 극진히 하여 명命에 이른다'[29]고 하였다. 정이는 인간의 도덕적 의리에 따른 실천의 기준으로서 『주역』의 이러한 목표를 다음과 같이 언급하였다.

> 이 저술은 모든 것을 광범하게 갖추고 있어 장차 본성의 이치를 따르고 드러난 현상과 심원한 이치의 작용에 통하며, 사물의 실정을 완전히 파악하고 사물을 열어서 힘쓸 바를 이루게 하는 방도를 보여준다. 성인이 후대인들을 염려하고 걱정하는 마음이 극진하다고 말할 수 있다.[30]

이러한 목표에 따라 『주역』은 괘효상卦爻象이 상징하는 사물의 본질과 변화법칙을 괘명卦名과 괘효사卦爻辭의 의미를 통하여 드러냄으로써 이를 실천의 기준으로 삼게 한다.

여기에서 괘명은 한 괘의 가장 본질적인 의미 상황을 규정한 것이다. 이것은 자연과 인간을 포괄하는 고유한 사건이나 일, 기물器物, 도덕적인 함의를 가진 개념, 또는 특수한 의미를 가지는 관념 등으로 이루어져 있다. 이

三才而兩之, 故六. 六者, 非他也. 三才之道也."

28) 앞의 책, 「說卦」 2章, "昔者, 聖人之作易也, 將以順性命之理, 是以立天之道曰陰與陽, 立地之道曰柔與剛, 立人之道曰仁與義."

29) 앞의 책, 「說卦」 1章, "和順於道德, 而理於義. 窮理盡性以至於命."

30) 『易傳』 「序」, "其爲書也, 廣大悉備, 將以順性命之理, 通幽明之故, 盡事物之情, 而示開物成務之道也. 聖人之憂患後世, 可謂至矣."

괘명은 대체로 팔괘를 중첩하고 조합하면서 나타나는 상징물의 성질로부터 이끌어내는 것으로 해석된다. 예컨대, 「동인괘同人卦䷌」는 사람이 서로 화합하거나 그렇게 해야 하는 상황을 의미한다. 「동인괘」는 하늘[乾☰]이 상괘上卦가 되고, 불[離☲]이 하괘下卦가 되어 모두 양의 성질로 합하는 의미가 있다.[31] 따라서 '동인同人'이라는 괘명의 의미는 같은 성질을 가진 소성괘小成卦가 결합하여 서로 화합하는 상징성에 말미암는다.

이처럼 팔괘의 상으로부터 이들의 조합에 의하여 형성된 64괘의 괘명은 각각 고유하고도 특수한 의미 상황을 표현하고 있다. 특히 이 '괘명'은 그 안에 하나의 동일한 사건의 연속성과 함께 복잡한 변화를 포함함으로써 다른 괘의 의미와 구별되는 하나의 독립적인 의미 단위를 가진다. 여기에서 괘명은 독립적이면서도 특수한 의미의 단위를 가짐으로써 미래에 발생할 수 있는 사태의 방향을 예견하는 기준을 제공해 준다. 괘명은 보편적이면서도 고유한 의미를 드러냄으로써, 그 괘에 속한 특수한 효의 위치에서의 상황 변화를 길하게 또는 흉하게 방향지운다. 여기에서 인간은 괘명이 가리키는 보편적인 의미의 범위 안에서 특정한 효가 가리키는 길흉의 방향에 따라 자신의 행동을 결정할 수 있다.

다음으로 『주역』에서 괘효의 의미는 괘효사를 통하여 구체적으로 드러난다. 이 가운데 특히 효사는 괘효의 구체적인 변화 상황에서 괘효가 지시하는 현실적 의미를 드러낸다. 따라서 이 효사는 인간의 실천을 위한 기준의 측면에서 보다 직접적인 의미를 가진다. 이것은 효사가 특수한 상황변화에 대한 설명과 함께 그 상황을 길흉으로 드러내 주기 때문에, 인간이 구체적인 상황에서 행동할 때 직접적인 실천 준칙이 될 수 있음을 의미한다. 여기에서 효사는 대체로 앞부분에 자연과 인간사회의 모든 현상들로부터 이끌어낸 특정한 사실을 기술하는 내용이 제시되고, 바로 뒤에 그런 현상이 인간에게 주는 가치론적인 의미를 드러내는 평가사들이 제시되어 있다. '원길元吉', '길吉', '흉凶', '회悔', '인吝', '무구无咎', '려厲', '무유리无攸利', '무불리无不利'

31) 『周易』 「同人卦」象, 『程傳』, "天在上, 火性炎上, 火與天同, 故爲同人之義."

등은 사태의 길흉을 평가하는 대표적인 평가사들이다.[32)]

결국 물상을 포함한 괘효사는 괘의 보편적인 의미 상황과 함께 괘효의 구체적인 의미의 변화 상황을 설명하면서 이들 사태가 변화하는 추세를 드러내 준다. 이것에 대하여 인간은 가치판단을 통하여 미래의 행동을 결정할 수 있는 준거틀을 얻을 수 있다. 이렇게 볼 때 괘들은 일정한 사건이 어떤 환경에서 일어날 것으로 기대될 수 있는 것을 보여주는 예시적인 부호이다. 그리하여 인간의 행동의 방향이 괘효사가 지시하는 자연의 법칙과 조화를 이루는 것일 때, 그것은 인간을 바람직한 목적을 이루는 것으로 이끌기에, 이것을 길하다고 할 수 있다. 반면 그 방향이 자연의 법칙에 반하는 것이라면 그것은 필연적으로 손실을 가져오는데, 이것이 흉하다고 언급되는 것이다.[33)]

---

32) 이 평가사들의 뜻은 '크게 길하다[元吉]', '길하다[吉]', '흉하다[凶]', '후회한다[悔]', '부끄럽다[吝]', '허물이 없다[无咎]', '우려된다[厲]', '이로운 것이 없다[无攸利]', '이롭지 않음이 없다[无不利]' 등이다. 효사의 문장 내용이 吉凶의 가치판단으로 이루어진 것은 근본적으로 인간이 자연 사물의 현상과 법칙에 대하여 가치평가를 행하는 것을 의미한다. 卦爻辭에 포함된 물상들은 모두 고유한 본질과 속성을 가지고 있다. 이러한 성질들에 대하여 인간은 기본적으로 가치를 투사하여 是非善惡의 측면에서 바라본다. 따라서 물상들이 가지는 고유한 본질과 속성들이 특정한 효의 위치에서 효사에 포함될 때는 특수한 상황을 만들어낸다. 이러한 특수한 상황은 바로 그 물상의 성질에 종속되기 때문에, 이들 효사가 설명하는 특수한 의미 상황에 대한 가치평가는 필연적으로 이들 물상의 본질과 속성에 대한 평가와 관련된다. 이런 이유로 괘효사에 포함된 물상은 그 사물에 대한 인간의 가치평가에 의하여 해석됨으로써 괘효사에 특정한 의미를 부여한다. 구체적으로 장미와 국화를 비교해 보면, 장미는 오뉴월에 붉게 빛나고 화려한 모습을 드러냄으로써 기쁨과 사랑, 또는 정열 등의 의미를 표상한다면, 국화는 가을에 희거나 노랗게 피어 창백한 모습을 보여 사람에게 슬픔 또는 哀悼 등의 뜻을 나타낸다. 이렇게 사물은 각각 인간의 시각과 감정으로 판단되어 가치가 투영되어 나타난다. 사물들의 본질이나 성질들이 괘효사에 적용될 때 그에 대한 가치평가가 이루어지기 때문에 괘효는 특정한 의미를 가지고 행위의 준칙이 될 수 있다. 특정한 물상이 지니는 고유한 본질과 속성은 다른 사물과는 다른 독립된 의미를 가지고 가치평가의 대상이 된다. 또한 그 물상을 어떻게 해석하느냐에 따라 또 다른 평가가 내려질 수 있다. 『주역』 괘효사가 드러내는 의미를 해석하는 것이 중요한 이유는 바로 이런 점에 있다.

33) Cary F. Baynes, *The I Ching or Book of Changes*, Princeton University Press, 1987, pp.288~289.

4. 상수역학의 분기와 경향

1) 도표와 수리역학

조선 전기 도표와 그림을 중심으로 한 상수 및 수리역학은 서론에서 언급한 바와 같이 퇴계 이황이 『계몽전의啓蒙傳疑』를 지음으로써 새로운 흐름을 형성하였다. 그러나 도표와 그림에 근거한 수리역학에 관한 관심은 퇴계 이전 조선 초기부터 이미 권근, 황효공, 그리고 『역학계몽』에 주석을 붙인 세조와 한계희, 최항 등 몇몇 학자들에 의하여 구체적인 연구 성과들로 나타났다. 또한 이러한 흐름에는 「선천도」를 중심으로 한 소옹의 선천역학 이론을 계승한 내용들이 중첩되어 있다.

권근은 주희의 『역학계몽』과 소옹의 『황극경세서』를 표준으로 삼아 『입학도설』을 지어 도표를 그리고 여기에 설명을 붙였으며 「계사전」과 「설괘전」에 대한 주석에서 상수와 수리역학의 원리를 제시하였다. 권근은 무엇보다 「하도낙서」의 수리를 체용론적 관점에서 고찰함으로써 그의 상수역학에 대한 인식의 기초로 삼았다. 그는 천지의 생수生數와 성수成數로 이루어지는 오행의 상생 상극적 순환 구조, 팔괘의 생성순서와 차례를 설명하고 있다. 이것을 연역하여 그는 「하도」의 수를 상생相生의 관점에서, 「낙서」의 수를 상극相克의 관점에서 오행五行이 유행하는 방향과 그 상호관계를 구별하였으며, 선천先天은 천지의 정위正位를 드러낸 것이고, 후천後天은 조화의 유행을 보인 것이라고 하였다. 하지만, 선천은 유행流行의 상象을 가지며, 후천도 대대對待의 자리를 가지고 있다고 주장하기도 하였다. 나아가 황극의 위치에서 천도를 계승하고 인극人極을 세우는 핵심적인 방법을 '경敬'으로 규정하였다.

다음으로 조선 초기 한계희韓繼禧와 최항崔恒은 세조世祖의 명을 받아 『역학계몽』에 대한 주석으로서 세조가 직접 지은 『요해要解』에 『보해補解』를 붙여 『역학계몽요해易學啓蒙要解』[34]를 저술하였다. 이 주석서는 여말麗末에 정이

34) 이 주석서는 세조가 「요해要解」를 붙이고 나서 韓繼禧와 崔恒에게 명하여 발간하도록 하여, 이들 두 사람이 「보해補解」를 덧붙여 발간한 주석서이다.

의 『역전』이 전래되어 탐구되면서 의리역학적인 관점이 『주역』의 주석에 적용되던 선초에 『역학계몽』의 수리적 원리를 해명한 주석서라는 점에 특별한 의미를 가진다. 이후에 서경덕은 소옹邵雍의 「선천육십사괘방원도先天六十四卦方圓圖」에 대한 해설을 바탕으로 하여 그의 원회운세元會運世의 우주론적 수론을 계승하였다. 이와 같은 흐름을 이어 황효공은 역의 구성 체계와 관련한 도표에 주목하여 대부분 이전부터 전해져 온 여러 도표를 한데 모으고 여기에 여러 주석가들의 주석을 인용하여 이들 도표들을 체계적으로 해설하였다.

먼저 『역학계몽요해』는 주희의 『역학계몽』에 대하여 주석함으로써 도수론에 대한 해설을 풍부하게 담고 있는 주석서이다. 이 저술 중에 최항과 한계희가 주석한 『보해補解』에서는 음양의 성질상의 변화를 구분한다. 그것은 천지음양의 생수와 성수가 결합하여 만물을 낳는 상관관계를 설명하면서, 음이 생수일 때는 '화化'하여 오행의 하나를 낳고, 양의 성수가 '변變'하여 그것을 이루어 준다고 하였다. 반면 양이 생수일 때는 '변變'하여 오행의 하나를 낳고, 음의 성수는 '화化'하여 그것을 이루어 준다고 하였다.[35] 이것은 음과 양의 변화를 각각 변과 화로 분리하여 보는 것을 의미한다. 또 이와 관련하여 『역학계몽요해』에서는 양은 육六에서 칠七, 팔八, 구九까지, 음은 구九에서 팔八, 칠七, 육六까지 각각 나아가거나 물러나는 것을 특성으로 한다고 언급하고 있다. 이 때 '구九'는 양이 나아가는 극한이며 '육六'은 음이 물러나는 극한이라고 주장하였다.[36] 이런 견해를 통하여 『요해要解』는 천지음

35) 『易學啓蒙要解』 卷1-7ㄴ, "變化謂一變生水而六化成之. 二化生火而七變成之. 三變生木而八化成之. 四化生金, 而九變成之. 五變生土, 而十化成之. 鬼神謂凡奇偶生成之屈伸往來者." 음과 양의 변화를 變과 化로 분리하여 보는 견해는 주희에부터 있어 왔으며, 후대의 이세응도 "變은 化가 점진적으로 이루어지는 것이며, 화는 변이 완성된 것이다. 변은 양에서 음으로 가는 것이며, 화는 음에서 양으로 가는 것이다. 무로부터 유로 가는 것을 변이라 하고, 유로부터 무로 가는 것은 화라 한다.(變者, 化之漸, 化者, 變之成. 變是自陽之陰, 化是自陰之陽. 自無之有謂之變, 自有之無謂之化)(『安齋易說』 「序論」)"고 하여 변과 화의 관계를 언급하였다.

36) 『易學啓蒙要解』 卷1-24ㄱ, "以洛書觀之, 則北方之一得中央之五, 爲老陰之六, 與南方老陽之九, 迭爲消長. 此所謂六進爲九. 則九長而六消者也. 陽主進, 六七八九,

양의 기우의 수 또는 노소의 수를 매개로 하여 음과 양이 변화하는 것의 수리적인 기준을 해명하였다.

뿐만 아니라 『요해』에서는 음양노소의 괘효를 결정해 주는 것으로서 시초를 세고 덜어내는 횟수와 남은 시초 사이의 관계를 설명하고, 이로부터 음양노소의 수를 이끌어내는 것을 상세히 설명하였다.[37] 이렇게 대연지수大衍之數로부터 괘효의 음양노소를 연역하는 것은 수론에서 핵심적인 내용 중의 하나이다. 특히 음양노소의 수를 연역하는 과정에 관한 이론은 도수역학을 탐구했던 학자들에게 있어서 뿐만 아니라 권근이나 이세응과 같은 의리역학의 입장에 있던 학자들에 있어서도 핵심적이고 공통적인 주제이며 관심사였다.[38]

이후에 상수 및 수리적 역학에 관심을 가진 학자로서 서경덕은 주로 소옹의 선천역학 이론을 해명하고 계승하였다. 그는 소옹의 「육십사괘방원도」에서 양괘와 음괘에 해당하는 일부 괘들이 포함하고 있는 음효 또는 양효의 숫자를 합함으로써 천天과 지地의 용수用數를 도출하였다.[39] 뿐만 아니라 「황극경세수해皇極經世數解」에서 원회운세元會運世라고 하는 우주의 단계적인 시간 단위 및 주기를 역의 도표와 관련시켜 역사와 자연의 순환 및 운행의

其序也. 九則進之極, 故云九長而六消. 陰主退九八七六, 其序也. 六則退之極 故云九反消而六, 又長且東南陽方. 西北陰方. 以陰往陽, 故謂之進. 以陽反陰, 故謂之退也."

37) 『易學啓蒙要解』 卷3-34ㄱ, "全謂四十九策也. 三變而得一箇五兩箇四, 總十三策. 而作老陽掛扐之策, 則其餘三十六策爲老陽. 過揲之策又三變而得一箇九兩箇四, 或一箇五一箇四, 一箇八, 總十七策而作少陰. 掛扐之策, 則其餘三十二策, 爲少陰過揲之策, 少陽老陰亦如是./ 掛扐之數, 卽七八九六也. 乘七, 則得少陽過揲之策二十八, 乘八九六, 各得其過揲./ 以四除少陽過揲之策二十八, 則得少陽掛扐之數七."

38) 권근은 기수와 우수에 근거하여 칠팔구육의 음양노소의 수가 이루어지는 과정을 제시하고 있으며, 「육십사괘방원도」와 음양소장의 순서는 바로 괘획의 선후의 차례라고 하여 도수론적인 관점을 언급하였다.(『周易淺見錄』 「序論」), 이세응 또한 '三天兩地'의 기준에 의거하여 음양노소의 수가 연역되고 종합되는 구체적인 과정에 대하여 상세히 설명하고 있다.(『安齋易說 · 序論』)

39) 『花潭集』 卷2-30ㄴ, 「六十四卦方圓之圖解」, "天自旣濟以上至乾, 地自蹇以上至姤, 一百五十二陽, 一百十二陰爲用數之用也. 凡四十六卦, 生物之卦, 餘卦不能生物, 去乾坤離坎而言之, 則天自賁以上, 地自艮以上爲用數之用, 二百五十二. 天自明夷以下, 地自謙以下乃交數不用之數, 不能生物."

과정을 설명하면서 이를 수리적으로 계산하였다.[40]

다른 한편으로 그는 주희의 괘변론卦變論에서 육십사괘 각각이 다시 육십사괘로 변하여 이루어지는 4,096가지 경우의 수가 있음을 확인하였다. 이와 관련하여 그는 주희가 괘변을 통하여 점을 보는 방법에 대해서도 언급하면서 주희가 괘의 변화를 배열한 것이 매우 조리가 있음을 강조하였다.[41]

서경덕과 비슷한 시기에 황효공黃孝恭은 이전 학자들이 그린 여러 도표를 모으고, 여기에 여러 학자들의 주석을 붙인 『역범도』를 저술하였다. 그는 여기에서 「하도낙서」를 비롯하여 「복희선천도」와 자신이 그린 「복희육십사괘방위도」 등 12가지 도표를 체계적으로 배열하였다.[42]

그는 이들 도표에 이전 학자들의 주석을 붙여서 몇 가지 공통적으로 언급할 수 있는 수리적인 문제에 주목하고 있다. 첫째는 천지만물의 생성을 방위와 성질을 가진 천지음양의 생수와 성수의 교호적인 결합으로 설명하고자 하였다. 둘째는 팔괘 및 육십사괘의 형성 원리를 몇몇 도표에서 설명하고 있으며, 팔괘를 각각의 방위에 배열하여 그 생성의 순서를 순행順行과 역행逆行으로 구분하여 괘의 발생과 변화를 규명하고자 하였다. 셋째는 대연지수로부터 음양노소의 괘효를 연역하는 방법을 찾고 있다. 넷째는 태극으로부터 음양과 오행을 통하여 만물이 분화되고 생성되는 존재론적인 구조와 과정을 찾고자 하였다. 황효공의 도수론적인 관심의 특징은 바로 이와 같은 문제들을 여러 도표를 함께 비교하여 고찰할 수 있도록 체계화한 점에 있다.[43]

---

40) 『花潭集』 卷2-24ㄴ

41) 『花潭集』 卷2-31ㄴ, "朱子推卦變列爲三十二圖, 覆以觀之, 則六十四具, 每圖之內, 一爻變者, 凡六. 二爻變者, 十五, 三爻變者, 二十. 四爻變者, 十五. 五爻變者, 六. 六爻變者一, 六皆不變者, 一. 値一爻二爻之變者, 在三十二卦之內, 則占本卦爻辭, 四爻五爻之變者, 在三十二卦之後, 則占之卦爻辭. 獨三爻之變通二十卦, 前十卦在三十二卦之內, 後十卦在三十二卦之後, 値三爻之變者, 雖占兩卦彖辭, …… 惟布卦變行列三次, 高抵者, 皆有條理."

42) 12가지 도표는 황효공의 『역범도』를 참조할 것.

43) 이황은 『역범도』의 발문에 해당하는 글에서 황효공이 理數의 근원과 말단을 여러 도표를 모아서 체계적으로 보여줌으로써 역법의 수리에 정통하고 정밀한 연구를 다한 것으로 평가하였다.

이처럼 도표를 중심으로 한 도수론적인 역학에 관한 인식은 퇴계가 『계몽전의』를 저술하면서 더욱 일반화되었다. 뿐만 아니라 퇴계의 『계몽전의』는 16세기 중반의 역학이 주로 주희의 상수역학을 계승하는 흐름으로 전개되는데 중요한 영향을 미쳤다.

퇴계는 먼저 「하도낙서」의 수적인 원리를 오행五行, 방위方位와 함께, 천간지지天干地支, 오운五運, 육율六律 등과 결합하여 설명하였다. 그는 천간지지天干地支의 육십갑자를 오행의 금목수화토에 배당하고, 이를 다시 궁상각치우宮商角徵羽의 오음에 일대일로 대응시키고 있다.[44] 그는 음양과 오행을 통하여 현상사물이 형성되는 과정을 「하도낙서」의 생수성수설과 관련하여 설명하면서, 음양을 오행에 나누어 귀속시키는 문제에 대하여 언급하였다.[45] 나아가 퇴계는 '삼천양지參天兩地'의 기준에 따라 음양노소 사이의 관계와 이들의 불변성과 변화에 주목하여 음양노소의 '상도[正]'와 '변화[變]'를 문제삼고 있다.[46] 이러한 관심은 바로 「하도낙서」의 수적인 원리로부터 자연과 인사의 여러 현상과 만물이 형성되는 과정을 설명하고자 하는데 목표를 두는 것이다.

뿐만 아니라 퇴계는 대연지수로부터 음양노소의 괘효 또는 수가 도출되는 과정에 대하여 주목하였다. 여기에서 그는 음양노소의 수 사이에 내재한 소장消長의 변화를 산가지를 세고 남은 기수奇數의 관점에서 보고 있다.[47] 이리하여 퇴계는 음양노소의 수가 49로부터 연역되는 수리역학적인 원리를

44) 『啓蒙傳疑』「本圖書」4ㄴ, "今按五音五行之音聲 土曰宮, 金曰商, 木曰角, 火曰徵, 水曰羽, 故此圖之分五行, 而納音見矣. 卽曆家所用以配日. 陰陽家所用以推數者, 其法詳楊輝算法, 竝取于左以明之."/5ㄱ, "黃鐘 子, 太簇 寅, 姑洗 辰, 蕤賓 午, 夷則 申, 無射 戌, 六律司陽辰也. 大呂 丑, 夾鐘 卯, 仲呂 巳, 林鐘 未, 南呂 酉, 應鐘 亥, 六呂司陰辰也."

45) 『啓蒙傳疑』「本圖書」7ㄱ, "按五行生於陽者, 陰成之; 生於陰者, 陽成之. 故其分屬陰陽, 皆可似互易也. 然自水火未離乎氣者, 言之互易而皆當矣. 若木若金, 已有定質, 則木但爲陽, 金但爲陰."

46) 『啓蒙傳疑』「本圖書」13, "蓋正以老少本數之常言, 變於二老, 則以爲由生數積實而成. 二少則又以爲自二老而來成. 此正變之所以別也."

47) 『啓蒙傳疑』「明蓍策」47ㄴ, "至於陰陽老少之所以然 蔡氏說三天之象, 少陽奇數, 由老陰而息; 息恐當作消. 少陰奇數, 由老陽而消, 消恐當作息."

분석하고 괘효의 음양과 그 변화에 관하여 관심을 집중하였다. 퇴계의 이와 같은 연구는 16세기 조선의 역학에서 도수론적인 역학이 하나의 중요한 경향을 이루는데 결정적인 역할을 했다고 할 수 있다.

2) 한대 상수역학의『주역』해석방법론 계승

조선 전기에 역학 이론을 연구하는 흐름은 크게 의리역학과 상수역학의 전통으로 구분되는데, 상수역학은 다시「하도낙서」를 중심으로 하는 수리상수역학과 한대漢代에 괘효상과 괘효사간의 정합적인 해석을 위한 방법론으로서 일반상수역학 이론으로 구별할 수 있다. 한대의 주요 상수역학 이론에는 호체론互體論, 괘변론卦變論, 납갑설納甲說, 비복설飛伏說 등이 있다. 조선 전기에 일부 학자들은 이들 이론을 가지고『주역』또는『역학계몽』을 해석하였다. 조선 전기부터 한대 상수역학 이론은 하나의 흐름을 이루면서 지속적인 전통으로 계승되고 있었다. 그러면 괘효상과 괘효사 사이의 정합적인 해석을 위해 고안되었던 한대 상수역학 이론을 조선 전기 학자들이 연구하고 계승한 양상과 특징은 어떤 것인가?

도통론적인 입장에서 한당 위진 시대의 상수역학이나 도가적 의리역학을 주로 비판하였던 권근은 한대 이래 상수역학 이론에 관하여 관심을 가진 흔적이 나타난다. 그는「이괘頤卦䷚」에서 오징吳澄의 호체괘를 통한 괘효사 해석을 인용하여 그의 학설이 철저함을 인정하고 있다.[48] 또한 그가「중부괘中孚卦䷼」에서 상괘上卦「손괘巽卦☴」와 하괘下卦「태괘兌卦☱」가 반대괘反對卦로 서로 마주보고 있는 모습으로부터 육삼효의 '적을 만난다'는 구절을 해석한 것[49]은 한대 상수역학의 반괘론反卦論을 연역하여 괘효사를 이해하는

48)『周易淺見錄』「頤卦」, "程傳以虎視爲養其威嚴, 本義下而專也. 吳氏曰, '離象龜, 又象虎. 頤卦肖離. 龜者以其介甲之外堅, 虎者以其文明之外著. 夫自養於內, 莫如龜, 求養於外, 莫如虎. 故頤之初九六四, 取二物爲象. 視亦離目之象也.'" 권근이 인용한 吳澄의 괘효사 해석은「頤卦」와「離卦」를 닮은 것으로 보고 있다는 점이다. 여기에서 오징은「리괘」가 거북이나 호랑이를 상징하는 것으로서 괘효사의 구절을 해석하였다.

방법이라 할 수 있다.

권근 이후 한대 상수역학적 괘효사 해석방법론 중에 특히 호체론은 이세응에 이르러 비로소 『주역』의 해석에 실질적으로 적용되기 시작하였다. 하지만 이세응은 상수역학의 방법론이었던 호체괘를 괘효사의 해석에 적용할 때, 주로 의리역학적 목표에 따라 그 의미를 설명하였다.

이세응은 「수괘需卦䷄」에서 이효二爻에서 사효四爻까지가 호체괘로 「태괘兌卦☱」로서 '기쁨說'을 뜻하며, 삼효三爻에서 오효五爻까지가 호체괘로 「리괘離卦☲」로 '밝음明'을 의미한다. 기쁘고 또 밝으며, 경건하고 신중할 수 있어서 실패하지 않는다[50]고 해석하였다. 여기에서 이세응은 경건하고 신중하게 행위할 수 있는 근거를 「태괘」와 「리괘」의 '기쁨'과 '밝음'에 두고 있다. 「겸괘謙卦䷎」에서도 그는 이효에서 사효까지는 호체로서 「감괘坎卦☵」인데, 이것은 험난함에서 고생하는 것으로서 대개 마음을 수고롭게 하는 것을 의미하며, 군자는 반성하여 끝낼 수 있으므로 길하며, 「상전象傳」에서 '모든 백성이 따른다'[51]고 해석하였다. 여기에서 그는 '험난함'이라는 「감괘」의 성질을 정치적 교화를 위해 마음을 쓰는 군자의 관점에서 해석하였다. 이처럼 그는 주로 의리역학에서의 유가적인 도덕 실천이라는 목표에 부응하는 방향으로 호체괘를 해석하였다. 이러한 해석은 이후 조호익과 같이 상수역학 이론에 근거하여 호체괘를 괘효사에 속하는 물상의 정합적인 해석을 위주로 하는 입장과는 상반되는 관점이다.

이세응 이후에 한대 상수역학에 고유한 방법론을 언급한 학자에는 퇴계 이황이 있다. 퇴계는 『계몽전의』에서 주로 도수론적인 시각에 대한 수리적인 분석을 하고 있지만, 부분적으로 한대 상수역학 이론 중 비복설飛伏說에 대하여 설명하였다.

---

49) 『周易淺見錄』 「中孚」, "敵, 相向而對者也. 兌巽, 反對之卦, 而兌下巽上, 如仁人相面而立, 三居內卦之終, 對外卦之初, 我自內往, 彼自外來, 相向而對, 若得敵."

50) 『安齋易說』 「需卦」註, "自二至四, 互爲兌, 兌者, 說也. 自三至五, 互爲離, 離爲明也. 旣說且明, 又能敬愼, 則不敗也."

51) 『安齋易說』 「謙卦」註, "自二至四互爲坎, 後天八卦曰: 勞乎坎. 盖言勞心之謂, 而君子克其省終, 則吉而象曰: 萬民服也."

퇴계가 언급하고 있는 비복설은 특정한 괘卦의 효가 고정된 것이 아니라, 시간의 흐름에 따라 음과 양이 각각 반대 성질로 변하는데, 여기에서 하나의 드러난 효에는 그 이면에 반대 성질의 효가 숨어 있다는 전제에서 출발한다. 그는 「추비복례요결推飛伏例要訣」이란 글을 제시하고 나서, 이 글은 이해하기 어렵기 때문에 「건괘」와 「곤괘」의 두 영역에서 비복을 통하여 변화된 괘를 순서대로 그림으로 설명하였다. 나아가 퇴계는 본괘本卦와 변화된 지괘之卦에서 '비飛'와 '복伏'이 어떻게 구분되는가를 언급하였다.[52] 여기에서 퇴계는 비복飛伏은 괘효의 순차적인 변화를 음양이 상호간에 드러나고 숨는 관점에서 설명하는 것이라는 점을 강조하였다. 비복설에 관한 이러한 언급은 퇴계가 육십사괘의 괘상과 괘효사의 물상이 드러내는 의미 사이가 정합적이지 못한 것을 해결하고자 하는 한대의 상수역학의 문제의식에 대하여 인식하고 있었음을 뜻한다.

퇴계 이후 조호익曺好益1545~1609은 이러한 상수역학적인 해석방법론을 적용하여 『주역』을 해석하는 전통을 계승하였다. 조호익은 『역상설易象說』에서 한대 상수역학 이론 중 대체大體, 복체伏體, 반체反體 등을 포함한 호체괘를 자신의 가장 기본적인 『주역』 해석 방법론으로 삼아 괘효사를 해석하였다. 그는 의리역학적 해석 방법인 중정中正이나 비응比應 보다 호체를 이용하여 괘효사를 해석한 경우가 많았다.

그는 심지어 괘효사의 물상을 설명하기 위하여 효변爻變과 같은 방법을 호체론 등과 결합시키기도 하였다. 예컨대, 「무망괘无妄卦䷘」의 괘사 중에는 '바름을 지키지 않으면 눈병이 있을 것이다'고 하는 구절이 있다. 조호익은 이 괘에 대하여 「설괘전」에 근거해 볼 때, 초효에서 사효까지는 대체大體 「리괘離卦」이므로 '눈[目]'이 되고, 삼효에서 오효까지는 호체괘 「손괘巽卦☴」로서 '눈동자[眼]'가 된다고 해석하여, 이 괘들로부터 '눈병[眚]'이라는 상이 나온다고 보았다.[53]

52) 『啓蒙傳疑』 36ㄴ, "滉按飛神, 皆在當卦, 所謂定於眞也. 伏神, 則如乾宮之於姤至晉. 坤宮之於復至需, 皆本宮卦之爻, 隨各卦. 飛神所在之爻而伏, 故曰: 伏神還從本卦輪也. 若純卦, 則飛神伏神, 皆在上爻而遞相爲飛伏."

조호익은 호체괘의 상을 통해 괘효사의 물상을 연역해 내는데 괘효에 포함된 물상의 의미를 해석하기 위하여 호체괘 중의 해당 효를 음은 양으로, 양은 음으로 변화시키는 조작을 가하는 경우도 있다. 이것을 효변爻變이라고 일컫는다. 다시 말하면 그는 호체에 해당하는 소성괘가 효변을 통하여 다른 괘로 변한 상황에서 변화된 괘상을 통하여 해당효에 있는 물상을 해석하고자 하는 것이다. 「겸괘謙卦䷎」 육이효六二爻에는 '겸손함으로 세상에 소문난다'는 효사가 있다. 조호익은 이 괘에서 이효二爻의 음이 양으로 변하면 호체는 「태괘兌卦☱」가 되는데, 이 「태괘」는 '입[口]'이라는 상이 있음을 들어 이로부터 '소문이 있다'는 의미의 '명鳴'이라는 상을 이끌어냈다.54)

요컨대, 한대 상수역학 가운데 『주역』 괘효사를 해석하는 방법론은 호체론, 괘변설 등이 중심이 된다. 이러한 방법론에 따른 해석은 조선 전기에는 별달리 두드러지지 않았다. 이러한 방법론은 이세응에 와서 본격적으로 괘

---

53) 『易象說』 卷1-28, 「无妄卦」, "无妄元亨利貞, 其匪正有眚'; 註, "匪正反天理. 雙湖曰, '目疾也.' 卦自初至四離體. 離爲目, 自三至五巽體, 巽爲眼, 故取象. 蓋以爲眚字, 本目疾."

54) 『易象說』 卷1-15, 「謙卦」, "六二鳴謙"; 註, "鳴者, 有聞之謂, 非自鳴也. 取二多譽象. 或曰:二變則互體兌, 取兌口象. 又曰:艮之伏兌取象." 조호익이 이용한 호체설의 유형으로는 伏體와 反體도 있다. 「고괘蠱卦」의 초효에는 '아버지 일을 주관하는 데 아들이 있다'고 하는 효사가 있다. 이 효사에 대하여 조호익은 '아들[子]'이라는 상을 이끌어내기 위하여 복체를 이용하였다. 그는 먼저 삼효에서 오효에 이르는 호체괘로서 「진괘震卦」를 이끌어냈다. 다음으로 진괘의 복체는 「손괘巽卦」가 되며, 이 손괘에서 세 번째 자리의 효가 변하면 「간괘艮卦」가 된다. 여기에서 진괘와 간괘는 큰아들과 막내 아들로서 아들을 상징하는 괘이다.("初六幹父之蠱有子考无咎厲終吉"; 註, "自初至四似坎體, 自三至五震體. 或曰巽之伏震. 三變則艮, 皆子之象.":『易象說』 卷1-19, 「蠱卦」) 조호익은 여기에서 호체互體, 복체伏體, 효변爻變 이론을 단계적으로 결합하여 괘효사의 물상을 도출하고 있다. 이처럼 조호익은 괘효사에 포함된 여러 상징물들의 의미를 일관되게 괘효상과 유기적인 의미를 가지는 것으로 해석하려 하였다. 이를 위해 그는 호체괘를 통하여 괘의 역동적이고 단계적인 변화와 그 이면의 괘효에 내재한 법칙적이고 인과적인 변화의 양상을 제시하였다. 이들 변화의 다양한 양상은 팔괘가 모두 포괄하고 있는데, 이 팔괘의 괘상으로부터 괘효사의 모든 다양한 물상의 의미를 연역하고자 한 것이 조호익의 괘효사 해석 방법론의 특징이다.

효사를 해석하는 데 적용되었다. 실제로 『주역』의 구체적인 괘효사에 주석을 붙인 학자가 드물어 괘효사 해석방법론의 흐름을 세밀하게 규정하기는 힘든 상황이다. 그러나 조선전기에는 대체로 의리역학적 해석방법론을 위주로 하였으나, 이세응을 거쳐 조선중기에 이르면서 조호익과 같이 상수역학적 방법론에 따라 『주역』을 해석하는 경향이 강화되는 양상을 보이고 있다고 할 수 있다.

3) 음운학에 적용된 『주역』의 상수 수리적 원리

『훈민정음』은 상수 및 수리역학적 원리 그리고 음양오행과 삼재론三才論에 근거하여 구성되었다. 이러한 상수론적 원리는 「하도」에서 수리적 원리가 음양오행과 연결되어 해석되는 것처럼 『훈민정음』에서도 음양오행과 결합하여 해석된다. 「제자해制字解」에서는 『훈민정음』이 음양오행의 원리에 토대를 두고 있다고 언급하였다. 「제자해」는 천지의 모든 사물이 음양을 기초로 이루어진 것처럼 사람의 성음에도 음양의 이치가 숨어 있는 동시에 이것은 오행에 뿌리를 두고 있기 때문에 네 계절이나 오성五聲과도 서로 대응하여 조화를 이루고 있는 것으로 이해하였다.

『훈민정음』은 초성初聲, 중성中聲, 종성終聲과 성음聲音을 구성하는 데 있어서 천지인天地人 삼재三才 사상을 기초로 삼으면서도 인간의 주체적 역할을 강조하고 있다. 이 점은 『훈민정음』이 음양의 변화로부터 이루어지는 천도로서 상수학적 요소와 함께, 성음을 구성하는 단계에서 인간의 주체적 실천과 연관된 의미를 가짐으로써 의리역학적 요소를 동시에 포함하고 있음을 뜻한다. 천지인 삼재사상이 『훈민정음』 구성의 핵심원리가 되었다는 것은 백성들에게 편리함을 주고자 하는 실용적 목적과 함께 천지를 계승하는 인도의 실천이라는 함의를 동시에 가지는 것을 의미한다.

『훈민정음』에서 삼재 사상을 적용할 때는 천지의 동정을 상징하는 초성과 종성도 음운을 이루는 토대로서 언급하지만, 주로 중성의 쓰임에 유의하여 인간이 성운聲韻을 이루는 주체가 되는 측면을 강조하였다. 이것은 바로 『주역』의 삼재론 속에 천지의 작용에 따른 변화에 대하여 길흉회인의 평가를 행함으로써 인간이 특정한 상황에서 천지의 작용에 조화롭게 참여한다는 의미가 포함되어 있음을 말해 주는 것이다. 『훈민정음』에 반영되어 있는 삼재사상三才思想은 중성의 구성원리, 그리고 초성, 중성, 종성 사이의 관계에 중층적으로 내재되어 있지만, 그 목표는 중성으로 상징되는 인간이 천지를 결합하는 주체적이고 능동적 역할을 하는 존재임을 강조하는 데 있다. 중성中聲을 중심으로 인간의 실천적 역할을 중시하는 『훈민정음』의 삼재사상은 상수 또는 수리적인 요소와 함께 의리적인 실천과 연관된다는 점에 유의해야 할 것이다.

다음으로 조선 전기에 『주역』의 원리를 음운학에 적용한 연구로는 서경덕의 「성음해聲音解」가 있다. 서경덕은 「성음해」 첫머리에서 소옹의 「경세사상체용지수도經世四象體用之數圖」의 내용을 해설하기 위하여 천지의 음양과 강유, 기질, 상형, 그리고 '시時'와 '물物'에 수數가 보존되어 있다[55]고 하였다. 이어서 서경덕은 천天의 용수用數를 112로 지地의 용수를 152라고 하여 여기에서 정성正聲과 정음正音의 자모字母를 미루어서 도표로 배열하였는데, 소리聲에는 높고 낮은 것이 있기 때문에 평상거입平上去入으로 나누어지고, 열리고 닫히는 것[闢翕]이 그것을 따르며, 음音에는 굽히고 펴는 것이 있기 때문에 '개발수폐開發收閉'가 있으며, 청탁淸濁이 그것을 따르는 것이라고 보았다.[56] 서경덕의 설명은 정성正聲이 평상거입으로 나뉘고 이 사성四聲은 벽흡으로 분류되며, 정음正音은 개발수폐로 나뉘고 그 사음四音은 청탁으로 분화된다는 것이다.

요컨대, 서경덕은 「성음해」에서 소옹의 「경세사상체용지수도」의 내용 가

55) 「聲音解」, 『花潭集』 2-20, "天有陰陽, 大小異氣, 地有剛柔, 大小異質. 氣變於上而象生焉. 質化於下而形具焉. 日月星辰, 成象於天, 水火土石, 成形於地, 象動於天而萬時生. 形交於地而萬物成. 時之與物, 有數存焉."

56) 徐敬德, 앞의 책, 같은 곳, "天之用數, 百有十二, 地之用數, 百有五十二, 於是推正聲正音, 列之爲圖, 聲有高下, 故分之以平上去入, 闢翕隨焉. 音有屈伸, 故別以開發收閉, 淸濁隨焉."

운데 정성正聲과 정음正音을 천지의 음양과 강유, 용수用數, 기질, 형상과 형체, 벽흡, 청탁과 같은 역학의 기본 원리와 결합하여 설명하였다. 또한 음은 양을 따르고 흡성翕聲은 벽성闢聲으로부터 변화되어 나온 것이라고 하여 음양의 벽흡을 포함하는 『주역』의 우주발생론 및 변화론에 근거하여 성음聲音의 발생과 변화를 설명하였다. 서경덕이 천지의 용수用數를 써서 정성과 정음의 자모子母를 설명하는 것에서, 그가 음양의 기수론氣數論을 견지하고 있음을 알 수 있다. 그는 강유에 따른 기질의 청탁과 오행五行의 상생론을 이용하여 음音을 설명하여 상수역학적 관점에서 정음正音을 해석하기도 하였다.

역학의 원리를 적용한 서경덕의 음운학에 관한 이러한 연구는 이후 최석정崔錫鼎1646~1715의 「경세정운經世正韻」과 함께 신경준申景濬1712~1781의 「운해훈민정음韻解訓民正音」에도 많은 영향을 주었다고 할 수 있다. 역학적 원리에 의거한 서경덕의 음운학에 대한 관심은 위의 사례에서와 같이 숙종肅宗 대로부터 영조英祖 대에 이르기까지 「황극경세성음론皇極經世聲音論」을 기초로 하여 이루어졌던 많은 운학韻學 연구에 중요한 길잡이가 되었다고 할 수 있다.

5. 의리역학의 목표와 방법론

1) 유가철학의 도덕실천적 목표

조선전기 역학을 문제 삼고자 할 때 핵심적인 관건은 역학을 연구했던 여러 학자들이 유가적 또는 성리학적인 이념에 따른 실천을 목표로 언급하고 있다는 점이다. 이들 학자들이 어떻게 의리역학적인 내용과 방법을 전개하는가를 보기 위해서는 그들이 유가적인 도덕 실천의 문제를 언급한 구체적인 내용상의 특징을 검토하는 것이 필수적이다.

먼저 조선전기에 의리역학 이론을 제시했던 일부 학자들의 중요한 특징은 『주역』을 해석하는 시각을 유학의 도통론적인 관점에서 설명하고 있다는 점이다. 권근은 『주역』 해석사를 다음과 같이 도통론적인 시각에서 보고 있다.

> 한당 시대를 거치면서 천여 년의 적막한 기간 동안 도표圖表는 방술가들에 의해 숨겨지고, 역의 이치[理]는 말단적인 상수象數에 의해 어두워졌다. 서적은 있었으나 그것을 아는 자가 있다는 말은 듣지 못했다. 송대에 이르러 주렴계, 이정자, 소옹은 전해지지 않던 묘리를 얻고, 이전에 끊어졌던 전통을 이었다. 정자程子는 『주역』의 의리를 연역하여 그 심오한 뜻을 발휘하였고, 소옹은 복희의 괘효와 상수를 전하면서 그 정미함을 다했다. 주희는 이들을 집대성하면서 『본의本義』를 경문에 붙였으며, 『계몽啓蒙』을 지어 그 못 다한 뜻을 다 해명하였다. 그리하여 상수를 궁구하는 것이 정밀해질수록 의리를 분석함이 더욱 밝아졌다. 진한秦漢 이래 어두운 그늘이 모두 일소되어 마치 밝은 태양이 푸른 하늘에서 움직이는 것 같았으니, 이것은 실로 천만년에 걸쳐 우리 유학의 도에 크나큰 행운이다.57)

권근은 여기에서 한당대의 방술가와 상수象數를 말단에 치우친 것으로서 유학의 도통을 숨기고 어둡게 한 이단異端으로 이해하는 반면, 송대의 학자들에 이르러 의리역학적인 전통이 밝게 재생한 것으로 보았다. 그는 이러한 도통론적인 시각을 통하여 성리학자들에 의해 역학의 의리학적인 본질이 계승되었다는 점을 중시하고 있다.

이러한 시각은 이후 이이李珥에 의하여 그대로 계승되었다. 그에 따르면, 역에는 자연역, 복희역, 문왕주공역, 공자역이 있으며, 공자에서 역학의 의리가 후세에 밝혀졌으나 이후 그 도통이 단절되었다고 주장하고 있다.58)

---

57) 『周易淺見錄』 「序論」, “自漢迄唐, 寥寥千載, 圖隱於方伎之家, 理晦於象數之末. 其書雖有, 識者無聞, 及宋濂溪二程康節有作得不傳之妙, 續旣絶之統. 程演周經義理, 發其蘊奧. 邵傳羲畫象數, 極其精深. 晦庵朱子又集大成, 有本義以附於經文, 有啓蒙以盡其餘意. 其窮象數也益精, 其析義理也益明. 秦漢以來, 陰翳掃盡, 如揭白日而行靑天, 誠千萬世, 吾道之大幸也.”

58) 『栗谷全書』 卷14-48ㄴ, “是故有天地自然之易, 有伏羲之易; 有文王周公之易, 有

그는 송대 이전의 학자들이 괘사의 의미에 방만하거나 상수에 구애되는 폐단을 지닌 것으로 언급함으로써 한대 상수역학 또는 위진대 왕필王弼의 도가적 의리역학이 문제점을 내포하고 있음을 지적하였다.59) 이어서 그는 정이와 주희가 각각 '성인이 남긴 뜻을 발휘'하고 '길흉吉凶의 정해진 이치를 밝힌' 공적이 있는 것으로 평가하면서, 이들을 역의 도통道統을 다시 잇고 역학의 유가적인 원리를 밝힌 학자들로 높이고 있다.60)

의리역학의 입장을 주장했던 학자들이 취하는 또 다른 하나의 태도는 천도와 인도, 천리와 인사를 통일적으로 보아 『주역』의 우주론적인 원리를 인간의 윤리적인 실천이라는 목표와 일관시키고 있다는 점이다. 권근은 역의 가장 중요한 두 가지 측면으로서 천도와 인도를 각각 역의 체용으로 간주하면서 이를 성誠과 중中으로 해석하였다. 구체적으로 그는 '성'과 '중'을 각각 리理와 의義로 이해하였다.61) 또한 그는 본연本然으로서의 천리天理를 인심의 본체로, 당위當爲로서의 천리를 인심의 작용으로 이해하였다.62) 권근은 여기에서 천도로서의 성이나 리를 인도의 주체인 심心과 그 상태로서 중中의 측면에서 그리고 실천적 당위로서 의義의 관점에서 보았다.

이세응은 「건괘」와 「곤괘」의 중요한 본질을 각각 자연의 실리實理로서 성誠과 인간의 수양 공부로서 경敬으로 보아, 천리와 인사의 관점에서 이해하였다. 그는 「건괘乾卦☰」에서는 성誠을 언급하면서 움직임을 위주로 하는 반면, 「곤괘坤卦☷」에서는 경敬을 말하면서 고요함을 위주로 한다.63)고 언급하

孔子之易. 自然之易, 則不可以八卦求也. 伏羲之易, 則不可以文字求也. 有文王周公然後, 易道之用明於世. 有孔子然後, 易學之義, 昭於後. 厥後道統不傳."

59) 『栗谷全書』 卷14-48ㄴ, "有孔子然後, 易學之義, 昭於後. 厥後道統不傳, 人懷異見, 雖窺易學, 不本其初. 文辭象數, 或肆或拘."

60) 『栗谷全書』 卷14-52ㄴ, "若夫程朱二賢, 俱傳道統, 洞明易學, 悼斯道之湮晦, 示學者以眞源. 程子之傳, 則發聖人之遺旨焉; 朱子之本義, 則明吉凶之定數焉. 其所獨見者, 不可求之言語文字間也. 雖或註語之不同, 愚安敢輕議其得失哉!"

61) 『周易淺見錄』 「序論」, "易者, 變易也. 盖天道之變易者, 誠也. 人道之變易者, 中也. 誠則恒而無息之理. 中則變而從道之義也. 此易之體用也."

62) 『周易淺見錄』 「序論」, "人心之體, 卽天理之本然也, 人心之用, 卽天理之當然也."

63) 『韓國經學資料集成』 87卷, 『安齋易說』 「上經」, "言敬於坤, 而以靜爲主. 動焉而穆不已, 靜焉而主乎一. 君子爲學, 都本乎乾坤."

였다. 이처럼 이세응은 「건괘」와 「곤괘」의 덕을 유학이론의 본질적인 요소로서 성과 경으로 해석함으로써 유가적인 의리역학의 입장을 견지하였다. 율곡栗谷 이이李珥 또한 격물치지와 성의정심을 통하여 리를 인식하고 실천할 수 있는 것으로 주장하여 격치성정格致誠正을 역易 가운데 한 가지 일로 간주하였다.64) 이러한 언급은 천리天理와 격치성정으로서 인사人事를 통일적인 시각에서 보는 것으로, 그가 성리학적인 의리역학의 입장을 견지하고 있음을 보여 준다.

의리역학의 시각을 가졌던 이들 학자들 중에는 인간이 품부받은 기질에 따라 역에서의 길흉회인吉凶悔吝이 결정되는 것으로 보아, 이들 관계를 연결시키기도 하였다. 권근은 품부 받은 기질의 차이에 따라 어진 사람과 어리석은 사람이 구별되며, 길흉회인 또한 이로부터 발생한다고 주장하였다.65) 그는 "성인은 천지와 틈이 없다. 현자는 이것을 닦아 길하지만, 어리석은 사람은 이것을 어겨 흉하다"66)고 하는 성리학적인 기질론에 근거하여 역의 도리를 왜 닦아야 하는지에 대한 당위성을 역설하였다. 이세응 또한 인간은 기질의 차이를 가지고 태어났으므로 학문을 통하여 그 기질을 바꾸어야 한다고 강조하면서 「건괘」와 「곤괘」의 덕으로서 성과 경을 지켜야 한다고 주장하였다.67)

서경덕은 『주역』을 선천태허론과 연관하여 수리 상수역학적 관점에서 이해하였다. 하지만 다른 한편으로 리와 태극을 그의 역학의 기본 원리로 간주하여 유학의 도덕실천과 의리적인 역학적 관점을 제시하였다. 그에게서 태극은 '신神', '리理', 진실함[誠]과 도道를 갖추고 있음으로써 자연과 인간을

64) 『栗谷全書』 卷14-53ㄱ, "然而易之爲道, 體用一源, 顯微無間, 苟非格物致知, 則不得見其理; 苟非誠意正心, 則不得踐其實. 格致誠正, 易中之一事也."
65) 『周易淺見錄』 「序論」, "但以氣禀不齊, 故有智愚賢否之别, 貴賤脩短之數. 然在天地之中, 與大化同流念念遷變無一息之停, 則一也. 吉凶悔吝, 於是乎生焉,"
66) 『周易淺見錄」 「序論」, "聖人之心與天地无間, 賢者修之而吉, 愚者悖之而凶也."
67) 『安齋易說 · 序論』, "氣之濁者, 澄而淸之, 質之駁者, 治而粹之. 變化其氣質, 而其於形氣之慾, 知所愼焉. 則乃復其初而衆人而皆可以爲堯舜者, 在乎學之不已, 乃成君子. 君子爲學之道, 又在乎誠與敬已."

포괄하여 자연의 물리법칙과 인간의 규범법칙의 근거로서의 의미를 함축하고 있다. 이처럼 그는 도덕적 수양과 실천, 정치적 이상을 실현할 것을 강조하는 의리역학적인 시각에서 『주역』을 이해하였다. 서경덕의 이러한 입장은 바로 그의 역학사상이 상수와 수리를 위주로 하면서도 그 목표에 있어서는 도덕적 실천과 정치적 이상을 강조하는 의리역학적인 방향을 가리키고 있음을 의미하는 것이다.

정이는 본체와 작용간의 관계, 또는 리理, 기氣, 상象, 수數 사이의 긴밀한 연관 관계를 제시하면서 의리역학의 관점을 두드러지게 보여주었다. 율곡은 정이의 이러한 이론을 그대로 계승하였다. 그는 역의 도리를 설명할 때 기본적으로 정이가 『역전』 서문에서 언급한 '본체와 작용은 근원이 하나이며, 드러난 현상과 은미한 이치는 틈이 없다'[68]고 하는 의리역학의 핵심명제를 강조하였다. 그는 동시에 리가 있으므로 상이 있고, 상이 있으므로 수가 있다[69]고 하여, 정이와 주희가 리理를 상象과 수數에 앞서는 것으로 보는 입장을 따른다.

지금까지 언급한 학자들의 경우는 역학과 관련하여 대체로 총론적인 입장에서 유가의 의리역학적 견해를 주장하였다. 이에 비해 조선중기에 이르러 상수象數를 위주로 하면서도 의리역학적 목표를 견지하였던 조호익은 『주역』의 괘효를 해석하면서 성리학의 핵심 개념을 적용하여 유가적인 도덕실천을 강조함으로써 의리역학의 입장을 견지하였다. 그는 일부 괘효사를 해석하면서 태극太極과 리理를 언급하였다. 그는 「고괘蠱卦䷑」에서 자문자답 형식을 빌어 천지의 자리가 높고 낮은 것을 불변의 리理로 간주하면서, 이것을 부모의 지위라고 하는 사회적 관계와 관련하여 해석하고 있다.[70] 여기에서 부父는 높은 지위에 있어서 하늘의 법칙[天經]이며, 모母는 낮은 지위

68) 『程易傳』「序」, "體用一源, 顯微無間."
69) 『栗谷全書』 卷14-49ㄱ, "聖人仰觀俯察, 天地之間, 萬物之重, 無非一陰一陽之理. 有是理, 則有是象; 有是象, 則有是數, 豈獨河圖爲然哉?"
70) 『易象說』 卷1-19ㄱ. 「蠱卦」 上九, "不事王侯, 高尙其事."; 註, "或曰, 天尊地卑, 不易之定理. 今內卦爲父, 外卦爲母. 尊卑之辨, 內外之別, 不亦左乎? 曰 …… 以家而言, 則父尊而在上者, 天之經也. 母卑而在下者, 地之義也."

에 있어서 땅의 의리[地義]가 되는 것으로 보았다. 그는 「무망괘无妄卦䷘」의 「상전」을 해석하면서 '망령됨이 없다[无妄]'는 것을 '성실[誠]'로 해석하고, 성실은 곧 태극太極이라고 설명하였다.71)

위에서 언급한 바와 같이 조선전기에 의리역학의 시각을 가졌던 학자들은 『주역』을 도통론적인 시각에서 판단하거나, 천리와 인사를 통일적인 관점에서 보았다. 그들은 성리학의 기질론이 역에서 길흉회인吉凶悔吝을 결정하는 요인으로 보아 이들을 연결시키기도 하였다. 또한 그들은 본체와 현상의 관계 및 이기상수理氣象數 사이의 발생론적 또는 존재론적인 관계에 관한 정이의 견해를 계승하였다. 조선중기에 조호익은 상수역학적 방법론으로 『주역』 괘효사를 해석하면서도 구체적으로 천리天理 또는 태극太極, 성誠 등의 성리학적 도덕본체 개념을 강조함으로서 의리역학의 목표를 제시하였다.

2) 중정론과 비응론에 따른 『주역』 해석

중정中正과 비응比應 개념은 『주역』 괘효사를 유가의 도덕실천적인 측면에서 해석하는 의리역학의 방법론적 개념이다. 따라서 이 개념들은 『주역』을 해석하는 이론이 의리역학적인가 상수역학적인가를 판단하는 중요한 기준이 된다. 조선전기에는 『주역』 괘효사를 주석한 학자가 드물기는 하지만 중정과 비응 개념을 통하여 『주역』 괘효사를 해석한 학자들이 있다. 그러나 이들의 해석은 각각 구별되는 특징을 지닌다. 따라서 조선전기 의리역학의 경향을 살펴보기 위해서는 학자들에 따라 이들 개념을 어떻게 적용하는가를 고찰하는 것이 필수적이다.

권근은 중정론과 관련하여 정이의 경우와 마찬가지로 기본적으로 괘효의 중정中正, 괘효사 사이의 호응관계, 음양의 자질, 자리의 음양, 그리고 괘의 의미 사이의 전체적이고 유기적인 연관성을 중시하였다. 「송괘訟卦䷅」 구사

---

71) 『易象說』 卷1-28, 「无妄卦」, "象曰, 天下雷行物與无妄, 先王以茂對時育萬物."; 註, "无妄者, 誠也. 誠卽太極也. 所謂萬物各具一太極也."

효는 효사가 "쟁송할 수 없으니, 돌아가 바른 명령에 따르고 마음을 바꾸어서 편안하고 바르게 하면 길할 것이다"72)이다. 여기에서 그는 양이 음의 자리에 있어 바른 자리를 얻지 못하고 있으며, 유柔의 자리에 있으므로 위에 있는 강건하고 중정中正한 도를 얻은 효를 이길 수 없기 때문에 망령되게 나아가는 것을 멈추면 길할 것이라고 해석하였다.73) 여기에서 권근은 자리가 바른가의 여부와 음양의 자리가 지니는 성질을 서로 연관시켜 설명하고 있다.

나아가 그는 괘효의 자리가 바름에도 불구하고 한 괘 전체의 의미가 그 효의 길흉에 더욱 영향을 미치는 것으로 해석하기도 하였다. 「가인괘家人卦䷤」 구삼효九三爻는 강양剛陽으로서 바른 자리를 얻었으나, 권근은 가정을 다스리는 데는 지나치게 엄격하면 은혜를 손상시킨다고 하여 후회와 근심이 있지 않을까를 경계하고 있다.74)

이세응 또한 정이의 중정中正 개념을 받아들여 『주역』을 해석하였지만, 대체로 길한 효에 있어서 중정의 긍정적인 의미를 부각하는 데 중점을 두었다. 그러나 그가 중정 개념을 통하여 『주역』을 해석한 것은 소성괘小成卦의 자질이나, 괘효의 자질, 비응 관계, 그리고 괘의 전체적인 의미 등과 유기적인 연관성을 고려하는 점에서 정이나 권근보다 세밀하지 못하다. 그러나 이세응은 중정의 위치에 있는 효가 다른 효와 호응하는 경우에는 중정이라는 위치의 길함을 강화시켜 주는 의미에서 그 관계성을 강조하고 있다. 그는 「동인괘同人卦䷌」에서 육이효六二爻의 중정이 구오효九五爻의 중정과 호응하여 군자의 곧은 덕이 더욱 아름답다75)고 하여, 중정을 이루는 다른 효와의 유기적인 관계를 육이효가 길한 요인으로 간주하였다.

---

72) 『周易』「訟卦」, "不克訟, 復卽命, 渝安, 貞, 吉."

73) 『周易淺見錄』「訟卦」註, "九四以陽居陰, 而在乾體之下, 處爲訟之時, 足違理妄進, 而欲與上訟者也. 然居柔在下, 豈能勝剛健中正, 而在上者乎? 我曲彼直, 義旣不勝, 若能止其妄進, 欲訟之心, 復卽就於正理, 渝變其過, 而安於正, 則吉矣."

74) 『周易淺見錄』「家人卦」'九三' 註, "愚謂, 九三以剛居剛, 治家過剛之象. 治家過嚴, 則傷恩, 故有悔厲之戒."

75) 『安齋易說』「同人卦」, "下以中正之德應上之中正, 則君子之貞, 尤爲美焉."

또한 이세응은 '바른 자리[正位]'를 얻지 못했을 경우 중中이나 호응을 얻더라도 위태롭다거나 길하지 못한 것으로 보아, 바른 자리를 얻은 것을 강조하기도 하였다. 「리괘離卦䷝」에서 그는 육이효六二爻는 정중正中을 얻었으나, 육오효六五爻는 중中은 얻었지만 정正을 얻지 못하여 흉하고 위태로운 것으로 규정하였다.76) 「려괘旅卦䷷」에서도 그는 구사효九四爻는 바른 자리를 얻지 못하여, 비록 초육효와 호응을 이루지만 그 마음이 유쾌하지 못한 것으로 해석하였다.77)

조호익의 경우는 의리역학에서 말하는 중정 개념을 받아들이기는 했으나, 이전 학자들과 달리 괘효사에 대한 실질적인 해석에 있어서 중정개념을 주로 상수역학적인 방법의 하나로 이용하였다. 그는 '중정' 개념을 주로 괘효사의 특정한 의미 상징물 또는 물상을 지시하거나, 그 물상이나 의미상징이 가리키는 기능의 적절성 여부를 판단하는 기준으로 보았다. 「리괘履卦䷉」에서 조호익은 육삼효六三爻가 중中과 정正을 얻지 못한 것을 눈으로 '보거나', 발로 '걸어가는' 기능이 바르지 못한 것으로 '한쪽 눈으로 본다[眇]'라든가, '절뚝거리다[跛]'는 등으로 드러나는 상象의 근거가 되는 것으로 보았다.78) 다시 말하면, 그는 중정 개념을 효사에 포함된 물상의 상황 또는 본질과 직접 연관성을 지닌 것으로 해석하여 상수역학적 해석의 방법론으로 이용하고 있다.

그는 나아가 중정 개념을 괘변, 효변, 호체 등 다른 상수역학적 『주역』 해석 방법과 결합하여 괘효에 내재한 물상이나 의미상징물 등을 해석하기도 하였다. 「규괘睽卦䷥」 육오효六五爻에서 조호익은 '간다[往]'는 표현을 음이 사효四爻의 자리에서 오효五爻의 자리로 올라가는 것을 뜻하는 것으로 해석

---

76) 『安齋易說』 「離卦」, "下離之二得其正中, 而上離之五, 雖得中不得其正, 故凶且危焉."

77) 『安齋易說』 「旅卦」, "九四以剛居柔, 雖居近君之位, 羈旅之中, 六五之君, 九四之臣, 皆未得位, 故雖應初六之陰, 得其資斧, 上無剛陽之與下唯陰柔之應, 故其心有所不快."

78) 『易象說』 卷1-8, 「履卦」, "六三爻', "眇能視, 跛能履."; "雲峯胡氏曰, '三不正, 視不正, 則眇能視, 應上象. …… 三不中, 行不中, 則跛能履. 乘二象.'"

하였다. 그리하여 그는 「규괘」에서 효변에 근거하여 괘효사의 의미상징물로서 '간다[往]'는 것을 설명하였으며, 동시에 이렇게 변한 효가 중中을 얻고, 응應을 얻어서 '허물이 없다'는 의미가 된다[79]고 하였다.

그는 「손괘損卦☶☱」에서 구이효九二爻가 양으로서 바르지 않은 자리에 위치해 있는 동시에 호체괘互體卦로서 「진괘震卦☳」에 자리하고 있는 것에 주목하였다. 그는 "양으로서 역동성을 가진 「진괘震卦」에 있기 때문에 '정벌하면 흉하다'는 상이 있다"[80]고 하였다. 요컨대 조호익은 중정 개념을 상수역학적인 『주역』 해석방법으로 보다 빈번하게 이용하였는데, 이것은 조선전기 의리역학의 해석방법론으로서 중정 개념의 적용에 변화가 생기고 있음을 예시하는 것이다.

다음으로 위에 언급한 학자들은 비응 개념을 적용하여 『주역』을 해석할 때도 각각의 구별되는 특징을 가진다. 먼저 권근은 중정 개념과 마찬가지로 정이가 이용한 비응比應의 의미를 그대로 받아들였다. 게다가 그는 동일한 자질의 두 효가 호응하는 '동덕상응同德相應'도 정이와 같이 호응의 특수한 경우로 강조하였다.[81] 권근에 있어 비응 개념은 중정과 마찬가지로 괘효의 자질, 소성괘의 자질, 괘의 전체적인 의미 등에 종합적으로 영향을 받는다. 하지만 그는 두 효의 호응[應] 여부가 특히 괘의 전체적인 의미를 실현하거나 부정하는 영향관계에 더욱 주목한다.

---

79) 『易象說』 卷2-9, 「睽卦」, "九五往何咎"; 註, "往, 柔上行象, 五自四進, 居中得應, 故往无咎." 정이의 경우는 괘효에 포함된 '간다[往]'는 개념을 일반적으로 괘의 보편적인 의미상황과 관련하여 주체로서 인간이 적절한 도덕적·정치적 실천을 한다는 의미로 해석한다. 「睽卦」 육오효六五爻에서 정이는 '간다[往]'는 것을 구이효를 현자로 보아 그의 도움과 보필을 받기 위하여 그를 임명하는 정치적 실천을 행한다는 의미로 해석하였다.(六以陰柔當睽離之時, 而居尊位, 有悔可知. 然而下有九二剛陽之賢, 與之爲應, 以輔翼之, 故得悔亡. …… 五雖陰柔之才, 二輔以陽剛之道, 而深入之, 則可往而有慶, 復何過咎之有.)(『周易』 「睽卦, 六五爻」, 『程傳』)

80) 『易象說』 卷2-13, 「損卦」, "九二利貞, 征凶. 弗損益之'; 註, "二不正故利貞, 互震體, 以陽居震動, 故有征凶之戒. 以陽居陰, 剛柔適中, 損則失中."

81) 『周易淺見錄』 「困卦」 '九二'註, "九二坎體, 陷於二陰之中, 而在困時, 上無應與, 未得自安者也. 然九五亦以剛陽而在困, 下亦無應, 自以同德相應, 而有求於二, 故云, '朱紱方來.'"

권근은 「박괘剝卦䷖」 육이효六二爻에 대해 이 효가 위로 호응하지 않으므로 음이 양을 무너뜨리는 일이 억제되는 것이라고 해석하였다.[82] 「귀매괘歸妹卦䷵」에서도 그는 상육효上六爻는 초구효初九爻와 함께 음양의 자리는 바르지만 각각 삼효三爻와 사효四爻에 호응하는 효가 없으므로, 남녀가 바른 자리를 지켜 혼인이 성사되지 않는 것으로 해석하였다.[83] 여기에서 권근은 '호응'의 기본 취지를 괘의 전체적인 의미를 실현하는가의 여부與否로 해석하고 있다.

이세응 또한 정이의 비응 개념에 따라 『주역』 괘효사를 해석하였다. 그는 먼저 권근과 같이 두 효가 '호응'하는 자리에 있는 경우는 자질이 같더라도 화합하여 호응한다고 하는 정이의 '동덕상응'의 관점을 권근과 마찬가지로 그대로 계승하고 있다.[84]

다른 한편으로 그는 음양이 호응할 때 음이 양과 호응하느냐, 아니면 양이 음과 호응하느냐 하는 호응의 방향이 괘효사를 해석하는 데 중요한 요소가 되는 것으로 강조하였다. 이것은 음양의 자질을 호응과 관련하여 괘효사 해석에 적용하는 것을 뜻한다. 그는 「항괘恒卦䷟」에서 구사효九四爻는 바른 자리를 얻었으나, 아래로 초육효初六爻의 유약함과 호응하여 비어 있다는 성질로 '밭에 새가 없다[田無禽]'는 괘효사를 해석하였다.[85] 반면에 그는 「가인괘」 육이효六二爻가 구오효九五爻와 유순하게 호응하여 낮출 수 있는 자라는 것을 '가인'이라는 괘의 전체적인 의미와 관련하여 육이효의 음이라는 자질에서 이끌어내고 있다.[86]

---

82) 『周易淺見錄』「剝卦」'六二爻'註, "言六二雖在陰長之時, 上无應與, 其剝未深, 故言'未有與', 所以抑陰也. …… 曰, '是固五陰同剝一陽, 可懼之時, 然无其應, 故聖人猶幸之, 二爲勢弱援寡, 未有所與之象. 六三應上九, 則又以爲舍邪類而從正之類, 无非所以扶陽而抑陰也.'"

83) 『周易淺見錄』「歸妹卦」'上六'註, "此卦六爻, 惟二五相應而成夫婦. 初上二爻, 陰陽得位而無應, 此男女守正, 而婚姻不成者也."

84) 이세응은 「진괘晉卦」에서 육오효는 육이효와 응이 되는데 구사효에 막혀서 나아가지 못하여 근심스럽다고 해석하였다.(『安齋易說』「晉卦」, "六二晉如愁如者, 六五爲應, 而爲九四所阻, 故愁如.")

85) 『安齋易說』「恒卦」, "蓋師之六五得位而下應九二之剛, 剛而實, 故曰, '田有禽'. 恒之九四, 雖得位下應初六之柔而虛, 故曰無禽, 徒用力而無實功也."

반면 이세응은 효 사이의 호응관계보다 음 또는 양이 지니는 성질을 강조하여 괘효를 해석하기도 하였다. 「동인괘同人卦䷌」에서 그는 육이효六二爻는 비록 구오효九五爻와 바로 호응하고 있지만 음은 아래로 내려가는 성질이 있어서, 아래 초구효初九爻의 양과 매우 가까이 하고 있다. 그래서 멀리 있는 구오효와 바로 응하지 않는다고 해석하였다.87) 이러한 시각은 기본적으로 정이 이래의 비응比應 개념을 통한 의리역학적인 『주역』 해석 방법론을 그대로 따르는 것을 의미한다.

그러나 이후 조선시대 중기에 접어들어 조호익은 중정 개념에서처럼 비응 개념을 적용하여 괘효사를 해석하면서도 권근이나 이세응과는 다른 차이를 드러내고 있다. 그는 비응 개념을 일부 의리역학적인 목표와 연관하여 이용하였다.88) 하지만 그는 주로 괘효卦爻의 물상物象을 정합적으로 해석하고자 하는 상수역학적인 방법론으로 비응 개념을 이용하였다.

조호익은 괘효사의 물상과 그 의미에 대한 정합적인 해석을 위하여 비응 개념을 사용할 때, 많은 경우 괘효사의 물상과 의미를 호응하는 관계로부터 유추하여 해명하였다. 「대유괘大有卦䷍」에서 조호익은 초효初爻가 사효四爻와 호응하지 않는다는 사실로부터 '해로운 일에 나아가 어울리지 않는다'는 상을 이끌어냈다. 그는 여기에서 '호응하지 않음'으로부터 '교제하여 어울리지 않음'이라는 상象을 연역해 내는 것이다.89)

「귀매괘歸妹卦䷵」의 구이효九二爻는 '애꾸눈으로 볼 수 있다'고 하는 효사를 포함하고 있다. 여기에서 구이효가 구오효九五爻와 호응하고 있다는 사실로

---

86) 『安齋易說』 「家人卦」, "六二之無攸遂在中饋貞吉者, …… 孟子所謂妾婦之道, 以順爲正者, 其能順九五之正應而卑者也."

87) 『安齋易說』 「同人卦」, "二以初九爲宗, 則六二雖與九五爲正應. 陰性就下, 故切比於在下初九之陽, 不應遠而九五之正應, 故象曰'同人于宗爲吝道也.' 初九則出六二之門, 而交上四陽. 其於同人之爲公, 而无咎."

88) 조호익은 「咸卦」에서 '성인이 사람의 마음을 감화하여 천하가 태평하다'고 하는 '象傳' 구절은 九五와 六二 사이에 호응이 됨으로써 가능한 것으로 해석하였다.(『易象說』 卷2-1, 「咸卦」)

89) 『易象說』 卷1-12, 「大有卦」'初九'註, "初九健體而居正, 在初無應, 有未交乎害之象. 未交於害, 故匪咎."

하여 효사의 '볼 수 있다'고 하는 애꾸눈의 기능을 잘 행하는 것으로 해석하였다.[90] 조호익은 '호응한다'는 사실 자체가 괘효사의 물상이 지니는 본질적인 의미를 나타내는 것으로, 또는 괘효사의 특정한 물상이 그 기능을 잘 행할 수 있는 것을 의미하는 것으로 해석하기도 하였다. 그는 이처럼 비응 개념을 주로 괘효사의 특정한 물상이 지니는 의미 상징성을 해석하는 데 그 기능을 제한하여 상수역학의 방법론을 따르고 있다.

6. 맺음말

본 장에서는 조선전기역철학사에 대한 보다 심화된 연구를 위한 토대 확립과 준거틀을 설정하기 위하여 조선전기역철학사가 분기되고 흘러가는 방향에 유의하여 상수역학과 의리역학 및 이들 사이의 상관관계를 중심으로 하여 조선전기 역학易學의 전체적 면모를 개관하였다. 조선전기역철학사를 돌아볼 때 가장 먼저 주목해야 할 것은 고려 말의 유학자들이 주로 받아들인 역학이 어떤 특징을 가지는가 하는 점이다. 고려 말기의 학자들은 대체로 『역전』을 중심으로 하는 정이의 의리역학을 받아들여 주로 의리역학적 입장에서 『주역』을 이해하였다. 이들 학자들의 경향과 이론적인 내용을 요약하여 그 의의를 제시하기로 한다.

조선 초기에 권근을 시작으로 『주역』을 의리역학적인 목표와 방법론에 따라 해석했던 학자들은 『주역』을 해석하는 관점을 주로 도통론적인 시각에서 보았다. 이들은 한대 상수역학과 위진魏晉 시대의 도가적인 의리역학을 비판하면서, 송대의 유가적 의리역학자들이 『주역』의 도덕실천적인 의의를 회복한 것으로 평가하고 있다. 이러한 평가에 따라 권근이나 이세응 등은 『주역』을 해석하는 도덕 실천적 관점과 관련하여 천리天理의 본연과 당위를

---

90) 『易象說』 卷2-31, 「歸妹卦」 '九二眇能視'; 註, "眇, 互離目象. 二不正, 視不正故眇, 有應故能視."

각각 인심人心의 체와 용으로 보았다. 뿐만 아니라 그들은 「건괘」와 「곤괘」를 성誠과 경敬이라는 유가적인 도덕적 본체 또는 수양론적인 개념으로 설명하고 있다.

권근과 이세응은 정이의 의리역학적인 『주역』 해석 방법론으로서 중정中正과 비응比應 개념을 대체로 그대로 계승하였다. 이들은 중정, 비응 개념을 통하여 『주역』을 해석할 때 이들 개념이 괘효의 음양이라는 자질, 비응 관계, 그리고 괘의 전체적인 의미 등과 유기적인 연관성을 고려하고 있다. 이에 비해 조호익은 의리역학의 방법론적 개념이었던 중정 개념과 비응 개념을 주로 괘효사卦爻辭의 물상이 드러내는 의미를 직접 지시하는 것으로 이해함으로써 상수역학적인 해석방법론으로 이용하였다.

다른 한편으로 조선 전기 도표에 따른 수리역학은 권근의 『입학도설』과 『역학계몽요해』로부터 서경덕의 우주론적인 수론을 거쳐, 황효공의 『역범도』의 이론들, 그리고 이황의 『계몽전의』에 이르기까지 하나의 지속적인 흐름을 이루었다. 이들의 주요 내용은 「하도낙서」와 「복희팔괘도」 등과 같은 도표를 중심으로 그 수리 상수적인 의미를 드러내고자 하는 것에 공통적인 목표가 있다.

퇴계를 중심으로 살펴보면, 그는 「하도낙서」의 수적인 원리로부터 자연과 인사의 여러 현상과 만물이 형성되는 과정을 설명하고자 하는데 목표를 두었다. 다른 한편 그는 대연지수大衍之數로부터 음양노소의 괘효 또는 수가 도출되는 과정에 대하여 주목하였다. 그러나 이처럼 음양기우陰陽奇偶와 생수성수生數成數에 관한 기본적인 이해를 바탕으로 한 도수론圖數論은 조선 전기 역학계에서 『주역』을 이해하는 매우 보편적인 방법이었다.

다음으로 조선 전기에 이세응이나 중기에 활동한 조호익 등은 한대 상수역학 이론으로서 호체론과 괘변설을 중심으로 『주역』 괘효사를 해석하였으나 각각의 두드러진 특징을 지닌다. 이세응은 호체론을 통하여 괘효사를 해석할 때 의리역학적인 해석 목표에 따라 그 의미를 설명하였다. 반면 조호익은 중정론으로도 괘효사를 해석하지만, 주로 호체괘를 통하여 괘효사에 포함된 여러 개별적인 상징물들이 일관되게 괘효상과 유기적인 의미를 가지는 것으로 해석함으로써 상수역학의 관점을 강조하였다.

결론적으로, 조선전기 역학의 중요한 흐름은 기본적으로 의리역학과 상수역학이 서로 영향을 주고받으며 전개되었다. 조선 초기에는 권근이 『입학도설』을 통하여 『주역』의 상수 수리적 원리를 해설한 이후 대체로 그림과 도표를 통하여 『주역』을 이해하는 흐름이 형성되었다. 그러나 대체로 목표에 있어서는 의리역학적 관점을 취하면서도, 방법에 있어서는 상수역학적 관점을 취하는 경우가 많았다. 그러나 이황이 『계몽전의』를 저술하여 『역학계몽』을 주석하면서부터 조선 역학계에서는 의리역학과 상수역학이 균형을 이루는 양상을 보여주었다. 그러나 조선전기가 지나면서 상수역학과 도상학적인 관점이 지속적으로 강화되는 국면을 형성한 것은 조선 초기 역학의 의리적인 목표에서 한걸음 나아가 윤리적인 실천을 위한 수론적인 또는 우주론적인 기초를 제시하고자 한 목표가 있었기 때문이라 할 수 있다. 또한 이러한 경향은 『주역』 괘효사의 상象과 수數가 지니는 법칙적인 변화에 대한 관심이 강화된 것을 의미하는 것이기도 하다.

Ⅱ. 조선초기

朝鮮初期

- 권근의 상수학적 토대와 의리역학사상
- 정도전의 성리학적 『주역』 인식과 의리역학
- 『훈민정음』의 상수역학적 기초와 의리적 목표
- 세조의 『역학계몽요해』와 상수역학적 해석
- 김시습의 『주역』 인식과 의리역학적 지향

제1장
권근의 상수학적 토대와 의리역학 사상

1. 머리말

여말선초는 한국사상사의 관점에서 볼 때 매우 중요한 의미를 가지는 시기이다. 고려 후기 원元나라로부터 성리학이 수용되기 이전까지 고려 시대 사상계와 정치계에서는 주로 유교, 불교, 도교사상을 종합적으로 받아들여 정국을 이끌어갔다. 고려시대는 특히 불교 의례와 선교禪教를 아우르는 사상이 지배층들의 주된 이데올로기로서 기능하였다. 하지만 고려 후기에 이르면서 불교는 여러 사회경제적인 폐단을 드러내면서 그 이데올로기로서의 기능을 거의 상실하는 지경에 이르렀다.

이러한 상황에서. 성리학을 수용하였던 신진사대부들은 현실의 통치원리에 대한 반성적 자각과 불교가 드러내고 있던 현실적인 폐단에 대한 비판을 통하여 이른바 '코페르니쿠스적인 사상의 전환*Copernican Revolution of Thought*'[1]을 이루고자 하였다. 성리학을 수용하기 시작한 이후부터 고려말기 지식인들의 불교에 대한 비판은 여말선초 정도전鄭道傳1342~1398에 이르

1) 칸트Immanuel Kant1724~1804가 이전의 합리론과 경험론 철학에 상대하여 주장한 철학적 관점이다. 이것은 인식론을 코페르니쿠스의 지동설에 비유하여 한 말로 그 요점은 인식은 對象에 주관이 따르는 것으로써 성립된다고 하던 것을 거꾸로 현상세계가 주관의 선천적 인식능력에 의존하여 성립한다는 점에 있다.

러 그 철학적인 측면에 대한 비판을 포함하여 거의 절정에 이르렀다. 권근은 이와 같은 사상사적인 전환기에 태어나 새 왕조의 통치이데올로기로서 성리학을 중심으로 한 유학의 학문적인 토대를 확고히 하는 데 커다란 기여를 하였다.[2)]

권근權近1352~1409은 새 왕조에 참여하면서 왕조의 통치이념으로서 성리학을 중심으로 한 유학의 학문적 토대를 정립하기 위하여 여러 방면에서 학문적인 노력을 기울였다. 이러한 노력의 대표적인 결과물이 바로 『입학도설入學圖說』과 『오경천견록五經淺見錄』이다. 이 중 『입학도설』은 『중용』, 『대학』 등 사서四書에서 제시된 천天, 성경誠敬, 심성心性, 치지致知 등의 개념을 중심으로 천인합일天人合一의 원리에 따른 성리학의 우주론과 심성론을 통일적이고 유기적으로 체계화하고 있는 저술이다. 뿐만 아니라 이 저술에는 역학 및 『서경』 등 유가경전의 여러 내용을 도표화한 그림들이 포함되어 있다. 역학과 관련한 여러 도표는 소옹의 「선천도」로부터 받아들인 것을 핵심으로 하여 『주역』의 상수학적 원리를 설명해 주는 도표들이다.[3)]

반면 『오경천견록五經淺見錄』은 권근의 학문적인 특성과 독창성을 보여주

---

2) 피터 리는 권근에 대하여 '중국 고전에 대한 연구물과 주석서에서 신유학 Neo-Confucianism의 기본 개념들을 제시하여 이들 개념들이 새 왕조의 사회 정치적인 삶과 어떠한 상관관계를 가지는가를 해명하고자 하였다'고 언급하였다. Peter H, Lee(ed.), *Sourcebook of Korean Civilization,* volume (1993, p. 493)

3) 권근의 그림에 대한 관심은 지리학의 영역에도 미쳐서 그는 명나라 때 제작된 지도인 「역대제왕혼일강리도歷代帝王混一疆理圖」에 대하여 글을 짓기도 하였다. 이 글에 따르면 당시 좌의정 김사형과 우의정 이무가 중국인 吳門과 李澤民의 「성교광피도聲敎廣被圖」와 승려 청준의 「혼일강리도混一疆理圖」를 보았는데, 조선에 대해 빠진 부분이 많아서 그들은 관원 이회에게 명하여 "더욱 상세하게 교정하고 합하여 하나의 지도로 만들라. 요수 동쪽과 우리나라 강역에 있어 이택민의 지도는 소략한 부분이 많으니 우리나라 지도를 크게 넓히고 일본을 덧붙여 새로운 지로들 완성하라("惟吳門李澤民, 聲敎廣被圖, 頗爲詳備, 而歷代帝王國都沿革, 則天台僧淸濬, 混一疆理圖備載焉. 建文四年夏, 左政丞上洛金公士衡, 右政丞丹陽李公茂, 燮理之暇, 參究是圖, 命檢詳李薈, 更加詳校, 合爲一圖. 其遼水以東及本國疆域, 澤民之圖, 亦多闕略, 方特增廣本局地圖, 而附以日本, 勅成新圖.": 『陽村集』 22-2, 「歷代帝王混一疆理圖誌」)고 했다고 언급하였다.(거자오광葛兆光 지음, 이원석 역, 『이 중국에 거하라』, 글항아리, 2012, 154쪽.)

는 중요한 저술이다. 북송대의 정호程顥, 정이程頤 형제와 주희朱熹는 오경五經보다 유가경전으로서 형이상학과 심성론적인 요소를 많이 담고 있는 사서四書를 더욱 중시하였다. 권근은 사서四書를 중시하는 이런 경향을 받아들이면서도, 『주역』과 『춘추』를 중심으로 하는 오경五經 또한 체용의 원리에 따라 형이상학적 우주론, 도덕적 실천규범, 그리고 이들 우주론적인 이념과 규범이 실현된 역사 등을 하나의 체계적인 구조를 가진 것으로 이해하였다. 그는 『입학도설』에서 『주역』은 오경五經의 전체全體이고, 『춘추』는 오경五經의 대용大用이라[4]고 주장하였다. 이처럼 권근은 오경에 주목하여 이들 저술들 사이의 유기적인 관계를 체계화하여 오경을 새로운 시각에서 이해하였다.

북송대 이정자二程子와 주희朱熹1130~1200 등이 『주역』을 성리학의 우주론에 기초가 되는 경전으로 중시한 것처럼 권근 또한 이들과 마찬가지로 『주역』의 중요성을 강조하였다. 권근은 『주역』과 관련하여 상象과 수數에 관하여 일정한 견해를 표명하였다.[5] 이 점에서 그는 주희朱熹로부터 오징吳澄1249~1333에 이르기까지 중국에서 전개되었던 상수역학의 전통에 영향을 받았다. 그러나 그는 주로 정이程頤1033~1107의 의리역학적 『주역』 해석방법론을 수용하였다. 따라서 권근이 어떤 방법을 통하여 『주역』을 의리적으로 해석하는가를 고찰하는 것은 권근이 성리학적인 토대를 확립한 구체적인 내용을 이해하는 데 중요한 의미를 가진다.

따라서 본 장에서는 권근이 중국에서 전개된 상과 수를 중심으로 하는 상수역학적 견해를 어떻게 수용하고 있는가 하는 점을 『입학도설入學圖說』을 중심으로 살펴보고자 한다. 이어서 대체로 『주역』 괘효사를 해석하는 주된

---

4) 『入學圖說』 卷1, 「五經體用合一之圖」, 愚按, "易五經之全體也, 春秋五經之大用也."

5) 권근은 『주역천견록』에서 상수론과 관련하여 특히 수에 관하여 여러 곳에서 언급하고 있다. 먼저 그는 『주역천견록』 「서론」에 해당하는 부분에서 음양노소의 數와 天數 地數를 중심으로 하는 천지만물의 생성을 수의 원리로 설명하고 있다. 그는 「繫辭傳 上」 9장과 11장을 주석하여 천지의 수와 大衍之數, 그리고 「하도낙서」의 수에 관하여 그 구체적인 내용과 의미를 설명하고 있다. 또 「설괘전」에 대한 주석에서도 三天兩地와 관련하여 음양노소의 수가 구성되는 과정에 관하여 언급하고 있다.

방법론이었던 중정론中正論과 비응론比應論을 따르고 있다는 점에 유의하여 그가 제시하는 의리역학적 견해가 어떤 특징을 가지고 있는가 하는 점을 조명하고자 한다.

그러면 제2절에서는 권근의 학문체계와 최근 권근의 학문에 대한 최근 연구경향을 개관하고자 한다. 이어서 제3절에서는 권근의 『주역』에 관한 학설에 있어서 상수역학적 기초와 의리역학적 목표를 대비하여 요약하고자 한다. 제4절에서는 권근이 『입학도설』에서 그의 상수역학적 관점에서의 역학이론을 어떻게 설명하고 있는가 하는 점을 살펴보고자 한다. 다음으로 제5절에서는 권근의 의리역학적 견해의 핵심이라고 할 수 있으며, 『주역』 괘효사 해석의 중요한 방법론으로서 『주역천견록』에서 제시된 중정론과 비응론을 고찰하였다. 마지막으로 맺음말에서는 본문의 내용을 요약하고 권근의 학문체계와 관련하여 『주역』에 관한 이해의 의미와 의리역학적인 괘효사 해석 방법론의 의의를 제시하였다.

2. 권근의 학문체계와 역학연구경향

1) 권근의 학문체계

권근은 성리학을 건국 이념으로 하여 새 왕조가 문물을 정비하던 시기에 비교적 방대한 저술을 남김으로써, 조선시대 전반에 걸쳐 성리학을 중심으로 하는 지성사에 중요한 영향을 끼쳤다. 그는 『양촌집楊村集』, 『입학도설入學圖說』, 『오경천견록五經淺見錄』, 『사서오경구결四書五經口訣』 등의 저술을 통하여 경학經學을 중심으로 하는 독자적인 학문체계를 세웠다. 권근의 『주역』에 관한 관점을 해명하기 위해서는 그의 전체적인 경학 체계가 어떻게 구성되어 있으며, 그 학문적인 지향과 목표가 어떤 것인가 하는 점이 검토되어야 할 것이다.

권근의 학문체계에 골격을 이루는 저술은 무엇보다도 『입학도설』과 『오경천견록』이라 할 수 있다. 이제 권근이 이 책들을 저술한 계기와 의도를 개관함으로써 그가 당시 철학사상사적인 배경과 환경 속에서 지향하였던 학문적인 목표를 살펴보기로 한다.

먼저 권근은『입학도설』 제일 앞에 「천인심성합일지도天人心性合一之圖」와 「천인심성분석지도天人心性分析之圖」를 둠으로써, 성리학의 핵심적인 문제인 천리天理와 인성人性을 유기적으로 통합하는 관점에서 이해하고자 하였다. 이 밖에 권근은『대학』,『중용』,『논어』,『맹자』와 관련한 도표를 열거함으로써 성리학의 우주본체론과 인성론을 연결하여 인간의 도덕적 실천의 궁극적 근거를 문제 삼고 있다. 사서四書에 관한 관심을 통하여 형이상학적 본체론과 심성론을 일관된 시각에서 체계적으로 이해하기 위한 노력과 별개로, 그는 오경五經의 미의微義에 대하여 새삼스럽게 주목하였다. 이러한 관심의 산물이 바로『오경천견록五經淺見錄』이다.

권근은 1391년 충주의 양촌陽村으로 돌아오면서부터『예경』의 편차를 수정하고『주역천견록』,『시경천견록』,『서경천견록』,『춘추천견록』을 찬술하였다. 이 중에서『예기천견록』은 1405년까지 무려 14년간에 걸친 긴 기간에 걸쳐 완성되었다. 이렇게 완성된『오경천견록』에는 권근이 제기한 경학관의 중요한 특징이 내포되어 있다.

권근이 자신의 경학을 체계화하여 특징짓는 두 가지 기준은 바로 '오경체용합일론五經體用合一論'과 '오경각분체용론五經各分體用論'이다. 전자는 오경五經 전체를 하나의 체용의 관점에서 보아『역』을 전체全體로,『춘추春秋』를 대용大用으로 보는 반면,『예기』,『시』,『서』 등은 '전체'를 '대용'으로 실현시켜 주는 수단 또는 매개로 보았다. 반면에 후자는 이러한 총론적인 이해에서 한걸음 나아가 오경五經 각각이 다시 체와 용으로 구분된다고 하여 그 구체적인 내용을 제시하였다.[6] 권근은 이들 경전 중『예기천견록』에서는 특히

---

6) 김승현은 양촌 권근의 경학적 견해가 理와 道 두 가지를 지향하고 있는데, 리는 송대 성리학에 접근하는 반면, 도는 한당 경학의 견해에 접근하는 계기가 된다고 언급하였다.(김승현, 「오경천견록을 통해 본 양촌의 경학사상」,『동서철학연구』 제4집, 1983, 65쪽)

『예기』의 편차에 수정을 가하고 있으며, 일부 편들을 경經과 전傳의 체계로 재편하였다.[7]

권근이 이처럼 『오경천견록』 전체를 체용의 관점에서 보고, 『예기천견록』에서 『예기』의 내용에 대하여 편차를 수정하고 경전經傳의 체계를 구성한 일련의 노력들은 성리학 이념을 추구하던 여말선초에 매우 중요한 의미를 가지는 것이다. 먼저 『오경천견록』 전체와 각각을 체體와 용用의 관점으로 해석한 것은 성리학적인 우주론의 토대를 세우고 이에 근거한 도덕적 실천의 문제를 사서四書 뿐만 아니라 오경五經 속에서도 이끌어 내고자 한 것이다. 이것은 당시 학자들이 성리학에 대하여 기본적인 이해의 수준에 머무르고 있던 때에 실로 독창적인 시도라 하지 않을 수 없다.

북송대 이정二程 형제는 불교와 도교의 도전에 대응하여 인간의 도덕적 행위 및 규범의 궁극적인 근거로서 형이상학적인 우주본체론을 정립하기 위하여, 『대학』과 『중용』을 『예기』에서 뽑아내어, 텍스트를 재배열하고 주석을 달기도 하였다.[8] 이후 주희는 이들을 경전經傳 체제로 나누고 주석을 달아 『장구』 체계를 세웠다. 이러한 시도는 한대漢代 이래 오경五經을 표준으로 수용하였던 전통적인 입장에 대한 또 다른 대안으로서 당시 도교와 불교의 형이상학에 대한 대응의 의미를 가지는 것이다.

이러한 상황을 고려할 때 권근이 『주역』을 중심으로 오경五經을 체와 용으로 구분하여 체계화함으로써 이들 경전의 형이상학적 본체 및 심성론적인 함의를 드러내고자 한 것은 그의 『주역』에 대한 이해의 수준을 짐작할

7) 권근은 편차수정과 관련하여 거의 전면적으로 구절의 위치를 바꾸거나, 일관된 순서로 재배열하는 작업을 수행하고 있으며, 경우에 따라서는 章과 節을 나누어 내용을 체계화하여 이해하려는 시도를 보여준다. 『예기』 전체 49편 중에서 分章을 시도한 편은 「곡례」, 「교특생」 등 두 편이고, 分節은 「왕제」, 「증자문」, 「문왕세자」, 「악기」, 「잡기」, 「제의」 등의 편이며, 「곡례」, 「예운」, 「악기」 편 등은 經과 傳을 구분하고 있다.(금장태, 「권근의 예학사상」, 『동방철학사상연구』, 1992, 164쪽) 이와 같은 시도는 주희가 『대학』과 『중용』을 『예기』에서 뽑아내어 경과 전의 체계를 구성한 것에 견주어질 수 있다.

8) Wing-tsit Chan(trans), *Reflections on Things at Hand*, Columbia U.P., Introduction, 1967, p.xix.

수 있게 하는 대목이다. 특히 송대 성리학자들은 형이상학적인 본체론을 세우기 위한 근거를 『주역』에서 찾고자 했으며, 이를 『춘추』나 『예기』와 같은 경전과의 관련성에 대하여 언급한 경우가 있었다.[9] 이런 점을 생각할 때 권근의 노력은 중국과 한국 유가철학사 전체를 통틀어 볼 때도 매우 중요한 의의를 가지는 학문적인 시도이며 성과라고 하겠다.

권근은 특히 『예기』의 편들 중 일부를 경전經傳의 체제로 재구성하면서, 예의 기본정신으로 충신忠信을 강조하며, 동시에 예禮를 통하여 의義를 실현하는 핵심적인 방법론으로서 경敬을 강조하였다. 이것은 성리학의 핵심 공부방법론의 하나가 경敬이라는 것을 생각할 때 『예기』의 예禮를 구체적인 규범의 의미를 넘어서는 성리학적인 근본이념을 반영하고 있는 관점에서 이해하는 것이다.

『오경천견록』 중에서 『주역』이 차지하는 지위는 무엇보다도 나머지 네 경전과의 유기적인 관계 속에서 이해할 때 그 의미가 잘 드러날 것이다. 권근에 있어 『주역』은 유가적 실천규범과 도덕적 교훈을 담고 있는 역사, 그리고 인간의 심성과 정서를 순화시키는 동시에 우주론적인 근거를 정립시켜 주며, 인도人道를 연역하는 데 중요한 계기가 된다. 결국 권근이 『주역천견록』을 『예기』 다음으로 역점을 두어 저술한 의도는 유가적인 도덕실천에 대하여 우주론적인 토대를 정립하고, 이에 근거하여 인간의 도덕적 실천을 천도天道와 유기적으로 결합하고자 한 데 있었다고 해도 과언이 아니다. 따라서 권근의 『주역천견록』의 역철학적 특징을 연구함에 있어서는 도덕적 실천과 규범의 우주론적인 토대의 정립과 인간의 도덕적 실천을 어떻게 결합하여 설명하고 있는가 하는 점에 주목하는 것이 권근의 역에 관한 견해를 바르게 해명하는 요체가 된다.

9) 『橫渠易說』 「繫辭上」, "欲觀易先當玩辭, 蓋所以說易象也. 不先盡繫辭, 則其觀於易也, 或遠或近, 或太艱難. 不知繫辭而求易, 正猶不知禮而考春秋也."

2) 최근 학자들의 연구경향

권근이 제시한 역학사상의 특성을 이해하기 위해서는 기존 학자들의 권근 학설에 대한 다양한 시각과 입장을 먼저 살펴보는 것이 필수적이다. 권근의 경학 또는 역학사상에 관하여 기존 학자들의 연구는 권근의 학문체계를 어떻게 해명하고 있는가? 권근의 경학 및 역철학에 관한 연구는 자료의 부족으로 인하여 80년대에는 매우 미미하였다. 그러나 최근 10여년 사이에 연구 성과가 점차로 축적되고 있다.

먼저 권근의 『오경천견록』 전체의 체계에 관하여 주목한 논문이 있다. 김승현은 『오경천견록』의 체제와 구조를 분석하면서 권근이 오경五經을 체계화한 것에는 대동大同 세계의 실현을 지향하여 '대일통大一統'의 도를 구현하기 위한 관점에서 그 실천방법을 제시한 의미가 있다[10]고 평가하였다. 또 권근의 성리학설에 관하여 정대환은 권근이 정주성리학의 기본입장을 계승하면서도 성誠, 경敬, 욕欲 등을 가치론적으로 차등지우고, 인간의 심성을 사단칠정, 인심도심으로 나누어 보며, 인성人性과 물성物性의 동이同異를 문제삼음으로써 자주적이고도 선구자적인 태도를 가진 것으로 평가하였다. 특히 그는 권근이 천인심성을 통일적으로 해석함으로써 성리학의 만물유기체관을 위주로 하는 천인관을 그대로 반영하고 있다[11]고 분석하였다.

나아가 권근의 예학사상에 관하여 분석한 논문이 있다. 권정안은 『예기천견록』을 성리학적인 정신을 드러내기 위한 저술로 이해하면서, 권근이 『예기』의 편차를 수정한 내용과 의미를 분석하였다. 그는 논문에서 예禮의 근본을 충신으로, 이를 실현하는 방법론적 요체를 경敬으로 주장하면서 권근의 학문은 본질학적인 특성을 가지며, 인간주체의 이상 추구와 실현에 주목한 것으로 평가하였다.[12]

---

10) 金承炫, 「五經淺見錄을 통해 본 陽村의 經學思想」, 『東西哲學研究』 第4輯, 1983, 66쪽.

11) 丁大丸, 「權近 性理學의 構造와 特性」, 『中天金忠烈華甲紀念論文集』, 1992, 273~274쪽.

12) 權正顔, 「權陽村의 「禮記淺見錄」 研究」, 『東西哲學研究』 第2輯, 1981, 46~50쪽.

금장태는 예는 곧 경敬을 통하여 수기치인하고 실천원리로서 중中으로 인격수양을 하며, 널리 그 의義를 실현하는데 근본정신이 있는 것으로, 이는 『예기천견록』을 관통하는 권근 예학 사상의 핵심이라고 평가하였다. 그는 여기에서 권근의 예학은 심성론과 천인합일의 시각에서 성리학의 근본원리에 확고히 뿌리내리고 그 이념적 근거를 확보한 것으로 주장하고 있다.[13] 결국 이 두 학자는 대체로 권근이 예禮에 내포되어 있는 지니는 성리학의 심성론적이고 이념적인 근거로서의 의미에 주목하고 있음을 강조하였다.

『오경천견록』의 문제의식, 예학, 성리학에 관한 연구들과 함께 권근의 사상에 관한 중심적인 연구는 『주역천견록』에 근거한 역학에 관한 연구라 하겠다. 곽신환은 성리학과 배불론이 동시에 진행되던 사상사적인 시각의 연장선상에서 권근의 역학을 이해하였다. 그는 권근 역학의 중요한 특징은 상수와 의리를 상호보완적인 것으로 보는 점에 있는 것으로 분석하였다. 나아가 그는 『주역천견록』은 『정전』과 『본의』의 견해를 비평하고 있으며, 오징의 학설을 인용하면서는 그 육왕학 및 불교적인 시각을 주로 비판적으로 고찰하면서도, 자신의 독창적인 견해도 제시한 것으로 설명하였다.[14]

이에 반하여 이광호는 권근의 『주역천견록』을 악惡을 억제하고 선善을 찬양하며, 군자로 하여금 소인을 제어할 수 있게 하는 것으로 군자가 처세하는 도리의 관점에서 설명하고 있다.[15] 최영성은 권근의 역학사상은 존고정신尊古精神의 기조아래 고증에 힘쓰면서, 상수역학과 의리역학을 종합하여 양자를 조화시키는데 특징이 있으며, 이러한 권근의 『주역』 연구는 이전시대와 구별되는 업적이라는 점을 강조하고 있다.[16]

13) 琴章泰, 「陽村의 禮學思想」, 『東方哲學思想硏究』, 1992, 162~175쪽.
14) 郭信煥, 「周易淺見錄과 陽村 權近의 易學」, 『精神文化硏究』 第21輯, 1984, 103쪽.
15) 李光虎外(譯), 「解題」, 『國譯 三經淺見錄』, 1999, 7쪽
16) 崔英成, 「周易淺見錄을 통해 본 權近의 經學思想(I)], 『韓國哲學論集』 第3集, 1993, 125쪽. 임창순은 권근의 『주역천경록』은 정이와 주자의 『역전』이나 『본의』를 이해하는 수준에서 넘어서서, 이들의 문제를 비판하는 단계에 이르렀다고 분석하고 있다. 그는 권근이 오징의 설을 비판하면서 이단설異端說을 강력히 배제한 것은 존고주의와 함께 보수적이고 배타적인 특성을 드러내는 것이

최원진은 『주역천견록』을 통해 권근이 제시하는 역철학은 기본적으로 정이와 주희의 의리역학을 계승하는 것으로 주장하고 있다. 그는 특히 권근의 괘변에 대한 관점을 소개하면서 이에 의리역학적인 목표가 반영되어 있다고 설명하고 있다. 나아가 그는 권근의 『주역천견록』은 인간의 존재근거에서 천도를 규명하고, 나아가 인간존재의 도덕실현가능성을 인도로서 드러내고자 한 것으로 평가한다.17) 조장연은 권근의 역학이 상수역과 의리역을 절충하면서도, 주희에 있어 대대對待하는 천도天道와 유행流行하는 인도人道를 포괄하려는 측면이 있다고 분석하였다. 그러나 그는 구체적으로 괘효사를 해석하는데 있어서, 권근은 주로 정이의 의리역학의 입장을 계승하는 것으로 설명한다.18)

위의 연구 성과들은 대체로 권근의 『주역천견록』이 이단異端 학설로서 불교에 대한 비판을 행하고 있다는 점을 문제삼고 있다. 그리고 이들 연구 중에는 권근의 역학이 상수역과 의리역을 종합 절충하고 있다는 시각이 있다. 다음으로 권근의 역학을 성리학적인 형이상학과 인성론, 수양론을 통일적으로 이해하여, 주로 의리역학적인 측면을 부각시키고자 하는 입장이 있다. 넷째는 『주역천견록』에서 제시된 역사적 사실에 관한 약간의 고증적인 주석과 경전 원문에 대한 신뢰에 근거하여 존고주의를 권근의 역학에 특징적인 것으로 간주하기도 한다. 마지막으로는 권근의 역학 사상이 역의 본래 의도로서 선을 지향하는 군자의 처세의 원리를 드러내는 측면을 강조하는 시각도 있다.

라고 주장하였다.(任昌淳, 「周易淺見錄의 學問的 意義」, 『書誌學報』 第4號, 1991.)

17) 최원진, 「權近의 義理學的 易哲學 硏究」, 『東西哲學硏究』 第12號, 1995, 23~24쪽. 최원진은 권근은 괘변을 언급하면서 정이의 乾坤卦變說과 주희의 十二辟卦를 중심으로 한 괘변설을 동시에 받아들이면서도 괘변설의 애초 목적인 괘에 담겨 있는 의미를 적절히 설명하기 위한 방법을 채택하고 있는 것으로 분석하고 있다. 나아가 권근의 괘변에 관한 설명은 괘의 의리를 해석하기 위한 방법론으로서 괘변설의 입장을 견지하면서, 정이의 건곤괘변설에 보다 접근해 있는 것으로 보고 있다.(10~14쪽)

18) 趙壯衍, 「權近의 易學思想 硏究」, 『儒敎思想硏究』 第9輯, 1997, 361쪽.

이와 같은 여러 연구 성과들은 권근 역학의 총론적인 측면에 관하여 각각의 특징들을 강조하여 잘 드러내 주고 있다고 하겠다. 본 장에서는 이러한 연구 성과들에 근거를 두면서 동시에 이들 연구에서 다루어지지 않았던 권근 역학의 보다 구체적인 내용을 분석하고자 한다. 이것은 『주역천견록』에서 괘효사를 해석하는 권근의 견해와 방법론을 분석함으로써 권근 역학 사상의 특징을 보다 구체적으로 살펴보고자 하는 것이다. 본 장에서는 특히 권근이 정이로부터 계승한 괘효 해석방법론인 중정론과 비응론에 관한 분석을 중심으로 하여 그의 역학이 지니는 의리역학적인 특징을 해명하고자 하였다.

3. 상수역학적 기초와 의리역학적 목표

1) 「하도낙서」와 상수역학적 기초

권근의 상수역학적 토대에 대한 인식은 「하도」와 「낙서」, 천지지수, 그리고 괘효의 형성원리를 설명한 『주역』 「계사 상」 11장의 내용에 대한 『주역천견록』의 주석에서 살펴볼 수 있다. 여기에서 그는 「하도낙서」의 수리와 체용론적 인식, 천지의 생수와 성수, 오행이 순환하는 상생상극적相生相克的 구조 등을 해명하였다. 또한 「설괘전」의 팔괘의 방위에 대한 주석에서 「복희선천팔괘도」와 「문왕후천팔괘도」를 인용하여 팔괘의 순역順逆에 대하여 설명하였다. 그러면 이들에 대한 기본적인 내용을 살펴보기로 한다.

권근은 『주역천견록』에서 복희伏羲와 우禹가 관찰하고 치수하던 때에 용마龍馬가 그림을 지고 하수河水에서 나오고 신귀神龜가 무늬를 지고 낙수洛水에서 나와 복희伏羲는 이를 본받아 괘를 그리고, 우禹는 구주九疇를 서술하였다[19]고 말하고 있다. 이것은 권근이 「하도」와 「낙서」의 수리적 원리를 인

19) 『周易淺見錄』 「繫辭 上」 11章, "河出圖者, 河中龍馬, 負圖出於伏羲觀象之時. 洛出書者, 洛中神龜, 負文出於大禹理水之日. 伏羲則之而畫卦, 大禹則之而敍疇."

식하고 이를 자신의 역학의 기본 토대로 삼고자 했음을 의미한다. 그는 보다 구체적으로 용마와 거북의 형상적 특징을 묘사함으로써 「하도」와 「낙서」가 지니는 수리적 차이를 상수常數와 변수變數, 체體와 용用의 관점에서 다음과 같이 설명하였다.

> 거북과 용은 그 신령스러움을 떨쳐서 그 단서를 밝힌다. 용은 변화를 헤아릴 수 없는 것이기 때문에 형태를 바꾸어도 그 상수의 체를 얻은 반면, 거북은 일정한 형태를 부여받은 것이므로 그 형질에 의지하면서도 변수의 작용을 얻었다. 항상성 속에는 반드시 변화가 포함되어 있으며, 변화는 반드시 항상성에 근본하니 이것이 조화의 신묘함이다.[20]

권근은 여기에서 용과 거북이 가지고 있는 덕목으로부터 하수河水에서 나온 그림을 본받아 그린 「하도」가 상수常數의 체體가 되고, 낙수에서 나온 무늬를 본받아 그린 「낙서」가 변수變數의 용用이 되는 이유를 도출해 내었다. 권근은 「하도낙서」의 수리적 원리를 구체적으로 언급하면서 「하도」가 오행五行이 상생相生하는 순서로 질서 지워진 반면, 「낙서」는 오행이 상극相克하는 순서를 보여주는 것으로 말하였다.

그는 또한 복희가 그린 「하도」의 수적 생성원리에 따라서 오행의 생성순서에 대하여 언급하면서 천지생성의 전수全數 55가 불변의 체體가 된다고 말하였다. 그에 따르면, 오행의 순서는 왼쪽으로 돌면서 서로 낳는데 이것은 천지 55의 완전한 수를 얻었기 때문에 변치 않는 체體가 된다. 반면 「낙서」에 대하여 권근은 「하도」와 달리 오행이 상극하는 원리를 성수 10이 없는 것과 연관하여 다음과 같이 해석하였다.

> (낙서는) 유독 성수 10이 없다. 그러나 그 밖에 1과 9, 3과 7, 2와 8, 4와 6이 가로 세로로 서로 마주보고 있으면서 모두 10이 된다. 오행의 순서는 오

20) 『周易淺見錄』 「繫辭 上」 11章 "龜龍效靈以彰其瑞, 龍者, 變化不測之物, 故變其形而得其常數之體. 龜者, 賦形有定之物, 故仍其質而得其變數之用. 常必有其變, 變必本乎常. 此造化之妙也."

른쪽으로 돌면서 상극相克하는데 그 수는 9에서 극에 이르러 온전하지 않다. 그래서 작용의 변화가 된다.[21]

권근은 이렇게 「하도」와 「낙서」의 수적 구성을 오행이 상생하고 상극하는 관점에서 설명하면서 불변하는 본체와 변하는 작용을 이루는 것으로 이해하였다. 여기에서 「하도」가 성수成數 10을 온전하게 갖추고 있음으로써 오행의 수가 상생 관계를 이루면서 불변의 본체가 되는 반면 「낙서」는 성수 10이 부족함에 따라 오행의 수가 상극의 순환을 이루면서 변화하는 작용이 되는 것이다.

하지만 권근은 여기에 그치지 않고 「하도」와 「낙서」가 각각 체와 용으로 고정되어 있지 않고 번갈아 체와 용으로 바뀌는 것에 대하여 언급하였다. 권근은 「하도」와 「낙서」가 각각 상호적으로 체와 용을 포함하고 있는 의미에 대하여 음양노소의 수 사이의 상대적 위치에 근거하여 설명하였다. 그에 따르면, "거북 무늬의 「낙서」는 양이 정방위正方位에 있고 음이 간방위間方位에 위치하여 양이 음을 통제하는 반면 음은 양에 종속된다. 노소음양의 사상四象은 각각 자기 방위에 있으니, 이것이 본체體의 불변함이다. 반면 용마의 「하도」는 음은 동북東北의 양의 방위에 있고 양은 서남西南의 음의 방위에 있어서 두 가지 소양, 소음이 앞으로 나아간 반면, 노양, 노음이 뒤로 물러나 있으니 이것이 작용用의 변화함이다."[22]

「하도」에서 동북의 양방陽方에 음이 있고, 서남의 음방陰方에 양이 있는데 이소二少와 이노二老가 각각 앞으로 나아가 있고 뒤로 물러나 있는 것이 작용상의 변화를 포함하고 있는 것이다. 반면 「낙서」에서는 양이 정방위에 있고, 음이 간방에 있으며 양이 음을 통제하고 노소老少가 각각 바른 자리에

---

21) 『周易淺見錄』 「繫辭 上」 11章, "龜文 …… 獨無成數之十. 然其外面, 一與九, 三與七, 二與八, 四與六, 縱橫相對, 皆爲十也. 五行之序, 右轉相克, 其數極於九而不全, 故爲用之變."

22) 『周易淺見錄』 「繫辭 上」 11章, "龜文, 陽居其正, 陰居其偏, 以陽統陰, 以陰屬陽, 老少四象, 各處其方, 是則體之常也. 龍圖, 陰居東北之陽方, 陽居西南之陰方, 二少進於前, 二老退於後, 是則用之變也."

있는 것이 변치 않는 체體가 된다는 것이다. 이처럼 권근은 「하도」와 「낙서」가 각각 모두 불변과 변화, 체와 용을 동시에 포함하고 있음을 강조하였다. 이렇게 해석할 때 바로 「하도」가 체가 될 때는 「낙서」는 작용이 되고, 「낙서」가 체가 될 때는 「하도」는 작용이 되어 두 가지가 번갈아 체용이 될 수 있다. 요컨대, 권근은 「하도」와 「낙서」의 수를 상호 체용론적 관점에서 해석하였다.[23]

권근은 「계사전」의 대연지수에서 천일天一에서 지십地十까지의 수가 생수生數와 성수成數로 이루어져 있으며 천지음양의 수로 나뉘는 것은 일기一氣가 유행하면서 음양으로 나뉘어지고, 음양은 다시 오행으로 나뉘어지는 것에 다른 것이 아니라고 보았다. 그는 「하도」에서 천지 생성의 수는 일기一氣에서 분화된 음양과 오행을 구성하는 수라고 보면서 다음과 같이 언급하였다.

> 대개 천지 사이에는 본래 일기一氣가 유행하면서 굴신소장屈伸消長하는데 본래 대립하면서 의존하는 것이 있다. 그래서 나뉘어서 음양이 되고 다시 나뉘어서 오행이 된다. 오행도 각각 생수 성수가 결합한 것으로, 만물을 낳고 변화시키는 처음과 끝이 이것에 통하지 않는 것이 없다. 그래서 그 이수理數는 하나의 음과 하나의 양, 하나의 홀수와 하나의 짝수로서 그 오행을 나누는 데 지나지 않는다.[24]

권근은 곧 모든 사물의 생성과 조화를 음양기우陰陽奇偶의 수와 오행의 순환변화에 따른 것으로서 수리적 원리를 통하여 설명하였다. 그는 또한 6, 7, 8, 9의 음양노소의 수 또한 천지의 생수生數로부터 도출해냄으로써 역의 괘

---

23) 권근은 채원정이 「하도」와 「낙서」의 출현이 선후의 차이는 있지만, 『역』과 「홍범」의 수가 실로 상호간에 표리가 되는 것에 대해 남김없이 분별한 것으로 평가하고 있다고 보았다.(蔡氏嘗辨之曰, "伏羲但據河圖以作易, 則不必預見洛書, 而已逆與之合矣. 大禹但據洛書以作範, 則亦不必追考河圖, 而已暗與之符矣. 此說於圖書之出, 雖有先後, 易範之數, 誠相表裏者, 辨之殆無餘蘊": 『周易淺見錄』 「繫辭 上」 11章)

24) 『周易淺見錄』 「繫辭 上」 9章, "蓋天地之間, 本一氣之流行, 而屈伸消長, 自有對待, 故分而爲陰陽, 又分而爲五行. 五行亦各有生成之合, 造化萬物之終始, 無不管於是焉. 故其爲數不過一陰一陽, 一奇一偶, 以兩其五行而已也."

효괘爻卦가 발생하는 수리적 근거를 제시하였다.[25]

『주역』「설괘전」에서는 "팔괘가 서로 착종되므로 지나간 것을 세는 것이 순順이고, 앞으로 올 일을 아는 것은 역逆이다. 그러므로 '역逆'은 거슬러서 세는 것이다[26]고 하였다. 역의 이러한 질서에 근거하여 권근은 「복희팔괘방위원도」와 「방도」에 대하여 그 괘의 방위와 순환의 순역順逆에 대하여 비교적 자세하게 설명하였다.

> 원圓은 움직여서 천天이 되니, 그 기氣는 왼쪽에서 오른쪽으로 운행한다. 그래서 왼쪽 한 부분을 잘라서 복復에서 건乾에 이르기까지는 바로 팔괘가 진震에서 일어나 리離와 태兌를 거쳐서 건乾에 이르는 순서로서 지나간 것을 헤아려 '순順'이 되는 것이다. 오른쪽 한 부분을 잘라서 구姤로부터 곤坤에 이르기까지는 바로 팔괘가 손巽에서 감坎과 간艮을 거쳐서 곤坤에 이르는 순서로 앞으로 올 것을 알아서 '역逆'이 되는 것이다. 이것이 순이 있고 역이 있다는 것이다. '방方'은 고요하여 땅이 되는데, 그 형세가 기우는 것은 오른쪽에서 왼쪽으로 돈다. 건乾이 서북쪽의 높은 곳에 있고, 태→리→진→손→감→간兌→離→震→巽→坎→艮의 순서로 차례로 내려와 곤坤이 동남쪽의 낮은 곳에 머무르면서 마친다. 그 순서는 모두 '역逆'이고 '순順'이 없다.[27]

권근은 여기에서 팔괘의 생성 순서의 순역順逆을 언급하면서 「원도」에는 순하게 헤아리는 것과 거슬러 헤아리는 것이 모두 있지만, 「방도」에는 역逆만 있다고 설명하였다. 권근의 이러한 해석은 팔괘의 생성 순서와 그 차례를 법칙적 질서에 따라 이해하는 것으로 상수역학적 인식을 보여주는 것이다. 요컨대, 권근은 「하도낙서」의 수리와 체용론적 인식, 천지의 생수와 성

25) 『周易淺見錄』「說卦傳」1章, "以天地生數之始言之, 則虛去天一爲太極, 只用天三地二."; 금장태, 『조선유학의 주역사상』, 예문서원, 2007, 40쪽.

26) 『周易』「說卦傳」, "八卦相錯, 數往者順, 知來者逆, 是故易逆數也"

27) 『周易淺見錄』「說卦傳」3章, "圓者, 動而爲天, 其氣之行, 自左而右, 故左方一截, 自復至乾, 卽八卦起震而歷離兌, 以至於乾之序, 數往而順者也. 右方一截, 由姤至坤, 卽八卦自巽而歷坎艮, 以至於坤之序, 知來而逆者也. 是有順而有逆也. 方者, 靜而爲地, 其勢之傾, 自右而左, 乾居西北之高, 次兌次離次震次巽次坎次艮, 以次而下, 坤居東南之卑而終焉. 其序皆逆而無順."

수로 이루어지는 오행의 상생상극적 순환 구조, 팔괘의 생성순서와 차례에 대한 설명을 통하여 자신의 역학사상에 상수역학적 토대를 세우고 있다. 다음 절에서는 권근이 『주역』을 의리역학적 관점으로 어떻게 설명하고 있는가 하는 점을 개관해보기로 한다.

2) 도덕적 실천과 의리역학적 목표

권근의 역학사상은 고려말기에 학자들이 주로 북송대 정이의 역학이론을 계승한 것에 영향을 받아 기본적으로 의리역학적인 특징을 보여주고 있다. 그는 『주역천견록』「서론」 부분에서 '역은 변화하는 것[變易]이다'고 하는 정이程頤의 명제에 역을 해석하는 기본 관점을 두었다.28) 정이가 역을 변화하는 것이라고 언급하였을 때, 그는 인간이 이와 같은 변화에 순응하여 도리를 따라야 한다는 것을 목표로 삼은 것이다. 이렇게 볼 때, 권근이 이 명제를 받아들인 것은 자연의 변화를 인간의 실천 근거로 삼고자 한 의도를 표명한 것이다.

이러한 목표에 따라 권근은 천도와 인도의 변역變易을 각각 역의 체와 용으로 인식하는 동시에, 인간의 도덕적 실천이라는 목표와 관련하여 이들 각각의 본질을 성誠과 중中으로 언급하였다. 그는 이 '성'과 '중'을 각각 리理와 의義에 대응시키고 있다.29) 권근의 이러한 시각은 결국 천도와 인도를 유기적인 일관성을 가지는 것으로 이해하는 것으로 성리학적인 세계관이 반영되어 있다. 이것은 결국 천리天理에 인간의 도덕적 당위성을 근거지우는 것이며, 사실세계와 가치세계를 통일적으로 해석하는 것이다.30)

권근은 이러한 시각에서 한걸음 나아가 『주역』 해석사를 유학의 도통론적인 시각에서 바라보았다. 그는 한당대를 거치면서 역 가운데 「하도낙서」

---

28) 『周易淺見錄』「序」, "易者, 變易也."

29) 『周易淺見錄』「序」, "盖天道之變易者, 誠也. 人道之變易者, 中也. 誠則恒而無息之理, 中則變而從道之義也. 此易之體用也."

30) 조장연, 「권근의 역학사상연구」, 『유교사상연구』 제9집, 1999, 280쪽.

등의 도圖는 방술가들에 의하여, 그리고 리理는 말단적인 상수에 의하여 어두워졌다고 하면서 다음과 같이 언급하였다.

> 송대에 이르러 주돈이周敦頤, 이정자二程子, 소옹邵雍은 전해지지 않던 묘리를 얻고 이미 끊어졌던 전통을 이었다. 정자는 『주역』의 의리를 연역하여 그 깊은 뜻을 드러내었으며, 소옹은 복희의 획畫과 상수象數를 전하여 그 정밀하고 깊은 뜻을 다했다. 주희는 이들을 집대성하면서 『본의』를 경문에 붙였으며, 『계몽』을 지어 그 못다한 뜻을 다하였다. 그리하여 상수를 궁구함이 정밀해질수록 의리를 분석하는 것이 더욱 분명해졌다. 진한秦漢 대 이래 드리워졌던 먹구름을 모두 일소하여 밝은 태양이 푸른 하늘에 운행하듯이 하였으니, 진실로 천만세에 걸쳐 우리 유학의 도에 커다란 행운이다.[31]

권근은 한당대의 도표나 상수를 말단에 흐른 것으로 비판하면서, 이 시기를 유가적인 의리의 전통이 단절된 시기로 보는 반면에, 송대에 이르러 의리역학의 전통이 정이와 주희에 의해 계승된 것에 주목하였다. 그는 이처럼 도통론의 시각에서 성리학자들이 유가적인 의리역학을 계승하였다는 점을 강조하였다.

또한 그는 천리天理를 본연本然과 당연當然의 두 측면으로 구별하면서 성리학의 심성론과 관련하여 보기도 하였다. 그에 따르면, 본연으로서의 천리는 인심의 본체로, 당연으로서의 천리는 인심의 작용이 된다.[32] 권근이 본연으로서의 천리를 마음의 본체로 본 것은 바로 마음에 내재한 성性이며, 당연으로서의 천리를 마음의 작용으로 본 것은 바로 마음이 표현된 정情이라고 말할 수 있다. 이처럼 권근은 인심과 천리를 성리학의 심성론과 실천론의 시각에서 이해하였다.

---

31) 『周易淺見錄』「序」, "及宋濂溪二程康節有作得不傳之妙, 續旣絶之統. 程演周經義理, 發其蘊奧. 邵傳羲畫象數, 極其精深. 晦庵朱子又集大成, 有本義以附於經文, 有啓蒙以盡其餘意. 其窮象數也益精, 其析義理也益明. 秦漢以來, 陰翳掃盡如揭白日, 而行靑天, 誠千萬世, 吾道之大幸也."

32) 『周易淺見錄』「序」, "人心之體, 卽天理之本然也. 人心之用, 卽天理之當然也."

권근은 『주역』의 상경上經과 하경下經 또한 각각 천도天道와 인도人道를 주로 언급하는 것으로 보았다. 그는 "『주역』 상경은 「건괘乾卦䷀」, 「곤괘坤卦䷁」에서 「감괘坎卦䷜」, 「리괘離卦䷝」까지로 천지가 자리잡고 해와 달이 번갈아 운행하여 천도가 유행하는 궁극적 표준이 되며, 하경은 「함괘咸卦䷞」, 「항괘恒卦䷟」에서 「기제괘旣濟卦䷾」, 「미제괘未濟卦䷿」에서 마치는 것으로 부부가 가정을 이루면서 남녀가 서로 교대로 드러나면서 인도가 변화하는 지극함이 된다"33)고 하였다.

뿐만 아니라 그는 품부받은 기질이 어떠한가에 따라서 어진 사람과 어리석은 사람이 구별되며, 길흉회인吉凶悔吝 또한 여기에서 나뉘는 것으로 강조하였다. 그는 현명한 사람은 마음을 닦아서 길하지만, 어리석은 사람은 도리를 어겨 흉하다고 주장하면서,34) 성리학적인 기질론과 역의 원리에 근거하여 마음을 닦아야 하는 당위성을 역설하였다.

그러면 권근은 리理와 괘효의 상象 사이의 관계를 어떻게 이해하는가? 그는 리와 괘효 사이의 상호관계에 있어서도 정이의 성리학적인 관점을 견지하여, 태극이 양의를 낳고, 양의는 사상을 낳는다고 할 때의 태극을 리理라고 언급하였다.35) 이것은 우주의 본체로서 태극과 리를 동일하게 보는 성리학의 형이상학을 그대로 인정하는 말이다. 뿐만 아니라, 그는 리가 있고 나서는 반드시 기가 있으며, 기에는 반드시 음양陰陽과 기수奇數 우수偶數의 구분이 있다36)고 주장하였다. 이것은 음양 및 기우로 구분되는 기에 우선

---

33) 『周易淺見錄』 「序」, "周易上經, 首乾坤而至坎離. 天地定位, 而日月代明, 天道流行之極也. 下經始咸恒, 而終旣濟未濟. 夫婦成家而男女著代, 人道更變之至也." 최원진은 『주역』의 上經과 下經을 각각 천도와 인도의 관점에서 논하는 것으로부터, 64괘 각각의 괘상은 모종의 도를 나타내고 있다는 것이며, 이것은 象을 理가 표현되는 방식으로 이해하는 것이라고 언급하고 있다.(최원진, 「권근의 의리학적 역철학 연구」, 『동서철학연구』 제12호, 1995, 8쪽.)

34) 『周易淺見錄』 「序」, "但以氣稟不齊, 故有智愚賢否之別, 貴賤短壽之數 …… 吉凶悔吝於是乎生焉. 死生終始, 於是乎定焉."

35) 『周易淺見錄』 「易說上經」, "太極生兩儀, 兩儀生四象, 太極者, 理也."

36) 『周易淺見錄』 「易說上經」, "有是理, 必有是氣. 有是氣, 必有陰陽奇偶之分." 정이로부터 주희에 이르는 정주학계통에서 理는 氣, 象, 數에 우선하는 우주의 일차적인 존재로 간주되었다. 이처럼 리의 일차성은 정이의 의리역학의 기초가

하여 리理의 일차적인 존재성을 긍정하는 것이며, 정이와 주희의 이기상수理氣象數의 관계에 관한 견해를 그대로 받아들이는 것이다.

그러나 권근은 여기에 멈추지 않고 리의 함축적인 의미를 몇 가지 유가철학 및 성리학적인 이기론의 체계와 관련하여 언급하였다. 그는 '명命'을 하늘로부터 받은 바른 이理로 말하였으며[37], 명을 바로 천리天理라고 언급하기도 하였다.[38] 여기에서 권근은 리理가 인간에게 부여되어 실천적인 원리가 되는 것을 '명命'이라는 개념을 통하여 설명한 것이다.

또한 그는 유학의 도리는 '이치는 하나이지만 나뉘어진 것은 각각 다르다'고 하는 이일분수론理一分殊論을 제시하면서, 겸애론을 이단異端 학설로 비판하였다. 여기에서 그는 분수分殊의 도리는 구체적으로 친친親親과 존현尊賢에 차등이 있는 것으로 설명하면서 이 당연한 질서는 어지럽힐 수 없는 것임을 강조하였다.[39] 이처럼 권근은 친소 원근 경중의 차등이 있는 것이 자연스러운 이理라고 생각하였다.[40] 동시에 그는 양陽이 음陰을 제어하는 것도 리理의 자연스러움이라[41]고 보면서, 유가적인 가치론의 측면에서 양이 음보다 우월한 것으로 평가하였다.

권근은 『건괘』「문언전」의 '사특함을 막아 성실함을 보존한다[閑邪存其誠]'

된다. 그리하여 정이는 『이정집』에서 문인 張閎中이 易의 의미가 본래 數에서 발생하는 것이 아니냐는 질문에 대하여 비판하면서 상과 수는 리가 있은 이후에 비로소 존재하는 것으로 理로서 역의 의미를 얻으면 상과 수는 그 가운데 있는 것으로 주장하고 있다.(來書云易之義, 本起於數, 謂義起於數則非也. 有理而後有象, 有象而後有數, 易因象以知數, 得其義, 則象數在其中矣.(『二程遺書』卷21上). 이러한 시각은 상이라고 하는 것은 수로부터 나온다고 보는 邵雍의 시각과는 반대되는 것이라고 하겠다.(Kidder Smith, (etc) "Sung Literati Thought", *Sung Dynasty Uses of the I Ching*, Princeton U. P., 1990, p.210.)

37) 『周易淺見錄』「訟卦」, "命者, 人所受之正理."

38) 『周易淺見錄』「姤卦」, "命, 天理也."

39) 『周易淺見錄』「謙卦象傳」, "吾道理一而分殊, 異端謙愛而無分. …… 以此而推, 親親之殺, 尊賢之等, 以至於仁民愛物, 莫不各有當然之序, 而不可亂也. 異端無分, 故愛路人, 無異於至親, 仁禽獸無異於同類."

40) 『周易淺見錄』「歸妹卦」, "立愛自親而始, 親親而仁民, 仁民而愛物. 自一本而推之, 67所以有親疏遠近輕重之差, 乃理之自然."

41) 『周易淺見錄』「姤卦象傳」, "陽之制陰, 理之自然."

거나 '말을 닦아 성실함을 세운다[修辭立其誠]'는 구절에서 '보존한다[存]'는 표현과 '세운다[立]'는 표현의 의미를 설명하였다. 여기에서 그는 마음의 경우에는 실리實理를 가지고 있으므로 '보존한다'고 하고, 일로 말하면 실덕實德을 권면해야 할 것이므로 '세운다'고 하였다고 보았다.42) 여기에서도 권근은 성誠을 실리와 실덕의 차원에서 봄으로써 리理와 덕德을 인간의 실천적 도덕의 측면에서 결합하였다.

요컨대, 권근은 기본적으로 천도와 인도, 천리와 인사를 성리학적인 천인합일설天人合一說에 따라 통일적으로 보는데, 그 궁극목표를 유가적인 도덕적 실천에 두고 있다. 그리하여 그는 성리학에서 강조하는 태극太極, 음양陰陽, 명命 등의 개념이나, 이일분수론理一分殊論 등을 원용하여 『주역』 괘효사를 해석함으로써 자신의 의리역학적인 시각을 표명하고 있다.

4. 『입학도설入學圖說』에서의 상수역학 이론

권근은 「오경체용합일지도」에서 오경五經 전체를 하나의 체용의 체계로 구성하여 『역』을 오경의 전체로, 춘추春秋를 오경의 대용으로 간주하였다. 그는 「도설」에서 계속하여 성인聖人은 오경의 전체全體이고, 오경은 성인의 대용大用이라고 하여 성인을 오경의 쓰임이 나오는 온전한 체全體로 삼았다. 반면 권근은 「오경각분체용지도」에서 또한 오경 각각의

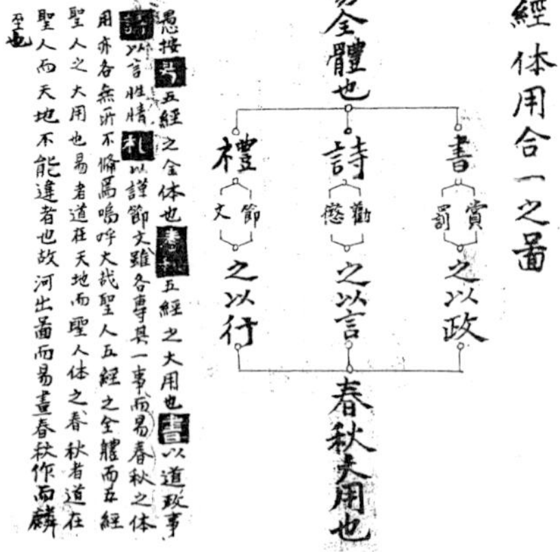

<오경체용합일지도>

42) 『周易淺見錄』 「乾卦文言傳」, "以心而言, 則實理其所固有, 故曰存. 以事而言, 則實德在所當勉, 故曰立. 存者, 因其本然而守之也. 立者, 盡其當然而致之也."

경전마다 다시 체용이 있는 것으로 규정하면서 이것을 도표로 그려놓았다. 그는 역의 경우에 천지에 있는 리理를 전체全體로 성인에게 있는 도道를 대용大用으로 규정하였다. 이처럼 권근은 역과 관련하여 삼중三重의 체용관을 제시하였다. 이것을 도표로 표시하면 다음과 같이 정리할 수 있다.

【표1-1】 성인과 오경의 전체와 대용

구성요소 / 체용	성인·오경 聖人五經	오경五經	역易	비고
전체全體	성인	역	리재천지 理在天地	
대용大用	오경	춘추	도재성인 道在聖人	

위에서 권근은『역』을 체용의 관점에서 오경 및 성인과의 연관성 속에서 규정하고 있음을 알 수 있다. 여기에서『역』을 위주로 볼 때, 천지에 있는 리理가 체體가 되는 반면, 성인에게 있는 도道가 용用이 된다. 반면 성인을 중심으로 볼 때는, 성인이 오경의 체가 되는 반면, 오경은 성인의 대용大用이 된다. 여기에서는『역易』은 오경五經 속에 들어가는 것이므로『역易』이 성인의 용用이 되는 것으로 추론할 수 있다. 이렇게 본다면『역』과 성인은 관점에 따라서 상호 체용관계에 있는 것으로 이해할 수 있다. 뿐만 아니라 오경 사이의 관계에 대해서 권근은『역』을 오경의 체體로,『춘추』를 오경의 용用으로 규정하였다.

이처럼『역』과 관련하여 권근은 삼중三重의 체용관계를 체계적으로 구성하였다. 권근은 특히『역』과 성인 사이의 상관관계를 구성하였다. 그는『역』을 성인이 행하는 도의 본체로 보는 한편 오경을 성인이 도를 발휘한 쓰임으로 보았다. 여기에서 오경五經에는 유가적 도덕이념과 실천이라는 목표가 함축되어 있는 만큼, 의리역학적 관점이 내포되어 있다고 할 수 있다. 권근이 이처럼 오경과『역』을 성인과 결합하여 체계적으로 이해하고자 한 것에는 의리역학적 지향과 목표가 있다.

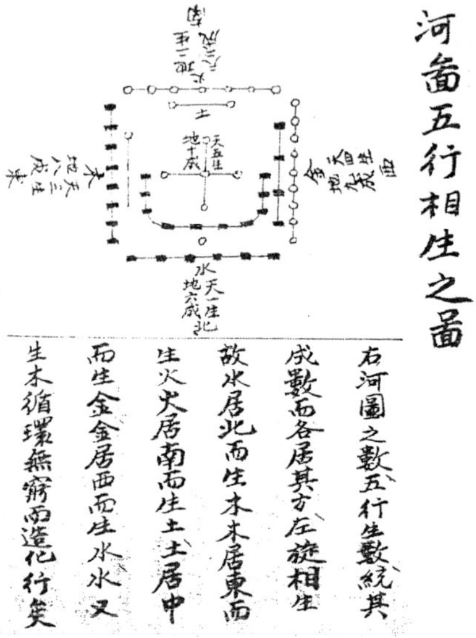

<하도오행상생지도>

권근은 「하도오행상생지도」와 「낙서오행상극지도」에서 「하도」와 「낙서」의 생수와 성수를 오행이 상생과 상극으로 유행하는 관점에서 해명하였다. 그는 「하도」의 수는 오행의 생수가 그 성수를 통어하면서 각각 같은 방위에 자리하여 왼쪽으로 선회하면서 북쪽에 있는 수水가 목木을 낳는 것에서 시작하여 목화토금수를 차례로 낳는 것으로 설명하였다.[43)]

반면 그는 「낙서」의 수에 대해서는 상극相克의 관점에서 설명하고 있다. 권근에 따르면, 「낙서」의 수는 양은 정방위正方位에 있고, 음은 간방위間方位에 치우쳐 있기 때문에 일一은 정북에 있으면서 서북의 육六을 통어하여 수水가 된다. 이어서 정동의 삼三과 동북의 팔八은 목木, 서남의 이二와 정서의 칠七은 화火, 동남의 사四와 정남의 구九는 금金이 된다. 그는 토土가 중앙에 있으면서 십十이 없는 것은 종횡으로 십十을 끼고 이루기 때

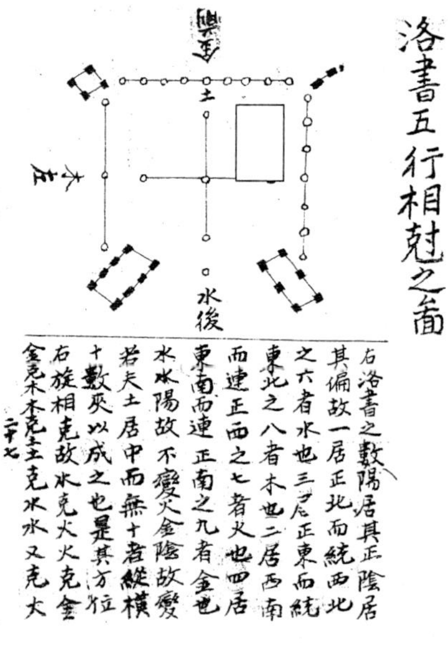

<낙서오행상극지도>

43) 『入學圖說』 「河圖五行相生之圖」, "河圖之數, 五行生數, 統其成數, 而各居其方, 左旋相生, 故水居北而生木, 木居東而生火, 火居南而生土, 土居中而生金, 金居西而生水, 水又生木, 循環無窮而造化行矣."

문이라고 하였다.[44] 그리고 이것은 오른쪽으로 선회하면서 서로 극복하기 때문에 수화금목토의 순서로 서로 이기는 것으로 보았다.[45] 이와 같이 권근은 「하도」의 수를 상생의 관점에서, 「낙서」의 수를 상극의 관점에서 오행이 유행하는 방향과 그 상호관계를 구별하였다.

다음으로 권근은 「태극생양의사상팔괘지도太極生兩儀四象八卦之圖」에서 태극에서 팔괘가 형성되는 단계적인 과정을 아래로부터 위로 그림으로 표시하였다. 먼저 양의에서 사상이 형성될 때는 양의陽儀와 음의陰儀에 음과 양을 각각 더하여 노양, 소음, 소양, 노음의 사상이 형성되는 것을 표시하였고, 사상에서 팔괘가 형성될 때는 노양, 소음, 소양, 노음에 각각 음양을 더하여 건태리진손감간곤乾兌離震巽坎艮坤의 순서로 팔괘가 형성되는 것을 표시하였다.

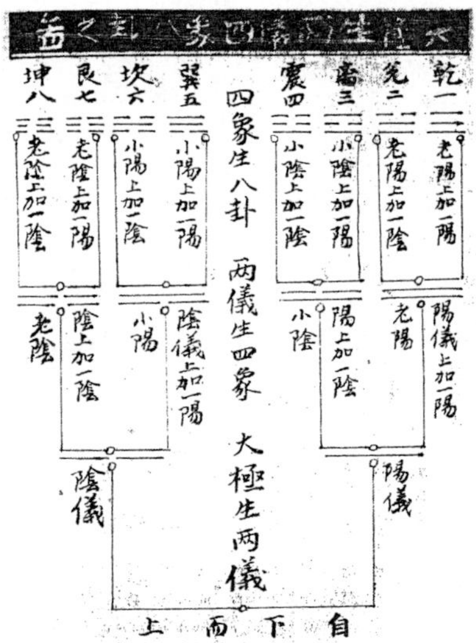

<태극생양의사상팔괘지도>

권근은 도설에서 「태극생양의사상팔괘지도」의 팔괘 위에 일음일양一陰一陽을 반복하여 중첩함으로써 16, 32, 64괘로 외괘外卦가 형성되는 것으로 설명하였다. 이렇게 형성되는 육십사괘에 대하여 권근은 팔괘에 팔괘를 다시 중첩하는 것과 같은 결과가 되는 것으로 설명하면서 다음과 같이 차례로 도출되는 괘의 예를 들었다.

---

44) 十은 금목수화의 음양의 생성 수중 서로 마주 보고 있는 수 1과 9, 2와 8, 3과 7, 4와 6을 각각 합하면 十이 된다.

45) 『入學圖說』 「洛書五行相剋之圖」, "洛書之數, 陽居其正, 陰居其偏, 故一居正北而統西北之六者, 水也. 三居正東而統東北之八者, 木也. 二居西南而連正西之七者, 火也. 四居東南而連正南之九者, 金也. …… 若夫土居中而無十者, 縱橫十數, 夾以成之也. 是其方位, 右旋相克, 故水克火, 火克金, 金克木, 木克土, 土克水, 水又克火."

그래서 팔괘 위에 각각 팔괘를 더하면 건괘乾卦 위에 건, 태, 리, 진, 손, 감, 간, 곤을 더하여 건괘乾卦, 쾌괘夬卦, 대유괘大有卦, 대장괘大壯卦, 소축괘小畜卦, 수괘需卦, 대축괘大畜卦, 태괘泰卦 등의 괘가 이루어지고, 태괘兌卦 이하도 모두 이것을 본받아서 일음일양一陰一陽을 서로 교차하지 않는 것이 없다.46)

요컨대, 권근은 「태극생양의사상팔괘지도」에서는 태극에서 팔괘가 형성되는 순서를 도시하였는데, 이 도표를 이용하여 도설에서 그는 아래에 이미 팔괘가 있는 것으로 상정하여 64괘가 형성되는 과정을 설명하고 있다. 구체적으로 그는 내괘內卦에 「건괘乾卦」가 있는 경우를 가정하여 그 위에 건태이진손감간곤괘를 중첩시켰을 때 64괘 중에서 도출되는 괘의 예를 들고 있다.

권근은 이어서 「복희선천팔괘도伏羲先天八卦圖」와 「문왕후천방위도文王後天方位圖」 사이의 상대적 의미를 비교하여 도표로 그렸다. 그는 「복희선천팔괘도」의 특징을 천지의 정위正位를 드러낸 것으로, 「문왕후천방위도」를 조화가 유행하는 것으로 언급하였다. 또 선천先天은 천리天理가 아직 드러나지 않았기 때문에 성인이 그것을 열었으며, 후천後天은 천리가 이미 드러나서 성인이 그것을 사용하였다고 주장하였다. 이어서 권근은 「선천도先天圖」의 방위와 「후천방위도」의 방위를 다음과 같이 비교하여 제시하였다.

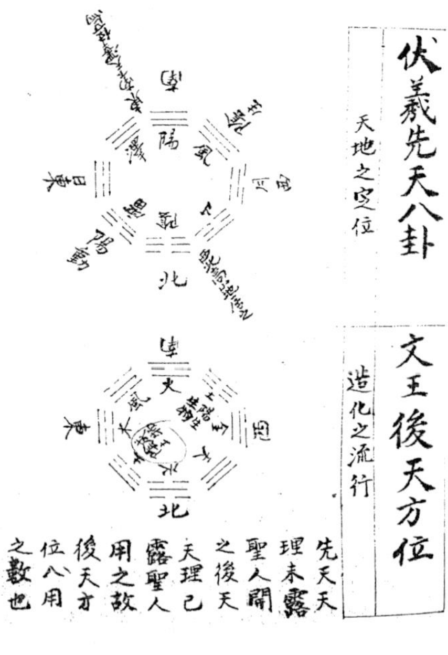

<복희선천팔괘도 / 문왕후천방위도>

46) 『入學圖說』 28, "故八卦之上, 各加八卦. 乾之上加乾兌離震巽坎艮坤, 而成乾夬大有大壯小畜需大畜泰等卦. 自兌以下皆倣此, 無非以一陽一陰而交錯也."

【표1-2】 복희 · 문왕팔괘도의 방위상징

괘명	복희선천팔괘도		문왕후천방위도	
	방위	상징	방위	상징
건乾	남南	天	서북	天
태兌	동남東南	澤	서	金
리離	동東	日	남	火
진震	동북東北	雷	동	木
손巽	서남西南	風	동남	風
감坎	서西	月	북	水
간艮	서북西北	山	동북	土
곤坤	북北	地	서남	土

이처럼 방위와 상징물을 제시하고 나서 권근은 「복희선천팔괘도」에 대해 진震→리離→태兌→건乾의 사四→삼三→이二→일一의 순서를 지난 것을 헤아리는 것으로 '순順'으로 보았고, 손巽→감坎→간艮→곤坤의 오五→육六→칠七→팔八을 장래에 올 것을 헤아리는 순서로 보아 '역逆'으로 간주하였다. 이어서 역이 괘를 낳는 순서로서 건→태→리→진→손→감→간→곤의 1→2→3→4→5→6→7→8을 모두 거슬러서 헤아리는 것이라고 하였다.

반면 후천의 방위에 대하여 권근은 감坎이 북北, 진震이 동東, 리離가 남南, 태兌가 서西, 간艮이 동북東北, 곤坤이 서남西南에 위치하고 있다고 설명하였다. 그리고 그는 건乾은 서북西北에 있으면서 시종始終을 통어하여 끝나면 다시 시작하는 것이 건乾의 운행이라고 하였다. 또한 손巽은 동남東南에 있으면서 고무하여 움직이므로 그것을 자라게 한다고 하였다.

앞서 권근은 선천先天은 천지의 정위正位를 드러낸 것이고, 후천後天은 조화의 유행流行을 보인 것이라고 하였다. 하지만 권근은 선천 또한 유행流行의 상을 가지며, 후천 또한 대대對待의 자리를 가지고 있음을 주장하면서 그 구체적 내용을 다음과 같이 언급하였다.

> 선천先天은 양陽이 동북에서 움직여 남쪽에서 성대하고, 음은 서남에서 생겨서 북쪽에서 다하는 것이 또한 유행의 상이 된다. 후천後天은 수水가 북北이고, 화火가 남南이며, 목木이 동東이고, 금金이 서西인 것이 또한 대대對待의 자리이다. 어떤 사람이 "「설괘」에서 '간艮에서 이룬다'는 것은 만물의 끝을 이루고 시작을 이루기 때문이라고 보았는데, 이제 그대가 건乾이 끝과 시작을 통어한다고 생각한 것은 성인의 말과 어긋나는 것이 아닌가?"라고 질문하였다. 대답하기를 "「설괘」의 말은 사물을 낳는 방위를 위주로 말한 것이다. 그래서 지금 간艮을 양 가운데 토土로 삼아 사물을 낳는 것을 위주로 삼은 것이 이것이다. 저 건乾의 경우는 천天으로 실로 통어하지 않는 것이 없다. 그러나 오행이 생기는 순서에서는 수水가 그 앞에 있으며, 그 이후에 목을 낳고 화를 낳으며 토를 낳고 금을 낳으면서 마친다. 건乾이 서북에 있다는 것은 온전하게 마치고 다시 수水를 낳기 때문이다. 천天이 수水를 낳지 않으면 조화가 멈추게 된다. 소소한 나의 생각이 이와 같으니, 그 나머지는 부회한 것이 많다. 살펴보는 사람이 용서해 주길 바란다."[47]

권근은 선천先天에서는 양陽이 동북에서 움직여서 남에서 왕성해지고 음陰이 서남에서 생겨서 북에서 다하는 것이 유행을 상징하는 반면, 후천後天에서는 수화목금이 각각 북남동서를 차지하여 대대對待의 자리가 된다고 주장하였다. 그는 선천과 후천이 모두 정위 또는 대대의 자리를 가지면서도 다른 한편 유행의 측면을 함께 가지고 있음을 강조하였다.

권근은 어떤 사람이 「설괘전」에서 '간艮에서 이루어진다'는 구절을 들어 이것은 만물이 끝을 이루고 시작을 이루는 것을 말한 것인데, 권근이 「건괘」가 사물의 시종을 통어한다고 말한 것은 옛 성인의 말과 어긋난 것이 아닌가? 라고 질문을 받았다. 여기에 대해 권근은 「설괘전」에서 말한 것은 사물

---

47) 『入學圖說』 31, "先天陽動東北而盛於南, 陰生西南而盡於北, 亦流行之象也. 後天水北火南木東金西, 亦待對之位也. 或曰, '說卦以爲'成言乎艮'者, 萬物所成終而成始也. 今子以爲乾統終始, 無乃戾於聖言歟?' 曰, '說卦之言, 主生物之方位而言也. 故今以艮爲陽中之土而主生物者, 此也. 若夫乾, 天也, 固無所不統, 而五行生序, 水爲居其先, 而後生木生火生土生金而終焉. 乾居西北者, 所以終全而復生水也. 天不生水, 造化息矣. 區區妄意如此, 其餘亦多附會, 觀者幸恕之.'"

을 낳는 방위를 중심으로 말한 것인데, 간艮이 양 가운데 토가 되어서 사물을 낳는 것을 위주로 하기 때문이라고 보았다. 하지만 건은 하늘로서 통어하지 않는 것이 없어서 오행을 목화토금의 순서에 따라 낳고 다시 수水를 낳는 것으로 보아, 하늘이 조화의 근원이 된다고 말하였다.

다음으로 권근은 「음양육구위노지도陰陽六九爲老之圖」로 세 가지 도표를 그리고 있다. 그는 「천원지방도」, 「천지생성지수」, 그리고 「하도중궁지수」를 그림으로써 세 가지 방법으로 육구六九의 노양老陽 노음老陰을 도출하였다. 먼저 「천원지방도」는 하늘과 땅의 원형圓形과 방형方形이라는 상징적 특성으로부터 음양노소의 수를 이끌어낸 그림이다. 그림은 천원天圓이 양이 되고, 지방地方이 음이 되는 것을 표시하고 가운데 위에 하늘을 상징하는 원을 그리고 지름을 경徑으로 표시하고, 가운데 아래 땅을 상징하는 정방형의 도형을 한 변의 길이가 원의 직경과 일치하도록 그렸다. 권근은 이 상징적인 원형과 방형에서 음양의 기본이 되는 수를 이끌어 내면서, 도설에서 다음과 같이 언급하였다.

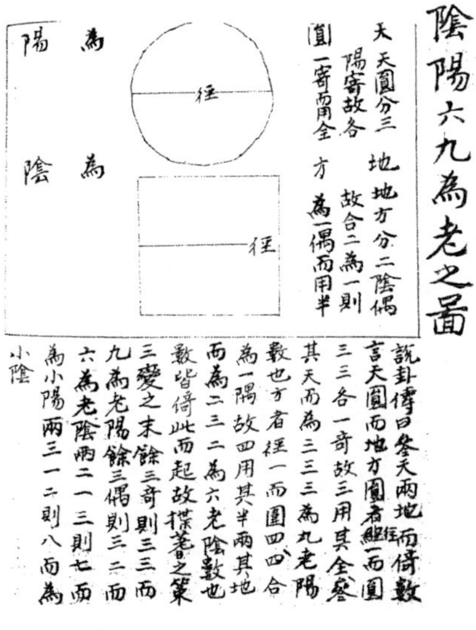

<음양육구위노지도>

원은 직경이 1이고 둘레는 3인데, 3은 각각 하나의 기수奇數이기 때문에 3은 그 온전한 것을 쓴다. 그 천을 셋으로 삼아서 3이 된다. 3에 3을 곱하면 9가 되니 노양수이다. 정방형은 한 변이 1이고 둘레가 4이다. 4를 합하여 하나의 우수가 되기 때문에 4는 그 반을 쓴다. 그 땅을 둘로 하면 2가 된다. 3에 2를 곱하면 6이 되니, 노음수이다. 수는 모두 이것에 의지해서 일어나기 때문에 괘설掛揲한 시책은 삼변三變한 마지막에 남은 것이 기수 셋인 경우에는 3에 3을

곱하여 9로 노양이 되고, 나머지가 우수 셋인 경우에는 3에 2를 곱하여 6으로 노음이 된다. 두 개가 2이고 하나가 3이면 7로 소양이 되고, 둘이 3이고 하나가 2이면 8로 소음이 된다.48)

권근은 천원지방天圓地方의 상징적 그림에 내포되어 있는 것으로서 양수 3과 음수 2를 온전한 수를 그대로 쓰는 기수奇數와 둘을 나누는 우수偶數의 특성으로부터 이끌어내고 있다. 이 수에 근거하여 그는 설시揲蓍를 행하고 남은 시책蓍策의 기우奇偶의 숫자로부터 음양노소의 수를 이끌어내는 방법론을 설명하였다.

다음으로 권근은 「천지생성지수」를 도시하였다. 그는 이 도표에서 오른쪽에 '양좌陽左'라고 쓰고, 일一에서 십十까지 왼쪽으로 차례로 쓰고, 왼쪽 끝에 '음우陰右'라고 적었다. 그리고 일一에서 오五까지 다섯 가지 생수生數에서 2와 4는 양 가운데 있는 음이고, 다섯 가지 성수成數 가운데 7과 9는 음 가운데 있는 양이라고 하였다. 그는 생수의 양인 1, 3, 5를 누적하면 9의 노양이 되고, 생수의 음인 2와 4를 누적하면 6의 노음이 된다고 하였다. 또 1, 3, 4를 쌓으면 8이 되어 양이 많고 음이 적어 소음이 되고, 1, 2, 4를 쌓으면 7로서 음이 많고 양이 적어 소양이 된다고 하였다.

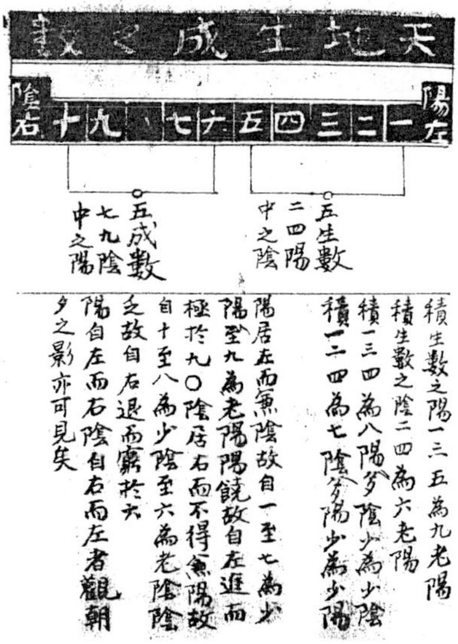

<천지생성지수>

48) 권근, 앞의 책, 32, "圓者, 徑一而圍三. 三各一奇, 故三用其全. 參其天而爲三. 三三爲九, 老陽數也. 方者, 徑一而圍四, 四合爲一隅, 故四用其半, 兩其地而爲二. 三二爲六, 老陰數也. 數皆倚此而起, 故揲蓍之策, 三變之末, 餘三奇則三三而九爲老陽, 餘三隅則三二而六爲老陰. 兩二一三, 則七而爲小陽, 兩三一二, 則八而爲小陰."

이어서 「하도중궁지수」 그림을 그리고 권근은 「하도」 중궁의 수 5와 10으로부터 노양과 노음 수를 이끌어내는 과정을 설명하였다. 그림에서 권근은 위에 5와 10을 음양으로 나눈다고 하고 나서 가운데 원주 상에 10개의 점을 그려서 10의 수를 표시하고 그 가운데 십자형으로 다섯 개의 점으로 5의 수를 표시하였다. 여기에서 권근은 9를 얻어 노양이 되고, 나머지 6이 노음이 되는 반면, 7을 얻으면 소양이 되고, 나머지 8은 소음이 된다고 보았다.

愚按陰陽之數六九爲老者參天
兩地而倚數故揲蓍之數三變之
後餘三奇則三三而九餘三偶則
三二而六者此其本也其數之變
無所往而不合故先儒之說有以
生成之數言者則積一三五爲九
積二四爲六也有以河圖中宮之
數言則得九爲老陽而餘六爲老
陰也其變雖多而其爲數則一故
無所往而不合是其造化之妙也
今亦妄謂三其天而得三兩其地
而得二者倚數之本也然必疊三
者備三才之道故三三而九三二

<하도중궁지수>

권근은 「도설」에서 생성지수로 말하였을 때, 노양노음수가 나오는 경우를 말하고 나서 하도중궁의 수로 헤아릴 때, 위와 같이 다시 한 번 말하였다. 이것은 중궁 수 5와 10을 합한 것에서 먼저 노양수를 얻으면 나머지 6이 노음수가 된다는 것이다. 권근은 여기에서 기본수가 내포하고 있는 조화의 신묘함에 대하여 말하고 있다.

그 변화가 비록 다양하지만, 그 이법이 되는 것은 한 가지이기 때문에 어디를 가도 합하지 않는 것이 없으니 이것이 조화의 신묘함이다. 지금 또한 생각건대, 하늘을 셋으로 보아 삼三을 얻고 땅을 둘로 보아 이二를 얻은 것은 수가 의지하는 근본이다. 그러나 반드시 세 번 중첩하는 것은 삼재의 도를 갖추는 것이기 때문에 삼三에 삼三을 곱하면 구九가 되고, 삼三에 이二를 곱하면 육六이 된다. 또 양陽은 음陰을 겸할 수 있기 때문에 양陽은 삼三을 온전하게 써서 이二에 삼三을 곱하면 육六이 되고, 삼三에 삼三을 곱하면 구九가 된다. 반면 음陰은 양陽을 겸할 수 없기 때문에 음陰은 반으로 이를 써서 이二에 이二를 곱하면 사四가 되고, 삼三에 이二를 곱하면 육六이 된다.49)

권근에 따르면, 사물은 수없이 다양하게 변화하지만 기본적으로 모두 천수天數 삼三과 지수地數 이二를 근본으로 하여 변화한다는 것이다. 또한 사물의 변화에서 삼재三才의 도가 갖추어지기 때문에 천수 삼三과 지수 이二를 각각 세 번씩 중복하면 구九와 육六을 얻게 된다. 이와 같이 하여 권근은 세 가지 도표를 그림으로써 노양, 노음의 수를 이끌어 내었다.

이어서 권근은 「홍범구주천인합일도상·하洪範九疇天人合一圖上·下」를 그려 우임금이 「낙서」를 본받아 만든 「홍범구주」에 있어서 하늘과 사람이 합일하는 구체적인 과정을 도표로 그렸다. 도표 상上에서 그는 천권天圈을 왼쪽 가운데 두고 바로 밑에 인권人圈을 둔 다음 오른 쪽에서 왼쪽으로 오행五行, 오사五事, 팔정八政, 오기五紀를 차례로 배치하였다. 그리고 그 아래쪽 중앙에 황극皇極을 배치하였다.

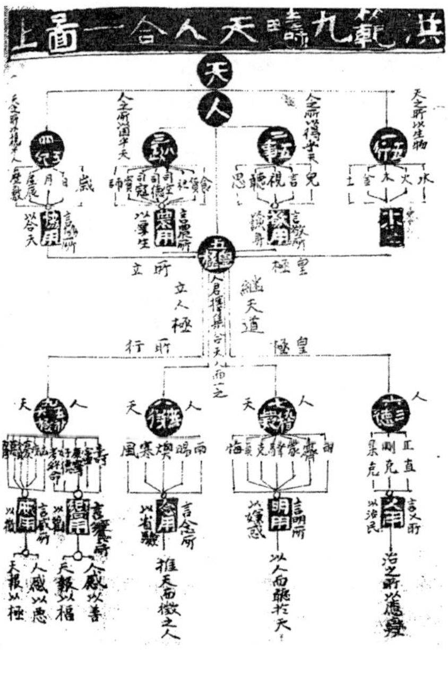

<홍범구주천인합일도상>

다시 그 아래쪽에 오른쪽에서 왼쪽으로 삼덕三德, 계의稽疑, 서징庶徵, 오복육극五福六極을 배치하였다. 이 상도上圖는 오행五行을 하늘이 사물을 낳는 것으로, 오기五紀는 하늘이 사람에게 보이는 것임을 드러내었고, 오사五事는 사람이 하늘에서 얻은 것이며, 팔정八政은 사람이 하늘에 따르는 것으로 기록하였다. 여기에서 오행五行에서 오기五紀까지는 사람이 하늘에 근거를 두거나, 하늘이 사람에게 보

49) 權近, 『入學圖說』 31, "其變雖多, 而其爲數則一, 故無所往而不合, 是其造化之妙也. 今亦妄謂, 三其天而得三, 兩其地而得二者, 倚數之本也. 然必疊三者, 備三才之道, 故三三而九, 三二而六也. 又陽得以兼陰, 故陽全用三而二三爲六, 三三爲九. 陰不得兼陽, 故陰半用二, 而二二爲四, 三二爲六."

여주고 사물을 낳는 측면에서 하늘과 사람 사이의 연관성을 설명하고 있다.

다음으로 황극皇極에서는 천도天道를 계승하고 인극人極을 세우는 것으로 기록하여 임금이 선택하고 모아서 하늘과 사람을 합하여 하나로 하는 것으로 표시하였다. 이어서 삼덕三德에서는 다스림으로 변화에 응하고, 계의稽疑에서는 사람으로서 하늘에 귀 기울이며, 서징庶徵에서는 하늘을 미루어 사람에게서 징험하는 것으로 표시하였다. 마지막 오복육극五福六極에서는 하늘과 사람이 선과 악에 대하여 복福과 극極으로 감응하는 것을 표시하였다. 이처럼 상도上圖는 하늘과 사람이 각각의 범주에 따라 상호간에 서로 영향을 주고받으며 합일 또는 감응하는 것에 대하여 설명하였다.

권근은 「홍범구주천인합일도 하洪範九疇天人合一圖下」에서 천天을 중앙 위에 배치하고 인권人圈을 바로 아래 배치한 다음 인권과 수평으로 오른쪽에 오행五行을 왼쪽에 서징庶徵을 배치하였다. 그리고 인권아래 수직으로 오사五事를 배치하고 나서 그 아래 황극을 두었다. 황극을 중심으로 오른쪽으로 선善을 배치하고 왼쪽으로 악惡을 배치하였으며, 황극 아래쪽에 팔정八政과 오기五紀를 잘 합하고 두텁게 하는 경우와 그렇지 못한 경우를 오른쪽과 왼쪽으로 나란히 배치하고, 그 아래 다시 삼덕三德과 계의稽疑를 배치하였다. 가장 아래 오복五福과 육극六極을 선악에 따르는 것으로 가운데 나란히 배치하였다.

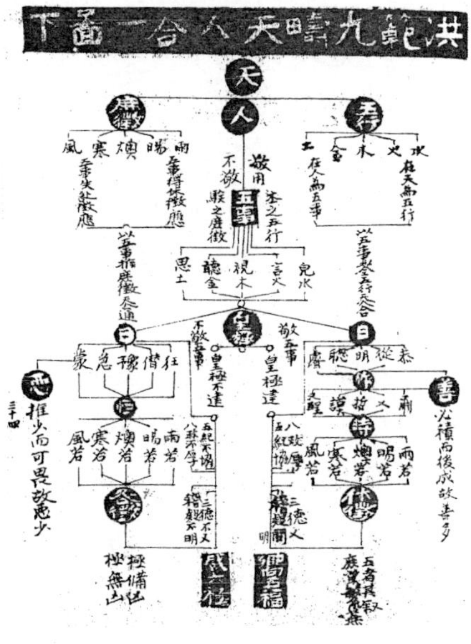

<홍범구주천인합일도 하>

이 「하도」는 「상도」에 비하여 황극皇極을 중심으로 하여 각각의 범주 사이의 상관관계를 더욱 유기적이고 긴밀하게 연결하고 있는 점이 두드러진다. 특히 오른쪽과 왼쪽을

나누어서 황극을 기준으로 오사五事를 공경하는가 않는가, 팔정八政을 두텁게 하는가 그렇지 않은가, 오기五紀에 부합하는가의 여부, 삼덕三德을 다스리는 것의 여부, 그리고 계의稽疑를 밝히는 것의 여부를 구분하고 있는 것이 중요한 특징이다.

권근은 이 도표의 도설 앞부분에서 「홍범구주洪範九疇」에는 천인의 도리가 갖추어져 있다고 하면서 첫 번째 범주인 오행五行으로부터 사람의 몸에 미치는 선악길흉으로서 마지막 아홉 번째 범주인 오복육극五福六極에 이르기까지 각각의 범주가 그 자리에 위치해 있는 이유를 연쇄적으로 이어서 설명하였다.

특히 서징庶徵과 오복육극五福六極에 대하여 정치의 득실에 따른 휴구休咎의 감응을 언급함으로써 하늘과 사람 사이에 긴밀한 상관성이 있음을 강조하였다. 그는 "다스림에 득실이 있으므로 징표에 아름다움과 재앙이 있다. 마땅히 하늘을 미루어서 자기를 반성해야 하기 때문에 서징庶徵을 여덟 번째 두었다. 득실휴구의 징표는 천상天像으로 드러날 뿐만이 아니고, 선악길흉의 응보로 끝내는 반드시 나의 몸에 미친다. 그래서 복과 극을 아홉 번째에 두어 마쳤다"[50]고 하였다.

권근은 오행으로부터 시작하여 오복육극에 이르기까지 「홍범구주」는 기본적으로 하늘과 사람 사이의 상응, 감응관계를 중심으로 인간이 자연의 모범에 따라 천도天道를 이어서 인극人極을 세울 것을 강조하는 것으로 이해하였다. 그러면서도 그는 특히 아홉 가지 범주 가운데서도 하늘의 오행五行과 인간의 오사五事, 그리고 하늘과 인간을 결합하는 황극皇極 등 세 가지를 핵심적인 것으로 간주하였다. 이 가운데서도 특히 황극은 감응을 통하여 천과 인을 소통시키는 실질적인 역할을 하는 중심에 있는 것으로 중시하였다. 황극의 위치에서 천도를 계승하고 인극人極을 세우는 핵심적인 방법을 권근은 경敬으로 규정하면서 다음과 같이 말하였다.

50) 『入學圖說』 35, "治有得失, 則徵有休咎. 所當推天而省己, 故庶徵居八, 得失休咎之徵, 不惟現於天像, 而善惡吉凶之應, 終必及於吾身. 故福極居九而終焉."

> 구주九疇는 아홉 가지이지만 중추적 요강은 세 가지가 있으니, 하늘에서는 오행이고, 사람에서는 오사일 뿐인데, 황극은 천인을 합하여 통일하는 자이다. 오사五事가 행해지고 황극이 세워지면 오행은 순조롭게 되어 우양욱한풍雨暘燠寒風의 휴징休徵이 응하지만, 오사五事가 상실되어 황극이 세워지지 않으면 오행이 무너져서 우양욱한풍의 구징咎徵이 거기에 응하게 된다. 여기에서 천인天人이 서로 흘러 통하며 감응하는 도가 분명하다고 하겠다. 팔정八政, 오기五紀, 삼덕三德, 계의稽疑의 경우에도 그 중추적인 작용은 또한 모두 극이 세워지느냐 않느냐에 달려 있을 뿐이다. 그러면 오사를 닦고 황극皇極을 세우려면 그 방법을 어떻게 해야 하는가? 오직 경敬 한 글자에 달려 있다. 구주九疇를 바란 성인이 경자敬字를 오사五事 뒤에 더한 것은 만세 임금에게 심법心法을 보이고자 한 것이니, 군주된 자가 유념하지 않을 수 있겠는가?[51]

권근은 여기에서 오사五事가 행해져서 황극이 세워질 때 하늘이 휴징을 드러내면서 감응하는 만큼, 오사를 잘 다스려야 할 것이라고 하였다.[52] 특히 그는『서경』원문의 경자敬字를 원용하여 오사를 잘 다스리는 방법은 경敬에 달려 있다고 보았다. 이처럼 권근이 특별히 경을 강조한 것은 성리학

---

51)『入學圖說』35, "然疇雖有九, 而樞要有三. 在天惟五行, 在人惟五事, 而皇極者, 合天人而一之者也. 五事得而皇極立, 則五行順而雨暘燠寒風之休徵應. 五事失而皇極不立, 則五行汨而雨暘燠寒風之咎徵應焉. 是其天人相爲流通感應之道, 可謂明矣. 至於八政五紀三德稽疑, 樞極之用, 亦皆在乎極之立不立爾. 然則修五事而立皇極者, 其道何由? 在乎敬之一字而已. 欲疇聖人以敬加於五事之上, 所以示萬世人主以心法也. 爲人主者, 可不念哉?"

52)『서경』에서 말하는 천인 감응은 동중서 철학에서 음양론과 결합하여 가장 전형적으로 나타난다. 동중서는 자연계의 춘하추동과 인간 정서의 희로애락을 대비시켜 양자가 동류임을 지적하며 이 점에서 천인합일을 주장하였다. 이연승은 동중서의『春秋繁露』「同類相動」편의 "하늘에 음양이 있고 사람에게 역시 음양이 있다. 천지의 음양이 일어나면 사람의 음기가 이에 응하여 일어나고, 사람의 음기가 일어나면 천지의 음기 역시 이에 응하여 일어나니 그 도리는 같다(天有陰陽, 人亦有陰陽. 天地之陰氣起, 而人之陰氣應之而起. 人之陰氣起, 天之氣亦宜應之而起, 其道一也.:「同類相動」『春秋繁露』)"고 하는 구절을 인용하여 하늘과 사람이 陰陽二氣를 매개로 감응하는 것으로 보았다. 나아가 이연승은『춘추』에서 天人關係에 대한 기록으로서 재와 이는 특이한 자연현상에 대한 기록이었을 뿐이었는데, 동중서가 여기에서 하늘의 의지와 군주의 도덕성을 읽어낸 것에 동중서의 독창성이 있는 것으로 보았다.(이연승,「董仲舒의 天人相關說에 관하여」,『종교문화연구』2, 2000. 94~98쪽)

의 수양론적 관점에서 「홍범구주」를 이해하고자 한 데 이유가 있다.

다음으로 권근은 네 계절의 순환과 연관하여 「십이월괘지도十二月卦之圖」를 그렸다. 그는 이 그림에서 가장 안쪽에 '태극太極'이란 글자를 세로로 적고 그 둘레에 12월을 상징하는 괘를 배치하였다. 가장 아래쪽에 「복괘復卦䷗」로부터 시작하여 왼쪽으로 돌면서 「임괘臨卦䷒」, 「태괘泰卦䷊」를 잇고 가장 위에 「구괘姤卦䷫」, 「둔괘遯卦䷠」를 거쳐서 마지막에 「곤괘坤卦䷁」로 마쳤다. 괘 밖에는 괘명을 적고 그 밖에는 다시 양을 흰색, 음을 흑색으로 하여 각각의 괘 사이에 음양의 효가 소장하는 과정과 변화하는 분량을 도시하였다.

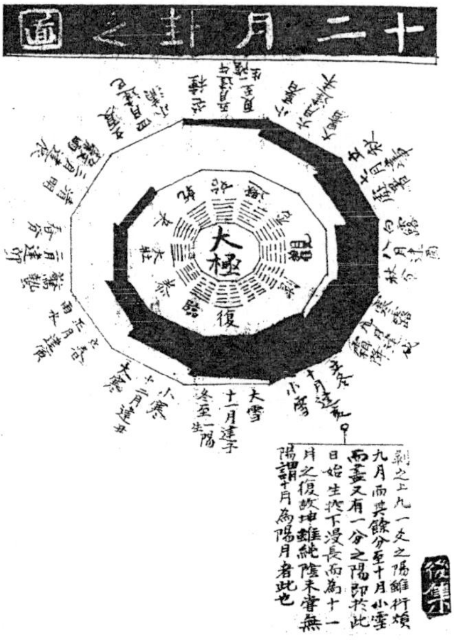

<십이월괘지도>

따라서 음과 양 사이에는 비스듬한 사선이 톱니바퀴 모양으로 음양이 자라고 소멸하는 동적인 과정을 그대로 보여주고 있다. 12각형의 가장 바깥에는 각각 해당하는 계절의 자리에 24절기 이름을 기록하였고, 각각의 달에 해당하는 12지支를 기록하였다. 예컨대, 「복괘復卦䷗」 아래는 '십일월건자十一月建子'라고 기록하고 아래쪽 옆에 대설大雪과 동지冬至를 기록하였다. 권근은 그림 하단 오른쪽에 「복괘」가 12월괘의 기준이 되는 뜻을 다음과 같이 기록하였다.

> 「박괘剝卦」의 상구上九 한 효爻의 양陽은 구월에 번거롭게 남아 있으나 그 나머지는 시월十月 소설小雪에 이르러 다하면서 다시 일분一分의 양陽이 바로 이날 처음 아래에서 생겨 점차로 자라 십일월의 「복괘復卦」가 된다. 그래서 곤은 비록 순음이지만 양이 없은 적이 없다. 시월十月을 양월陽月이라고 말하는 것이 이것이다.53)

도설에서 권근은 「복괘」와 「구괘䷫」를 음양이 출입소장出入消長하는 기틀로 규정하고 있다. 그는 이 도표를 그리게 된 계기를 정도전이 먼저 그린 비슷한 도표를 사람들이 의심하기 때문이라고 말하였다. 그에 따르면 정도전은 일찍이 이 도표를 그려서 배우는 사람들에게 보여 주었다. 「박괘䷖」 상구효에 남아 있는 양효는 위로부터 아래로 순곤純坤의 아래를 꿰뚫어서 「복괘」 초구의 양효와 접하여 시월十月은 비록 순음이지만, 하루도 양이 없을 때는 없다는 뜻을 보여준 것이 지극하다고 할 수 있다.

그러나 배우는 사람들이 살피지 못하고 양이 처음에 위로부터 아래로 생겨난다고 생각하고 다시 순곤純坤의 음陰은 「구괘姤卦」로부터 자라나는 것이 아니라고 의심하였다. 권근은 이러한 의심을 풀어주기 위하여 이 도표를 그렸다고 말하고 있다. 권근은 이 도표를 그린 것이 정도전이 그린 그림을 음이 「구괘」에서 성장하는 것이 아니라고 생각하고 「박괘」에서 「복괘」로 양陽이 위에서 아래로 다시 생겨나는 것으로 의심하는 것에 대해, 양은 「박괘」에서 다하면서 「복괘」로 생겨나 「곤괘」에서 없어진 적이 없음을 보여주고자 한 것이라[54]고 설명하였다.

권근은 10여 가지에 이르는 『입학도설入學圖說』의 도표에서 기본적으로 음양의 변화로부터 이루어지는 자연의 순환법칙과 계절의 변화, 그리고 괘효卦爻의 형성과정, 팔괘의 방위 등을 제시하였다. 하지만 그는 「오경체용합일지도」 및 「홍범구주천인합일도」와 같은 그림을 통하여 유가철학의 정치적 도덕적 실천 문제와 관련하여 의리역학적 관점을 제시하였다. 이렇게 볼

53) 앞의 책, 37, "剝之上九一爻之陽, 雖衍頰九月, 而其餘分至十月小雪而盡. 又有一分之陽, 卽於此日, 始生於下浸長而爲十一月之復, 故坤雖純陰, 未嘗無陽, 謂十月爲陽月者, 此也."

54) 앞의 책, 37, "右復姤陰陽出入消長之幾也. 三峯鄭公, 嘗作此圖, 以示學者. 但以剝之上九餘分之陽. 自上而下貫穿, 純坤之下接於復卦初九之陽, 以示十月雖純陰, 而未嘗一日無陽之意, 可謂精矣. 然學者不察以爲陽之初生, 自上而下. 又疑純坤之陰, 非自姤而長者, 故今爲此圖, 將剝之餘分, 極於坤上而復之一分, 卽生於下以示陽之方極於上, 而卽生於下, 亦未嘗一日一刻之無陽也." 도현철은 권근의 「十二月卦之圖」가 정도전이 그린 것을 활용한 것이라는 데 근거하여 『입학도설』이 일정 부분 정도전과의 논의를 바탕으로 하였음을 보여주는 것이다(도현철, 「삼봉집과 권근의 역할」, 『민족문화』 제40집, 2012, 160쪽)고 평가하였다.

때, 권근의 『입학도설』에서 제시된 대부분의 도표는 상수역학적인 관점을 드러내면서도 의리역학적 목표를 가지고 있음을 보여준다.

5. 중정론과 비응론에 따른 괘효사 해석

중정中正과 비응比應 개념은 의리역학에서 『주역』 괘효의 자질과 위치의 정합성 여부 및 상호 호응관계에 따른 특정 괘효에 대한 가치평가 기준이 되는 개념이다. 이들 개념은 정이가 의리역학의 시각에서 『주역』의 괘효사를 유가의 도덕실천적으로 해석하였던 방법론적 개념이다. 따라서 중정과 비응 개념은 『주역』을 해석하는 관점이 의리역학적인가 상수역학적인가를 판단하는 중요한 근거가 된다.

권근이 중정 개념을 통하여 괘효사를 의리적으로 해석하였음을 증명하기 위해서 먼저 그가 특히 중中 개념을 어떻게 규정하고 있는가 하는 점을 살펴볼 필요가 있다. 권근은 『주역』 괘효사를 해석할 때 '중中'의 의미를 구체적인 괘효가 가운데 자리를 얻은 것이라고 하여 전통적인 의리역학의 규정을 따랐다.[55] 그러나 권근은 나아가 '중'의 의미를 마음의 성실함이라고 해석하여 도덕적 함의를 가지는 것으로 이해하였다. 「감괘坎卦䷜」에 대한 해석에 따르면, "괘체卦體로 언급하면 '가운데[中]'는 차 있고, 밖은 비어 있다. 가운데가 차 있으므로 믿음이 있고, 밖이 비어 있으므로 가운데의 성실함이 밖으로 통할 수 있다."[56] 여기에서 권근은 '가운데'라는 중中의 의미를 '마음의 성실함'으로 표현하였다. 그는 여기에서 중中의 본질적인 의미를 마음의 성실함으로 해석하는 것이다.

권근은 마음의 성실함이라는 이러한 중中의 본래 의미에 근거하여 「대과괘大過卦䷛」에서 중을 '지나치거나 미치지 못함이 없는 것'이라는 의미로 규

55) 『周易淺見錄』 「大過卦」'象傳', "謂剛過而中何哉? 過謂陽之過盛, 中謂位之得中."
56) 『周易淺見錄』 「坎卦」, "以卦體言之, 中實外虛. 中實, 故有孚. 外虛, 故其中之誠, 得通於外."

정하면서, 이것에 상황의 적절성을 잃지 않는 시중의 의미를 부여하였다. 이 때 그는 '상황에 적중함[時中]'이라는 의식을 가지고 지나치면서도 중도에 맞는 상황을 설명하고 있다. 곧 상황에 따라 지나치면서도 중도에 맞는 경우는 요순탕무의 일이 바로 이에 해당한다고 설명하였다.[57] 여기에서 권근은 외적인 사태가 어떠하냐에 따라 시중時中으로부터 지나친 것도 중도에 맞는 것으로 해석하고 있다.

이처럼 권근은 '중'의 의미를 정이 이래의 성리학적인 중도中道를 뜻하는 것으로 받아들이고 있으며, 유가적인 도덕적 실천과 관련하여 상황에 따른 행동의 적절함을 뜻하는 것으로 보았다. 이러한 의미와 관련하여 권근은 역의 도리는 상황에 따라서 의미를 취하는 것이라고 하는 정이의 시각을 그대로 받아들이고 있다.[58] 그는 괘의 의미는 상황에 따라 그 적절한 의미를 실현해야 하며, 인간의 실천도 이러한 '시중時中'에 따라야 함을 강조하였다. 권근은 이렇게 성리학의 '시중' 개념을 통하여 '중'을 도덕실천적 의미로 보면서, 『주역』 괘효사의 위치에 있어서의 '중'을 괘의 의미를 실현하는 데 있어서 적절함을 얻는 것으로 해석하였다. 그러면 권근이 괘효사를 해석하는 데 중정 개념을 어떻게 의리적 시각에서 적용하는가?

권근은 중정론中正論과 관련하여 정이와 마찬가지로 괘효사 사이의 호응관계, 음양의 자질, 자리의 음양, 그리고 괘의 의미 등 괘효의 위치의 정합성과, 그 상호관계 및 자질이 가지는 전체적이고 유기적인 연관성을 중시하였다. 그는 「송괘訟卦䷅」 구사효九四爻에서 양이 음의 자리에 있어 바른 자리를 얻지 못하고 있으며, 유柔의 자리에 있으므로 위에 있는 강건하고 중정의 도를 얻은 효를 이길 수 없기 때문에 망령되게 나아가는 것을 멈추면 길할 것이라고 해석하였다.[59] 곧, 그는 자리의 바름의 여부와 음양의 자리가 지

---

57) 『周易淺見錄』 「大過」 『象傳』, "過與不及, 皆非中也. 謂'剛過而中', 何哉? '過'謂陽之過盛, '中'謂位之得中. 以事而言, 則雖過於常, 而不失於時中. 堯舜湯武之事是也. 所以'過而中'者, 時而已矣."

58) 『周易淺見錄』 「大畜卦」'上九', "上九無位之地, 以爲居天位者, 以剛上而有尙賢之象, 易道隨時而取義也."

59) 『周易淺見錄』 「訟卦」, 註, "九四以陽居陰, 而在乾體之下, 處爲訟之時, 足違理妄

니는 성질을 서로 연관시켜 설명한 것이다.

권근은 「중부괘中孚卦䷼」 육삼효六三爻에서도 음으로 양의 자리에 있는 육삼효를 지칭하여 '바른 자리에 있지 못하므로, 식견은 어두우면서도 뜻만 굳세며, 마음에 일정한 주관이 없고 사람과 교제할 때는 신뢰있는 마음으로 성실하고 한결같을 수 없다'[60]고 언급하였다. 권근은 이 육삼효는 자리가 바르지 않기 때문에 성실함과 한결같음을 지킬 수 없는 것으로 이해하였다.

또 그는 「이괘頤卦䷚」에서 육삼효가 중정을 얻지 못하고 있으므로 호응하는 효가 있더라도 이것은 흉하다고 판단하였다.[61] 여기에서 그는 호응관계가 중정하지 못한 효에 별 영향을 주지 못함을 언급하고 있다. 권근은 괘효가 중中 또는 정正을 얻었는가의 여부와 음양의 자질을 군자와 소인이 행동하는 것과 연관하여 의리적으로 해석하기도 하였다.

그는 「리괘履卦䷉」 구오효九五爻에서 '육삼효六三爻는 중정을 얻지 못한 유약한 음효로서 아래로 구이九二의 강한 양효를 밟는 것으로 이것은 소인이 군자를 깔보는 것과 같다'[62]고 언급하였다. 여기서 권근은 음효와 양효를 소인과 군자의 의미로 해석하면서 '깔본다'는 의미가 도출된 근거를 효가 중정을 얻지 못한 데서 찾고 있다. 「소과괘小過卦䷽」에서 권근은 구삼효는 '강剛이 지나치고 중이 아니어서 소인에 대하여 처음에는 강하게 끊어버리고자 해도 끝에는 자신의 강함을 믿고 대비하지 않아 소인에 의해 끝내 곤경을 당하는 경우가 많다'[63]고 언급하였다.

進, 而欲與上訟者也. 然居柔在下, 豈能勝剛健中正, 而在上者乎? 我曲彼直, 義旣不勝, 若能止其妄進, 欲訟之心, 復卽就於正理, 渝變其過, 而安於正, 則吉矣."

60) 『周易淺見錄』「中孚卦」'六三', "得敵, 或鼓, 或罷, 或泣, 或歌."; 註, "盖以陽居陰, 處不當位, 識暗志剛, 中無定主, 與人交接之際, 孚信之心不能誠一, 其無常如此, 凶咎不暇言也."

61) 『周易淺見錄』「頤卦」'六四爻, '註, "六三陰柔不正, 不賢而竊祿者也. 故正主事, 則凶. …… 然六三陰柔不中正, 不爲上九所齒, 故所應雖正而亦凶, 非竊位而正主事, 然後凶也."

62) 『周易淺見錄』「履卦」'九五', "夬履, 貞厲"; 註, "六三以不中不正之柔, 下履九二之剛, 小人凌君子也."

63) 『周易淺見錄』「小過卦」'九三', "弗過防之, 從或戕之, 凶."; 註, "九三剛過而不中, 其於小人, 始則過於剛武而必絶, 終則恃其剛正而不備者也. 自古君子, 恃正而不

여기에 반하여 「기제괘旣濟卦䷾」에서는 구삼효九三爻가 소성괘 「리괘離卦☲」 안에 있어 '강하고 밝으며 바른 자리를 얻어서 강한 것에 지나침이 없어 끝에는 공적이 있게 된다'고 언급하였다. 그러나 이 경우에도 소인에게 있어서라면 구삼효는 지나치게 강하여 허물이 생길 수 있다고 보았다.64) 이처럼 구삼효의 경우 군자 또는 소인으로서 행위의 주체가 지니는 도덕적 자질이 어떠한가에 따라 바른 자리를 얻은 것이 긍정적인 것으로 해석되기도, 중을 얻지 못한 것이 부정적으로 해석되기도 한다.

나아가 권근은 괘효의 자리가 한 괘 전체의 의미와 관련하여 그 길흉이 규정되는 경우에도 주목하였다. 그는 「가인괘家人卦䷤」에서 대체로 정이의 해석을 따르고 있다. 「가인괘」 구삼효九三爻는 강양剛陽으로서 강의 자리에 있어 바른 자리를 얻었으나, 권근은 가정을 다스리는데 지나치게 엄격하면 은혜를 손상시킨다고 하여 후회와 근심이 있지 않을까 경계하였다.65) 이것은 「가인괘」의 의미가 괘효의 자리가 바름에도 불구하고 그 자질의 강건함 및 자리의 강함으로 인하여 '가정을 다스린다'는 괘의 전체적인 의미에 부정적인 영향을 미치는 것을 의미한다. 이처럼 권근은 정이의 의리역학적 해석 방법론으로서 중정 개념을 그대로 계승하고 있다.

권근은 「태괘泰卦䷊」 구이효九二爻의 상전을 설명하면서 '거친 것을 포용하는 등의 네 가지 덕을 가지는 동시에 중도中道의 정의로운 행동에 부합할 수 있는 것은 양강陽剛의 효가 중을 얻어서 밝게 빛나고 크게 드러난 덕이 있기 때문이다'고 해석하였다. 여기에서 권근은 양이 중中을 얻었다는 사실로부터 '적절한 행위상의 의리'라고 하는 도덕실천적인 의미를 이끌어내고 있다.66)

備, 卒爲小人所困者多矣."

64) 『周易淺見錄』「旣濟卦」'九三', "高宗伐鬼方, 三年克之, 小人勿用."; 註, "九三剛明而正, 不過於剛, 則終必有功. 若使小人用之, 則過剛躁速, 克則有殘傷之咎, 不克則致禍敗之凶矣."

65) 『周易淺見錄』「家人卦」'九三, "家人嗃嗃, 悔厲吉. 婦子嘻嘻終吝."; 註, "愚謂, 九三以剛居剛, 治家過剛之象. 治家過嚴, 則傷恩, 故有悔厲之戒."

66) 『周易淺見錄』「泰卦」'九二象傳', "包荒得尙于中行, 以光大也." 註, "言九二有包

다른 한 편 그는 「임괘臨卦䷒」 구이효九二爻 「상전象傳」에서 '이효二爻와 오효五爻가 서로 교감함에 있어 길하여 이롭지 않음이 없는 것은 구이효가 아첨하거나 굴종하면서 윗사람의 명령을 따르는 것이 아니기 때문이라고 하는데, 이것은 구이효가 강중剛中의 도로 서로 교감하기 때문이라고 주장하였다.67) 권근은 곧 양효가 중中을 얻음에 따라 바른 도리를 지켜 굴종하지 않고 도덕성을 유지할 수 있는 것으로 간주한 것이다.

요컨대, 권근은 중中의 의미를 '마음의 성실함'과 '과불급이 없이 상황에 적중함'이라는 의미로 사용하면서 유가적인 도덕실천을 목표로 하여 상황에 따른 인간의 적절함을 뜻하는 것으로 사용하였다. 이러한 '중中' 개념을 그는 구체적으로 괘효사의 위치의 정합성 여부에 따른 중정 개념과 결합함으로써 괘효사의 의미의 길흉을 해석하였다. 권근은 다시 중정이라는 자리의 정합성을 괘효 사이의 호응관계, 음양이라는 자질, 소성괘의 자질, 그리고 괘의 전체적인 의미 등과 유기적인 연관성을 맺는 측면과 결합하여 괘효사의 길흉을 해석하고 있다. 권근의 이러한 관점은 정밀함은 정이에 미치지 못하지만, 정이의 의리역학의 해석방법론을 입장을 그대로 계승하고 있다고 할 수 있다.

권근은 중정 개념과 마찬가지로 '비응' 개념을 『주역』 괘효사를 의리적으로 해석하는데 이용하였다. 그는 중정 개념으로 괘효사를 해석할 때 비응, 괘효의 자질, 소성괘의 자질, 괘의 전체적인 의미 등을 종합적으로 고려하였다. 비응 개념으로 괘효사를 해석할 때에도 이러한 요소들은 괘효사의 의미를 결정하는 중요한 요인이 된다. 그러나 비응의 경우 권근은 호응을 이루는 자리에 있는 두 효의 호응여부가 괘의 전체적인 의미를 실현하거나 부정하는 것에 특히 주목하고 있다. 그는 비응 개념을 통하여 괘효사를 해

荒以下四者之德, 而能配合中行之義, 以其陽剛居中, 而有光明顯大之德也. 蓋陽爲大, 而光明者也. 程傳謂, '包荒故有光明之德, 恐未安.'" 이러한 해석에 근거하여 권근은 정이의 『역전』에서 '거친 것을 포용하기 때문에 빛나고 밝은 덕이 있다'고 언급한 것은 온당치 않다고 부정하였다.

67) 『周易淺見錄』 「臨卦」, '九二象傳', "咸臨, 吉無不利, 未順命也." 註, "言二五相感, 而吉無不利者, 非是九二阿諛曲從, 以順上命也. 但以剛中之道, 相感而已."

석할 때 대체로 호응관계의 기능적인 측면을 강조하였다.

그가 중정 개념을 통하여 괘효사를 해석할 때는 유가적인 도덕 실천적 의미를 보다 많이 가지는 반면, 비응 개념을 통하여 괘효사를 해석할 때는 '호응'이라는 의미의 기능적인 측면을 가지고 괘효사 자체의 의미를 추론하는 경향이 많다. 물론 그는 호응관계를 때로는 특정한 괘가 지니는 전체적인 도덕실천적 의미와 관련하여 해석하기도 하였다. 특히 그는 두 효가 동일한 자질을 가지고 있을 경우의 호응 관계를 언급하는 것으로서 '동덕상응同德相應'도 정이의 예에 따라 호응의 특수한 경우로 강조하였다.

그러면 권근이 괘효사를 해석할 때 호응관계를 적용하는 구체적인 예를 살펴보기로 한다. 먼저 그는 '동덕상응'의 예를 「곤괘困卦䷮」에서 설명하고 있다. 「곤괘」에서 구이효九二爻는 위로 구오효九五爻와 호응하지 않아서 스스로 편안하지 못한 자라고 언급하였다. 그는 구오효도 아래로 호응하는 자가 없으나, 본래 같은 덕으로 서로 호응하여 구이효에 구하는 것이 있기 때문에 '붉은 예복(무릎가리개)이 바야흐로 내려온다'고 말한 것이라고 하였다.68)

「이괘頤卦䷚」 육사효六四爻의 효사는 '거꾸로 부양받아 길하다[顚頤, 吉]'고 하는 것이다. 여기에서 권근은 초구효初九爻는 이효二爻와 비比가 되고, 사효四爻와 호응을 이루어 육이효六二爻와 육사효六四爻는 모두 아래 초구효로부터 길러지기 때문에 '거꾸로[顚]'라는 것을 상징으로 삼았다69)고 언급하였다. 권근은 '길러주고 부양을 받는다'는 괘의 전체적인 의미와 관련하여 볼 때, 육사효가 초육효로부터 부양扶養을 받는 것에 대한 근거를 두 효 사이의 호응관계에 두고 있다.

권근은 「정괘鼎卦䷱」 초육효初六爻에서 '솥의 발이 뒤집히니 나쁜 것을 쏟

68) 『周易淺見錄』 「困卦」'九二', 註, "九二坎體, 陷於二陰之中, 而在困時, 上無應與, 未得自安者也. 然九五亦以剛陽而在困, 下亦無應, 自以同德相應, 而有求於二, 故云:'朱紱方來.'"

69) 『周易淺見錄』 「頤卦」'六四爻', "顚頤吉, 虎視耽耽, 其欲逐逐无咎"; 註, "初九比二而應四, 六二六四皆資養於下, 故以'顚'爲象. 上九比五而應三, 六五六三皆資養於上, 故以'拂'爲象.'"

아내는 것이 이롭다. 첩을 얻는 것이 아들을 얻기 위한 것이라면 허물이 없다'고 하는 효사를 호응관계를 통하여 설명하였다. 그는 초육효의 음효는 아래에서 비천하게 있는 것으로 첩의 모양이라고 언급하면서, 위로 구사효九四爻와 호응하는 것에는 나쁜 것을 쏟아내고 고귀한 것을 따르며, 옛 것을 떠나 새로운 것을 받아들이는 상이 있다[70]고 주장하였다. 여기에서 권근은 초육효가 구사효와 호응하는 것이 솥이 뒤집힌 것을 의미한다거나, 새로운 것을 받아들이고 고귀한 것을 따른다는 의미로 이해하였다.

『주역천견록』 가운데는 두 효사이의 호응이 이루어지지 않은 경우에도, 호응이 이루어질 것을 예상하여 괘효사의 의미를 해석하는 경우도 있다. 권근은 「구괘姤卦䷫」 구오효九五爻의 '기나무 잎으로 오이를 덮어 감싸는데, 빛나는 문채를 숨겼다가, 하늘로부터 내려온다'고 하는 효사의 구절을 괘효사 사이의 호응관계를 통하여 다음과 같이 설명하였다.

> 초육효는 하나의 음효가 미약하게 아래 있고, 구오효는 강양剛陽의 큰 것으로 중정으로서 윗자리에 있다. 구오효의 힘은 아래에 있는 음을 감싸기에 충분하다. 이것은 기나무의 큰 잎으로 작은 오이를 감싸는 것과 같은 것으로 덮어 기르기 쉬운 것을 말한다. 그러나 오효나 초효는 서로 호응하는 자리가 아니므로 그 힘이 비록 강해도 만나서 덮어 기르기 어려울 것 같다. 만약 안으로 중정하고 강명剛明하며 문채가 아름다운 덕을 감추고 고요히 기다리면, 처음 생겨난 음은 반드시 자라나서 나아가 이효二爻에 이르게 되어 오효五爻와 서로 호응하게 된다. (그러면) 양의 덕은 반드시 통하여 덮지 않음이 없게 될 것이며, 스스로 만나서 그것을 덮을 수 있다. 이것은 마치 기나무 잎이 높은 곳에서 아래로 갑자기 내려와 오이를 덮을 수 있는 것과 같다.[71]

---

70) 『周易淺見錄』 「鼎卦」'初六爻', "鼎顚趾, 利出否, 得妾, 以其子, 無咎."; 註, "初六之陰, 卑巽在下, 妾之象也. 上應九四, 有出否從貴, 去故納新之象. 人於妻妾, 去其故而納其新, 苟無其故, 則有其咎. 若以無後, 求子之故而得妾, 則无咎也."

71) 『周易淺見錄』 「姤卦」'九五爻', "以杞包瓜, 含章, 有隕自天."; 註, "言初六一陰微弱而在下, 九五剛陽之大而中正在上, 其力足以包畜在下之陰. 猶以杞葉之大, 包瓜之小, 言其易於包畜也. 然五與初非其應位, 其力雖剛, 似難得遇而包畜也. 若能內含中正剛明章美之德, 靜以待之, 則始生之陰, 必長而進, 以至于二, 與五相應. 陽

권근은 여기에서 호응하지 않는 효들 사이에 호응관계가 이루어질 것을 예상하여 괘효사의 고유한 의미를 설명하였다. 권근은 위의 내용 중에서 '기나무가 오이를 덮어서 가린다'고 하는 비유를 초육효初六爻가 성장하고 나아가 이효二爻에 이르러서 호응할 때를 기다려서 비로소 실현될 수 있는 것으로 해석하는 것이다.

이에 반하여 권근은 호응관계가 이루어지지 않는 것을 가지고 괘효사의 의미를 해석하기도 하였다. 그는 「박괘剝卦䷖」의 육이효六二爻에서 비록 음이 성장하는 시기이지만 위로 호응하는 효가 없어서 그 깎아내는 것이 깊지 않기 때문에 '함께하는 자가 아직 없다'고 말하며, 그래서 음을 억제하는 것이다'[72]고 해석하였다. 또 「귀매괘歸妹卦䷵」에서 그는 상육효上六爻는 초효初爻와 함께 음양의 자리는 바르지만 각각 삼효三爻와 사효四爻에 호응하는 효가 없는데, 이것은 남녀가 바른 자리를 지켜 혼인이 성사되지 않는 것이라[73]고 해석하였다 여기에서는 비록 바른 자리를 얻더라도 호응하지 않는다는 것이 괘효사가 오히려 '혼인을 이루지 못한다'고 하는 부정적인 의미가 되는데 영향을 미치고 있다. 이런 괘들에서 권근은 두 효사이의 호응이 이루어지지 않는 것을 괘의 전체적인 의미와 관련시켜 그 효의 특수한 의미로 해석하였다.

「동인괘同人卦䷌」 상구효上九爻에서도 권근은 '교외에서 사람과 함께 하니 후회가 없다[同人于郊, 无悔]'는 효사에 대하여 상구효는 「동인괘」의 마지막 효이며, 아래로 호응하여 함께하는 자가 없으므로 거칠고 멀리 떨어진 곳에서 결국 함께하는 것이 없는 상이라고 보았다. 그래서 비록 진실되지 못하게 교제하는 후회는 없지만, 함께 하고자 하는 뜻도 이룰 수 없다고 강조하였

德必通, 無所不包, 故自可以得遇而包之. 猶杞之葉, 自高而忽墜於下, 可得而包瓜也."

72) 『周易淺見錄』「剝卦」'六二爻', 註, "言六二雖在陰長之時, 上无應與, 其剝未深, 故言'未有與', 所以抑陰也. …… 曰:是固五陰同剝一陽, 可懼之時, 然无其應, 故聖人猶幸之, 二爲勢弱援寡, 未有所與之象. 六三應上九, 則又以爲舍邪類而從正之類, 无非所以扶陽而抑陰也."

73) 『周易淺見錄』「歸妹卦」'上六', "女承筐無實, 士羊无血, 無攸利."; 註, "此卦六爻, 惟二五相應而成夫婦. 初上二爻, 陰陽得位而無應, 此男女守正, 而婚姻不成者也."

다.[74] 권근은 이 효에서 후회가 없으나 함께하고자 하는 뜻을 이룰 수 없는 중요한 이유를 아래에 호응하는 효가 없는 것에서 찾는다.

권근은 대부분의 호응관계에 대하여 두 효 사이의 관계를 괘의 의미를 실현하는 것과 관련하여 긍정적으로 해석한다. 반면 「쾌괘夬卦䷪」에서 그는 두 효 사이의 호응관계를 괘의 의미를 실현하는 데 있어서 서로 좋지 않은 측면에서 해석하고 있다. 「쾌괘」에서 권근은 구삼효九三爻를 강剛으로서 상육효上六爻와 호응하는 관계에 있으나, 도리어 괘의 의미상 대적하는 관계에 있기 때문에 지나치게 강건한 성질을 가지고, 음陰과 대립하여 심하게 결단하고자 하는 자[75]로 판단하였다.

요컨대 권근은 비比와 응應 개념 중에 주로 두 효사이의 '호응[應]' 여부를 가지고 괘효사의 의리를 해석하였다. 이 때 괘효의 호응여부로 괘효사의 의미를 해석하는데 '호응'이라는 의미 자체를 추론하여 괘효사의 특정한 의미를 해석하기도 하였다. 이러한 해석방식은 이후 조호익이 비응 개념을 통하여 괘효사를 해석하는 데 영향을 주었다고 할 수 있다.[76] 이처럼 권근은 중정과 비응관계를 통하여 『주역』의 괘효사를 해석하는데 있어 정이의 의리역학적 시각을 대체로 수용하였다. 그러나 그가 중정 및 비응 개념을 통하여 구체적인 괘효사를 해석할 때 정이와 달리 해석한 한 부분이 종종 발

74) 『周易淺見錄』 「同人」'上九爻', "此爻在同人之終, 下无應與, 是在荒遠之地, 終無所與之象. 故雖无妄交自失之悔, 欲同之志未得遂也."

75) 『周易淺見錄』 「夬卦」'九三', "壯于頄, 有凶. 君子夬夬, 獨行遇雨, 若濡有慍, 無咎."; 註, "九三以剛居剛, 而在乾體之上, 剛之過也. 尤與上六相應, 而反爲對敵, 是衆陽共去一陰之時, 而以過剛之性, 特與陰對, 欲夬之甚, 而悻悻然現於顏色也." 반면에 정이는 「쾌괘」에서 구삼효와 상육효의 호응관계를 서로 화합하는 관계로 파악하는 점에서 권근과는 반대로 하석하고 있다.

76) 조호익은 '호응한다'는 괘효 사이의 형식적인 관계를 지시하는 의미를 유추하여 괘효사를 해석하였다. 예컨대, 그는 「익괘益卦」의 구오효에 호응하는 육이효를 해석하여 '육이는 음으로서 중의 자리에서 구오와 호응한다. 구오는 위로 '하늘[天]'의 자리에 있으므로 상제에 제사드리는 상이 있다. 왕이 그것을 사용하면 길할 것이다.'(二虛中而應五, 五上天位, 故有享帝之象. 王者用之則吉.)(『易象說』 卷2-15, 「益卦」)고 하였다. 여기에서 조호익은 이효가 오효에 호응하는 것에서 상제에 제사하여 교감하는 상을 이끌어 냈다. 다시 말하면 그는 '호응한다'는 의미에서 '(상제와) 교감한다'는 의미의 상을 이끌어 내었다.

견된다. 그의 이러한 해석방법론은 이후 의리역학 방법론을 견지한 학자들에 의하여 일부 계승되었다.

요컨대, 권근은 『입학도설』에서 상수역학적 관점을 제시한 반면, 『주역천견록』에서는 주로 의리역학적 방법론에 따라 『주역』 괘효사를 해석하였다. 『주역』에 대한 이러한 균형 있는 해석 방법은 조선전기역철학사에 비추어 볼 때, 상수와 도서, 그리고 의리를 중심으로 한 후대 역학 연구방법론을 정립시킨 효시가 되었다는 점에 커다란 의미를 가진다고 할 수 있다.

6. 맺음말

권근의 학문체계를 이해하는데 중요한 관건은 사서四書에 집중하였던 관심과 별개로 그가 오경五經에 주목한 이유가 어디에 있는가 하는 점을 이해하는 것이다. 이를 위해서는 권근의 학문이 지향하는 최대 목표가 새 왕조의 개창에 따른 새로운 시대적 이념을 정립하고 이를 국가사회에 체계적으로 실천하게 하는 데 있다는 점에 착안할 필요가 있다.

권근은 사서四書를 중심으로 하는 성리학의 형이상학적 우주론과 심성론을 통일적으로 해석하는 것만으로는 새왕조의 문물을 정비하고 실천적인 규범을 제시하는데 불충분하다고 판단했던 것 같다. 이러한 목표를 보완해 줄 수 있는 경전적 근거를 그는 오경五經에서 찾은 것이다. 이러한 과제를 해결하기 위한 일환으로 이루어진 성과가 바로 『오경천견록』이었다. 따라서 권근의 학문체계가 지니는 특성 또는 독창성은 바로 『오경천견록』의 저술을 통한 오경의 체계화에 있다고 할 수 있다.

권근이 『오경천견록』을 저술하면서 이와 연관하여 지은 또 한 가지 중요한 저작은 『입학도설』이다. 『입학도설』에는 사서四書 및 오경五經의 상호 연관된 내용을 40여 종류의 그림으로 도시하여 일관성 있게 설명하였다. 이 가운데서도 『주역』과 관련된 도표는 약 14가지 전후로 상당한 많은 부분을 차지한다. 이들 도표에서는 주로 『주역』의 상수역학적 원리를 설명하는 그림이 많다. 「하도낙서」, 태극, 양의, 사상, 팔괘의 생성, 복희선천팔괘 등을 중심으로 하여 상수역학적 원리를 담고 있는 그림들은 『주역』에 대한 권근의 상수역학적 관점을 여실하게 보여 준다.

반면 『주역천견록』은 정이 이래의 의리역학과 주희의 종합, 그리고 오징의 불교적 요소를 포괄하여 이들을 비판적으로 계승하고 있다는 점에서 권근의 역학의 특징을 내포하고 있는 중요한 저술이다. 그가 『주역천견록』에서 제시한 관점은 주로 정이의 유가적 의리역학이다. 따라서 권근의 역학은 『입학도설』에서의 상수역학적 관점과 『주역천견록』의 상수 및 의리역학적 관점을 종합하는 것으로 이루어졌다고 할 수 있다. 그러면 권근의 상수역학적 견해와 의리역학적 시각을 중심으로 한 역철학적 체계와 그의 전체 학문체계에서 『입학도설』과 『주역천견록』이 지니는 의미를 요약하기로 한다.

먼저 권근은 그의 역학의 기본적인 관점을 상수역학에 두고 있는데, 이점은 『입학도설』과 「계사전」과 「설괘전」을 중심으로 하는 그의 주석에 비교적 자세히 정리되어 있다. 권근은 상수역학적 관심을 가지고 「하도낙서」의 수리를 체용론적 관점에서 해석하였다. 그는 천지의 생수와 성수로 이루어지는 오행의 상생상극적 순환 구조, 팔괘의 생성순서와 차례에 대한 설명을 통하여 상수역학의 토대를 세웠다.

또한 「하도」의 수를 상생의 관점에서, 「낙서」의 수를 상극의 관점에서 오행이 유행하는 방향과 그 상호관계를 구별하였다. 그에 따르면, 선천先天은 천지의 정위正位를 드러낸 것이고, 후천後天은 조화의 유행을 보인 것이다. 하지만, 선천 또한 유행의 상을 가지며, 후천 또한 대대의 자리를 가지고 있다. 나아가 그는 황극의 위치에서 천도를 잇고 인극을 세우는 핵심적인 방법을 경敬으로 규정하였다.

다음으로 권근은 상수역학 이론에 기초를 두면서도 다른 한편으로 유가적인 도덕실천을 이룰 것을 목표로 삼았다. 그는 천도와 인도, 천리와 인사를 성리학의 천인합일설天人合一說에 따라 통일적으로 보며, 그 궁극목표를 유가적인 도덕적 실천에 두었다. 한걸음 나아가 그는 성리학의 중심 개념으로서 태극太極, 천리天理, 리理, 음양陰陽, 명命, 이일분수理一分殊 등을 원용하여 『주역』 괘효사를 해석함으로써 자신의 유가적 의리역학 체계를 구성하였다.

권근은 정이로부터 계승한 중정中正과 비응比應 개념을 통하여 『주역』의 괘효사를 유가적 도덕실천이라는 목표를 가지고 의리역학적 관점에서 해석하였다. 그는 중정中正이라는 자리의 정합성 여부를 괘효 사이의 호응관계, 음양이라는 자질, 소성괘의 자질, 그리고 괘의 전체적인 의미 등과 유기적으로 결합하여 괘효사의 길흉吉凶을 해석하였다. 환언하면, 권근은 유가적인 도덕실천을 목표로 하여 상황에 따른 인간의 행위의 적절함을 지향하는 측면에서 괘효사의 의미를 해석한 것이다.

권근은 중정 개념과 마찬가지로 비응 개념을 통해서 『주역』 괘효사를 의리적으로 해석하였다. 그러나 비응 개념의 경우 호응을 이루는 자리에 있는 두 효의 호응여부가 특히 괘의 전체적인 의미를 실현해 주느냐 아니면 방해하는냐 하는 점에 유의하였다. 권근이 비응 개념을 통하여 괘효사를 해석할 때는 특히 '호응'이라는 의미자체의 기능적인 측면을 가지고 괘효사의 의미를 추론하는 때가 많다. 그는 중정 개념과 비응관계를 통하여 『주역』의 괘효사를 해석하는데 있어 정이의 의리역학적 시각을 대체로 수용하였다. 이것은 그가 『주역천견록』에서 주로 성리학의 의리역학적인 시각과 입장을 견지하는 것을 뜻한다. 특히 『주역』 해석에서 이용했던 중정과 비응 개념은 후대에 의리역학적 견해와 목표를 지향했던 이세응이나 조호익 등에 영향을 미치고 있다.

요컨대, 경학사상과 관련하여 권근의 『주역천견록』이 지니는 의미는 천도와 인도를 포괄하는 『주역』의 기본적인 함의를 성리학의 형이상학적인 본체론에 토대지우는 동시에, 이를 유가적인 도덕실천의 목표를 가지는 것으로 해석한다는 데 있다. 권근은 『주역천견록』에서 『주역』을 성리학적 본체론과 결합하여 해석함으로써 오경五經 중에서 체體가 되는 의미를 충족시켜 주고 있다.

특히 그의 역학사상은 성리학의 본체론과 결합하여 『주역』을 해석하고 있다는 점에서 후대 성리학의 형이상학이 심화되는 데도 원인遠因을 제공했다고 할 수 있다. 결국 『주역천견록』은 권근의 학문체계에서 성리학적 본체론과 유가적인 도덕실천을 포괄하는 토대를 『주역』에서 찾고자 한 그의 독창적인 노력의 산물이라고 하겠다. 권근의 역학 사상을 조선전기역철학사에 비추어 평가한다면, 상수象數와 도서圖書 및 도표圖表 그리고 의리義理를 중심으로 하는 후대의 여러 역학사상이 분화 발전되는 데 효시嚆矢가 된다는 점에 커다란 의미를 가진다.

제2장
정도전의 성리학적 『주역』 인식과 의리역학

1. 머리말

정도전鄭道傳1342~1398은 고려 말기 정치 사회적인 쇠퇴에 뒤따르는 시대적 전환기에 태어나 성리학과 유학 사상을 이념적 기반으로 하여 학자이면서 관료로 성장하였다. 당시 이색李穡1328~1396과 정몽주鄭夢周1337~1392가 정치 경제적인 문제에 있어서 점진적인 개혁을 통하여 고려왕조를 재건하고자 하는 입장을 취했던 것과 달리, 정도전은 이성계李成桂1335~1408의 혁명 세력에 참여하여 새 왕조를 개창하는 데 적극적인 역할을 하였다. 그는 왕조개창에 따른 새로운 도덕적 이념과 법제를 확립하여 국가를 운영하는 통치기반을 닦았다. 『조선경국전朝鮮經國典』과 『경제문감經濟文鑑』, 『경제문감별집經濟文鑑別集』은 그가 유교의 도덕 이념에 입각한 통치원리와 전장제도의 근본 원칙을 제시한 저술이다. 또한 그는 각종 문치정책을 시행하고 편찬사업을 전개하였으며 관학官學을 진흥시켰다.

정도전은 고려왕조를 지탱해 주었던 불교를 비판하면서 성리학과 유교를 조선왕조의 통치원리와 문물 전장제도를 정비하는 이념적 기초로 삼았다. 그가 통치이념의 철학적 토대를 세우는 데는 송대 성리학에 힘입은 바가 매우 컸다. 그는 송대 성리학을 이해할 수 있는 핵심 저술로서 『주자대전朱

子大全』이나 『주자어류朱子語類』를 통하여 성리학 이론을 접할 수 있었다. 이들 저술로부터 정도전은 왕조의 통치 이념을 세우는 데 필요한 여러 원칙과 이론을 받아들였다. 『조선경국전』이나 『경제문감』 등에 수록되어 있는 '재상론宰相論'이나 '대간론臺諫論' 등은 『주자어류』나 『주자대전』에서 인용한 것이다.[77] 또한 「불씨잡변佛氏雜辨」을 비롯하여 「심기리편心氣理篇」, 「심문천답心問天答」과 같은 저술은 대체로 불교 또는 도교를 비판하면서 성리학 이론에 입각하여 통치 질서를 세우고자 한 정도전의 철학이 담겨 있는 저술이다.

이 장에서는 통치원리의 이념적 기초로 삼았던 성리학과 유학을 이해하기 위한 방법으로서 정도전이 『주역』을 어떻게 이해했는가를 해명하고자 한다. 특히 이 장에서는 정도전의 『주역』에 대한 인식이 어떠한 특징을 가지고 있는가 하는 것을 조선전기역철학사의 흐름에 초점을 맞추어 검토하고자 한다. 구체적으로 말하면 정도전이 통치질서를 이루는 이념적 토대를 확립하는 것과 연관하여 『주역』을 주로 의리역학적 견지에서 이해하였음을 중점적으로 살펴보고자 한다.

정도전은 『주역』에 주석을 달지 않았고, 일정한 논설論說을 지은 일도 없는 만큼, 『주역』에 관하여 이렇다 할 저작이 없다. 따라서 정도전의 『주역』에 관한 인식을 분석하여 그의 역학 사상을 조선전기역철학사에 정립시키는 일은 결코 쉬운 일이 아니다. 그러나 정도전은 조선초기에 유학과 성리학을 새 왕조의 통치이념과 전장제도를 확립하기 위한 철학적 토대로 삼았으며, 『주역』의 내용과 이에 관한 주석을 인용하여 통치의 원리로 삼고 있다. 특히 그는 유가적 의리역학 이론을 제시한 대표로 평가되는 북송대 정이 『역전』의 주석 내용을 인용하여 그의 왕조의 통치를 위한 이념적 철학적 기초로 삼았다.

정도전은 『경제문감』에서 왕조 통치의 중추가 되는 재상의 역할을 역철학적으로 토대지우기 위하여 정이程頤1033~1107가 『역전』에서 『주역』 괘효

77) 강문식, 『권근의 경학사상연구』, 일지사, 2008, 223쪽.

사를 주석한 내용을 각각의 주제를 설정하여 인용하였다. 그는 군주보다는 재상을 통치의 근간으로 간주하여 『경제문감』에 『주역』 괘효사 가운데 주로 '이효二爻'와 '사효四爻'에 대한 정이의 주석을 인용함으로써 재상의 임무를 열거하였다.78) 재상을 통치의 근간으로 간주하던 정도전은 이후 통치의 근원으로서 군주에 대하여 새롭게 인식하였다. 그는 이후 다시 『경제문감별집經濟文鑑別集』을 저술하여 여기에 『주역』 괘효사 가운데 군주의 자리로 상징되는 '오효五爻'에 대한 정이의 주석을 인용함으로써 군주의 도덕적 수양과 통치를 위한 자질 및 표준을 강조하였다.

정이의 『역전』은 유가적 의리역학 이론을 제시한 핵심저작이다. 그런 만큼 정도전이 『역전』의 내용을 인용하여 통치의 근간이자 근원으로서 군주 및 재상의 도리와 치국의 이념을 제시한 것은 그가 의리역학적 견지에서 『주역』을 통치의 원리에 적용하고 있음을 뜻한다. 요컨대, 정도전은 조선왕조의 통치이념을 제시한 『경제문감』과 『경제문감별집』에 『주역』에 대한 정이의 주석 내용을 인용함으로써 국가의 통치원리를 구체적으로 제시한 것이다.

78) 한영우에 따르면. 정도전은 재상 중심의 통치체제를 구축하였고 그에 따라 군주의 위상과 역할을 상당히 제한하였다. 정도전은 군주는 상징적인 최고권력자에 머물러야 하며 실제로 절대권을 가진 독재자가 되어서는 안 된다는 점을 분명히 하였다. 그는 왕이 행사하는 실제적인 권한을 두 가지로 규정하였는데, 첫째는 재상을 선택하여 임명하는 권한이고, 둘째는 재상과 정사를 협의 결정하는 권한이다. 특히 재상과 정사를 협의하는 것도 국가의 모든 문제를 다 협의하는 것이 아니라 큰 문제에 대해서만 협의하며, 정사를 협의하고 처리하는 과정에서 주도권은 재상이 가져야 한다고 강조하였다.(한영우, 『정도전 사상의 연구』, 1983, 134~136쪽.) 정도전은 『朝鮮經國典』 「治典總序」에서 재상의 역할과 의미에 대하여 "군주의 자질은 어둡고 밝으며 강하고 유약한 차이가 있기 때문에 그 아름다운 점은 순응하지만 악한 것은 바로잡으며 옳은 것은 받들지만 부당한 것은 바꾸어서 大中의 경지에 들인다. 그래서 '相'이라고 하였으니, 돕는다는 뜻이다. 백관은 직분이 다르고 백성은 직업이 다르니, 그들을 공평하게 하여 마땅함을 잃지 않게 하고, 균등하게 하여 각기 제자리를 얻게 해야 한다. 그래서 '宰'라고 하였으니, 주관하고 재단한다는 뜻이다.(人主之材, 有昏明强弱之不同, 順其美而匡其惡, 獻其可而替其否, 以納於大中之域, 故曰相也. 輔相之義也. 百官異職, 萬民異業, 平之使不失其宜. 均之使各得其所, 故曰宰也. 宰制之義也.)"라고 언급하였다.(강문식, 앞의 책, 일지사, 2008, 271쪽.)

『주역』에 관한 이렇다 할 저작이 없음에도 불구하고 정도전은 특정한 괘효에 대한 정이의 주석을 인용함으로써 『주역』의 원리를 그에 상응하는 특정한 통치 주체로서 군주와 재상의 도덕적 수양과 역할에 적용하고 있다. 이 점은 정도전의 『주역』에 대한 인식이 조선전기역철학사 속에 일정한 위치를 차지할 수 있는 이유가 된다. 정도전의 『주역』에 관한 이해와 관점이 유가적 의리역학의 특징을 가지고 있다는 것은 구체적인 내용을 검토함으로써 해명할 수 있다.

먼저 제2절에서는 정도전이 제시한 역학易學의 토대를 이루고 있는 이기심성론에 대하여 살펴보기로 한다. 이것은 주로 그가 받아들인 성리학의 형이상학적 이기론에 포함되어 있는 역학적 의미를 고찰하는 것을 뜻한다. 제3절에서는 정도전이 『주역』을 의리역학적 견지에서 해석하는 구체적인 내용을 살펴보고자 한다. 여기에서는 생생지리生生之理를 인仁으로 규정하고, 양陽이 회복되는 「복괘」에서 천지의 마음을 본다고 하는 등의 내용에 대하여 살펴보고자 한다. 또 그가 주로 장재張載의 기론氣論 을 받아들여 음양오행을 중심으로 하는 자연의 운행질서 속에 도덕적 실천의 원리가 내포되어 있음을 주장하는 측면에 대하여 주로 살펴볼 예정이다.

제4절에서는 정이程頤 『역전易傳』의 내용을 받아들인 구체적 내용과 특징을 재상 및 신하와 연관된 『주역』 이효二爻·사효四爻에 대한 해석과 군주의 수양과 실천적 표준을 언급하고 있는 『주역』 오효五爻에 대한 해석으로 나누어 분석하고자 한다. 제5절에서는 『주역』의 내용을 도덕적 실천의 측면에 적용하여 이해한 구체적인 사례를 살펴보고자 한다. 이러한 내용들은 정도전이 『주역』에 대한 해석을 유가적인 도덕적 통치의 원리에 적용함으로써 의리역학의 관점에서 『주역』을 이해하고 있음을 증명해 주는 근거가 될 것이다.

2. 역학의 이기심성론적 토대

이 절에서는 성리학의 이기심성론에 대한 정도전의 이해가 어떻게 그의 역학적 사고의 토대를 이루고 있는가를 요점적으로 개관하고자 한다. 정도전의 저술 가운데 주로 성리학의 이기심성론을 제시하고 있는 자료로는 「심기리편心氣理篇」, 「심문천답心問天答」, 「불씨잡변佛氏雜辨」 등이 있다. 이 절에서는 이들 저작에서 주장하는 내용들을 중점적으로 살펴보기로 한다.

정도전은 기본적으로 리理를 천지가 사물을 낳는 마음으로서 생명의지와 함께 생생生生의 리로 이해하였다. 그는 성리학의 이기심성론을 언급하면서 자연과 인간의 공통적인 근원으로서 정신적 본질과 물질적 형체를 구성하는 존재론적 토대를 문제 삼고 있다. 그는 천지만물의 본원을 태극의 리理로, 사물과 인간의 물질적인 형체를 구성하는 요소를 기氣로 규정하였다. 여기에서는 특히 동식물과 인간의 차이와 함께 인간들 사이에 구별되는 기질상의 특징을 설명하고 있다. 그는 또한 천지자연의 본원으로서 태극의 리가 인간에게 본성으로 내재함으로써, 이것이 그대로 인간의 도덕적 본질이 되는 것에 대해서도 설명하였다. 이제 이런 구체적인 내용을 요점적으로 개관해 보기로 한다.

정도전은 송대 성리학 이론을 받아들여 인간의 육체적 존재는 음양오행의 기氣를 받아서 생겨난 것으로 이해하였다. 그러나 사람이 태어날 때 받은 '기'는 동식물과 다른 기이며, 사람 사이에도 또한 각각 차이가 나는 것을 다음과 같이 주장하였다.

> 이른바 '음양오행'이라는 것은 번갈아 상호적으로 운행하여 서로 들쭉날쭉 가지런하지 않다. 그래서 그 기에는 또한 통색편정通塞偏正, 청탁수박淸濁粹駁, 고하장단高下長短의 차이가 있다. 그러므로 사람과 사물이 생겨날 때 우연히 상황에 따라 그 맑고 통하는 기를 얻으면 사람이 되고, 그 치우치고 막힌 기를 얻으면 사물이 된다. 사람과 사물의 귀천은 여기에서 나뉜다. 또 사람에게 있어서도 그 맑은 기를 얻으면 지혜롭고 현명하지만, 탁한 기를 얻으면 우매

> 하고 열등하다. 두터운 기를 얻은 자는 부유한 반면 천박한 기를 얻은 자는 빈천하다. 또 고상한 기를 얻은 사람은 존귀한 반면 열등한 기를 얻은 자는 비천하다. 긴 기氣를 얻은 자는 장수하지만, 짧은 기를 얻은 사람은 요절하니, 이것이 그 대강이다.79)

정도전은 여기에서 장재의 기질지성론을 받아들여 하늘로부터 얻은 기가 어떠한가에 따라서 사람과 사물, 그리고 사람 사이에 차이가 생겨난다고 주장하였다. 구체적으로 기의 편전통색偏全通塞은 사람과 사물을 구별하는 기준이 되는 것으로, 청탁수박淸濁粹駁과 고하장단高下長短은 사람과 사람 사이의 현불초賢不肖와 귀천 및 수요壽夭를 결정하는 척도가 되는 것으로 이해하였다. 이러한 견해는 장재로부터 이정자를 거쳐 성리학을 집대성한 주희에 이르기까지 성리학의 이기론을 구성하는 기본 골격이다.

성리학의 관점에서 볼 때, 인간은 육체적인 요소와 함께 그 고유한 본질로서 도덕적 판단능력을 타고 났다고 규정한다. 이러한 인간의 이성적 도덕적 본질은 인간에게서 본성으로 규정되는데, 이것은 하늘이 천지만물에 공통된 근원적인 리로서 인간에게 부여된 태극太極으로 언급된다. 정도전은 태극이 인간과 사물에 내재되어 펼쳐지는 모습을 다음과 같이 설명하였다.

> 대저 천지만물이 존재하기 이전에 결국 먼저 태극太極이 있어서 천지만물의 이치가 이미 천지만물 가운데 혼연히 갖추어져 있다. 그래서 '태극이 양의를 낳고, 양의가 사상을 낳는다'고 말하였으니, 천만가지 변화가 모두 여기에서부터 나온다. 이것은 예컨대, 물에 근원이 있어서 온갖 흐름이 갈려서 나오고, 나무에 뿌리가 있어서 줄기와 지엽이 번성한 것과 같다. 이것은 사람의 지혜로 어떻게 할 수도 없고, 또한 사람의 지혜로 막을 수도 없다.80)

---

79) 『三峰集』 卷9, 「佛氏雜辨」 12, '佛氏因果之辨', "夫所謂陰陽五行者, 交運迭行, 參差不齊, 故其氣也有通塞偏正淸濁厚薄高下長短之異焉. 而人物之生, 適當其時, 得其淸且通者, 爲人. 得其偏且塞者爲物. 人與物之貴賤, 於此分焉. 又在於人, 得其淸, 智且賢, 得其濁者, 愚不肖. 厚者富而薄者貧, 高者貴而下者賤, 長者壽而短者夭, 此其大略也."

80) 앞의 책, 같은 편, '佛氏眞假之辨', "蓋未有天地萬物之前, 畢竟先有太極, 而天地

정도전은 태극이 만물에 펼쳐져서 온갖 변화를 이루는 것을 물의 근원과 나무의 뿌리에서 여러 갈래의 흐름과 수많은 줄기와 지엽이 나오는 것에 비유하였다. 그는 태극이 사람에게 부여된 것을 성性으로 부여되는 장소를 심心으로, 이것이 온갖 일에 응하는 것을 정情으로 규정하였다. 그에 따르면, 방촌方寸에는 허령하고 어둡지 않아 수많은 이치를 갖추고 만사에 응하는 것이 있는데, 텅비고 영명하여 어둡지 않은[虛靈不昧] 것이 마음이고, 갖추어진 수많은 이치는 성性이며, 만사에 응하는 것은 정情이다.81)

정도전은 심성정心性情의 의미를 이렇게 규정을 하고서 보다 자세하게 심성정의 본질과 작용, 그리고 상호관계 등에 대하여 설명하였다. 그는 『불씨잡변』 「불씨작용시성지변佛氏作用是性之辨」에서 '작용하는 것[作用]' 자체가 본성이라고 주장하는 불교 이론을 비판하였다. 여기에서 그는 성과 심, 그리고 정의 이기론적 근거와 함께 이들의 기능 및 상호관계에 대하여 다음과 같이 주장하였다.

> 대개 성은 사람이 하늘에서 얻어서 타고난 리理이고, '작용作用'은 사람이 하늘에서 얻어서 타고난 기氣이다. 기가 응결되어 모인 것은 형질形質이 되고 신기神氣가 된다. 마음의 밝은 정기, 이목의 총명함, 손의 파지把持, 발의 주행走行 등 지각하고 운동하는 것은 모두 기氣이다. 그래서 '형체가 생기고 나서 정신이 지각을 발한다'고 말하였다. 사람이 이 형기를 갖추고 나서 이 리理가 형기 가운데 갖추어지는데, 마음에서 인의예지仁義禮智의 성性이 되고, 측은惻隱·수오羞惡·사양辭讓·시비是非의 정情이 된다.82)

萬物之理, 已渾然具於其中, 故曰太極生兩儀, 兩儀生四象, 千變萬化, 皆從此出. 如水之有源, 萬派流注, 如木之有根, 枝葉暢茂. 此非人智力之所得而爲也, 亦非人智力之所得而遏也."

81) 『三峰集』 卷9, 「佛氏雜辨」 12, '佛氏心性之辨', 吾儒曰, "方寸之間, 虛靈不昧, 具衆理應萬事." 其曰'虛靈不昧'者, 心也. 具衆理者, 性也. 應萬事者, 情也."

82) 앞의 책, 같은 편, '佛氏作用是性之辨', "蓋性者, 人所得於天以生之理也. 作用者, 人所得於天以生之氣也. 氣之凝聚者, 爲形質爲神氣. 若心之精爽, 耳目之聰明, 手之執, 足之奔. 凡所以知覺運動者, 皆氣也. 故曰'形旣生矣, 神發知矣.' 人旣有是形氣, 則是理具於形氣之中, 在心爲仁義禮智之性, 惻隱羞惡辭讓是非之情."

정도전은 본성을 리理로 간주하는 반면 '작용作用'하는 것은 기氣로 보았다. 그는 기가 응결하고 모여 형질形質과 신기神氣가 되면서 수족手足의 운동과 마음의 지각 작용을 낳는 것으로 해석하였다. 여기에서 그가 마음이 신기의 작용에 따라 지각이 발생하는 것으로 보는 것은 후에 율곡이 그의 심성론에서 마음을 기氣로 이해하는 것[83]에 영향을 주었다고 할 수 있다. 또한 형기가 갖추어지면서 리理가 여기에 내재하는데, 이것이 마음속에서 인의예지의 성性과 사단四端의 정이 된다. 특히 정도전은 기氣가 응결되고 모여서 마음이 지각을 발한다고 하는 것에 대하여 주돈이의 「태극도설」의 견해를 인용하여 설명하였다.

정도전은 만물의 이치가 마음에 갖추어져 있으며, 이것이 사물에 응하여 작용한다는 것, 그리고 사람에 있어서 측은지심惻隱之心이 발동하는 체용론적 구조 등을 비교적 상세하게 언급하였다. 그에 따르면, 사단四端과 오전五典, 그리고 만사만물의 이치가 마음속에 갖추어져 있는데, 사물이 이르면 마음은 그 변화에 하나를 고집하지 않고, 이 마음의 리는 감촉하는 것에 따라 응하여 각각 합당하여 어지럽지 않다.[84] 정도전은 이러한 마음과 리가 인간에 있어서 작용하는 과정을 '유자입정孺子入井'의 예를 들어 다음과 같이 설명하였다.

> 사람이 영아가 우물로 기어들어가는 것을 볼 때 바로 놀랍고 두려워하며

---

83) 『栗谷全書』 卷12-20, 「答安應休-天瑞」, "無形無爲而爲有形有爲之主者, 理也. 有形有爲而爲無形無爲之器者, 氣也. 是故性理也. 心, 氣也. 情, 是心之動也." 정원재는 정도전이 心과 性을 氣와 理로 구별된다는 관점을 견지하는 것은 작용하는 心을 그대로 性으로 보는 불교를 비판하고자 하는 의도를 가지는 것이라는 점에 주목하였다. 그리고 그는 정도전과 나흠순의 철학이 모두 心과 性을 구별한다는 점에서 유사성을 가지며, 이들의 철학이 모두 주희 철학의 범위를 벗어나 독창적 학설을 세웠다는 점에서 유사하다고 평가하였다.(丁垣在, 「鄭道傳與羅欽順」, 『朝鮮儒學者對儒家傳統的解釋』, 『東亞儒學硏究叢書』, 臺大出版中心, 2012. 8쪽.

84) 『三峰集』 卷9, 「佛氏雜辨」 12, '佛氏心跡之辨', "蓋四端五典萬事萬物之理, 渾然具於此心之中, 其於事物之來, 不一其變, 而此心之理, 隨感而應, 各有攸當而不可亂也."

> 애처롭게 여기는 마음을 가지는 것은 그 마음에 인仁의 본성이 있기 때문이다. 그래서 그 영아를 볼 때 밖으로 발로되는 것이 바로 측은함이니 마음과 자취가 어찌 다름이 있겠는가? …… 그 마음에 인의예지의 본성이 있어서 밖으로 발한 것이 또한 이와 같으니 이것이 이른바 '체와 용이 근원이 하나이고, 드러난 것과 은미한 것이 틈이 없다'고 하는 것이다.[85]

그는 '측은惻隱'을 바로 마음속의 본성으로서 인仁이 밖으로 드러난 것으로 이해하였다. 정도전은 마음이 밖으로 드러난 자취이기 때문에 '측은'은 마음과 다른 것이 아니라고 보았다. 여기에서 그는 마음속의 본성과 이것의 발현으로서 '측은'을 정이의 『역전』 「서」의 핵심 명제를 인용하여 마음의 체와 용, 현과 미가 하나의 연속성과 일관성을 가지는 것으로 해석하였다. 이처럼 정도전은 기와 지각을 갖춘 마음과 천리天理의 실체로서 본성 및 그것이 발현한 사단의 정이 작용하는 구조와 기능을 체용과 현미의 일원무간一源無間의 관점에서 이해하였다.

정도전은 본성과 마음을 수양론의 관점에서도 그 의미를 해명하였다. 그는 수양을 행하는 마음이 천하의 리理를 갖추고서 리를 주관한다고 주장하였다. 다시 말하면, "마음은 비록 한 몸을 주재하지만, 그 본체의 허령함은 천하의 이치를 주관할 수 있다. 리는 비록 만물에 흩어져 있지만 그 작용의 미묘함은 실로 사람의 마음을 벗어나지 않아서 애초에 내외內外와 정조精粗로 논할 수가 없다."[86] 여기에서 마음은 만물의 이치를 갖추고 있어 그것을 주재하기 때문에 마음 안의 이치와 만사의 현상과 그 이치가 별개의 것이 아니다. 하지만, "마음의 허령함을 알아서 보존하지 않으면 어둡고 어지러워져서 중리衆理의 미묘함을 궁구할 수 없고, 중리의 미묘함을 얻어 궁구

---

85) 앞의 책, 같은 편, "人見孺子匍匐入井, 便有怵惕惻隱之心, 是其心有仁之性, 故其見孺子也, 發於外者便惻然. 心與跡, 果有二乎? …… 以其心有仁義禮智之性, 故發於外者, 亦如此, 所謂體用一源, 顯微無間者也."

86) 앞의 책, '儒釋同異之辨', "請以朱子之說申言之. 心雖主乎一身, 而其體之虛靈, 足以管乎天下之理. 理雖散在萬物, 而其用之微妙, 實不外乎人之一心, 初不可以內外精粗而論也."

하지 않으면 편협하고 고착되어 마음의 온전함을 다할 수 없다."[87]

이런 이유로 성인이 교화를 베풀어서 사람들이 이 마음의 영명함을 알게 하고 단정하고 정밀하게 하여 한결같이 하는 가운데 이 마음을 보존하여 궁리의 바탕으로 삼음으로써 수많은 리의 신묘함이 있음을 사람들이 알게 하였다. 이렇게 함으로써 정도전은 학문사변 중에서 궁리하며 마음을 극진히 하는 노력을 다하고, 동정動靜 사이를 번갈아 기르고 내외內外와 정조精粗의 차이를 두지 않고, 참되게 쌓고 오랫동안 노력하여 활연관통豁然貫通의 경지에 미치면 또한 혼연하게 일치하여 실로 내외와 정조를 말할 만한 것이 없음을 알게 될 것이다[88]라고 하였다. 여기에서 정도전은 마음이 중리衆理를 구비하고 있기 때문에 수양의 노력을 통하여 마음의 온전함을 실현할 것을 강조하였다.

3. 『주역』 인식과 의리역학적 목표

성리학의 이기론은 기본적으로 우주의 본체이며 사물이 갖추고 있는 본성의 근원을 이루는 태극 또는 리理와 모든 자연 사물의 변화를 가능케 하는 물질적 토대로서 기氣에 근거하고 있다. 이 가운데 기氣는 질화質化, 형화形化를 통하여 사물의 생성과 변화를 가능케 하는 힘으로써 네 계절의 순환과 같은 구체적 현상의 변화를 이룬다. 반면 리理는 기氣가 사물의 형체를 이룰 때에 여기에 부여되어 만물의 본성을 이룬다. 이것은 자연에서는 원형이정元亨利貞과 생장수장生長收藏으로 실현되고 인간에 내재하여 인의예지仁義禮智의 본성을 이룬다. 곧, 자연사물의 법칙과 본성을 이루는 근원으로서 리

87) 앞의 책, '儒釋同異之辨', "然或不知此心之靈而無以存之, 則昏昧雜擾而無以窮衆理之妙, 不知衆理之妙而無以窮之, 則偏狹固滯, 而無以盡此心之全."

88) 앞의 책, 같은 편, "是以聖人設敎, 使人默識此心之靈, 而存之於端莊靜一之中, 以爲窮理之本, 使人知有衆理之妙, 而窮之於學問思辨之際. 以致盡心之功, 巨細相涵, 動靜交養, 初未嘗有內外精粗之擇. 及其眞積力久而豁然貫通焉, 亦有以知其渾然一致, 而果無內外精粗之可言矣."

는 인간의 본성으로 내재하게 되면 도덕적 법칙과 규범의 기초가 된다.

이기론을 중심으로 하는 이러한 성리학의 도덕형이상학적 우주론은 그대로 정도전의 역학적 견해의 토대가 된다. 그가 성리학의 이기론을 역학의 실제 내용으로 받아들임으로써, 그의 역학관은 의리역학의 특징을 띠게 되었다. 그러면 성리학의 이기론을 핵심으로 하는 정도전 의리역학 사상의 구체적인 내용을 살펴보기로 한다.

정도전은 「불씨잡변佛氏雜辨」에서 유가철학에서 말하는 사물의 변화는 불교에서의 현상세계의 변화와 달리 가상假象이 아니라 연속성을 가지고 끊임없이 사물을 낳는 기화氣化의 세계로 실재한다는 것을 다음과 같이 주장하였다.

> 해와 달, 더위와 추위가 오고 가는 것이 이렇게 질서정연하다. 이 때문에 하늘의 본체는 지극히 크지만 한 바퀴를 돌면서 운행하는 척도, 일월성신이 순행하고 역행하며 빠르거나 느리게 운행하는 것은 비록 비바람과 맑고 흐림[風雨晦明]이 기울어지는 상황에서도 여덟 척의 선기옥형璇璣玉衡과 수촌의 저울대를 벗어날 수 없다. 햇수를 쌓아서 수 천 만년에 이르더라도 24절기가 고르게 나뉘어지고, 삭망의 차고 기욺에 따른 여분의 시간과 기氣가 차고 비는 나머지를 쌓는 것, 미세하고 보잘 것 없는 것들에 이르기까지 또한 곱하고 나누는 음양의 책을 벗어날 수 없다.89)

정도전에 따르면, 천도의 본체는 광대함을 다하였지만 변화하고 운행하는 척도와 일원성신의 움직임은 선기옥형의 표준을 벗어나지 않고 질서정연한 법칙에 따라 어김이 없다. 또한 세월의 운행과 24절기의 차례, 그리고 한 달의 삭망의 도수度數 등이 모두 천지음양의 변화를 낳는 두 시책[兩策]의 작용을 벗어나지 않는다. 바로 자연의 이러한 규칙적인 변화과정에서 사람과

89) 『三峰集』 卷9, 「佛氏雜辨」 12, '佛氏眞假之辨', "日月寒暑之往來, 若是其秩然也. 是以天體至大, 而其周圍運轉之度, 日月星辰逆順疾徐之行, 雖當風雨晦明之夕, 而不能外於八尺之璣, 數寸之衡. 歲季之積, 至於百千萬億之多, 而二十四氣之平分, 與夫朔虛氣盈餘分之積, 至於毫釐絲忽之微, 而亦不能外於乘除之兩策."

사물은 끊임없이 생성되고 변화된다. 정도전은 이렇게 자연의 변화로부터 인물이 생성되는 과정을 주돈이의 「태극도설太極圖說」의 견해를 요약하면서 다음과 같이 언급하였다.

> 사람과 사물이 끊임없이 생성되어 다함이 없는 것은 바로 천지가 변화하여 운행을 그치지 않는 것이다. 저 태극太極이 움직이고 고요해지며 음양이 생겨나고, 음양이 변화하고 합해지면서 오행이 갖추어져, 여기에서 무극태극無極太極의 진리와 음양오행陰陽五行의 정기精氣가 신묘하게 결합하고 응결하여 사람과 사물이 여기에서 끊임없이 생성되는 근원을 추구해 보면, 이미 생성된 것은 지나가 버리고 아직 생기지 않은 것은 와서 이어지니 그 사이에 잠시의 멈춤도 없다.90)

사람과 사물이 자연의 정연한 순환 변화에 따라 끊임없이 생성되는 것은 바로 태극이 동정하여 음양을 낳고 오행을 갖추는 가운데 이 기와 신묘하게 결합하고 응결하여 무극태극無極太極의 참된 것이 그 속에 내재하기 때문이다. 주돈이는 「태극도설」에서 태극은 음양과 오행을 낳음으로써 사물을 끊임없이 낳는 생명의 근원이 된다고 보았다. 정도전은 끊임없이 생성되는 사물은 다른 측면에서 취산聚散과 생사生死가 있음을 『역』의 구절을 인용하여 다음과 같이 설명하였다.

> 『역易』에서 말하기를 '시원을 추구하여 끝으로 돌아가기 때문에 죽음과 삶의 관한 설說을 안다'고 하였고, 또 음양의 원기가 사물이 되고 혼魂이 떠돌아 변화한다'고 하였다. 이전 유학자들이 이를 해석하여 '천지의 변화는 비록 낳고 낳아 다함이 없지만 모이는 것이 있으면 반드시 흩어지는 것이 있고, 삶이 있으면 반드시 죽음이 있다. 시원을 더듬어 그 모이는 것을 알 수 있으

90) 『三峰集』 卷9, 「佛氏雜辨」 12, '佛氏輪廻之辨', "人物之生生而無窮, 乃天地之化, 運行而不已者也. 原夫太極有動靜而陰陽生, 陰陽有變合而五行具. 於是無極太極之眞, 陰陽五行之精, 妙合而凝, 人物生生焉. 其已生者, 往而過, 未生者, 來而續, 其間不容一息之亭也."

> 면, 반드시 그 뒤에 흩어져서 죽는 것을 알 것이니, 그 생겨나는 것이 저절로 그러한 기氣의 변화에서 얻어지는 것임을 알 것이다.[91]

정도전은 『역』을 인용하여 사물은 시작하고 끝나는 것, 모이고 흩어지는 것이 연속성을 가지고 순환하는데, 정기가 응결하여 사물이 되기도 하고 유혼으로 흩어져서 변화되는 것이라[92]고 하였다. 다시 말하면 취산과 생사의 연속적인 순환을 통한 사물의 변화는 바로 기氣의 자연스러운 변화의 결과이다.

정도전은 장재의 기철학의 관점을 받아들여 기氣의 자연스런 취산과 변화에 의해서 사물의 생사가 순환되는 것임을 강조하였다. 그러나 그는 자연의 생생生生의 작용을 자연 자체에서의 기계적인 변화의 관점에서만 이해하지 않고, 인간의 삶과 생명의 실현이라는 도덕적 정치적 관점으로 유추하여 이해하였다. 특히 그는 『계사전』의 관련 구절을 인용하여 사물을 끊임없이 낳는 천지의 커다란 덕을 인간의 도덕적 이념으로서 인仁이라고 언급함으로써 『주역』을 의리역학적으로 이해하는 시각을 보여주었다.

> 『역易』에서 말하였다. '성인의 커다란 보배는 '지위[位]'라고 하고, 천지의 커다란 덕德은 '생生'이라고 한다. 어떻게 '지위를 지키는가?' 인仁이라 하겠다. 천자가 천하 사람이 받드는 것을 향유하고, 제후가 나라 안의 시봉侍奉을 누리는 것은 모두 부귀가 지극한 것이다. 어진 이와 재능 있는 자가 그 지혜를 바치고, 호걸이 무위武威로 받들며 백성들이 분주하게 움직여 각각 그들의 일에 복무하여 오직 임금의 명령을 따르는 것은 그가 지위를 얻고 있기 때문이다.[93]

---

91) 앞의 책, 같은 곳, 「佛氏雜辨」 12, '佛氏輪廻之辨', "易曰'原始反終, 故知死生之說', 又曰'精氣爲物, 游魂爲變.' 先儒解之曰, '天地之化, 雖生生不窮, 然而有聚必有散, 有生必有死, 能原其始而知其聚之生, 則必知其後之必散而死, 能知其生也得於氣化之自然.'"

92) 『三峰集』 卷9-1, 「佛氏雜辨」12 '佛氏輪廻之辨', "易曰精氣爲物, 游魂爲變"

93) 『三峰集』 卷7-1, 「朝鮮經國典 上」'正寶位', "易曰, 聖人之大寶曰位. 天地之大德曰生. 何以守位, 曰仁. 天子享天下之奉, 諸侯享境內之奉, 皆富貴之至也. 賢能效

정도전에 따르면, 어질고 재능 있는 자들, 호걸, 그리고 백성들이 각각 성인을 잘 받드는 것은 그가 지위가 있기 때문으로, 이 지위는 성인의 커다란 보배이다. 그런데 이 지위를 지킬 수 있는 것은 바로 인仁을 통해서이다. 따라서 인仁은 성인이 자신의 자리를 지킬 수 있는 가장 커다란 보배가 된다. 송대 성리학에서는 '인仁'을 '생명의지[生意]'라고 하였다. 곧 '만물을 생성시키는 의지는 가장 볼만하니, 이것이 '원元은 선善의 으뜸이 된다'는 것이며, 이른바 인仁이다.[94] 이것은 바로 천지가 사물을 낳는 마음이며 천지의 커다란 덕을 (사물을) 낳는 것이라고 말한 「계사전」의 구절을 해석한 것이라 할 수 있다.

정도전은 천지가 사물을 낳는 마음을 인仁으로 규정하는 성리학의 해석을 받아들여 이 인仁이 임금의 자리를 보존하는 핵심적 근거가 되는 것으로 주장하였다. 그는 인仁에 의지하여 정치를 할 때 지위를 보존할 수 있는 이유를 다음과 같이 설명하였다. 곧 임금이 천지가 사물을 낳는 마음을 자신의 마음으로 삼아서 남에게 모질게 하지 못하는 정치를 행하며, 천하사방의 사람들로 하여금 모두 부모처럼 기쁘게 우러러 모시게 한다면 안정된 부귀와 존귀한 영화의 즐거움을 길이 누리면서 위태롭게 망하거나 전복되는 근심이 없을 것이니, 어짊으로 자리를 지키는 것 또한 당연하다.[95]

맹자는 측은지심惻隱之心의 다른 표현으로서 남에게 모질게 하지 못하는 마음이 있으면 이로부터 남에게 차마 모질게 하지 못하는 정치가 있다고 하였다. 정도전은 천지는 사물을 낳는 것을 마음으로 삼는데, 사람이 천지가 사물을 낳는 마음을 얻어 태어났기 때문에 사람에게는 모두 남에게 모질게 하지 못하는 마음이 있으니, 이것이 이른바 '인仁'이다[96] 라고 하였다.

其智, 豪傑效其力, 民庶奔走, 各服其役. 惟人君之命是從焉, 以其得乎位也."

94) 『近思錄』 卷1, 「道體」, "萬物之生意最可觀, 此元者善之長也. 斯所謂仁也."

95) 『三峰集』 卷7-1, 「朝鮮經國典 上」'正寶位', "人君以天地生物之心爲心, 行不忍人之政, 使天下四境之人, 皆悅而仰之若父母. 則長享安富尊榮之樂, 而無危亡覆墜之患矣. 守位以仁, 不亦宜乎?"

96) 『三峰集』 卷9-11, 「佛氏雜辨」12 '佛氏慈悲之辨', "天地以生物爲心, 而人得天地生物之心以生, 故人皆有不忍人之心. 此卽所謂仁也."

정도전은 맹자의 이러한 견해에 따라서 인仁을 군주가 백성들을 어질게 다스려 자리를 유지하는 핵심 덕목으로 삼았다.

정도전이 인仁으로 규정하는 천지가 사물을 낳는 마음은 『주역周易』에서는 「복괘復卦䷗」의 첫 번째 양효에서 그 실체를 찾아볼 수 있다. 「복괘」 「단전彖傳」에서는 '회복되는 곳에서 그 천지의 마음을 본다[復其見天地之心乎]'고 하였다. 이것은 「복괘」의 초양初陽이 처음 회복되어 발현되는 것을 말한다. 「복괘」의 처음 양효는 양기가 땅에서 처음 올라옴으로써 사물을 낳는 생성력을 상징한다. 이것이 사람에게 있어서는 인仁이 된다. 정도전은 이처럼 「복괘」에서 양이 처음 회복되어 그 생명력이 사물을 낳는 뜻[生意]을 성찰하였다.

그는 「양곡陽谷에서 『역易』을 다루는 스승에게 주는 시」에서 도인道人이 지은 초가집과 건너편 산에 봄볕이 비치는 것을 보고서 양기陽氣가 회복되는 데서 천심天心이 분명하고 이치가 밝게 드러나는 모습을 다음과 같이 묘사하였다.

도인이 엮은 초가집	道人結茅屋
저 산 남쪽에 있다.	在彼山之陽
밝은 햇빛 그 위를 비추어	白日照其上
초목들이 춘광春光에 어여쁘네.	草木姸春光
깊고 고요한 데서 하는 일 없이	冲然寂無營
한가로이 복희伏羲 『역』을 읽네.	燕坐談羲經
그대 칠일 만에 돌아오는 것 보니	君看七日復
붕우들이 다치지 않고 돌아온다.	朋來無疾傷
만물이 형체를 이루지 않았지만	萬物雖未形
천심天心은 뚜렷하고 분명하여	天心正分明
종횡縱橫으로 수없이 변화하면서도	縱橫變化殊
모두 중中을 낳는 데로 향한다.	盡向一中生

이 이치는 진실로 밝고 분명한데 此理亮昭晰
예부터 그윽이 어두운 것 아니니 自古非窅冥
내가 가서 물어볼 때는 吾當往問之
나에게 한결같이 친절하구나.97) 爲我一丁寧

정도전은 위의 시를 통하여 양기陽氣가 그윽하게 대지 위아래에서 내려오고 올라가 조화로운 기운을 머금고 있는 정감을 표현하였다. 「복괘」에서 양기가 발현되는 것은 천심天心을 분명하게 보여 주며, 이것은 중도中道를 향해 나아가는 것이다. 여기에서 '중中'은 인간에 있어서는 본성의 중中이며 도덕적 원리로서 '중'이 된다.

정도전은 또한 「복괘」 초효로 상징되는 것으로 양기가 발현하는 것에서 시작하여 춘하추동이 이루어지는 네 계절의 순환으로부터 천지의 마음이 펼쳐지는 과정을 인간에 있어서 인의예지仁義禮智가 실현되는 과정으로 설명하였다. 그는 인仁에 대응하는 봄을 중시하여 봄은 여름, 가을, 겨울의 특성을 함께 내포하고 있다고 주장하였다. 「하상국의 춘정春亭에 붙이는 시」에서는 사시四時의 변화 속에서 이루어지는 춘하추동이 인의예지와 동일한 이치로 언급되고 있다.

하늘에는 사시四時가 있어서 한 해를 이루고 사람에게는 사단이 있어서 본성을 통괄한다. 사시가 각각 그 한쪽으로 치우치지만 봄이 없는 곳이 없는 것은 마치 사단이 각각 하나의 덕을 가지고 있지만, 인이 포괄하지 않는 것이 없는 것과 같다. 그래서 봄은 봄기운이 생기는 때이고, 여름은 봄기운이 자라는 때이며, 가을은 봄기운이 이루어지는 때이고, 겨울은 봄기운이 저장되는 때이다. '인仁'은 인仁의 사랑이고, 의義는 인仁의 재량裁量이며, 예禮는 인의 공경이며, 지智는 인仁의 지혜이다. 계절에서 봄이 되고, 본성에서 인仁이 되는 것은 하나의 이치이다.98)

---

97) 『三峰集』 卷1-6, 「贈陽谷易師」
98) 『三峰集』 卷3-26, 「河相國春亭詩序」, "天有四時以成歲. 人有四端以統性. 四時之各偏其一, 而春無所不在, 猶四端各一其德, 而仁無所不包也. 故曰春者, 春之生, 夏者, 春之長, 秋者, 春之成, 冬者, 春之藏. 仁者, 仁之愛, 義者, 仁之制. 禮者, 仁

하늘에서 사시四時는 바로 사람에서는 인의예지가 되고, 여름, 가을 겨울이 모두 봄에 포괄되는 것처럼 인 또한 의, 례, 지를 포괄하여 이들을 포함하고 있다. 정도전은 이처럼 사시에서 봄과 인간에서 인仁을 하나의 리理로 묶어서 합일하는 것으로 규정하고 나서, 다시 하늘과 사람의 경우를 구별하여 그 의미를 연역하여 해석하였다.

음양陰陽의 순환과 천지의 운행에서 드러나는 변화를 인간의 인의예지의 네 가지 도덕본성과 같은 이치로 규정하는 것처럼, 정도전은 목화토금수의 오행五行 또한 인간의 도덕적 지성적 특성을 규정하는 우주론적 근거로 간주하였다. 인간은 오행 가운데 특정한 기운을 부여받았을 때 그에 따른 도덕적 자질이 구별된다. 그는 인간의 길흉화복吉凶禍福을 결정하는 점을 칠 때 그 점을 치는 근본을 반드시 오행五行의 성장과 쇠퇴에 미룬다고 하여 오행이 인간의 도덕적 지성적 자질의 근거가 되는 것으로 지적하였다.

> 점占은 사람의 길흉화복을 정하는 것인데, 반드시 그 근본을 오행의 쇠퇴와 성장에 미루면서, 심지어는 '어떤 사람은 목木의 기운을 명命으로 받아서 봄에는 왕성해지지만 가을에는 쇠퇴하며, 그 모습은 깨끗하고 크며, 그 마음은 자애롭고 어질다[仁愛]. 어떤 사람은 금金의 기운을 명命으로 받아서 가을에는 길하나 여름에는 흉하며, 그 모습은 희고 네모나며, 그 마음은 강하고 총명하다[剛明]. '수水'라고 하고 '화火'라고 하는 것도 모두 그렇지 않은 것이 없다'고 한다.99)

여기에서 정도전은 바로 인간의 화복길흉이 인간이 태어나면서 오행五行 가운데 어떤 기운을 주로 타고 났느냐에 따라서 그 도덕적 자질이 구별되는 것으로 언급하였다. 이것은 인간의 도덕적 자질과 실천은 선천적으로 부여받은 오행의 기운에 제약을 받는 것으로 이해하는 것이다. 다시 말하면,

---

之敬. 智者, 仁之知. 於時爲春, 於性爲仁, 一理也.

99) 『三峰集』 卷9-4, 「佛氏雜辨」12 '佛氏因果之辨', "卜者, 定人之禍福, 必推本於五行之衰旺, 至曰, 某人以木爲命, 當春而旺, 當秋而衰, 其象貌靑而長, 其心慈而仁. 某人以金爲命, 吉於秋而凶於夏. 其象貌白而方, 其心剛而明. 曰水曰火, 莫不皆然."

이러한 관점은 인간의 도덕적 실천의 기론적氣論的 근거를 음양오행을 중심으로 제시하면서, 자연의 운행질서 속에 도덕적 실천의 원리가 내포되어 있는 것으로 이해하는 것이다.

요컨대, 정도전은 음양오행을 중심으로 자연의 변화질서를 설명하는 『주역』의 체계를 주로 의리역학적 관점에서 이해하였다. 이것은 인간의 도덕적 실천 원리를 우주론적 질서로부터 이끌어내고자 하는 것으로 정이를 중심으로 하는 송대 의리역학의 시각을 계승하는 것이라 할 수 있다.

4. 정이 『역전』의 수용과 그 특징

1) 『주역』 이효·사효의 해석과 재상·신하의 역할

정도전은 『주역』 괘효사에 대한 정이의 의리역학적 해석을 받아들여 국가를 통치하는 재상 및 신하의 역할을 설명하였다. 그는 『주역』 괘효 가운데서도 주로 이효二爻와 사효四爻를 재상과 신하의 역할에 해당하는 것으로 이해하면서, 정이의 『역전』을 인용하여 통치의 원칙으로 삼았다. 그는 「곤괘坤卦䷁」, 「사괘師卦䷆」, 「비괘否卦䷋」로부터 「감괘坎卦䷜」, 「규괘睽卦䷥」에 이르기까지 십여 개 괘의 이효二爻와 사효四爻에 대한 정이의 주석을 인용하여 신하와 재상이 지켜야 할 정치적 도덕적 태도를 범례화하였다.

그는 『곤괘』 「육삼효」에서 신하된 사람의 도리는 그 자질을 숨기고서 유종의 미를 거두어야 한다고 하였고, 또한 은혜와 위엄이 임금에게서 나오도록 공을 임금에게 돌려야 한다고 하였다. 또한 신하는 위기의식을 가지고 삼가고 두려워하는 마음을 가져야 한다고 보았다. 그는 신하는 지성과 명철한 지혜를 가지고 임금을 감동시킬 수 있어야 한다고 판단하기도 하였다. 뿐만 아니라 신하는 임금의 사특한 마음을 초기에 저지해야 하는 임무를 행해야 할 것이라고 생각하였다.

요컨대, 정도전은 재상과 신하가 국가를 통치하는 표준적인 척도와 원리를 이효二爻와 사효四爻를 중심으로 하는 『주역』 괘효사에 대한 정이의 주석으로부터 이끌어내고 있다. 아래 도표는 정도전이 재상과 신하의 통치 원칙을 도출하기 위하여 『주역』 괘효사에 대한 정이의 해석을 인용한 내용이다.

【표2-1】 정이의 『주역』 괘효 해석과 재상·신하의 역할

순서	괘명	효의 음양	효사 / 주제	내용
0	곤坤	六三陰	六三: 含章可貞, 或從王事, 無成有終 그 아름다움을 머금어 숨긴다. 含晦其美	▪신하된 사람의 도리는 그 문채 나는 아름다움을 숨기고 좋은 것이 있으면, 그것을 임금에게 돌릴 때 비로소 항상 되어 바름을 얻을 수 있다. 이럴 때 위에서는 꺼려하여 미워하는 마음이 없고, 아래서는 공경하고 순종하는 도리를 얻게 된다.[100]
1	사師	九二陽	在師中吉无咎, 王三錫命 주공은 그 직책을 극진히 했다. 周公乃盡其職	▪노나라가 주공을 천자의 예악으로 제사지내는 것에 대하여 학자들이 논의하여 '주공은 남의 신하가 될 수는 있으나 그 공을 행사할 수 없으며, 신하된 禮樂을 쓸 수는 있지만, 천자의 예악을 쓸 수 없으니 이것은 신하된 도리를 모르는 것이다'고 하였다. ▪周公의 지위에 있으면 주공의 일을 행하는 데 그 지위로 말미암아 행할 수 있는 것은 모두 행해야 하니, 주공은 그의 직책을 다했을 뿐이다.[101]
2	비比	九五陽	顯比 가까이 돕는 것을 드러낸다. 顯比	▪신하가 군주에게 말할 때는 충성을 다하고 그 재능을 다 바쳐서 그가 임금을 가까이 하는 도를 드러낸다. ▪그를 등용하느냐 않느냐는 군주에게 달려 있을 뿐이니, 아첨으로 유도하여 그가 자기를 가까이하도록 요구해서는 안 된다.[102]
3	비否	九四陽	有命无咎, 疇離祉 비색한 데	▪ 九四爻는 임금의 도가 막힌 때에 임금과 가까운 자리에 처하여 나쁜 것은 이룬 공에 머물러 혐의를 받는데 있다. ▪만약에 행동이 반드시 임금의 명령에

			머물러 막힘을 구제한다 (居否濟否)	서 나오게 하고, 권위를 한결같이 임금에게 돌리면 허물이 없이 뜻이 행해져서 상황의 어려움을 구할 수 있다.[103]
4	수隨	九四陽	隨有獲貞凶, 有孚在道以明, 何咎 명철한 지혜를 가지고 처한다 (明哲處之)	▪ 신하된 도리는 은혜와 위엄이 한결같이 임금에게서 나오게 해야 대중의 마음이 모두 임금을 따를 것이다. ▪ 대중의 마음이 자기를 따르면 위태로운 도가 될 것이니, 오직 정성을 마음에 쌓고 행동거지가 도에 합하여 명철하게 처신해야 한다.[104]
5	대축 大畜	六四陰	良馬逐, 利艱貞, 曰閑輿衛, 利有攸往 악은 초기에 저지해야 한다 (止惡於初)	▪ 대신의 직책은 위로는 임금의 사특한 마음을 그치게 하고, 아래로는 세상의 악한 사람을 막는 것이다. ▪ 사람의 惡은 초기에 막으면 쉬우나 만연한 뒤에 금지하면 완강하여 이기기 어렵다. 위의 악이 심하면 성인이 교화해도 거스르는 것을 피할 수 없고, 아래의 악이 심하면 성인이 다스려도 刑殺을 피하기 어렵다.[105]
6	이頤	六二陰	顚頤拂經于丘, 頤, 征凶 걱정하고 열심히 하지만 삼가고 두려워한다 (憂勤謹畏)	▪ 남의 신하로 중책을 맡으면 반드시 위기의식과 우려감을 가져야 吉하다. 伊尹과 周公 같은 사람은 어찌 근심걱정하면서도 두려워하지 않은 적이 있는가? 그래서 결국 길함을 얻었다.[106]
7	승升	九二陽	孚乃利用禴, 无咎 안으로 지성을 보존한다 (內存至誠)	▪ 강건한 신하가 유약한 임금을 섬길 때는 안으로 지극한 정성을 보존하여 밖으로 문식에 의지하지 말아야 한다. ▪ 위아래가 사귀는데 誠心으로 하지 않으면 어찌 오래 지속할 수 있겠는가?[107]
8	풍豐	六二陰	豐其蔀, 日中見斗, 往得疑疾, 有孚發若, 吉.	▪ 군자가 임금을 섬기는 데 그 마음을 얻지 못하면 지극한 정성을 다하여 그 마음을 감동시킬 따름이다. ▪ 마음을 감동시키면 비록 우매하고 어두운 자도 열 수 있고, 유약하더라도 도울 수 있고, 바르지 않더라도 바로잡

			성실한 마음으로 움직일 수 있어야 한다.(誠意能動	을 수 있다. ▪ 고인 가운데 용렬한 임금과 보통의 군주를 섬기면서도 그 도를 잘 행할 수 있었던 것은 자기의 정성된 뜻이 위에 이르러 임금의 신뢰를 돈독하게 받았기 때문이다.[108]
9	감坎	六四陰	樽酒簋貳, 用缶, 納約自牖., 終无咎 지극정성으로 임금에게 신임을 받는다(至誠見信於君)	▪ 대신은 험난한 상황에 직면하면 오직 지성으로 임금의 신임을 받고, 그 사귐을 견고하게 하여 해이해져서는 안 된다. ▪ 또 임금의 마음을 밝게 열어 줄 수 있으면 허물 없이 보존할 수 있을 것이다.[109]
10	규睽	九二陽	遇主于巷, 无咎 '遇'는 도를 굽혀 군주의 뜻에 영합하는 것이다(遇非枉道逢迎)	▪ 흩어지는 때에 임금의 마음이 합하지 않을 때는 어진 신하가 아래 있으면서 힘을 다하고 성심을 다하여 그로 하여금 믿어 마음이 맞기를 기대할 뿐이다. ▪ 지성으로 감동시키고 힘을 다해 보좌하며, 의리를 밝혀 지식을 다하고 의혹을 막고서 그 뜻을 성실하게 한다. 이처럼 완곡하게 그 마음이 합하기를 구한다.[110]

---

100) 『三峰集』 卷5-28, 「經濟文鑑 上」, "程子曰, 爲臣之道, 當含晦其章美, 有善則歸之於君, 乃可常而得正, 上無忌惡之心, 下得恭順之道."

101) 앞의 책, 같은 곳, "世儒有論. 魯祀周公以天子禮樂, 以爲周公能爲人臣, 不能爲之功, 則可用人臣, 不得用之禮樂, 是不知人臣之道也. 夫居周公之位, 則爲周公之事, 由其位而能爲者 皆所當爲也. 周公乃盡其職耳."

102) 앞의 책, 같은 곳, "臣於君言之. 竭其忠誠, 致其才力, 乃顯其比君之道也. 用之與否在君而已. 不可阿諛逢迎, 求其比己也"

103) 앞의 책, 같은 곳, "當君道方否之時, 處偪近之地, 所惡在居功取忌而已. 若能使動必出於君命, 威柄一歸於上, 則无咎而其志行矣. 可以濟時之否矣."

104) 앞의 책, 같은 곳, "爲臣之道, 當使恩威一出於上, 衆心皆隨於君. 若人心從己, 危疑之道也. 故凶. 居此地者, 奈何? 唯孚誠積於中, 動爲合於道, 以明哲處之, 則又何咎."

105) 『三峰集』 卷5-29, 「經濟文鑑 上」, "大臣之任, 上畜止人君之邪心, 下畜止天下之惡人. 人之惡止於初, 則易. 旣盛而後禁, 則扞格而難勝, 故上之惡旣甚, 則雖聖人救之, 不能免違拂. 下之惡旣甚, 則雖聖人治之, 不能免刑戮."

106) 앞의 책, 같은 곳, "以人臣而當重任, 必常懷危厲, 則吉, 如伊尹周公, 何嘗不憂

2) 『주역』 오효五爻에 대한 해석과 군주의 통치원칙

앞항에서는 정도전이 『주역』 괘효사 가운데 주로 정치적 지위에서 신하의 자리에 해당하는 이효二爻와 사효四爻에 대한 정이程頤의 주석을 재상과 신하의 역할 및 자세의 관점에서 논한 내용을 살펴보았다. 정도전은 정이 『역전』의 내용을 자신의 통치원리로 인용하면서 크게 두 가지 종류를 구별하였다. 정이 『역전易傳』은 이효와 오효에 대하여 군주의 지위와 신하의 지위를 구분하여 이들의 위치에서 해야 할 역할과 자세로서 도덕적 자세와 정치적 실천의 문제를 설명하였다.111) 정도전은 『경제문감經濟文鑑』에서 정이 『역전』의 내용을 인용하여 효의 위치에 따라 군주와 신하를 크게 구분함으로써 이를 심성의 수양과 정치적 실천 자세 또는 행동의 표준으로 제시하였다. 이 항에서는 그가 군주의 자리에 해당하는 오효에 대하여 정이의 『역전』을 인용하여 설명한 내용을 살펴보기로 한다.

정도전은 정이가 『주역』 괘효 가운데 오효에 대해 주석한 『정전程傳』 내용을 「경제문감별집經濟文鑑別集」에서 인용하여 전장제도典章制度를 확립하고 군주의 도덕적 자질과 귀감龜鑑이 되는 도리를 설명하였다. 그가 처음 『경제문감』을 저술할 때는 군주의 도리를 설명하는 항목을 두지 않고 주로 재상의 직책과 치국의 원리를 설명하는데 중점을 두었다. 이러한 정도전의 태도는 그가 군주보다는 재상과 신하의 정치적 역할을 더욱 중시하였음을 보여

勤謹畏, 故得終吉."

107) 앞의 책, 같은 곳, "以剛强之臣, 事柔弱之君, 當內存至誠, 不假文飾於外. 上下之交, 不以誠, 其能久乎."

108) 앞의 책, 같은 곳, "君子之事上也, 不得其心, 則盡其至誠, 以感發其志意而已. 苟誠意能動, 則雖昏蒙可開也, 雖柔弱可輔也, 雖不正可正也. 古人之事庸君常主而克行其道者, 己之誠意上達, 而君見信之篤耳."

109) 앞의 책, 같은 곳, "大臣當險難之時, 唯至誠見信於君, 其交固而不可解. 又能開明君心, 則可保無咎."

110) 앞의 책, 같은 곳, "當睽之時, 君心未合, 賢臣在下, 竭力盡誠, 期使之信合而已.. 至誠以感動之, 盡力以扶持之. 明義理以致其知, 杜蔽惑以誠其意, 如是宛轉以求其合也."

111) 『주역』 괘효사에서 볼 때, 오효五爻가 임금 자리라면, 이효二爻에서 사효四爻까지는 신하의 자리이다.

준다.

하지만 그는 뒤늦게 『경제문감별집』을 저술하여 임금의 도리와 통치의 표준이 되는 원리들을 제시하였다. 이 두 저술을 편찬한 과정에 대하여 권근은 『경제문감별집』 「서문」에서 다음과 같이 언급하였다.

> 삼봉三峯 선생이 처음 『경제문감經濟文鑑』을 편찬할 때는 재상이 해야 할 일로부터 시작하여 군주의 도리에 미치지 않았는데, 이것은 대개 정중하게 여겨 감히 말하지 않았기 때문이다. 이 저술을 완성하고서는 '임금의 마음은 다스림을 내는 근원이니 경세제민經世濟民을 논하면서 임금의 마음에 뿌리를 두지 않는 것은 마치 강의 하류가 맑아지기를 바라면서 그 근원을 정화하지 않는 것과 같으니 있을 수 있는 일이겠는가?'라고 반문하였다. 이에 그 본보기가 되고 경계할 만한 것을 차례로 논하였으니, 요순堯舜 임금으로부터 송원 시대에 이르렀는데, 그 예를 어기고 분열을 초래한 임금은 생략하였으니, 정통正統을 높인 것이다. 조선은 고려왕조 왕씨 30대의 득실 또한 모두 논하여 그것을 드러낸 것은 이목耳目이 미치기 때문이다. 또 경전 속에 있는 성현의 격언을 뽑아서 그 뒤에 붙였으니, 임금의 마음을 바르게 하고 군주의 덕을 바르게 하는 것을 역대의 치란과 정치를 행하는 본말과 함께 이야기하지 않은 것이 없었다. 간략하면서도 상세하고 간단하면서도 절실한 것이 실로 임금된 자의 귀감龜鑑이라 말할 수 있다.112)

권근은 이 「서문」에서 정도전이 처음 『경제문감』을 저술할 때 군주의 도리를 제시하지 않은 이유에 대하여 말하고 이어서 『별집』을 지으면서 임금의 도리를 말하지 않을 수 없었던 이유를 말하고 있다. 그는 중국 요순시대부터 송원宋元 대에 이르기까지 그리고 고려高麗 30대代 왕들의 치란 득실을

112) 權近, 『三峰集』 卷11-1, 「經濟文鑑 別集 上」 「序」, "三峯先生初編經濟文鑑, 自相業而始, 未及乎君道. 蓋鄭重而不敢言也. 其書旣成, 則曰君心出治之源, 論經濟而不本於君心, 是猶望流之淸而不澄其源也而可乎! 於是論列其可法可戒者, 自唐虞而迄宋元, 其僭僞分裂者, 略之, 尊正統也. 前朝王氏三十代之得失, 亦悉論而著之者, 耳目之所逮也. 又採經典聖賢之格言, 以附其後, 其所以格君心正君德, 與夫歷代之治亂, 爲政之本末, 靡所不擧, 略而詳, 簡而切, 實可謂人主之龜鑑也."

제시함으로써 이것을 임금된 자의 정치적 도덕적 실천의 표준과 귀감으로 삼고자 하였다. 마지막으로 그는 경전에서 제시한 '성현의 격언'을 뒤에 붙여 임금의 마음을 바로 잡는 귀감이 되게 하였다고 하였다. 여기에서 권근이 말한 성현의 격언은 바로 정도전이 『주역』 오효五爻를 주석한 정이의 『역전』의 내용을 인용한 구절들이다.

이렇게 볼 때, 『경제문감별집』은 중국과 조선의 여러 왕들의 정치적 치란 득실을 평가하여 주로 귀감이 될 만한 왕들의 업적을 기록하고 나서, 그 경전적 토대로서 『주역』 오효를 주석한 정이의 견해를 수록한 것이다.113) 이렇게 편찬한 정도전의 『경제문감별집』은 상하上下 편으로 구성되어 있는데, 이 가운데 『주역』 오효의 효사를 주석한 것으로 정이 『역전』에서 인용한 성현의 격언은 하편 마지막에 '의론議論'이란 제목으로 붙어 있다.

그러면 정도전이 『주역』의 오효五爻 효사에 대한 정이의 주석에서 인용한 구체적인 내용을 살펴보기로 한다. 그가 정이 『역전』에서 인용한 내용은 제일 앞에 『건괘』 「단전」을 인용하여 군주의 중요성을 언급하고 이어서 열여섯 괘의 오효에 대한 주석을 인용하였다. 이 가운데 구오효九五爻의 주석을 인용한 것이 여섯 괘, 육오효六五爻의 주석을 인용한 것이 여섯 괘이다. 인용한 내용 앞에는 군주가 통치에 임하여 가져야 할 마음 자세와 실천덕목으로 삼을 만한 주제를 제시하였다.

이들의 핵심적 내용은 첫째 군주는 천도天道를 몸에 갖추고 있어야 한다고 하였다. 둘째는 유순한 덕으로 어진 이를 임용한다. 셋째는 중도中道를 가지고 부드럽게 아랫사람들을 대한다. 넷째, 명철함과 결단력으로 일을 처리하면서도 중론衆論을 경청한다. 다섯째, 임금이 지성으로 천하 사람들을 이롭게 하고자 노력해야 한다는 등이다. 이제 그 구체적인 내용을 살펴보면 다음 표와 같이 정리할 수 있다.

---

113) 『經濟文鑑別集』은 상·하편으로 이루어져 있는데, 상편에는 唐虞, 하은주, 한, 삼국, 진, 남북조, 수당, 오대의 왕들에 대한 설명이 수록되어 있고, 하편에는 송원, 고려시대 왕들에 대한 사적이 기록되어 있다. 마지막에 '議論'에서는 정이 『역전』에서 인용한 내용이 수록되어 있다.(『經濟文鑑別集 上』 『三峯集』 卷11-1)

【표2-2】 정이의 『주역』 오효 해석과 군주의 역할

순서	괘명	오효의 음양	효사 / 주제	내용
0	건乾	단전 彖傳	임금의 덕은 여러 사물에 앞서 나왔다. (君德首出庶物)	▪(건은) 만물에 앞서 나와 온 나라가 모두 편안하다. ▪하늘이 만물의 조상이듯이, 왕은 만방의 근본이다. ▪君道로 천자의 자리에 존귀하게 임하니, 사해가 따르고, 왕자가 하늘의 도를 체현하면 온 나라가 모두 편안하다.114)
1	몽蒙	六五陰	童蒙吉 임금은 지극한 정성으로 현자를 임용하여 그 공을 이룬다. (人君至誠任賢以成其功)	▪五爻는 유순함으로 임금 자리에 있으면서 아래로 二爻에 응한다. 부드러운 中의 德으로 어진 이를 임용하여 천하의 몽매함을 다스린다. ▪임금이 지성으로 현인을 등용하여 공을 이룰 수 있다면 자기에게서 나온 것과 무엇이 다르겠는가?115)
2	비比	九五陽	顯比 王者가 가까이 하는 도를 밝히면 천하가 저절로 따른다. (王者顯明其比道, 天下自然來比)	▪임금이 천하를 따르게 하는 방법은 比의 도를 밝히는 것이다. ▪성실한 마음으로 사물을 대하고 자기를 미루어 남에게 미치며 정령을 발하여 어짊을 행하여 천하가 그 은택을 입게 하는 것이 임금이 천하를 가까이하는 도이다. 성인이 大公無私하게 천하를 다스리는 것을 顯比에서 볼 수 있다.116)
3	리履	九五陽	夬履貞厲 성인은 천하의 의론을 극진히 하지 않은 적이 없다 (聖人未嘗不盡天下之議)	▪고대 성인이 성인다울 수 있었던 까닭은 명철함은 비출 수 있고, 강건함은 결단하며 위세는 전단할 수 있지만, 천하의 의론을 극진히 하기 때문에 미천한 촌부라도 취한다. ▪강건하고 밝은 재능이 있어도 독단적으로 자임하여 돌아보지 않는 것은 위태로운 도이다.117)

<table>
<tr><td rowspan="2">4</td><td rowspan="2">비否</td><td rowspan="2"></td><td>休否, 大人吉, 其亡其亡, 繫于苞桑</td><td rowspan="2">▪ 강한 양의 中正한 도로 존귀한 자리에 있어서 세상의 비색한 상황을 멈추게 한다.
▪ 비색함이 그치고 나면 점차 태평으로 돌아갈 것이다.
▪ 망하지 않을까를 深謀遠慮하여 안정되고 확고한 도를 뽕나무에 매듯이 행한다.118)</td></tr>
<tr><td>세상의 도가 막힘을 그치게 한다. (休息天下之否)</td></tr>
<tr><td rowspan="2">5</td><td rowspan="2">대유
大有</td><td rowspan="8">六五陰</td><td>厥孚交如, 威如, 吉</td><td rowspan="2">▪ 임금이 부드러운 中道를 가지고 믿음으로 아랫사람을 대하면 아랫사람도 진정으로 윗사람을 섬긴다.
▪ 大有의 상황에서 임금이 부드럽게 하기만 하면 人心이 안일해지고, 태만하고 깔보는 마음이 생기므로 반드시 위엄을 갖추어야 한다.119)</td></tr>
<tr><td>임금은 믿음으로 아랫사람을 대하되, 또 위엄을 가지고 두렵게 해야 한다.
(人君孚信以接下, 又有威嚴, 使之有畏)</td></tr>
<tr><td rowspan="2">6</td><td rowspan="2">겸謙</td><td>不富以其鄰, 利用侵伐,无不利</td><td rowspan="2">▪ 존귀한 자리에서 유순하게 아래를 접하므로 대중들이 귀의하니 부유하지 않아도 가까이함이 있다.
▪ 임금의 道는 겸손하고 부드러움만 가져서는 안 되고, 반드시 武威를 함께 행한 후에 천하를 懷柔할 수 있다.120)</td></tr>
<tr><td>위엄과 덕을 함께 드러낸다. (威德竝著)</td></tr>
<tr><td rowspan="2">7</td><td rowspan="2">임臨</td><td>知臨, 大君之宜, 吉</td><td rowspan="2">▪ 五爻는 유순하게 九二의 강하고 밝은 현인에게 호응하여 그에게 맡겨서 세상에 임한다.
▪ 한사람의 몸으로 세상에 임하여 스스로 자임하면 만사에 두루 통할 수 없으므로, 천하의 선을 취하고 총명한 자들에게 맡겨서 두루하지 않음이 없고 그 지혜를 자임하지 않으면 지혜가 커질 것이다.121)</td></tr>
<tr><td>임금은 자신의 지혜를 자임하지 말아야 한다.
(不自任其知)</td></tr>
<tr><td rowspan="2">8</td><td rowspan="2">대축
大畜</td><td>豶豕之牙, 吉</td><td rowspan="2">▪ 사물에는 총괄되고 모이는 맥락이 있기 때문에 聖人이 그 요령을 얻으면 억조 백성의 마음을 한 마음</td></tr>
<tr><td></td></tr>
</table>

			악을 저지하는 도리는 그 근본을 알고 요점을 얻는데 달려 있다. (止惡之道, 在知其本得其要而已.)	으로 보면서 그들을 이끌면 행하고, 금지시키면 거두어 들이므로 노력하지 않아도 다스려진다. ▪ 六五는 임금 자리에서 천하의 사악함을 멈추게 한다. ▪ 성인은 백성들의 욕심을 멈추게 하는 방법을 알아서 위세와 형벌을 쓰지 않고 政教를 닦아 그들로 하여금 농업에 종사하고 廉恥의 도를 알게 한다.[122)
9	이頤		拂經, 居貞吉 남에게 의지하여 자기를 길러 천하를 구제한다. (賴人養已, 以濟天下)	▪ 六五는 임금 자리에서 천하를 기르는 자이지만, 陰柔의 자질로 천하를 기를 수 없어서 윗자리의 현인에 의지하여 자기를 길러 천하를 구제한다. ▪ 군자는 남을 기르는 자이지만, 도리어 남으로부터 길러지므로 常道에 어긋난다. 자질이 부족하여 어진 스승에게 순종하기 때문에 반드시 곧음을 지키고 신뢰를 두루할 때만이 그 몸을 돕고 혜택이 천하에 미칠 수 있다.[123)
10	진晉		悔亡, 失得勿恤, 往, 吉無不利 세상 사람의 생각에 통하고 다시 그 밝음을 자임하지 말아야한다. (通天下之志, 勿復自任其明.)	▪ 六五는 유약함으로 존귀한 자리에 있어서 본래 후회가 있지만 크게 밝아서 아랫사람들이 모두 따르므로 후회가 없을 수 있다. ▪ 아래가 같은 덕으로 순응하여 따르니 誠心을 미루어 위임하여 衆人의 재능을 극진히 하고 천하의 생각에 통하여 자임하지 말아야 한다.[124)
11	가인 家人	九五陽	王假有家, 勿恤, 吉 가정을 다스리는 도리를 지극히 하	▪ 왕자의 도는 자기 몸을 닦아서 집안을 가지런하게 하고, 집안이 가지런하면 천하가 다스려진다. ▪ 옛날부터 聖王은 자기를 공경하지 않은 적이 없었으니, 이렇게 하면 걱정하지 않아도 길할 것이다.[125)

			면 근심 걱정하지 않아도 세상이 다스려진다. (有家之道旣至, 則不憂勞而天下治矣)	
12	건蹇		大蹇朋來 천하의 어려움을 구하는 데는 어질고 뛰어난 신하의 보좌에 말미암지 않는 경우가 없다. (濟天下之蹇, 未有不由聖賢之臣爲之佐)	▪강건한 양의 중정한 임금은 어려운 상황에서는 강건 중정한 신하의 보좌를 받지 못하면 세상을 구할 수 없다. ▪비록 현명한 임금이라고 해도 실로 바른 신하가 없으면 어려움을 구할 수 없다.[126]
13	손損		或益之十朋之龜 임금이 마음을 비우고 스스로 덜어냄으로써 아래 어진 자에게 순종할 수 있다. (人君能虛中自損, 以順從在下之賢)	▪六五는 덜어내는 상황에서 中順함으로 존귀한 자리에 있어서 그 마음을 비우고 二爻의 강한 양에게 응하니, 이것이 임금이 중을 비우고 스스로 덜어서 아래에 있는 어진 이에게 순종하는 것이다. ▪임금이 자신을 비워 아래 현인을 따르면 세상 사람들도 자신을 비워 스스로 극진히 하여 그를 도울 것이다.[127]
14	익益	六五陰	有孚惠心, 勿問, 元吉 지극정성으로 천하에 더하면 천하는 커다란 복을 받는다. (至誠益於天下, 天下受其大福)	▪임금이 이룰 수 있는 지위에 있고, 이룰 수 있는 권세를 가지고 참으로 지성으로 천하를 이익되게 하면, 천하 사람은 그 큰 복을 받아 크게 길할 것은 말할 필요가 없다. ▪임금이 지성으로 천하를 도우면 세상 사람들은 지성으로 사랑하고 존중하지 않음이 없으며 임금의 덕택을 은혜로 삼는다.[128]
15	구姤		以杞包瓜, 含章, 有隕自天	▪九五가 임금 자리에 있으면서 아래로 어진 이를 구하는 것이 마치 구기자 나뭇잎으로 오이를 싸는

			임금이 지성으로 굽혀서 중정의 도로 천하에 구하니 어진 이가 때를 만나지 못하는 일이 없다. (人君至誠降屈, 以中正之道, 求天下而賢未有不遇者也.)	것과 같다. ▪ 임금이 중정의 덕을 안으로 품고 아름다움을 쌓으면 하늘로부터 내려오는 것이 있다. 高宗이 꿈에서 느끼고 文王이 낚시터에서 만난 것은 이런 도를 통해서였다.[129]
16	췌萃	九五陽	萃有位, 无咎, 匪乎, 元永貞, 悔亡. 천하의 인심을 모으는 도는 그 자리를 바르게 하고 그 덕을 닦아야 한다. (萃天下之道, 當正其位修其德)	▪ 천하의 존귀한 자리에 있으면서 천하의 대중을 모아서 임하려면 그 자리를 바르게 하고 덕을 닦아야 한다. ▪ 왕이 자리가 있고, 덕이 있으며 중정하여 지나침이 없는데도 천하가 믿지 않고 귀의하지 않는 자가 있는 것은 그 덕이 광대하지 못하고, 으뜸이 되고 항구적이고 곧은 도리가 지극하지 못해서이니, 이것들을 확고히 하여 신명에 통하고 사해에 빛나면 복종하지 않음이 없을 것이다.[130]

114) 『三峰集』 卷12-28, 「經濟文鑑別集 下」, "乾象曰, '首出庶物, 萬國咸寧', 天爲萬物之祖, 王爲萬邦之宗. 君道尊臨天位而四海從. 王者體天之道, 則萬國咸寧也."

115) 앞의 책, 같은 곳, "五以柔順居君位, 下應於二, 以柔中之德, 任剛明之才, 足以治天下之蒙, 故吉也. 爲人君者, 苟能至誠任賢, 以成其功, 何異乎出於己也."

116) 앞의 책, 같은 곳, "人君比天下之道, 當顯明其比道而已. 如誠意以待物, 恕己以及人, 發政施仁, 使天下蒙其惠澤, 是人君親比天下之道也. 聖人以大公無私, 治天下於顯, 比見之矣"

117) 앞의 책, 같은 곳, "古之聖人居天下之尊, 明足以照, 剛足以決, 勢足以專, 然而未嘗不盡天下之議, 雖芻蕘之微必取. 若自任剛明決行不顧, 雖使得正亦危道也, "

118) 『三峰集』 卷12-28, 「經濟文鑑別集 下」, "五以陽剛中正之德, 居尊位, 故能休息天下之否, 大人之吉也. 否旣休息, 漸將反泰. 當深慮遠戒常虞否之復來曰其亡矣其亡矣. 其繫于苞桑謂爲安固之道如維繫于苞桑也"

119) 앞의 책, 같은 곳, "人君執柔守中而以孚信接於下, 則下亦盡其信誠以事於上. 當大有之時, 人心安易, 若專尙柔順, 則陵慢生矣. 故必威如則吉."

120) 앞의 책, 같은 곳, "以君位之尊而執謙順以接於下, 衆所歸也. 故不富而能有其鄰也. 君道不可專尙謙柔, 必須威武相濟, 然後能懷服天下."

121) 앞의 책, 같은 곳, "五順應於九二剛中之賢, 任之以臨下. 夫以一人之身臨乎天下

5. 『주역』의 도덕적·실천적 적용

앞 절에서 본 바와 같이 정도전은 정이 『역전』으로부터 군주, 재상 및 신하가 통치 지위에서 도덕적 자질을 함양하고 백성들을 다스리는 데 표준이 될 만한 구절들을 인용하여 통치의 기본원리로 삼고자 하였다. 그가 정이 『역전』의 관련 구절들을 제시하여 통치의 원리로 삼고자 한 것은 정이의 주석이 의리역학 방법론에 따른 것인 만큼 『주역』을 의리역학적 견지에서 이해하는 것이다.

이 절에서는 정도전이 『주역』에 대하여 음양陰陽의 순환으로부터 이루어

之廣. 若區區自任, 豈能周於萬事, 故 唯能取天下之善, 任天下之聰明, 則无所不周, 是不自任其知, 則其知大矣."

122) 앞의 책, 같은 곳, "夫物有總攝, 事有機會, 聖人操得其要, 則視億兆之心猶一心. 道之斯行, 止之則戢, 故不勞而治. 六五居君位, 止畜天下之邪惡. 聖人則知所以止之之道, 不尙威刑而脩政敎, 使之有農桑之業, 知廉恥之道"

123) 앞의 책, 같은 곳, "六五, 頤之時, 居君位養天下者也. 然其陰柔之質, 才不足以養天下, 上有剛陽之賢, 故順從之, 賴其養己以濟天下. 君子, 養人者也, 反賴人之養, 是違拂於經常, 旣以己之不足而順從於賢師傅. 必居守貞固, 篤於委信, 則能輔翼其身, 澤及天下, 故吉也."

124) 앞의 책, 같은 곳, "六以柔居尊位, 本當有悔, 以大明而下皆順附, 故其悔得亡也. 下旣同德順附, 當推誠委任, 盡衆人之才, 通天下之志, 勿復自任其明."

125) 앞의 책, 같은 곳, "夫王者之道, 修身以齊家, 家正而天下治矣. 自古聖王, 未有不以恭己矣. 勿恤而吉也."

126) 앞의 책, 같은 곳, "以剛陽中正之君, 而方在大蹇之中, 非得剛陽中正之臣相輔之, 不能濟天下之蹇也. 雖賢明之君, 苟无其臣, 則不能濟於難也."

127) 앞의 책, 같은 곳, "六五於損時, 以中順居尊位, 虛其中以應乎二之剛陽, 是人君能虛中自損, 以順從在下之賢也. 能如是, 天下孰不損己自盡以益之. 能如是, 天下孰不損己自盡以益之"

128) 앞의 책, 같은 곳, "人君居得致之位, 操可致之權. 苟至誠益於天下, 天下受其大福, 其元吉, 不假言也. 有孚惠我德, 人君, 至誠益於天下. 天下之人, 无不至誠愛戴, 以君之德澤, 爲恩惠也."

129) 앞의 책, 같은 곳, "九五尊居君位, 而下求賢才, 以至高而求至下, 猶以杞葉而包瓜. 其內蘊中正之德, 充實章美, 人君如是, 則有隕自天矣. …… 高宗感於夢寐, 文王遇於漁釣, 皆由是道也."

130) 앞의 책, 같은 곳, "居天下之尊, 萃天下之衆而君臨之, 當正其位, 脩其德. 王者旣有其位, 又有其德, 中正无過咎而天下尙有未信服歸附者, 蓋其道未光大也. 元永貞之道, 未至也. …… 恒永貞固, 則通於神明, 光於四海, 无思不服矣."

지는 자연의 변화를 인간의 도덕 실천 문제와 관련하여 설명하는 구체적인 사례를 살펴보고자 한다. 그가 『주역』의 원리를 도덕실천적인 측면에서 구체적으로 적용한 것은 「기記」를 짓거나 다른 사람의 '자명字銘'을 지어주고 특정 인물에 대하여 「부賦」를 지어 평가하는 것에서 그 사례를 찾아볼 수 있다. 그는 궁실건축물 이름에 포함된 실천적 의미를 연역하는데 『주역』의 원리를 이용하기도 하였다.

정도전은 「석정기石亭記」에서 『주역』 「예괘豫卦☳☷」 육이효六二爻를 인용하여 신창부申昌父의 지조를 상징하는 의미를 이끌어내었다. 이 글에 따르면, 신창부는 그 뜻이 확고하여 빼앗을 수 없는 절개가 있었는데 한 때 조정에서 현달하였으나, 강직 불굴하여 권세가들로부터 미움을 받아 사퇴하고 고향으로 돌아갔다. 성정性情이 돌을 애호하여 산야로 밖에 나갔다가 기이한 돌을 보면 바로 집으로 가져왔다. 그는 다양한 돌로 꾸며서 정자를 세우고서 '석정石亭'이라고 명명하였다.[131] 정도전은 '석정'이라는 정자 이름을 가지고 신창부의 지조를 다음과 같이 찬미하였다.

> 공은 (다양한 돌을) 합하여 그 정자 이름을 '석정石亭'이라고 명명하였다. 말하자면, 정자 가운데에 기세가 성대하여 여름에 바람이 시원하고, 가을에 달이 투명하게 빛나며, 화초는 고운 빛깔을 더하고 눈서리가 더욱 차가운 것은 모두 돌의 도움 때문이다. 하지만 사람들은 공公이 돌을 즐기는 것만 알았지 돌이 즐거움이 되는 까닭은 알지 못했다. 『주역』에서 '돌에서 견고하니 하루를 마치지 않아도 곧아서 길할 것이다' 라고 하였다. 공의 절개가 확고하여 빼앗을 수 없는 까닭은 돌처럼 견고하게 권세에 굴복하지 않기 때문이다. 바로 사퇴하고 고향으로 돌아오니 '하루를 다하지 않는 것이다.' 도道로 자유롭게 즐기니 불의不意의 화가 없을 것이니, 곧아서 길할 것이다. 아마도 공의 즐거움은 여기에서 나온 것인 것 같다.[132]

---

131) 『三峰集』 卷4-1, 「石亭記」, "申公昌父, 介特人也. 其守有確然不可奪者, 嘗位於朝, 旣顯矣. 終以剛直不屈, 見忤權臣, 卽引退歸田里, 性愛石, 出外遇石稍異者, 輒致之家."

132) 앞의 책, 같은 곳, "公合而名其亭曰'石亭', 曰磅礴於其中. 夏風扇淸, 秋月澄耀,

사람들이 신창부가 돌을 즐긴다는 사실만 알고 그 즐기는 까닭은 몰랐다고 하면서, 정도전은 그 까닭에 대하여 돌의 견고하고 강한 성질이 절개의 이미지를 가지기 때문이라고 하는 것을 『주역』「예괘」 육이효六二爻의 문장을 들어 설명하였다. 『주역』에서 「예괘」는 기쁨, 즐거움, 안일함 등의 의미를 가지는 괘로 인간이 안락한 때에 어떻게 행동해야 하는가 하는 교훈을 말하고 있다.[133] 정도전이 위 글에서 인용한 구절은 「예괘」 육이효六二爻의 효사爻辭이다. 이 효는 안락한 상황에서 태만과 쾌락에 빠질 가능성이 있을 때 단호하게 절도를 지켜서 휩쓸리지 않는 지조를 강조하고 있다. 여기에서 '하루를 다하지 않는다'는 것은 의롭지 못한 상황에는 잠시도 머무르지 않는다는 뜻이다.

정이는 「예괘」의 "여러 다른 효는 바른 절도를 얻지 못하고 상황에 영합하는 경우가 많은데, 육이효六二爻만 중정을 얻은 데다 호응하는 것이 없어서 스스로 지키는 상象이 되니, 안락하고 기쁜 상황에서 홀로 중정한 태도를 지켜서 '홀로 지키는 지조'가 돌처럼 견고하다고 할 수 있다[134]고 하였다. 공자는 「계사전」에서 이러한 지조 있는 군자의 태도를 다음과 같이 찬미하였다.

> 공자께서 말씀하셨다. 기미幾微를 아는 것이 신명하구나! 군자는 윗사람과 사귀면서 아첨하지 않고 아랫사람과 사귈 때는 무시하지 않으니 기미를 아는 것이리라! 기미는 은미하게 움직이는 것이니, 길흉吉凶이 먼저 드러난 것이다. 군자는 기미를 보고 결단하여 하루가 다하기를 기다리지 않는다. 『역』에서 '돌에 견고하니 하루가 다하지 않는데도 곧아서 길하다.' 지조가 돌과 같으니

花草增姸, 霜雪愈寒, 皆石之助也. 然人徒知公之樂乎石, 而不知石之所以爲樂也. 易曰, '介于石, 不終日, 貞吉.' 公之守有確然不可奪者, 不屈權勢, 其介于石歟. 卽引退歸田里, 其不終日歟. 以道自樂, 無意外不測之禍, 其貞吉歟. 或者公之樂, 其出於此乎."

133) 鄭炳錫 譯註, 『周易 上』, 乙酉文化社, 2010, 298쪽.

134) 『周易傳義大全』 卷7-6, 「豫卦」'六二爻', '程傳', "豫之諸爻, 多不得正, 才與時合也. 唯六二一爻, 處中正又無應, 爲自守之象, 當豫之時, 獨能以中正自守, 可謂特立之操, 是其節介如石之堅也."

어찌 하루를 다하겠는가? 그 결단성을 알 수 있다. 군자는 기미를 알고 드러난 것을 알며 유약함을 알고 강함을 아니 만백성의 귀감龜鑑이 된다.[135]

군자가 신명한 까닭은 기미幾微를 잘 알아 일이 전개되기 전에 신속하게 결단하여 계속 머물러 있다가 벗어나기 힘든 상황에 처하지 않고 지조를 지키기 때문이다. 이러한 군자의 태도는 『논어』에서 어질지 않은 사람은 즐거운 상황에서 오랫동안 잘 머무를 수 없다[136]고 하는 것과 반대의 행동양식이라고 할 수 있다. 정도전은 신창부가 권신의 미움을 받고 미련 없이 바로 고향으로 돌아간 것을 하루를 다하지 않은 것이라고 말하였는데, 이것이 바로 기미를 아는 군자의 태도라고 할 수 있다. 이처럼 정도전은 『주역』 괘효사의 의미를 풀어냄으로써 인간의 도덕적 자질을 구체적인 사례를 들어서 설명하였다.

정도전은 매천梅川 하공河公이 자를 '호보浩甫'로 명명하고서 명銘을 지어달라고 하여 「하호보자명河浩甫字銘」이라는 글을 지었다. 이 글에서는 물[水]의 덕을 '호연함'으로 언급하면서 하공河公이 '의義'와 '지智'를 기르는 군자의 풍모를 지니고 있음을 찬미하였다. 곧, "천지 사물 가운데 어느 것 하나 기氣가 발출하지 않은 것이 없지만 매우 절실하고도 쉽게 드러나는 것에는 물만한 것이 없다. 물은 운행할 때 두루 흘러 멈추지 않고, 그 세력은 도도하고 성대하며 넓고 넓어 아무도 막을 수 없으니, 그것은 반드시 바다에 이른 후에 멈춘다"[137]고 하여 물의 덕을 말하였다. 이어서 정도전은 「하도낙서」의 천지생성天地生成의 수數를 설명하는 주희의 『역학계몽』 소주小注 구절을 인용하여 물이 넓고 성대한 이유를 제시하였다. 아울러 그는 이러한 물과 그 성

---

135) 『周易傳義大全』 卷7-6, 「繫辭傳 下」 5, "子曰知幾, 其神乎! 君子上交不諂, 下交不瀆. 其知幾乎. 幾者, 動之微, 吉之先見者也. 君子見幾而作, 不俟終日. 易曰, '介于石, 不終日, 貞吉.' 介如石焉. 寧用終日, 斷可識矣. 君子知微知彰知柔知剛, 萬夫之望."

136) 『論語』 「里仁」, "不仁者, 不可以久處約, 不可以長處樂."

137) 『三峰集』 卷4-41, 「河浩甫字銘」, "梅川河公, 字, 浩甫. 求其銘於三峯隱者. 隱者曰, 物之在天地間, 何莫非是氣之所發見. 然其至切而易見者, 莫如水. 水之行也, 流通而不息, 其勢也滔滔汩汩, 浩然而莫能御, 其至也必放乎海而後已."

대한 기로부터 '의義'와 '지智'를 기르는 의미를 취하였다고 말하였다.

> 『역』에서 '천수天數 1이 수水를 낳는다'고 말하였으니, 물은 가장 먼저 생기고 그 근원으로부터 아직 멀어지지 않았는데도 바로 물이 넓게 미치는 까닭은 기氣가 넓기 때문이다. 공公의 자字인 '호보浩甫'는 그 뜻을 물에서 취하고, 기氣에서 취했을 것이니, 공公이 즐기고 기르는 것을 보면 알 수 있다. 명銘에 '기氣는 무엇을 기르는가 하면 의義이고, 물은 무엇을 즐기는가 하면 지智이다. 지智는 원만하고 의義는 방정하니 이것이 그가 군자君子가 되는 까닭이다'고 말한다.138)

정도전은 명銘에서 호보浩甫 하공河公을 군자로 규정하였는데, 그 이유를 '지智'와 '의義'를 좋아하고 기르기 때문이라고 하면서 하공이 지은 '호보'라는 자의 의미에 착안하여 이것들을 기르는 근거를 물과 기氣에서 찾았다. 그에 따르면, 물은 세상 사물에서 가장 먼저 나오면서도 넓게 두루 퍼지는데 이것은 그 기운[氣]이 넓기 때문이며, 기와 물은 의義를 기르고 지혜를 즐기는 상징성을 가지는 것이다. 정도전이 보기에 하공이 '호보'라는 자를 쓴 것은 지혜와 의리를 기르는 상징적 의미를 바로 널리 세상에 가득찬 물과 기로부터 취하였기 때문이라는 것이다. 이때 기氣로부터 취하는 의義는 바로 맹자가 말하는 호연지기浩然之氣라 할 수 있다.

정도전에 따르면, 물이 널리 편만할 수 있는 것은 기氣가 호연하기 때문이다. 그런데 물이 호연浩然할 수 있는 보다 근원적인 근거는 물이 천지 생성의 수로서 천일天一에서 생기기 때문이다. 어떤 사물이 세상에 두루 미칠 수 있는 것은 근원이 깊어야 한다. 그런데 물은 천수天數 1에서 생성되어 가장 먼저 생하면서도 최초의 일一에서 생성되는 만큼 근원적 생명력을 가진다고 할 수 있다. 그래서 세상에 두루 흘러서 편만하게 미칠 수 있다. 물의

138) 앞의 책, 같은 곳, "易曰, '天一生水', 其生也最先, 其去本也未遠, 卽水之所以爲浩然者, 乃氣之浩然也. 公字浩甫, 其取於水歟, 取於氣歟. 觀公所樂與所養, 可知矣. 銘曰, 氣烏乎養, 義也. 水烏乎樂, 智也. 智圓而義方, 斯其所以爲君子也歟."

이러한 특성은 태극太極이 만물을 낳는 근원이면서도 세상 모든 사물에 편재해 있는 것과 같다.

물이 실제적으로 세상에 펼쳐질 수 있는 물질적 힘은 기氣가 아닐 수 없다. 그래서 물이 널리 퍼질 수 있는 것은 기가 있기 때문이다. 이렇게 물의 정체되지 않고 두루 흐르는 특성과 협소하지 않고 널리 퍼지는 기氣는 인간에게 지혜와 의리를 표상해 주고 있다고 하겠다. 정도전은 이러한 물이란 사물의 특성과 그 기운으로부터 지智와 의義라고 하는 도덕적 실천을 상징하는 의미를 이끌어 내었다.

정도전은 권근이 사건에 연루되어 충주 양촌으로 유배 간 이후 '양촌陽村'이란 호를 쓴 것을 계기로 「양촌부陽村賦」를 지었다. 여기에서 정도전은 「건괘」로 상징되는 양陽의 덕을 사물생성의 근원으로 간주하면서, 권근이 본원이 되는 도道의 신묘함을 얻은 것으로 강조하고 있다. 또한 그는 「복괘」에서 양기陽氣의 실마리가 회복되는 만큼 잘 확충시켜야 하며 그것을 체득하는 방법은 「건괘」의 덕을 계승하는 것이라고 보았다. 「양촌부陽村賦」는 다음과 같이 상당히 긴 연聯으로 구성되어 있다.

아, 심원한 양陽이여!	於穆惟陽
반드시 사물에 앞서서 열리네	有開必先
더없이 높은 것은 하늘이 아닌가?	莫高匪天
일월오성日月五星이 여기에 드리우며,	象緯斯懸
더없이 깊은 것은 땅이 아닌가?	莫深匪地
깊은 심연에 잠겨 있네.	潛于重淵
만물은 빽빽하여	萬物林林
어디에도 그렇지 않은 것이 없는데,	無適不然
시절은 봄과 여름	時焉春夏
생명의 기운'이 꽃망울을 터뜨린다.	生意發榮
오직 군자된 사람만이	人惟君子

가진 본성[139]이 강하고 밝으며,	秉心剛明
은미隱微하게 숨어 있는 한 마음이	一念之微
측은하게 싹튼다.	惻然其萌
광대하게 넓은 천하에	四海之廣
몽매한 백성들 화목하고 즐거운데	熙熙者氓
미세한 틈에도 들어가서	細入毫芒
형체 있는 사물들을 감싸고 있다.	包乎有形
혼융하여 틈이 없으면서도	混兮無間
한없이 사물을 갈라놓으니,	闢兮無窮
앞으로는 그 시초가 없고	前無其始
뒤로는 그 끝나는 때가 없다.	後無其終
누가 이것을 주관하는가?	孰主張是
도道가 그 본원이 되네.	道爲之宗
누가 그 신묘함을 얻었는가?	孰得其妙
양촌陽村 권근權近이네.	陽村權公
널리 온갖 사물을 살피면서도	博觀萬殊
요약하여 하나의 중中에 이르며,	約至一中
삼가서 지키고	謹而守之
내 몸을 재계齋戒하네.	齋戒吾身
머지않아 회복되는데[140]	不遠而復
그 실마리가 면면히 이어지니,	其端綿綿
확대하여 채워서	擴而充之
물이 흐르고 불이 타오르듯 하네.	泉達火燃
하루라도 천하에	一日天下

---

139) 『詩經』「大雅」'蒸民', "하늘이 수많은 백성을 내니 각각 사물이 있으면 법칙이 있게 하였다. 백성들은 본성을 가지고 이 아름다운 덕을 좋아한다.(天生蒸民, 有物有則, 民之秉彝, 好是懿德.)"

140) 『周易』「復卦」'初九', "멀어지지 않고 돌아와서 후회에 이르지 않으니, 크게 길할 것이다.(不遠復, 无祗悔, 元吉)"

말미암는 사람이 없겠는가?	而不由人
그것을 어떻게 체득할까?	體之如何
오직 강건하고 굳센 것일 뿐이다.	惟乾乾兮

정도전은 권근의 호인 '양촌陽村'의 취지를 기리는 위의 부賦에서 양기로 드러나는 이치와 도, 그리고 생의生意의 회복과 이를 본받은 수양의 노력에 대하여 읊고 있다.141) 그는 앞에서 양기의 심원한 근원으로서의 의미에 대하여 서두를 연 다음 인仁으로서 생의生意, 선한 본성과 측은지심이 싹트는 것을 언급하였다. 중간에서는 이치는 만물을 무한히 낳는데, 권근이 이를 주관하는 신묘한 도道를 얻고 있는 것으로 찬미하였다. 뒷부분에서 그는 다시 양기가 회복되는 것을 계기로 건乾의 덕을 체득하면서 박문약례博文約禮하고 몸을 삼가야 한다고 주장하였다.

요컨대, 정도전은 「복괘」에서 양陽이 처음 회복되는 것을 생의로서 인仁이 측은지심으로 싹트는 것으로 이해하고, 무한하게 사물을 낳는 이치를 권근이 얻고 있으니 이를 본받아 건乾의 덕으로 이를 넓히고 채워가야 한다고 주장하였다. 여기에서 정도전은 권근의 호를 빌어서 건의 덕이 싹튼 것을 계기로 박문약례하고 재계하여 양陽으로 상징되는 인仁을 실현해 나아가야 한다고 주장하였다.

다른 한편 정도전은 경복궁 안에 있는 임금의 침전인 강녕전康寧殿에 대하여 그 이름을 '강녕康寧'으로 쓴 것에 대하여 임금에게 아뢰는 글에서 우임금이 「낙서洛書」를 본떠서 지은 홍범구주洪範九疇 중 '오복五福'의 내용을 인용하여 그 의미를 설명하였다. '강녕康寧'이란 말은 「홍범」의 아홉 번째 오복

141) 위 賦의 연별 주제는 다음과 같다. 序는 陽은 깊은 이치로 모든 사물에 앞선다. 1연, 하늘과 땅은 높이와 깊이를 다하였다. 2연, 만물은 生意로 형성된다. 3연, 君子만이 선한 본성과 惻隱之心이 싹튼다. 4연, 미세한 이치는 널리 만물을 감싼다. 5연, 무한히 사물을 낳는 이치는 처음과 끝이 없다. 6연, 이치를 주관하는 본원의 신묘한 道를 權近이 얻었다. 7연, 博文約禮로 中에 이르고 몸을 삼가고 齋戒한다. 8연, 陽氣가 회복되니 넓히고 채워야 한다. 9연, 乾의 덕으로 그것을 행하고 체득해야 한다.

중 '수壽'와 '부富' 다음 세 번째로 나오는 항목이다. 정도전은 '강녕'에 대하여 임금이 마음을 바르게 하고 덕을 닦아 '제왕의 통치원칙[皇極]'을 세울 때 비로소 오복을 누릴 수 있는데, 강녕은 오복 중의 하나라고 말하고 있다.[142] 그는 임금이 강녕[질병 없이 편안함]하기 위해서는 먼저 그 조건으로 마음을 바르게 하고 덕을 닦아 황극皇極을 세워야 한다고 함으로써 왕이 도덕적 수양과 함께 백성들을 다스릴 수 있는 이상적 통치원칙을 강조하고 있다.

정도전은 이어서 마음을 바르게 하고 덕을 닦는 것의 특성과 함께 마음과 덕이 바르게 되거나 닦여지지 않았을 때의 결과를 다음과 같이 지적하였다.

> 이른바 '마음을 바르게 하고 덕을 닦는다'는 것은 많은 사람이 함께 보고 있는 곳에서는 또한 열심히 노력하여 행하는 측면이 있으나, 편안하게 홀로 있을 때는 안일에 빠지기 쉬워서 경계하는 뜻이 늘 태만하게 된다. 그래서 마음이 바르지 못하고 덕이 닦이지 않으면 황극이 세워지지 않아 오복五福이 무너져 버릴 것이다. 예전에 위나라 무공은 스스로 경계하는 시에서 '그대 군자를 벗하는 것을 보니 그대 안색을 부드럽게 하여 허물을 짓는데 이르지 않을까 염려한다. 그런데 그대 홀로 방에 있는 것을 보면 오히려 어두운 옥루屋漏에서도 부끄러워하지 않는다.' 무공이 경계하고 삼갔던 것이 이와 같았기 때문에 나이 아흔 이상을 누렸다. 그 황극皇極을 세우고 오복五服을 누린 것이 이미 분명히 증명되었다.[143]

이 글은 임금이 마음을 바르게 하고 덕을 닦는 것은 아무도 보지 않는 곳에서는 힘든 것으로, 안일함에 빠져서 황극을 세우지 못하면 오복을 누릴 수 없음을 경계하였다. 그리하여 정도전은 위나라 무공이 스스로 경계했던

---

142) 『三峰集』 卷4-8, 「康寧殿」, "臣按, 洪範九. 五福, 三曰康寧. 蓋人君正心修德, 以建皇極, 則能享五福. 康寧, 乃五福之一."

143) 앞의 책, 같은 곳, "所謂正心修德, 在衆人共見之處, 亦有勉强而爲之者, 在燕安獨處之時, 則易失於安佚, 而儆戒之志, 每至於怠矣. 而心有所未正, 德有所未修, 皇極不建而五福虧矣."

시144)를 인용하여 홀로 있을 때 임금이 마음을 다스리는 것을 강조하였다.

정도전이 '강녕전'의 뜻을 설명하기 위하여 인용한 「홍범洪範」의 내용은 우임금이 「낙서洛書」의 수리적 원리를 본떠서 통치의 원리로 재구성하여 지은 것이다. 「홍범」은 낙서의 구수九數를 근본으로 삼아 첫 번째에 오행五行을 둠으로써 「낙서」 '일一'의 자리에 해당시키고, 다섯 번째 황극皇極을 둠으로써 중앙 '오五'의 자리에 해당시켰다. 오행을 이어서 차례로 오사五事, 팔정八政, 오기五紀를 순서대로 차례 지움으로써 「낙서洛書」의 이二, 삼三, 사四의 자리에 해당시켰다. 또한 황극 이후 삼덕三德, 계의稽疑, 서징瑞徵, 오복육극五福六極을 차례로 육六, 칠七, 팔八, 구九의 자리에 해당시켰다. 이것은 「낙서」의 수리적 원리와 오행五行에 기초하여 인사의 도덕적 정치적 실천을 위한 표준과 규칙을 제시한 것이라 할 수 있다. 따라서 정도전이 「홍범구주」의 내용을 인용하여 '강녕'을 이루기 위해서 임금의 도덕적 수양과 통치 제도를 확립하는 것이 전제되어야 한다고 언급한 것은 『주역』의 수리적 원리를 유가적 의리역학의 관점에서 해석한 것이라 할 수 있다.

6. 맺음말

이 장에서는 정도전이 조선왕조의 전장제도와 통치원리를 세우기 위하여 이념적 기초로 삼은 성리학과 유학을 이해하기 위한 방법의 하나로 『주역』에 대하여 어떠한 관점을 가지고 있었는가 하는 것을 해명하고자 하였다. 특히 정도전의 『주역』에 대한 인식이 어떠한 특징을 가지고 있는가 하는

144) 『詩經』 「大雅」 '抑', "그대 군자와 벗하는 것을 보니 그대 안색을 부드럽게 하여 허물을 짓는데 이르지 않을까 염려한다. 그런데 그대 홀로 방에 있는 것을 보면 오히려 어두운 屋漏에서도 부끄러워하지 않는다. 드러나지 않는다고 말하지 말고, 아무도 나를 보지 않는다고 말하지 말아라. 신이 이르는 것은 헤아릴 수 없으니, 하물며 싫증낼 수 있겠는가?(視爾友君子, 輯柔爾顔, 不遐有愆. 相在爾室, 尙不愧于屋漏. 無曰不顯, 莫予云覯. 神之格思, 不可度思, 矧可射思.)"

것을 조선전기역철학사의 흐름에 초점을 맞추어 검토하였다. 이러한 관점에서 정도전의 『주역』에 관한 인식을 검토하는 것은 조선전기역철학사에서 그가 차지하고 있는 위치를 정립定立시켜 주는 의미를 가진다.

정도전은 성리학의 우주론을 받아들여 생생지리生生之理를 인仁으로 규정하고, 양이 회복되는 「복괘」에서 천지의 마음을 본다고 하는 내용을 자신의 주역관의 근거로 삼았다. 또한 그는 주로 장재張載의 기론氣論에 근거하여 음양오행을 중심으로 하는 자연의 운행질서 속에 도덕적 실천의 원리가 내포되어 있다고 주장하였다. 송대 성리학에서 음양陰陽의 순환과 천지의 운행에 따른 변화를 인간의 인의예지仁義禮智의 네 가지 도덕본성과 같은 이치로 규정하는 것처럼, 정도전은 목화토금수의 오행五行 또한 인간의 도덕적 지성적 특성을 규정하는 우주론적 근거로 간주하였다. 요컨대, 정도전은 자연의 변화법칙을 설명하는 체계로서 『주역』을 주로 의리역학적 관점에서 이해하는 태도를 보여주고 있다. 이것은 인간의 도덕적 실천 원리를 자연으로부터 이끌어내고자 하는 것으로 정이를 중심으로 하는 송대 의리역학의 흐름을 계승하는 것이라 할 수 있다.

나아가 그는 정이程頤 『역전易傳』의 내용을 받아들여 재상 및 신하와 연관된 『주역』 이효二爻・사효四爻에 대한 해석과 군주의 수양과 실천적 표준을 언급하고 있는 『주역』 오효爻五에 대한 해석을 각각 군주와 신하의 통치 주체로서의 역할을 설명하는 근거로 삼았다. 정도전은 여기에서 정이 『역전』으로부터 군주, 재상 및 신하가 통치 지위에서 도덕적 자질을 함양하고 백성들을 다스리는 데 표준적인 구절들을 인용하여 통치의 기본원리로 삼았다.

정도전은 신하된 사람의 도리는 자신의 자질을 숨기고서 유종의 미를 거두어야 한다고 하였고, 은혜와 위엄이 임금에게서 나오도록 공을 임금에게 돌려야 한다고 하였다. 또한 신하는 위기의식을 가지고 삼가고 두려워하는 마음을 가져야 하고, 지성과 명철한 지혜를 가지고 임금을 감동시킬 수 있어야 한다고 판단하기도 하였다. 뿐만 아니라 신하는 임금의 사특한 마음을 초기에 저지해야 할 것이라고 언급하였다.

이어서 그는 군주가 통치를 행할 때 표준으로 삼아야 할 도리에 대해서도 지적하였다. 곧, 군주는 천도天道를 몸에 갖추고 있어야 하고, 유순한 덕으로 어진 이를 임용해야 한다. 그리고 중도中道를 가지고 부드럽게 아랫사람들을 대하며 명철함과 결단력으로 일을 처리하면서도 중론衆論을 경청하여 지성至誠으로 천하 사람들을 이롭게 하고자 노력해야 한다고 보았다. 정도전이 이처럼 정이 『역전』의 관련 구절들을 제시하여 통치의 원리로 삼은 것은 정이가 의리역학의 방법론에 따라 『주역』을 주석하였던 입장을 받아들이는 것을 뜻한다.

정도전은 『주역』의 내용으로부터 음양陰陽의 순환으로부터 이루어지는 자연의 변화를 인간의 도덕 실천 문제와 관련하여 설명하는 구체적인 적용사례를 이끌어 냈다. 그가 『주역』의 원리를 도덕실천적인 측면에서 구체적으로 적용하는 것은 「기記」를 짓거나 다른 사람의 '자명字銘'을 지어주고 특정 인물에 대하여 「부賦」를 지어 평가하는 것에서 그 사례를 찾아볼 수 있다. 여기에서도 정도전은 『주역』을 주로 인간의 도덕적 실천과 수양의 입장에서 이해함으로써 의리역학적 태도를 취하였다. 또한 그는 「홍범구주」의 내용을 인용하여 '강녕'을 이루기 위해서 임금의 도덕적 수양과 통치 제도를 확립하는 것이 전제되어야 한다고 언급하였는데, 이것은 『주역』의 수리적 원리를 유가적 의리역학의 관점에서 해석한 것이라 할 수 있다.

이러한 내용들은 정도전이 『주역』의 내용을 유가적인 도덕적 통치의 원리에 적용함으로써 의리역학의 관점에서 『주역』을 이해하고 있음을 증명해주는 것이다. 환언하면, 조선전기역철학사에서 정도전의 『주역』에 관한 이해에 내포되어 있는 특징적인 요소는 국가의 통치를 담당하는 군주와 재상, 신하가 갖추어야 하는 도덕적 자질의 근거를 『주역』으로부터 이끌어 냄으로써 의리역학적 측면에서 설명하고 있다는 점이다. 이렇게 볼 때, 정도전의 『주역』에 대한 이해는 조선전기역철학사에서 권근 이래 의리역학 계열을 그대로 계승하고 있음을 알 수 있다.

제3장
『훈민정음』의 상수역학적 기초와 의리적 목표

1. 머리말

조선왕조는 고려시대의 불교를 근본으로 하는 세계관으로부터 유교와 성리학의 도덕적 이념을 국가를 통치하는 원리로 삼아 건국하였다. 이를 위하여 초기에 정도전鄭道傳1342~1398, 조준趙浚1346~1405, 하륜河崙1347~1416과 같은 여러 개국 공신들과 권근權近과 같은 학자들은 왕조 통치를 위한 기본 골격과 철학적 토대를 확립하였다. 그러나 왕조를 통치하기 위한 세밀한 조직 및 제도적 정비, 그리고 문화정책 등은 세종대에 이르러 본격적으로 확립되었다고 할 수 있다. 세종世宗1397~1450은 1418년 즉위하였으나 당시 사회는 여전히 질서가 확립되어 있는 안정된 사회가 아니었다.

세종은 송대 이후 『성리대전性理大全』이나 『사서오경대전四書五經大全』 등 성리학의 핵심이론을 담은 저작들을 명나라로부터 수입하고자 노력하였고, 『효행록孝行錄』, 『삼강행실도三綱行實圖』 등 여러 교화를 위한 저작들을 간행하였다. 또한 『대명률大明律』과 같은 법률 서적을 간행하고, 운회서韻會書를 편찬하였으며, 여러 불교서적이나 중국 서적을 번역하는 데 힘을 쏟았다. 이러한 일련의 문화 정책은 모두 국가를 도덕적이고 문화적으로 좀 더 안정되게 다스리고자 하는 의지의 산물이었다. 이런 가운데 세종이 백성들의 불편을 덜어줄 뿐만 아니라 여러 문헌을 번역하고, 성리학을 중심으로 하는 유가적인 도덕적 수양을 가능케 하는 저술을 언해諺解하기 위하여 긴요하게 취한 어문정책의 결과로 이루어진 것이 바로 『훈민정음』이다.

『훈민정음』에 관한 기존의 연구는 대체로 세 가지 방면에서 이루어져 왔다. 첫째는 제자制字 원리를 주로 역학적易學的 측면에서 고찰한 논문이 작성되었고, 둘째는 음운론적인 측면에서 『훈민정음』의 구조와 영향관계를 고찰한 논문이 작성되었다.[145] 마지막으로 어문정책과 관련하여 『훈민정음』을 반포한 목적을 중심으로 한 연구 성과가 이루어졌다.[146] 그러면 『훈민정음』에 대한 기존의 연구성과 중에 주로 역학과 관련된 주제를 간략하게 개관함으로써 본 장을 연구하는 토대로 삼기로 한다.

먼저 이정호李正浩는 제자 원리로서 역학과 관련하여 『훈민정음』을 연구한 논문을 처음으로 발표하였다. 그는 1970년대 말에 『훈민정음』과 금화정역金火正易 사이의 상관관계와 그 인간학적 의미를 주제로 하여 논문을 작성하였다. 그는 『훈민정음』을 언어의 완성으로, 금화정역을 인간의 완성으로 규정하면서, 언어의 완성이 인간 완성의 전제가 되는 것으로 양자가 불가분의 선후천先後天 관계에 있는 것으로 설명하였다.[147] 이후 김익수는 주자 역학과의 상관성을 중심으로 『훈민정음』의 역학적 음운학적 연원을 고찰하였다. 그는 『훈민정음』은 주자의 『역학계몽』, 소옹의 『황극경세서』의 음운학, 『성리대전』의 성리이론 등에 영향을 받아 이루어진 것으로 평가하였다.[148]

---

145) 徐炳國, 「중국 운학이 『훈민정음』 제정에 미친 영향에 관한 연구」, 『교육연구지』 15, 1973.

146) 정달영, 「세종시대의 어문정책과 『훈민정음』 창제목적」, 『한민족문화연구』 22, 2007.

147) 李正浩, 「韓國 易學의 人間學的 조명」, 『서경대논문집』 제7집, 1979, 305~307쪽.

148) 金益洙, 「훈민정음 창제와 주자역학과의 상관성 관견」, 『주역철학과 문화』 제1집, 2003, 316쪽. 강신항은 『훈민정음』 「제자해」에서 역학 이론을 설명한 내용이 중국음운학 이론으로 설명한 부분보다 배 이상을 차지하는 것에 주목하여 이것을 조선 초기 학문이 성리학을 주류로 삼은 데 말미암은 것이라고 강조하였다.(강신항, 「역학과 훈민정음 해례 이론」, 『태동고전연구』 제22집, 2006, 1쪽.)

2007년에 황경수는 좀 더 구체적으로 『훈민정음』 중성의 역학사상을 고찰한 논문을 발표하였다. 그는 논문에서 『훈민정음』의 제자원리를 『주역』의 천지인天地人 삼재三才 사상과 연관하여 분석하였는데, 특히 인간의 위치에 해당하는 중성中聲의 의미를 강조하였다. 그는 '어', '우' 등의 예를 들면서 천지의 기능은 사물을 낳지만, 이것은 사람에 의해 완성되는 것으로 보아 『훈민정음』의 중성이 천지인 삼재 가운데 인간의 역할과 동일하다고 보았다. 그의 견해는 바로 『훈민정음』에서 중성이나 천지인에서 인간은 사물을 완성시키는 주체적이고 능동성을 가지고 역할을 한다는 점에서 같다[149]고 보는 것이다. 이선경은 이정호의 『훈민정음』 역리연구에 대하여 평가하는 논문을 작성하였다. 그녀는 이정호가 『훈민정음』을 바라보는 관점을 크게 상수와 의리를 합일하고 정역正易의 사상을 반영하고 있다고 해석하면서, 이 두 관점은 다시 천지인 삼재三才의 인간론으로 귀결되는 것으로 보았다.[150] 위의 논문들은 모두 『훈민정음』이 천지인 삼재 사상을 중심으로 한 역학적 원리에 근거하고 있음을 여러 가지 측면에서 고찰하였다.

본 장에서는 세종의 어문문화정책의 결정체로 이루어진 『훈민정음』에 내포되어 있는 상수역학적 토대와 의리적 목표를 조선전기역철학사와 관련하여 규명해 보고자 한다. 『훈민정음』을 구체적으로 살펴보면 「하도낙서」와 천지인天地人 삼재론三才論, 음양오행론 등과 같은 『주역』의 기본 골격을 구성하는 이론들이 성음과 함께 초성, 중성, 종성 사이 그리고 이들을 결합하는 제자의 기본원리를 이룬다. 이것은 세종 시기에 이미 『주역』의 역학적 원리를 음운학에 응용하고 있었음을 증명해 준다. 그렇다면 이렇게 『훈민정

149) 황경수, 「훈민정음 중성의 역학사상」, 『언어학연구』 11, 2007, 207쪽.

150) 이선경, 「학산 이정호의 훈민정음의 역리연구에 대하여:훈민정음의 구조원리를 중심으로」, 『유교문화연구』 13, 2009, 229~230쪽. 학산鶴山 이정호는 『훈민정음』의 자모와 초성 및 종성을 종합하여 「동자상童子像」, 「관음탑觀音塔」, 「훈민정음도訓民正音圖」, 「정음28수도正音28宿圖」 등을 그렸다. 여기에 대해 이선경은 초성의 「동자상」과 중성의 「관음탑」은 학산이 독창적으로 고안한 것으로 『훈민정음』을 바탕으로 하여 인류가 지향해 나아갈 새로운 인간상에 대한 비전을 제시한 것이라고 보았으며, 「훈민정음도」는 正易에 입각한 학산의 역학관이 면면히 드러나는 것으로 보았다.(위의 논문, 244~246쪽)

음』에 『주역』의 기본 원리를 반영할 수 있었던 학적 시대적 배경은 어디에서 찾을 수 있는가?

선초에 권근은 이미 국가의 공적인 통로를 거치지 않고 선대先代로부터 중국서적을 입수하여 연구하는 가문의 전통에 힘입어 중국서적을 접할 수 있었다. 그는 조선왕조가 건국되는 전후시기에 이미 『역학계몽』을 읽었다. 그러나 국가적 차원에서 공적으로 『역학계몽』을 읽을 수 있었던 것은 『성리대전』을 수입한 이후부터였다. 세종은 명나라로부터 『성리대전』을 수입하는 데 특히 힘을 기울였는데, 이것은 그가 이 저작을 교화를 위한 중요한 수단으로 여겼기 때문이다. 세종은 즉위하고 나서 10년 전후에 『성리대전』이 도입되자 이 속에 포함되어 있는 『역학계몽易學啓蒙』과 『황극경세서皇極經世書』 등과 같은 역학 관련 저술을 애독하였다.151) 이 저술들 속에 포함되어 있는 「하도낙서」의 수리적 원리, 음양론, 음운과 관련된 내용이 『훈민정음』을 구성하는 기본 원리가 되었던 것은 바로 이들 저술에 대한 세종의 선이해先理解가 있었기 때문이다.

『훈민정음』에 반영되어 있는 역학의 원리는 조선시대 초기 역학에 대한 이해의 수준과 특징을 살펴보는 데 중요한 시금석試金石이 될 수 있다. 특히 세종이 『성리대전』에 포함되어 있는 『역학계몽』의 내용에 근거하여 『훈민정음』을 창제했다는 사실은 조선 초기 역학에서 『역학계몽』이 차지하는 위치의 중요성을 잘 드러내 준다. 그러면 『훈민정음』에 『주역』 사상이 어떻게 반영되어 있는가 하는 점을 구체적으로 살펴보기로 한다.

다음 제2절에서는 『훈민정음』의 체제와 내용을 점검하면서 여기에서 말하는 상수학적 측면과 음양오행론적 토대에 대하여 살펴보기로 한다. 다음으로 제3절에서는 『훈민정음』의 제자에 방영되어 있는 역학적 원리를 살펴보고자 한다. 여기에서는 태극, 음양, 오행, 사시, 그리고 천지인 삼재사상과 같은 『주역』과 성리학의 핵심 개념들을 성음聲音의 구성 체계에 기본 원리

151) 李崇寧, 『世宗大王의 學問과 思想-學者들과 그 業績』, 亞細亞文化社, 1981, 47쪽.

로 삼음으로써 『훈민정음』이 역학적 원리에 기초하고 있음을 고찰하고자 한다. 제4절에서는 정음正音 속에 내포되어 있는 역학 사상 가운데 천지인 삼재三才 사상을 중점적으로 해명하고자 한다. 제5절에서는 『훈민정음』의 효용성과 관련한 외연적 목적을 인문적 가치와 중화中和의 실현이라는 측면에 초점을 맞추어 그 의미를 고찰할 예정이다. 마지막 결론에서는 『훈민정음』에 내포되어 있는 역학 사상이 주로 상수역학에 치우쳐 있으면서도 인간의 중심적 역할을 강조하고 도덕적 실천을 목적으로 하고 있음을 강조하고자 한다.

2. 『해례본解例本』의 체재와 음양오행론적 토대

1) 『해례본』의 체재와 내용

『훈민정음』에 내포되어 있는 역학적 원리를 살펴보기 위해서는 무엇보다도 먼저 『해례본』의 체계와 내용을 검토해 보는 것이 필수적이다. 『훈민정음해례본』[152]은 세종과 정인지鄭麟趾1396~1478를 중심으로 하는 집현전 학사들이 편찬하여 세종 28년 백성들에게 반포한 책이다. 그러면 『해례본』의 체계를 구체적으로 살펴보기로 한다.

『해례본』은 세종이 지은 서문序文 첫머리에 "나라 말의 소리가 중국과 달라 문자가 서로 통하지 않아서 어리석은 백성들이 말을 하려고 해도 그 마음을 펼칠 수 없는 자가 많다. 나는 이를 불쌍히 여겨 새로이 스물여덟 자를 제정하여 사람들로 하여금 쉽게 익혀서 편리하게 사용하고자 한다"[153]고 하여 『훈민정음』의 제정 취지와 목적을 제시하였다. 바로 뒤에는 아설순

152) 『훈민정음해례본』은 『훈민정음원본』이라고도 하며 국보 제70호로 1997년 유네스코 세계기록유산으로 지정되었다. 내용은 세종의 어제 「序文」과 본문에 해당하는 「例義」 및 「解例」, 그리고 정인지가 지은 「序」로 구성되어 있다.

153) 『解例本』 「御製序」, "國之語音, 異乎中國, 與文字不相流通, 故愚民有所欲言, 而終不得伸其情者, 多矣. 予爲此憫然, 新制二十八字, 欲使人人易習, 便於日用矣"

치후牙舌脣齒喉의 자음으로 초발初發하는 17글자에 대한 설명을 'ㄱ은 아음牙音으로 '군君'자를 처음 발음할 때 내는 소리와 같다[ㄱ牙音, 如君字初發聲]'는 형식으로 제시하고 있다. 이어서 중성 11자에 대하여 "•는 '탄呑'자의 중성과 같다[•如呑字中聲]"는 형식으로 제시하였으며, 종성은 초성과 같다고 하였다. 이어서 해례解例의 구체적 내용을 싣고 있다. 이 부분은 「제자해制字解」, 「초성해初聲解」, 「중성해中聲解」, 「종성해終聲解」, 「합자해合字解」, 「용자례用字例」가 수록되어 있고, 그 뒤에는 정인지가 쓴 「서序」가 붙어 있다.

이 가운데 「제자해」 도입부에서는 '천지의 도는 음양오행일 뿐으로 사람이 발성하는 소리도 음양의 이치를 갖추고 있다'고 하여 그 소리에 따라서 그 이치를 다한 것이 『훈민정음』이라고 기술하였다.[154] 이어서 초성 17글자와 중성 11글자가 구성되는 원리를 음양오행 및 천지인天地人의 삼재지도三才之道와의 상관성의 측면에서 설명하고 있다. 먼저 초성 17글자에 대해서는 글자의 모양이 발성되는 기관의 모습을 본뜬 것임을 언급하고 나서, 사람이 내는 소리는 오행에 근본한다고 하여 아설순치후의 다섯 가지 성음을 목화토금수의 오행과 춘하추동의 네 계절, 그리고 궁상각치우의 음악의 오음五音에 대응시켜 '실實', '전轉', '함含', '설屑', '허虛' 등으로 그 음의 특징을 서술하였다.

다음으로 중성 11글자에 대해서는, 먼저 •, ㅡ, ㅣ의 세 글자가 천지인 삼재의 모습을 본뜨고 있음을 서술하고, 나머지 팔성八聲은 각각 천지인이 번갈아 짝을 이루어 형성되는 것으로서 천지인의 상호작용에 의해서 이루어지는 것으로 언급하고 있다. 그리고 •와 ㅡ, ㅣ의 상관적 위치에 따라 여덟 개의 모음을 네 개씩 각각 음과 양으로 구분하였다. 또한 중모음重母音의 경우 사람이 천지음양의 양의兩儀에 참여하는 모습으로서 삼재三才에서 인간의 지위와 역할을 상징한다고 말하였다.[155]

---

154) 『解例本』 「制字解」, "天地之道, 一陰陽五行而已. 坤復之間爲太極, 而動靜之後爲陰陽. …… 故人之聲音, 皆有陰陽之理, 顧人不察耳. 今正音之作, 初非智營而力索. 但因其聲音而極其理而已."

155) 『解例本』 「制字解」, "ㆇㅑㆊㅕ之皆兼乎人者, 以人爲萬物之靈, 而能參兩儀也."

다음으로 열 가지 모음은 1에서 10까지의 천지지수天地之數에 대응시키면서, 사람에 해당하는 ㅣ만 특정한 수를 차지하지 않는 것으로, 이것을 무극無極의 진리眞理와 음양오행의 정기精氣가 오묘하게 합하여 응결된 존재로 보았다. 이어서 중성을 음양이 나누어져 오행의 기氣가 갖추어진 것으로서 하늘의 용用으로, 초성을 강유가 드러나서 오행의 질質이 거기서 이루어진 것으로서 땅의 공功으로 언급하였으며, 오행을 천지인 삼재와 연관하여 설명하고 있다. 또한 초성과 중성, 종성을 각각 천지인에 대응시켜 그 특징을 제시하고 있으며, 마지막에는 앞에서 설명한 내용을 43련聯 7언言의 결시訣詩로 정리하였다.

「초성해初聲解」에서는 정음正音의 초성은 성음聲音이 나오는 근원이므로 '모태[母]'라고 말한다156)고 하고, 이어서 초성이 중성, 종성과 결합하여 글자를 이루는 사례를 예시하고 있다. 뒤에는 초성의 의미와 특징을 4련의 결시로 표현하였다. 이어서 「중성해中聲解」에서는 서두에 '중성'은 글자 음운의 가운데에 있으면서 초성과 종성을 결합하여 음을 이루는 것이라는 본질적 의미를 언급하였다. 이어서 구체적으로 종성이 자리하는 위치와 함께 중성이 결합되는 구체적 사례를 제시하고 있다. 또한 중성이 ㅣ와 결합되는 경우의 수를 모두 제시하고, 천심淺深과 합벽闔闢의 소리에 대해 서로 따를 수 있는 이유를 제시함으로써 사람이 천지가 사물을 열어 준 것에 참여하여 돕는 지위에 있음을 강조하였다.157) 마지막에는 초성과 마찬가지로 4련의 7언 결시訣詩로 중성의 의미를 요약 정리하였다.

이어서 「종성해終聲解」에서는 초성과 중성을 이어서 글자의 음운을 이루어 주는 종성終聲의 역할을 언급하고 그 구체적인 사례를 제시하였다. 이것은 아설순치후에 있어서 모두 같은데, 소리에 완급의 차이가 있기 때문에 평성平聲, 상성上聲, 거성去聲의 종성은 촉급한 입성入聲의 종성과 같지 않다158)고

---

156) 『解例本』「初聲解」, "正音初聲, 卽韻書之字母也. 聲音由此而生, 故曰母."
157) 『解例本』「中聲解」, "中聲者, 居字韻之中, 合初終而成音. …… ㅣ於深淺闔闢之聲, 竝能相隨者, 以其舌展聲淺而便於開口也. 亦可見人之參贊開物而無所不通也."
158) 『解例本』「終聲解」, "終聲者, 承初中而成字韻. 如卽字終聲是ㄱ. ㄱ居즈終而爲

설명하고 나서 그 구체적인 글자의 예를 들고 있다. 마지막에 10련聯 7언言의 결시로 그 내용을 요약하였다.

「합자해合字解」에서는 먼저 초성, 중성, 종성이 결합될 때 그 상대적인 상하좌우의 위치를 설명하였고, 초성, 중성, 종성에서 이자二字와 삼자三字를 합하여 나란히 쓰는 예를 언문諺文 글자의 예를 들어 기술하였다. 그리고 언문의 글자에 대해 글자 왼쪽에 점을 하나 또는 두 개, 그리고 찍지 않는 것으로 평성·상상·거성·입성을 구분하는 방식을 서술하였으며[159], 평성·상상·거성·입성을 춘하추동春夏秋冬에 대응시켜 그 소리의 특징을 제시하였다.[160] 마지막에는 앞의 설명을 10련聯 7언言 결시로 요약 정리하였다. 마지막 「용자례用字例」에서는 초성·중성·종성의 각각의 글자가 실제 완성된 사례를 두세 가지 씩 서술하였다. 예컨대, 초성에서 '콩이 대두大豆가 된다[콩爲大豆]'라든가 '노루가 장獐이 된다[노로爲獐]'고 하는 경우가 이런 예이다.

정인지 「서序」에서는 우리나라 예악 문장은 중국을 본떴기는 하지만, 방언과 속어俗語가 그와 같지 않아 어려움이 있다고 하였다. 이어서 설총薛聰이 지은 이두로 문자를 사용해 왔으나, 비루鄙陋하고 의미를 전하지 못하는 측면이 있어서[161] 임금이 정음正音 스물여덟 자를 창제하게 되었다고 하여 정음正音을 짓게 된 이유를 설명하였다. 또 『훈민정음』이 상형글자로서 천지인 삼재의 뜻과 음양 이기二氣의 신묘함을 포괄하는 것으로, 이것은 스물여덟

즉. …… 舌脣齒喉皆同, 聲有緩急之殊, 故平上去其終聲不類入聲之促急, 不淸不濁託之字, 其聲不厲, 故用於終則宜於平上去. 全淸次淸全濁之字, 其聲爲厲, 故用於終則宜於入."

159) 글자 왼쪽에 점을 하나 찍으면 去聲, 두 개 찍으면 上聲, 찍지 않으면 平聲이고, 入聲은 상황에 따라 평성과 같이 찍지 않거나, 거성과 같이 하나를 찍거나, 상성과 같이 두 개를 찍는다.(『解例本』「合字解」)

160) 『解例本』「合字解」, "初中終三聲, 合而成字. 初聲或在中聲之上, 或在中聲之左. …… 凡字之左, 加一點爲去聲, 二點爲上聲, 無點爲平聲, 而文之入聲餘去聲相似. …… 平聲, 安而和, 春也, 萬物舒泰. 上聲, 和而擧, 夏也, 萬物漸盛. 去聲, 擧而壯, 秋也, 萬物成熟. 入聲, 促而塞, 冬也, 萬物閉藏."

161) 『解例本』「序」, "吾東方禮樂文章, 侔擬華夏, 但方言俚語, 不與之同. …… 昔新羅薛聰, 始作吏讀, 官府民間至今行之. 然皆假字而用, 或澁或窒, 非但鄙陋無稽而已, 至於言語之間, 則不能達其萬一焉."

자를 가지고 무궁하게 운용하여 간결하게 하면서도 요점이 있고, 정밀하면서도 두루 통하여 지혜로운 자이든 우매한 자이든 열심히 배우면 그 뜻을 알 수 있다[162]고 기술하였다. 마지막에는 "하늘이 신성한 덕을 내려 임금께서 정음正音을 지은 것은 자연으로부터 이루어진 것이며, 거의 지극한 이치가 없는 곳이 없어서 인위적인 사사로움에 의해 이루어진 것이 아니며, 개물성무開物成務의 커다란 지혜를 정음으로부터 기대할 수 있다"[163]고 적었다.

이처럼 『해례본』은 「제자해制字解」, 「초성해初聲解」, 「중성해中聲解」, 「종성해終聲解」, 「합자해合字解」, 「용자례用字例」, 그리고 정인지가 쓴 「서序」의 순서로 역학사상을 중심으로 한 『훈민정음』의 구성 원리를 포괄적으로 설명하고 있다. 여기에서는 『주역』의 음양오행과 천지인 삼재三才 사상이 강조되고 있으며, 특히 인간의 위치에 해당하는 중성의 역할을 강조하였다.

2) 상수象數와 음양오행론적 토대

『훈민정음』의 초성과 중성 곧 자음과 모음은 각각 발성기관 위치의 모양과 천지인의 형상을 본떠서 제작하였다. 따라서 이 절에서는 『주역』의 상수와 음양오행론이 『훈민정음』의 골격과 구성 원리를 이루는 핵심적 요소임을 살펴보고자 한다.

정인지는 『훈민정음』 「제자해」 서두에서 "천지의 도는 하나의 음양오행일 뿐이며, 사람이 발성하는 음音에도 모두 음양의 이치가 있다"고 언급하였다. 그는 『훈민정음』의 자모, 초성, 중성, 종성에 대한 해례解例를 기술하고 나서 마지막 발문에 해당하는 글에서도 『훈민정음』은 천지인 삼재의 뜻과 음양의 신묘한 이치가 모두 갖추어져 있다고 말하였다. 또한 그는 사람

162) 앞의 책, 같은 곳, "曰訓民正音. 象形而字倣古篆, 因聲而音叶七調. 三極之義, 二氣之妙, 莫不該括. 以二十八字而轉換無窮, 簡而要, 精而通, 故智者不終朝而會, 愚者可浹旬而學."

163) 『解例本』「序」, "恭惟我殿下, 天縱之聖, 制度施爲, 超越百王. 正音之作, 無所祖述, 而成於自然, 豈以其至理之無所不在, 而非人爲之私也. 夫東方有國, 不爲不久, 而開物成務之大智, 蓋有待於今日也歟."

이 발성하는 소리가 오행에 근본을 두는 것으로 규정하면서, 아설순치후의 성음을 각각 목화토금수의 오행에 대응시키고 있다. 나아가 그는 『훈민정음』 스물여덟 자는 각각 발성기관의 형태를 본떠서 제작한 것으로 말하였다.

뿐만 아니라, 「제자해」에 따르면 천지인 삼재를 상징하는 •, ㅡ, ㅣ이 각각 결합하여 이루어지는 팔성八聲과 천지를 상징하는 •, ㅡ 가 천지생성의 수 10에 하나씩 대응하는 것으로 보면서, 이들을 각각 수화목금토의 생성生成의 위位와 수數에 대응시켰다. 이러한 설명은 『훈민정음』이 『주역』의 상수적 원리에 토대를 두고 있으며, 음양오행의 이치에 기초해 있다는 사실을 잘 보여주고 있다. 그러면 『훈민정음』이 상수와 음양오행론적 원리에 토대를 두고 있다는 것을 『해례본』에서 어떻게 설명하고 있는지를 구체적으로 살펴보기로 한다.

『주역』「계사 하」에는 "역은 상징이며, 상징은 본뜨는 것이다"164)고 말하였다. 이것은 변화의 세계는 일정한 특성을 가지는 형상으로 드러나며, 이러한 형상은 그 원본을 본뜨는 것이라는 말이다. 또한 「계사 상」에서는 "성인은 천하의 깊은 이치를 보고서 그 드러난 모습을 본뜨고, 그 사물의 마땅한 바를 형상하였다. 그래서 그것을 상象이라고 말하였다"165)고 하고 있다. 이 구절에 따르면 천하의 이치가 현상으로 드러난 모습을 본떠서 그 사물의 가장 본질적인 모습을 형상으로 표현한 것이 '상'이라는 것이다. 이처럼 『주역』에서 상象은 사물의 본질적인 이치가 형상으로 드러난 것을 본뜬 것으로 『주역』의 핵심 구성요소가 된다.

『훈민정음』에서 자음과 모음 28자를 구성할 때, 자음의 경우 발성되는 기관의 모양을 본떠서 각각 제자制字하였고, 모음은 천지인 삼재의 모습을 본떴다. 정인지는 자음의 발성기관과 작용의 상형에 대하여 다음과 같이 말하고 있다.

---

164) 『周易』「繫辭 下」3章, "是故易者, 象也, 象也者, 像也."

165) 『周易』「繫辭 上」8章, "聖人有以見天下之賾, 而擬諸其形容 象其物宜, 是故謂之象."

> 아음牙音 'ㄱ'은 혀뿌리가 목구멍을 막은 형태를 상징한 것이고, 설음舌音 'ㄴ'은 혀가 입의 윗 천장에 붙은 모습을 상징한 것이며, 순음脣音 'ㅁ'은 입의 모습을 형상한 것이고, 치음齒音 'ㅅ'은 이빨 모양을 본뜬 것이며, 후음喉音 'ㅇ'은 목구멍 모습을 상징한 것이다.[166]

이렇게 발성기관의 모양과 작용을 본뜬 아설순치후의 ㄱ, ㄴ, ㅁ, ㅅ, ㅇ의 글자는 플라톤 철학에서 이데아설로 설명할 수 있다. 실제 현실의 ㄱ, ㄴ, ㅁ, ㅅ, ㅇ은 발성기관의 모양을 본뜬 것이고, 다시 발성 기관의 모양은 이데아로서 ㄱ, ㄴ, ㅁ, ㅅ, ㅇ을 본뜬 것이다. 그런데 『주역』에서는 모사대상이 되는 원본原本과 모사하는 복사본은 그 발생 선후를 말할 수 없는 것으로 사실 동시에 존재하는 것으로 이해된다.

정인지는 또 모음 ㆍ, ㅡ, ㅣ는 각각 하늘의 둥근 형상, 땅의 평평한 모습, 그리고 사람의 직립해 있는 모습을 본뜬 것으로 언급하였다. 그는 『훈민정음』의 글자는 기본적으로 『주역』의 상징물과 같이 대상물의 특징을 형상한 것에 기초해 있다고 규정하였다. 『주역』에서도 구체적인 사물을 형상화한 괘들이 있는데, 「이괘頤卦䷚」, 「정괘井卦䷯」, 「정괘鼎卦䷱」 등은 각각 '턱', '우물', '솥'이라는 구체적인 사물의 특징을 모사한 괘의 사례이다.

이어서 「제자해」에서는 ㆍ, ㅡ, ㅣ 등 모음 열 가지를 1에서 10까지 천지의 생수와 싱수에 대응시키면서 「하도」의 방위와 수화목금토의 오행에 대응시켰다. 여기에서는 구체적으로 ㆍ와 ㆍㆍ를 수의 생수와 성수인 1과 6에 대응시키고, ㆍ와 ㆍㆍ를 화의 생수와 성수인 2와 7에 대응시키고 있으며, ㆍ와 ㆍㆍ를 목의 생수와 성수인 3과 8에 대응시키고, ㆍ와 ㆍㆍ를 금의 생수와 성수인 4와 9에 대응시키고 있다. 그리고 ㆍ와 ㅡ는 토의 생수와 성수인 5와 10에 각각 대응시켰다. 물론 여기에서 사람에 해당하는 ㅣ는 특정한 자리와 수가 없는 것으로 무극無極의 진리眞理와 음양오행의 정수가 신묘하게 합하여 응결된 존재이므로 고정된 자리와 수를 논할 수 없다[167]고 하였다.

---

166) 『訓民正音』 「制字解」, "牙音ㄱ, 象舌根閉喉之形, 舌音ㄴ, 象舌附上齶之形. 脣音ㅁ象口形, 齒音ㅅ象齒形, 喉音ㅇ, 象喉形."

이러한 논의는 『훈민정음』의 중성을 천지생성의 수적 원리에 근거하여 논의하는 것이다. 이것은 다시 말하면 중성의 모음이 천지 생성의 수리적 원리에 따라 이루어졌으며 그런 원리를 내포하고 있는 것으로 해석하는 것이다.

이처럼 『주역』의 상수론은 『훈민정음』 제작의 근본 원리가 되는 것으로 해석된다. 나아가 「하도」에서 천지 생성의 상수적 원리가 음양오행과 결합하여 해석되는 것처럼 『훈민정음』에서도 음양오행과 결합하여 해석됨으로써 그 토대가 되는 것으로 이해된다. 「제자해」에서는 「훈민정음」이 음양오행의 원리에 토대를 두고 있음을 다음과 같이 설명하고 있다.

> 천지 사이에 생명을 가진 것들은 모두 음양을 버리고 어디로 가겠는가? 그래서 사람의 성음聲音에는 모두 음양의 이치가 있지만, 사람들은 오히려 살피지 못할 뿐이다. …… 사람이 소리를 내는 것은 오행에 뿌리를 둔다. 그래서 네 계절과 합치하여 어그러지지 않고, 오음五音과 조화를 이루어 어긋나지 않는다.[168]

천지의 모든 사물이 음양을 기초로 이루어진 것처럼 사람의 성음 또한 음양의 이치가 숨어 있으며, 오행에도 뿌리를 두고 있기 때문에 네 계절이나 오성五聲과도 서로 대응하여 조화를 이루고 있다는 것이다. 「제자해制字解」에서는 이어서 사람의 다섯 가지 성음聲音이 오행五行, 오성五聲, 네 계절에 각각 대응하는 구체적인 내용을 다음과 같이 제시하였다. 또, 이 「제자해」에

---

167) 『訓民正音』「制字解」, "ㅗ 初生於天, 天一生水之位也. ㅏ 次之, 天三生木之位也. ㅜ 初生於地, 地二生火之位也. ㅓ 次之, 地四生金之位也. ㅛ 再生於天, 天七成火之數也. ㅑ 次之, 天九成金之數也. ㅠ 再生於地, 地六成水之數也. ㅕ 次之, 地八成木之數也. 水火未離乎氣, 陰陽交合之初, 故闔. 木金, 陰陽之定質, 故闢. ㆍ, 天五生土之位也. ㅡ, 地十成土之數也. ㅣ獨無位數者, 蓋以人則無極之眞, 二五之精, 妙合而凝, 固未可以定位成數論也."

168) 『訓民正音』「制字解」, "凡有生類在天地之間者, 捨陰陽而何之, 故人之聲音, 皆有陰陽之理, 顧人不察耳. …… 夫人之有聲, 本於五行, 故合諸四時而不悖, 叶之五音而不戾."

근거하여 「하도」의 수리에 대응하는 초성방위도初聲方位圖를 그릴 수 있다.

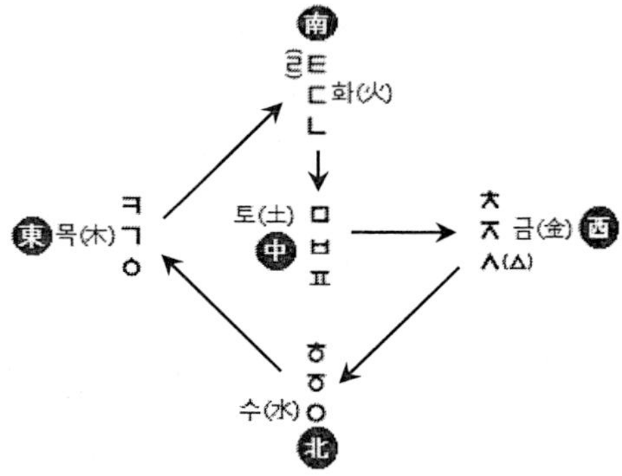

<초성방위도>

> 후음喉音은 길고도 윤기가 있어서 수水가 된다. 소리는 비어 있으면서 통하여 마치 수水가 텅비어 밝으면서 흘러서 통하는 것과 같다. 계절로는 겨울[冬]이고, 음으로는 우羽가 된다. 아음牙音은 섞여 있으면서 길어서 목木이 된다. 소리는 후음과 같지만 차 있어서 마치 나무가 물에서 생성되면서도 형체가 있는 것과 같다. 계절로는 봄[春]이고, 음으로는 각角이 된다. 설음舌音은 날카로우면서 움직여서 화火가 된다. 소리는 돌면서 날아가서 마치 불이 휘돌면서 날아오르는 것과 같다. 계절로는 여름[夏]이 되고, 음으로는 치徵가 된다. 치음齒音은 강하면서도 끊어지니 금金이 된다. 소리는 빠지면서도 정체해 있어서 마치 금金이 부서지면서도 단련되어 이루어지는 것과 같다. 계절로는 가을[秋]이 되고, 음으로는 상商이 된다. 순음脣音은 네모지면서도 합하여서 토土가 된다. 소리는 머금으면서 넓어서 마치 흙이 만물을 함축하면서도 광대한 것과 같다. 계절로는 계하季夏가 되고, 음으로는 궁宮이 된다.169)

「제자해」는 오음에 대하여 그 소리의 발성기관이 지니는 형태의 특질과 소리날 때의 느낌을 가지고 그 특징을 설명하고 있으며, 오행과 오성 중에 대응하는 내용을 제시하였다. 이처럼 오음은 오성五聲, 오행五行 및 계절과

---

169) 『訓民正音』「制字解」, "喉, 邃而潤, 水也. 聲虛而通, 如水之虛明而流通也. 於時爲冬, 於音爲羽, 牙, 錯而長, 木也. 聲似喉而實, 如木之生於水而有形也. 於時爲春, 於音爲角. 舌, 銳而動, 火也. 聲轉而颺, 如火之轉展而揚揚也. 於時爲夏, 於音爲徵. 齒, 剛而斷, 金也. 聲屑而滯, 如金之屑瑣而鍛成也. 於時爲秋 於音爲商. 脣, 方而合, 土也. 聲含而廣, 如土之含蓄萬物而廣大也. 於時爲季夏, 於音爲宮."

대응시킬 뿐만 아니라 방위方位, 오상五常, 그리고 오장五臟과도 대응시키고 있다. 이제 이 내용을 도표로 나타내면 다음과 같다.

【표3-1】 오음주제분류대응표五音主題分類對應表

주제분류	단위요소					비고
오음	아(牙)	설(舌) (반설)	순(脣)	치(齒) (반치)	후(喉)	
기본음	ㄱ	ㄴ	ㅁ	ㅅ	ㅇ	
초성(17자)	ㄱ ㅋ ㆁ	ㄷ(ㄹ) ㅌ ㄴ	ㅂ ㅍ ㅁ	W(ㅿ) ㅊ ㅅ	ㆆ ㅎ ㅇ	
오성	각 (角)	치 (徵)	궁 (宮)	상 (商)	우 (羽)	
오행	목(木)	화(火)	토(土)	금(金)	수(水)	
계절	춘(春)	하(夏)	계하 (季夏)	추(秋)	동(冬)	
방위	동(東)	남(南)	중(中)	서(西)	북(北)	
오상	인(仁)	례(禮)	신(信)	의(義)	지(智)	
오장	간장 (肝臟)	심장 (心臟)	비장 (脾臟)	폐장 (肺臟)	신장 (腎臟)	

나아가 「제자해」에서는 오행五行 가운데 수화水火가 다른 것의 근본이 되는 것처럼 오음五音 가운데서도 후음喉音과 설음舌音이 중심이 된다는 것을 강조하고 있다. 곧, "물은 사물을 낳는 근원이 되고, 불은 사물을 이루는 쓰임이 된다. 그래서 오행 중에는 수화가 중요하다. 목구멍은 소리를 내는 관문이고, 혀는 소리를 변별하는 기관이다. 그래서 오음 중에는 후음과 설음이 위주가 된다."170) 『주역』에서 천지 건곤乾坤에 이어서 「감괘」와 「리괘」가

170) 『訓民正音』 「制字解」, "水乃生物之源, 火乃成物之用, 故五行之中, 水火爲大. 喉乃出聲之門, 舌乃辨聲之管, 故五音之中, 喉舌爲主也."

중요한 것처럼, 소리에서도 수화水火에 대응하는 후음과 설음이 중심을 이루고 있는 것으로 언급하고 있다.

이어서 「제자해」에서는 중성中聲 11글자 중 8성과 •, ㅡ 두 글자를 천지의 수 1에서 10까지 대응시키는 동시에, 수화목금토 오행이 생성되는 자리와 수의 관점에서 해석하였다. 곧, 천天 1이 수水를 생生하는 자리인 반면, 지地 6은 수水를 성成하는 수數이고, 지地 2가 화火를 생生하는 자리인 반면, 천天 7은 화火를 성成하는 수數이다. 천天 3이 목木을 생生하는 자리라면, 지地 8은 목木을 성成하는 수數이다. 또 지地 4가 금金을 생生하는 자리인 반면, 천天 9는 금金을 성成하는 수數이다. 그리고 천天 5가 토土를 생生하는 자리인 반면, 지地 10은 토土를 성成하는 수數이다. 이렇게 천지 생성의 수 열 가지는 각각 수화목금토에 대응하여 이들을 낳는 자리[位]가 되기도 하고, 성장하여 이루는 수數가 되기도 한다. 이에 따라 여기에 대응하는 모음 또한 바로 이런 수화목금토의 오행이 생성되는 자리와 수에 토대를 두고 있는 것으로 해석되고 있다. 천지생성의 수와 오행에 대응하는 「중성평면도中聲平面圖」를 옆의 그림처럼 도시할 수 있다.

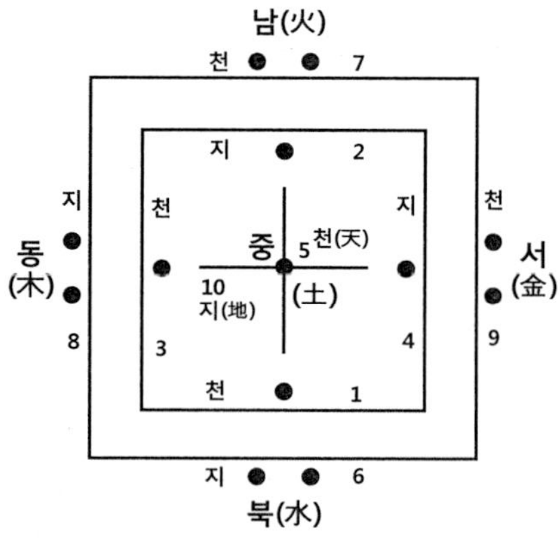

<중성평면도>

「제자해」는 이처럼 정음의 제자制字 원리를 상수와 음양오행 이론에 토대를 두고 있는데, 초성과 중성의 제자 원리를 해석하고 나서, 상수와 음양오행론적 토대를 다음과 같이 노래하였다.

천지의 변화는 본래 하나의 기氣인데	天地之化本一氣
음양과 오행이 서로 처음과 끝이 되네.	陰陽五行相終始

사물은 천지 사이에 형체와 소리가 있지만	物於兩間有形聲
본원은 나뉘어짐 없이 이수理數가 통하네.	元本無二理數通
정음正音을 제작한 것은 그 상을 높였으니	正音制字尙其象
소리의 세기에 따라 매번 획을 더했네.	因聲之厲每加畫
음으로는 아설순치후가 나오니	音出牙舌脣齒喉
이것이 초성글자 열일곱이다.	是爲初聲字十七

이 시에서는 「훈민정음」에서 글자를 지은 것이 일기一氣에 뿌리를 두고 음양오행으로 시종을 이루는 이수理數의 상象을 숭상하여 본뜬 것이라고 설명하였다. 곧, 천지의 사물은 형체와 함께 소리를 가지는데, 여기에는 이수가 통하여 『훈민정음』 또한 이 이수를 상으로 드러낸 것이다. 이 구절을 통하여 볼 때, 『훈민정음』의 제자 원리에는 상수학적 요소가 강하게 내포되어 있음을 살펴볼 수 있다. 뿐만 아니라 결시訣詩에서는 초성과 중성의 음양 동정과 선후관계 등을 다음과 같이 읊조리고 있다.

중성이 먼저 부르면 초성이 화답하니	中聲唱之初聲和
하늘이 땅에 앞서는 것은 자연의 이치	天先乎地理自然
조화는 처음도 되고 끝도 되니	和者爲初亦爲終
사물이 생기면 다시 모두 곤에 돌아가네.	物生復歸皆於坤
음은 양으로 변하고 양은 음으로 변하니	陰變爲陽陽變陰
움직이기도 하고 고요해지기도 하면서 서로 뿌리가 되네	一動一靜互爲根
초성初聲에는 다시 생겨나는 뜻이 있으니	初聲復有發生義
양의 움직임은 하늘에서 주관하네.	爲陽之動主於天

「제자해」에서는 이처럼 초성과 중성이 음양의 변화에 기초하는 것이며 양에서 음으로 음에서 양으로 변화하여 시종始終을 이루는 것으로서, 그리고 서로 뿌리를 이루는 것으로 노래하였다. 아울러 양의 움직임은 하늘에서 주

관하여 사물을 낳는 시원이 되지만 사물은 모두 곤坤으로 돌아가는 것으로 천지 음양의 순환을 언급하였다. 「제자해」는 정음의 제자 원리가 상수와 음양오행 이론에 기초하고 있음을 결시로 읊조리고 있다.

전체적으로 『훈민정음』은 상수에 근거를 두는 것으로서 음양오행론적 관점에 의거하여 글자가 이루어져 있음을 증명하고 있다. 이렇게 볼 때 「훈민정음」의 제자 원리는 역학 가운데서도 특히 상수역학적 원리에 토대를 두고 있음을 알 수 있다.

3. 『훈민정음訓民正音』 제자制字에 반영된 역학적 원리

윗 절에서는 「해례본」에 나타난 초성 중성 및 종성의 구성 체계와 제자制字의 음양오행론적 토대에 대하여 살펴보았다. 이 절에서는 「해례본」에서 언급한 내용 가운데 음양오행론을 넘어서 『훈민정음』에 내포되어 있는 역학적 원리를 보다 넓은 범위에서 종합적으로 검토하고자 한다. 이 절에서 『훈민정음』에 내포되어 있는 역학적 원리를 조명하기 이전에 역학 일반에 대하여 연관되는 내용을 먼저 펴보기로 한다.

『훈민정음』 「제자해」 서두에서는 천지의 도는 음양오행일 뿐이라고 하면서 동시에 이러한 음양오행의 근원에 대하여 언급하였다. 여기에서는 '「곤괘☷」와 「복괘☷」 사이가 태극太極이 되며 동정이 있은 후에 음양이 된다'171)고 말하고 있다. 「제자해」의 관점은 기본적으로 「태극도설」의 우주관을 받아들인 것으로서 『훈민정음』의 제자원리를 성리학의 형이상학적 본체로서 태극에 근거를 두는 것이다. 그러면 「태극도설」에서 우주의 본체로서 태극과 이로부터 분화되어 나오는 음양, 오행, 인간, 그리고 만물 등의 상관관계에 대하여 어떻게 규정하고 있는가를 살펴보기로 한다. 「태극도설」에서

---

171) 앞의 책, 같은 곳, "天地之道, 一陰陽五行而已. 坤復之間, 爲太極, 而動靜之後爲陰陽."

는 우주의 근원으로부터 음양, 오행, 인간, 만물이 형성되는 과정을 다음과 같이 언급하였다.

> 염계濂溪 선생이 말하였다. "무극이면서 태극이다. 태극은 움직여서 양을 낳고, 움직임이 극極에 이르면 고요해진다. 고요해져서 음을 낳으며 고요함이 극에 이르면 다시 움직인다. 움직이기도 하고 고요해지기도 하면서 번갈아 그 뿌리가 된다. 음으로 나뉘고 양으로 나뉘어 양의兩儀가 성립한다. 양이 변하고 음이 결합하면서 수화목금토를 낳으니, 오기五氣가 순조롭게 펴지고 사시四時가 여기에서 행해진다. 오행은 하나의 음양이고, 음양은 하나의 태극이며, 태극은 본래 무극이다. 오행이 생겨남에 각각 그 본성을 하나로 하여, 무극無極의 진원眞元과 이기오행二氣五行의 정수精髓가 오묘하게 결합하여 응한다. 건도乾道는 남자를 이루고 곤도坤道는 여자를 이루며, 두 기가 교감하여 만물을 변화 생성시키니, 만물이 생기고 생겨서 변화가 끝이 없다."172)

주돈이는 태극太極이 움직임과 고요함을 반복하여 왕래하면서 음양을 낳고, 이것이 번갈아 뿌리가 되면서 변화하고 결합하여 오행을 낳는다고 하였다. 또한 오행은 음양에, 음양은 태극에, 태극은 본래 무극無極에 뿌리하고 있음을 언급함으로써 인간과 만물의 근원을 무극과 태극에 두었다. 이렇게 무극이면서 태극의 근원으로부터 음양오행 남녀만물이 발생하는 과정을 주돈이는 그 근원을 소급하는 것과 발생하는 과정을 동시에 보여줌으로써 천지와 인간, 만물이 무극과 태극의 근원에 유기적으로 통합되어 있음을 강조하였다. 이처럼 인간과 자연사물은 유기체적이고 일원적인 특성을 가지는 무극이면서 태극인 본체와 천지자연의 변화로부터 생겨난다. 『훈민정음』 「제자해」에 따르면 바로 인간의 성음 또한 이러한 음양오행의 변화로부터 말미암아 발생한다는 것이다.

---

172) 「太極圖說」, "濂溪先生曰, 無極而太極, 太極動而生陽, 動極而靜, 靜而生陰, 靜極復動, 一動一靜, 互爲其根, 分陰分陽. 兩儀立焉. 陽變陰合, 以生水火木金土, 五氣順布, 四時行焉. 五行一陰陽也. 陰陽一太極也. 太極本無極也. 五行之生也, 各一其性. 無極之眞, 二五之精, 妙合而凝, 乾道成男, 坤道成女, 二氣交感, 化生萬物. 萬物生生, 而變化無窮焉."

『훈민정음』에서 음절은 초성, 중성, 종성으로 구성되는데, 여기에서 초성은 하늘로서 움직이고 종성은 땅으로 고요하며 중성은 사람으로서 초성과 종성을 결합하는 역할을 하는 것으로 해석된다. 이것은 바로 『훈민정음』의 성음을 천지의 음양 변화와 결합시키는 것으로 『주역』의 우주론에 근거지우는 것이다. 「제자해」에서는 중성中聲을 매개로 결합되는 초성과 종성의 천지 음양으로서의 성질과 그 상호관계를 다음과 같이 설명하였다.

> 대개 글자의 음운을 이루는 요체는 중성에 달려 있다. 초성初聲과 종성終聲이 합하여 음을 이루는 것 또한 천지가 만물을 생성하면 그것을 재량하여 이루고 보필하고 돕는 것이 반드시 사람에게 의존하는 것과 같다. 종성終聲에 다시 초성初聲을 쓰는 까닭은 그 움직여서 양이 되는 것이 건乾이고, 고요해서 음이 되는 것도 건乾이어서, 건乾은 실로 음양을 나누어 임금으로 주재하지 않음이 없기 때문이다. 일원一元의 기운은 두루 흘러 궁진함이 없고 사시四時의 운행은 끝없이 순환하기 때문에, 정貞이 원元으로 돌아가고, 겨울이 봄으로 돌아가는 것이니, 초성이 다시 종성이 되고 종성이 다시 초성이 되는 것 또한 이와 같은 뜻이다.173)

여기에서는 건乾은 동정과 음양을 포괄하여 변화를 낳는 주재자이기 때문에 정貞과 원元, 겨울과 봄으로 사시四時가 운행되는 것처럼 초성과 종성 또한 서로 순환을 반복하기 때문에 종성에 다시 초성을 쓰는 것으로 설명하였다.

「제자해」에서 이처럼 일원一元의 기운이 운행되고 정貞으로부터 원元으로, 동冬으로부터 춘春으로 순환하는 것에 대한 언급은 「건괘乾卦☰」 괘사의 원형이정과 춘하추동의 순환 원리에 근거하고 있다.174) 요컨대, 초성과 종성

173) 『訓民正音』 「制字解」, "蓋字韻之要, 在於中聲, 初終合而成音, 亦猶天地生成萬物, 而其財成輔相, 則必賴乎人也. 終聲之復用初聲者, 以其動而陽者, 乾也. 靜而陰者, 亦乾也, 乾實分陰陽而無不君宰也. 一元之氣, 周流不窮, 四時之運, 循環無端, 故貞而復元, 冬而復春, 初聲之復爲終, 終聲之復爲初, 亦此義也."

174) 임용기, 「세종 및 집현전 학자들의 음운이론과 훈민정음」, 『한국어학』 41, 한국어학회, 2008, 112쪽.

은 천지음양과 사시四時가 순환 반복하는 구체적인 사례가 인간의 성음으로 실현된 것이라고 할 수 있다.

「제자해」 뒷부분 결시訣詩의 끝에서 음양의 변화, 초성과 종성의 음양으로의 규정, 그리고 정음 28자에 내포된 심오한 의미를 다음과 같이 노래하고 있다.

양이 작용하여 음에 통하고	陽之爲用通於陰
이르러서 펴지면 반대로 돌아간다.	至而伸則反而歸
초성종성이 양의兩儀로 나뉜다고 하지만	初終雖云分兩儀
종성에 초성을 쓰는 뜻도 알만 하다	終用初聲義可知
정음正音 글자는 스물여덟이지만	正音之字只二八
경위를 탐색하여 깊은 기미 궁구하네.	探賾錯綜窮深幾
먼 뜻 쉽게 말하여 백성 이끌기 쉬우나	指遠言近牖民易
천명을 어찌 교지巧智로 이해하리!	天授何曾智巧爲

이 시는 앞에서는 초성과 종성이 음양의 순환 속에서 펴지고 굽혀지며 동정으로 순환하는 한 계기를 이루면서도, 다른 한편 초성과 종성은 건乾의 주재로 통합되기 때문에 동일한 기호로 표시된다는 것을 함축적으로 말하였다. 뒷 연에서는 정음의 글자가 『주역』을 본받아 형성되어 깊은 이치를 내포하고 있어서 이것을 잘 탐색해야 한다고 말하고 있다.

『주역』에서는 상象에 대하여 "성인은 천하의 지극한 이치를 보고서 그것을 드러내는 현상에 빗대어서 그 사물의 의칙儀則을 표상하는 것을 상이라고 한다"175)고 하였다. 또한 성인의 탐색과 관련하여 역을 언급하면서 "대개 역은 성인이 심오한 이치를 다하고 기미를 연마하는 수단이다"176)고 하

175) 『周易』 「繫辭 上」 12章, "夫象, 聖人有以見天下之賾, 而擬諸其形容, 象其物宜, 是故謂之象."

176) 『周易』 「繫辭 上」 10章, "夫易, 聖人之所以極深而硏幾也." 공자는 기미를 아는 것은 신묘함의 경지라고 강조하였다. 곧 그는 "기미를 아는 것은 아마도 신

였다. 이러한 구절은 대체로 역이 현상적인 변화로 드러나는 구체적인 사물의 배후에서 그 사물들을 이루어 주는 근본 원리로서 신묘함과 심오함을 함께 내포하고 있음을 언급한 것이다. 위 시에서 정음正音 또한 이러한 『주역』의 이치를 그대로 함축하고 있는 만큼 그 음양과 경위의 이치를 잘 탐구해야 한다고 강조하였다.

『주역』에서는 고대 복희씨가 보다 쉽게 자연의 이치를 보여주기 위하여 『주역』 괘효를 그리는데, 천지의 상법象法을 본뜨고 가까이로는 몸에서 취하고 멀리로는 사물에서 괘상을 취한 것으로 말하고 있다.[177] 특히 『주역』의 괘효사는 해석하기 어려운 추상적인 괘효와 상에 대한 이해를 돕고자 하여 붙인 문장이다. 그래서 「계사」에서는 "그 일컬은 이름은 적지만, 그 유추해 나아간 것은 크고, 그 뜻은 원대하지만 그 문장은 꾸며져 있고, 그 말은 곡진하게 시의時宜에 맞으며, 그 일은 펼쳐져 있으면서도 숨어 있다"[178]고 하였다. 「계사전」의 이 말은 괘효가 추상적인 의미를 가져 이해하기 어려운 측면이 있어서 보다 구체적인 내용을 담고 있는 문장을 붙임으로써 사람들에게 『주역』의 이치를 연역하고 추론하여 이해하기 쉽게 하고자 했다는 것이다. 『훈민정음』에서 성음 또한 『주역』의 원리와 같이 구체적인 발성 기관의 모양과 천지인의 형상으로 초성과 중성을 본떠서 글자를 만든 것은 바로 『주역』과 같이 백성들에게 쉽게 이해시키고자 한 의도가 있었다고 하겠다.

앞서 언급한 것처럼 『훈민정음』의 성음聲音은 『주역』의 원형이정과 춘하추동의 순환론이 그대로 반영되어 있다. 『훈민정음』의 성음에는 평상거입平

묘한 것일 것이다. 군자가 위로 사귀면서 아첨하지 않고 아래로 사귀면서 모독하지 않으니, 아마도 기미를 아는 자일 것이다. 기미는 움직임이 은미한 것으로, 길함이 미리 드러난 것이다.(子曰知幾, 其神乎! 君子, 上交不諂, 下交不瀆, 其知幾乎! 幾者, 動之微, 吉之先見者也.)"고 말하였다.

177) 『周易』「繫辭 上」 10章, "古者包犧氏之王天下也. 仰則觀象於天, 俯則觀法於地, 觀鳥獸之文, 與地之宜, 近取諸身, 遠取諸物, 於是始作八卦, 以通神明之德, 以類萬物之情."

178) 『周易』「繫辭 下」 6章, "其稱名也小, 其取類也大, 其旨遠, 其辭文, 其言曲而中, 其事肆而隱."

上去入의 성조가 있는데, 「합자해合字解」에서는 초성의 아설순치후음을 네 계절에 배치하는 것처럼 이 성조聲調들을 각각 춘하추동에 다음과 같이 배치하고 있다.

> 평성平聲은 편안하고 화평하므로 봄이 되니, 만물이 펼쳐지고 태평하다. 상성上聲은 화락하고 성盛하여 여름이 되니, 만물이 점점 왕성하게 된다. 거성去聲은 성盛하고 건장하므로 가을이 되니, 만물이 성숙한 것이다. 입성入聲은 촉급하고 막히니 겨울이 되며, 만물은 막히고 숨는다.179)

위에서 평성, 상성, 거성, 입성을 각각 그 음의 성질에 의거하여 봄 여름 가을 겨울에 대응시켜 네 계절의 성질 및 순환과 그 기운이 일치하는 것으로 해석하였다. 이것은 사람이 성음을 발할 때의 성질과 특징을 사계절에 배치한 것으로 『주역』의 원형이정元亨利貞의 원리에 근거하는 것이라고 말할 수 있다. 이처럼 『훈민정음』의 성음과 함께 성조 또한 음양의 순환으로 드러나는 사계절에 대응하는 것으로 이해된다.

「제자해」에서는 성음의 종류를 오행에 대응시켜 구분하면서 초성 자음에 획을 더하는 가획加畫이 사물의 성장 발전과정과 일치하는 것으로 해석하기도 하였다. 예컨대, 아음牙音에 속하는 ㆁ음의 특성과 ㄱ, ㅋ, ㄲ 사이의 상관관계를 다음과 같이 설명하고 있다.

> 대개 후음喉音은 수水에 속하고 아음牙音은 목木에 속한다. ㆁ는 비록 아음에 속해 있지만, ㅇ와 모양이 서로 비슷한 것이 마치 나무의 싹이 물에서 생하여 부드럽고 유약하면서도 아직 수기水氣가 많은 것과 같다. 'ㄱ'은 나무가 재질을 이룬 것이고, 'ㅋ'은 나무가 성장한 것이며, 'ㄲ'은 나무가 노쇠한 것이다. 그래서 여기에 이르러서 모두 어금니에서 상을 취하였다.180)

179) 『訓民正音』「合字解」, "平聲, 安而和, 春也, 萬物舒泰. 上聲, 和而擧, 夏也. 萬物漸盛. 去聲, 擧而壯, 秋也, 萬物成熟. 入聲, 促而塞, 冬也, 萬物閉藏."

180) 『訓民正音』「制字解」, "蓋喉屬水而牙屬木, ㆁ雖在牙而與ㅇ相似, 猶木之萌芽生於水而柔軟, 尙多水氣也. ㄱ, 木之成質, ㅋ, 木之盛長, ㄲ, 木之老壯, 故至此乃皆取象於牙也."

『훈민정음』에서 목구멍소리인 후음喉音은 수水에 속하고 어금니 소리인 아음牙音은 목木에 속한다. 여기에서 ㆁ는 비록 아음으로 목에 속하는 것이지만, 후음 ㅇ와 모양이 비슷하여 나무의 싹에 해당하여 수기水氣가 아직 많이 있는 것으로 규정하였다. 그리고 아음을 ㄱ→ㅋ→ㄲ으로 가획하는 과정은 바로 나무가 재질을 이루어 자라나기 시작하고, 성장하고, 노쇠한 것이라고 하여 나무의 변화과정으로 설명하였다. 이처럼 『훈민정음』에서 성음의 제작과 그 구성 원리에는 역학의 음양오행, 삼재, 동정, 계절, 그리고 사물의 성장소멸과 같은 변화의 기본적 원리가 그대로 내포되어 있음을 알 수 있다.

『훈민정음』은 자연과 인간을 통합하는 역학의 원리를 원용하여 글자를 구성하였다. 정인지는 「용자례用字例」 뒷부분에서 『훈민정음』을 짓게 된 계기 및 취지와 함께 그 글자와 소리, 포괄하고 있는 역의 원리, 그리고 역학의 원리에 의거한 스물여덟 자의 특성에 대하여 다음과 같이 기술하고 있다.

> 우리 전하께서 정음正音 스물여덟 글자를 창제하여 대략 범례의 뜻을 제시하고 그것을 보여주면서 '훈민정음訓民正音'이라고 이름지었다. 상형문자로서 글자는 고대 전서체篆書體를 본받았으며 소리에 따라서 성음은 일곱 음조七音調에 맞게 하였다. 천지인 삼극三極의 의리와 음양陰陽 두 기의 신묘함은 포괄하지 않는 것이 없다. 스물여덟 글자로써도 변화가 무궁하며, 간단하면서도 요점이 있고, 정밀하면서도 통한다. 그래서 지혜로운 사람은 하루아침에 곧바로 이해를 하며 어리석은 자도 열흘이면 배울 수 있다. 이것으로 글을 이해하면 그 뜻을 알 수 있고, 이것으로 송사訟事를 들으면 그 실상을 파악할 수 있다.[181)]

이 구절에서는 『훈민정음』이 상형문자이며, 천지인 삼극三極의 뜻과 음양

181) 『訓民正音』 「用字例」, "我展下創制, 正音二十八字, 略揭例義以示之, 名曰訓民正音. 象形而字做古篆, 因聲而音叶七調. 三極之義, 二氣之妙, 莫不該括. 以二十八字而轉換無窮, 簡而要, 精而通, 故智者, 不終朝而會, 愚者可浹旬而學. 以是解書, 可以知其義, 以是聽訟, 可以得其情."

의 신묘한 변화원리에 따라 글자를 만듦으로써 『주역』의 삼재사상과 음양사상을 기초로 성음聲音을 제작하였음을 언급하였다. 그리고 이렇게 함으로써 결론적으로 스물여덟 글자가 자연과 인사의 무궁한 변화를 포괄하며 간단하게 요약되어 있으면서도 두루 통하는 것임을 강조하고 있다.

요컨대, 『훈민정음』은 글자를 구성하는 단계에서 기본적으로 천지인과 발성 기관 등 사물의 형상을 본뜬 것으로 상수역학적 의미를 가지고 있다. 이어서 태극, 음양, 오행, 사시, 그리고 천지인 삼재사상과 같은 『주역』과 성리학의 핵심 개념들을 성음을 구성하는 체계의 기본 원리로 삼음으로써 『훈민정음』을 구성하는 역학적 기초로 삼았다. 특히 『훈민정음』은 초성, 중성, 종성과 성음을 구성하는 데 있어서 천지인 삼재 사상을 기초로 삼으면서 인간의 역할을 강조하고 있다. 이점은 『훈민정음』에 음양의 변화로부터 이루어지는 천도로서 상수학적 요소와 함께, 성음의 구성단계에서 인간적 실천과 연관된 의미를 부여함으로써 의리역학적 요소를 동시에 포함하고 있음을 보여준다.

천지인 삼재사상이 『훈민정음』의 글자 구성의 핵심원리가 되었다는 것은 백성들에게 편리함을 주고자 하는 실용적 목적의 실현과 함께 의리의 실천이라는 함의를 가지는 것이라 할 수 있다. 그러면 이러한 취지를 가지는 천지인天地人 삼재 사상이 『훈민정음』에 어떻게 반영되어 그 이론적 기초가 되어 있는가 하는 점을 고찰하고자 한다.

4. 『훈민정음』의 역학 원리로서 천지인 삼재사상

윗 절에서 본 바와 같이 『훈민정음』의 제자 원리는 상수와 음양오행론에 토대를 두고 있다. 특히 중성을 구성하는 데 있어서는 천지인 삼재三才 사상을 그 기초에 두었다. 삼재 사상은 『주역』「계사」에 이미 그 시원이 보이는데, 『훈민정음』은 이런 「계사전」의 사상에 뿌리를 두고 있다. 그러면 『주역』

「계사전」의 삼재 사상을 개관하고 나서, 『훈민정음』 중성의 제자원리에서 삼재 사상이 어떻게 반영되어 있는지 살펴보기로 한다.

「계사繫辭 상上」1장에서는 천지가 동정강유動靜剛柔로서 귀천존비貴賤尊卑의 특성을 가지고 있으며, 또한 길흉을 드러낸다고 함으로써 천지가 인간의 사회적 조건에서의 차등적 지위를 규정하고 상징하는 것으로 설명하였다. 나아가 여기에서는 「건괘」와 「곤괘」의 도를 각각 남녀로서 다음과 같이 대응시키고 있다.

> 하늘은 존귀하고 땅은 낮아서 건곤이 정해진다. 낮고 높은 것이 베풀어지면서 귀천이 제자리를 잡는다. 동정이 일정하여 강유가 결단된다. 종류는 유형에 따라 모이고, 사물은 무리에 따라 구분되어, 길흉吉凶이 생겨난다. 하늘에서는 상象을 이루고 땅에서는 형체를 이루어 변화가 드러난다. …… 건도乾道는 남자를 이루고 곤도坤道는 여자를 이루며, 건은 크게 시작할 줄 알고 곤은 사물을 제작하여 이룬다.[182]

하늘과 땅으로 표상되는 건곤乾坤의 도는 존비귀천尊卑貴賤의 자리가 있으며 사물은 '류類'와 '군群'에 따라 모이고 나뉘어 길흉이 생겨나는 것이라고 하였다. 그리고 건도乾道와 곤도坤道는 각각 남녀를 이루어 사람에 대응된다. 이러한 관점은 기본적으로 천지天地를 인간의 사회적 지위의 존비에 대응시킴으로써 천지와 인간을 일체화하여 유기적 통일성을 가지는 것으로 규정하는 것이다.

이어서 「계사」에서는 『주역』이 천지인天地人 삼재의 도를 싣고 있음을 강조하고 있다. 곧, "『역』이라는 책은 넓고 크게 모든 것을 갖추고 있어서 거기에는 '하늘의 도[天道]'가 있고, '사람의 도[人道]'가 있으며 '땅의 도[地道]'가 있다. 삼재三才를 아울러서 그것을 둘로 중복하기 때문에 여섯이 된다. 여섯

---

182) 『周易』 「繫辭 上」 1章, "天尊地卑, 乾坤定矣. 卑高以陳, 貴賤位矣. 動靜有常, 剛柔斷矣. 方以類聚, 物以群分, 吉凶生矣. 在天成象, 在地成形, 變化見矣. …… 乾道成男, 坤道成女, 乾知大始, 坤作成物."

은 다른 것이 아니라 삼재의 도이다"[183]고 언급하였다. 「계사전」에서 말하고자 하는 것은 바로 천지인 세 가지 도가 여섯 효로 구성되는 괘에 실려 있다는 것이다. 「설괘전」에서는 성인이 『역』을 지으면서 천지인 각각의 도를 보다 구체적으로 제시하고 있음을 다음과 같이 보여주고 있다.

> 옛날에 성인이 『역易』을 지어서 그것으로 성명性命의 이치에 따르고자 하였다. 그래서 하늘의 도를 세워서 음陰과 양陽이라고 말하였고, 땅의 도를 세워서 유柔와 강剛이라고 말하였으며, 사람의 도를 세워 인仁과 의義라고 말하여, 삼재를 겸하여 두 개로 중복하였기 때문에 『역易』은 여섯 획으로 괘를 이루었다. 음으로 나뉘고 양으로 나뉘어 강유剛柔를 번갈아 쓰기 때문에 『역易』은 자리를 여섯으로 하여 문식을 이루었다.[184]

여기에서는 성인이 『주역』을 지은 목적이 인간이 성명의 이치에 따르게 하고자 하는 것에 있었음을 언급하고 나서 천지인 각각의 도를 음양陰陽, 강유剛柔, 인의仁義로 규정하였다. 이러한 삼재의 도는 각각 두 개씩의 획을 중복한 여섯 효로 이루어진 괘로 표상되는 것이라고 보았다. 또한 이 괘의 개별적인 효는 음과 양, 또는 강과 유로 번갈아 교체되는 것으로 자연의 변화를 드러낸다.

그러면 자연의 변화는 어떻게 이루어지며, 어떤 특성을 가지고 있기에 천지인의 도를 포괄하는가? 『주역』에서 변화는 강유가 서로 이루어가면서 변화를 낳는데, 이 변화 속에 득실得失과 우려憂慮의 상이 있는 것으로 이해된다. 득실을 이루는 '상'은 길흉吉凶이고, 우려를 이루는 상은 회인悔吝이다. 그리고 변화라는 것은 나아가고 물러나는 것을 표상하고, 강유剛柔는 주야를 표상한다. 그래서 여섯 효의 움직임은 바로 천지인 세 가지 궁극적 표준이

---

183) 『周易』「繫辭 下」 10章, "易之爲書也, 廣大悉備, 有天道焉, 有人道焉, 有地道焉. 兼三才而兩之, 故六. 六者, 非他也. 三才之道也."

184) 『周易』「說卦傳」 2章, "昔者, 聖人之作易也. 將以順性命之理, 是以立天之道曰陰與陽. 立地之道曰柔與剛, 立人之道曰仁與義. 兼三才而兩之, 故易六畫而成卦, 分陰分陽, 迭用柔剛, 故易六位而成章."

되는 도리이다.185)

여섯 효의 움직임은 천지인의 궁극적 표준을 이루는 도인데, 이 속에는 길흉회인吉凶悔吝이라는 득실과 우려의 상이 있고, 진퇴와 주야로 표상되는 변화와 강유가 내포되어 있다. 여기에서 인간은 삼재三才의 도를 포괄하는 여섯 효의 움직임으로 드러나는 득실得失과 우려의 상象을 기준으로 성명의 이치에 따를 수 있다. 「계사전」에서는 이처럼 천지인 삼재가 여섯 효를 이루고 음양강유가 변화를 이루면서 드러내는 길흉회인을 기준으로 인간이 성명의 이치에 따를 수 있음을 언급하였다.

『주역』의 괘는 오효와 상효, 초효와 이효, 삼효와 사효를 각각 천지인으로 배치함으로써 삼재를 규정하지만, 실은 여섯 효 모두가 음양과 강유가 변화를 이루는 것으로 설명된다. 역은 천지를 표상하는 음양강유 사이의 변화가 그 핵심원리를 이룬다.186) 여기에서 사람은 이러한 변화가 드러내는 길흉회인의 다양한 상象을 표준으로 행위여부를 결정하고 성명性命의 이치에

---

185) 『周易』「繫辭 上」 2, "剛柔相推而生變化, 是故吉凶者, 失得之象也. 悔吝者, 憂虞之象也. 變化者, 進退之象也. 剛柔者, 晝夜之象也. 六爻之動, 三極之道也." 주희는 이 문장에 대하여 "여섯 효 중에 初爻와 二爻는 地이고, 三爻와 四爻는 人이며, 五爻와 上爻는 天이다. 動은 곧 변화이다. 極은 지극한 것으로, 三極은 천지인의 궁극적 이치이다. 삼재는 각각 하나의 태극이다. 이것은 剛柔가 서로 밀쳐서 변화를 낳고, 변화가 극에 이르면 다시 강유가 되어 한 괘 여섯 효 사이에서 유행하므로 점치는 사람이 직면하는 상황에 따라서 길흉을 판단한다"(六爻, 初二爲地, 三四爲人, 五上爲天. 動卽變化也. 極, 至也. 三極, 天地人之至理. 三才, 各一太極也. 此明剛柔相推而生變化, 而變化之極, 復爲剛柔流行於一卦六爻之間, 而占者得因所値, 以斷吉凶也.)고 주석을 붙였다. 여기에서 주희는 여섯 효 사이에서 강유가 변화를 이루며, 변화가 다시 강유로 환원되면서 길흉회인과 같은 다양한 상황을 드러내기 때문에 이것을 기준으로 길흉을 판단하게 된다고 보았다.

186) 공자는 天地 乾坤이 역에서 핵심 원리가 됨을 다음과 같이 설명하였다. 곧 "건곤은 아마 역의 관문일 것이다. 乾은 陽物이고, 坤은 陰物이다. 음양이 능력을 합하면서 강유로 체를 가짐으로써 이것으로 천지의 일을 체찰하고 신명의 덕에 통한다"(子曰乾坤, 其易之門邪. 乾, 陽物也. 坤, 陰物也. 陰陽合德, 而剛柔有體, 以體天地之撰, 以通神明之德.; 『周易』「繫辭 下」, 6章)" 공자의 이런 설명은 乾坤이 드러내는 변화를 통하여 天地가 행하는 일을 통찰함으로써 神明이 행하는 덕을 이해할 수 있다는 것이다. 그리고 이런 덕에 대한 이해는 천지의 조화에 참여할 수 있는 기준이 된다.

따름으로써 천지의 변화에 참여하는 것이다.

『주역』「계사전」에서 공자가 말하는 성인은 천지의 음양 강유의 변화를 모범으로 하여 도덕적 덕목과 실천적 사업을 실현하고자 하는 존재이다. 그는 천지의 능력으로 이루어지는 변화에 순응함으로써 천지와 함께 셋이 되어 여기에 참여한다. 「계사전」에서는 이러한 성인의 지위를 "천지의 위대한 능력[德]은 (사물을) '낳는 것[生]'이다. 성인의 커다란 보배는 지위이다. 어떻게 지위를 지키는가 할 때 '인仁이다'고 하겠으며, 어떻게 사람을 모으는가라고 할 때 '재물[財]이다'고 하겠다. 재용을 질서지우고 문사를 바르게 하여 백성이 비행非行을 저지르는 것을 금지하는 것을 '정의[義]'라고 말한다"187)고 하였다.

이것은 다시 말하면 성인은 인의仁義를 실천하여 지위를 지키고 사람을 모으며 통치자로서의 커다란 보배를 행사함으로써 천지의 커다란 능력으로서 사물을 낳아 기르는 일에 참여할 수 있다는 것이다. 이것은 성인이 천지가 드러내는 변화에 따름으로써 천지가 행하는 일에 참여하여 삼재三才의 하나가 되는 것을 뜻한다.

「계사전」에서는 성인이 천지에 참여하여 삼재三才의 한 요소가 되기 위하여 역과 천지의 변화, 그리고 「하도낙서」 등을 본뜨는 것을 언급하고 있다. 곧 "하늘은 신령한 물건을 낳으니 성인이 그것을 법칙으로 삼고, 천지가 변화하니 성인은 그것을 본받으며, 하늘이 상을 드리워 길흉을 드러내니 성인은 그것을 본뜨고, 하수河水에서 '도[圖]'가 나오고 낙수洛水에서 '서書'가 나오니 성인이 그것을 본받았다"188)고 하였다. 요컨대, 성인은 자연이 드러내는 신물神物과 천지의 변화, 상과 길흉, 「하도낙서」 등과 같은 수단들을 효칙效則하고 본뜨며 성명의 이치에 순응하고 따름으로써 천지에 참여하여 삼재가 된다는 것이다.

---

187) 『周易』「繫辭 下」1章, "天地之大德曰生. 聖人之大寶曰位, 何以守位曰仁. 何以聚人曰財. 理財正辭, 禁民爲非曰義."

188) 『周易』「繫辭 上」11章, "是故天生神物, 聖人則之, 天地變化, 聖人效之. 天垂象, 見吉凶, 聖人象之. 河出圖, 洛出書, 聖人則之."

「계사전」의 삼재론三才論은 성인이 도덕적 이상을 실현하고 실천적 사업을 이루기 위하여 천지의 작용에 참여하는 것과 연관하여 해석되고 있다. 이러한 삼재론은 그대로 인간의 실용적 특성을 가지는 언어로서 『훈민정음』의 구성원리가 된다. 그러면 『주역』의 천지인 삼재론이 어떤 측면에서 『훈민정음』의 역학적 토대를 이루는가?

『훈민정음』에서 삼재론은 중성 11자를 설명하는 부분에 주로 제시되어 있다. 초성(자음)이 발성 기관의 모습을 본떠서 상형의 의미가 있는 것처럼 중성을 구성하는 기본 단위는 천지인을 본뜬 상형으로서 •, ㅡ, ㅣ 세 글자이다. 「제자해」에서는 이 세 가지 기본이 되는 글자가 천지인을 모방한 내용과 그 발음의 특성을 다음과 같이 언급하였다.

> •는 혀가 당겨지면서 소리가 깊은 것으로 하늘이 자子에서 열리는 것이며 형체가 원형인 것은 하늘을 상징한 것이다. ㅡ 는 혀가 조금 당겨져서 소리가 깊지도 얕지도 않은 것이며, 땅이 축丑에서 열리는 것으로서 형태가 수평인 것은 땅을 상징한 것이다. ㅣ는 혀가 당겨지지 않아 소리가 얕은 것으로서 사람이 인寅에서 생겨난 것이며, 형태가 세워진 것은 사람을 상징한 것이다.189)

여기에서는 •, ㅡ, ㅣ세 글자가 각각 천지인을 본뜬 것이며 발음할 때 혀가 당겨지는 것이 심한 순서에 따라서 천지인에 대응시키고 이것을 깊은 소리에서부터 얕은 소리로 바뀌는 것으로 설명하고 있다. '하늘[•]'이 소리가 깊다면, '땅[ㅡ]'은 중간 깊이이고, '사람[ㅣ]'은 소리가 얕은 것이다. 그리고 이들 천지인 각각은 자子·축丑·인寅의 방위에 대응하는 것으로 규정되고 있다.

그런데 이 모음을 구성하는 기본 글자는 다시 서로 결합함으로써 나머지

189) 『訓民正音』「制字解」, "•舌縮而聲深, 天開於子也. 形之圓, 象乎天也. ㅡ 舌小縮而聲不深不淺, 地闢於丑也. 形之平, 象乎地也. ㅣ舌不縮而聲淺, 人生於寅也. 形之立, 象乎人也."

팔성八聲을 구성한다. 이렇게 천지인 기본 글자가 결합함으로써 이루어지는 글자는 천지가 처음 교차하는 뜻을 취하는 경우와 천지의 작용이 사물에서 발휘되어 사람을 기다려 이루어지는 뜻을 취하는 경우가 구별된다.

구체적으로 살펴보면 ㅗ는 ㆍ와 같으나 입이 오므려진 것으로 그 형태는 ㆍ이 ㅡ 와 합하여 이루어진 것으로 천지가 처음 교감하는 뜻을 취한 것이다. 반면 ㅏ는 ㆍ와 같지만 입이 벌어진 것으로 그 형태는 ㅣ가 ㆍ와 합하여 이루어진 것으로 천지의 작용이 사물에 발하여 사람을 기다려서 이루어진 뜻을 취한 것이다. ㅜ와 ㅓ또한 똑같이 천지가 처음 교감하고 천지가 작용하고, 사람을 기다려 이루어지는 뜻을 취하고 있다.190)

이처럼 중성中聲의 모음은 결합하여 글자가 구성되는 단계에서 이미 천지인이 함께 작용하면서 이루어지고 있다. 또한 ㅛ · ㅑ · ㅠ · ㅕ는 ㅣ에서 일어나서 사람을 겸하는 것으로 두 번째 나오는 것이 된다. 이들이 모두 사람을 겸하는 것은 사람이 만물의 영장으로서 양의兩儀에 참여할 수 있기 때문이다. 그리고 천지인으로부터 상象을 취하여 삼재三才의 도가 갖추어진다.191)

삼재三才의 도는 중성 글자를 구성하는 단계에서만 언급되는 것이 아니라 초성과 중성, 그리고 종성으로 한 음절의 글자를 이루는 단계에도 적용된다. 「제자해」에서는 초성初聲과 중성中聲을 각각 천지, 음양강유陰陽剛柔와 기질, 동정으로 구분하고 이것을 겸하는 것을 인간으로 간주하여 다음과 같이 말하였다.

> 중성中聲은 깊은 것과 얕은 것이 있고, 열리는 것과 닫히는 것이 있으니, 이것이 음양이 나뉘어져 오행의 기氣가 갖추어지는 것으로 하늘의 작용이다. 초성初聲은 비기도 하고 차기도 하며 날기도 하고 머물러 있기도 하고 무겁

---

190) 앞의 책, 같은 곳, "ㅗ與ㆍ同而口蹙, 其形則ㆍ與 ㅡ合而成, 取天地初交之義也. ㅏ與ㆍ同而口張, 其形則ㅣ與ㆍ合而成, 取天地之用發於事物待人而成也. ㅜ與ㅡ同而口蹙, 其形則ㅡ與ㆍ合而成, 亦取天地初交之義也. ㅓ與ㅡ同而口張, 其形則ㆍ與ㅣ合而成, 亦取天地之用發於事物待人而成也."

191) 『訓民正音』「制字解」, "ㅛㅑㅠㅕ起於ㅣ而兼乎人, 爲再出也. …… ㅛㅑㅠㅕ之皆兼乎人者, 以人爲萬物之靈, 而能參兩儀也. 取象於天地人而三才之道備矣."

기도 하고 가볍기도 하니, 이것이 강유剛柔가 드러나면서 오행의 질質이 여기에서 이루어지는 것으로 땅의 공능功能이다. 중성中聲은 깊고 얕으며 열리고 닫히는 것으로 앞에서 부르면 초성은 오음五音의 청탁으로 뒤에서 그것에 화답하여 처음이 되고 또 끝이 된다. 여기서 또한 만물이 땅에서 처음 생겨나 다시 땅으로 돌아가는 것을 볼 수 있다. 초성·중성·종성이 합하여 이루어진 글자로 말하면, 또한 동정이 번갈아 뿌리가 되고 음양이 교대로 변화하는 뜻이 있는데, 움직이는 것은 천天이고, 고요한 것은 지地이며, 동정動靜을 겸한 것은 인人이다.192)

이 구절에서는 초성初聲을 강유剛柔로 드러나고 오행의 질質로 이루어지는 것으로서 땅[地]의 공능으로 보는 반면, 중성은 음양오행의 기氣에 따라 하늘[天]의 작용으로 이루어지는 것으로 설명하고 있다. 또한 초성·중성·종성을 동정과 음양이 서로 뿌리가 되고 순환하면서 처음과 끝이 되는 관점에서 보았다. 여기에서 동을 천, 정을 지, 그리고 이것을 겸하는 것을 사람이라고 하였다. 이 때 '사람이 동정을 겸한다'는 명제를 인간의 현실적인 작용으로 끝까지 밀고 나아가면 초성과 종성을 포괄하여 이루어지는 글자를 발성하고 운용하는 측면까지 말할 수 있을 것이다.

삼재론과 연관하여 「제자해」에서는 천지에서 각각 작용하는 오행五行을 인간이 오상五常과 오장五臟으로 겸하고 있는 것으로 설명하고 있다. 여기에 따르면 "오행이 하늘에 있을 때는 신명이 운행되고, 땅에 있을 때는 형질形質이 이루어진다. 사람에게 있어서 인예신의지仁禮信義智는 신명이 운행되는 것이고, 간심비폐신肝心脾肺腎은 형질이 이루어진 것이다."193)라고 하였다. 이것은 하늘과 땅에서 각각 작용하는 오행五行의 신명神明과 형질形質이 인간에

192) 『訓民正音』 「制字解」, "中聲者, 一深一淺, 一闔一闢, 是則陰陽分而五行之氣具焉, 天之用也. 初聲者, 或虛或實, 或颺或滯, 或重若輕, 是則剛柔著而五行之質成焉, 地之功也. 中聲以深淺闔闢, 唱之於前, 初聲以五音淸濁, 和之於後, 而爲初亦爲終, 亦可見萬物初生於地, 復歸於地也. 以初中終合成之字言之, 亦有動靜互根, 陰陽交變之義焉, 動者, 天也. 靜者, 地也, 兼乎動靜者, 人也."

193) 앞의 책, 같은 곳, "五行在天則, 神之運也. 在地則, 質之成也. 在人則, 仁禮信義智, 神之運也. 肝心脾肺腎, 質之成也."

있어서는 인예신의지仁禮信義智 오상五常의 정신작용과 간심비폐신肝心脾肺腎 오장五臟의 형질로 이루어진다는 것이다.

이어서 「제자해」에서는 초성, 중성, 종성을 각각 천지인 가운에 한가지씩의 일을 담당하는 것으로 간주하여 다음과 같이 규정하고 있다.

> 초성初聲에는 발동하는 뜻이 있기 때문에 천天의 일이고, 종성終聲에는 그쳐서 안정시키는 뜻이 있으므로 지地의 일이다. 중성中聲은 초성이 낳은 것을 계승하고, 종성이 이루는 것을 연결해 주므로 인人의 일이다.[194]

여기에서는 초성과 종성을 각각 동정動靜의 의미를 가지는 것으로 보아 천지의 일로 간주하고, 중성은 초성과 종성을 결합하고 연결하여 음을 이루는 요체로서 인간의 역할에 해당하는 것으로 보았다. 이것은 바로 천지가 만물을 낳고 기를 때 인간이 그것을 잘 재량하여 이루어 주는 역할을 하는 것으로 이해하는 것이다.

이와 같이 「제자해」에서는 중성을 구성하는 과정에서부터 초성과 중성, 그리고 종성을 요소로 하여 성음聲音을 이루는 과정에 모두 천지인 삼재三才의 도리가 내포되어 있는 것으로 설명하였다. 여기에서 중성은 초성 및 종성과 연관해서 삼재의 원리가 포함되어 있을 뿐만 아니라, 그 구성요소 자체에도 삼재의 원리가 내포되어 있는 것으로 이해되는 만큼 중성에는 삼재의 원리가 중첩되어 있다고 할 수 있다. 다시 말하면, •, ㅡ, ㅣ 가운데서 ㅣ, 그리고 초성·중성·종성 가운데서 중성은 사람의 지위에서 단계적으로 각각 천과 지, 초성과 종성을 통괄하는 능동적인 주체가 되는 것으로 이해된다.

요컨대, 『훈민정음』에서 삼재 사상을 적용하여 음운이 성립하는 과정을 설명할 때는 천지의 동정을 상징하는 초성과 종성도 언급하지만, 주로 중성의 쓰임에 유의하여 인간이 성음聲音을 이루는 주체가 되는 것을 강조하였

194) 앞의 책, 같은 곳, "初聲有發動之義, 天之事也. 終聲有止定之義, 地之事也. 中聲承初之生, 接終之成, 人之事也."

다고 할 수 있다. 이것은 바로 『주역』에서 삼재론三才論이 천지의 변화가 드러내는 길흉회인과 같은 평가기준을 가지고 인간이 특정한 상황에서 바른 방향으로 실천하여 천지의 작용에 능동적으로 참여하는 의미를 포함하는 것을 보여준다.

『훈민정음』에 반영되어 있는 삼재사상은 중성의 구성 원리, 그리고 초성·중성·종성 사이의 관계에 중첩하여 내포되어 있다. 하지만 그 목표는 중성으로 상징되는 인간이 천지를 결합하는 주체적이고 능동적 역할을 하는 존재임을 강조하는 데 있다. 따라서 『훈민정음』의 삼재사상은 상수 또는 수리적인 요소도 일부 포함하고 있는 것으로 해석되지만, 중성을 중심으로 인간의 실천적 역할을 중시함으로써 주로 의리적인 실천과 연관된다고 할 수 있다.

5. 『훈민정음』의 인문적 목표와 중화의 실현

이 절에서는 세종이 정치적 문화적 이상을 실현하기 위하여 『훈민정음』을 창제하게 된 배경 및 동기를 몇 가지 측면에서 검토하고자 한다. 나아가 『주역』의 역학적 원리를 내포하고 있는 것과 상응하여 사회문화적 이상의 실현을 목표로 한 『훈민정음』의 외연적 의의를 살펴보고자 한다. 『훈민정음』의 외연적 의의를 해명하는 것은 그 제작 동기를 시작으로 국가의 통치와 연관하여 외형적으로 드러난 정책 또는 이것이 미친 영향 등을 종합적으로 검토하는 것을 뜻한다.

여기에서는 『훈민정음』을 창제한 직접적인 동기를 살펴보고, 이어서 백성들을 교화하는 수단이 되는 의미를 살펴보기로 한다. 다음으로 『훈민정음』을 창제한 동기를 백성들의 교화와 연관하여 사회문화 정책 및 사업의 측면에서 조명해 보고자 한다. 마지막으로는 세종이 보다 포괄적인 통치 질서를 확립하기 위한 기초정립으로써 『훈민정음』을 창제했다는 측면에서 그

의의를 제시하기로 한다.

먼저 세종이 『훈민정음』을 창제한 직접적 동기는 『해례본』 「서문」에 제시되어 있다. 세종은 "나라의 말소리가 중국과 달라 문자가 서로 소통되지 않아서 우매한 백성들이 그 마음을 잘 표현하지 못하는 사람이 많으므로, 이를 불쌍하게 여겨 스물여덟 자를 지어 백성들이 쉽게 익혀서 일상에 쓸 수 있게 하였다"195)고 하였다. 세종은 바로 일반 백성들이 한자의 음을 이해하지 못하여 자기감정을 표현하지 못하는 불편함을 긍휼히 여겨, 이들이 일상생활에서 편리하게 쓸 수 있게 하는 애민정신愛民精神에서 『훈민정음』을 창제한 것이다. 세종이 『훈민정음』을 창제하기 전에 고려한 백성들의 애로사항에는 옥사獄事에서 자기 생각을 표현하거나 법률 조문을 읽는 것과 같은 것이 있다. 이처럼 『훈민정음』을 창제한 배경에 대해서는 정인지鄭麟趾 1396~1478의 「해례서解例序」에 보다 자세하게 언급되어 있다.

정인지의 「해례서」에 따르면, '옛사람은 소리에 따라 글자를 만들어서 만물의 실정實情에 통하고 삼재三才의 도를 실어서 후대인들이 바꿀 수 없었다. 그러나 사방四方의 풍토가 지역마다 다르기 때문에 소리의 기세 또한 그에 따라 달라졌다. 대개 외국의 말에는 그 소리는 있지만 그 글자가 없어서 중국글자를 빌어서 그 쓰임에 통하고자 했으나, 이것도 오히려 서로 모순되는 부분이 있었으니 어찌 통달하여 장애가 없을 수 있었겠는가? 결국 모두 각각 지역에 따라서 편안하게 할 뿐 억지로 같게 해서는 안 된다.196) 정인지의 생각은 각각의 국가는 풍속에 따라서 성음聲音이 구별되기 때문에 중국 글자를 일방적으로 받아들여서 사용하는 것은 장애가 있을 것이기 때문에 문자를 억지로 통일시키려 해서는 안 된다는 것이다.

이어서 정인지는 글을 배우는 사람이나 옥사를 다스리는 자가 문장의 뜻

---

195) 『訓民正音』「序文」, "國之語音, 異乎中國, 與文字不相流通, 故愚民有所欲言, 而終不得伸其情者, 多矣. 予爲此憫然, 新制二十八字, 欲使人人易習, 便於日用矣."

196) 『訓民正音』「解例序」, "古人因聲制字, 以通萬物之情, 以載三才之道, 而後世不能易也. 然四方風土區別, 聲氣亦隨而異焉. 蓋外國之語, 有其聲而無其字, 假中國之字, 以通其用. 是猶枘鑿之鉏鋙也. 豈能達而無碍乎! 要皆各隨所處而安, 不可强之使同也."

과 율문律文을 이해하지 못하는 사례가 생기고, 설총薛聰이 이두吏讀를 만들어 사용해 왔으나 여러 가지 어려움이 있었던 사실을 『훈민정음』을 제작한 동기로 언급하였다. 그는 세종이 『훈민정음』을 지은 이유를 다음과 같이 서술하였다.

> 우리 동방의 예악禮樂과 문장文章은 화하華夏를 본떴다. 그러나 방언과 속어는 그것과 같지 않아서 배우는 자는 그 의미를 이해하기 어려움을 걱정하고, 옥사獄事를 다스리는 자는 사건의 곡절을 통하기 어려운 것을 병통으로 여겼다. 옛날 신라 설총薛聰은 처음 이두吏讀를 지어 관부와 민간에서 지금까지 그것을 통용하였다. 그러나 모두 한자를 빌어서 사용하였기 때문에 때로 거칠기도 하고 막히기도 하여 비루하면서 상고할 것이 없을 뿐만 아니라, 그것으로 말을 할 때에 이르면 만에 하나도 통할 수가 없었다. 계해년癸亥年 겨울 우리 전하께서는 정음正音 스물여덟 자를 창제하시고 그 범례를 대략 들어서 보여 주시며 그것을 '훈민정음訓民正音'이라고 명명하였다.197)

위에서 정인지는 조선의 예악과 문장이 중국을 모방하였지만 방언과 속어를 사용하여 그 뜻을 이해하기 어려웠던 것을 『훈민정음』 창제의 동기로 설명하였다. 또한 그는 신라의 설총薛聰이 이두를 지은 후에 이것을 써 왔으나 의미가 막히고 뜻은 상고할 수 없었으며 말할 때에는 전혀 통하지 않아 세종이 스물여덟 자의 『훈민정음』을 짓게 되었다고 언급하였다. 정인지는 세종이 『훈민정음』을 지은 이유에는 학문하는 사람, 관리, 그리고 일반 백성들이 일상생활에서 문화적 생활을 영위하는 데 여러 가지 불편함을 해결하고자 하는 목적이 있었다고 주장하였다.

다음으로 세종이 『훈민정음』을 창제한 배경에는 유교국가로서 일반 백성들을 효율적으로 교화하고자 하는 목표가 내포되어 있었다. 조선이 건국된

---

197) 『訓民正音』 「解例序」, "吾東方禮樂文章, 侔擬華夏, 但方言俚語, 不與之同, 學書者, 患其旨趣之難曉, 治獄者, 病其曲折之難通. 昔新羅薛聰, 始作吏讀, 官府民間, 至今行之. 然皆假字而用, 或澁或窒, 非但鄙陋無稽而已. 至於言語之間, 則不能達其萬一焉. 癸亥冬, 我殿下創制正音二十八字, 略揭例義以示之, 名曰'訓民正音'."

이후 초기에는 왕조의 이념과 문물제도를 유교적인 내용으로 전환시켜 그 통치기강을 확립하는 것이 시급한 과제였다. 하지만 세종 당시까지 사회는 전반적으로 인륜을 무시하고 질서를 문란케 하는 풍조가 이어졌다. 세종은 '잘 다스려지는 날은 언제나 적고 혼란을 야기하 도적의 무리가 세상에 빌붙게 된 것은 임금이 인간의 본성을 제대로 이끌고 기르지 못한 데 있다'[198]고 하여 당시의 사회 풍조와 통치자의 책임에 대하여 절실하게 반성하고 있다.

세종이 백성을 교화하는 수단으로서 『삼강행실도三綱行實圖』를 편찬한 것은 사람들이 내면의 도덕적 본성을 자율적으로 발현시키도록 유도하는 인문적 의미를 가진다. 하지만 반대로 내적인 도덕적 본성을 자발적으로 실천하지 못하고 죄를 짓는 사람들에 대해서는 교화를 위한 수단으로서 징벌을 통하여 외적으로 통제를 할 필요성이 있다. 이러한 목적으로 편찬한 것이 『대명률大明律』이다. 하지만 『대명률』에 의거하여 형벌을 적용할 때 관리가 뜻을 이해하기가 어려워서 율문律文과 대조하는 과정에서 경중輕重의 실수를 범하기 쉬운 문제점이 있었다.[199]

이런 문제점을 해결하기 위해서는 『대명률』을 번역하여 이해하기 쉽게 할 필요성이 있었다. 따라서 백성을 교화하기 위하여 편찬한 『대명률』을 용이하게 활용하기 위해서는 이를 번역하는 것이 필수적이었으며, 이를 위해서 『훈민정음』의 창제는 필수불가결한 것이었다고 하겠다. 요컨대, 『훈민정음』은 교화의 확대와 함께 법률의 적용이라는 현실적인 문제를 해결할 필요성에서 제기된 측면이 크다.

다른 한편으로 일반백성들을 교화하기 위하여 선행되어야 하는 전제 조건은 백성들을 교화할 수 있는 통치자 또는 유교지식인을 양성하는 일이다. 이처럼 지식인들을 양성할 필요성에 대한 요청 또한 세종이 『훈민정음』을 창제한 이유 가운데 하나이다. 세종이 백성들의 교화를 위하여 여러 서적書

---

198) 『朝鮮王朝實錄』 「世宗」, 14年 6月 9日.
199) 유미림, 「세종의 훈민정음 창제의 정치」, 『동양정치사상사』 4, 2005, 136쪽.

籍을 번역하도록 한 데에는 세종 스스로 유교적 교화와 관련한 저술에 대하여 조예가 깊었던 사정도 작용하였다. 세종은 충녕대군忠寧大君 시절에 이미 『구소수간歐蘇手簡』을 독파하고 『대학연의大學衍義』를 애독하였다. 그리고 세종은 경연을 주재하면서 "나는 제자백가서는 살펴보고 싶지 않다. 다만 사서오경四書五經, 『강목』, 『통감』 등을 돌아가면서 강독할 것이다"200)고 하였다.

여기에서 세종이 『사서오경』과 같은 경전과 『강목』, 『통감』과 같은 역사서를 균형 있게 연구하였음을 알 수 있다. 뿐만 아니라 그는 명나라로부터 『성리대전性理大全』과 『사서오경대전四書五經大全』 등의 서적을 도입하는 데 노력하였다. 세종 9년(1427년)에는 경상도 감사가 『성리대전』을 인쇄하여 진상進上하였다. 이렇게 하여 송대 성리학을 집대성한 『성리대전』이 나라에 유통되었다. 세종은 경연의 검토관이 『성리대전』 갑집甲集을 간행하여 널리 읽혀서 이학理學을 연구하게 해야 한다고 주청한 데 대해 답하면서, 『성리대전』을 읽은 소감을 다음과 같이 피력하였다.

> 경연을 주재할 때, 검토관 설순偰循이 말하였다. "신이 보건대 영락 황제께서 내려주신 『성리대전』은 그 문장이 진서산眞西山의 갑집甲集을 본뜬 것 같은데 의론이 정통하고 중론을 모두 갖추어서 실로 배우는 자들이 숙독하여 음미하는 것이 마땅할 것 같습니다. 원컨대, 간행하여 널리 베풀어서 과거에 합격한 젊은 유학자들에게 익숙하게 읽혀서 이학理學을 연구하게 해야 할 것입니다. 또 문장을 하는 사람들도 반드시 이학에 정통할 때 크게 통달할 수 있을 것입니다." 주상이 말하였다. "그렇다! 내가 갑집甲集을 보았는데, 의론이 통하여 두루 펼쳐지니, 실로 익숙하게 음미할 만하다. 하지만 갑집甲集만이 아니라, 을집乙集 또한 좋다."201)

200) 『朝鮮王朝實錄』 卷21, 「世宗實錄」, 15年, "御經筵, 上曰, 予不欲觀諸子百家之書. 唯四書五經, 綱目, 通鑑, 循環講讀."

201) 李崇寧, 『世宗大王의 學問과 思想』, 亞細亞文化社, 1981, 47면.(『朝鮮王朝實錄』, 『世宗實錄』 卷34, 16, "御經筵, 檢討官偰循啓曰, 臣見皇帝所賜性理大全, 其文似倣於眞西山甲集, 議論精通, 衆說該備, 誠學者所當熟玩也. 願刊行廣施, 使登科年少儒習讀, 研窮理學, 且爲文章者, 必精於理學, 乃能大達. 上曰, 然. 吾見甲

세종은 당시에 간행되었던 『성리대전』의 갑집甲集과 을집乙集을 모두 읽고서 그 내용을 비교할 정도로 이 저술에 대하여 깊은 조예를 가지고 있었다. 이처럼 세종은 여러 서적을 통하여 송학宋學의 여러 이론에 대하여 많은 연구를 하였다. 특히 『훈민정음』의 음운학과 역철학 이론이 이 『성리대전』에 포함된 『황극경세서』를 이용한 것이라는 점에서 『성리대전』과 『훈민정음』 또는 『운서』가 밀접한 연관성이 있다는 것을 알 수 있다.[202]

세종은 송학宋學의 철학으로부터 시야를 넓혀서 교화를 위하여 앞에서 언급한 『대명률』과 함께 『사서오경』, 『운서』등을 번역하기에 이르렀고, 「용비어천가」를 짓기에 이르렀다. 「용비어천가」는 조선왕조의 통치에 정당성을 확보함으로써 백성들을 안정되게 다스리고자 하는 의지의 산물이라 할 수 있다. 세종은 경전이나 법률서와 같은 저작의 번역을 중심으로 하여 여러 문화정책을 시행하기 위해서 『훈민정음』을 창제하는 것이 필수불가결한 일이라고 본 것이다.

마지막으로 세종이 『훈민정음』을 창제한 또 다른 이유 가운데는 전반적인 통치기강을 세우기 위한 측면이 있다. 구체적으로 말하면, 『훈민정음』을 창제한 것은 이상적인 통치기강의 확립이라는 보다 포괄적인 동기가 내포되어 있다. 세종의 언어 문화정책을 살펴보면 이들 정책들 사이에는 일련의 연속성이 있어서 일관된 정책의 실행이 세종의 국가 경영구상과 밀접하게 연관되어 있음을 알 수 있다.

세종 25년 정음이 이루어지고 26년에는 『운회』를 번역하라는 명령이 내려졌으며, 27년에는 「용비어천가」가 완성되었다. 또, 동년에 『홍무정운洪武正韻』의 번역이 시작되었고, 28년에는 『훈민정음』 「해례서」가 반포되었으며, 29년에는 『동국정운東國正韻』이 완성되었다.[203] 세종의 이러한 일련의 어문

集, 議論通暢, 誠可熟玩. 然非獨甲集, 乙集亦好.")

202) 李崇寧, 앞의 책, 41~51쪽. 명나라로부터 『성리대전』을 수용하여 간행한 과정을 구체적으로 살펴보려면 지부일의 「조선초의 대명 문화교류와 『성리대전』의 수용」 『동양학연구』 3, 1997, 48~53쪽을 참조할 것.

203) 이밖에 세종 31년에는 불경 언해본인 『석보상절』과 『월인천강지곡』 등도 간행되었다.

번역 정책을 살펴보면 『훈민정음』의 창제는 교화를 목표로 한 종합적인 치국의 방략을 단계적으로 실행하는 가운데 나온 정책의 하나였음을 알 수 있다.204)

이렇게 볼 때, 『훈민정음』은 직접적으로는 애민정책으로부터 시작하여 백성들을 교화하는 수단으로 창제되었다. 또한 백성들에 대한 교화를 행하는 주체로서 지식인을 양성하기 위하여 중국으로부터 들어온 전적典籍을 번역할 필요성에 창제 이유가 있다. 그러나 『훈민정음』은 보다 포괄적으로 세종의 모든 정치적 문화적 정책을 관통하여 그 저변에 흐르는 종합적인 치국의 방략으로서의 의미를 가진다.

결론적으로, 『훈민정음』은 세종이 그의 종합적인 치국의 방책과 문화적 이상을 실현하고자 하는 것에 그 창제 목적이 있다고 할 것이다. 특히 『훈민정음』은 그 속에 『주역』의 중심 개념으로서 천지인天地人 삼재三才, 음양오행陰陽五行, 태극 등 역학적 내용을 함축하면서도 이들 개념을 도덕적 문화적 질서를 이루는 관점에서 해석함으로써 유가적 의리역학의 요소를 내포하고 있다. 이런 점에서 조선전기역철학사의 관점에서 볼 때, 『훈민정음』은 도덕적 정치적 실천을 지향하는 유가적 의리역학이 음운학音韻學에 적용된 대표적 사례라고 평가할 수 있다.

6. 맺음말

본 장에서는 세종의 어문문화정책의 결정체로 이루어진 『훈민정음』에 내포되어 있는 상수역학적 토대와 의리적 목표를 가지고 조선전기역철학사의 흐름 속에서 그 특징과 위치를 정립해 보고자 하였다. 그러면 세종이 『훈민정음』을 창제한 이유와 의의를 요약해 보기로 한다.

정인지는 『해례본』 「서」에서 훈민정음을 창제한 이유를 자세하게 설명하

204) 유미림, 앞의 논문, 132~133쪽.

였다. 그는 『훈민정음』은 상형글자로서 천지인 삼재의 뜻과 음양 이기二氣의 신묘함을 포괄하는 것으로, 스물여덟 글자를 가지고 무궁하게 운용하여 간결하게 하면서도 요점이 있고, 정밀하면서도 두루 통하는 것이라고 창제 이유를 설명하였다. 이어서 그는 하늘이 성스러운 덕을 내려 임금께서 정음正音을 지은 것은 자연으로부터 이루어진 것이며 지극한 이치가 없는 곳이 없어서 작위적인 사사로움에 의해 이루어진 것이 아니며, 개물성무開物成務의 커다란 지혜를 정음으로부터 기대할 수 있다고 하였다. 이것은 인간이 행해야 할 임무로서 도덕적 실천과 의리적 측면이 『훈민정음』에 반영되어 있음을 뜻한다.

『훈민정음』 속에는 「하도낙서」와 천지인天地人 삼재론三才論, 음양오행론 등과 같은 『주역』의 기본 골격이 되는 개념과 사상들이 『훈민정음』의 성음과 초성, 중성, 종성, 그리고 이들 사이의 상관관계를 중심으로 한 제자制字의 기본원리를 이룬다. 또한 상수론은 『훈민정음』을 제작한 근본 원리가 되는 것으로 해석되고 있다. 그런데 이러한 상수론적 원리는 「하도」에서의 수리적 원리가 음양오행과 연결되어 해석되는 것처럼 「훈민정음」에서도 음양오행론과 결합하여 해석되었다. 「제자해」는 또한 천지의 모든 사물이 음양을 토대로 생긴 것처럼 사람의 성음 또한 음양의 이치가 숨어 있으며, 또한 오행에도 뿌리를 두고 있기 때문에 네 계절이나 오성五聲과도 서로 대응하여 조화를 이루고 있는 것으로 보았다.

『훈민정음』은 초성初聲, 중성中聲, 종성終聲과 성음을 구성하는 데 천지인 삼재 사상을 기초로 삼고 있으면서 인간의 역할을 강조하고 있다. 이 점은 『훈민정음』이 음양의 변화로부터 이루어지는 천도로서 상수학적 요소와 함께, 성음의 구성단계에 인간적 실천과 연관된 의미를 부여함으로써 의리역학적 요소를 동시에 포함하고 있음을 보여 준다. 천지인 삼재사상이 『훈민정음』의 글자 구성의 핵심원리가 되었다는 것은 백성들에게 편리함을 주고자 하는 실용적 목적의 실현과 함께 의리의 실천이라는 함의를 가지는 것이라 할 수 있다.

『훈민정음』에서 삼재 사상을 적용할 때는 음운을 이루는 요소로서 천지의 동정을 상징하는 초성과 종성도 언급하지만, 주로 중성의 쓰임에 유의하여 인간이 성운聲韻을 이루는 주체가 되는 것을 강조하고 있다. 이것은 바로 『주역』에서의 삼재론이 천지의 변화가 드러내는 길흉회인과 같은 평가기준을 가지고 인간이 특정한 상황에서 바른 방향으로 실천하여 천지의 작용에 능동적으로 참여하는 것을 설명해 주고 있음을 뜻한다.

이렇게 볼 때, 『훈민정음』에 반영되어 있는 삼재사상三才思想은 중성의 구성원리, 그리고 초성 중성 종성 사이의 관계에 중층적으로 내재되어 있지만, 그 목표는 중성으로 상징되는 인간이 천지를 결합하는 주체적이고 능동적 역할을 하는 존재임을 강조하는 데 있다. 중성을 중심으로 인간의 실천적 역할을 중시하는 『훈민정음』의 삼재사상은 상수 또는 수리적인 요소를 일부 가지는 것으로 해석되면서도 동시에 의리적인 실천과 긴밀하게 연관된다.

결론적으로 말하면, 『훈민정음』은 정치적으로 세종이 그의 종합적인 치국의 방략과 사회 문화적 이상을 실현하고자 하는 데 창제 목적을 두었다고 할 것이다. 『훈민정음』은 『주역』의 중심 개념으로서 천지인天地人 삼재三才, 음양오행陰陽五行, 태극太極 등의 역학적 내용을 함축하면서도 이들 개념을 도덕적 문화적 질서를 실현하고자 하는 관점에서 해석한다는 점에서 유가적 의리역학의 특성을 내포하고 있다. 이런 점에서 『훈민정음』은 『주역』의 원리가 음운학에 적용된 것으로서, 도덕적 정치적 실천을 지향하는 유가적 의리역학의 측면에서 해석될 수 있다고 할 것이다. 나아가 『훈민정음』은 조선전기역철학사에서 인간의 도덕적 정치적 실천을 핵심으로 하는 『주역』의 의리역학적 원리가 음운학에 적용된 최초의 사례라는 점에서 커다란 의미를 가진다.

제 4 장
세조의 『역학계몽요해』와 상수역학적 해석

1. 머리말

조선전기역철학사를 개관할 때 『역학계몽』에 대한 관심은 특별한 의미를 지닌다. 『역학계몽』은 여말선초 권근이 관심을 가지고 연구하기 시작한 이후 세조가 이 저술에 관심을 가졌으며, 주희를 추존하였던 조선전기 학자들에 의해 지속적으로 연구되기 시작하였다. 특히 『역학계몽』이 상수역학을 중심으로 하는 역학의 핵심원리를 제시하고 있는 저술인 만큼, 조선전기에 『역학계몽』을 연구한다는 것은 중요한 의미를 가지는 것이다.

고려 후기 안향安珦1243~1306이 원나라에서 주자서朱子書를 필사하고 공자와 주희의 화상畵像을 그려 가지고 돌아오면서 성리학을 처음으로 받아들인 이후 조선 시대에 이르러 학계에서는 주희를 크게 추숭하였다. 이러한 경향은 여말선초의 학자들이 왕조의 교체와 맞물려 도덕적 절의와 성리학의 도통론道統論을 강조하고, 공자 맹자 이후 주희가 도통을 그대로 계승했다는 인식이 보편화되면서 조선시대에 이르러 하나의 전통이 되었다. 주희를 추숭했던 만큼이나 그의 저술에 대한 학자들의 관심 또한 클 수밖에 없었다. 고려 말기에 주희의 저술 가운데 성리학의 핵심원리를 담고 있는 『사서집주』는 학계에 커다란 주목을 받았다. 조선 초기에 들어와 성리학에 관한 다른 저술들이 도입되면서 이러한 관심은 성리학 저술 전체로 더욱 확대되었다고 할 수 있다.

이 시기에 주희의 저작 가운데 군주와 관료를 비롯하여 학자들이 특히 관심을 가졌던 저술은 『역학계몽』[205]이었다. 주희의 『주역』에 관한 중요한 학설을 제시한 저작으로 인식되었던 만큼 선초부터 관료 학자들은 『역학계몽』에 커다란 관심을 가졌다. 선초부터 이러한 관심은 『역학계몽』에 관한 주석서를 쓰는 것으로 표현되었다. 특히 세조世祖1417~1468가 직접 저술하여 1465년(세조11) 최항崔恒과 한계희韓繼禧에게 명하여 편찬한 『역학계몽요해易學啓蒙要解』[206]는 선초에 지어진 『역학계몽』에 대한 선구적인 주석서이다. 이후 퇴계 또한 주희의 『주역』에 관한 학설에 커다란 관심을 가지고 1557년(명종12) 『계몽전의啓蒙傳疑』를 저술하였다.

본 장에서는 세조가 직접 저술하고 최항과 한계희에게 명하여 편찬한 저술로서 『역학계몽요해』에 나타난 세조의 상수역학에 대한 이해와 견해를 중점적으로 살펴보고자 한다. 『역학계몽요해』에는 「보해補解」라고 제목으로 주석을 붙인 내용이 있다. 이것은 최항과 한계희가 『요해』 주석 가운데 미진한 부분에 대하여 보충 설명하여 덧붙인 내용이다. 『역학계몽요해』의 「어제서」에 따르면 당시 세조는 최항과 한계희를 불러서 "주희의 『역학계몽』은 참으로 역에 공적이 있는 것으로 배우는 자들의 표준[指南]이다. 그러나 말뜻이 정미하여 초학자들이 이해할 수 없는 것이 있다. 내가 일찍이 우연히 역易에 대하여 질문하는 것을 계기로 『요해』를 대략 지었으니, 그대들이

205) 『易學啓蒙』은 주희가 역의 도식과 점서를 수리적으로 설명하여 1186년에 완성한 저술로서 『역본의』와 함께 주희 역학의 표리를 이루는 중요한 작품이라고 할 수 있다. 이 저술은 「하도낙서河圖洛書」를 수리적으로 설명한 「本圖書」, 太極·兩儀·四象·八卦를 설명한 「原卦畵」과 筮法에 대한 설명으로서 「明蓍策」, 그리고 점을 쳐서 뽑은 괘를 가지고 점을 보는 방법을 설명한 「考變占」 등 4부분으로 구성되어 있다.

206) 권두에는 세조가 직접 지은 「어제역학계몽요해서」와 주희의 「역학계몽서」가 있고, 권말에는 이 책을 편찬하고 간행한 최항의 발문이 있다. 이 책을 讎校하는 작업에는 金國光·盧思愼·丘從直·鄭自英·鄭蘭宗·兪希益·魚世恭·崔自濱·兪愼 등 당시의 유명한 학자들이 망라된 것으로 보아 세조가 이 작업을 얼마나 정성스럽게 처리하고자 했는지를 알 수 있다.

교정을 하고 만약 미진한 부분이 있으면 또한 주석註釋을 더해도 좋다"[207] 고 명령하였다. 「보해」는 바로 세조의 이러한 명령에 따라 두 사람이 지은 것이다.

그러면 『역학계몽』에 관료학자들 뿐만 아니라 임금까지 특별한 관심을 가지고 직접 주석을 붙인 이유는 어디에 있을까? 이것은 주희의 역학에서 『역학계몽』이 중요한 위치를 차지하고 있으며, 이러한 『역학계몽』에 대한 연구는 조선조의 통치 질서에 대한 철학적 이념적 토대를 확립하는데 매우 중요하다는 인식이 있었기 때문이다. 주희의 역학은 정이 역학에 대한 이해로부터 시작된다고 할 수 있다. 그는 『주역』에 주석을 붙이면서 정이의 『주역』에 대한 견해를 많은 부분 받아들였다. 그리하여 외형상으로는 정이의 『역전』에서 부족한 부분을 보충하는 의미로 『역본의易本義』를 저술하였다.

하지만 주희의 『역본의』는 『역학계몽』 「서序」에서도 언급하고 있는 것처럼, 한대 상수역학의 치우침을 교정하려 했던 왕필 이후 '의리' 쪽으로 기울어 상象의 본래 취지를 잊어버린 의리역학을 재교정하고자 한 데 저술 의도가 있었다. 주희는 바로 『주역』에서 상象의 본래 위치를 회복시키고자 하는 취지에서 『역본의』를 저술하였으며, 『역학계몽』은 이러한 「역본의」의 중심을 이루는 상수학적 기초를 다지는 내용으로 이루어져 있다.[208] 따라서 주

---

207) 世祖, 『易學啓蒙要解』, 『韓國經學資料集成』 87卷-『易經』 1卷, 成均館大 大東文化硏究院, 1996, 141쪽.

208) 주희 역학의 문제의식은 당시 역학의 두 갈래로서 의리역학과 상수역학이 지니는 각각의 문제점을 지적하고, 이를 종합 지양하려는 데 있음을 알 수 있다. 즉, 象數를 떠난 의리적 해석이란 것은 공허한 사변에 불과할 위험이 있고, 상수를 전공하는 경우는 天理를 드러내는 것이 아니라 견강부회하고, 역을 성인의 인위적 산물로 여긴다는 것이다.(이선경, 「역학계몽」에 나타난 주자역학의 특징-소강절 역학의 수용과 변용을 중심으로-」, 2011, 3쪽.) 일본학자 아사미 교사이淺見絅齋는 『啓蒙師說』에서 왕필의 도가적 『주역』 해석을 비판한다는 점에서는 주희가 정이의 견해를 계승하지만, 역을 전체적으로 파악하는 방식에서는 한층 더 자연에 입각해 있음을 강조하면서, 정이의 『역전』과 주희의 『본의』 및 『계몽』의 입장을 구별하였다. 아울러 그는 주희의 역학이 『역』의 정통이며, 정이의 역학은 잘못된 것이거나 그 본원을 잃은 것이라고 보았다.(구스모토 마사쓰구 저, 김병화·이혜경 역, 『송명유학사상사』, 예문서원, 2005, 33쪽; 208쪽.)

희 역학에서 『역학계몽』은 근본적인 중요성을 가지는 저술이라 할 수 있다. 『역학계몽』이 주희 역학과 철학에서 핵심적인 위치를 차지하였기 때문에 선초의 군주와 관료학자들은 『역학계몽』에 지대한 관심을 가지고 주석서를 지어 해설하기에 이른 것이다.

또한 조선 왕조의 통치질서를 확립하기 위하여 선초에는 『삼강행실도三綱行實圖』나 『효행록孝行錄』과 같은 저술들이 편찬되었다.[209] 『역학계몽』 또한 『주역』의 길흉회인吉凶悔吝의 점사占辭가 이루어지는 수리적 상수학적 토대와 함께 도덕적 실천에 중요한 기초를 제공해 준다. 이러한 취지에 따라 『역학계몽』에 대한 관심과 이해는 선초의 학자들에게 있어서 시대적 요청이자 당위가 되었다.

『역학계몽』의 특성과 저술 동기가 의리역학으로 치우친 정이의 『역전』을 교정하는 의미를 가지는 만큼, 학자들의 관심은 자연스럽게 『주역』의 상수적 원리에 대한 관심으로 집중되었다. 그러면 본 장에서는 세조와 최항, 그리고 한계희가 『역학계몽』을 주석하면서 『주역』의 상수역학적 특성에 대해 어떻게 언급하고 있는가 하는 점을 구체적으로 살펴보고자 한다.

다음 절에서는 선초 학자들의 『역학계몽』에 대한 관심과 『역학계몽』이 도입된 과정에 대하여 점검할 예정이다. 이어서 제3절에서는 세조가 「본도서本圖書」와 「원괘획原卦畫」의 상수론에 대하여 어떻게 이해하고 해석하고 있는가를 살펴보기로 한다. 제4절에서는 「명시책明蓍策」과 「고변점考變占」에 나타난 상수적 원리에 대하여 세조가 어떻게 해석하고 이해하고 있는가를 고찰하기로 한다. 제5절에서는 최항과 한계희가 세조가 주석한 내용이 없거나 미진하다고 판단되는 부분에 대해 주석한 『보해補解』의 내용을 고찰하고자 한다. 결론에서는 『역학계몽요해』에서 상수학을 이해한 특징에 대하여 본문에서 해명한 내용을 정리하고 그 의의를 요약할 예정이다.

---

209) 유미림, 「세종의 훈민정음 창제의 정치」, 『동양정치사상사』 4, 한국동양정치사상사학회, 2005, 140쪽.

2. 『성리대전』의 도입과 『역학계몽』에 대한 관심

본 절에서는 조선 초기 세조와 관료 학자들이 주희의 저술로 중시하였던 『역학계몽』을 학습하게 된 시대적 배경과 함께 중국으로부터 이 책을 수용한 과정에 대하여 살펴보고자 한다. 학자들이 이 저술에 관심을 가지고 학습을 한 것은 당시 시대적 필요성이 절실했기 때문이라고 할 수 있다. 조선은 고려를 이어서 건국을 하였으나, 왕실이나 민간에서는 정신적으로 불교와 도교, 그리고 민간신앙과 같은 이념과 관습이 통용되는 경우가 많았다. 뿐만 아니라 새로 개창한 왕조에서 평민들의 도덕관념과 질서의식은 매우 열등하여 사회적 혼란을 야기하는 경우가 많았다.

세종은 이러한 무질서를 극복하고 도덕적 질서가 실현된 사회를 이루기 위하여 유교적 통치이념에 기반한 여러 가지 제도 정비를 서둘렀다. 세종은 이를 위해 집현전을 설치하여 제반 학문을 연구하게 하였다. 집현전에서 주자학을 연구하면서 통치이념의 기준이 확립되어 갔지만, 완비 단계에 이르지 못하여 민간에서의 주자학 연구는 아직 초보적 단계에 머물렀다. 세종은 성리서가 부족한 것이 원인이라고 진단하고 『사서오경四書五經』 등 유가경전과 여러 성리서性理書를 수입하고자 하였다.210) 『역학계몽』은 『성리대전』에 포함되어 있는 서적으로 주자학에 대한 심도 있는 연구를 위하여 임금이 주도하여 수입하였던 중요한 저술이라 할 수 있다.

그러면 선초의 관료학자들에게 커다란 주목을 받았던 『역학계몽』은 어느 시기에 어떤 경로를 통하여 도입되었는가? 『조선왕조실록』 등 사료를 살펴볼 때 『역학계몽』이 단행본으로 수용되었다는 기록은 찾아보기 힘들다. 단행본으로 수입되지 않았다면 관료학자들은 어떻게 『역학계몽』을 접할 수 있었는가? 『역학계몽』은 주렴계의 「태극도설太極圖說」, 「통서通書」와 장재의 「서명西銘」 및 『정몽正蒙』과 같은 저술을 앞에 수록하고 이어서 북송오자北宋

210) 池富一, 「朝鮮初의 對明 文化交流와 『性理大全』의 受容」, 『동양학연구』 3, 1997, 49쪽.

五子의 여러 성리학 저술과 학설을 수록한 『성리대전』(14권~17권)[211]에 수록되어 있다. 다시 말하면, 『역학계몽』은 『성리대전』이 도입되면서 자동적으로 받아들여진 것이다. 따라서 『역학계몽』의 도입과 학습과정을 이해하고자 한다면 『성리대전』의 수용과정을 이해하는 것이 필수적이다.

세종은 조선왕조의 역성혁명과 왕자의 난 등에 대해 의리명분론義理名分論으로 비판을 받을 수 있는 상황에서 의리명분을 강조하는 주자학을 본격적으로 연구하여 이를 차단할 필요성이 있었다. 이에 세종은 중국에서 온 사신이었던 윤봉尹鳳[212]을 통하여 중국 황제에게 『사서오경』, 『성리대전』, 『통감강목』, 그리고 『송사』 등과 같은 서적을 보내달라고 요청하였다. 이러한 요청에 따라 『성리대전』은 세종8년 11월에 중국에 사신으로 갔던 진헌사進獻使 첨총제僉摠制 김시우金時遇가 『송사宋史』를 제외한 서적 120권을 가져 왔다. 그러나 세종 원년(1419년)에도 『사서오경』과 『성리대전』 229권이 도입된 적이 있다. 아래 내용은 김시우가 사행使行에서 돌아와 세종에게 서적들을 바치면서 행한 의례를 기록한 것이다.

> 진헌사 첨총제 김시우가 칙서勅書를 받들고 돌아오니, 임금이 모화루에 나가서 의례儀禮에 따라 맞이하였다. 칙서에 "조선국왕에게 칙유하노니, 이제 임금에게 『오경사서』 및 『성리대전』 1부 120권과 『통감강목』 1부 도합 14권을 내려주니, 도착하년 받을 지니라"라고 말하였다. 임금이 경회루에 나아가 연회를 베풀어 위로하고 이어 안장을 한 말을 하사하였다. 백관들이 하례하였다. 처음 사신 윤봉尹鳳이 돌아갈 때 임금께서 『대전사서오경大全四書五經』, 『성리대전性理大全』, 『송사宋史』 등의 서적을 청구하였기 때문에, 시우가 돌아

---

211) 『性理大全』은 명나라 成祖 永樂帝가 한림학사 胡廣, 侍講, 楊榮, 한림편수 葉時中 등 39명에게 명하여 영락 12년(1414) 11월에 편찬하기 시작하여 이듬해 11월에 완성한 책이다.

212) 尹鳳은 고려 말 조선 초 명나라의 조선 출신 환관으로 본관은 瑞興이다. 명나라의 司禮監을 역임하였고, 1428년(세종10) 이전에 太監에 승진하였다. 1429년 조선개국 이래로 조선이 해결하고자 했던 중국에 대한 금은의 공납을 면제받았다. 이러한 조선 출입을 통해 조선과 명과의 관계를 공고하게 하였다.

올 때에 황제가 특별히 내려준 것이다.[213]

이처럼 조선에서는 중국에서 서적을 도입할 때 명나라 황제의 칙유勅諭와 함께 서적을 하사받는 의례를 치르고 받았다. 명나라가 보내준 영락제본永樂帝本 『사서오경』과 『성리대전』은 1427년(세종9)에 경상도, 전라도, 강원도 감사들에게 각각 판각하게 하여 주자소鑄字所에서 상납하도록 하였다. 이 책들은 다시 관학에 분급되었고 개인에게도 용지만 가져오면 찍어주기도 하였다.[214] 이렇게 하여 『성리대전』은 세종과 문종 대에 경연經筵에서 강의되었고[215], 조선의 통치체제와 학문의 발달에 커다란 영향을 미쳤다. 특히 관학체제가 확립되었던 세종 연간에 『성리대전』은 『소학』, 『효경』, 『사서오경』, 『주자가례』, 『근사록』 등과 함께 성균관과 사부학당四部學堂 및 지방향교에서 기본교재로 사용되었다. 『성리대전』이 여러 교육기관에서 교재로 사용되었던 것은 주자학의 실천 이념인 도道를 군주권으로 통제하려는 편찬 목적과 무관하지 않다고 볼 수 있다.[216]

그러나 당시 군왕과 학자들의 커다란 관심에 힘입어 도입되었던 『성리대전』에 대한 학습과 연구가 신속하게 진전된 것은 아니었다. 세종이 집현전 응교인 김돈金敦과 대화한 다음 내용은 『성리대전』에 대한 이해와 접근이 결코 손쉬운 것이 아니었음을 잘 보여준다.

> 경연經筵을 열자, 임금이 집현전 응교應敎 김돈金敦에게 "『성리대전』이 지금 인쇄되었는데, 내가 이를 시독試讀해 보니 의리義理가 정미하여 궁구하기 쉽지 않으나, 그대는 치밀하고 세밀한 사람이므로 마음을 써서 한번 읽어보라" 고 말씀하셨다. 김돈이 "스승에게 배우지 않으면 쉽게 궁구할 수 없으나 신

213) 『世宗實錄』 卷34, 8年11月 癸丑.(금지아, 『한중역대 서적교류사 연구』, 『한국연구총서77』, 한국연구원, 2010, 154쪽)
214) 금지아, 앞의 책, 147쪽
215) 『性理大全』이 경연에서 처음 강의되기 시작한 것은 세종 14년이고, 동왕 17년에는 제주 향교에까지 내려질 정도였다.(유미림, 앞의 논문, 134쪽)
216) 池富一, 앞의 논문, 53쪽.

이 마땅히 신명을 다해보겠습니다"고 응대하였다. 임금이 말씀하시기를 "비록 스승을 얻고자 하지만 실로 얻기가 어렵다"고 하였다.217)

서적은 수입하였으나 그것을 가르칠 수 있는 사람은 오랜 기간 학습과정을 거친 경험을 가진 사람이어야 하기 때문에 학습과 연구를 단시일에 진전시키는 것이 쉬운 일이 아니었던 것이다. 하지만 『성리대전』은 주자학을 연구하는 데 주요 서적인데다가, 이 가운데 수록된 『역학계몽』은 주희의 역학에 관한 주요 저술이었던 만큼 학자들의 관심은 지대할 수밖에 없었을 것이다. 이러한 배경에서 세조와 여러 관료 학자들은 『역학계몽』에 주석을 붙이기에 이르렀던 것이다.

『성리대전』이 공식적으로 세종世宗 원년元年에 명으로부터 도입되었음은 위에서 언급했다. 하지만 세종 치세 훨씬 이전의 권근權近 또한 『주역천견록』에서 『역학계몽』에 영향을 받은 내용을 종종 기록하고 있다. 이것은 『역학계몽』이 출판된 시기가 1186년이었던 만큼, 주희의 주요 저작이었던 『역학계몽』이 『성리대전』에 수록되기 이전에 권근이 개인적인 통로를 통해서는 이미 접했었다는 것을 의미한다. 그렇다면 세종 때에 비로소 도입되어 보편화되었던 『역학계몽』을 어떻게 조기에 접할 수 있었는가? 이것은 권근이 학문적 전통을 가진 고위 관료가문에서 태어나 성장했던 출신을 살펴보면 그 구체적인 이유를 알 수 있다.

권근은 『오경천견록』을 저술하면서 원명대 관학의 교제뿐만 아니라, 주희의 『역학계몽』, 『주희집』, 『주자어록』의 이론과 요로饒魯, 항안세項安世, 오징吳澄 등에 의해 전개된 송원대의 다양한 경학 이론들을 폭넓게 수용하여 자신의 경학 연구에 반영하였다. 권근이 이처럼 다양한 인물의 이론과 저술을 접할 수 있었던 것은 가학家學, 성균관을 통한 학습, 그리고 명나라 제과 응시에 대비한 경전 학습에 연유한다. 권근의 가계에는 권부權溥1262~1346, 권한공權漢功?~1349 이제현李齊賢1287~1367 등 고려 후기 성리학 수용 이후 관

---

217) 『世宗實錄』 卷39, 10年3月 甲申(우정임, 「조선초기 서적 수입간행과 그 성격-性理學書를 중심으로-」 「釜大史學」 24, 2000, 7쪽)

학에서 중요한 지위를 차지했던 인물들이 다수 포함되어 있다. 이들은 원나라를 왕래하면서 여러 학자들과 교류하면서 많은 서적들을 접하고 도입하였다. 이러한 배경이 권근이 『오경천견록』을 저술하면서 송원명대의 다양한 학설을 접할 수 있는 계기가 되었다.[218]

권근은 『주역천견록』에서 「계사전」과 「설괘전」에 대하여 부분적으로 주석을 붙였다. 이들 전에는 정이가 주석을 한 것이 없기 때문에 주로 주희의 『주역본의』와 『역학계몽』 등 주자의 학설을 기초로 내용을 설명하였다.[219] 또한 권근은 『주역천견록』에서 도서圖書와 상수象數에 관한 내용을 주석할 때 거의 전적으로 『역학계몽』에 근거하여 서술하였다.

구체적으로 보면, 「계사 상」 9장의 수의 생성 과정에 대한 설명은 「본도서」의 내용을 , '대연지수'에 관한 내용은 「명시책」의 내용을 기초로 하였으며, 제11장의 「하도낙서」에 대한 설명은 「본도서」의 내용에 근거하여 서술하였다. 그리고 「설괘전」 1장의 사상수四象數의 생성과정 및 복희선천팔괘伏羲先天八卦와 문왕후천팔괘文王後天八卦에 관한 설명은 「원괘획」의 내용을 바탕으로 설명하였다. 이렇게 『역학계몽』은 권근의 역학체계 특히 도서학과 상수학에 대한 견해를 정립하는 데 중요한 영향을 끼쳤다. 권근이 『주역천견록』을 저술할 때 참고한 저술을 열거하면, 『이천역전伊川易傳』, 『주역본의周易本義』, 『역학계몽』, 『역찬언易纂言』, 『주자어록朱子語錄』, 항안세의 『주역』 관련 저술 등이 있다.[220]

이와 같은 내용은 권근이 세종 대 이전에 이미 송원대의 여러 역학 관련 저술과 함께 주희의 『역학계몽』을 접함으로써 『주역』에 관하여 상당히 깊이 있는 연구를 진행했었음을 보여주는 것이다. 이렇게 볼 때, 『역학계몽』에 대한 연구는 이미 권근으로부터 시작되었다고 할 수 있으며, 그의 『주역

218) 권근의 성균관에서의 학습과 명나라 제과 응시를 위한 경전 학습에 대해서는 강문식의 『권근의 경학사상연구』(일지사, 2008) 216쪽 '宋元代 經傳 주석서 수용의 의미'절 참조.

219) 강문식, 『권근의 경학사상 연구』, 일지사, 2008, 146쪽.

220) 강문식, 앞의 책, 189~190/217쪽.

천견록』은 성리학과 주자학의 핵심을 꿰뚫고 있는 중국의 역철학적 경향을 조선 초에 선구적으로 제시한 중요한 연구 성과라고 할 수 있다. 이렇게 볼 때, 세조가 잠저潛邸에서 『역학계몽』에 대한 연구와 함께 주석을 붙였던 것은 결코 우연이라고 할 수 없다.

3. 「본도서」와 「원괘획」의 상수론에 대한 해석

윗 절에서는 선초에 『성리대전性理大全』을 도입한 과정과 『역학계몽』에 대한 관심, 그리고 권근의 『역학계몽』에 대한 학습과 연구에 대하여 간략하게 살펴보았다. 이 절에서는 세조가 『역학계몽요해』221)에서 『역학계몽』의 상수역학적 이론을 어떻게 설명하고 있는가를 구체적으로 살펴보고자 한다.

세조가 『요해』를 지어서 주석을 했던 『역학계몽』은 주희가 상수역학 이론을 체계적으로 제시한 저술이다. 세조의 명을 받아 『요해』를 편찬 간행하였던 최항은 『역학계몽』의 의미를 다음과 같이 제시하였다.

> 신이 생각건대, 『역易』은 천지 귀신의 심오함으로 리理의 근원이고 수數의 근본입니다. 천하의 지극한 이치를 궁구하려 해도 다할 수 없고, 천하의 지극한 변화를 극진히 하려 해도 다할 수 없습니다. 「하도河圖」가 출현하면서 이 수理數가 드러나고, 성인이 일어나면서 역도易道가 시행된 것이 어찌 우연이었겠습니까? 그러나 이전 성인이 비록 그 비밀을 열어보였더라도 후대 현명한 사람들이 다시 천명하여 그것을 밝히지 않았다면 천하 후세에 누가 괘를 세우고 효를 명명하여 사물을 열어서 힘쓸 것을 이루는 신묘함을 알았겠습니까? 오호라! 네 성인은 시대가 멀리 떨어져 있으나 진한秦漢 이후에 이설異說들이 날로 자라나서, 의리義理를 연역하는 자들은 상象에서 어그러진 데 빠졌고, 술수術數에 고착된 자들은 비루한 데에 빠져버려 『역』의 도가 거의 어두워졌습니다. 하늘은 송나라의 참된 유학자들이 이어서 주창하는 것을 열어보

221) 이후부터 『요해』라고 축약하여 표기한다.

> 였는데, 오직 우리 주자朱子 선생이 『계몽啓蒙』을 지어 바른 도리를 발휘한 후에 역의 도리가 마침내 천하에 크게 밝혀졌습니다. 「본도서」를 보면 역의 본원이 여기에서 바로 잡혔고, 「원괘획」을 보면 역의 자리가 여기에서 조명되었으며, 「명시책」을 보면 괘륵掛扐[222]의 법이 정해졌으며, 「고변점」을 보고서 나아가고 회피하는 견해가 상세하게 되었습니다. 여러 뒤섞인 학설을 잘라내고 속학의 오류를 깨뜨리며 만세에 걸쳐 네 성인의 역을 돕는데 이 책을 놔두고 어디에 의지하겠습니까?[223]

최항은 네 성인이 『역』을 지음으로써 이수理數의 심오한 근원과 천하의 지극한 변화를 다하였는데 시대가 멀어지면서 이설異說이 생겨나 각각 의리義理와 상수象數에 치우치는 폐단이 생겼다는 것이다. 이렇게 어두워진 네 성인의 도를 주자가 『역학계몽』을 저술함으로써 다시 크게 밝혔다고 주장하였다. 그는 『요해』가 『역학계몽』의 깊은 뜻을 밝혀줄 것이라는 취지를 다음과 같이 언급하였다.

> 아! 대역大易은 온갖 변화의 근본이고 오경五經의 근원이며, 백대에 걸친 제왕의 바른 학문의 근본입니다. 그러나 『역학계몽』이 없다면, 누가 대역의 문호를 엿보며, 『요해』가 없다면, 『역학계몽』의 깊은 뜻을 누가 궁구하겠습니까? 역을 담론하는 자들이 실로 이 책을 얻어서 완색한다면, 어려운 곳을 칼로 끊어내고. 가려진 차양을 벗겨내어 스스로 깨끗하고 정미하며 심원한 경지에 깊이 나아갈 수 있을 것입니다.[224]

---

222) 괘륵卦扐은 점을 보기 위하여 괘를 뽑을 때 蓍草를 세고 남은 산가지를 왼손의 손가락 사이에 끼우는 방법을 말한다.

223) 『易學啓蒙要解』 卷1, 「序」, "臣竊惟易者, 天地鬼神之奧也. 理之源也. 數之祖也. 窮天下之至賾, 而不可窮也. 極天下之至變而不可極也. 河圖出而理數著, 聖人作而易道行. 夫豈偶爾. 然而前聖雖啓其秘, 不有後賢, 復闡而明之, 則天下後世熟知. 夫設卦命爻開物成務之妙乎. 嗚呼!, 四聖遠矣. 秦韓而下異論日滋, 演義理者失之悖, 泥術數者失之陋, 而易之道, 幾晦矣. 天啓大宋眞儒迭鳴. 惟吾朱夫子, 作爲啓蒙, 發揮釐正然後, 易道遂大明於天下. 觀其本圖書也, 則易之本原於是乎正. 原卦畫也, 則易之位列於是乎照. 明蓍策也, 而掛扐之法定矣. 考變占也而趨避之見審矣. 至若折群說之殽, 破俗學之繆, 羽翼四聖人之易於萬世者, 舍是書, 奚賴哉? "

최항은 세조가 지은 『요해要解』가 『역학계몽』의 난해한 부분을 끊고 벗겨 내어 『역易』의 심원한 경지에 나아가는 통로가 될 수 있다고 주장하였다. 『역학계몽』이 상수의 근원과 괘효의 발생과정, 그리고 길흉의 변화를 설명하는 체계를 가지고서, 주로 상수역학적 내용을 담고 있는 만큼 『요해』에서 설명하는 내용 또한 주로 상수의 원리와 괘효의 변화를 설명하는 내용을 이루어져 있다. 그러면 『역학계몽』에 대하여 『요해』에서 주석한 구체적인 내용을 살펴보기로 한다.

1) 「본도서」의 주석에 대한 해석

『역학계몽』 서두에 「하도낙서」의 수를 설명하는 「본도서」에는 공자가 「하도」의 수를 천지 생성의 수로 설명하는 내용이 있다. 이것은 천일天一에서 지십地十까지 55수의 천수天數와 지수地數가 각각 두 개씩 '상득相得' 또는 '유합有合'[225]으로 다섯 개의 짝을 이루어 변화를 낳고 귀신을 운행하는 근거가 되는 것이다. 여기에서 옥재 호씨玉齋胡氏는 천지생성의 수를 십간十干에 적용하여 갑을甲乙 목木, 병정丙丁 화火, 무기戊己 토土, 경신庚辛 금金, 임계壬癸 수水가 '상득相得'이고, 갑甲과 기己, 을乙과 경庚, 병丙과 신辛, 정丁과 임壬, 무戊와 계癸가 각각 결합한 것을 '유합有合'이라고 하였다. 이것과 관련하여 세조는 '상득'하고 '유합'하는 간지干支를 음양과 오행, 방위에 대응시키고, 남매관계에 짝하여 다음과 같이 설명하였다.

> 십간은 오행의 정기精氣이다. 갑甲은 양목陽木이고 을乙은 음목陰木이며 방위

---

224) 『易學啓蒙要解』 卷1, 「序」, "吁! 大易, 萬化之本, 五經之原, 百代帝王正學之宗主也. 不有啓蒙孰窺. 大易之門戶, 不有要解, 孰窮啓蒙, 奧突乎談易之者, 苟得是書而玩索焉, 則迎刃肯綮, 發蒙蔀沛, 自可深造乎潔靜精微之蘊矣."

225) 여기에서 '相得'은 천지생성의 수 10가지를 1·2, 3·4, 5·6, 7·8, 9·10으로 서로 인접한 음양의 수로 결합한 것을 말하고, '有合'은 천지의 생수 다섯 가지와 성수 다섯 가지를 1·6, 2·7, 3·8, 4·9, 5·10으로 결합한 것을 말한다.

는 동방에서 왕성하고 형제관계로 견주어 보면 을은 갑의 여동생이다. 병丙은 양화陽火이고 정丁은 음화陰火이며 방위는 남방에서 왕성한데, 정丁은 병丙의 여동생이다. 무戊는 양토陽土이고 기己는 음토陰土이며 방위는 중앙에서 왕성하며. 기己는 무戊의 여동생이다. 경庚은 양금陽金이고 신辛은 음금陰金이며, 방위는 서방에서 왕성하며, 신辛은 경庚의 여동생이다. 임壬은 양수陽水이고 계癸는 음수陰水이며, 방위는 북쪽에서 왕성하고 계癸는 임壬의 여동생이다. 내가 이긴 자로 처妻를 삼는다면 갑목甲木은 기토己土를 처로 삼기 때문에 갑甲은 기己와 합하고, 경금庚金은 을목乙木을 처로 삼기 때문에 을乙은 경庚과 합하며, 병화丙火는 신금辛金을 처로 삼기 때문에 병丙은 신辛과 합한다. 임수壬水는 정화丁火를 처로 삼으므로 정丁은 임壬과 합하고, 무토戊土는 계수癸水로 처를 삼기 때문에 무戊는 계癸와 합한다.[226]

세조는 옥재 호씨가 상득相得 관계로 결합한 갑을甲乙부터 임계壬癸에 이르기까지 십간十干 각각의 짝을 차례로 동→남→중앙→서→북의 순서로 짝지우고, 갑甲 양목陽木, 을乙 음목陰木과 같이 십간 각각을 음양과 특정한 오행의 성질을 가진 것으로 배당하였다. 그리고 상득관계로 결합한 십간의 각각의 단위 요소를 '정丁은 병丙의 여동생이다'와 같이 남매 관계에 대응시켰으며, 유합관계에 있는 경우 이를 '임수壬水는 정화丁火를 처로 삼는다'와 같이 부처夫妻 관계에 대응시켰다. 이렇게 세조가 「하도낙서」 천지 생성의 수를 각각 음양오행과 방위, 그리고 남매와 부처夫妻의 혈연관계에 적용시킨 것은 천지자연의 생성과 방위, 그리고 사회적 관계를 수리적 원리에 따라 설명하고 있음을 의미한다.

이어서 「본도서」에 「하도」와 「낙서」의 자리와 수가 같지 않은 이유를 문

226) 『易學啓蒙要解』 卷1-12, 「此一節夫子所以發明河圖之數也 …… 諸儒之說」, "十干者, 五行之精氣, 甲陽木, 乙陰木, 位旺東方, 以比者爲兄弟, 則乙者, 甲之妹也. 丙陽火, 丁陰火, 位旺南方. 丁者, 丙之妹也. 戊陽土, 己陰土, 位旺中央. 己者, 戊之妹也. 庚陽金, 辛陰金, 位旺西方. 辛者, 庚之妹也. 壬陽水, 癸陰水, 位旺北方. 癸者, 壬之妹也. 以我剋者爲妻, 則甲木以己土爲妻, 故甲與己合, 庚金以乙木爲妻, 故乙與庚合. 丙火以辛金爲妻, 故丙與辛合. 壬水以丁火爲妻, 故丁與壬合. 戊土以癸水爲妻, 故戊與癸合."

답 형식으로 말한 부분이 있다. 여기에 대해 본문에서는 '「하도」는 다섯 생수로 다섯 성수成數를 통제하면서 같은 방위에 함께 있는데, 이는 그 온전한 것을 들어 사람에게 보임으로써 그 항상됨을 말하는 것으로 수數의 체體이기 때문이고, 「낙서」는 다섯 기수奇數가 네 우수偶數를 통제하면서 각각 다른 자리에 있는데, 이것은 양을 주로 하여 음을 통제하면서 그 변화를 시작하는 것으로 수의 변화가 되기 때문이다'227)고 하였다.

여기에 대해 운장 유씨雲莊劉氏는 음양이 합하고 나뉘는 것, 기와 질의 관점에서 「하도」와 「낙서」의 수의 성질을 설명하였다. 그는 '「하도」는 음양의 생성을 합한 것이고, 「낙서」는 음양의 홀수와 짝수를 나눈 것이다. 질質로써 말하면 나뉘어서 각각 그 고유한 자리에 있으므로 대대對待하여 일정한 체가 되고, 기氣로써 말하면 합하여 같은 방위에 함께 있으므로 유행하여 신묘한 작용이 된다'228)고 하였다. 이런 주석에 대하여 세조는 「하도」와 「낙서」에 수의 특징을 다음과 같이 설명하였다.

> 『하도』가 낳고 기르는 것은 기氣가 유행하는 것이고, 『낙서』가 기수와 우수로 나뉘는 것은 상象이 고정되어 그친 것이다. 『하도』는 원圓이 되어 움직이고, 『낙서』는 네모져서 그쳐 있다.229)

운장 유씨는 「하도낙서」를 각각 기氣와 질質의 측면에서 유행 묘용妙用하는 것과 대대對待하는 '고정된 체[定體]'로 구분하여 보았으나, 세조는 관점을 달리하여 「하도」가 기氣가 유행하는 것이라면 「낙서」는 상象이 고정되어 그쳐 있는 것으로 해석하였다. 이것은 운장 유씨가 「하도」와 「낙서」를 각각

---

227) 『易學啓蒙要解』 卷1-12, "或曰河圖洛書之位與數, 其所以不同, 何也. 曰河圖, 以五生數統五成數, 而同處其方, 蓋揭其全而示人, 而道其常, 數之體也. 洛書以五奇數統四偶數, 而各居其所, 蓋主於陽而統陰, 而肇其變, 數之變也."

228) 앞의 책, 같은 곳, "雲莊劉氏曰, 河圖者, 陰陽生成之合, 洛書者, 陰陽奇偶之分. 以質而論, 則分而各居其所, 是對待之定體也. 以氣而論, 則合而同處其方, 是流行之妙用也."

229) 앞의 책, 같은 곳, "河圖之生成, 氣之流行也. 洛書之奇偶, 象之定止也. 河圖, 圓而行, 洛書, 方而止."

기가 변화하고 유행하는 과정과 질이 대립하면서 의존하는 고정된 측면에서 본 데 반하여, 세조는 「낙서」를 상象이 고정되어 그쳐 있는 것으로 봄으로써 「하도」와 「낙서」를 기氣와 질質이 아닌 기氣와 상象으로 구별한 것이다.

세조는 「하도」는 원만하여 유행하고 「낙서」는 네모져서 그쳐 있다고 하여 그들이 유행하고 그쳐 있는 이유를 하늘과 땅의 형상形象에 두고 있다. 질質이 기氣가 형체화되는 과정의 한 단계로 유행의 한 단락인 점으로 볼 때, 운장 유씨의 해석이 「낙서」를 고정된 정체로 보는 관점과 어긋나는 면이 있는데 반하여, 세조가 「낙서」를 상象으로 보아 그쳐 있다고 보는 것은 기우奇偶의 일정함을 설명하는 데 보다 적절하다고 할 수 있다.

「본도서」에는 '7·8·9·6의 음양노소의 수가 동일하지 않은 이유가 무엇인가?'에 대하여 「하도」와 「낙서」의 수로 설명하는 부분이 있다. 그 이유를 「본도서」에서는 「하도」의 경우는 음양노소 수의 나아가고 물러나며 늘어나고 결핍되는[進退饒乏]의 준칙과 음양노소가 서로 그 장소에 저장되는[互藏其宅] 변화의 관점에서 설명하고, 「낙서」에 있어서는 7·8·9·6의 끝없는 변화가 신묘하게 되는 것의 관점에서 설명하였다.230) 여기에서 옥재 호씨玉齋胡氏는 「낙서」에 있어서 7과 8, 9와 6이 상호간에 소장하는 과정에 대하여 다음과 같이 설명하였다.

> 「낙서洛書」의 경우에 비록 종횡으로 15의 수數가 있으나 실은 모두 7·8·9·6이 번갈아 성장 소멸하는 것이다. 1은 5를 얻어 6이 되어 남방南方의 9와 번갈아 소장하게 되고, 4는 5를 얻어 9가 되어 서북西北의 6과 번갈아 성장 소멸한다. 3은 5를 얻어서 8이 되어 서방西方의 7과 번갈아 성장 소멸하고, 2는 5를 얻어서 7이 되어 동북東北의 8과 번갈아 성장 소멸한다. 대개 수가 나아가는 것은 성장하는 것이고, 물러나는 것은 소멸하는 것이다. 자라나는 것이 물러나면 다시 소멸하고, 소멸하는 것이 나아가면 다시 자란다. 6이 나아가서 9가 되면 9는 자라나면서 6은 소멸하고, 9가 물러나 6이 되면 9는 반대

230) 앞의 책, 卷1-22, "曰河圖六七八九, 旣附于生數之外矣. 陰陽老少進退饒乏之正也. 此又陰陽老少互藏其宅之變也. …… 洛書之縱橫十五, 而七八九六迭爲消長, …… 此變化無窮之所以爲妙也."

로 소멸하면서 6은 다시 자란다.[231]

여기에서는 1과 4가 각각 중앙의 5를 얻어 이루어지는 6과 9 사이에 성장 소멸하고, 3과 2가 각각 중앙의 5를 얻어 이루어지는 8과 7 사이에 성장 소멸하는 것을 6·7·8·9 각각의 방위를 언급하면서 설명하고 있다. 옥재 호씨의 주석 가운데 '6이 나아가서 9가 되면 9가 자라나면서 6은 소멸하는 것이다'와 '9가 반대로 소멸하면서 6은 다시 자란다'고 하는 구절에 대하여 세조는 「요해」에서 다음과 같이 구체적으로 설명하였다.

> 「낙서洛書」에서 볼 때, 북방北方의 1이 중앙의 5를 얻어 노음老陰의 6이 되어 남방南方 노양老陽의 9와 번갈아 소장하면 이것이 이른바 6이 나아가 9가 되면 9는 자라고 6은 소멸하는 것이다. 양은 나아가는 것을 주로 하니 6→7→8→9가 그 순서이다. 9는 나아가는 것이 극에 이른 것이기 때문에 '9가 자라면서 6은 소멸한다'고 하였다. 음은 물러나는 것을 주로 하니, 9→8→7→6이 그 순서이다. 6은 물러나는 것이 극에 이른 것이기 때문에 '9가 돌이켜 소멸하면서 6이 다시 자란다'고 하였다.[232]

세조는 여기에서 옥재 호씨가 진퇴進退가 소장消長이라는 견해에 더하여 양음陽陰이 각각 진퇴進退의 특성을 가지는 것으로 설명하고 있다. 그리고 호씨가 6과 9, 7과 8 사이의 성장 소멸만 언급한 반면, 세조는 음양이 각각 나아가고 물러나는 전체적인 과정을 포괄하여 양은 나아가는 것을 위주로 하되, 6→7→8→9의 순서에 따르고, 음은 물러나는 것을 위주로 하되 9→8

---

231) 앞의 책, 卷1-23, "其在洛書, 雖縱橫有十五之數, 實皆七八九六之迭爲消長. 一得五爲六而與南方之九, 迭爲逍長, 四得五爲九而與西北之六, 迭爲消長. 三得五爲八而與西方之七, 迭爲消長, 二得五爲七而與東北之八, 迭爲消長. 大底數之進者爲長, 退者爲消. 長者退, 則又消, 消者進, 則又長. 六進爲九, 則九長而六消. 九退爲六, 則九反消而六又長矣."

232) 앞의 책, 卷1-24, "以洛書觀之, 則北方之一得中央之五爲老陰之六, 與南方老陽之九迭爲消長. 此所謂六進爲九, 則九長而六消者也. 陽主進. 六七八九, 其序也. 九則, 進之極故云九長而六消. 陰主退, 九八七六, 其序也. 六則退之極, 故云九反消而六又長."

→7→6의 순서에 따른다고 언급하였다. 이러한 설명은 노음노양과 소음소양 수의 성장 소멸을 음양노소의 소장消長 순서에 따라 전체적인 과정에서 설명하는 것이다. 예컨대, 양이 성장하는 측면을 보면 노음老陰6에서 소양少陽7을 거쳐 소음少陰8이 되었다가 노양老陽9로 된다는 것이다.

이렇게 보면 6과 9의 소장消長 변화 속에는 7과 8의 소장 변화가 포함되어 있으며, 6과 9의 성장 소멸은 결국 7과 8의 성장 소멸을 거쳐서 이루어진다는 것을 알 수 있다. 양이 6에서 9로 성장하는 데에는 양이 7에서 8로 성장하는 것을 거쳐야 하며, 음이 9에서 6으로 물러나는 데는 8에서 7로 물러나는 것을 거쳐야 한다는 것이다. 여기에서 세조의 견해에 따르면, 9에서 7로 물러났다가 8로 다시 나아가서 다시 6으로 물러나는 경우는 없다는 것이다. 이것은 네 계절이 순환할 때 봄→여름→가을→겨울의 순서가 어긋나지 않고 차례로 바뀌는 것과 같은 이치라 하겠다.

이처럼 세조는 「본도서」에 나타난 상수적 원리를 자연의 필연적 추세와 법칙의 관점에서 설명하고 있다. 이러한 세조의 요점적 해석은 『주역』의 상수론을 기초 지우는 의미를 가지는 것이다. 다음 절에서는 「원괘획」의 주석에 대하여 해석한 내용에 대하여 살펴보기로 한다.

2) 「원괘획」의 주석에 대한 해석

『역학계몽』은 「본도서」 다음에 「원괘획原卦畫」이 이어진다. 이 장에서는 태극으로부터 양의, 사상, 팔괘, 그리고 64괘가 형성되는 원리와 괘효의 위치에 대하여 설명하고 있다. 또한 「복희팔괘도伏羲八卦圖」와 「복희육십사괘도伏羲六十四卦圖」, 「문왕팔괘도文王八卦圖」를 설명하고, 이어서 『주역』 「설괘전」의 내용을 부분적으로 인용하여 팔괘의 의미에 대하여 해명하였다. 「원괘획」에는 양의兩儀가 나뉘어 사상四象이 된다고 하는 구절이 있다. 이 구절에 대하여 주희는 다음과 같이 언급하였다.

> 태양太陽은 하나의 기수가 이제 나뉘어 왼쪽 위가 되니, 16괘의 두 번째 효이다. 소음少陰은 하나의 우수가 이제 나뉘어 왼쪽 아래가 되니, 16괘의 두 번째 효이다. 소양少陽과 태음太陰도 그 나뉘어지는 것이 이것을 본받는다. 그래서 초효의 두 가지가 나뉘어 4가지가 된다.[233)]

여기에서 주희는 태소음양太少陰陽의 사상四象이 기수와 우수로 나뉘어진다는 것과 위치하는 자리를 설명하면서, 이것은 4획으로 이루어지는 16괘의 두 번째 효가 된다고 주장하였다.

여기에 대하여 세조는 "초효 두 가지는 양의兩儀의 획을 말하고 이 획은 육십사괘의 초효가 된다. 그래서 '초효 두 가지'라고 한다. 네 가지는 좌상[太陽], 좌하[少陰], 우상[少陽], 우하[太陰]를 말한다"[234)]고 하였다. 주희에 따르면, 육십사괘의 초효와 이효로 구성되는 음양태소陰陽太少의 사상四象 각각은 유형에 따라 네 부분으로 구분하여 좌우상하에 위치한다. 이것을 이어서 세조는 초효는 음양 양의兩儀를 뜻하며 이 초효는 64괘로 구성된 것 속에서 초효가 되는 것이고, '사四'는 사상四象이 차지하는 구역을 뜻하는 것으로 보았다. 이러한 세조의 견해는 사상四象을 명시적으로 64괘 전체 속에서 보며, 사상 중 같은 부류 안에 포섭되는 것을 구역별로 구분한다는 점에서 괘효의 수리와 상을 64괘 전체적인 구도에서 보고자 하는 취지가 있다.

「원괘획」에는 「건괘乾卦☰」·「곤괘坤卦☷」가 각각 순수하게 음양의 지리를 정하고 나서 1회 교차하고 2회 교차하여 「진괘震卦☳」·「손괘巽卦☴」와 「태괘兌卦☱」·「리괘離卦☲」·「감괘坎卦☵」·「간괘艮卦☶」를 이루면서 점차로 음 또는 양이 많아진다는 것을 언급한 단락이 있다. 이렇게 「건괘」와 「곤괘」로부터 음양의 효가 초교初交 재교再交하는 것에 관하여 옥재 호씨는 구체적으로 "건곤이 순수한 음양으로 위아래의 위치를 정하면, 「진괘」는 한번 교차하고 「태괘」·「리괘」는 두 번 교차한 것으로서 일양一陽이 교차하는 것으로

---

233) 앞의 책, 卷2-33, "太陽一奇, 今分爲左上, 十六卦之第二爻. 少陰一偶, 今分爲左下, 十六卦之第二爻. 少陽太陰, 其分放此, 而初爻之二, 亦分爲四矣."

234) 앞의 책, 卷2-33, "初爻之二謂兩儀之畫也. 是畫爲六十四卦之初爻, 故云初爻之二也. 四謂左上左下右上右下也."

부터 이양二陽이 교차하는 것에 이르며. 「손괘」는 한번 교차하고 「감괘」·「간괘」는 두 번 교차하여 일음이 교차하는 것으로부터 이음二陰이 교차하는 것에 이른다"235)고 말하였다.

세조는 이것에 대하여 "「진괘震卦」의 일양一陽이 아래에서 교차한 것으로 나란히 그리면 「리괘離卦」·「태괘兌卦」는 모두 양획陽畫이 두 개씩이다. 그래서 '두 번 교차하였다'고 한 것이다. 「감괘坎卦」와 「간괘艮卦」도 이것에 따른다"236)고 하였다. 여기서 세조는 두 번 교차했다는 말에 초점을 맞추어 일양一陽의 「진괘」에다 다시 나란히 하나의 양효를 교차하면 「리괘離卦」·『태괘兌卦』가 되는데 이것이 두 번 교차했다는 뜻이라고 요약하고 있다.

「원괘획」에는 "천지가 자리잡고 산택이 기를 통하고 뢰풍이 서로 충돌하며 수화가 서로 해치지 않으면서 팔괘가 서로 섞인다. 지나간 것을 헤아리는 것은 순하고 앞으로 올 것을 아는 것은 거스르는 것이니, 그래서 『역易』은 거슬러서 헤아리는 것이다"237)라는 「설괘전」 문장을 인용하고 있다. 여기에 대하여 주희는 「복희육십사괘도」 속의 「원도圓圖」와 「방도方圖」를 순역順逆의 유무有無로 설명하였다. 그는 『역본의』에서 다음과 같이 언급하였다.

> 「원도圓圖」는 천天을 상징하여 한편으로 순하고 한편으로 거슬러서 유행 가운데 대대對待가 있으니, 마치 진팔괘震八卦가 손팔괘巽八卦에 대응하는 것과 같다. 「방도方圖」는 지地를 상징하여 거스르는 것은 있으나 순한 것은 없다. 정해진 자리 중에 대대對待가 있어서 사방으로 모지게 대립하는 것이 마치 건팔괘乾八卦가 곤팔괘坤八卦와 대립하는 종류와 같은 것이다.238)

---

235) 앞의 책, 卷2-36, "乾坤以陰陽之純, 定上下之位, 震一交, 兌離再交, 由一陽之交, 以至二陽之交也. 巽一交, 坎艮再交, 由一陰之交, 以至二陰之交也."

236) 앞의 책, 卷2-37, "以震一陽之交於下畫以之, 則離兌皆二陽畫, 故云再交, 坎艮倣此."

237)『주역』「說卦傳」, "天地定位, 山澤通氣, 雷風相薄, 水火不相射, 八卦相錯. 數往者順, 知來者逆, 是故易逆數也."

238) 앞의 책, 卷2-48, "圓圖象天, 一順一逆, 流行中有對待, 如震八卦對巽八卦之類. 方圖象地, 有逆無順, 定位中有對待, 角四相對, 如乾八卦對坤八卦之類."

여기에서 주희는 「원도」는 유행하는 가운데 대대對待가 있어서 순역順逆이 있는 것으로 보는 반면, 「방도」는 정해진 자리에서 대대하면서 사방으로 각기 상대해 있기 때문에 역逆은 있으나 순順은 없다고 보았다.

여기에 대하여 세조는 「원도」는 순역順逆이 있는 반면, 「방도」는 역은 있으나 순이 없는 이유를 설명하고 있다. 그에 따르면, 「원도」의 경우는 진팔괘震八卦로서 「복괘復卦䷗」로부터 「무망괘无妄卦䷘」에 이르는 것은 모두 이미 생겨난 괘를 향하는 것이니 이것은 순한 것이고, 손팔괘巽八卦로서 「구괘姤卦䷫」로부터 「승괘升卦䷭」에 이르는 것은 모두 아직 나타나지 않은 괘를 향하므로 거스르는 것이다. 「방도」의 경우는 건팔괘乾八卦로서 「건괘乾卦䷀」로부터 「태괘泰卦䷊」에 이르는 것은 모두 아직 생겨나지 않은 괘를 향하고, 곤팔괘坤八卦로서 「비괘否卦䷋」로부터 「곤괘坤卦䷁」에 이르는 것도 또한 아직 생겨나지 않은 괘를 향한다. 나머지 여섯 괘도 모두 그렇다. 그래서 역은 있으나 순은 없다.239)

여기에서 세조는 「원도」의 경우 이미 생겨난 괘를 따라 도는 것은 순방향이 되지만, 아직 생기지 않은 괘를 거슬러 올라가는 것은 역방향이 된다고 보았다. 반면 「방도」의 경우는 건팔괘나 곤팔괘의 순서가 모두 아직 생겨나지 않은 괘를 거슬러 따라가는 것이므로 역은 있지만 순은 없다는 것이다. 이처럼 세조는 「복희육십사괘도」의 「원도」와 「방도」에서 괘의 순역順逆을 이생괘已生卦와 미생괘未生卦의 기준에 따라 설명하였다.

이러한 해설은 일반적인 내용임에도 불구하고 「원도」와 「방도」에 괘가

---

239) 앞의 책, 卷2-48, "震八卦, 自復至无妄, 則皆向已生之卦, 是爲順. 巽八卦自姤至升, 則皆向未生之卦, 是爲逆. 此所謂數往者順知來者逆也."; "乾八卦, 自乾至泰, 則皆向未生之卦. 坤八卦, 自否至坤, 亦向未生之卦. 餘六卦皆然, 故云有逆無順." 주희는 「원도」 및 「방도」와 연관하여, '다만 하늘에 있는 것으로 한편으로 거스르고 한편으로 순한 것은 괘기가 운행하는 것이고, 地에 있어서 오직 거스름만을 위주로 하는 것은 괘획이 이루지는 바탕이 되는 것일 뿐이다(特在天者一逆一順, 卦氣所以運, 在地者惟主乎逆, 卦畫所以成耳.)'고 하였다. 이 구절에 대하여 세조는 하늘이 거스르고 순하면서 괘기의 운행을 이루는 것은 복희 「圓圖」를 가리켜 말하는 것이고, 땅이 거스름만을 위주로 하여 괘획을 구성하는 토대가 되는 것은 「方圖」를 가리켜 말하는 것이라(指伏羲圓圖而言.; 指伏羲方圖而言.:『要解』 卷2-48)고 하였다.

배치되어 있는 것이 유행流行 속의 대대對待인가 정체定體 속의 대대인가를 구별하는 데 인식이 미치고 있음을 알 수 있다. 요컨대, 세조는 천天을 본뜬 유행하는 상수와 지地를 본뜬 정체定體로서의 상수를 구별하였다.

세조는 「건괘」와 「곤괘」가 서로 교감하여 육자녀괘六子女卦를 낳는 것과 관련해서도 음양을 남자와 여자의 기질의 강약強弱의 측면에서 설명하였다. 「원괘획」 마지막 부분에는 「건괘」와 「곤괘」가 한번 찾고[一索], 두 번 찾으며[二索], 세 번 찾는 것[三索]을 통하여 세 아들과 세 딸을 낳는 것에 대하여 언급하였다. 여기에서 옥재 호씨는 「건괘」와 「곤괘」가 여섯 자녀를 낳는 과정을 다음과 같이 설명하였다.

> 대개 장남, 중남, 소남의 세 아들은 곤체坤體에 근본하여 각각 「건괘乾卦」의 일양一陽을 얻어서 이루어진다. 이 양陽은 음에 뿌리를 두기 때문에 곤坤으로 돌아간다. 장녀, 중녀, 소녀의 세 딸은 건체乾體에 근본하여 각각 「곤괘坤卦」의 일음一陰을 얻어 이루어진다. 이 음은 양에 뿌리를 두기 때문에 건乾으로 돌아간다.240)

여기에서 옥재 호씨는 「건괘」와 「곤괘」가 교감하여 여섯 아들 딸을 낳는 과정을 설명하고 있다. 이때 남자는 양이 하나인 괘이므로 그 바탕은 곤체坤體가 되고, 「건괘」로부터 얻은 일양一陽이 한 괘의 중심적 역할을 한다. 반면 여자는 음陰이 하나인 괘이기 때문에 그 바탕은 건체乾體가 되는 반면, 곤으로부터 얻은 일음一陰이 중심적 역할을 한다.

이러한 관점을 고려하여 세조는 이 구절에 대해 "남자는 기氣는 강하지만 질質이 약하고, 여자는 질은 강하지만 기는 약하다"241)라고 주석하였다. 이것은 바로 「건괘」와 「곤괘」가 교감함으로써 여섯 아들 딸을 구성하는 음양의 결합관계에서 숫자가 적은 것이 그 남녀의 성性을 결정하는 반면, 숫자

---

240) 앞의 책, 卷2-62, "蓋三男本坤體, 各得乾一陽而成, 此陽根於陰, 故歸之坤也. 三女本乾體, 各得坤一陰而成, 此陰根於陽, 故歸之乾也."

241) 앞의 책, 卷2-62, "男, 氣强而質弱, 女, 質强而氣弱."

가 많은 것은 그 바탕을 이루는 것으로 보는 것이다. 그런데 일반적으로 기는 양으로 규정되는 반면, 질은 음으로 규정되기 때문에 세조는 남녀 사이에 기질氣質의 강약이 서로 상반되는 것으로 해석한 것이다.

세조는 「원괘획」의 내용에 대한 주석에서 이처럼 양의兩儀에서 효의 중복을 통하여 64괘가 형성되는 과정, 팔괘八卦에서의 음양의 소장에 따른 괘의 형성 순서, 또 「복희육십사괘도」의 「원도」와 「방도」의 순역의 유무에 따른 유행流行과 정체定體의 구별 등에 유의하였다. 세조에서 이러한 해석들은 「원괘획」이 내포하고 있는 64괘의 수리적 원리와 유행 대대를 통한 시간적 역순의 추세와 정체 및 대대를 통한 공간적 상수象數 등에 대하여 통찰하고 있음을 뜻한다.

4. 「명시책」과 「고변점」의 상수적 원리 해석

이 절에서는 『역학계몽』 후반부를 차지하는 「명시책」과 「고변점」에 대하여 세조가 주석한 내용을 검토하고자 한다. 세조는 이 가운데 특히 「명시책」의 내용에 대해 주희와 옥재 호씨가 주석한 내용에 대해 비교적 자세하게 부연 설명하고 있다. 반면 「고변점」의 내용과 이들 주석에 대해서는 몇 군데 주석하는 데 머물렀다. 따라서 본 장에서는 「명시책」 내용을 주석한 여러 학자들의 견해에 대해 세조가 부연 설명한 내용을 살펴보기로 한다. 먼저 「명시책」에서는 시책을 가지고 음양노소의 괘획을 이끌어내는 과정에서 드러나는 경우의 수를 모두 매거하면서 그 특징과 내용을 매우 자세하게 설명하고 있다.

「명시책」에는 노음老陰의 책수를 헤아리고 노음수 6을 얻은 과정을 설명하는 구절이 나온다. 여기에서는 '걸고 낀 숫자가 25인데 처음 건 하나를 제외하면 24가 된다. 이것을 네 개씩 묶어서 다시 셋으로 나누면 두 개짜리가 셋이 된다. 2는 우수偶數로 네모를 상징하여 그 반을 쓰기 때문에 3이 된다. 두 개 가운데는 다시 두 개가 있어서 3과 2를 쌓으면 6이 된다. 헤아린 시책蓍策의 숫자도 24개이므로 네 개씩 묶으면 또한 6을 얻는다'[242]고 하였다.

이와 관련하여 옥재 호씨는 소양少陽의 수를 이끌어내는 과정을 언급하는 구절이 있다. 그는 "소양少陽은 괘륵한 것을 보면 우수가 둘 기수가 하나인 것이 20가지 경우가 나온다. 네모를 상징하는 것은 그 반의 수를 쓰므로 두 개의 우수를 둘로 하면 4가 된다. 원을 상징하는 것은 전체 수를 그대로 쓰는데 하나의 기수를 셋으로 하면 3이 되어 이를 합하면 7이 된다. 세어낸 시책은 4를 일곱 번 하여 28이 되니, 또한 8에 2를 곱하고 4에 3을 곱한 것이다"[243]고 하였다. 여기에서 8을 두 번 곱한다는 것은 우수가 8인데 여기에 지수地數 2를 곱하는 것이고, 4를 세 번 곱한다는 것은 기수가 4인데 여기에 천수天數 3을 곱하는 것이다. 세조는 이것을 요약하면서 8을 둘로 한 것은 16이고, 4를 셋으로 한 것을 12인데, 이를 합하면 28이 된다[244]고 하였다.

계속하여 옥재 호씨는 노소음양의 수의 3변을 통한 기우奇偶의 수와 괘상을 설명한 곳에서 소음에 대하여 설명하고 있다. 그는 소음少陰은 삼녀三女의 상을 포괄하는 것으로 건乾이 곤坤을 찾아서 변화된 것으로 손巽과 리離와 태兌가 된다고 하였다. 세조는 이것에 대해 소음의 음양의 개수와 함께 삼녀 중 각 괘에 해당하는 경우를 명시하였다. 그는 "소음은 기수가 둘이고 우수를 하나로 한다. 손은 장녀이고, 리는 중녀이며, 태는 소녀이다. 모두 양획陽畫이 둘이고 음획陰畫이 하나이다"[245]라고 요약하였다.

---

242) 앞의 책, 卷3-15, "掛扐之數二十有五, 除初掛之一, 爲二十有四. 以四約而三分之, 爲二者三. 二偶象方而用其半, 故三. 二之中各復有二而積三二之數, 則爲六. 過揲之數, 亦二十有四, 以四約之, 亦得六焉."

243) 앞의 책, 卷3-17, "少陽掛扐, 兩偶一奇, 爲二十. 象方用半, 兩其二偶爲四. 象圓用全, 三其一奇爲三, 合而爲七, 過揲四七二十八, 則亦兩其八參其四也."

244) 앞의 책, 卷3-17, "兩八爲十六, 三四爲十二, 合成二十八數."

245) 앞의 책, 卷3-19, '變爲巽離兌乎', "少陰陽奇一偶, 巽, 長女, 離, 中女, 兌, 少女, 皆陽畫二陰畫一."

「명시책」에는 삼변三變과 사영四營 을 통하여 괘를 이루는 과정을 설명한 내용이 제시되어 있다. 여기에서 옥재 호씨는 제일변에서 제삼변까지 시책을 헤아리고 남은 수가 제일변에서 5 또는 9가 되는 반면, 제이변과 제삼변에서는 4 또는 8이 되는 것과 관련하여 주희의 견해를 인용하여 다음과 같이 제시하였다.

> 주희가 변론하여 말하였다. "걸지 않을 수 없는 까닭에는 두 가지 설이 있다. 대개 삼변三變 가운데 앞의 일변一變은 양에 속하기 때문에 그 나머지 5와 9는 모두 기수奇數인 반면, 뒤의 이변二變·삼변三變은 음에 속하기 때문에 그 나머지 4와 8은 모두 우수偶數이다. 양에 속하는 것은 양이 세 개가 되고 음은 한 개가 되는데 이것은 모두 둘레를 3으로 지름을 1로 삼는 방법이다. 반면 음에 속하는 것은 음이 두 개가 되고 양이 두 개가 되는데, 이것은 모두 네 방위 둘레가 4가 되는데 그 반을 쓰는 방법이다."246)

위에서 주희는 한 묶음의 시책蓍策으로 일변一變을 할 때 시책 한 개를 먼저 왼쪽 손가락 사이에 걸어 두는 까닭에 두 가지 설이 있다고 말하면서, 제일변과 제이변 제삼변의 남은 시책 수의 합이 각각 5 또는 9 및 4또는 8로 기수가 되고 우수가 되는 것에 대하여 언급하고, 동시에 이들의 음양의 수를 제시하였다.

이런 견해에 대하여 세조는 '5를 얻은 것은 기수가 셋인데 이것은 양이 셋이 되는 것이고, 9를 얻은 것은 우수가 하나인데 이것은 음이 하나가 되는 것이다'247)고 하였다. 세조는 4와 8에 대해서도 각각 4를 얻은 것은 기

---

246) 앞의 책, "卷3-22, "朱子辨之曰, 所以不可不掛者, 有兩說. 蓋三變之中, 前一變屬陽, 故其餘五九, 皆奇數. 後二變屬陰, 故其餘四八, 皆偶數.. 屬陽者, 爲陽三而爲陰一, 皆圍三經一之術. 屬陰者, 爲陰二而爲陽二, 皆以圍四用半之術也." 시책에서 남은 수가 제일변에서 5 또는 9가 되고, 제이변과 제삼변에서 4 또는 8이 될 때 5와 4는 네 개씩 헤아리는 횟수가 한번이므로 1로서 奇數가 되고 9와 8은 4×2=8하여 두 번을 포함하므로 偶數가 된다는 것이다.

247) 앞의 책, "卷3-22, "得五者三奇也. 是爲陽三也. 得九者, 一偶也. 是爲陰一也."; "得四者, 二奇也, 是爲陽二也. 得八者, 三偶也, 是爲陰二也."

수가 두 개이므로 양이 둘이 되는 것이고, 8을 얻은 것은 우수가 두 개이므로 음이 둘이 되는 것이라고 하였다. 그는 제일변第一變에서 제삼변第三變까지 시책을 4개씩 헤아린 후에 남은 시책의 수 5 또는 9와 4 또는 8의 기수와 우수의 숫자에 대하여 주희의 설에서 제시된 내용을 구체적으로 부연하여 해설하였다.

이어서 세조는 필담 심씨筆談沈氏가 시책을 헤아리고 난 후의 획수에 대하여 언급한 내용에 대해서도 구체적으로 설명하였다. 심씨는 남은 시책의 음양 수에 대하여 다음과 같이 언급하였다.

> 무릇 헤아리고 나서 되돌리는 나머지 수에는 많은 것이 있고 적은 것이 있다. 많은 것은 음이 되어 마치 효의 우수와 같으며, 적은 것은 양이 되어 마치 효의 기수와 같다. 세 개가 적은 것은 건이 된다. 그러므로 '노양'이라고 말한다. 아홉 번 헤아려서 얻기 때문에 그 숫자가 9이며 그 책수는 36개이다.[248]

여기에서 되돌리는 시책 수 중에 많은 것은 9 또는 8이고, 적은 것은 5 또는 4인데, 앞의 것은 우수이고 뒤의 것은 기수이다. 이것에 대하여 세조는 노양의 책수가 되는 까닭에 대하여 언급하고 있다. 그는 "48책에서 4개씩 9번 제거하고 나서 남는 책이 노양老陽의 시책이 된다. 이것이 아홉 번 헤아려 얻고 남은 것이다"[249]고 하였다. 세조는 설시揲蓍를 시작할 때의 책수를 48개로 규정하면서 4개를 아홉 번씩 덜어내고 남은 12개 책을 노양의 책수로 간주하였다. 이것은 노양의 수數가 9인데 비하여 노양을 남은 책수의 관점에서 바라보는 것이다. 남은 책수 12는 바로 네 개씩 덜어낸 것이 세 번 묶인 것으로 이것은 4개를 한번 덜어낸 것이 세 번 있는 것이므로 기수奇數가 셋이 되는 것이다. 따라서 세조의 이러한 해석은 노양老陽 수의

248) 앞의 책, 卷3-24, "凡歸餘之數有多有少. 多爲陰如爻之偶, 少爲陽如爻之奇. 三少, 乾也. 故曰老陽. 九揲而得之, 故其數九, 其策三十六."

249) 앞의 책, 卷3-24, "其數九其策三十六", "四十八策, 去四箇九, 而餘十二策爲老陽之策, 是得於九揲之餘也."

실제가 기수奇數 세 가지로 이루어져 있음을 보여주는 것이다.

다음으로 「명시책」에서 설시의 삼변三變에 대하여 기록한 내용 가운데 "삼변 이후에는 노老는 양陽이 풍부한 반면 음은 결핍되고, 소少는 양이 적은 반면 음이 많은데 여기에는 또한 모두 자연의 법상이 있다"[250]고 하는 내용이 제시되어 있다. 옥재 호씨는 음양기우陰陽奇偶가 설시에서 드러날 때에는 두 가지 '노老'의 수를 쓰며 '소少'의 수를 쓰지 않는 것으로 언급하면서 음양노소의 수가 많아지고 적어지는 것에 대하여 언급하였다.

> 시책을 헤아려서 용으로 드러나는 데 이르러서는 이노二老를 쓰면서 이소二少를 쓰지 않는다. 그러나 그 수의 풍요와 결핍, 많음과 적음은 실로 개괄하여 논할 수 없는 점이 있다. 그래서 세 번 헤아리는 변화로서 노老의 수는 양이 풍부하고 음이 결핍되는 반면, 소少의 수는 양이 적고 음이 많다. 이노二老는 양陽의 움직임을 위주로 하기 때문에 노음老陰은 그 네 개를 노양老陽에 돌려준다. 그래서 노양老陽은 12를 얻고 노음老陰은 4를 얻는다.[251]

호씨는 시책을 헤아리는 과정으로서 삼변의 작용을 거치면서 이루어지는 경우의 수를 살펴보면, 수의 노소에 따라서 음양의 요핍다과饒乏多寡가 상반되는 것으로 설명하였다. 구체적으로 양은 '노老'에서 많고 '소少'에서 적으며, 음은 노에서 적고 소에서 많다. 그리고 '노老'는 양의 움직임이 위주가 되기 때문에 노음이 노양에게 네 개의 수를 돌려주는 것으로 보았다.

세조에 따르면, 이노二老는 본래 모두 8개인데 노음은 돌려보내 네 가지를 노양에 보냈기 때문에 나머지는 네 가지 뿐이다. 반면 노양은 노음의 네 개를 함께 얻어서 12개를 이루었다. 그래서 노양으로 변화한 것은 12가지이고 노음으로 변한 것은 4가지이다.[252] 세조는 여기에서 노양과 노음이 똑같이

---

250) 앞의 책, 卷3-23, "三變之後, 老者陽饒而陰乏, 少者陽少而陰多, 亦皆有自然之法象焉."

251) 앞의 책, 卷3-26, "至於揲著而見於用. 用二老而不用二少. 然其爲數之饒乏多寡, 實有可不槪論者. 是以三揲之變, 老者陽饒而陰乏, 少者陽少而陰多. 二老以陽之動爲主, 故老陰以其四歸于老陽, 而老陽得十二, 老陰得四也."

8가지였는데 일방적으로 4개를 주고받음으로써 각각 12가지와 4가지를 얻은 것으로 설명하였다.

이어서 「명시책」에서는 괘륵掛扐[253]한 수는 7·8·9·6의 근원인 반면, 과설過揲한 수는 7·8·9·6의 파생으로 언급하는 구절이 있다. 이와 관련하여 세조는 괘륵한 책수와 과설한 책수 사이의 상호 관계는 전체 시책 수 49를 기준으로 서로 상대 책수를 뺀 것이라고 언급하였다.

> 전체는 49책을 말한다. 삼변하여 5 하나와 4 둘을 얻어서 모두 13책을 얻어 노양老陽의 걸고 끼운 수가 되면 그 나머지 36책은 노양의 과설한 책수가 된다. 또 삼변하여 9 하나와 4 두 개 또는 5 하나와 4 하나 8 하나를 얻어서 모두 17책을 얻어서 소음少陰의 걸고 끼운 수가 되면 그 나머지 32책은 소음의 과설한 책수가 된다. 소양少陽과 노음老陰 또한 이와 같다.[254]

세조는 이처럼 괘륵한 책수가 결정되고 나서 비로소 과설한 책수가 결정되는 것으로 보아 괘륵하고 과설하는 것을 통하여 7·8·9·6의 노소음양의 수가 근원으로부터 파생되는 취지를 해설하였다.

「명시책」에는 건乾의 책수 216과 곤坤의 책수 144를 합하여 360을 한해의 기간으로 간주하는 구절이 있다. 이와 연관하여 주희는 해와 달이 한 해 동안 운행하여 이루어지는 날짜의 상관관계를 다음과 같이 말하였다.

---

252) 앞의 책, 卷3-26, "二老本皆八而老陰歸送, 其入內之四于老陽, 則所餘四而已. 老陽兼得老陰之四, 則成十二, 故老陽之變十二, 老陰之變四也,"

253) '과설過揲'과 '괘륵卦扐'의 의미: 시초점을 칠 때 산가지를 네 개씩 세는 것을 '과설'이라고 하고, 먼저 시초 하나를 건 다음 세고 나서 남은 시초를 손가락 사이에 끼우는 것을 '괘륵'이라고 말한다.

254) 앞의 책, 卷3-35, "全謂四十九策也. 三變而得一箇五, 兩箇四, 總十三策, 而作老陽掛扐之策, 則其餘三十六策, 爲老陽過揲之策, 又三變而得一箇九兩箇四·或一箇五一箇四一箇八, 總十七策, 而作少陰掛扐之策, 則其餘三十二策, 爲少陰過揲之策, 少陽老陰亦如是."

천체는 지극히 둥글어 한 둘레가 365와 1/4도이다. 땅을 왼쪽으로 싸고 한 바퀴 도는데 늘 하루에 한 바퀴를 돌고 1도를 지나친다. 해는 하늘에 걸려 있어서 조금 지체되기 때문에 해의 운행은 하루에 또한 땅을 싸고 한 바퀴 돌지만, 하늘에 있어서 1도 미치지 못하게 된다. 365일과 235/940일을 쌓아서 하늘과 만나니, 이것이 한 해 동안 해가 운행하는 도수이다. 달은 하늘에 걸려 있으나 더욱 느려서 하루에 항상 하늘보다 13도와 7/19도를 미치지 못한다. 29일과 499/940일을 쌓아서 해와 만나니 12번을 만나면 온전한 날을 얻은 것이 348일이고, 나머지를 모은 것이 5988이니, 날짜를 정하는 법에 따르면 940을 하나로 하여 여섯 번을 얻어도 다하지 않고 348이 남는다. 얻은 날을 통틀어 계산하면 354일과 348/940일이 되니, 이것이 한 해 달이 운행한 도수이다. 한 해는 열두 달이 있고, 한 달에는 30일이 있으니, 360은 일년의 변치 않는 수이다. 그래서 해가 하늘과 만나는 때에는 5일과 235/940일이 더 많으니 이것이 기영氣盈이 된다. 달이 해와 만나는 때에는 5일과 592/940이 적으니, 이것이 삭허朔虛가 된다. 기영과 삭허를 합쳐서 윤달이 생긴다.[255]

주희는 해가 운행하는 속도와 달이 운행하는 속도의 차이로 발생하는 날짜의 차이를 조정하고 맞추면서 이것을 '기영氣盈'과 '삭허朔虛'로 요약하고 있다.

이런 견해에 대하여 세조는 위의 내용이 가리키는 구체적인 뜻을 설명하면서 해의 날짜 수와 달의 날짜 수의 관계와 차이를 언급하고 있다. 그는 일년에 달이 열 두번 만나서 얻어지는 348일은 29에 12를 곱하여 얻어진다고 말하고, 나머지 '분分'을 쌓아서 얻어진 5988은 499에 12를 곱하여 얻어진다고 언급하였다. 그는 기영과 삭허 사이의 관계를 "360일을 두고서 354

255) 앞의 책, 卷3-41, "天體至圓, 周圍三百六十五度四分度之一. 繞地左旋, 常一日一周而過一度. 日麗天而少遲, 故日行, 一日亦繞地一周, 而在天, 爲不及一度. 積三百六十五日九百四十分日之二百三十五而與天會, 是一歲日行之數也. 月, 麗天而尤遲, 一日, 常不及天十三度十九分度之七. 積二十九日九百四十分日之四百九十九而與日會, 十二會, 得全日三百四十八, 餘分之積, 又五千九百八十八, 如日法九百四十, 而一得六, 不盡, 三百四十八. 通計得日, 三百五十四九百四十分日之三百四十八, 是一歲月行之數也. 歲有十二月, 月有三十日, 三百六十者, 一歲之常數也. 故日與天會而多五日九百四十分日之二百三十五者, 爲氣盈. 月與日會而少五日九百四十分日之五百九十二者, 爲朔虛. 合氣盈朔虛而閏生焉."

일을 빼면 6일 안쪽으로 남는다. 다시 1일을 940분으로 삼아 취하여 348분을 빼면 592분이 남는다. 그래서 '소少'를 합한다고 한다"256)라고 설명하였다. 세조는 이처럼 건곤의 책수로부터 해와 달의 운행으로부터 도출되는 일년의 날짜를 연역하는 것에 대하여 설명하고 있다. 이것은 그가 역학을 역법曆法에 응용하는 수리적 역학을 이해하고 있음을 보여주는 것이다.

『역학계몽』에서 「고변점」은 점괘를 뽑은 이후에 괘효卦爻가 변하는 것을 고려하여 점을 보는 방법에 대하여 기술한 부분이다. 『역학계몽요해』에서 세조는 「본도서」, 「원괘획」, 「명시책」의 비교적 많은 구절에 주석을 단 것에 비하여 「고변점」에 대해서는 몇 군데 주석을 붙이는 데 그쳤다. 하지만 이 부분의 주석은 세조가 점을 보는 방법에 대하여 어떻게 이해하고 있었는가 하는 단면을 보여주는 자료라고 할 수 있다. 그리고 이 부분의 주석은 괘효의 변화에 대한 인식을 내포하고 있다는 점에서 일정한 중요성을 가진다. 「고변점」에 대한 세조의 주석을 통하여 그의 괘효의 변화와 점에 대한 이해를 살펴보기로 한다.

「고변점」의 원문에는 「건괘乾卦」의 용구用九와 「곤괘坤卦」의 용육用六을 설명하는 구절이 나온다. 이 가운데 「곤괘」 용육의 구절과 그에 대한 상전象傳을 언급하는 부분에서 「곤괘」를 인용하여 "영구히 곧음을 지키는 것이 이롭다[利永貞]"는 괘사의 「상전象傳」에서 '육六'을 쓰는 데 영구히 곧음을 지킨다는 것은 큰 것으로 마치는 것이다"257)고 하였다. 여기에서 「곤괘」를 설명하면서 '큰 것으로 마친다'는 의미를 『역학계몽』 원문에서 이영정利永貞을 해

---

256) 앞의 책, 卷3-41, "置二十九日以十二乘之而得."; "置四百九十九, 以十二乘之而得."; "置三百六十日, 以三百五十四日減之, 則餘六日內, 又取一日作九百四十分, 以三百四十八分減之, 則餘五百九十二分, 故云少合." 여기에서 '소를 합한다[少合]'는 것은 노양노음의 책수 216과 144를 합한 것이 360이 되는 것과 마찬가지로 소양소음의 수 168과 192를 합해도 360이 똑같이 나온다고 하는 뜻으로 「명시책」의 원문을 인용한 것이다.(少陽之策二十八, 積乾六爻之策, 則一百六十八. 少陰之策三十二 積坤六爻之策, 則一百九十二. 此獨以老陰陽之策爲言者, 以易用九六, 不用七八也. 然二少之合, 亦三百有六十.『:易學啓蒙要解』 3-40)

257) 앞의 책, 卷4-2, "坤卦用六利永貞. 象曰用六永貞, 以大終也."; "利永貞, 則陰皆變陽之義也."

석한 곳을 통해서 그 뜻을 추론해 볼 수 있다.

여기에서 '영구히 곧음을 유지하는 것이 이롭다는 것은 음이 모두 양으로 변한다는 뜻이다'[258]고 하였다. 이것은 바로 「곤괘」가 곧음을 유지할 수 있는 것은 바로 음효가 양효로 바뀌는 변효變爻이기 때문이라는 것이다. 이것으로 추론해 볼 때 '큰 것으로 마친다'는 것은 바로 양효의 덕으로 마치는 것을 뜻한다. '대大'라는 글자와 연관하여 주희는 "양은 크고 음은 작으니 「대과괘大過卦䷛」나 「소과괘小過卦䷽」 같은 것이 모두 이것이니, 음양으로 말한 것이다"[259]고 하였다.

이것에 대하여 세조는 주희의 견해에 따라 「대과괘」와 「소과괘」의 예를 들면서 구체적인 괘효의 숫자를 가지고 '대大'자의 뜻을 설명하였다. 그는 "「대과괘」는 양획陽畫이 네 개이기 때문에 큰 것이 지나치게 된 것인 반면, 「소과괘」는 음획陰畫이 네 개이기 때문에 작은 것이 지나치게 된 것이다. 이것은 양이 크고 음이 작은 것을 구분한 것이다"[260]고 하였다. 여기에서 세조는 「곤괘」의 용육用六을 설명하는 '대'자를 괘의 음양의 성질 중에 양의 성질을 뜻하는 것으로 이해한 것이다.

「고변점」에는 세 효가 변하는 경우에 점을 보는 방법에 대하여 언급한 부분이 있다. 이것은 "세 효가 변할 때는 본괘本卦와 지괘之卦의 단사彖辭를 가지고 점을 보는데, 본괘는 '정貞'이 되고 지괘之卦는 '회悔'가 된다. 앞의 10개 괘는 '정貞'을 주로 하고 뒤의 10개 괘는 '회悔'를 주로 한다"[261]고 하였다. 이 구절에 대하여 사수 정씨沙隨程氏는 진晉나라 공자公子 중이重耳의 사례를 들어서 세 효가 변하는 경우에 점을 치는 사례를 다음과 같이 설명하였다.

---

258) 앞의 책, 卷4-2, "利永貞, 則陰皆變陽之義也."
259) 앞의 책, 卷4-3, "朱子曰, 陽爲大, 陰爲小, 如大過小過之類, 皆是, 以陰陽而言."
260) 앞의 책, 卷4-3, "大過陽畫四, 故爲大者過. 小過陰畫四, 故爲小者過, 此陽大陰小之分也."
261) 앞의 책, 卷4-3, "三爻變, 則占本卦及之卦之彖辭, 而以本卦爲貞, 之卦爲悔. 前十卦主貞, 後十卦主悔."

> 진晉나라 공자公子 중이重耳는 나라를 얻는데 대하여 점을 쳤는데, 본괘는 「준괘屯卦䷂」를 지괘는 「예괘豫卦䷏」를 만났는데 불변효는 모두 팔[八:소음]이었다. 대개 초효初爻와 사효四爻, 오효五爻 등 세 효는 변한 것이다. 초효와 오효는 용구用九로 변한 것이고, 사효는 용육用六으로 변한 것이다. 그 변하지 않은 것은 이효, 삼효, 상효로 그 두 괘에 있어서 모두 팔소음八:少陰이다. 그래서 모두 '팔八이다'고 하였다. 그래서 사공司空 이자李子는 점을 치고서 '모두 제후를 세우는 것이 이롭다'고 하였다.[262]

공자 중이重耳가 나라를 얻으려고 할 때 얻은 점괘는 「준괘」에서 「예괘」로 옮아가는 괘상으로 '제후를 세우는 것이 이롭다'는 상징적 의미를 취하였다. 이 경우가 세 효가 변한 것으로 점을 본 것이다.

세조는 여기에 주석을 붙여 "초효와 오효가 용구로 변했다는 것은 「준괘」 초효와 오효가 용구이기 때문에 「예괘」의 음효로 변한 것이다"고 하였다. 또 "사효가 용육으로 변했다는 것은 「준괘」 사효가 용육이기 때문에 「예괘」의 양효로 변한 것이다"고 하였다. 이어서 그는 "그 변하지 않은 것으로서 이효, 삼효, 상효가 모두 '팔八'이라고 한 것은 모두 변하지 않아서 소음少陰이 된 것이다"[263]라고 설명하였다. 이처럼 세조는 중이가 구체적으로 점을 친 사례에 대하여 주석을 붙임으로써 점을 치는 방법과 점괘를 적용하여 괘효사를 읽는 방법에 대하여 일정한 견해를 피력하고 있다.

---

262) 앞의 책, 卷4-3, "沙隨程氏曰, 晉公子重耳, 筮得國, 遇貞屯悔豫, 皆八. 蓋初與四五, 凡三爻變也. 初與五, 用九變, 四用六變. 其不變者, 二三上在兩卦, 皆爲八, 故云皆八, 而司空李子, 占之曰皆利建侯."

263) 앞의 책, 卷4-6, "謂屯之初五用九, 故變爲豫之陰."; "謂屯之四用六, 故變爲豫之陽."; "言皆不變而爲少陰也."

5. 「보해補解」의 『역학계몽』 해석과 상수학적 이해

세조가 저술한 『역학계몽요해』는 대부분 『역학계몽』의 원문을 주석한 내용을 좀 더 부연 설명한 것으로 이루어져 있다. 그러나 세조는 『역학계몽』의 전체 내용에 대하여 주석하지 않은 만큼, 많은 부분 설명하지 못한 미진한 부분이 있다고 할 수 있다. 그리하여 세조는 『요해』를 최항과 한계희 등에게 교정하게 하면서 미진한 부분이 있으면 설명을 덧붙여도 좋다고 명하였다. 이에 최항과 한계희 등은 세조가 주석하지 않았거나 미진한 부분에 대하여 추가로 주석을 붙여서, 『역학계몽보해』라고 명명하였다. 그러면 『보해』의 내용을 통하여 최항과 한계희가 『역학계몽』의 상수역학적 원리와 내용을 어떻게 이해하였는가 하는 점을 살펴보기로 한다.

최항은 공안국이 「하도」와 「낙서」가 복희와 우임금 때 출현한 것을 언급한 부분에 대한 주석에서 「하도」와 「낙서」가 각각 도圖와 서書로 명명된 이유에 대하여 다음과 같이 설명하였다.

> 「하도河圖」는 일一에서 십十에 이르는 55개의 점이 용마의 등에 있는 것으로서 그 회오리처럼 돈 원모양의 털이 마치 별모습과 같아서 '도圖'라고 말하였다. 「낙서洛書」는 일一에서 구九에 이르는 45개의 점이 거북 등에 있는 것인데, 그 터진 무늬가 글자 획과 같아서 '서書'라고 말하였다.[264]

최항은 「하도낙서」가 각각 55와 45라는 숫자도 이루어져 있으며 또한 형상과 무늬를 본떠서 만든 것이라고 말하였다. 이것은 「하도」와 「낙서」에는 상수의 원형적 요소가 처음 출현할 때 이미 내포되어 있었다는 것을 뜻하는 것이다.

『역학계몽』의 「본도서」 앞부분에는 천일天一에서 지십地十까지 천수天數 25와 지수 30을 합한 천지의 수 55가 변화를 이루고 귀신을 운행한다고 말하

264) 앞의 책, 卷1-3, "河圖自一至十, 五十五點之在馬背者, 其旋毛之圈有如星象, 故謂之圖. 洛書自一至九四十五點之在龜背者, 其拆文如字畫, 故謂之書."

였다. 이것은 천일에서 지십까지 천수가 오五이고 지수가 오五인데, 다섯 자리가 상통하면서도 각각 합하는 것이 있다. 그리고 천수 25와 지수 30으로 천지지수는 55가 되는데, 이것이 변화를 이루고 귀신을 운행한다는 것이다.

대연지수大衍之數는 천지의 생수와 성수로 나눠어지는데, 최항은 『보해』에서 오행五行을 이루는 천지수의 생성을 '변화' 개념과 결합하되 '변變'을 '천天'의 '양陽'으로 '화化'를 '지地'의 음陰으로 규정하여 이 천지 생성의 수를 설명하였다.

> '변화'라는 말은 '일一'이 '변變'하여 '수水'를 낳으면 '육六'이 '화化'하여 그것을 이루고, '이二'가 '화化'하여 '화火'를 낳으면 칠七이 변變하여 그것을 이루며, 삼三이 변하여 목木을 낳으면 팔八은 화하여 그것을 이루고, 사四가 화하여 금을 낳으면 구九가 변하여 그것을 이루며, 오五가 변하여 토土를 낳으면 십十이 화하여 그것을 이루는 것을 말한다.265)

최항은 천지수 55가 변화를 이루는 구체적인 내용을 생수와 성수 그리고 오행의 생성과 결합하여 세밀하게 설명하였다. 대연지수에 관한 일반적인 설명에 따르면 천지의 생수 1, 2, 3, 4, 5가 수화목금토를 낳으면 천지의 성수 6, 7, 8, 9, 10은 수화목금토를 이룬다. 중국철학에서 변화를 음양 개념에 대응시킬 때 변은 양으로부터, 화는 음으로부터 이루어진다. 최항은 이러한 이론에 따라 1에서 10까지의 천지의 수를 음양의 관점에서 '변'과 '화'로 구별하여 천지 생성의 수와 오행의 '생성'을 설명하였다.

그는 천수 1·3·5의 생수는 '변變'을 통하여 수, 화, 목을 생하고, 7·9의 성수는 금, 토를 이루는 반면, 지수 2·4의 생수는 '화化'를 통하여 각각 수, 화를 생하고, 6·8·10의 성수는 목, 금, 토를 이룬다. 여기에서 수화목금토의 오행五行은 음과 양, 변과 화, 생수와 성수가 함께 결합함으로써 이루어

---

265) 앞의 책, 卷1-7, "變化謂一變生水而六化成之. 二化生火而七變成之. 三變生木而八化成之. 四化生金而九變成之. 五變生土而十化成之. 鬼神謂凡奇偶生成之屈伸往來者."

지는 것임을 알 수 있다. 그런데 『하도』에서 1·6에서 2·7, 3·8, 4·9, 5·10 등으로부터 이루어지는 오행五行은 목➛화➛토➛금➛수의 순서로 생성의 순화변화가 이루어진다. 결국 '변화'라는 것은 오행의 생성을 말하는 동시에 이 오행 사이의 순환 또는 변화라고 할 수 있다.

이어서 최항은 「원괘획」 장의 내용 가운데 삼역三易 및 팔괘의 성질과 관련하여 주석을 달고 있다. 「원괘획」에는 '사상이 팔괘를 낳는다'고 하는 구절이 있다. 이 구절에 대해서 「원괘획」 원문에는 『주역』에서 '삼역三易의 경괘經卦는 모두 여덟이다'고 하였다. 여기에 대해 『보해』에서는 '삼역은 모두 건곤진손감리간태乾坤震巽坎離艮兌의 여덟 가지 괘를 근본으로 삼는다'고 하였다. 이러한 삼역에 대하여 옥재 호씨는 『주역』에서 언급한 내용을 제시하였다. 그에 따르면 "『주례』에서 태복太卜은 삼역의 법을 관장하는데 하나라에서 '연산連山'이라고 하고, 상나라에서는 '귀장歸藏'이라 하며 주나라에서는 '주역周易'이라 하는데, 그 경괘經卦는 모두 여덟이다."266) 최항은 이 삼역을 삼대三代의 정월正月 규정과 연관하여 다음과 같이 설명하였다.

> 하나라 정월正月은 인월寅月을 세워 인통人統으로 삼는데, 간艮은 인위寅位이다. 사람은 인寅에서 생겨나기 때문에 연산역은 '순간純艮'을 머리로 삼는데, 간은 산이 되어 위아래가 산이므로 '연산連山'이라 이름하였다. 상나라 정월[商正]은 축월丑月을 세워 지통地統으로 삼았으니, 지地는 축丑에서 열리므로 귀장역은 순곤純坤을 첫머리로 삼는다. 곤은 땅이 되어 만물이 모두 그 중으로 돌아가 저장되지 않음이 없기 때문에 '귀장歸藏'이라고 부른다. 주나라 정월[周正]은 자월子月을 세워 천통天統으로 삼는데 천天은 자子에서 열리기 때문에 『주역』은 순건純乾을 머리로 삼는다.267)

---

266) 앞의 책, 卷2-11, "周禮, 太卜掌三易之法. 夏曰連山, 商曰歸藏, 周曰周易, 其經卦皆八也."

267) 앞의 책, 卷2-11, "夏正, 建寅爲人統, 艮, 寅位也. 人生於寅, 故連山易. 以純艮爲首, 艮爲山, 山上山下, 故名連山. 商正, 建丑爲地統. 地闢於丑, 故歸藏易, 以純坤爲首. 坤爲地, 萬物莫不歸而藏於其中. 故名歸藏. 周正建子爲天統. 天開於子, 故周易以純乾爲首."

최항은 삼대의 정월, 천지인 삼통三統과 삼역三易 사이의 관계를 결합하여 삼역의 시작이 되는 괘가 간艮, 곤坤, 건乾임을 부연하여 설명하였다. 예컨대, 하나라 정월인 인월寅月은 간艮의 자리이며, 사람이 생겨나는 것이기 때문에 인통人統이 되고, 「간괘」에서 시작하므로 연산역連山易이라고 한다는 것이다. 『역학계몽』 원문에는 「설괘전說卦傳」에서 팔괘의 성질을 인용한 내용이 있다. 여기에 따르면 "우레로써 움직이고, 바람으로 흩뜨리며, 비로 윤택하게 하고, 해로 따뜻하게 하며, 간으로 멈추고, 태로 기쁘게 하며, 건으로 임금이 되고, 곤으로 저장한다"268)고 하였다. 이러한 팔괘의 성질을 최항은 네 계절의 변화를 통한 생장수장生長收藏에 적용하면서 다음과 같이 설명하였다.

> 움직이면 사물이 싹트고 흩어지면 사물이 갖추어지니 두 가지는 사물을 낳는 공을 말한다. 윤택하면 사물이 자라고 따뜻하면 사물이 펼쳐지니 두 가지는 사물을 성장시키는 공이다. 그치면 사물이 이루어지고 기쁘면 사물이 모두 완성되니, 두 가지는 사물을 구제하는 공이다. 임금이 되면 사물이 돌아갈 곳이 있고, 저장되면 사물에 쉴 곳이 있으니, 이 두 가지는 사물을 저장하는 공을 말한다.269)

최항은 팔괘의 성질을 각각 2가지씩 짝을 지어 네 계절의 생장수장의 기능을 가진 것으로 설명하였다. 이처럼 팔괘의 성질을 사물의 생장수장 및 네 계절의 춘하추동의 순환변화와 결합하여 이해하는 것은 팔괘를 자연법칙에 적용하는 것으로서 『주역』을 상수적 관점에서 바라보는 것이라 할 수 있다.

그러면 최항이 「명시책」의 구절에 대해서는 주로 어떤 측면에서 주석을 붙였는가? 「명시책」에서 옥재 호씨는 노양과 노음, 소양과 소음의 수의 기

268) 앞의 책, 卷2-25, "雷以動之, 風以散之, 雨以潤之, 日以烜之, 艮以止之, 兌以說之, 乾以君之, 坤以藏之."

269) 앞의 책, 卷2-25, "動則物萌, 散則物具, 二者言生物之功也. 潤則物滋, 烜則物舒, 二者言長物之功也. 止則物成, 說則物遂. 二者, 言救物之功也. 君則物有所歸. 藏則物有所息, 二者言藏物之功也."

우奇偶, , 괘효를 그리는 방법과 그 의미에 대하여 설명하고 있다. 호씨가 음양노소의 괘효를 바라보는 관점은 기본적으로 음과 양의 수효와 상호간의 관계에 대한 존재론적 구조를 중점적으로 고려하고 있다. 그는 이러한 음양노소의 수의 특징에 대해서 다음과 같이 언급하였다.

> 괘륵掛扐을 할 때 4와 5는 기수奇數이고 9와 8은 우수偶數이다. 기수가 셋이면 노양老陽이 되고 노양을 만나면 그 효는 ㅁ가 되는데, 이는 이른바 '중복되었다[重]'는 것이다. 기수가 둘 우수가 하나이면, 소음少陰이 되고 소음을 만나면 그 효는 --이 되는데 이는 이른바 '갈라졌다[拆]'는 것이다. 우수가 둘이고 기수가 하나이면 소양이 되고, 소양을 만나면 그 효는 ━이 되는데, 이는 이른바 '단일하다[單]'는 것이다. 우수가 셋이면 노음이 되는데 노음을 만나면 그 효는 ✕가 되는데, 이는 이른바 '교차한다[交]'는 것이다.270)

호씨는 음과 양에 초점을 맞추어 노양과 소양은 괘효의 단일함과 중복됨의 관점에서, 노음과 소음은 단절되고 교차하는 관점에서 구별하는 반면, 노소에 초점을 맞추어서는 노양과 노음은 중복되고 교차하는 것이 있음에 유의하고, 소음과 소양에 있어서는 단일함과 끊어져 있음의 여부로 구별하여 각각이 상황에서 드러내 보이는 존재론적 구조를 강조하였다.

호씨는 주석 가운데서 변효인 노양과 노음의 괘효를 표시하는 ㅁ와 ✕의 구조적 의미를 '변화하는 효'라는 취지를 강조하여 설명하였다. 그는 "✕는 우수가 합하고자 하여 가운데는 이미 차있지만 아직 순수하게 하나는 아니니, 하나이면 단일하게 된다. ㅁ는 기수가 나뉘어지려고 하여 가운데는 이미 비었지만, 아직 둘로 떨어지지 않은 것이니, 둘이 되면 터지게 된다. 이것이 노음과 노양이 변효變爻가 되는 까닭이다"271)고 하였다.

---

270) 앞의 책, 卷3-8, "玉齋胡氏曰, 掛扐四五爲奇, 九八爲偶. 三奇爲老陽, 遇老陽者, 其爻爲ㅁ, 所謂重也. 二奇一偶爲少陰, 遇少陰者, 其爻爲 --, 所謂拆也. 二偶一奇爲少陽, 遇少陽者, 其爻爲━, 所謂單也. 三偶爲老陰, 遇老陰者, 其爻爲✕, 所謂交也."

271) 앞의 책, 卷3-8, "✕者, 偶之欲合, 中已實而未純乎一也. 一則爲單矣. ㅁ者, 奇之欲分, 中已虛而未離乎二也. 二則爲拆矣. 此老陰老陽之所以爲變爻也."

여기에서 최항은 노양과 노음을 도시하는 괘효의 모양을 설명하면서 괘효가 음양을 순환하면서 역동적으로 변화하는 과정을 묘사하였다. 그는 '허실虛實' 개념을 이용하여 노양과 노음의 두 가지 그림은 둘로 분리되기도 하고 하나로 결합되기도 하여 상반되게 변화하는 순간을 뜻하는 것으로 해석하였다.

「명시책」 마지막 부분에는 황서절黃瑞節이 대연지수에 대하여 설명한 무릉정씨武陵丁氏의 견해를 인용한 부분이 있다. 정씨는 대연지수와 오위五位의 우수偶數를 합한 대연大衍의 50 체수體數가 있고, 구위九位의 기수를 합한 대연의 49 용수用數가 있음을 다음과 같이 제시하였다.

> 대개 천지天地의 수는 각각 다섯 개씩인데 합하여 펼치면 아홉 자리를 관통하여 얻게 된다. 1과 2는 3이 되고, 2와 3은 5가 되며, 3과 4는 7이 되고, 4와 5는 9가 되며, 5와 6은 11이 된다. 6과 7은 13이 되고, 7과 8은 15가 되고, 8과 9는 17이 되고, 9와 10은 19가 된다. 이중 아홉 자리는 각각 기수奇數이고, 다섯 자리는 각각 우수偶數이다. 그 다섯 자리에 위치해 있는 우수는 대연의 체수體數 50이고, 그 아홉 자리에 보존되어 있는 기수는 대연大衍의 용수用數 49이다.[272]

정씨는 대연의 체수와 용수를 도출해 내기 위하여 천지의 기수와 우수를 하나로 관통하는 수의 배열을 각각 5위와 9위로 구별하였다. 이것은 바로 천지 생성의 수 1로부터 10까지 인접한 수끼리 결합하면 1·2, 2·3에서 8·9, 9·10까지 9쌍이 도출되며, 이들 결합된 수의 합으로부터 3, 5, 7에서 15, 17, 19가 나온다. 여기에서 10 이상의 숫자로 이루어진 11, 13, 15, 17, 19는 중앙의 5를 두 배한 10을 포함하므로 우수를 포함한 자리로 언급된다.

---

272) 앞의 책, 卷3-52, "黃氏瑞節曰, 大淵之說, 朱蔡可謂備矣. 武陵丁氏云, …… 蓋天地之數各五, 合而衍之, 通得五位. 一與二爲三, 二與三爲五, 三與四爲七, 四與五爲九, 五與六爲十一, 六與七爲十三, 七與八爲十五, 八與九爲十七, 九與十爲十九, 九位各有奇, 而五位各有偶. 置其五位之偶, 是爲五十大衍之體數也. 存其九位之奇, 則得四十有九大衍之用數也."

이때 이 5자리에서 각각 10을 빼면 1, 3, 5, 7, 9가 나온다. 이 5자리를 포함하는 9자리의 기수를 결합하면 3, 5, 7, 9, 1, 3, 5, 7, 9로 이를 합하면 49의 대연의 용수가 나온다.

반면 10 이상으로 이루어진 다섯 자리는 각각 10의 우수를 바탕으로 가지고 있으므로 이것을 합하면 50이 되는데 이 50이 천지 대연의 체수가 된다. 이처럼 대연의 체수와 용수를 연역하여 도출하는 요점을 최항은 『보해』에서 다음과 같이 제시하였다.

> 제1위의 3, 제2위의 5, 제3위의 7, 제4위의 9, 제5위의 1, 제6위의 3, 제7위의 5, 제8위의 7, 제9위의 9는 모두 합하여 49이고, 제5위의 10, 제6위의 10, 제7위의 10, 제8위의 10, 제9위의 10은 모두 50이니, 이것이 9위에 각각 기수奇數가 있고, 5위에 각각 우수偶數가 있다는 것이다.[273]

최항이 언급하는 대연수의 체수體數와 용수用數는 바로 점을 칠 때 대연의 수 50을 체로 삼고 여기에서 하나를 빼어 49를 용으로 삼는 것과 일치한다. 그런데, 정씨는 대연의 체수를 제5위에서 제9위까지의 10 이상의 숫자로부터 각각 우수 10의 다섯 개를 50으로 합하여 이끌어내고 있다.

이어서 정씨는 아홉 자리의 자리 배치와 상징하는 내용에 대해서도 "하나가 그 가운데 거하여 쓰지 않으며, 좌우의 자리는 각각 넷이어서 기기에는 하나를 걸고 둘을 나누며 넷을 세는 상이 있다"[274]고 하였다. 여기에 대하여 최항은 제5위의 1이 가운데 있으면서 쓰지 않으면 그 좌우의 3, 5, 7, 9는 모두 네 자리이다고 하여, 가운데에 자리하는 숫자와 좌우사방의 숫자가 3, 7, 9가 되는 것으로 언급하였다.

---

273) 앞의 책, 卷3-8, "第一位之三, 第二位之五, 第三位之七, 第四位之九, 第五位之一, 第六位之三, 第七位之五, 第八位之七, 第九位之九, 總四十九. 第五位之十, 第六位之十, 第七位之十, 第八位之十, 第九位之十, 總五十, 是九位各有奇, 五位各有偶也."

274) 앞의 책, 卷3-8, "一居其中不用, 而左右之位, 各四有掛一分二揲四之象焉."

6. 맺음말

본 장에서는 세조가 직접 주석하고 최항과 한계희가 출판한 『역학계몽요해易學啓蒙要解』에 나타난 세조의 상수역학에 대한 이해와 견해를 중점적으로 살펴보았다. 주희가 『역학계몽』의 저술한 동기가 의리역학으로 치우친 정이의 『역전』을 교정하는 의미를 가지는 만큼 세조와 최항 등의 관심은 자연스럽게 『주역』의 상수역학적 원리에 집중되었다. 따라서 본론에서는 세조와 최항, 그리고 한계희가 『역학계몽』을 주석하면서 『주역』의 상수적 특성에 대해 어떻게 언급하고 있는가 하는 점을 구체적으로 검토하였다. 이제 본론에서 분석한 내용을 요약하기로 한다.

『역학계몽』의 「하도낙서」의 수를 설명하는 「본도서」는 공자가 「하도」의 수를 천지 생성의 수로 설명하는 내용으로 이루어져 있다. 세조는 「하도낙서」 천지 생성의 수를 각각 음양오행과 방위, 그리고 남매男妹와 부처夫妻의 혈연관계에 적용시키는데, 이것은 천지자연의 생성과 방위, 그리고 사회적 관계를 수리적 원리에 따라 설명하는 것이다. 나아가 세조는 여기에서 음양노소의 수가 성장 소멸하는 것에 대해 진퇴進退가 곧 소장消長이라는 견해에 더하여 양음陽陰이 각각 진퇴進退의 특성을 가지는 것으로 인식하였다. 세조는 「본도서」에 나타난 상수적 원리를 자연의 필연적 추세와 법칙의 관점에서 설명하고 있는데, 이러한 해석은 『주역』의 상수론을 토대지우는 의미를 가진다.

이어서 세조는 「원괘획」의 내용에 대한 주석에서 양의兩儀 에서 효의 중복을 통하여 64괘가 형성되는 과정, 팔괘八卦에서의 음양의 소장에 따른 괘의 형성 순서, 또 「복희육십사괘도」의 「원도」와 「방도」의 순역의 유무에 따른 유행流行과 정체定體의 구별 등에 유의하였다. 세조에서 이러한 해석들은 「원괘획」이 내포하고 있는 64괘의 수리적 원리와 유행流行 대대를 통한 시간적 역순의 추세와 정체定體 대대를 통한 공간적 상수象數 등에 대하여 통찰하고 있음을 뜻한다.

세조는 「명시책」의 내용에 관한 주석에서 괘륵掛扐한 책수가 결정되고 나서 비로소 과설한 책수가 결정되는 것으로 보아 괘륵하고 과설하는 것을 통하여 7·8·9·6의 노소음양의 수가 근원으로부터 파생되는 취지를 해설하고 있다. 나아가 세조는 건곤의 책수로부터 해와 달의 운행으로부터 도출되는 일년의 날짜를 연역하는 것에 대하여 설명하고 있다. 이것은 바로 그가 역학을 역법에 응용하는 수리적 역학에 대하여 이해하고 있음을 보여주는 것이다.

최항은 『보해』에서 오행五行을 이루는 천지수의 생성을 '변화' 개념과 결합하되 '변變'을 '천天'의 '양陽'으로 '화化'를 '지地'의 음陰으로 규정하여 이 천지 생성의 수를 설명하였다. 또한 그는 『역학계몽보해』에서 최항은 팔괘의 성질을 각각 2가지씩 짝을 지어 네 계절의 생장수장의 기능을 가진 것으로 설명하였다. 이처럼 팔괘의 성질을 사물의 생장수장 및 네 계절의 춘하추동의 순환변화와 결합하여 이해하는 것은 팔괘를 자연법칙에 적용하는 것으로서 『주역』을 상수역학적 관점에서 바라보는 것이다.

이렇게 볼 때 세조가 『역학계몽』에 대하여 주석을 붙인 것은 기본적으로 주희가 『역학계몽』으로 실현하고자 했던 『역』의 본래 취지로서 상象의 의의를 드러내기 위한 목적이 있다고 볼 수 있다. 특히 세조가 『역학계몽』에 주석을 붙인 것은 그 이전에 권근이 『역학계몽』을 읽고 주로 도표에 관심을 가지고 『입학도설』에서 연관되는 도표를 그린 것 이외에 이 저술에 주석을 달고 연구한 경우가 거의 없었다는 것을 감안할 때 매우 두드러진 선구적 의의가 있다. 요컨대, 세조는 『역학계몽』에 요점적인 주석을 붙임으로써 조선전기역철학사의 흐름에서 송대 주희가 『역학계몽』에서 제시한 상수역학적 견해를 조선에 정착시키고 형성시키는 데 커다란 기여를 하였다고 평가할 수 있다.

제5장
김시습의 『주역』 인식과 의리역학적 지향

1. 머리말

고려말기에 불교의 폐단에 따른 시대적 모순을 극복하고자 했던 정도전鄭道傳1342~1398, 조준趙浚1346~1405 등 일부 신진사대부와 이성계를 중심으로 한 무장세력은 유학과 성리학을 새로운 왕조의 도덕적 정당성을 확립시켜주는 이념적 토대로 삼아 조선왕조를 개창하였다. 이 시기에 정도전과 권근은 조선 왕조 건국을 위한 학문적 토대를 세웠던 대표적 인물이다. 이들은 태조와 태종 시대에 걸쳐 통치를 위한 기본적인 문물제도를 정비하였다. 이후 세종대에 이르러서는 보다 안정된 통치를 위한 여러 어문·문화정책, 천문관측, 그리고 과학 등에 대한 연구와 제도적 정비가 이루어졌다. 세종은 문물제도 정비를 위한 핵심적 학문 연구기관으로서 집현전集賢殿을 설치하였다. 집현전에서는 조선왕조의 통치이념인 유교의 문물제도에 대한 정확한 이해를 위하여 중국의 제도 및 서적을 수입하여 연구하였다. 그 결과 사회 제반에 걸쳐 유교적 이념에 입각한 기준서基準書가 마련되고 유교적 문물제도가 차츰 갖추어지게 되었다.[275]

---

275) 허남진, 「梅月堂 金時習의 性理學」, 『철학논구』 15집, 서울대 철학과, 1987, 108쪽.

조선왕조가 고려를 이어서 새로운 국가를 세울 수 있었던 것은 고려말기에 드러났던 여러 가지 사회 경제적 종교적 폐단을 극복하기 위한 유가적·성리학적 의리를 핵심으로 하는 도덕적 이념을 추구하였기 때문이다. 하지만 조선 왕조는 초기부터 1, 2차 왕자의 난(1398, 1400)을 겪었으며, 수양대군이 왕위에 오른 단종端宗으로부터 정권을 탈취하는 계유정난癸酉靖亂:1453이 발생하였다. 조선왕조 초기에 왕실에서 정권을 장악하기 위한 이러한 권력투쟁과 정변政變은 인仁과 의리義理와 같은 유가적 도덕이념을 명분으로 삼아 성립된 조선왕조의 도덕성에 커다란 손상을 끼쳤다.

하지만 계유정난 때에 유가적 의리를 표준으로 삼아 정통성을 가진 임금에 대한 절의를 지켰던 학자 관료 그룹이 있었으니 사육신死六臣과 생육신生六臣이 이들이다. 김시습金時習1435~1493은 바로 이 시기 생육신의 한 사람으로서 정치에 참여하지 않고 절의를 지키면서 세속적 권세를 초탈하여 일생을 은둔의 삶으로 일관하였다.

이 장에서는 김시습이 살았던 당시 어려운 시대적 상황에서 그가 유학과 성리학에 대하여 어떻게 이해했으며, 나아가 『주역』에 관하여 어떻게 이해하고 있었는가를 주로 의리역학적 측면에서 살펴보고자 한다. 특히 김시습이 『주역』에 관하여 조선전기역철학사에서 어떤 위상을 가지는가 하는 점에 유의하고자 한다. 조선초기역철학사는 서론에서 살펴본 바와 같이 조선전기에 『주역』에 관해서는 여러 방면의 이론적 연구가 이루어졌으나, 권근과 정도전을 중심으로 무엇보다도 의리역학적 관점이 일정한 흐름을 이루고 있다. 이 장에서는 김시습의 『주역』에 관한 이해 또한 주로 의리역학적인 측면에 초점이 있다는 점에 유의하여 그 특징을 고찰할 예정이다.

김시습은 『주역』과 관련하여 「역설易說」이라는 짧은 글을 지은 이외에 독립적인 어떤 저술도 없다. 따라서 김시습의 『주역』에 관한 역철학사적 특징을 체계적으로 연구하는 것은 쉬운 일이 아니다. 그러나 김시습은 조선 초기에 유학과 성리학의 기본 이론에 대하여 비교적 많은 글을 남겼으며, 『주역』의 여러 괘효사를 인용하여 성리학의 형이상학적 원리와 도덕적 의리의 문제를 설명하는 근거로 삼았다. 이러한 이유로 『주역』에 대한 전문적인 주석이나 저술이 없다고 하더라도, 조선 초기의 유학과 성리학에 토대를 둔 김시습의 의리역학적 『주역』 인식을 살펴보는 것은 조선전기역철학사 연구에서 빠뜨릴 수 없는 부분이다.

김시습의 『주역』에 관한 의리역학적 이해는 그의 이기론과 심성수양론에 관한 철학적 해석과 밀접한 연관성을 가진다. 그동안 김시습의 학문에 대한 기존의 연구경향을 보면 그의 문학에 대한 연구가 중심을 이루는 가운데, 철학 사상에 관한 연구가 부수적으로 이루어져 왔다. 유학과 성리학을 중심으로 하는 김시습의 철학 사상에 관한 여러 연구 성과들의 시각은 몇 가지 갈래로 나뉜다. 김시습이 『주역』에 관하여 의리역학적 관점을 보여주는 근거가 어디에 있는가를 분명히 하기 위해서는 기존의 연구 성과들이 그의 철학 사상을 어떻게 해석하고 있으며, 이들 각각의 특징이 어떤 것인가를 간략하게 개관할 필요가 있다.

먼저 김시습의 철학 사상을 유불도 삼교三敎의 일치 조화론 또는 원융圓融의 관점에서 포괄적으로 이해한 연구자들로 정병욱, 한종만, 유승국 등이 있다.[276] 이들의 견해는 김시습의 불교와 도교를 유학과 연속성의 측면에서 긍정적으로 바라보는 관점을 가지고 있다. 하지만 이러한 견해는 김시습이 불교와 도교를 유학과 성리학의 실천적 의리론의 측면에서 비판적으로 해석하고 있는 측면을 간과한 것으로 이들 사이의 연속성을 주로 강조한 견해라고 할 수 있다.

다음으로 김시습의 철학사상을 성리학의 이기론 범주 안에서 어떻게 볼 것인가 하는 측면에서 기존의 연구들은 두세 가지 관점을 제기하였다. 이 가운데는 첫째는 김시습의 철학을 기일원론氣一元論 또는 유기론唯氣論으로 이해하는 견해가 있다. 이러한 견해는 정성철, 임형택, 조동일, 유명종 등이 주장하였다.[277] 이들의 관점은 김시습의 성리학이 주로 주리론主理論과 대립

276) 정병욱, 「김시습연구」, 『서울대논문집』 제7집, 1958, 192면.; 한종만, 「조선조 초기 김시습의 도교와 불교수용」, 『한국종교』 8, 313~317쪽; 유승국, 「매월당의 유학 및 도교사상」, 『대동문화연구』 13, 1979. 72~77쪽.

하는 관점에서 기氣의 근원성과 절대성을 강조한 것으로 이해하였다. 세 번째로는 이기불상리理氣不相離의 관점에서 김시습의 이기론을 파악하는 관점이 있다. 이러한 견해를 주장하는 연구자는 최일범, 정도원 등이 있다. 이들은 주로 리와 기가 분리되지 않는 원융성圓融性을 가지는 것으로 이해하거나[278], 리가 기에 내재되어 있는 측면에서 실리實理임을 강조하였다.[279]

마지막으로 김시습의 이기론을 '성즉리性卽理'의 철학을 확립해가는 과도기의 사상으로 이해하는 연구 성과가 있다. 허남진은 김시습의 이기론은 계유정난 이후 무너져버린 명분과 의리를 확립하고 사대부에 의한 삼대三代의 이상을 실현하기 위한 철학적 토대로서 '성즉리性卽理' 사상을 확립하는 것을 핵심 의미로 삼고 있는 것으로 보았다.[280]

---

277) 정성철, 『조선철학사』, 좋은책, 1988.; 임형택, 『현실주의적 세계관과 금오신화』, 국문학연구회, 1971.; 조동일, 『소설의 성립과 조선초기 소설의 유형적 특징』, 지식산업사, 1977.; 유명종, 『한국사상사』, 이문사, 1982. 242쪽.

278) 최일범, 「매월당 철학사상연구」, 성균관석사논문, 1980; 최일범, 「金時習의 理氣說」, 『동양철학연구』 15, 1996. 26쪽. 최일범은 매월당의 성리학적 본체론과 이기심성론은 주자보다 북송대 성리학에 보다 접근해 있다는 전제하에 정명도의 철학과 비교하면서 이와 기, 형이상과 형이하가 하나로 원융하다고 주장하고 있다. 그에 따르면, 程明道는 성을 매개로 하여 형이상과 형이하를 분석하지 않고 융관하는 세계를 보여주고 있는데, 김시습 또한 인간 내면의 眞實無妄으로서 誠을 리와 기, 형이상과 형이하를 하나로 원융시키는 근거로 이해했다. 그는 김시습에 있어서 우주의 운행과 만물의 생성을 오직 하나의 태극이라고 할 때의 태극은 리와 기가 결코 이원화되지 않는 내면적 주체에서 관조된 태극이라(「金時習의 理氣說」, 19~27쪽)고 이해하였다.

279) 정도원, 「梅月堂 金時習 哲學의 特徵과 意義」, 『한국철학논집』 6, 1997. 98~113쪽.

280) 허남진, 위의 논문, 118쪽. 허남진은 김시습의 이기론이 '性卽理' 철학을 확립해 가는 단계 있었음을 논증하면서 그가 살았던 시대적 특수성에 유의하여 김시습의 철학을 氣一元論으로 규정할 수 없는 이유를 다음과 같이 언급하고 있다. 허남진은 "김시습 때까지만 하더라도 성리학에 관계된 서적은 『四書大全』, 『五經大全』, 『性理大全』 뿐으로, 주자와 장재, 주돈이, 이정자의 차이가 거의 인식되지 않은 시기였다. 그래서 退栗에나 가서야 그 차이가 분명해지는 主理, 主氣 개념으로 김시습의 사상을 규정하는 것 자체가 무리가 아닐까 생각된다. 김시습의 학문적 과제는 主理論에 반대되는 氣一元論을 건설하는 것이 아니다" 라고 하였다. 곧 허남진에 따르면 퇴율 이후에나 말할 수 있는 주리, 주기론적 의식을 그 이전시대인 김시습의 철학에 적용하는 것은 그의 철학을 의미 있게 이해하는 방법이 아니라는 것이다.

이처럼 불교, 도교를 포함하는 김시습의 철학사상과 관련해서는 여러 가지 이론적 관점이 병존해 있다. 따라서 본 장에서는 이들의 연구 성과를 종합하면서도 주로 김시습의 이기론을 중심으로 하는 성리학이 그의 역학사상과 연관하여 어떻게 새롭게 이해될 수 있는가 하는 점에 유의하고자 한다. 나아가 위의 연구관점 가운데 김시습의 이기론 철학이 성즉리性卽理 사상을 확립하고자 하는 목표를 가졌다고 평가하는 허남진의 관점을 계승하여 그의 역학에서 이것이 어떻게 논증될 수 있는가를 중점적으로 고찰하고자 한다. 특히 본 장에서는 김시습의 이기론과 『주역』에 관한 의리역학적 이해 사이의 일관성 문제를 고찰하고 이를 근거로 조선전기역철학사에서 그의 역학사상이 지니는 의의를 조명하고자 한다.

이를 위하여 다음 제2절에서는 김시습의 『주역』에 대한 인식과 연관하여 그의 이기심성론의 특성 및 일관성에 대하여 살펴볼 예정이다. 여기에서는 김시습의 역학과 이기론 사이의 유기적 상관관계에 대한 이해에 초점을 맞추어 그의 이기론을 역학적 시각에서 조명하고자 한다. 다음 제3절에서는 김시습이 『주역』에 대하여 일반적으로 어떻게 이해하였는가 하는 점을 검토하고자 한다.

제4절에서는 김시습이 의리역학적인 지향성을 가지고 『주역』을 해석한 구체적인 내용을 검토하고자 한다. 이 절에서는 『주역』이 내포하고 있는 의리적 성격을 중점적으로 부각시킨 김시습의 해석에 초점을 맞추고자 한다. 제5절에서는 『주역』 괘효사를 구체적인 실천 상황에 적용하여 해석한 내용을 검토하고자 한다. 이 절에서는 김시습이 『주역』의 괘효사를 인용하여 구체적인 상황에서 처신해야 할 도덕적 표준을 어떻게 설정하고 있는가 하는 점을 살펴보고자 한다. 마지막 결론에서는 본문의 내용을 정리하고 김시습의 『주역』에 대한 인식이 내포하고 있는 역철학사적 의의를 요약할 예정이다.

2. 태극이기론 및 심성론의 특성과 일관성 문제

김시습이 어떤 측면에서 『주역』을 의리역학적으로 이해하였는가를 해명하기 위해서는 그의 성리학 및 이기심성론과 역학관 사이의 상관관계를 검토할 필요가 있다. 특히 이를 위해서는 태극과 음양, 리理와 기氣 사이의 관계, 그리고 성誠을 자연과 인간의 관점에서 어떻게 해석하고 있는가 하는 점을 중점적으로 살펴볼 필요가 있다. 김시습의 태극음양과 이기론에 대해서는 서론에서 요약한 바와 같이 기일원론氣一元論으로 이해되기도 하고, 이기불리理氣不離의 관점에서 이해되기도 하며, '성즉리性卽理'의 철학을 확립하기 위한 중간단계의 이론으로 해석되기도 한다.

이 절에서는 구체적으로 김시습의 이기론을 『주역』에 대한 이해와 연관하여 분석함으로써 그의 이기론이 주리主理와 주기主氣로 대별되는 퇴율 성리학 이전의 이기理氣를 포괄하면서도 도덕적 실천의 근거로서 '성즉리性卽理'의 철학을 실현하려는 목표를 가지고 있었음을 논증하고자 한다.

김시습은 「태극설太極說」 서두에서 태극과 무극을 언급하고, 태극과 음양 사이의 유기적 관계, '태'와 '극'의 의미, 그리고 태극을 기氣, 성性, 정情, 용用의 관점에서 설명하였다. 그는 주돈이의 「태극도설太極圖說」 구절을 인용하여 태극과 무극, 음양 등의 관계에 대하여 다음과 같이 언급하였다.

> 태극太極은 무극無極이다. 태극은 본래 무극이다. 태극은 음양陰陽이고, 음양은 태극이다. 이것을 태극이라고 말하면서 별개로 극極이 있다고 하면 극極이 아니다. '극極'은 지극함을 뜻하는 것으로 리理가 지극하여 더할 것이 없는 것이다. '태太'는 포용하는 것을 뜻하는 것으로 도道가 지극히 커서 짝할 것이 없는 것이다. 음양 밖에 따로 태극이 있다면 음양이 될 수 없고, 태극 안에 따로 음양이 있다면 태극이라 말할 수 없다. 음陰이면서 양陽이 되고, 양陽이면서 음陰이 되며, 동動이면서 정靜이 되고, 정이면서 동이 되어 그 이치가 극極이 없는 것이 태극太極이다.[281]

281) 『梅月堂集』 卷20-22, 「太極說」, "太極者, 無極也. 太極本無極也. 太極, 陰陽也.

이 단락에서 김시습은 태극太極의 특성을 무극無極과 음양, 리, 그리고 동정 개념과의 상관관계를 통하여 설명하였다. 그가 '태극이 무극이다'고 규정한 것은 음양 밖에 따로 극이 있는 것이 아님을 강조하는 것이다. 그는 무극無極이 뜻하는 것은 음과 양, 동과 정의 끝없는 상호전변의 이치로서 '리지무극理之無極'이라고 본 것이다. 따라서 그는 '무극이태극無極而太極'이 뜻하는 것은 바로 '태극은 음양 밖에서 따로 존재하는 구체적 존재가 아니라, 음양의 끝없는 상호전변相互轉變을 관장하는 이치'라고 본 것이다.

여기에서 '무극無極'은 무한한 현상적인 변화를 가능케 하면서도 선험적이고 불변하는 것으로서 고정된 어떤 표준적 원칙도 없다는 것이다. 만약에 태극을 무극으로 규정하지 않으면 태극은 음양의 변화로 드러나는 무한한 현상적 변화를 포괄할 수 없다. 이 명제는 태극이 음양에 내재하여 온갖 변화를 낳는 무한한 근원이 됨을 함축하는 말이다. 요컨대, '태극이 무극이다[太極者, 無極也]' 라는 것은 바로 태극이 음양과 분리되지 않고 여기에 내재하여 무한한 현상적 변화를 이룰 수 있는 가능 근거를 규정하는 명제라 할 수 있다.

김시습이 이러한 명제의 논리적인 귀결로 제시한 것이 바로 다음 문장이다. 곧, '태극은 음양이고, 음양은 태극이다'라고 하는 구절은 태극 밖에 음양이 없고 음양밖에 태극이 없다는 것을 주장하는 말이다. 그런데, '태극은 음양이다'는 명제와 '음양은 태극이다'는 명제는 그 의미가 상대적으로 구별된다. 먼저 '태극은 음양이다'는 명제는 태극이 어떤 주재성을 가지고 음양을 낳거나 소멸시키는 것이 아니라 태극이 음양에 내재하여 음양의 변화와 병행하는 것을 뜻하는 것이다. 이것은 바로 태극은 음양이 변화하는 바로 그것 자체라는 의미이다.

반면에 '음양은 태극이다'는 명제는 현상적 변화를 이루는 음양에는 태극

陰陽, 太極也. 謂之太極, 別有極則非極也. 極者, 至極之義, 理之至極而不可加也. 太者, 包容之義, 道之至大而不可侔也. 陰陽外別有太極, 則不能陰陽, 太極裏別有陰陽, 則不可曰太極. 陰而陽, 陽而陰, 動而靜, 靜而動, 其理之無極者, 太極也."

이라는 사물을 조리있게 하는 궁극적인 표준적 원리가 내포되어 있다는 의미이다. 이것은 태극을 음양으로부터 귀납적으로 추론해낸 궁극적 원리가 되는 것으로 보는 것이다. 따라서 이러한 관점에서 음양과 태극은 유기적으로 결합하여 병행하는 동시에 태극은 음양의 변화를 가능케 하는 근거가 되는 것이라 할 수 있다.282)

김시습은 태극은 바로 음양이기 때문에 '태극'이라고 말한 이상 별개로 존재하는 극極은 없다고 단언하였다. 그리고 여기에서 '극極'은 더할 것이 없는 리理의 지극함이며, '태太'는 짝할 것이 없는 도의 광대함이라는 것이다. 김시습이 말하는 태극은 결국 『중용』에서 말하는 군자의 은미하고 광대한 도를 뜻하는 '비은費隱'283)과 유사한 의미를 가진다. 이러한 언급은 태극을 리理의 궁극성과 도道의 무한성을 포함하는 것으로 이해하는 것이다. 그는 이것이 가능한 근거를 바로 태극과 음양의 상즉일체相卽一體에서 찾고 있다.

그는 바로 다음 구절에서 '음양陰陽 밖에 별개로 태극太極이 있거나 태극 안에 음양이 있으면 각각 진정한 의미의 음양이나 태극이 될 수 없다'고 하여 음양 밖에 태극이, 또는 태극 안에 음양이 따로 존재할 수 없다고 주장하였다. 반대로 그는 음이면서 양이 되거나 양이면서 음이 되고, 동하면서 정하고 정하면서 동하는 가운데 그 이치가 고정된 '극極'이 없는 것이 태극이라고 보았다. 요컨대, 김시습은 태극과 음양, 동정, 형이상과 형이하를 어떤 것이 다른 것을 상호간 제어하거나 종속하는 상대성을 가지는 것이 아니라, 수평적인 관계를 가지고 병행하는 상보성을 가지는 것으로 이해하였다.

김시습은 구체적인 경험적 현상의 차원에서 태극은 음양과 결합되어 선

282) 허남진은 "태극은 음양이다고 하는 명제는 존재 근거로서의 태극이 바로 그 존재에 내재하고 있기 때문에 의미상으로는 구별되어야 할 太極과 陰陽이 현상적으로는 相卽不離의 존재임을 말한 것에 다름 아니다."(위의 논문, 113면)고 지적하였다. 이것은 경험적 차원에서 선후와 주종이 업는 태극과 음양의 일체성을 강조하는 것이다.

283) 『中庸』 12章, "君子之道, 費而隱. 夫婦之愚, 可以與知焉, 及其至也, 雖聖人亦有所不知."

후와 주종이 없는 것으로 이해하면서도, 다른 한편 태극의 리는 기氣, 성性, 정情, 그리고 용用과 구별되는 것으로서 이들의 근거가 되는 것으로 이해하기도 하였다. 그는 태극이 구체적인 경험적 변화를 이루는 음양에 내재해 있으면서도 이들의 근거가 되는 것을 다음과 같이 언급하였다.

> 그 기氣는 동정합벽動靜闔闢하면서 음양이 되고, 그 성性은 원형元亨하면서 이정利貞한다. 그 정情은 음陰은 위축되며 양陽은 펴지는 것이고, 그것이 작용하면 천지는 이에 따라 방원方圓이 되고, 원기元氣는 이에 따라 발육되며, 만물은 이에 따라 본성을 이루니, 그 본성이 바르게 이루어지는 것은 태극이 음양이 되는 것이다.284)

여기에서 김시습은 태극을 원형이정의 성性으로서 음양, 방원方圓으로 형성되는 근거가 되며, 또한 천지의 방원과 원기의 발육, 만물의 본성이 이루어지는 근거로 간주하고 있다. 이러한 견해는 그가 태극을 자연과 인사의 모든 현상이 이루어지는 근거로 이해하는 것으로서 모든 사물의 본성과 법칙을 포괄하는 것으로 보는 것이다.

김시습은 태극과 음양 사이의 관계에 대하여 주로 현상의 구체적 경험의 단계에서 그 '상즉불리相卽不離'의 성질을 언급하면서도, 다른 한편 현상 사물의 근거가 되는 것으로 이해하였다. 다른 한편 그는 태극과 음양을 리理와 기氣 개념으로 바꾸어 리와 기 사이의 관계를 설명하면서 구체적 사물세계와 함께 사물 이전의 이치의 세계를 구분하였다. 그는 "기氣가 있으면 바로 리理가 있고, 리가 있으면 바로 도가 같다"285)고 언급하였다. 이러한 언급은 기를 품부받아 사물이 형성되면 여기에 리가 본성으로 내재되는 것을 말하는 것이다. 이것은 바로 주희가 『중용장구』에서 천명天命을 해석할 때 "하늘

---

284) 『梅月堂集』 卷20-22, 「太極說」, "其氣則動靜闢闔而陰陽也. 其性則元亨而利貞也. 其情則陰慘而陽舒也. 其用則天地以之圓方, 元氣以之發育. 萬物以之遂性. 其性之正者, 太極之爲陰陽也."

285) 『梅月堂集』 卷12-12, 「贈金進士」, "皇天稟萬物, 有氣便有理, 有理便道同, 何論儒釋子."

이 음양오행으로 만물을 변화생성하면 기로써 형체를 이루면서 리 또한 거기에 부여된다"286)고 한 내용과 일치한다.

그는 "리가 있자마자 바로 이 기가 있으니, 기를 복종시킬 수 있겠는가?"287)라고도 하였다. 김시습은 리와 기가 경험적 사물세계에서는 선후先後와 주종主從을 가지지 않고 유기적으로 결합되어 있는 것으로 이해하는 것이다. 하지만 이러한 구절들은 리와 기가 상관적으로 결합되어 있으면서도 상대적인 독자성을 가지는 것임을 긍정한 것이다.

이와 대조적으로 김시습은 사람에게 내재되어 있는 성性이 아직 부여되기 이전 단계에서의 리의 차원을 '성즉리性卽理'라고 하여 다음과 같이 언급하였다.

> 성과 리는 두 가지로 다른 것이 아니다. 이전 유학자가 '성은 바로 리이다'고 말한 것은 하늘이 명하고 사람이 받은 것으로 실리實理가 나의 마음에 갖추어져 있는 것이다. 대개 처음에 아직 사물이 없을 때는 단지 나에게 있는 인의예지仁義禮智는 온통 지극히 선하여 악이 있은 적이 없다.288)

김시습은 인간에게 내재되어 있는 본성을 본래 리로서 사물이 아직 있기 이전에 인의예지로서 순수한 선이라고 보았다. 다시 말하면, 그는 기의 영향을 받지 않은 것으로서 사물이 있기 이전 단계의 리를 언급하였다. 그가 '성즉리性卽理'를 언급한 것은 인간이 하늘로부터 부여받은 기로부터 몸을 이루고 여기에 부여된 리가 바로 본성이며, 이 본성이 바로 리임을 언급한 것으로 기에 내재해 있는 성의 순선한 측면을 뽑아내어 말한 것이다.

김시습은 '성즉리' 명제에서 자연 사물세계와 인간을 구별함으로써 자연법칙으로서 리理와 도덕법칙으로서 성性의 차이를 강조하였다. 그는 하늘이

286) 『中庸章句』 1章, 朱注, "天以陰陽五行, 化生萬物. 氣以成形, 而理亦賦焉."
287) 『梅月堂集』 卷17-15, 「雜著」, '服氣', "纔有理, 便有是氣, 氣可服乎?"
288) 『梅月堂集』 卷17-15, 「雜著」, '性理', "敢問性理之說. 曰性與理, 都無兩般. 先儒云性卽理也, 天所命人所受而實理之具於吾心者也. 蓋初非有物, 但是仁義禮智之在我, 渾然至善, 未嘗有惡."

사람을 낳을 때 본성을 부여하였는데, 이 성이 바로 리이며, 이때의 성은 나에게 있는 리로 순선한 것이라고 주장하였다.

> 하늘이 백성을 낳을 때, 각각 본성을 부여하였으니 성性은 바로 리理이다. '리理'라고 말하지 않고 '성性'이라고 말한 까닭은 리는 사람과 사물을 일반적으로 일컫는 공공의 리이지만, '성'은 나에게 있는 리이기 때문이다. 나에게 있는 리理는 선善하지 않은 적이 없다. 예컨대, 부자父子에게 친애의 리가 있는 것에서 붕우에게 믿음의 리가 있는 데 이르는 경우가 바로 사람의 본성인 반면, 소가 밭 갈고 말이 달리며 닭이 새벽을 알리고 개가 주인을 보호하며 초목곤충들이 각각 형질을 가지고 호오好惡가 같지 않은 것, 이것이 바로 사물의 리理이다.[289]

여기에서 김시습은 '성즉리'에 대해 성性을 동물이나 사물을 배제한 사람의 본성으로 보면서 이것이 바로 리로 순선한 것이라고 주장하였다. 구체적으로 사람에게 있어서 이 본성은 부자 사이의 친애와 군신 사이의 의리, 그리고 붕우 사이의 믿음 같이 순수하게 선한 것이다.

반면, 김시습은 리는 사람과 사물에 공통적인 것이어서 호오와 선악이 있는 것으로 해석하였다. 그의 리에 대한 이해는 '천하의 선악이 모두 천리이다. 악이라고 하는 것은 본래적으로 악한 것이 아니라 다만 지나치거나 미치지 못하는 것이 바로 이와 같은 것으로 양주와 묵적과 같은 학설이다'[290] 고 하는 정명도의 관점을 수용한 것이라 할 수 있다.

요컨대, 김시습은 자연에서 리는 선악을 포괄하는 것인 반면, 인간에 내

---

289) 『梅月堂集』 卷23-9, 「雜說」, "天之生民, 各與以性. 性卽理也. 不謂之理而謂之性者, 理是泛言人物公共之理, 性是在我之理. 在我之理, 未嘗不善, 如父子有親之理以至朋友有信之理, 便是人之性. 如牛耕馬馳鷄司晨, 犬護主. 草木昆蟲, 各有形質, 好惡不同, 便是物之理."

290) 『二程遺書』 2上, "天下善惡皆天理. 謂之惡者, 非本惡, 但或過不及便如此, 如楊墨之類." 정명도가 여기에서 천하의 선악이 모두 천리라고 한 것은 '선악이라는 질의 차이가 양의 차이로 바뀌고 상반되던 성격이 엷어져서 조화롭게 되어가는 것이라'(구스모토 마사쓰구, 김병화·이혜경 옮김, 『송명유학사상사』, 예문서원, 2005, 113쪽)고 할 수 있다.

재한 리로서 본성을 순선한 것으로 규정하였다. 김시습이 인간에 내재한 리로서 성을 순선한 것으로 규정하는 것은 바로 주자학에서 말하는 '기질지성'과 '본연지성' 가운데 '본연지성'의 측면을 강조하는 것이다.

김시습은 인간의 본성을 선하지 않은 것이 없어 요순이 될 수 있지만, 다만 품부받은 기질에 얽매여서 어질고 어리석으며 거스르고 순한 차이가 생기는 것이라[291]고 말하였다. 그는 인간은 청탁수박淸濁粹駁의 차이를 가지는 기를 품부받아 순선한 리가 온전하게 실현되지 못하고 인욕에 빠지게 된다고 언급하였다. 또한 리가 사람에게 내재한 것을 뜻하는 '본성'은 현실적으로는 필연적으로 기와 결합되어 있기 때문에 기에 얽매임에 따라 사욕에 빠져서 본성을 온전하게 실현하지 못한다고 주장하였다.

> 요순과 길거리의 사람은 애초에 조금의 차이도 없다. 오직 기질의 청탁수박이 가지런하지 않기 때문에 모두 온전하게 할 수 없다. 그래서 인욕人欲에 빠져서 잘못되는 사람을 중인衆人이라고 말하고, 인욕에 가려짐이 없이 그 본성을 극진히 할 수 있는 사람을 성인聖人이라고 말하지만, 실제로는 차이가 있은 적이 없다. 자사가 천명을 말하고, 맹자가 성선을 말하는 것이 이런 것이고, 고자告子가 생生을 말하고, 순자荀子가 악惡을 말하며, 양웅楊雄이 선악善惡이 섞여 있다는 것을 말하고, 한유韓愈가 삼품三品의 본성을 말하며, 석씨釋氏가 마음의 작용作用으로 말하는 것은 모두 기氣로 인하여 그 리理를 버린 것이다.[292]

김시습은 성인聖人과 중인衆人은 본성을 품부받고 있다는 점에서는 조금도 차이가 없지만 기질의 차이와 인욕에 빠지느냐 않느냐에 따라 갈리는 것으로 주장하였다. 그는 자사와 맹자가 천명天命과 본성을 말한 것을 고자, 순

---

291) 『梅月堂集』 卷1-2, 「古風十九首」, "人性無不善, 可以爲堯舜. 只緣氣稟拘, 有賢愚逆順. 聖人拔乎萃, 道之以忠信. 行之則貞吉, 否之則悔吝."

292) 『梅月堂集』 卷17-15, 「雜著」, '性理', "堯舜塗人初無少異. 惟氣質有淸濁粹駁之不齊, 不能皆全, 故汨於人欲而失之, 謂之衆人. 無私欲之蔽而能盡其性, 謂之聖人, 其實未嘗有殊也. 子思之言天命, 孟子之言性善者, 是也. 彼告子之言生, 荀子之言惡, 楊子之言混, 韓子之言論三, 釋氏之作用, 皆以氣而遺其理也."

자, 양웅, 한유, 석씨가 말한 본성에 대한 언급들과 대비하면서 도통론적 시각에서 후자들이 리理를 버린 것으로 비판하였다. 이처럼 김시습은 북송대 이래 성리학의 기본적인 관점에 따라 순선한 리가 인간의 몸을 구성하는 기氣의 청탁수박淸濁粹駁에 따라 올바르게 실현되지 못하고 가려지는 것으로 보았다.

김시습에 있어서 사람이 수양을 하고 공부를 하는 것은 바로 본성의 리를 덮어 가리는 기질의 제약을 제거하여 순선한 리를 실현하는 과정이라고 볼 수 있다. 이를 위하여 김시습은 수양의 핵심 목표와 방법으로서 성誠과 경敬을 여러 곳에서 강조하였다. 다시 말하면, 그는 기질로 본성이 가려지는 것을 제거하기 위한 경의 수양과 성의 실현을 강조하는 성리학 이론을 그대로 받아들였다.

김시습은 "천하에 무슨 사려가 있겠는가! 천하는 돌아가는 곳은 같아도 길은 다르고, 이르는 곳은 하나라도 사려는 백가지이다. 천하에 어찌 사려가 있겠는가?"[293]라고 하는 『주역』 「계사전」 문장을 설명하면서 성誠을 다음과 같이 언급하였다.

> 사려할 수 없는 것은 성誠이고, 사려가 있는 것은 망妄이다. 무망하고 진실한 것이 성誠이다. 성은 그치지 않고 그치지 않기 때문에 어긋나지 않으며 어긋나지 않기 때문에, 헤아릴 수 없다. 날이 가면 달이 오고, 해와 달이 번갈아 밝아서 주야晝夜가 거기에서 이루어진다. 추위가 가면 더위가 오니, 추위와 더위가 번갈아 미루어서 한해의 일이 이루어진다. 하늘이 무엇을 말하겠는가? 사시四時가 운행되고 온갖 사물이 생겨나는 것은 오직 하나의 태극太極일 뿐이다.[294]

293) 『梅月堂集』 卷20-22, 「太極說」下-5, "子曰, 天下何思何慮, 天下同歸而殊塗, 一致而百慮, 天下何思何慮."

294) 앞의 책, 같은 곳, "所以不可思慮者, 誠也. 有思慮者, 妄也. 無妄眞實者, 誠也. 誠者, 不息也. 不息故不貳, 不貳故不測. 日往則月來. 日月代明而晝夜成焉. 寒往則暑來, 寒暑相推而歲功成焉. 天何言哉, 四時行, 百物生者, 唯一太極也."

김시습은 『주역』의 '사려할 수 없는 것'이란 의미로부터 성誠을 '진실무망眞實無妄', '불식不息', '불이不貳' 등을 연역하였다. 그는 일월日月과 사시四時의 운행과 같이 천지자연이 조금도 쉬지 않고 어긋남이 없이 헤아릴 수 없이 운행되는 것이 바로 성誠으로서 하나의 태극에 의한 것이라고 보았다. 이처럼 쉬지 않는 강건한 자연의 운행을 김시습은 『건괘』「대상전」을 인용하여 성誠으로 규정하였다. 그는 "하늘의 운행은 씩씩하니 군자는 이것을 본받아 스스로 굳건하여 쉬지 않는다. 그것이 쉬지 않는 까닭은 성誠 때문이고, 성誠 때문에 쉬지 않는다. 쉬지 않는 것은 망령되지 않은 것이다"295)고 하였다.

나아가 김시습은 성으로부터 이루어지는 현상세계의 모습을 묘사하면서 이러한 자연의 성을 본받아 신명神明에 통하는 경지를 언급하였다. 그는 "성誠은 본래 멈춤이 없어서 모든 사물이 이로부터 이루어진다. 하늘은 높고 땅은 넓고 두터우며, 바다는 넓고 산은 우뚝 높이 솟아 있다. 어기지 않고 낳는 것 헤아리기 어려우나, 순수하고 참된 도는 저절로 형통하며, 하늘을 본받아 잘 생각하면, 신명에 통할 수 있다"296)고 하였다.

김시습은 사욕私欲에 가려지는 것으로부터 마음의 성誠을 온전히 유지하기 위하여 성리학의 핵심적 수양방법으로서 경敬을 강조하였다. 그는 "아! '경敬' 한 글자는 성학聖學의 처음과 끝을 이룬다. 다른 생각이 끼어드는 것을 허락하지 않으니 어찌 용모를 태만하게 할 수 있겠는가! 의식을 각성하여 언제나 삼가고 반듯이 하여 어지러이 하지 말아야 한다. 극진한 경지에 이르러서는 성스러움을 펼치는 유래가 된다"297)라고 하였다. 김시습은 경敬을 성인의 학문의 처음과 끝을 이루는 것으로 언급하면서 외적인 태도와 용모를 삼가고 의식을 각성시키며, 생각을 분산시키지 말라고 하여 성리학에서

295) 앞의 책, 卷20-29, 「人君義」, "易曰, '天行健, 君子 以自强不息.' 其所以不息者, 誠也. 誠故無息, 無息, 蓋無妄也."

296) 『梅月堂集』 卷13-4, 「至誠」, "誠者自無息, 品形由此成. 天高地博厚, 海闊山崢嶸. 不貳生難測, 純眞道自亨. 法天如克念, 可以通神明."

297) 앞의 책, 卷13-5, 「主敬」, "猗歟敬一字, 聖學成始終. 不許干他念, 那能設慢容, 惺惺常謹愼, 整整勿蒙茸. 到盡十分處, 由來爲聖蹤."

경을 행하는 기본적인 방법론을 그대로 설명하였다.

뿐만 아니라 김시습은 군자가 자신을 닦는데 가져야 하는 마음으로서 경敬을 의義 및 성誠을 보존하는 것과 연관하여 언급하기도 하였다. 그는 "군자의 마음은 그릇을 받들고 옥을 잡듯이 하고 밖은 의義로 방정하게 하고, 안은 경敬하여 곧게 한다. 경을 잘 하여 성을 보존하고 그 사욕을 이겨서 막으면, 행동거지와 위의威儀가 단정하게 저절로 다스려질 것이다"298)고 하였다. 이처럼 김시습은 경과 의를 통하여 지성무식至誠無息의 성을 보존함으로써 자신을 닦을 것을 강조하였다.

요컨대, 김시습에 있어서 인간에 내재되어 있는 본성은 본래 리理로서 사물이 아직 있기 이전에 인의예지로서 순수한 선이며 기의 영향을 받지 않는 것이다. 그러나 '본성'은 현실적으로는 필연적으로 기氣와 결합되어 있기 때문에 기에 얽매임으로 인해 사욕私欲에 빠져서 본성을 온전하게 실현하지 못하는 것이기도 하다. 하지만 김시습은 리와 기가 결합됨으로써 현실적인 본성이 기질에 얽매이는 것을 경敬의 수양방법을 통하여 벗어남으로써 순선한 본성을 그대로 회복할 수 있는 것으로 이해하였다. 김시습에게 있어서 '성즉리性卽理' 명제는 바로 경의 수양을 통하여 기질의 얽매임으로부터 벗어나 성誠을 회복하면서 순선한 본성의 '리理'를 그대로 드러내어 수양이 이루어진 경지를 뜻하는 것으로 이해할 수 있다.

298) 앞의 책, 같은 곳, 卷13-5, 「修己」, "君子必修己, 修己必端肅. 愛惡敬哀惰, 不察便成僻. 所以君子心, 如奉盈執玉. 外之以義方, 內由以敬直. 克敬而存誠, 勝私窒其欲. 動止及威儀, 整整自修飭."

3. 『주역』에 대한 일반적 이해

윗 절에서는 『주역』과 연관하여 김시습의 이기심성론理氣心性論의 특성과 성誠, 및 경敬에 관한 견해를 고찰하였다. 이 절에서는 김시습이 자연과 인사의 두 영역을 포괄하는 관점에서 『주역』을 어떻게 이해하고 있는가 하는 점을 살펴보기로 한다.

김시습이 『주역』에 관해서 언급한 내용 중에는 복희伏羲 이래 『역』을 지은 연원과 계승, 천도天道의 소식영허消息盈虛와 네 계절의 순환, 의리를 정밀하게 하고 신묘한 경지에 들어가는 것을 돕는 수단으로서의 의미 등을 포함하고 있다. 김시습은 「득성리군서得性理群書」라는 시에서 "복희가 역을 지어서 백성들을 깨우치니, 성인들이 그것을 이어 전하면서 차례로 개진하였네. 도가 천년 동안 상실되어 이단異端 학설에 빠졌는데, 하늘이 일곱 학자를 낳아 똑같이 인仁을 이루었도다!"299)고 말하였다. 이러한 김시습의 주장은 『역』을 백성들을 교화하는 수단으로 해석하는 것이며 유가적인 도통론의 관점에서 이해하는 것이다.

그는 「북신北辰」이란 글에서 『주역』「계사」의 내용을 인용하여 복희가 팔괘八卦를 그린 것과 우임금이 「낙서洛書」를 얻어 구주九疇를 제작한 일, 그리고 기자箕子가 구주九疇의 법을 무왕武王에게 제시한 사실에 대하여 다음과 같이 언급하였다.

> 복희씨가 일어나서 우러러 관찰하고 굽어서 살펴 가까이로는 몸에서 취하고 멀리로는 사물에서 취하여 처음 팔괘八卦를 그림으로써, 신묘하게 밝은 덕에 통하고 만물의 성질을 구별하였다. 복희씨가 돌아가시고 신농씨神農氏가 일어나서는 풍우와 이슬, 서리의 차이를 관찰하시고 높고 낮음과 건조하고 습한 것의 마땅함을 살피어 백성들을 살게 하였다. …… 대우大禹는 밖에서 팔년八年을 지내면서 구주九疇의 홍수를 다스리고 「낙서洛書」의 무늬를 얻어

---

299) 『梅月堂集』 卷9-31, 「得性理群書」, "羲皇作易牖斯民, 聖聖相傳次第陳. 道喪千年淪異說, 天生七子濟同仁."

> 서 구주九疇를 제작하고 상도와 법칙을 내렸다. …… 무왕武王이 상나라를 정벌하고 상商의 옛 정치를 되돌리고 기자를 방문하였다. 기자는 대우大禹의 구주의 법을 진술하여 무왕에게 주었으니, 이것이 삼황오제가 하늘을 이어서 인륜의 표준을 세워 하늘을 공경한 대체적인 요강이다.300)

위에서 김시습은 복희가 팔괘八卦를 그림으로써 신명의 덕에 통달하고 사물의 성질을 파악하였다는 것과 신농이 자연현상과 토양을 살펴서 백성들의 생계를 해결한 것을 언급하였다. 이어서 그는 대우大禹가 「낙서」에 따라 구주九疇를 짓고 인륜의 법칙을 세운 것과 기자箕子가 무왕에게 구주의 법을 진술하여 제시한 것 등이 대체로 삼황오제가 하늘을 계승하여 인륜의 표준을 세운 것이라고 강조하였다. 김시습은 『주역』과 관련하여 이들이 특히 팔괘를 그리거나 「낙서」의 무늬를 본받는 것으로부터 신명의 덕과 사물의 성질에 통하고 구주九疇를 지으며 인륜의 법칙을 세운 것에 유의하고 있다.

또한 김시습에 따르면, 음양이 사람을 낳고 온갖 사물을 분화시키기 때문에 성리性理를 살피고 천지의 운행과 역사의 변화를 알며, 굴신소장의 이치를 「건괘乾卦」의 글에서 볼 수 있다. 그는 『주역』에서 음양의 변화로부터 사람과 사물의 본성과 이치, 그리고 역사의 변화를 이해하는 근거를 이끌어내고 있는데, 이것을 다음과 같이 주장하였다.

> 음양이 나를 낳으면서 만물은 나누어지고, 성리를 미루어 궁구해도 몸은 수고롭지 않다. 나의 이목구비를 살펴보고 이것을 궁구하여 천지의 운행을 알 수 있다. 손익損益하고 고치거나 계승하여 십세十世를 알고, 굽히고 펴며 성장 소멸하는 것으로 건괘乾卦의 문장을 말하네. 밖으로부터 온 것을 기이하고 허탄한 듯이 정밀하게 연구하고 충허冲虛를 신묘하게 접하는 것은 보고 들을 수 있는 것이 아니다.301)

---

300) 『梅月堂集』 卷17-2, 「雜著」, '北辰', "庖犧氏作, 仰觀俯察, 近取諸身, 遠取諸物, 始畫八卦, 通神明之德, 類萬物之情. 庖犧氏沒, 神農氏作, 觀風雨霜露之辨, 察高下乾濕之宜, 使民粒食. …… 大禹氏八載於外, 治九疇之洪水, 得洛書之文, 以制九疇, 以貽典則. …… 旣克商反商之舊政, 乃訪于箕子. 箕子陳大禹九疇之法以授武王, 此三皇五帝, 所以繼天立極以敬天之大略也."

김시습은 변화를 가능케 하는 음양이 자연 사물과 인간을 낳고 분화시키는 것 속에 성리性理와 천지의 운행, 그리고 십세十世에 걸친 역사적 변화가 포함되어 있는 것으로 이해하고 있다. 이 때문에 역사의 변화에 대하여 손익損益하거나 변혁하고 계승할 수 있으며 「건괘」에서 말하는 굴신소장의 이치를 신묘하게 궁구할 수 있다고 주장하는 것이다. 그의 입장은 바로 『주역』이 음양을 통해 드러내는 자연과 인사의 이치가 도덕적 실천을 위한 표준을 이끌어낼 수 있는 토대가 될 수 있음을 긍정하는 것이다.

김시습은 일월성신의 운행과 네 계절의 순환과 같은 천도가 쉬지 않고 변화하는 것을 진실무망眞實无妄으로 간주하면서 군자는 천도의 운행을 본받아 진실한 성誠을 체득한다고 보았다. 그는 특히 이러한 지성무식至誠無息하는 자연의 운행은 「건괘乾卦」와 「곤괘坤卦」의 씩씩함과 유순함이 이루는 것이라고 주장하였다.

> 천도天道는 바퀴틀과 같고 일원一元은 잠시도 쉼이 없다. 사시四時는 번갈아 옮아가고 별과 별자리는 차례로 순환한다. 「건괘乾卦」는 씩씩하고 또 「곤괘坤卦」는 유순한데, 커다란 변화는 바퀴축과 같다. 한순간의 호흡을 잠시라도 멈추면 온갖 사물이 양육되지 않을 것이니, 군자는 하늘의 운행을 본받아 지성至誠으로 그윽한 이치를 체인體認한다.302)

여기에서 김시습은 잠시도 멈춤이 없이 끊임없이 순환 변화하는 천도를 본받아 지성至誠으로 심원한 이치를 체득하는 존재를 군자로 규정하고 있다. 이때 군자가 본받는 천도는 잠시의 그침도 없이 사시四時나 별자리의 순환 변화하는 법칙으로서 진실무망한 것인데, 군자는 바로 이 진실무망의 성誠

---

301) 『梅月堂集』 卷12-19, 「得性理大全」, "兩儀生吾萬類分, 推窮性理不勞筋. 先觀我體耳目鼻, 究此可知天地雲. 損益革因知十世, 屈伸消長語乾文. 精硏自外如奇誕, 妙接冲虛非所聞."

302) 『梅月堂集』 卷12-21, 「病臥彌旬, "至秋深, 乃起感今思古, 作感興詩十一首」, "天道似機輪, 一元無暫息. 四時迭推移, 星辰環歷歷. 乾健又坤順, 大化如轉軸, 一息若暫停, 萬彙不能毓. 君子法天運, 至誠體於穆."

을 지극히 하여 이런 이치를 마음에 체득하는 것에서 그 본연의 의미를 얻는다. 또한 「건괘」와 「곤괘」의 성질로서 씩씩함과 유순함은 바로 이러한 천지자연의 순환변화법 법칙을 드러내는 것이다. 김시습은 이처럼 천도와 인도를 아우르는 진실무망으로서 성誠을 인사의 도덕적 실천의 근거로 간주하고 있다.

그는 보다 구체적으로 원형이정元亨利貞과 인의예지仁義禮智를 각각 자연과 인간의 본성이 갖추고 있는 덕이라고 언급함으로써 천도를 체득한 인간이 갖추고 있는 본성의 덕은 선하지 않음이 없으며, 이것이 바로 일에 행해질 때 실천이 된다고 주장하였다.

> 대저 원형이정元亨利貞은 하늘의 덕이고 인의예지仁義禮智는 본성의 덕이다. 하늘은 사덕四德으로 운행을 멈추지 않고 만물을 변화시키고 길러준다. 그래서 군자는 그것을 체인體認하여 자기에게 얻으니, 나에게 있는 본성은 선善하지 않음이 없다. 덕이 사물에 미치는 것은 성실하지 않음이 없다. 그래서 마음에 보존하고 있는 것을 '리理'라고 말하고, 마음에 얻은 것을 '덕德'이라고 말하며, 일에 발휘되는 것을 '행行'이라고 말한다.303)

김시습은 결국 자연의 운행의 핵심적 요소로서 「건괘乾卦」의 덕으로서 원형이정을 몸에 체인하여 마음에 덕으로 보존하는 것이 선한 본성이 되고 나아가 이를 행동으로 옮길 때 도덕적 실천이 가능하다고 보았다. 요컨대, 그는 원형이정의 덕이 마음에 내재해 있는 상태를 리理라고 하는 반면, 마음에 유지하여 갖추고서 이를 행동으로 실천하는 것을 각각 덕과 행으로 보았다. 그는 인간에 단순히 내재해 있느냐 아니면 마음에 유지하고 있느냐 아니면 실행으로 옮기느냐에 따라 천도를 단순한 리理로도 덕德으로도 행行으로도 해석한 것이다.

---

303) 앞의 책, 卷17-15, 「雜著」, '性理', "夫元亨利貞, 天之德, 仁義禮智, 性之德也. 天以四德能運行不息, 化育萬類, 故君子體之以得於吾己, 則性之在我者, 無有不善. 德之及物者, 無有不誠, 故云存諸中之謂理, 得之心之謂德, 發於事之謂行."

김시습이 『주역』에 관하여 어떻게 이해하고 있는가에 대한 핵심적인 내용을 볼 수 있는 자료는 그의 「역설易說」이다. 역설에서 그는 특정한 시점에서의 사물의 상태로서 '시時'라는 개념과 상황의 마땅함으로써 '의義'를 역의 핵심적 취지로 강조하였다. 그는 「건괘」 「문언」의 내용을 인용하여 역易은 군자가 세상의 일에 대처하는 상사常事이고 권도權道라고 말하고 있다. 또한 그는 「건괘乾卦」와 「곤괘坤卦」, 「기제괘旣濟卦」와 「미제괘 未濟卦」가 역의 시종始終을 보여주면서도 이런 변화가 무궁하게 순환하는 것을 알 수 있다고 하였다.

이어서 김시습은 「비괘否卦」, 「태괘泰卦」, 「박괘剝卦」, 「복괘復卦」, 「손괘損卦」, 「익괘益卦」, 「겸괘謙卦」의 예를 들어 뜻을 미룰 수 있는 것과 「동인괘同人卦」, 「태괘泰卦」, 「준괘屯卦」 등으로 시의時宜를 미룰 수 있는 것이 있음을 강조하였다. 그리고 마지막으로 그는 「계사전」을 인용하여 『역』은 사람에게 길한 것을 힘쓰게 하는 반면 흉한 것을 경계하게 하는 역할을 하는 것이라고 주장하였다.

그는 『역』의 기본적인 의미는 변화하고 바뀌는 것에서 시의時宜를 살피고 관찰하는 것에 있으며, 여기에서 '시時'와 '의義'가 중요하다고 언급하였다.

> 역易이라는 것은 무엇을 말하는가? 역은 변화하고 바뀌는 것으로, 그 변화를 관찰하여 그 시의時宜를 살피는 것이다. '시時'라는 한 글자는 역의 핵심이고, '의義'라는 한 글자는 역의 총체적인 설이다. 상황에 따라서 마땅함에 나아가면 통하지 않는 의義가 없으며, 의를 음미하여 상황에 대처하면 부합되지 않는 때가 없다.304)

『주역』에서 이처럼 변화 속에서의 특정한 상황과 마땅함을 강조하는 것은 바로 세상일을 합당하게 처리하는 표준과 시의성을 갖추기 위한 것이다.

---

304) 『梅月堂集』 卷20-21, 「易說」, "易也者, 何謂也? 易者, 變易也. 觀其變以察其時宜, 時之一字, 易之要領. 義之一字, 易之摠說. 因時而適宜, 則義無不通. 玩義而處時, 則時無不合."

이러한 관점에 따라 김시습은 『역』은 천지의 변치 않는 법칙이면서 동시에 군자가 세상에 대처하고 몸을 세우는 항상된 일이면서 동시에 방편적인 척도라고 보았다.

그는 「문언전」과 「계사전」을 인용하여 "역은 군자가 세상에 대처하는 상사常事이고, 몸을 세우는 권도權道이다. 역은 천지의 일정한 법칙이고 성인이 할 수 있는 일이다. 그래서 그 신묘함에 이르면 천지와 그 덕이 부합하고, 사시와 그 순서를 합하며, 귀신과 그 길흉을 합한다. 하늘[天]에 앞서면서도 하늘에 어긋나지 않고, 하늘[天]을 뒤따르면서 천시天時를 받드니[305], 하늘도 어기지 않는데, 하물며 성인에 있어서랴!"[306]고 언급하였다. 여기에서는 군자가 천지 변화에 대한 이해가 신묘한 경지에 이르게 되면 천지와 사시四時와 귀신이 각각 가진 덕과 질서, 길흉에 합하여 하늘에 앞서거나 뒤따르거나 하늘의 변화에 합치할 것이라고 하였다. 김시습은 군자와 성인이 천지자연의 질서에 신묘하게 통하며 인사의 길흉에 합하는 것을 함께 강조함으로써 천도와 인사를 통일적인 것으로 설명하였다.

김시습은 나아가 「건괘」와 「곤괘」에서부터 「기제괘既濟卦」와 「미제괘未濟卦」에 이르기까지 『역』의 변화가 시종하면서 무궁하게 반복되고 순환하는 것을 다음과 같이 언급하였다. 그는 "「건괘」와 「곤괘」가 역의 시초가 되는 것을 관찰하면 천지는 그 자리를 정하고 존비尊卑는 질서를 달리하며, 부부는 그 구별을 두텁게 하는데, 「준괘屯卦䷂」가 그 다음에 와서 만물의 시초를 본받는다. 「기제괘」와 「미제괘」가 『역易』의 마지막이 되는 것을 살펴보면 천지 사이에 만물의 이치가 무궁하게 순환하여, 마치면 다시 쉬어서 다하여 막힌다고 말할 수가 없다"[307]고 하였다. 여기에서 김시습은 「건괘」와 「곤괘」

305) 『乾卦』 「文言」

306) 『梅月堂集』 卷20-21, 「易說」, "易者, 君子處世之常事. 立身之權道. 易者, 天地之定法, 聖人之能事. 故至於其妙也, 如天地合其德, 如四時合其序, 如鬼神合其吉凶, 先天而天不違, 後天而奉天時, 天且不違, 而況於聖人乎?"

307) 앞의 책, 같은 곳, "觀乾坤爲易之始, 則天地定其位, 尊卑異其序, 夫婦厚其別, 而屯次焉. 則萬物之始也. 觀既未濟爲易之終, 則天地之間, 萬物之理, 循環無窮, 而不可終則更息而謂之窮盡也."

가 변화의 시초가 되는 것에서 천지의 자리, 존비의 질서, 부부의 구별을 상징적으로 드러내는 반면, 「기제괘」와 「미제괘」로 역은 무궁한 순환변화를 이루는 것이라고 해석하였다.

그는 또한 64괘 가운데 몇몇 괘의 이름을 통하여 『주역』은 '의義'를 미루는 것이 있고 '시時'에 따라 대처하는 것이 있다고 설명하였다.

> '비색하지만 끝내 길하다'거나, '태평하다가 끝내 흉하다'고 하며, '깎이다가 회복하고', '위를 덜어서 아래를 더하고', '겸손하여 존귀하고 빛나며', '모두 비워서 남을 수용하고', '항상됨을 곧게 하고', '그 예를 밟는다'는 것은 모두 '의義'에 따라 미룰 수 있다. '들에서 남과 동화한다', '거친 것을 포용하고, 맨몸으로 강물을 건넌다', '제후를 세운다', '큰 강을 건너는 것이 이롭다', '가는 바가 있는 것이 이롭다', '곧음이 이롭다', '크게 곧은 것이 길하나, 작게 곧은 것은 흉하다'고 하는 것은 모두 시의時宜에 따라 처할 수 있는 것이다.308)

여기에서 '비색하지만 끝내 길하다'고 한 「비괘否卦䷋」에서 '그 예를 밟는다'고 한 「리괘履卦䷉」까지 몇 가지 괘는 괘의 이름이 가지는 의義를 추구한 것이라고 하였다. 반면 '들에서 남과 동화한다'고 한 「동인괘同人卦䷌」나 '거친 것을 포용하고 맨몸으로 강을 건넌다'고 한 「태괘泰卦䷊」 등은 괘의 전체적 의미에 따른 시의時宜와 초효에서 상효까지의 구체적인 효의 상황 변화에 따른 시의를 추구한 것이라고 보았다. 김시습이 『역』의 변화가 이러한 '시時'와 '의義'를 가지고 있음에 유의한 것은 인사의 특정한 상황에서 적절한 행동을 하기 위한 표준을 강조하고자 한 것이라 할 수 있다.

김시습은 『주역』은 기본적으로 길흉을 사람에게 보여주어 길한 것에는 힘쓰는 반면, 흉한 것에는 경계하게 하고자 하는 것이지, 소소한 것의 성패成敗를 결정하는 데 이용되는 것이 아니라고 강조하였다.

---

308) 앞의 책, 같은 곳, "至於'否而終吉', '泰而終凶', '剝而復', '損上而益下', '謙尊而光', '咸虛以受人', '恒之貞', '履之禮', 皆可以義而推焉. '同人于野', '包荒', '馮河', '建侯', '利涉大川', '利有攸往', '利貞', '大貞吉, 小貞凶', 則皆可以時而處焉."

> 그래서 군자는 머무를 때는 그 상을 보아 그 점을 완미하며, 움직일 때는 그 변화를 관찰하여 그 문장을 음미한다. 그래서 『역』은 사람에게 길吉한 것을 도와서 힘쓰게 하고, 사람에게 흉凶한 것을 경계하여 살피게 하는 것이다. 지금 역易으로 길흉을 점쳐서 자잘한 것에 대해 성패成敗를 결정하는 것은 역易이라고 말할 수 없는 것이 분명하다.309)

김시습에 따르면, 『역』은 특별한 일이 없을 때는 전체적인 상을 보고 그 점이 드러내는 뜻을 음미하는 반면, 구체적인 일이 있어 행동할 때는 그 변화에 따른 시의時宜와 길흉을 살펴서 힘쓰거나 경계해야 한다. 요컨대, 이것은 김시습이 역의 괘효사가 드러내는 천지자연과 인사의 법칙을 함축한 상과 변화를 관찰하고 살펴서 길흉吉凶을 파악하여 실천의 표준으로 삼을 것을 강조하는 것이라 할 수 있다.

김시습의 『주역』에 관한 이해는 기본적으로 송대 성리학자들의 『주역』에 대한 관점을 수용하여 유가적 의리역학의 노선에 서 있다고 할 수 있다. 이것은 바로 천지자연의 생성과 순화변화의 질서로서 역易과 인사의 도덕적 정치적 실천 규범 및 그 변화로서의 역易을 통일적으로 설명하는 입장을 취하는 것이다. 다음 절에서는 김시습이 『주역』을 의리역학적 관점에서 이해하고 해석한 구체적인 내용을 고찰해 보기로 한다.

---

309) 앞의 책, 같은 곳, "君子居則觀其象而玩其占, 動則觀其變而玩其辭. 故易者吉人之勗勉, 而凶人之警察者也. 今以易占吉凶而定成敗於瑣尾者, 不可以言易也, 明矣."

4. 『주역』에 대한 의리역학적 해석

앞 절에서는 복희伏羲가 팔괘八卦를 그린 이후 『주역』이 성립된 시기로부터 역이 전승된 것에 대한 내용과 함께 천도와 인사를 포괄하여 길흉을 드러냄으로써 인사의 실천적 표준이 되는 것으로서 『주역』의 의미에 관한 김시습의 일반적인 견해를 살펴보았다. 본 절에서는 구체적으로 그가 『주역』에 대하여 유가적인 의리역학적 관점에서 이해하는 내용을 고찰하고자 한다.

김시습이 『주역』을 유가적 의리역학의 관점에서 이해한다는 것은 기본적으로 『주역』이 길흉吉凶과 같은 가치평가를 통하여 유가의 정치적 이상과 도덕적 실천을 실행하는 표준을 상징적으로 드러내 주는 측면에서 해석한다는 것이다. 그는 먼저 정치적으로 안정된 상황과 위태로운 상황에 대처하는 사람의 태도에 대하여 『주역』의 특정 괘효의 상象을 통하여 설명하였다. 그는 「고금제왕국가흥망론古今帝王國家興亡論」에서 「태괘泰卦䷊」와 「비괘否卦䷋」의 특정한 효사를 인용하여 각각 태평한 때와 비색한 때에 대처해야 하는 당위적인 정치적 실천 방향과 행동 태도에 대하여 언급하였다. 그는 세상이 편안할 때는 위태로움을 생각하는 것이 좋고 어렵게 막힌 상황에서도 망하지 않을까에 대한 위기의식을 유지하는 것이 좋을 것이라는 취지를 다음과 같이 강조하였다.

> 또한 반드시 편안할 때에 위태로움을 생각하면 보존할 수 있다. 『주역』 「태괘」 구삼효에서 "평평하면서 기울지 않는 것은 없고 가면서 돌아오지 않는 것은 없다. 어렵게 여기고 곧음을 지키면 허물이 없을 것이다"라고 말하였다. 구이효에서 "거친 것을 포용하고 황하를 맨손으로 건너는 용맹을 쓰며, 붕당을 없애면 중도의 행실에 부합할 것이다"고 하였다. 『비괘』 상구효에서는 "비색함이 기우니 기쁨이 있다"고 하였고, 구오효는 "비색함을 그친다는 것은 망할까 망할까 두려워하니 더부룩한 뽕나무에 매듯이 한다"는 것을 말한다고 하였다. 『주역周易』에서 말하는 비색하거나 태평하고 보존하거나 망하

는 때에 간곡하게 반복하고 정성스럽게 경계하는 것이 이와 같이 지극한 것은 오직 편안할 때 위태로움을 어기지 않는 데 취지가 있을 뿐이다.310)

김시습은 「태괘泰卦」 구삼효九三爻에서 '평평한 것 치고 기울지 않는 것이 없고, 가서 돌아오지 않는 것이 없다'고 하는 사물의 성쇠와 순환을 상징하는 의미로부터 좋은 상황에서도 어렵게 여기는 태도를 가질 것을 강조하였다. 그는 구이효九二爻의 상象에 따라 용맹함을 발휘하고 붕당을 없앰으로써 중도中道에 나아가야 한다고 주장하였다. 이어서 「비괘否卦䷋」의 상구효上九爻와 구오효九五爻의 효사를 해석하면서도 그는 비색함이 기울어지는 상황과 어려운 상황에서 위기의식을 가지고 정성스럽게 경계하는 것이 비색한 때에 대처하는 방법이라고 주장하였다.

『맹자』에 "나라 안에는 법도 있는 신하와 보필하는 사士가 없고, 국외에는 대적하는 나라나 밖으로부터 오는 근심이 없으면 나라는 늘 망한다. 그런 후에야 우환憂患속에서 살아나고 안락安樂 속에서 망하는 것을 알게 된다"311)고 하였다. 이것은 적국敵國과 외환外患의 어려움이 있어도 우환의식을 가지고 극복하고자 하는 의지를 가지면 살아날 수 있는 반면, 평화시기에도 안락하고 태만하면 망할 것이라는 것으로 『주역』에 대한 김시습의 견해와 부합한다.

김시습은 『주역』 「계사전」을 인용하여 하늘의 높고 낮은 것으로 건곤이 정해지고, 높고 낮은 것이 정해지면서 천자, 제후, 공경, 대부로부터 서인에 이르는 상하上下의 귀천이 정해진다고 보았다. 이처럼 명분이 정해지고 나서 이것이 실제적으로 행해지게 하는 추동력을 김시습은 예의禮儀의 원칙과 법도기강임을 강조하였다.

---

310) 앞의 책, 卷18-1, 「古今帝王國家興亡論」, "然亦必居安思危, 乃可能保. 易泰之九三曰, 無平不陂, 無往不復. 艱貞無咎. 九二曰, 包荒用馮河, 朋亡得尙于中行, 至於否之上九曰傾否有喜. 九五則曰休否. 言其亡其亡, 繫于苞桑. 聖人於大易否泰存亡之際, 丁寧反覆, 諄諄規警如此其至者, 惟在於安不忘危也."

311) 『孟子』 「告子 下」, "入則無法家拂士 出則無敵國外患者 國恒亡, 然後 知生於憂患而死於安樂也."

> 명분名分은 사람에 있어서 중요한 것이다. 『역』에서 "하늘은 높고 땅은 낮아서 건곤이 정해지고, 높고 낮은 것이 베풀어지면서 귀천이 자리잡는다"고 한 것은 명분은 참람하여 어길 수 없는 것을 말한다. 무엇을 '명名'이라고 말하는가? 천자, 제후, 공경대부, 사, 서인이 이것이다. 무엇을 '분分'이라고 하는가? 상하 존비귀천이 이것이다. 이미 명분은 있는데, 다시 예절의 원칙과 법도기강이 없어서 명분의 내실을 스스로를 지킬 수 없으면, 그것은 다만 공허한 기물器物로서 아무도 그것을 부릴 수 없다. 그래서 천자가 제후를 통제하고 제후가 경대부를 통제하며, 경대부가 사서인을 다스려서 귀한 자는 천한 자를 부리고 천한 자는 귀한 자를 따라서, 윗사람이 아랫사람을 부리는 것을 머리와 눈이 수족을 운용하는 것과 같이 하고, 아랫사람이 윗사람을 섬기는 것을 가지와 잎이 뿌리를 호위하는 것과 같이 한다.312)

김시습은 정치적인 명분名分을 실현하기 위해서는 상하 신분에 고유한 권리와 의무를 규정하는 규범으로서 예의와 법도기강을 기준으로 확립해야 한다고 강조하였다. 이러한 규범에 따라서 천자로부터 제후, 사서인에 이르기까지 질서 있게 윗사람이 아랫사람을 제어하고 아랫사람이 윗사람을 따르는 것이 머리와 눈이 수족을 운용하고, 가지와 잎이 뿌리를 호위하는 것처럼 해야 한다고 주장하였다.

이어서 그는 "그런 후에 위아래가 서로 돕고 근본과 말단이 서로 지탱하며 그것으로 나라를 다스리면 나라는 저절로 다스려지고, 그것으로 가정을 다스리면 가정은 저절로 가지런해진다. 이것으로부터 임금과 신하가 임금답고 신하다우며, 부자가 부자답고, 부부가 부부다우며, 장유가 장유다워 백가지 명령이 순조로워질 것이다"313)고 말하였다. 이것은 바로 존비귀천으로

312) 『梅月堂集』 卷20-14, 「名分說」, "名分之於人, 大矣哉. 易曰天尊地卑, 乾坤定矣, 高下以陳, 貴賤位矣. 言名分之不可僭也. 何謂名? 天子諸侯公卿大夫士庶人, 是也. 何謂分? 上下尊卑貴賤, 是也. 旣有名分矣, 又無禮節之則, 紀綱法度, 不能自守名分之實, 徒爲虛器而莫之馭矣. 是以天子制諸侯, 諸侯制卿大夫, 卿大夫治士庶人. 貴以馭賤, 賤以承貴, 上之使下, 猶頭目之運手足. 下之事上, 如枝葉之衛本根."

313) 앞의 책, 같은 곳, 「名分說」, "然後上下相資, 本末相持, 以之爲國而國自治, 以之爲家而家自齊. 由是而君君臣臣父父子子夫夫婦婦長長幼幼而百令順矣."

정해지는 「건괘」와 「곤괘」의 상징성에 따라 정치적인 존비상하의 지위와 고유한 명분을 확립하여 정명正名을 실현하는 것을 뜻한다.

김시습은 나아가 명분을 바르게 하여 어겨서는 안 된다는 것을 『주역』 괘효사와 「상전象傳」을 인용하여 증명하였다. 그는 전쟁을 마치고 난 후 논공행상을 할 때 명분을 남용해서는 안 된다는 것을 제시한 「사괘師卦䷆」 상육효上六爻와 상하의 구별을 분명히 해야 한다는 「리괘履卦䷉」 「대상전大象傳」의 글을 인용하여 명분을 지키는 것의 중요성을 다음과 같이 강조하였다.

> 『역』 「사괘師卦」에서 "나라의 대군이 명령을 내려서 나라를 열고 가읍을 계승하게 하되, 소인은 등용하지 말아야 한다"고 말하였다. 이것은 '명名'을 남용할 수 없는 것을 말한다. 『역』 「리괘履卦」에서 "하늘이 위에 있고, 연못이 아래에 있는 것이 '리履'이니, 군자는 이를 본받아 위아래를 변별하고 백성의 뜻을 안정시킨다"고 하였다. 이것은 '분分'을 무시할 수 없음을 말하는 것이다. 천지는 명분을 일정하게 하고, 성인은 명분을 닦는다. 고금의 역사서와 고전은 명분을 바르게 하였으니, 말장식물을 멋대로 허용하지 않은 것은 명분을 삼간 것이다.314)

김시습이 『주역』을 인용한 내용은 「사괘」 상육효上六爻이다. 이 효는 전쟁을 처음 시작할 때부터 끝날 때까지의 전체적인 상황을 각각의 효마다 설명하는 괘이다. 여기에서 상육효는 전쟁이 모두 끝나고 나서 전공戰功을 평가하여 상을 내리는 것을 언급한 내용으로, 소인은 관직을 주어 등용을 해서는 안 된다고 말하고 있다. 그 이유에 대하여 「사괘」 상육효 상전象傳에서는 그가 '반드시 나라를 어지럽힐 수 있기 때문이다'315)고 하였다. 「사괘」의 취지를 살려 김시습은 '명名'을 남용할 수 없는 것을 「사괘」 상육효의 상징으로부터 이끌어내고 있다.

---

314) 앞의 책, 같은 곳, 「名分說」, "易曰大君有命, 開國承家, 小人勿用, 言名之不可濫也. 易曰上天下澤, 履, 君子以辨上下, 定民志, 言分之不可陵也. 天地定名分, 聖人修名分, 古今史典, 正名分, 不許繁纓, 謹名分也."

315) 『周易』 「師卦」上六爻, 象傳, "象曰大君有命, 以正功也. 小人勿用, 必亂邦也."

또한 그는 「리괘履卦」 「대상전」의 구절을 인용하여 상하의 정치적 신분고하의 지위를 변별하고 안정시키는 것에 대한 상징성으로부터 '분分'을 무시해서는 안 된다는 의미를 이끌어내었다. 『주역』에서 「리괘」는 예禮를 밟아 실천하는 것으로 상징되는 괘이다.316) 여기에서 김시습은 하늘과 연못이 위아래에 안정되게 머물러 있는 「리괘」의 상징으로부터 '분分'을 안정되게 하는 의미를 이끌어내었다. 그는 물론 공자가 위나라 임금이 정치를 행하게 하면 명분을 바르게 하는 것을 급선무로 행할 것이라고 하면서, '명분이 바르지 않으면 말이 순조롭지 않고 일이 이루어지지 않으며 백성이 어떻게 처신해야 할지 모르게 된다'317)는 정명론正名論의 내용 또한 언급하였다. 이처럼 김시습은 『주역』 괘효사와 『역전』의 내용을 인용하여 정치적인 존비귀천의 명분을 잘 지킬 것을 강조하였다.

김시습은 복희伏義 신농씨神農氏가 팔괘八卦를 그려 오교五敎를 전파하였으나 대례大禮를 갖추지 못한 반면, 황제黃帝 요순堯舜이 구주九州의 우두머리가 되어서는 팔괘八卦를 본받아 법도와 기물을 만들어 백성들에게 덕을 베푼 사실을 언급하였다.

> 복희伏義 신농씨神農氏가 일어나면서 팔괘八卦를 그려서 만물의 본성을 구별하고 오교五敎를 전파하였으며 만백성들의 이익을 소통하였다. 그러나 바로 이때에 사람들에게 가해지는 해악이 처음으로 소멸되었으나 문화가 현저하지 못하였고, 먹는 것과 재화는 충분하였으나 대례大禮가 갖추어지지 않았다. 황제皇帝 요순씨堯舜氏는 구주九州의 우두머리가 되어 팔괘八卦에서 법을 취하고 인사에 변통하며 그것을 위하여 법도와 기물을 제정하여 백성들에게 혜택을 베풀어서 그 은혜가 컸으며, 그 덕은 넓었다.318)

---

316) 『周易』 「履卦」, '程傳', "履, 禮也. 禮, 人之所履也. 爲卦, 天上澤下. 天而在上, 澤而處下, 上下之分, 尊卑之義, 理之當也, 禮之本也."

317) 『梅月堂集』 卷20-14, 「名分說」, "衛君待孔子而爲政, 必先正名, 以謂名不正則言不順, 言不順則事不成, 事不成則民無所措手足."

318) 『梅月堂集』 卷17-15, 「雜著」, '上古', "及犧農氏作焉, 畫八卦, 類萬物之情, 播五敎, 通萬民之利. 然方斯時也, 雖人害初消而人文未著, 食貨甫足而大禮未備. 黃帝堯舜氏爲九州長, 取法於八卦, 通變於人事, 爲之法度器物, 以惠施于民. 其恩

김시습에 따르면, 복희 때에 그가 그렸던 팔괘는 만물의 본성을 변별하고 오교五教를 가르쳐 백성들의 이익을 통하게 하는 상징물이 되었고, 요순시대에 팔괘는 법도와 기물을 제정하여 백성들에게 은혜를 베풀어 덕을 넓히는 상징이 되었음을 알 수 있다. 팔괘에 대한 이러한 이해는 모두 『역』을 인간의 도덕적 본성과 유가적 이상을 정치적으로 실현하는 상징적 의미를 가진 것으로 해석하는 것이라 할 수 있다.

팔괘에 대하여 상징적 의미를 부여하고 나서 김시습은 황제 요순이 『주역』 괘 가운데 열세 괘에 포함되어 있는 상징에 따라 백성들의 삶을 안정되게 할 수 있는 외적 조건을 충족시켜 주는 실용적이고 정치적인 의미를 실천한 것으로 설명하였다. 여기에서 김시습은 각각의 괘가 가지는 상징적 의미를 주로 「설괘전說卦傳」이나 팔괘, 그리고 괘명卦名으로부터 이끌어내고 있다.

> 이 백성들이 사냥하고 고기 잡는 것을 몰라서 「리괘離卦䷝」에서 양陽의 '목目'이 서로 이어지는 것을 취하여 그물을 만들어 사냥하고 고기를 잡았다. 이 백성들이 육식肉食은 하면서도 낟곡식을 먹지 못하여 「익괘益卦䷩」의 위가 들어가고 아래가 진동하는 상을 취하여 그 쟁기와 보습으로 농사를 짓게 하였다. 이 백성들이 먹고 재화로 쓰는 것이 여유가 있기도 하고 부족하기도 한 것이 한쪽으로 치우치기 때문에 「서합괘噬嗑卦䷔」의 위가 밝고 아래가 움직이는 상을 취하여 한 낮에 시장을 열어 그것을 교환하게 하였다. 이 백성들이 추워도 의복을 짜서 제작할 줄 몰라서 「건괘乾卦䷀」, 「곤괘坤卦䷁」의 위 아래가 되는 상을 취하여 그것에 의상을 만들어 입게 하였다. 이 백성들이 강하江河가 막혀서 길이 끊어지는 곤경을 당하기 때문에, 「환괘渙卦䷺」의 나무가 물 위에 있는 상을 취하여 배를 만들어서 건너게 하였다. 이 백성들이 세금의 부담에 피곤하고 먼 길을 가는데 굳은살이 지기 때문에 「수괘隨卦䷐」의 아래가 움직이고 위가 기뻐하는 상을 취하여 수레와 고삐를 만들어 몰게 하였다. 이 백성들이 왜적에 대해 염려하면서도 방어에 태만했기 때문에 「예

大矣. 其德普矣."

> 괘豫卦䷏」의 미리 준비하는 상을 취하여 중문重門을 만들어 경계하여 방어하게 하였다. 이 백성들이 농사를 지으면서도 찧을 줄 몰라서 「소과괘小過卦䷽」의 아래가 그치고 위가 움직이는 상을 취하여 나무를 자르고 땅을 파서 그것을 찧고 까불게 하였다. 이 백성들이 스스로 구제할 날카로운 것이 없이 타격받고 물리는 것을 걱정해서 「규괘睽卦䷥」의 어긋나면서도 복종하는 상을 취하여 활과 화살을 만들어 쏘게 하였다. 이 백성들이 나무에 살다가 떨어지고 굴에 살다가 젖게 되기 때문에 「대장괘大壯卦䷡」의 씩씩함을 취하여 견고하게 집을 지어 살게 하였다. 이 백성들이 죽어서도 들것으로 그대로 버려지는 것을 슬퍼하기 때문에 「대과괘大過卦䷛」의 두터운 것에 지나친 상을 취하여 관곽棺槨을 만들어 장례를 치르게 하였다. 이 백성들이 문자에 곤궁하고 전적이 없는 것으로 속기 때문에 「쾌괘夬卦䷪」의 밝게 결단하는 상을 취하여 서계書契를 만들어 다스리게 하였다.319)

위에서 김시습은 「리괘離卦」, 「익괘益卦」, 「서합괘噬嗑卦」로부터 「대장괘大壯卦」, 「대과괘大過卦」, 「쾌괘夬卦」에 이르기까지 열세 가지 괘의 상징으로부터 백성들의 경제적 문화적 삶을 충족시켜주는 것으로서 통치와 연관된 의미를 이끌어 내었다. 황제와 요순이 행한 것으로서 이들 괘의 상징으로부터 이끌어낸 의미들에는 사냥과 어로, 농경, 상품교환, 의상제작, 도하渡河, 주마走馬, 경계와 방어, 곡식정련, 사궁射弓, 건축, 관곽棺槨 제작, 서계書契 등 다양한 실용적 정치적 의미가 포함되어 있다.

---

319) 앞의 책, 같은 곳, "自斯民之未知佃漁也. 取離之陽目相承, 爲之網罟以佃漁之. 自斯民之肉食而未知粒食也. 取益之上入下動, 爲之耒耜以耕耨之. 自斯民之食貨, 或有餘或不足之偏匱也. 取噬嗑之上明下動, 爲之日中爲市以交易之. 自斯民之寒, 而衣皮未知織紝之制也. 取乾坤上下之象, 爲之衣裳, 以衣之. 自斯民之厄於江河之壅隔而道斷也. 取渙之木在水上, 爲之舟楫以濟之. 自斯民之疲於負擔, 跰於遠塗也. 取隨之下動上說, 爲之輪轡以御之. 自斯民之虞於寇攘而懈於守禦也. 取豫之預, 爲之重門, 擊柝以防之. 自斯民之知, 有耕耨而未知舂揄也. 取小過之下止上動, 爲之斷木掘地以舂簸之. 自斯民之無爪牙之自濟而憂於搏噬也. 取睽之乖而服之, 爲之弧矢以彈射之. 自斯民之巢處而顚穴處而濕也. 取大壯之壯, 固爲之宮室以居之. 自斯民之死而慼於虆梩也. 取大過之過於厚, 爲之棺槨以葬之. 自斯民之窮於結繩, 而欺於無籍也. 取夬之明決, 爲之書契以治之."

김시습은 황제와 요순이 이처럼 『주역』의 여러 괘에 내포되어 있는 상징적 의미로부터 도덕적 정치적 제도와 실용적 사업을 연역함으로서 이상적 통치를 이룬 것으로 설명하고 있다. 그는 황제와 요순이 경제적인 측면에서 토지의 경계를 정하고 예악과 법도를 제정하고 닦아서 대경대법大經大法을 세움으로써 정명正名을 실현하였다고 언급하였다.

> 토지의 경계를 구분하고 물도랑을 정하고 예악禮樂을 제정하며 법도를 닦고 관직을 설치하여 어진 이를 임명하며, 백왕의 변치 않는 대경대법大經大法을 확립하는 데 이르러서는 그 문화와 기강이 해와 별처럼 밝게 되었고, 강수江水 하수河水와 같이 펼쳐졌다. 그것을 써도 다함이 없고 취해도 모두 소진하지 않았으며, 이 백성들로 하여금 임금은 임금답고 신하는 신하다우며, 아비는 아비답고 아들은 아들다우며 남편은 남편답고 아내는 아내답고 어른은 어른답고 아이는 아이다워 각각 질서가 있게 하였다.320)

김시습은 결국 황제 요순이 복희가 그린 팔괘八卦로부터 상징적 의미를 도출함으로써 정치적, 실용적, 도덕적 이상을 실현시켰음을 강조하는 것이다. 여기에서 예악과 법도가 제정되고, 대경대법이 확립되며, 문화와 기강이 밝혀지고 정명正名이 실현된 것은 모두 여러 괘로부터 통치를 위하여 제도를 구성하는 상징적 의미를 이끌어낸 것으로부터 시작되었다고 할 수 있다.

요컨대, 김시습은 「태괘」와 「비괘」의 상징적 의미로부터 국가의 정치적 치란과 이에 대응한 통치자의 대처방식과 태도를 설명하였다. 이어서 그는 「사괘」와 「리괘」의 괘효사로부터 정치적 상하 산분상의 지위로서 '명名'과 '분分'의 의미를 이끌어 냈다. 여기에서 정치적인 지위로서 '명'과 '분'을 규정하는 기준은 '예禮'로 요약된다. 김시습은 황제와 요순이 『주역』의 열세 가지 괘에 내포되어 있는 상징으로부터 백성들의 삶을 충족시켜 줄 수 있는 실용적이고 정치적인 의미를 이끌어 냈다. 김시습의 이러한 설명은 그가

320) 앞의 책, 같은 곳, "乃至分疆界, 定溝洫, 制禮樂, 修法度, 設官任賢, 立百王不易之大經大法. 其人文人紀, 昭若日星, 渙若江河. 用之而不竭, 取之而無盡. 使斯民君君臣臣父父子子夫夫婦婦長長幼幼, 各有倫敍."

『주역』 괘효사를 유가적 의리역학적 견지에서 해석하는 것으로, 송대 의리역학적 『주역』 해석의 노선을 따르는 것이다.

5. 『주역』의 도덕적 원리와 실천적 적용

앞 절에서는 김시습이 『주역』을 유가의 의리역학적인 견지에서 해석하는 일반적인 내용을 주로 살펴보았다. 한걸음 나아가 김시습은 『주역』에 대하여 그 대덕大德으로서 '낳고 낳음[生生]'에 대해서 언급하기도 하고, 괘효사의 상징으로부터 유가적인 덕목을 연역하기도 하였다. 따라서 이 절에서는 그가 사물을 생성시키는 천도의 변화를 상징적 부호와 물상物象을 통해 드러내는 『주역』의 근본 원리에 대하여 언급한 내용을 살펴보기로 한다. 아울러 괘효사가 포함하고 있는 유가적인 덕목, 그리고 괘효사를 특정한 상황에 적용하여 해석하는 내용 등에 대하여 검토하고자 한다.

「계사전繫辭傳」에서는 천지의 가장 커다란 덕을 '생生'이라[321]고도 하고, '낳고 낳는 것을 역이라고 한다'[322]고 언급하였다. 김시습은 이러한 생생生生의 대덕大德으로서의 『주역』의 근본 원리를 받아들이면서, 이것이 인애仁愛의 덕의 기초가 되는 것으로 설명하였다. 그는 「애물의愛物義」에서 사물을 사랑하는 방법은 어떤 것인가에 대하여 혹자의 질문을 받고서, 각기 그 본성을 이루는 것에 지나지 않는 것이라고 대답하면서 그 토대를 『역』이 지닌 생생生生의 원리에서 찾고 있다.

> 『역易』에 "천지의 커다란 덕은 '생生'이라고 말한다"고 하였으니, 대개 낳고 낳는 것은 천지의 커다란 덕德이고 살고자 하는 것은 만물의 본성이다. 그래서 사람과 만물의 살고 싶어 하는 본성은 낳고 낳는 천지의 커다란 덕德을 몸으로 삼아 사물로 하여금 각각 그 본성을 이루고 어짊[仁]을 깊이 하고 은

321) 『周易』 「繫辭 下」 1章, "天地之大德曰生, "
322) 『周易』 「繫辭 上」 5章, "生生之謂易, "

> 택을 두터이 하는 가운데 변화 육성시킬 뿐이다. 이것을 자세히 말하면, 사람과 사물은 천지가 크게 변화되는 사이에 함께 태어나서 백성은 나의 동포가 되고, 사물은 나의 동료이다. 그래서 사람이 가장 뛰어나고 사물은 그 다음이다. 군자는 사람에 대해서는 아끼지만 어질게 하지 않으며, 사물에 대해서는 어질게 하지만 아끼지 않는다.[323]

김시습에 따르면 사람과 사물을 낳고 낳는[生生] 천지의 커다란 덕을 타고 났기 때문에 스스로 살고자 하는 동시에 이로부터 모든 사물 또한 각각 자기 본성을 이루도록 한다고 보았다. 그는 사람과 사물이 모두 천지의 변화 속에 함께 태어나 백성은 동포로 사물들은 동료로 보기 때문에 사람에 대해서는 사랑하고, 사물에 대해서는 어질게 대한다고 보았다. 여기에서 김시습은 군자가 인애仁愛의 덕을 사람과 사물에 베풀 수 있는 토대를 『역』의 근본원리로서 생생生生의 커다란 덕에 두고 있다.

또한 김시습은 '하늘의 운행은 굳세니, 군자는 이를 본받아 스스로 씩씩하여 멈춤이 없다'고 하는 「건괘乾卦」 「대상전」의 구절을 인용하면서, 여기에서 멈춤이 없는 것을 성誠이라고 하여 천도와 인도에 관통되어 있는 성誠을 강조하였다. 그는 이어서 성을 거짓됨이 없음[無妄]으로 규정하면서도, 거짓된 것이 사이에 끼어들면 천지는 사물의 시초가 되거나 사물을 생성시키지 못하고 군자는 천지의 도와 마땅함을 이어서 백성들을 돕지 못할 것이라고 말하고 있다.

> 조금이라도 사사로운 거짓이 그 사이에 끼어들면 하늘은 씩씩하게 운행하여 낳는 바탕이 될 수 없고, 땅은 순하게 이어서 시작하는 것을 바탕으로 삼을 수 없다. 군자는 천지를 몸으로 삼아 화육化育을 도울 수 없으며, 천지의

---

323) 『梅月堂集』 卷20-33, 「愛物義」, "或問於余曰愛物之道, 奈何? 曰不過各遂其性而已. 易曰天地之大德曰生. 夫生生者, 天地之大德, 而欲生者, 萬物之本性, 故人萬物欲生之本性, 體天地生生之大德, 使物各遂其性而化育於深仁厚澤之中而已. 請詳論之, 人與物共生天地, 大化之間, 而民吾同胞, 物吾與也. 故人爲最, 物其次焉. 君子之於人也, 愛之而勿仁, 於物也, 仁之而勿愛."

> 마땅함을 재량하여 이루고 천지의 도道를 보필하여 백성들을 보호할 수 없을 것이다. 그래서 임금답기가 어렵다. 아! 삼대三代 이후 임금된 자들은 인극人極을 세워 아래의 표준이 될 수 없고 몸소 행하여 백성들을 통솔할 수 없기 때문에 임금 중에 황극皇極을 세우는 자가 대개 적으며 백성들 중에 황극에 보호받는 자 또한 드물다.324)

김시습은 천지가 사물의 시초가 되고 생성하는 근원이 되지 못하고 군자가 천지의 도와 마땅함을 재량하고 돕지 못하는 까닭을 사사로운 거짓이 끼어들기 때문이라고 하면서 「건괘」의 진실무망한 성誠을 강조하였다. 그에 따르면, 사사로운 거짓 때문에 삼대三代 이후의 왕들은 백성을 통솔하는 황극을 세우는 자가 적었으며, 백성들 또한 그것을 지키지 못하였다. 이러한 부정논법에는 임금이 황극皇極을 세워서 백성들을 잘 다스리는 근거를 강건하게 쉬지 않고 운행하는 「건괘」의 덕에 있으며, 이 덕은 바로 무식無息하고 무망無妄한 성誠이 되는 것이라는 의미가 포함되어 있다.

김시습은 변화를 살펴서 점을 치는 것이나 팔괘八卦와 육효六爻의 기능 또한 인간이 마음을 경건하게 하고 경계하도록 하기 위한 것이라고 피력하였다. 『주역』에는 하늘과 사람이 돕게 되는 순리에 따름[順]이나 미더움[信]과 같은 실천적 덕목이 있다. 그는 공자가 「계사전繫辭傳」에서 언급한 구절로부터 '순리에 따름'과 '미더움'의 덕목을 언급하면서 「대유괘大有卦䷍」 상육효上六爻에서 말한 '이로움[利]'의 의미를 해설하였다.

> 변화를 살펴서 점을 치는 것은 나의 기도이고, 배와 수레와 의복과 음식은 하늘이 나에게 은혜를 주어 골고루 길러 주는 것이고, 팔괘八卦와 육효六爻는 하늘이 나를 경계하여 편안하게 살도록 한 것이다. 『주역』 「대유괘大有卦」 상

324) 『梅月堂集』 卷20-29, 「人君義」, "易曰, '天行健, 君子 以自强不息.' 其所以不息者, 誠也. 誠故無息, 無息, 蓋無妄也. 一有私妄, 介乎其間, 天不能行健以資生. 地不能承順以資始. 君子不能體天地, 贊化育, 栽成天地之宜, 輔相天地之道以左右民, 故爲君難也. 嗚呼! 三代以降爲人君者, 不能建極以表乎下, 躬行以率其民, 故君之建於皇極者蓋寡, 而民之保于皇極者亦鮮."

> 구효는 “하늘로부터 도와서 길하니 이롭지 않음이 없다”고 하였고, 공자는 「계사」에서 “하늘이 돕는 것은 순한 것이고, 사람이 돕는 것은 미더운 것이니, 미더움을 따르고 순함을 생각하니, 이 때문에 하늘로부터 도와서 길하여 이롭지 않음이 없다”고 하였다. 이것으로 하늘을 공경[敬]하면 하늘 또한 정성될[誠] 것이며, 이것으로 하늘에 예배하면 예禮가 망령되지 않을 것이다.325)

위에서 김시습은 변화를 살피고 점을 치는 것은 팔괘와 육효가 지시하는 길흉吉凶을 살펴서 마음과 태도, 행동을 경계하는 것으로 삶을 편안히 하고자 하는 것이라고 말하였다. 그는 또 「계사전」의 내용을 근거로 순리에 따름[順]과 미더움[信]의 덕목을 지킬 때 하늘이나 사람이 도울 것이라고 하면서, 이런 덕목으로 하늘을 공경할 때 하늘 또한 정성될 것이라고 강조하였다. 결국 하늘이 도와 이로움을 이루는 길은 길흉을 점쳐서 이것을 행동의 표준으로 삼아 하늘을 공경하고 순리에 따르며 미덥게 하는 것으로, 이렇게 하면 하늘 또한 정성스럽게 된다는 것이다. 이처럼 김시습은 『주역』의 구체적인 괘효사와 『역전』의 내용을 해석하면서 ‘성誠’, ‘경敬’, ‘순順’, ‘신信’ 등의 유가적인 도덕적 원리와 덕목을 이끌어 내고 있다.

김시습은 『주역』으로부터 도덕적 수양과 실천 덕목을 도출할 뿐만 아니라, 변화의 이치와 도의 본체를 자기에게 갖추고서 문을 나가지 않고도 길

---

325) 『梅月堂集』 卷17-2, 「雜著」, ‘天形’, “觀變玩占, 吾之禱也. 舟車衣服, 天之所以惠我而均養者也. 八卦六爻, 天之所以警我而安居者也. 易大有之上九曰自天祐之, 吉無不利. 夫子繫之辭, 天之所助者順, 人之所助者信, 履信思乎順. 是以自天祐之, 吉無不利. 以此敬天, 敬亦誠矣. 以此禮天, 禮非妄矣.” 김시습은 「常變說」에서 “천하의 도는 불변하는 것이 있고 변하는 것이 있다. ‘常’은 항구적인 도로 만세에 걸쳐 바뀌지 않는 大法이다. ‘變’은 방편적인 도리[權道]로서 일시적으로 행할 수 있는 핵심적 제도이다. …… 『중용』에서 ‘군자의 중용은 군자가 상황에 따라 적중하는 것이고, 소인이 중용에 반하는 것은 소인으로서 꺼리는 것이 없는 것이다’고 하였다. 그래서 『역』에서 ‘평소의 말을 삼가고 평소의 행동을 미덥게 한다’고 한 것은 그 상도를 말한 것이다.(天下之理, 有變有常. 常者, 道之經, 萬世不易之大法. 變者, 道之權, 一時可行之要制也. …… 中庸曰, ‘君子之中庸也, 君子而時中. 小人之反中庸也, 小人而無忌憚也.’ 故易曰, ‘庸言之謹, 庸行之愼’, 言其常也.:『梅月堂集』 卷20-18, 「常變說」)”고 하였다. 여기에서 김시습은 『주역』 구절을 인용하여 천하의 상도로 中庸을 행하는 덕목으로서 ‘삼감[愼]’과 ‘미더움[信]’을 강조하였다.

흥흥망을 알 수 있다고 주장하였다. 곧, "역易은 변하는 것이고, 도道를 싣는 것이 역易이며, 펴서 드러내는 것이 점占이다. 과거로 천대千代 이전과 미래로 천대 이후에 이르기까지 세상 안에 온갖 특수한 만상은 문을 나가지 않고도 그 길흉흥폐吉凶興廢를 알 수 있으니, 그 변역變易의 리理는 도에 갖추어져 있고, 도의 체는 나에게 갖추어져 있다"326)

그에 따르면, 도의 본체가 나에게 갖추어져 있는데, 이 도에는 바로 변역變易의 리가 갖추어져 있다. 또한 그는 역을 펼쳐서 드러내는 것을 점占이라고 규정하면서 이로부터 길흉흥폐를 알 수 있다고 하였다. 여기에서 나에게 갖추어져 있는 도의 본체는 바로 본성이라 할 수 있으며, 이 본성은 바로 변역變易의 리理가 인간에 내재한 것이다. 이처럼 사람은 변역의 리가 내재한 본성을 갖추고 있기 때문에 역을 현상적으로 펼쳐서 드러내는 점을 통하여 길흉흥폐를 알 수가 있다. 요컨대, 인간은 길흉흥폐를 인식할 수 있는 선천적인 본성을 가지고 있기 때문에 밖으로 드러난 길흉흥폐를 인식할 수 있는 것이다.

김시습은 또한 『주역』의 구체적인 괘효사를 인용하여 도덕적 정치적 실천 상황에 대한 상징적 의미를 이끌어 내고 있다. 그는 「고금군자은현론古今君子隱顯論」에서 지식인이 세상에 나아가거나 물러나고 숨거나 나타나는 것은 오직 의리에 합당한가의 여부와 도를 행할 만한가의 여부에 따라 판단해야 하며 나아가거나 물러나고 숨거나 나타나는 사실 자체만으로 판단할 수 없다고 주장하였다. 그는 「고괘蠱卦䷑」 상구효上九爻와 「건괘乾卦䷀」 구이효九二爻의 효사를 인용하고 이윤伊尹, 부열傅說, 미자微子, 백이伯夷, 숙제叔齊, 여망呂望의 사례를 들어 지식인의 출처진퇴는 의義와 도道의 표준에 따라야 한다고 주장하였다.

---

326) 『梅月堂集』 21-7, 「天地篇」, '右三', "易者, 變也. 載道者, 易也. 發揮者, 占也. 前乎千百世之上, 後乎千百世之下. 九垓之內, 萬象之殊, 不出戶, 而知興廢吉凶, 而其易之理, 備乎道, 而道之體備於我也."

> 지식인[士]이 떠나거나 나아가고 숨거나 나타나는 것은 반드시 먼저 그것이 의義에 맞는가 하는 것과 행할 수 있는 도道인가를 잘 헤아리는 데 있을 뿐이며, 반드시 떠났다고 현명한 것도 나아갔다고 아첨하는 것도 아니며, 숨었다고 고상한 것도 나타났다고 하여 구차한 것도 아니다. 그래서 떠나야 해서 떠났기 때문에 미자微子가 주紂를 떠난 것은 상商나라를 배반했다고 말할 수 없고, 나아가야 해서 나아갔기 때문에 이윤伊尹과 부열傅說이 은殷나라에 나아간 것은 뜻을 빼앗은 것으로 말할 수 없다. 숨어야 해서 숨었기 때문에 백이숙제伯夷叔齊가 수양산에 들어갔던 것은 고상하다고 말할 수 없고, 나타나야 해서 나타났기 때문에 여망呂望이 떨쳐 일어난 것은 구차하다고 말할 수 없다. 『주역』「고괘蠱卦」에서 "왕후를 섬기지 않는다"고 한 반면, 「건괘乾卦」 구이효에서 "대인을 만나는 것이 이롭다"고 한 것은 각각 그 상황에 따른 것이다.327)

유가철학에서 관직에 나아가고 물러나며 은거하고 세상에 나오는 것은 오로지 의리에 맞는가의 여부를 기준으로 한 '시의時宜'에 따른다. 위에서 김시습이 '떠나야 해서 떠난 것'과 '숨어야 해서 숨은 것', '나아가야 해서 나아간 것'과 '나타나야 해서 나타난 것'은 모두 의리를 기준으로 '시의'에 따른 것이라 할 수 있다. 김시습이 인용한 「고괘」 상구효와 「건괘」 구이효의 내용은 각각 '숨어야 하는 것'과 '만나야 하는 것'이 '의義'와 '시의時宜'에 맞는 것임을 드러내고 있다.

『주역』에서 「고괘」는 오랫동안 방치하여 벌레가 생긴 그릇이라는 '고蠱'의 의미로부터 폐단이 되는 일을 바로잡는 것을 상징하는 괘이다.328) 「고괘」

---

327) 『梅月堂集』 卷18-6, 「古今君子隱顯論」, "是故士之去就隱顯, 必先量其義之適與不適, 道之可行與不行而已, 不必去而賢, 就而諂, 隱而高尙, 顯而苟且也. 故當去而去, 微子去紂, 不可言背商. 當就而就, 伊傅就殷, 不可言奪志. 當隱而隱, 夷齊西山, 不可言高尙. 當顯而顯, 呂望鷹揚, 不可言苟且. 易蠱之上九曰, '不事王侯', 乾之九二曰'利見大人', 各因其時也."

328) 정병석 역주, 『周易』, 을유문화사, 2010, 315쪽. 정병석은 「蠱卦」의 상징적 의미를 "蠱를 事로 말하는 것은 실은 '無事'에서 '有事'로 전환된 상황을 의미한다. 말하자면, '蠱'라는 말은 일이 없는 것에서 일이 생긴 상황을 뜻한다는 것이다. 일이 생겼다는 것은 나쁜 일이 생겼다는 뜻이다"고 하였다.

상구효는 "왕후를 섬기지 않고 그 일을 고결하게 높인다"[不事王侯, 高尙其事]고 하였다. 여기에 대하여 정이程頤는 "강하고 밝은 자질로 호응하고 끌어주는 것이 없이 일 없는 자리에 처하니, 이것은 현인군자가 시대와 짝하지 못하고 고결하게 스스로 지키면서 세상일에 얽매이지 않는 것이다"329)고 하였다. 이 상구효는 가장 윗자리로 은퇴한 입장에서 이끌어주는 사람이 없는 뜻과 시의를 가지고 있기 때문에 왕후를 섬기지 않는다고 하여 숨는 것이 시의에 맞는 때이다.

반면, 「건괘」는 용龍으로 상징되어 군자의 덕을 쌓고 실현하는 것을 목표로 하고 있다. 여기에서 구이효에 대하여 정이는 "지상으로 나와서 그 덕이 이미 드러난 것으로 성인으로 말하면 순舜이 농사짓고 고기잡이 하던 시기이다. 커다란 덕을 가진 임금을 만나서 그 도를 시행하는 것이 이롭다"330) 라고 하였다. 곧, 「건괘」 구이효는 군자의 덕이 이미 드러나 세상에 행할 수 있는 자질을 가진 자이기 때문에 덕을 가진 임금을 만나서 자신의 덕을 실행하는 것이 '시의'에 맞는 상황이 된다. 이런 이유로 이 구이효의 상황은 나아가야 하는 상황이 의義와 시의時宜에 맞는다고 할 수 있다. 김시습은 이처럼 「고괘」와 「건괘」를 인용하여 지식인의 정치적인 출처진퇴와 은거가 '의리'와 '시의'에 따라야 한다는 것을 증명하고자 하였다.

김시습은 희로애락과 기거동작을 한결같이 시의時宜에 맞게 하여 도덕적 실천을 행하는 기준을 일관一貫, 중용中庸, 또는 시중時中으로 설명하였다. 그는 불교에서 언급하는 '선禪' 개념에 대해서도 영허소식과 생장왕래가 연속하여 끊이지 않는 것으로 성誠과 같은 의미로 해석하고 『주역』 「항괘恒卦䷟」 「대상전」을 인용하여 마음의 항상성을 유지하는 것이 중용中庸을 실천할 수 있는 근거가 되는 것으로 이해하였다.

329) 『周易傳義大全』 「蠱卦」, 上九爻, 程傳, "以剛明之才, 無應援而處無事之地, 是賢人君子, 不偶於時而高潔自守, 不累於世務者也."

330) 앞의 책, 「乾卦」, 九二爻, 程傳, "田, 地上也. 出見於地上, 其德已著, 以聖人言之, 舜之田漁時也. 利見大德之君以行其道."

이른바 선禪은 움직이고 머무르며 말하고 침묵하는 데서 온화하여 급하지 않고 기미와 시의時宜를 곡진하게 하는 것이다. 마치 원기元氣가 순환하는 데 주야와 초하루와 보름, 차고 빔, 성장소멸, 생장왕래가 끝내 급한 것도 없고 느린 것도 없으며 면면히 끊어지지 않고 순수하게 그침이 없는 것과 같다. 기뻐해야 하면 기뻐하고, 성내야 하면 성내며, 사랑해야 하면 사랑하고, 공경해야 하면 공경하며 좌와기거坐臥起居를 하는 것을 한결같이 때의 변화에 따르는 것을 '일관一貫'이라고 말하고, '중용中庸'이라고 말하며, '시중時中'이라고 말한다. 『역』에서 '우레 아래 바람이 있는 것이 「항괘恒卦」이니, 군자는 이를 본받아 뜻을 세움에 그 방향을 바꾸지 않는다'고 하였으니, 대개 이것을 선禪이라고 말한다.331)

김시습은 선禪을 주야 및 절후와 같은 자연현상이 생장왕래하고 성장소멸하는 등 원기가 끊임없이 순환하여 순수하게 멈추지 않는 것을 뜻하는 것으로 이해하였다. 여기에서 원기가 순환하는 것으로서 선禪은 '순역불이純亦不已'의 성誠을 뜻하는 것으로 해석할 수 있다. 이렇게 볼 때, 김시습은 성誠으로 이해되는 '선禪'을 희로애경喜怒愛敬과 기거동작을 한결같이 상황의 변화에 따르는 것으로서 일관, 시중, 또는 중용으로 해석한 것이다.

정이는 「항괘」 「대상전」에 대한 해석에서 "군자는 우레와 바람이 서로 더불어 항상성을 이루는 상을 관찰하여 그 덕을 항구적으로 하고 스스로 크게 중절하고 항구적인 도를 확립하여 그 방향을 바꾸지 않는다"332)고 언급하였다. 김시습은 「항괘」 「대상전」의 우레와 바람이 결합함으로써 드러내는 '항구성'이라는 상징으로부터 중용中庸 또는 시중을 가능케 하는 마음의 '항상성'을 이끌어 내고 있다고 할 수 있다.

요컨대, 김시습은 『주역』 괘효사와 「상전象傳」등의 상징으로부터 유가철학

---

331) 『梅月堂集』 卷23-11, 「雜說」, "所言禪者, 動靜語默, 雍容不迫, 曲盡機宜, 如元氣斡旋, 晝夜晦朔, 盈虛消息, 生長往來, 竟無躁急, 亦無舒緩, 脈脈不斷, 純亦不已. 當喜則喜, 當怒則怒, 當愛則愛, 當敬則敬, 乃至坐臥起居, 一循時變謂之一貫, 謂之中庸 謂之時中. 易云雷風恒. 君子以立不易方, 夫是之謂禪."

332) 『周易傳義大全』 「恒卦」, 大象傳, 程傳, "君子觀雷風相與成恒之象, 以常久其德, 自立於大中常久之道, 不變易其方所也."

의 정치적 도덕적 실천을 위한 덕목을 이끌어 내고 있다. 그는 「건괘」 「대상전」으로부터 유학의 본체론과 심성론의 핵심개념으로서 무망无妄의 '성誠'을 그 상징적 의미로 도출하였다. 또한 팔괘八卦와 육효六爻, 그리고 「계사전」으로부터도 '성誠', '경敬', '순順', '신信' 등의 유가적인 도덕적 원리와 덕목을 이끌어 냈다. 그는 「고괘蠱卦」와 「건괘乾卦」를 인용하여 지식인의 정치적인 출처진퇴出處進退와 은둔隱遯이 '의리'와 '시의'에 따라야 한다는 상징적 의미를 제시하였다. 또, 「항괘」를 통해서는 모든 사태의 변화에 있어서 어떤 외적인 상황에도 끌리지 않고 마음의 항상성을 유지하는 상징적 의미를 제시하였다.

김시습은 이처럼 『주역』의 괄괘, 괘효사의 상징과 「계사전」 등으로부터 유가적인 도덕적 정치적 실천 덕목을 이끌어내고 있다. 이렇게 볼 때, 김시습은 『주역』을 송대 정이와 주희를 중심으로 하는 의리역학적 관점에 이해하고 있음을 알 수 있다. 이처럼 의리역학적 관점에서 『주역』을 해석하는 것은 조선전기역철학사의 견지에서 볼 때, 주로 조선초기 권근이 의리역학 입장에서 『주역』을 해석하는 입장을 계승하는 것으로 추론할 수 있다.

6. 맺음말

본 장에서는 김시습이 유학과 성리학의 이기심성론에 대하여 기본적으로 어떻게 이해했으며, 나아가 『주역』에 관하여 어떻게 이해하고 있었는가 하는 점을 주로 의리역학적 측면에서 살펴보았다. 특히 김시습이 『주역』에 관하여 조선전기역철학사의 맥락에서 어떤 위상을 차지할 수 있는가 하는 점에 유의하였다. 이제 김시습의 의리역학적 『주역』 이해에 관한 구체적인 내용을 정리해 보기로 한다.

김시습은 태극과 음양 사이의 관계를 주로 현상의 구체적 경험의 단계에서 그 상즉불리성相卽不離性을 언급하면서도, 다른 한편 현상적 사물의 근거가 되는 것으로 이해하였다. 다른 한편 그는 태극과 음양을 리理와 기氣 개념으로 바꾸어 리와 기 사이의 관계를 설명하면서 구체적 사물세계와 함께 사물 이전의 이치의 세계를 구분하고 있다. 본성은 본래 인의예지로서 순수한 선이며 기의 영향을 받지 않는 것으로서 사물이 있기 이전의 단계에서 리理가 된다. 그러나 '본성'은 현실적으로는 필연적으로 기와 결합되어 있기 때문에 기에 얽매임으로 인한 사욕私欲에 빠져서 본성을 온전하게 실현하지 못하는 것이다.

하지만 김시습은 본성의 리가 청탁수박을 가지는 기氣와 결합됨으로써 발생하는 현실적인 기질의 얽매임을 경敬의 수양방법을 통하여 벗어남으로써 순선한 본성을 그대로 회복할 수 있다고 보았다. 김시습이 말하는 '성즉리性卽理' 명제는 바로 경의 수양을 통하여 기질의 얽매임으로부터 벗어나 성誠을 회복하면서 순선한 본성인 '리理'를 그대로 드러내는 수양이 이루어진 경지를 뜻하는 것으로 이해 할 수 있다.

김시습은 역의 괘효사가 드러내는 천지자연과 인사의 법칙을 함축한 상과 변화를 관찰하고 살펴서 길흉吉凶을 파악하여 실천의 표준으로 삼을 것을 강조하였다. 이렇게 볼 때, 김시습의 『주역』에 관한 이해는 기본적으로 송대 성리학자들의 『주역』에 대한 관점을 수용하여 유가적 의리역학의 노선에 서 있다고 할 수 있다. 이것은 바로 천지자연의 생성과 순환 변화의 질서로서 역易과 인사의 도덕적·정치적 실천 규범 및 그 변화로서의 역易을 일관된 것으로 보는 입장이다.

김시습은 「태괘泰卦䷊」와 「비괘否卦䷋」의 상징적 의미를 통하여 국가의 정치적 흥망치란과 이에 대응하는 통치자의 태도를 설명하고, 『주역』의 괘효사로부터 정치적인 상하의 산분상의 지위로서 '명名'과 '분分'의 의미를 이끌어 냈다. 여기에서 정치적인 지위로서 '명'과 '분'을 규정하는 기준은 '예禮'로 대표된다. 또한 김시습은 황제와 요순이 『주역』 의 열세 가지 괘에 함축되어 있는 상징적 의미로부터 백성들의 경제적 문화적 삶을 충족시켜 줄 수 있는 실용적이고 정치적인 의미를 이끌어냈다. 이러한 입장은 『주역』 괘효사를 유가적 의리역학적 견지에서 해석하는 것으로, 송대에 성행한 의리역학적 『주역』 해석의 노선을 따르는 것이다.

나아가 김시습은 『주역』 괘효사와 「상전象傳」등의 상징으로부터 유가철학의 정치적 도덕적 실천을 위한 핵심 덕목을 이끌어 내었다. 그는 「건괘」「대상전」으로부터 유학의 본체론과 심성론의 핵심개념으로서 무망의 '성誠'을 그 상징적 의미로 도출하였다. 또한 그는 팔괘八卦와 육효六爻, 그리고 「계사전」을 인용하여 '성誠', '경敬', '순順', '신信' 등의 유가적인 도덕적 원리와 덕목을 제시하였다. 뿐만 아니라 『주역』의 몇몇 괘의 의미로부터 지식인의 정치적인 출처진퇴와 은둔과 '의리'와 '시의'에 따라야 하고, 마음의 항상성을 유지해야 한다는 상징적 의미를 도출하였다. 김시습은 이처럼 『주역』의 팔괘, 괘효사의 상징과 「계사전」 등으로부터 유가적인 도덕적 정치적 실천 덕목을 이끌어내고 있다. 김시습이 의리역학적 관점에서 『주역』을 해석하는 것은 조선전기역철학사의 견지에서 볼 때, 조선초기 권근이 제시한 의리역학적 해석의 입장을 계승하는 것으로 평가할 수 있다.

III. 조선전기

朝鮮前期

- 이세응의 의리역학적 『주역』해석과 상수학적 요소
- 서경덕의 선천기론과 상수역학사상
- 황효공의 『역범도』체계와 도설의 상수학적 의미
- 퇴계의 상수역학 이론과 의리역학적 목표
- 남명 역학사상의 본체론적 계기와 실천론적 의미
- 율곡의 이기지묘 이론과 의리역학적 지향

제6장
이세응의 의리적 『주역』 해석과 상수학적 요소

1. 머리말

본 장에서는 조선 전기에 드물게 『주역』 원문을 주석하였던 안재安齋 이세응李世應1473~1528[1])의 역학사상을 의리역학적 『주역』 해석과 상수학적 요소에 주목하여 검토하고 그 역철학사적 의의를 평가하고자 한다. 조선전기역철학사를 문제 삼고자 할 때 가장 먼저 주목해야 할 것은 고려 말의 유학자들이 주로 받아들인 역학易學의 특징이 어떤 것인가 하는 점이다. 고려 말기 유학자들이 성리학 이론서들을 전래하면서 수입한 역학에 관한 서적은 바로 성리학의 기초적 이론을 담고 있는 정이程頤의 『역전易傳』이었다. 정이의 『역전』이 의리역학 이론을 제시한 중심 저술이었던 만큼 고려 말의 성리학자들이 『역전』을 전래했다는 사실은 이후 선초에 학자들의 역학에

1) 이세응李世應1473~1528은 조선 전기의 문신으로 반정공신이며, 본관은 咸安이고, 자는 公輔이며, 호는 安齋이다. 1496년(연산군 2)에 사마시에 합격한 후 1501년(연산군 7)에 式年 文科에 갑과로 급제해 掌樂院直長에 제수되고 奉常寺主簿에 올랐다. 1519년 판결사로 나아가고, 이어 慶尙左兵使·漢城府右尹 兼 都總部副總管 및 戶曹參判을 거쳐 다시 平安道觀察使로 부임했으나 과로로 순직하였다. 효성이 뛰어나고 청렴결백하여 일찍이 중국 사신으로 다녀올 때 遼東에 이르러 일행이 사사로이 무역한 물건들을 적발, 소각하였다. 시호는 襄簡이다.

대한 연구가 대체로 의리역학의 방법론을 중심으로 이루어졌을 것이라는 추론을 가능케 한다. 이런 경향을 대표하는 학자는 조선 초기의 유학을 경학적으로 기초 지웠던 권근權近1352~1409이다.

권근은 『주역』을 해석할 때 호체론互體論, 효변론爻變論 등 상수역학적 방법론을 거의 사용하지 않았다. 반면에 이세응은 조선시대 학자로서는 처음으로 호체론에 근거하여 『주역』을 해석하였다. 이 점은 조선전기역철학사에서 중요한 의미를 갖는다. 다시 말하면, 이세응은 권근에서 조호익曺好益1545~1609에 이르기까지 『주역』 원문을 해석하는 흐름 속에서 상수역학적 해석방법론을 가지고 『주역』을 해석한 중요한 학자이다. 구체적으로 이세응은 의리역학과 상수역학의 방법으로서 중정론, 비응론, 그리고 호체론을 함께 사용하여 『주역』을 해석하고 있다.

이세응의 『주역』해석 방법론과 내용을 중심으로 그의 역학사상을 이해하는 것은 조선 전기에서 중기에 이르는 역학사상이 어떤 흐름에 따라 전개되었는가를 해명하는 데 중요한 열쇠가 된다. 물론 조선전기는 여러 방향으로 역학을 연구하는 흐름이 있었기 때문에 이세응의 학설이 조선전기역철학사 전체에 지배적인 영향을 끼치는 것이라고 할 수는 없다. 그러나 이세응의 역학사상은 역철학사에서 중요한 해석방법론을 사용하여 『주역』 원문에 주석을 하고 있다는 점에서 커다란 의미를 가지고 있다. 이세응 이후 퇴계 이황은 『역학계몽易學啓蒙』을 주석한 『계몽전의啓蒙傳疑』를 저술함으로써 당시 역학사상을 도수론 또는 상수역학적 방법론에 따른 연구로 전환시켰다고 할 수 있다. 물론 퇴계 이황의 역학 또한 기본적으로 의리적 관점을 목표로 삼고 있다. 하지만 이것은 『주역』을 해석하는 방법론을 기준으로 보는 것이 아니라, 그의 성리학설에 내포되어 있는 의리적 관점을 고려하여 해석하는 입장이라 할 수 있다.

이런 의미에서 이세응이 상수역학과 의리역학적 방법론을 함께 이용하여 『주역』을 해석한 것에 유의하여 그의 역학사상을 조명하는 것은 조선 전기로부터 중기에 이르는 역철학사의 흐름을 이해하는 데 필수불가결한 과제이다. 이것은 조선전기에서 중기에 이르는 역학에 대한 연구가 일부 학자에게 치우쳐 있는 기존의 상황을 살펴보면 더욱 절실한 과제이다. 이세응의 역학사상에 대한 연구는 권근 이후 상수역학적 해석 방법을 이용한 연구흐름을 규명하는 데 있어서도 중요한 역할을 할 것이다. 물론 조선시대는 전 시기에 걸쳐 의리역학과 상수역학이 공존하는 양상을 보이고 있으나, 그 방법론에 있어서는 상수역학과 의리역학을 성리학적 이기론理氣論으로 해석한다든가, 도표나 수리를 통하여 해석한다든가 하는 여러 분기分岐가 공존하고 있다.

본 장은 역철학사에서 『주역』을 해석하는 두 가지 중요한 해석방법론으로서 상수역학과 의리역학의 관점에서 이세응의 역학사상을 규명하고자 하는 점에서 엄밀한 역학적 특징을 가진다. 뿐만 아니라 상수역학과 의리역학적 해석 방법 사이의 상관관계를 문제 삼음으로써, 현대사회가 직면하고 있는 자연과 인간 사이의 불균형의 문제를 해결할 수 있는 우주론적·형이상학적 토대를 검토하는 의미를 가진다고 할 수 있다.

그러면 이세응의 역학 사상이 내포하고 있는 특징을 고찰하기 위하여 다음 제2절에서는 이세응 역학사상의 기본 목표가 어디에 있는가 하는 점을 살펴보기로 한다. 이어서 제3절에서는 이세응이 중정론中正論을 적용하여 『주역』 괘효사를 해석한 내용을 검토하고자 한다. 다음 제4절에서는 이세응이 비응론比應論을 적용하여 『주역』 괘효사를 해석한 구체적 내용을 검토하고자 한다. 제5절에서는 이세응이 상수역학적 『주역』 해석 방법으로서 호체론互體論을 통하여 괘효사를 어떻게 해석하고 있는가 하는 점을 살펴볼 예정이다. 마지막 결론에서는 그의 역학에 부여할 수 있는 의의와 위상을 요약하고 조선전기역철학사에서 이세응 역학의 위치를 제시하기로 한다.

2. 『안재역설安齋易說』에 나타난 역학사상의 목표

이세응은 『안재역설安齋易說』 서론에 해당하는 부분에서 "군자가 학문을 하는 목표는 또한 성誠과 경敬에 달려 있을 뿐이다. 이에 한 권의 『역경』에서 괘를 그려서 건곤乾坤을 머리로 삼았다. 「건괘乾卦」에서는 성誠을 말하면서 움직임을 위주로 하였고, 「곤괘坤卦」에서는 경敬을 말하면서 고요함을 위주로 하였다. 움직이면서 그윽이 그침이 없고, 고요하면서 하나에 집중하므로 군자가 학문을 하는 것은 모두 건곤乾坤에 뿌리를 둔다"[2]고 언급하고 있다. 이세응은 여기에서 천지자연의 운행에 있어서 건곤의 움직임과 고요함을 바로 군자의 실천적 덕목으로서 성誠과 경敬의 본질이 되는 것으로 규정하였다. 이것은 바로 사회문화적 질서가 건곤乾坤에 근거하여 자연적 질서와 일관성 또는 통일성을 가지는 것을 의미한다.

이세응은 「건괘」 「문언」에서 구이효九二爻의 '평소의 말을 미덥게 하고, 평상의 행동을 삼간다[庸言之信, 庸行之謹]'에 대하여 설명하면서 '신信'을 '충신忠信'으로, '근謹'을 '독경篤敬'으로 해석하였다. 그리고 진덕進德과 수업修業을 각각 '치지致知'와 '역행力行'으로 설명하는데, '진덕수업'이라는 말이 「문언」 구삼효九三爻와 구사효九四爻에 모두 있는 것을 두고 언言과 행行을 삼효와 사효의 인人의 자리에서 모두 말하고 있다[3]고 하였다. 이세응은 여기에서 「문언」의 구절을 해설하면서 「건괘乾卦」 삼사효三四爻의 상황을 군자가 언행을 실천할 수 있는 자리로 간주하였다. 이것은 천지인天地人 삼재三才의 유기적인 상호연관성의 맥락에서 인간의 실천을 문제 삼는 것이다.

이세응은 「건괘」와 「곤괘」가 『주역』에서 차지하는 지위의 중요성을 이들

---

2) 『安齋易說』 「序」, "君子爲學之道又在乎誠與敬已. 乃於一部易經, 畫卦而首乾坤. 言誠於乾而以動爲主, 言敬於坤而以靜爲主. 動焉而穆不已, 靜焉而主乎一. 君子爲學, 都本乎乾坤."

3) 앞의 책, 같은 곳, "四與三爲人位, 故備言人道. 人道言與行最所難愼, 故庸言則曰: '信', 而忠信之謂也. 庸行則曰:'謹', 而篤敬之謂也. 致知力行爲學之道, 而進德者, 致知之謂也. 修業者, 力行之謂也. 言與行備言於四三之人位. 而其曰君子者, 成德之謂也."

괘에 대한 상세한 주석을 통하여 강조하였다. 그는 「문언文言」에서 '군자는 인仁을 체현하여 사람들의 우두머리가 될 수 있다'고 한 구절에 대해서 주석하면서 "'체體'라고 말한 것은 나의 몸의 전체로서 모두가 인仁이라는 생명의 이치生理이다"4)라고 하였다. 「건괘乾卦」 「문언文言」의 "곧고 견고함으로 일을 주관할 수 있다[貞固足以幹事]"라는 구절에서는 '고固'를 토土로 해석하고 이것은 나무를 낳는 것으로 인仁이 되며, 이 '인仁'은 천지 일원一元의 기氣가 된다5)고 말하였다. 이처럼 이세응은 「문언」에 대한 주석에서도 의리역학적인 도덕성의 측면을 강조하였다.

그러면 이세응이 상수역학적 방법으로서 '호체론'과 함께 의리역학의 방법론으로서 '중정론中正論'과 '비응론比應論'을 통하여 괘효를 해석하는 구체적 내용은 어떠한가? 그는 정이의 중정中正 개념을 수용하여 『주역』을 해석하면서, 대체로 길吉한 효의 긍정적 의미를 부각하는 데에 적극적으로 이용하고 있다. 그는 "'중中'이라고 하는 것은 '지선至善'을 말하는 것이다"6)라고 말하고, 또한 중은 '치우치거나 기울지 않고, 지나치거나 미치지 못하는 것이 없는 것'으로 최상의 선을 말한다6)고 하였다.

구체적인 규범과 관련하여 그는 중中을 과불급過不及이 없는 것으로서 예禮로 규정하기도 하였다.7) 특히 가까이 친함[比]을 뜻하는 괘에서 효 사이의 관계가 특정한 효의 중정中正이라는 위치의 길함을 강화시켜 주기도 한다. 그는 『비괘比卦䷇』에서 강중剛中의 덕을 가진 구오효가 나머지 5개의 음효와 호응하는 것을 언급함으로써 구오효가 '허물이 없음[无咎]'8)을 강조하였다.

---

4) 『安齋易說』 『韓國經學資料集成』 87卷, 561쪽, "君子體仁, 足以長人. 其曰'體者', 我之全體, 都是仁之生理."

5) 앞의 책, 같은 곳, "貞固足以幹事. 夫貞字, 水也. 固者, 土也. 是水土同宮, 知信同德, 而生木爲仁. 仁爲天地一元之氣, …… 君子體仁, 足以長人. 其曰:體者, 我之全體, 都是仁之生理."

6) 앞의 책, 「序」, "時中者, 當其可之謂時, 而其曰中者, 至善之謂也."

6) 앞의 책, 「泰卦」, "九二之包荒用馮河不遐遺, 朋亡得尙于中行者, 中是不偏不倚無過不及而至善之謂也."

7) 앞의 책, 「序」, "中之爲言, 禮也, 所行皆中而無過不及也."

8) 앞의 책, 「比卦」, "上下五陰, 同輔五之一陽, 以剛中之德, 上下應焉. 以一陽同比五陰而有元永貞之德, 以五陰同輔一陽而有元永貞之德, 是爲再筮君臣上下同心同德而

이세응은 기본적으로 의리역학적인 괘효사 해석방법론으로서 중정中正과 비응比應 등의 관계를 이용하여 『주역』을 주석하였으나, 호체론互體論을 통해서도 괘효사를 해석하였다. 이것은 이세응에 이르러 한대 상수역학 이론을 받아들여 『주역』 괘효사를 해석하기 시작했음을 의미한다. 그가 호체론을 통하여 괘효사를 해석한 것에는 두드러진 특징이 있다. 이것은 그가 유가의 도덕실천을 목표로 한 의리역학의 관점에 서 있는 만큼 호체론을 적용하여 괘효사를 해석하는 데 있어서도 호체괘를 의리역학적인 해석 목표에 따라 그 의미를 설명하고 있다는 점이다. 그는 호체론을 의리역학적인 목표에 부응하는 수단으로 간주하여 이용하는 것이다.

이세응은 동일한 호체괘가 가지는 다양한 의미를 가진 물상을 제시하여 괘효사를 해석하였다. 그러나 이들 호체괘에 속하는 의미들을 통하여 괘효사를 해석할 때는 주로 유가적인 의리역학의 목표라는 시각에서 이를 해석하는 경우가 많다. 예컨대, "「수괘需卦䷄」에서 이효二爻에서 사효四爻까지가 호체괘 「태괘兌卦☱」로서 '기쁨說'을 뜻하며, 삼효三爻에서 오효五爻까지가 호체괘 「리괘離卦☲」로 '밝음明'을 의미한다. 기쁘고 또 밝으며, 또 경건하고 신중할 수 있어서 실패하지 않는다[9] 여기에서 이세응은 경건하고 신중하게 행동할 수 있는 근거를 「태괘」와 「리괘」의 '기쁨'과 '밝음'에서 찾고 있다. 이처럼 이세응은 상수역학과 의리역학적 해석 방법론에 따라 『주역』 원문을 주석하면서도 '상象'과 '의리義理'가 상호의존적인 맥락을 가지도록 하는 목표의식을 가지고 있었다.

可以无咎矣."

9) 『安齋易說』「需卦」, "又曰自我致寇, 其曰:自我者, 九三自謂也. 其曰敬愼不敗, 與上六爻辭, 當互看也. 自二至四, 互爲兌, 兌者, 說也. 自三至五, 互爲離, 離爲明也. 既說且明, 又能敬愼, 則不敗也."

3. 『주역』 해석에서 중정론의 적용

이세응은 의리역학적 『주역』 해석 방법론으로서 정이의 중정中正 개념을 계승하여 괘효사를 해설하였다. 그는 기본적으로 중中이 정正보다 중요하다는 정이의 관점을 계승하였다. 이에 따라 바른 자리[正位]를 얻은 측면보다는 중中을 얻은 것을 중점적으로 적용하여 괘효사를 해석하였다. 그는 정이의 사례에 따라 중中과 정正 개념 사이에 중中을 얻고서 정正을 얻지 못했을 때는 중中을 얻었다고만 하였다.

반면 중中과 정正 을 모두 얻었을 때는 '정중正中'이라고 구별하여 말하였다. 이세응은 하나의 효를 해석하면서 중정 개념과 함께 호응관계를 동시에 고려하여 괘효사를 해석하기도 하였다. 나아가 그는 중정의 자리를 평가할 때는 자리의 음양의 성질을 괘의 전체적 의미와 결합하여 그 길흉을 결정한다. 「비괘比卦䷇」 괘사에는 '친한 것은 길하다'고 하는 말이 있다. 이 구절에 대하여 이세응은 친애하여 길한 이유를 중정中正의 의미를 통하여 다음과 같이 해석하였다.

> 문왕이 바로 "친한 것은 길하다[比吉]"고 말한 것은, 어찌 양陽 하나가 윗자리에 있으면서 제자리를 얻고, 드러나게 친하여 확 트인 듯이 크게 공정하며, 정중正中의 자리에 있으면서 치우치지 않고 기울지 않기 때문이 아니겠는가? 그래서 「사괘師卦䷆」는 양 하나가 아래에서 자리를 얻어 많은 대중들이 명령을 듣게 되고, 「비괘比卦」는 양 하나가 위에서 자리를 얻어 여러 음에 의해 사랑받고 보필받는다. 『주역周易』에서 양이 하나인 괘는 「복괘復卦䷗」·「사괘師卦」·「겸괘謙卦䷎」·「예괘豫卦䷏」·「비괘比卦」·「박괘剝卦䷖」 등 모두 여섯으로 가장 길한 것은 「비괘比卦」만한 것이 없다. 그래서 괘사에서 곧바로 '친한 것은 길하다'고 말한 것은 점을 쳐 보지 않고도 알 수 있다는 것이다.[10]

---

10) 『安齋易說』 「比卦」, "文王之直云比吉者, 豈不以一陽居上而得位, 顯比而廓然大公, 位乎正中而不偏不倚者乎! 是以師以一陽得位於下, 而爲衆之所聽命. 比以一陽

이세응은 「비괘比卦」 괘사에서 "친한 것은 길하다[比吉]"하는 것의 이유를 구오효九五爻가 중中과 정正을 동시에 얻어서 치우치지도 않고 기울지도 않아 공정한 것에서 찾고 있다. 또한 그는 『주역』에서 양陽이 하나인 괘가 여섯 가지가 있는데, 이 중에 「비괘」는 위의 오효五爻의 자리에서 중정中正을 얻고 있어서 가장 길한 것으로 이것은 점서占筮를 기다리지 않아도 알 수 있다고 강조하고 있다.

이세응은 「동인괘同人卦䷌」 「단전」에서 공자가 「동인괘」의 의미를 음효陰爻가 바른 자리를 얻고 중中을 얻으면서 위로 「건괘乾卦☰」에 호응하기 때문이라고 언급한 것에 대하여 중정中正의 관점에서 그 의미를 설명하였다. 그에 따르면 "위아래가 동일하게 중정을 덕으로 삼으면 마치 부부가 서로 신뢰하고 군신이 서로 신임하는 것과 같으며, 두 마음을 합하는 것의 이로움은 그 날카로움이 쇠를 자르는 것과 같고, 그 향기는 난초와 같다."11) 이처럼 그는 「동인괘」의 의미로서 '남과 마음을 합하는 것'을 구오효九五爻와 육이효六二爻가 모두 중정의 덕을 가지고 있다는 점에서 찾고 있다.

「겸괘謙卦䷎」 육이효의 효사는 '겸손함이 울리니 곧고 길하다[鳴謙貞吉]'는 것이다. 이 효에 대하여 이세응은 중정中正의 덕을 쓰기 때문에 세상에 소문이 나서 「상전象傳」에서 '마음속에서 자득하였다[中心得也]'고 했다고 주장하였다. 이세응의 이러한 견해는 정이의 해석을 그대로 이어서 설명한 것이다. 정이는 「겸괘」 육이효六二爻가 겸손함이 울려서 곧고 길한 이유를 설명하였다.

> 이효二爻는 부드럽고 유순한 음효로 중中의 자리에 있으니 이것은 겸손한 덕이 마음에 쌓인 것이다. 겸손한 덕이 마음에 쌓여 충만하기 때문에 밖으로 발현되어 소리와 안색으로 드러난다. 그래서 '명겸鳴謙'이라고 하였다. 중中의

得位於上, 而爲衆陰之所親輔. 易之一陽之卦, 凡六, 復師謙豫比剝, 而最吉者無如比, 故卦下辭直云'比吉'者, 不待筮而可知也."

11) 앞의 책, 「同人卦」, "下以中正之德應上之中正, 則君子之貞, 尤爲美焉, 故孔子釋彖獨以柔得位 得中而應乎乾, 曰'同人.' 蓋以上下同以中正爲德, 則如夫婦之相得君臣之相遇, 而同心之利. 其利焉斷金, 其臭焉如蘭."

> 자리에 있고 바름을 얻어 중정中正의 덕을 가지고 있으므로 '곧아서 길하다'고 말하였다.12)

정이는 육이효가 부드럽고 유순한 것이 중정을 얻었기 때문에 겸손함이 마음에 쌓여서 밖으로 용모나 태도로 드러나며, 이 때문에 육이효의 '겸손함을 울림[鳴謙]'이 곧고 길하다고 평가하였다. 곧, 이세응의 중정에 관한 해석은 대체로 정이의 견해를 추론하여 해설하고 있다.

「예괘豫卦☳☷」 육오효六五爻의 '질병이 견고하고 항상되지만, 죽지는 않는다[貞疾, 恒不死]' 라는 효사에 대하여 이세응은 중中이 정正보다 중요하다는 정이의 입장을 이어서 질병이 비록 견고하지만, 죽지 않는 것은 '중中'의 효과 때문이라고 지적하였다. 그는 「예괘」는 '즐거움', '안락에 빠짐'을 뜻하는 괘로 육오효는 '안락하게 즐기는 데 빠져서 변할 줄 모르는 자로서 질병을 감추면서 의사를 망각하는 자와 같다'13)고 하였다. 또 「수괘隨卦☱☳」 구오효의 '아름다운 것에 믿음을 두니 길하다[孚于嘉吉]'고 하는 효사에 대하여 「상象」에서 '자리가 정중正中을 얻었기 때문이다'고 한 데 대해 다음과 같이 해설하였다.

> 대개 오효五爻가 「수괘隨卦」의 주인으로서 위아래의 신임을 받는 것은 지위가 정중正中을 얻었기 때문에 그러하다는 것을 말한다. 『역』에서 일반적으로 '아름답다[嘉]'고 말하는 것은 '아름답게 모인다[嘉會]'나 '아름다운 예법[嘉禮]' 등의 말로서 모두 여러 미덕이 합한 것이다. 아래로 여러 아름다운 미덕에 호응하니 그 길함이 어떻겠는가?14)

12) 『周易傳義大全』「謙卦」'六二', "二以柔順居中, 是爲謙德積於中. 謙德充積於中, 故發於外, 見於聲音顏色, 故曰鳴謙. 居中得正, 有中正之德也. 故云貞吉."

13) 『安齋易說』「豫卦」, "六五溺於逸豫而不知變, 則如護疾而忘醫, 是疾之貞而終不愈也. 其曰得中者, 以陰而居上卦之中. 程子所謂中重於正而疾雖貞, 其不死者, 以中之效也."

14) 앞의 책, 「隨卦」, "盖言五以隨之主受上下之孚信, 位得正中而然也. 易之凡言 '嘉'者, 嘉會嘉禮等語, 皆衆美之合也. 下應衆美之嘉, 則其吉爲如何哉."

이세응은 이 효가 길한 이유를 정중正中을 얻음으로써 여러 효로부터 신임을 받고, 아래로 육이효六二爻를 비롯하여 여러 효와 호응하고 있는 것에서 찾고 있다. 이처럼 그는 중정개념과 동시에 호응관계에 있는 효爻의 호응여부를 가지고 효사를 해석하였다. 이 효에서 호응관계가 중요한 것에 대해서는 정이 또한 "임금으로부터 서인에 이르기까지 도리를 따름이 길한 것은 오직 선을 따르기 때문이다. 아래로 이효二爻의 정중正中에 호응하는 것이 선을 따르는 뜻이 된다"[15]고 하였다. 이 괘에서 '따른다'는 의미는 어떤 대상 또는 남을 따른다는 의미가 있는 만큼, 정이는 이 효에서 호응관계에 있는 대상의 어떤 가치나 좋은 점을 따르는 것을 중점적으로 고려했음을 알 수 있다.

이세응은 「관괘觀卦䷓」 구오효九五爻의 '나에게서 나오는 것을 보아 군자다우니 허물이 없을 것이다[觀我生, 君子无咎]'라는 문장에 대해서도 중정中正 개념을 적용하여 그 길흉을 다음과 같이 해석하였다.

> 「관괘」가 음陰이 성장하고 양陽이 소멸하는 괘인데도 흉함이 없는 까닭은 구오효의 임금이 중정中正을 얻어서 아래에 있는 사람들에게 본보기가 되기 때문에 그렇다. 「박괘」의 육오효 또한 양을 깎아내는 괘효이지만, 성인이 육오효와 상구효에서 다른 뜻을 취한 것은 음을 억누르면서 양을 돕는 뜻이다.[16]

『주역』에서는 음陰이 처음에 자라나는 상황을 음이 양을 소멸시키는 것으로 간주하여 경계를 하는 것이 일반적이다. 이러한 사례 중 대표적인 괘에는 여섯 효중에 처음으로 음이 생겨나는 괘로서 「구괘姤卦䷫」가 있다. 「구괘」 초효에서 '쇠말뚝에 매어 두면 곧아서 길할 것이다[繫于金柅, 貞吉]'[17]고 한

15) 『周易傳義大全』 「隨卦」, '程傳', 九五爻, "自人君至於庶人, 隨道之吉, 唯在隨善而已. 下應二之正中, 爲隨善之義."

16) 『安齋易說』 「觀卦」, "觀, 爲陰長陽消之卦而無凶者, 九五之君得中正爲下之觀法而然也. 剝之六五亦剝陽之卦, 而聖人別取義於六五上九而抑陰扶陽之義也."

17) 『周易傳義大全』 「姤卦」, '初六', "繫于金柅, 貞吉. 有攸往, 見凶, 羸豕, 孚蹢躅."

효사는 음陰이 밖으로 성장하는 것을 경계하는 것이다. 여기에서 '쇠말뚝에 매어 둔다'는 것은 음이 성장하지 못하도록 제어하는 것을 말한다.

그런데 「관괘」는 아래 네 효가 음으로서 이미 음이 양을 많이 소멸시킨 상태의 괘이다. 그럼에도 흉함이 없는 까닭은 구오효가 중정을 얻어 아래의 모범이 되고 있기 때문이다. 아울러 이세응은 「박괘」의 육오효와 상구효에서도 성인이 흉함과 다른 뜻18)을 취하는 것은 음을 억누르면서 양을 돕는 뜻이라고 보았다. 이것은 초기에 음陰이 자라나기 시작하는 때에는 이를 성장하지 못하도록 경계하는 데 초점을 두고 있다면, 음陰이 이미 많이 자란 상태에서는 양陽의 긍정적인 측면을 부각시켜 양陽을 돕고 음陰을 억제하는 데 초점을 두고자 하는 성인의 깊은 뜻이 있는 것으로 해석하는 것이다. 이세응이 '음을 억누르면서 양을 돕는다'고 한 것은 정이를 중심으로 하는 의리역학에서 『주역』을 해석하는 전통에서 일관되게 주장해 오는 입장이다. 이것은 이세응이 바로 의리역학적인 견지에서 『주역』 괘효사를 해석하고 있음을 보여주는 중요한 사례이다.

이세응은 「리괘離卦䷝」 육이효六二爻와 육오효六五爻 가운데 이효二爻의 '누런색이 걸림이니, 크게 길하다[黃離元吉]'와 오효五爻의 '눈물이 줄줄 흘러내리는 듯이 하고 슬퍼하면서 두려운 듯이 해야 길할 것이다[出涕沱若, 戚嗟若吉]'고 한 효사에 대하여 중정中正 개념으로 그 길흉을 평가하였다. 그는 「리괘離卦」의 육이효六二爻는 정正과 중中을 얻어서 길한 반면, 오효五爻는 중은 얻었지

18) 「剝卦」 六五爻는 "고기를 꿰어서 궁인으로 총애를 받으니 이롭지 않음이 없다"라고 하였고, 상구효는 "높이 달린 열매는 따먹히지 않으니, 군자는 수레를 얻으나 소인은 집을 무너뜨린다"라고 하였다. 이 두 효 중 육오효에 대해 정이는 "따로 뜻을 세워서 소인이 善으로 옮겨 가는 방법을 열어 준 것(別設義以開小人遷善之門:『程傳』)"이라고 말하면서 陰이 총애를 받는 뜻을 말하고, 상효의 陽 하나에 대해서는 "여러 陰이 순종하는 도리가 있다"고 해석하였다. 또 상구효에 대해서는 "높이 있는 과일은 따먹히지 않는다"고 하는 것을 "陽爻는 완전히 소진되는 이치가 없기 때문에 그것이 다시 회복되어 생겨나는 의리가 있음을 밝혀서 군자의 道는 없어질 수 없음을 보여 준다(陽無可盡之理, 故明其有復生之義, 見君子之道, 不可亡也.)"『周易傳義大全』 「剝卦」上九爻『程傳』)고 말하였다. 이러한 해석을 통하여 정이는 성인이 「박괘」에서 陰을 억누르고 陽을 돕는 뜻을 부연 설명하였다.

만 정을 얻지 못하였기 때문에 흉하고 위태롭다고 하였다.[19] 여기에서는 육오효의 길흉을 평가할 때 일반적인 경우와 달리 중中보다 정正을 중시하는 인식이 드러난다. 이것은 「리괘」가 밝음을 상징하는 불로서 명철한 지혜를 상징하는 것이기 때문에 사물의 시비를 가리는 것을 중시하는 의미를 가진다고 보아 자리의 바름과 바르지 않음을 중시한 것으로 추론된다.

그는 이효를 설명하면서 「감괘坎卦☵」의 가운데가 차있는 것과 「리괘離卦☲」의 가운데가 비어있는 것이 모두 경敬을 위주로 하는 것으로 보아 성리학의 수양론적인 관점을 제시하였다. 그는 주자가 "경敬하면 안의 욕망이 싹트지 않고 외부의 유혹이 들어오지 않으니, 안의 욕망이 싹트지 않는 것으로부터 말할 때 '텅비었다'고 하고, 밖의 유혹이 들어오지 않는 것의 측면에서 말할 때 '차있다'고 말한다. 단지 동시적인 일로서 두 가지로 나누어 보아서는 안 된다"[20]라고 한 말을 인용하였다. 이세응은 「리괘」의 중허中虛와 「감괘」의 중실中實을 모두 경敬을 위주로 하는 것으로 이해하였다. 이러한 해석은 이세응이 경敬을 중심으로 하는 성리학적 수양론의 입장에서 『주역』을 해석하고 있음을 보여준다.

요컨대, 이세응은 중정中正 개념을 통하여 『주역』 괘효사의 길흉吉凶을 평가하였는데, 그 중심적 태도는 정이의 주장을 이어서 정正보다 중中을 중시하는 입장을 취하고 있다는 점이다. 그리고 그는 괘효의 중정中正을 마음의 중정中正으로 간주하여 성리학적 수양론의 견지에서 바라보기도 하였다. 그는 중정 개념을 통해 괘효사를 해석하면서도 음陰을 억제하고 양陽을 돕는 것을 중시한다는 점에서 유가의 의리역학적 시각을 계승하고 있다.

---

19) 『安齋易說』 「離卦」, "下離之二得其正中, 而上離之五, 雖得中, 不得其正, 故凶且危焉."

20) 『安齋易說』 「離卦」, "朱子曰, 敬則內欲不萌, 外誘不入. 自其內欲不萌而言則曰虛. 自其外誘不入而言, 則實. 只是一時事, 不可作兩截看者也."

4. 비응론을 적용한 『주역』 해석

이세응은 의리역학적 해석방법으로서 비응설比應說에 따라서도 『주역』 괘효사를 설명하고 있다. 그는 정이가 비응比應 관계에 따라 『주역』을 해석한 관점을 대체로 받아들이면서도, 비응 관계에 대하여 다른 이해방식을 견지하기도 하였다. 먼저 그는 '비比'와 '응應'관계 중에 '비比'보다는 많은 경우 '응應'의 관계를 통하여 괘효사를 해석하고 있다. '응應'의 관계에 따라 괘효사를 해석하는 데 있어서 우리가 유의해야 할 점은 호응관계는 일반적으로 음양 또는 양음 사이의 관계에서 성립하는 것으로 간주되는데 반해, 이세응은 음음陰陰 또는 양양陽陽 사이에도 호응[應]의 관계를 인정하고 있다는 점이다. 이 경우 정이는 특정한 괘효에 대해서 동덕상응同德相應이라는 의미로서 특정한 상황에서 간헐적으로 인정하고 있을 뿐이다.

그러면 이세응이 '비比'의 관계를 통하여 『주역』을 해석한 구체적 내용을 가지고 그가 '비比'의 관계를 어떻게 이해하고 있었는가를 살펴보기로 한다. 이세응은 「동인괘同人卦䷌」 육이효六二爻의 '집안끼리만 화합하니 인색하다[同人于宗, 吝]'라고 하는 효사爻辭를 '비比'의 관계로 해석하였다. 그는 「동인괘」 육이효에 대해 구오효가 바르게 호응하고 있지만 음陰은 아래로 내려가는 성질이 있어서 아래에 있는 초구효의 양과 가까이[比] 하여 실제로 멀리 구오효와 호응하지 않기 때문에 「상전象傳」에서 '집안사람끼리만 화합하는 것은 부끄러운 방도가 된다'21)고 한 것으로 해석하였다.

이세응의 이런 견해는 정이가 「동인괘」의 육이효와 구오효의 호응관계를 해석하는 입장과 차이를 보인다. 정이는 「동인괘」는 육이효만 음효이고 다른 효들은 모두 양효이기 때문에 남과 화합하려면 모든 사람과 함께 해야 하는데, 육이효가 구오효하고만 호응하므로 친족과만 함께하는 것으로 이해하였다. 그는 "호응하는 것과 화합하면 이것은 치우쳐서 사귀는 것이 있어

---

21) 『安齋易說』「同人卦」, "二以初九爲宗, 則六二雖與九五爲正應. 陰性就下, 故切比於在下初九之陽, 不應遠而九五之正應, 故象曰'同人于宗, 爲吝道也.'"

서, 동인同人의 도리에서 사적私的이고 협소하게 된다거나, 여러 괘에서 중정으로 호응하는 것은 좋은 것인데, 「동인괘」에 있어서는 부끄러운 것이다”22) 라고 하였다.

정이는 육이효가 실제로 구오효하고만 호응하는 것을 친족과 합하는 것으로 본 반면, 이세응은 육이효가 정응正應인 구오효와 호응하지 않고 음陰의 내려가는 성질에 따라 초구효와 가까이 하는 것을 친족과 사적으로 가까이 하는 것으로 경계하였다. 여기에서 정이는 남과 화합한다는 「동인괘」 보편적인 의미를 강조하여 정당한 호응관계에 있는 대상과 호응하는 것도 널리 호응하지 못하는 것이라고 경계하였다. 반면 이세응은 음의 성질과 가까이에 있으면서 정당하지 못한 ‘비比’의 관계에 있는 것을 기준으로 괘효사의 의미를 해석하고 있다는 점에서 정이와 구별된다.

이세응은 「규괘睽卦䷥」에서도 ‘비’의 관계를 통하여 괘효사를 해석하였다. 「규괘」 초구효初九爻는 ‘후회가 없다. 말을 잃어서 쫓지 않아도 스스로 돌아온다. 악인惡人을 너그럽게 보면 허물이 없을 것이다’23)고 하였다. 이세응은 이 효에서 「규괘」의 전체적 의미가 어지럽고 흩어지는 상황이므로, 리理를 함께 하는 군자가 되어야 어려운 상황을 화합시킬 수 있다는 의미에서 ‘비’의 관계를 강조하였다. 그는 다음과 같이 말한다.

> 어그러지고 분열되는 천하를 화합시키고자 한다면 리理를 같이 하는 군자가 아니라면 어떻게 하겠는가? 초구효는 양으로 강함에 머물러 「규괘睽卦䷥」의 상황에서 구이효의 강함과 가까이한다, 또 구사효의 강함과 서로 호응하면서 덕을 같이 한다. 그래서 “비록 말을 잃어서 쫓지 않아도 스스로 돌아온다”는 것에는 ‘말을 잃고 얻는 것을 근심하지 마라’고 하는 변방 노인의 상象이 있다.24)

22) 『周易傳義大全』 「同人卦」, 六二爻, 程傳, “同於所係應, 是有所偏與, 在同人之道爲私狹矣.”; “諸卦以中正相應爲善, 而在同人則爲可吝.”

23) 『周易傳義大全』 「睽卦」, ‘初九’, “悔亡, 喪馬, 勿逐, 自復見惡人, 无咎.”

24) 『安齋易說』 「睽卦」, “欲合天下之睽異, 非如理同之君子, 何以哉. 初九以陽居剛, 當睽而與九二之剛, 爲親比, 又與九四之剛相應而同德, 故雖喪馬而勿逐自復, 有如

여기에서 이세응은 규리睽離하는 어려운 상황에서 초구효가 구사효와 같은 덕을 가지고 호응하여 합함으로써 구사효가 초효로 돌아온다고 말한다. 그러나 초구효는 구이효와도 같은 덕을 가지고 어려운 상황에서 가까이 한다고 그는 말한다. 곧, 어려운 상황에서 가까이에 있는 같은 덕德을 가진 구이효와 합하는 것을 강조하고 있는 것이다. 이처럼 이세응은 '비'의 관계를 통하여 「규괘」의 의미를 해석하였다.

이세응은 보다 많은 경우 '응應'의 관계를 통하여 괘효사를 해석하였다. 그가 '응應' 관계를 통하여 괘효사를 해석한 구체적인 내용을 가지고 그의 비응론이 지니는 특징을 분석해 보기로 한다. 「임괘臨卦䷒」에 대해서 정이는 '백성들을 대한다[臨]'는 괘명卦名의 뜻에 따라서 백성들에게 임하는 도리에서는 가까이 하는 것이 최고의 경지라고 여겼다.

반면에 이세응은 임하는 것은 가까이 하는 것을 경계로 삼고 멀리 하는 것을 아름답게 여기는 것으로 보았다. 이세응은 「임괘」 육삼효六三爻에 대해 "비위를 맞추어 임하는 것이 이로움이 없는 것은 자리가 합당하지 않기 때문"이라고 하였고, 육사효가 허물이 없는 것은 "초효와 호응하여 육삼효의 '감림甘臨'에 비하여 임하는 것이 조금 멀리 떨어져 있고, 자리가 합당하기 때문"[25]이라고 말하였다.

이세응은 「준괘屯卦䷂」 육사효六四爻에서 '말을 탔다가 내려서 혼인대상을 찾아서 가니 길하여 이롭지 않음이 없다'[26]는 효사에 대해 호응관계를 중심으로 해석하였다. 그에 따르면, 육사효는 초구효와 호응관계에 있기 때문에 말을 탔다가 내려서 혼인대상을 찾아 그와 함께 한 마음으로 협력하여 구오효九五爻의 임금을 보필할 수 있다. 이처럼 초효의 양과 호응함으로써 그와 힘을 합하여 임금을 보필하는 것을, 이세응은 남을 통해 임금을 섬기

塞翁馬失得勿恤之象."

25) 『安齋易說』 「臨卦」, "六三之甘臨无攸利, 旣憂之无咎. 蓋與節九五之甘節參看. 臨以近爲戒, 以遠爲美. 六四之至臨无咎. 四與初應, 比甘稍遠, 故爲无咎, 而象美其位當."

26) 『周易傳義大全』 「屯卦」, '六四', "乘馬班如, 求婚媾, 往吉無不利."

는 것으로 이해하였다.27)

「항괘恒卦䷟」에서도 구사효九四爻의 '사냥하는데 새가 없다[田無禽]'는 효사에 대해 호응관계를 이용하여 그 이유를 설명하였다. 「항괘」 구사효는 비록 지위를 가진 자이지만, 아래로 초육효의 유약하고 텅빈 자와 호응하고 있기 때문에 효사에서 '새가 없다'28)고 하였다고 언급하였다. 뿐만 아니라 이세응은 이 「항괘」 구사효를 지위를 가지고 있으면서 아래로 구이효의 강한 양에 호응하고 있어서 강하면서 또 내실이 있기 때문에 '사냥하는데 새가 있다[田有禽]'고 한 「사괘師卦䷆」 육오효六五爻 효사와 비교하고 있다.29) 이처럼 그는 호응관계를 이용하여 이 두 효사의 의미를 해석하였다.

이세응은 「가인괘家人卦䷤」 육이효에서는 호응관계에 있는 효가 가지는 자질을 중시하여 괘효사를 해석하였다. 그는 육이효의 '이루는 것이 없지만, 집에서 제사음식을 주관하는 것을 곧게 하면 길할 것이다'30)라는 효사에 대해, 맹자가 이른바 "첩부妾婦의 도리는 순종하는 것을 정도正道로 삼는다"31)는 것을 인용하여 육이효가 바른 호응관계에 있는 구오효에 순종하면서도 스스로를 낮추는 자라는 의미로 해석하였다. 그는 육이효가 길한 까닭은 구오효에 호응하여 순종하면서 바르게 제사 일을 주관할 수 있기 때문이라는 것이다.32)

---

27) 『安齋易說』「屯卦」, '六四', "六四乃上卦之初, 而與初九之陽爲應. 乘馬班如, 求婚媾而與之同心同力以輔九五之君, 則身爲大臣, 求在下之賢, 乃爲以人事君, 故象曰:求而往明也."

28) 『安齋易說』「恒卦」, "恒之九四, 雖得位, 下應初六之柔而虛, 故曰無禽."

29) 『安齋易說』「恒卦」, "蓋師之六五得位而下應九二之剛, 剛而實, 故曰田有禽."

30) 『周易傳義大全』「家人卦」, '六二爻', "無攸遂, 在中饋, 貞吉."

31) 『맹자』「등문공 하」, "以順爲正者, 妾婦之道也." 맹자는 대장부에 대하여 말하면서 부인의 도리는 순종하는 것에 바른 의미가 있는 것으로 설명하고 있다. 맹자에 따르면, "천하에 넓은 곳에 살고, 천하의 바른 자리에 서며 천하의 대도를 행하면서, 뜻을 얻으면 백성들과 함께 행하고, 뜻을 얻지 못하면 홀로 그 도를 행하여, 부귀도 그를 음란하게 못하고, 빈천도 그를 유혹하여 옮기지 못하며, 위세도 무력도 그를 굴복시키지 못하니 이것을 대장부라고 한다."(居天下之廣居 立天下之正位 行天下之大道 得志與 民由之 不得志 獨行其道 富貴不能淫 貧賤不能移 威武不能屈 此之謂大丈夫: 『孟子』「滕文公 下」)고 하였다.

32) 『安齋易說』「家人卦」, "六二之無攸遂在中饋貞吉者, …… 孟子所謂妾婦之道, 以

그는 「규괘睽卦」 구이효九二爻의 '골목길에서 주인을 만나더라도 허물이 없다'[33]는 효사爻辭에서 '만난다'는 의미를 호응관계를 가지고 다음과 같이 해석하였다.

> 구이효는 육오효의 주인과 서로 호응하는데, 흩어지고 의심하는 때에는 지극정성의 곡진한 도리로 만나서 서로 합하기를 기대한다. 효사에서 '항巷'이라고 말한 것은 궁중의 깊숙하고 구부러진 협소한 길로서 바른 길은 아니다. 궁궐 계단의 일상적인 길을 따르길 바란다면 현명한 사람은 스스로 구불구불한 골목길로 나아갈 이유가 없다. 그러나 흩어지는 때에는 그렇게 한다. 그래서 상象에서 '골목길에서 주인을 만나는 것은 아직 도리를 잃지 않은 것이다'고 하였다.[34]

이세응은 구이효와 육오효가 서로 만나는 것은 바로 호응관계에 있기 때문이라고 지적하였다. 동시에 그는 상황이 흩어지고 의심스러운 때는 공식적인 길이 아닌 골목길에서 주인을 만나더라도 도리를 잃은 것은 아니라는 「상전象傳」의 의미를 부연하여 해석하였다.

이세응이 다른 효와 비교하여 호응하는 효 사이의 정당한 관계로서 응應의 의미를 잘 살려 괘효사를 해석한 경우는 「췌괘萃卦䷬」에 보인다. 곧, 초육효의 '어지럽게 무리지으니, 하소연할 때 일단의 무리가 비웃을지라도 염려하지 말고 가면 허물이 없을 것이다'[35]는 효사에 대하여 바르게 호응하는 자를 따라 가야 하는 것을 다음과 같이 주장하였다.

> 초육효에서 '어지럽게 모인다'고 한 것은 아래 세 음이 두 양을 따르므로 세 음의 뜻이 어지러워지기 쉬워서 두 양 중 누구를 따라야 할지 모르기 때

順爲正者, 其能順九五之正應, 而卑者也."

33) 『周易傳義大全』「睽卦」, '九二爻', "遇主于巷, 无咎"

34) 『安齋易說』「睽卦」, "九二與六五之主相應, 睽貳之時, 以至誠委曲之道, 期於會遇而相合. 其曰'巷'者, 宮中永巷委曲之途, 非正路也. 欲遵堂階之常分, 則賢者無自以進遇于曲巷. 睽之時, 則然也.是以象曰'遇主于巷, 未失道也.'"

35) 『周易傳義大全』「萃卦」, '初六爻', "乃亂乃萃, 若號一握爲笑, 勿恤, 往, 无咎."

> 문이다. 여기에서 '하소연하는데 다시 일단의 무리가 비웃는다'고 한 것은 그것들의 뜻이 어지러워져서 그런 것이다. 하지만, 호소할 때 비웃음을 당하는 것에 대해 걱정하지 말고, 바르게 호응하는 관계에 있는 구사효와 호응하면 허물이 없게 될 것이다.[36]

여기에서 이세응은 바르게 호응하는 관계에 있는 자에게 의심하지 않고 나아가 협력할 것을 강조함으로써 기존의 정당한 호응관계의 의미에 따라 효사를 해석하였다.

그러나 이세응은 때로 성질이 다른 음양 사이의 정당한 호응관계가 아닌 같은 성질을 가진 음과 음, 양과 양의 동덕상응同德相應 관계 또한 호응관계로 이해하여 괘효사를 해석하는 경우가 있다. 그는 「대유괘大有卦☲☰」 구사효를 이와 같은 관점에서 해석하였다. 「대유괘」 구사효는 '그 성대함을 자부하지 않으니 허물이 없다[匪其彭, 无咎]'라고 하는데, 그는 "구사효는 임금 가까운 자리에 있으면서 다시 땅의 자리인 초효初爻와 호응하여 겸손하게 자신을 낮추는 덕을 가지고 지위를 뛰어 넘는 혐의가 없기 때문에 허물이 없다"[37]라고 해석하였다. 여기에서 구사효와 초구효는 음양으로 호응하는 관계는 아니다. 그러나 그는 '동덕상응'이라는 의미를 적용하여 구사효가 초구효와 관계함으로써 겸손하게 낮춘다는 덕의 의미를 이끌어 내고 있다. 다시 말하면 구사효는 가장 낮은 자리로서 땅의 유순한 덕과 결합됨으로써 이러한 겸손함의 의미가 유추된다.

이처럼 이세응은 정이의 의리역학적 해석방법으로서 비응설을 이용하여 괘효사를 해석하였다. 그가 비응설을 적용하여 괘효사를 해석하는 데 특징적인 것은 정이와 달리 괘의 전체적인 의미보다는, 호응의 대상이 되는 괘효의 성질 또는 위치의 음양陰陽 등을 중시한다는 점이다. 그리고 일반적인

---

36) 『安齋易說』 「萃卦」, "初六之乃亂乃萃. 以三陰從二陽. 其志易亂, 不知其誰適從. 其曰'若號而又一握爲笑'者, 乃其志之亂而然也. 然而其號其笑勿恤, 而與四之正應, 應之則爲无咎."

37) 『安齋易說』 「大有卦」九四, "九四之匪其彭无咎. 四爲近君之大臣, 又應坤初, 有謙卑之德, 無凌逼之嫌, 可以无咎矣."

호응관계가 아닌 동덕상응으로 같은 성질을 가진 효 사이에도 호응관계에 있는 것으로 간주하여 해석하는 것이 또 다른 특색이다.

5. 호체론을 통한 『주역』 해석

호체론은 한대漢代 이래 상수역학 전통에서 『주역』 괘효사를 해석하는 주요 방법이었다. 호체괘는 기본적으로 초효初爻와 상효上爻를 제외하고 이효에서 사효까지와 삼효에서 오효五爻까지를 각각 소성괘小成卦로 구성하여 이를 결합함으로써 이루진 괘이다. 이렇게 특정한 괘 속에 숨어 있는 괘를 노출시키는 것으로서 호체괘를 통하여 『주역』 괘효사를 해석하는 것은 겉으로 드러난 괘의 보편적인 의미와 여러 효 사이의 상관관계를 통하여 해석하는 의리역학적 방법과 중요한 차이를 지닌다.

의리역학의 해석 방법이 특정 괘명卦名으로 요약되는 괘卦의 보편적 의미를 중시한다면, 상수역학적 해석방법은 드러난 괘의 이면에 내재되어 있는 괘효의 변화 양상에 주목하여 괘효사의 의미를 괘효상을 중심으로 해석하는 것이다. 따라서 이세응이 『주역』 괘효사를 호체론을 적용하여 해석하는 것은 그가 상수역학적 방법으로 괘효사를 해석하고 있음을 뜻한다. 이렇게 본다면, 이세응에게서 호체괘의 괘상과 의미에 따라 괘효사를 해석하는 사례가 많이 보이는 것은 그가 의리역학적 해석방법과 함께 상수역학적 해석방법을 겸하여 『주역』을 해석하고 있음을 보여 주는 것이다. 그러면 이세응이 호체괘에 따라서 괘효사를 해석하는 구체적 내용을 살펴보기로 한다.

「수괘需卦䷄」 구이효는 '모래톱에서 기다리니, 약간 말이 있기는 하지만 끝에는 길하다'는 것이다. 이세응은 "약간 말이 있다"[38]는 것과 '끝내 길하다'는 것을 각각 호체와 중정 개념을 적용하여 해석하였다. 그는 "구이효에서 '약간 말이 있다'는 것은 이효에서 사효까지는 호체괘로 「태괘兌卦☱」인

38) 『周易傳義大全』 「需卦」, '九二', "需于沙, 小有言, 終吉."

데, '태兌'는 구설口舌이다. 사람은 음식에 대하여 말이 없을 수 없다. 하지만 양陽의 구九가 이효二爻 자리에서 중中을 얻었기 때문에 그 음식을 먹는데 중中을 얻는다. 그래서 끝내 길하다"39)고 하였다. 여기에서는 '태兌'에 포함되어 있는 '구설'이란 뜻에 근거하여 음식과 관련하여 '구설수가 있음'이라는 효사를 해석하였다. '태兌'가 구설口舌이라는 의미를 가진다는 것은 「설괘전」에 보인다.

이세응은 또한 「겸괘謙卦䷎」 상육효의 '군대를 동원하여 읍국을 정벌하는 것이 이롭다'40)고 하는 효사에서 '군대를 동원한다'는 것을 호체괘를 적용하여 해석하였다. 그는 "이효에서 상육효까지 호체괘로 소성괘 「곤괘坤卦☷」와 「감괘坎卦☵」로 「사괘師卦䷆」가 되어 정벌하는 상象이 있기 때문에 상육효에서 육오효와 같이 '군대를 동원한다'고 말하였으며, 육오효의 상에서 '복종하지 않는 자를 정벌한다'고 말하였다"41)고 하였다. 여기에서 이효부터 상효까지의 호체互體로 도출되는 괘는 「사괘師卦䷆」가 되는데, 이세응은 이 「사괘」의 의미로부터 '군사를 동원한다'는 뜻을 취하고 있다. 이처럼 호체괘로써 한 괘의 전체적인 의미를 취하여 괘효의 의미를 해석하는 것은 소성괘로써 호체괘의 물상의 의미를 가지고 괘효를 해석하는 것과는 구별된다.

이세응은 「수괘隨卦䷐」 초구효와 구사효의 효사를 해석하는 데에 중복된 호체괘를 적용하여 그 의미를 해석하였다. 「수괘」 초구효와 구사효는 각각 '문밖에 나가서 사귀면 공이 있을 것이다'란 구절과 '미더움을 가지고 도에 머무르고 밝음을 쓰면 무슨 허물이 있겠는가?'42)이다. 구효사 「상전象傳」은 '미더움을 가지고 도에 머무르는 것은 밝음의 공적'이다. 여기에서 그는 '미더움을 두고 문밖에서 사귄다'와 '미더움을 가지고 도에 머무르는 것은 밝

---

39) 『安齋易說』 「需卦」, "九二之'小有言', 自二至四, 互爲兌, 兌爲口舌. 人於飮食不能無言. 然而以九居二得中, 而其於飮食得中, 故終吉焉."

40) 『周易傳義大全』 「謙卦」, '上六', "鳴謙, 利用行師, 征邑國."

41) 『安齋易說』 「謙卦」, "五爲君位. 征伐自天子出, 而君位故不言卦名. 又自二至上六, 互爲地水師, 有征伐之象, 故上六同言行師. 象曰'征不服也.'"

42) 『周易傳義大全』 「隨卦」, '初九', "官有渝, 貞吉, 出門交, 有功."; '九四', "隨有獲, 貞凶, 有孚在道, 以明, 何咎."; '九四象傳', "有孚在道, 明功也."

음의 공적이다"고 하는 구절들을 호체괘互體卦 이론을 적용하여 다음과 같이 해석하였다.

> 『수괘隨卦䷐』 구사효에서 '믿음을 가진다'고 한 것은 초효에서 사효까지는 중복된 「리괘」의 상으로서 가운데가 비어서 미더움의 뜻이 있고, 불로서 밝은 상이 된다. 그래서 '밝음의 공적'이라고 말하였다. 초구효에서는 문 밖을 나가서 사귀니 비록 功이 있으면서도 그 도리를 잃지 않는다.43)

여기에서 이세응은 괘효사의 의미를 해석하는데 세 효로 구성되는 일반적인 호체괘가 아니라, 네 효로 이루어지는 중복된 호체괘 「리괘」로부터 '미더움'과 '밝음'이라는 뜻을 이끌어내어 괘효사를 해석하였다. 그는 중복된 「리괘」에 가운데가 비어 미더움이란 뜻이 있고, 「리괘」가 불을 상징함으로써 밝음이라는 의미가 있는 것으로 보아, '미더움을 가진다'는 구사효의 효사와 '밝음의 공적'이라는 구사효 「상전象傳」의 내용을 해석하였다. 이처럼 이세응은 괘효사를 설명하기 위하여 드러난 괘로부터 때로 중복된 호체괘를 도출하기도 하였다.

이세응은 「가인괘家人卦䷤」 구삼효九三爻에 대해서도 호체괘를 적용하여 그 의미와 길흉을 해설하였다. 「가인괘」 구삼효는 '가인이 엄숙하여 염려하고 뉘우치면 길하지만, 부녀자가 희희락락하면 끝내는 부끄럽게 된다.'44)라는 효사爻辭로 구성되어 있다. 이 효사에 대하여 그는 "구삼효는 강한 양으로서 강한 자리에 있으면서 「리괘」의 상象이 되는데, 육이효에서 육사효까지는 호체괘 「감괘坎卦」의 상象이 있다. 한 효에서 길흉吉凶을 구분하여 말하였으니, 한편으로는 힘쓰게 하고 한편으로는 경계하였다"45)고 언급하였다. 이세응의 해석은 바로 「가인괘」 구삼효에는 길한 측면과 흉한 측면이 함께 내

---

43) 『安齋易說』 「隨卦」, "其曰:有孚者, 自初至四有厚離之象, 中虛而有孚信之義, 且爲離明之象, 故曰:明功. 初九則出門交, 雖有功而不失其道."

44) 『周易傳義大全』 「家人卦」, '九三', "家人嗃嗃, 悔厲吉, 婦子嘻嘻, 終吝."

45) 『安齋易說』 「家人卦」, "九三嗃嗃悔厲吉, 婦子嘻嘻悔吝. 九三以剛居剛爲離之終, 間於六二六四, 有互坎之象, 吉凶分言於一爻, 一以勉之, 一以戒之."

포되어 있는데 길한 방향을 권장하는 측면과 흉한 방향을 경계하는 측면이 함께 있다는 것이다. 그의 호체괘를 통한 해석을 추론하면, 구삼효는 밝음을 상징하는 「리괘」의 마지막 자리에 있기 때문에 이로부터 명철함을 다함으로써 조심해야 한다는 의미가 나오고, 호체괘 「감괘 坎卦☵」는 어려움을 상징하는 것으로서 부녀자들처럼 경계하지 않고 즐김에 빠지면 어려움을 당할 것이라는 의미가 나온다.

이세응은 「정괘井卦䷯」에서도 호체괘 이론을 적용하여 괘를 해석하는데 여기에서는 특정한 효사를 해석하는 것이 아니라 「정괘」의 전체적 의미를 도출해 낸다는 데 특징이 있다. 그는 다음과 같이 「정괘」의 전체적 의미를 호체괘를 적용하여 이끌어내었다.

> 「정괘井卦」의 내괘는 호체괘를 적용하면 중복된 감괘로서, 아래에 있어서 근원이 깊은 샘이 끊임없이 분출하여 고갈되지 않는다. 「정괘」의 외괘인 감괘는 위에 있어서 밑으로 흘러내려 나무를 길러 준다. 물은 나무를 낳아서 우물이 된다. 정井이란 글자는 십자十字가 네 개로서 '사四'는 땅의 생수生數이다. 그러나 천일天一이 물을 낳아 우물에 가득 채우고, 땅의 생수生數가 하늘과 덕을 함께하여 만민을 기르니, 땅에서 쓰이는 것은 우물만한 것이 없다.46)

「정괘」는 우물을 상징하는 괘로서 물과 연관되며, 물을 길어 올려 쓰는 것을 본질로 삼는다. 이세응은 이러한 의미와 연관하여 「정괘」에서 내괘內卦의 중복된 호체괘를 이끌어내어 '두터운 물'이라는 의미로부터 이것이 근원이 깊어 고갈되지 않고 분출되는 샘을 상징하는 것으로 보았다. 그리고 「정괘」에는 밖에도 「감괘」가 있는데, 이것은 밖으로 흘러나가 아래 나무를 길러 주는 것으로 해석하였다. 뿐만 아니라 위의 해석에서 이세응은 천지의 생성의 수數를 가지고 「정괘井卦」의 의미를 해석하고 있는데, 이 점은 특히

46) 『安齋易說』 「井卦」, "井內卦以互體之厚坎居下, 爲源泉之混混而不渴, 井外卦之坎居上, 潤下而滋潤於巽木. 水生木而爲井. 井之爲字, 從十字四, 四爲地之生數, 而天一生水, 盈于井, 而地之生數, 與天同德而萬民生育, 則用於地莫如井."

이채롭다.

요컨대, 이세응은 『주역』의 괘효사를 유의미하게 해석하기 위하여 상수역학 전통에서 이용하는 호체괘를 적용하여 괘효사 및 괘의 의미를 이끌어 내었다. 이러한 해석의 방법으로부터 이세응은 의리역학인 방법에 따라 『주역』을 해석할 뿐만 아니라, 상수역학의 전통에서 『주역』을 해석하는 방법을 함께 이용하고 있음을 알 수 있다. 그러나 이세응은 의리역학적 관점에 따라 『주역』을 해석한 것이 주된 부분을 차지하는 만큼, 의리역학적 방법론을 위주로 하여 상수역학적 방법을 겸하였다. 이렇게 볼 때, 이세응의 역학사상이 조선전기역철학사에서 가지는 의미는 의리역학적 방법론이 위주로 하면서도 상수역학적 해석방법론을 병행하여 『주역』 괘효사를 해석했다는 점이다. 그의 역학사상은 이후 상수역학적 방법론을 통하여 『주역』을 해석하는 데 커다란 영향을 미쳤다고 할 수 있다.

6. 맺음말

이 장은 조선 전기에 드물게 『주역』 원문을 주석하였던 이세응의 역학사상을 의리역학적 『주역』 해석과 상수학적 요소에 주목하여 검토하고 그 역학사적 의의를 평가하고자 하였다. 이제 그 내용을 요약하고 조선전기역철학사에서 이세응 역학이 가지는 의미를 정리하기로 한다.

이세응은 기본적으로 의리역학적인 괘효사 해석방법론으로서 중정中正·비응比應 등의 관계를 이용하여 『주역』을 주석하였다. 그러나 그는 호체互體를 통해서도 괘효사를 해석하였다. 이것은 조선전기에 이세응에 이르러 비로소 한대 상수역학 이론을 받아들여 『주역』 괘효사를 해석하기 시작하였음을 의미한다. 이세응이 호체론을 통하여 괘효사를 해석한 것에는 두드러진 특징이 있다. 이것은 그가 유가의 도덕실천을 목표로 한 의리역학의 관점에 서 있는 만큼 괘효사 해석에 호체론을 적용하는 데 있어서도 호체괘를 의리역학적인 해석 목표에 따라 그 의미를 설명하고 있다는 점이다. 그는 이 호체론을 오히려 의리역학적인 목표에 부응하는 수단으로 간주하고 있는 것이다.

이세응은 중정中正 개념을 통하여 『주역』 괘효사의 길흉을 평가하였는데, 그 중심적 입장은 예외가 있기는 하지만, 정正보다 중中을 중시하는 입장을 취하고 있다는 점이다. 그리고 그는 괘효의 중정中正을 마음의 중정으로서 간주하여 성리학적 수양론의 견지에서 바라보기도 하였다. 나아가 그는 중정 개념을 통해 괘효사를 해석하면서도 음陰을 억제하고 양陽을 돕는 것을 중시한다는 점에서 유가의 의리역학적 시각을 계승하고 있다. 이세응이 '음을 억누르면서 양을 돕는다[扶陽抑陰]'고 한 것은 정이의 견해와 일치하는 것인 동시에 의리역학에서 『주역』을 해석하는 전통에서 일관되게 주장해 온 입장이다. 이러한 언급은 이세응이 바로 의리역학적인 견지에서 『주역』 괘효사를 해석하고 있음을 보여주는 전형적 사례라 할 수 있다.

또한 그는 비응론의 관점에 따라 『주역』 괘효사를 주석하였다. 그는 정이가 비응 관계에 따라 해석한 관점을 대체로 받아들이면서도 비응관계에 대하여 다른 이해방식을 피력하기도 하였다. 그는 '비比'와 '응應'관계 중에 '비'보다는 대부분 '응' 관계를 통하여 괘효사를 해석하였다. 이세응이 응의 관계에 따라 괘효사를 해석하는 데 있어서 유의해야 할 특징은 그가 호응관계는 일반적으로 음양 또는 양음 사이의 관계에서 성립하는 것으로 간주되는데 반해 정이의 동덕상응의 취지를 받아들여 음음 또는 양양 사이에도 응應의 관계를 인정하고 있다는 점이다.

이세응은 『주역』의 괘효사를 유의미하게 해석하기 위하여 주로 상수역학에서의 호체괘를 적용하여 괘효사 및 괘의 의미를 이끌어 내었다. 여기에서 특징적인 것은 그가 단순한 호체괘가 아닌 중복된 호체괘를 이용하여 괘효사 또는 괘의 의미를 해석한다는 점에서 그가 호체괘에 대한 여러 이론을 이해하고 있었음을 알 수 있다. 이러한 해석의 방법으로부터 이세응은 의리역학인 방법에 따라 『주역』을 해석할 뿐만 아니라, 상수역학의 전통에서

『주역』을 해석하는 방법을 함께 이용하고 있다는 점을 간취할 수 있다.

그러나 이세응의 『주역』 해석은 의리역학적 관점에 따른 해석이 주된 부분을 차지하는 만큼 의리역학적 방법론을 위주로 하여 상수역학적 방법을 겸하였다고 할 수 있다. 특히 이세응은 조선 전기에 상수역학적 해석방법론을 이용하여 『주역』 괘효사를 해석한 거의 최초의 학자였다는 점을 고려할 때 상당히 중요한 의미를 갖는다. 이렇게 볼 때, 조선전기역철학사의 입장에서 이세응은 의리역학적 목표를 가지고 『주역』을 해석하면서도, 부분적으로 상수역학적인 방법론으로 『주역』을 해석함으로써, 두 방법론을 겸하여 『주역』을 해석하는 하나의 전통과 흐름을 형성한 선구로서의 의미를 갖는다.

제 7 장
서경덕의 선천기론과 상수역학 사상

1. 머리말

서경덕徐敬德1489~1546은 조선전기에 장재張載1020~1077의 기철학과 소옹邵雍1011~1077의 수리철학을 받아들여 선천기론先天氣論의 철학 체계와 상수역학象數易學 사상을 제시하였다. 이 장에서는 서경덕에 있어서 인간의 도덕적 실천의 표준 또는 원리가 그의 선천 태허를 중심으로 하는 본체론과 이기불상리, 그리고 상수역학적 세계관에 근거를 두고 있다는 것을 전제하고 이들 체계에 대한 고찰을 통하여 우주 자연과 인간의 도덕적 실천의 일관성을 규명해보고자 한다. 특히 서경덕이 제기한 상수역학의 구체적인 내용과 선천기론과의 상관관계를 중점적으로 규명하고자 한다. 나아가 이 장에서는 서경덕의 상수역학이 그의 철학체계와 조선전기역철학사에서 어떠한 위치를 차지하고 있는가를 중점적으로 고찰하고자 한다.

북송대 소옹의 선천기론 및 수리역학과 장재의 기철학을 주로 수용한 서경덕의 철학을 16세기 초의 사상적 경향에 비추어 살펴보면 그의 철학의 특성을 보다 잘 이해할 수 있다. 16세기 중반을 전후하여 퇴계退溪와 율곡栗谷이 정주성리학을 중심으로 하는 이기론 형이상학과 심성론을 심화시키기 이전에 이들 성리학에 영향을 끼친 학자는 이언적李彦迪1491~1553이었다.

이언적은 주희의 이기론에 의거하여 조한보曺漢輔와 무극태극논쟁無極太極論爭을 벌임으로써 주희의 학설을 주로 계승하여 자신의 학문적 준거로 삼았다. 그는 구체적으로 이선기후理先氣後와 이기불상잡理氣不相雜을 강조하였는데[47], 이것이 퇴계에게 계승되어 영남학파 성리학의 선구를 이루었다.

이렇게 볼 때, 서경덕이 정자와 주희의 성리학이 아닌 북송대 소옹과 장재의 기氣와 상수 또는 수리를 중심으로 하는 철학을 받아들인 것은 16세기 조선의 성리학이 리理로 치우칠 수 있는 흐름에 균형을 유지시켜 준 의미를 가진다. 다시 말하면 퇴계 이후 '리'를 중심으로 하는 철학이 이언적으로부터 영향을 받았다면, '기'를 위주로 하는 철학은 서경덕으로부터 영향을 받았다고 할 수 있다. 실제로 그의 기철학은 이후 율곡栗谷 이이李珥와 임성주任聖周1711~1788 등 기氣를 강조하는 철학에 영향을 주었으며, 그의 상수역학은 장현광張顯光1554~1637, 서명응徐命膺1716~1787 등과 같은 학자들의 상수역학 사상의 선구를 이룬다.

그동안 서경덕의 철학에 관한 연구는 1900년대 초로부터 오랜 기간에 걸쳐서 여러 시각에서 연구가 진행되어 왔다. 그 연구사를 요약하면 몇 가지 관점으로 대별할 수 있다. 먼저 1936년 이병도가 서경덕의 철학을 선천과 후천의 본체와 현상에 초점을 맞추어 주기론主氣論으로 이해[48]한 이후 그의 철학을 기일원론으로 이해하는 경향이 현재까지도 하나의 흐름을 이루었다. 또 1990년대부터는 기를 위주로 하면서도 이기불상리理氣不相離의 이기일원론理氣一元論으로 바라보는 연구자들이 있다. 먼저 기일원론적 관점에서 화담의 철학을 해석하는 연구자 가운데 김교빈은 화담 철학의 특징을 근원자로서 기와 법칙성으로서 리를 일원적으로 본 데 두면서도, 취산聚散으로 드러나는 항존자恒存者 기氣에서 그 특성을 찾아야 한다[49]고 보았다. 정원재는

---

47) 李彦迪, 「答忘機堂第一書」, 『晦齋集』 卷5-10, 『韓國文集總刊』 24, "至無之中, 至有存焉, 故曰無極而太極, 有理而後有氣, 故曰太極生兩儀. 然則理雖不離於氣, 而實亦不雜於氣." 李丙燾, 『韓國儒學史』, 아세아문화사, 194쪽.

48) 이병도, 「徐花潭及李蓮坊에 대한 小考」, 『진단학보』 4, 진단학회, 1936.

49) 김교빈, 「서화담의 기철학에 대한 고찰-기에 내재한 시간성을 중심으로-」, 『동양철학연구』 5, 1984, 35~36쪽.

서경덕이 자신의 철학에서 리理를 배제하지 않지만, 그 리는 본체성을 부여받지 못하고 도덕성의 담지자로 간주되지도 않기 때문에 그의 철학은 장재와 같은 기론氣論의 영역에 남게 되었다[50]고 보았다. 이들의 서경덕 철학에 대한 해석은 대체로 화담이 리를 자신의 체계 속에서 설명하고 있지만, 이 리가 기일원론의 세계관에 포섭되는 것으로서 이해하는 것이다.

다른 한편으로 1990년대부터는 기를 위주로 하면서도 이기불상리理氣不相離의 이기일원론理氣一元論으로 바라보는 연구자들이 있다. 최일범은 "화담의 철학체계는 '태허즉기太虛卽氣'의 명제로써 기氣를 궁극적 실재로 상정하고, 동시에 리도 궁극적 실재로 보아 이기理氣가 본래적으로 합일되어 있는 것으로 해석하였다. 이러한 화담의 철학을 율곡은 "이기불상리의 묘처妙處를 명료하게 본 것으로 평가하고 있다"[51]고 하였다. 황광욱은 화담이 리기원불리理氣元不離를 강조한 것은 소옹과 장재 철학에 대한 이해를 기초로 하여 주자 철학에 대해 성찰한 결과이며, 기氣를 강조했다기보다는 리와 떨어져 있지 않은 기를 말함으로써 리기원불리를 제시했다는 것이 평가받아야 할 의미라고 언급하였다.[52] 이어서 화담의 철학이 소옹과 장재의 철학을 계승하면서도 독창적 의미를 가지는 것으로 보는 경우도 있다. 선우훈만은 "화담이 태허를 선천과 후천으로 구분하고, 리와 기는 시종이 없는 동시적인 존재로서 흩어져도 무로 소멸되지 않는다고 주장하는 것으로 볼 때 그의 태허太虛, 선천先天, 기氣 개념은 장재나 소옹의 철학과 다른 독창적 의미를 갖는다"[53]고 보았다.

---

50) 정원재, 「서경덕과 그 학파의 先天 이론」, 『철학논구』 18, 1990, 73쪽. 정원재는 서경덕의 철학에서 선천 태허의 기는 어디까지나 動靜, 虛實, 淸濁의 본질을 가지고 있기 때문에 본체가 지녀야 할 포괄성, 초월성을 지니지 못하는 불완전한 본체가 되기 때문에 도덕규범의 객관성과 불변성을 확보하기 어렵다고 보았다. 이어서 정원재는 서경덕의 제자들이 기의 본체를 절대화함으로써 본체를 완전한 形而上의 차원으로 끌어올리려고 하였으나, 이들은 이로 인하여 본체가 담지하고 있는 絶對善을 실현해야 할 현상세계와의 연관성을 다시 상실하게 되는 문제를 안고 있다고 보았다.(87~88쪽)

51) 崔一凡, 「徐敬德의 理氣論에 관한 試論」, 『동양철학연구』 11권, 1990, 141쪽.

52) 황광욱, 「花潭 徐敬德의 哲學思想과 그 門人學風에 대한 硏究」, 성균관대 박사학위논문, 2002, 194쪽.

반면 성진숙은 화담에 있어서 태허太虛는 리와 기가 결합된 본체로서 선천의 형이상에서 이기理氣가 불리不離하며 이것은 인성에서 호연지기가 되는 것으로 보았다. 그는 화담이 태허를 태극太極의 본체로 보면서 정당화해가는 과정에서 '기氣'만을 설명하지만, 그 안에 이미 도덕적 선善이나 리理나 성性을 내포하고 있는 개념으로 쓰고 있는 것이 확실하다고 보았다.54) 성진숙의 견해는 서경덕의 기의 본체로서 태허 속에 태극이 있는 것을 도덕적 원리와 선이 내포되어 있는 것으로 보는 것이다.

다른 한편, 화담의 철학 체계를 역학易學의 측면에 초점을 두고 해석한 연구 성과가 있다. 정병석은 화담의 기일원론을 『역경』에 대한 기일원론적 해석으로 규정하였다. 그에 따르면, 『주역』에서 말하는 리理는 결코 기氣를 떠나서 독립적인 형이상학적 지위를 가지지 못하고, 다만 기의 활동 가운데 조리로서 존재하는 것이다. 이러한 관점에서 화담의 기철학은 『주역』의 생명적 세계관의 관점에서 유무有無와 이기理氣를 종합하고 있는데, 이것은 『주역』의 생명적 세계관을 기일원론적 관점에서 해석하기 때문에 가능한 것으로 보았다.55)

장정림은 화담의 철학사상은 소옹의 상수역학적 우주론을 토대로 장재의 태허 개념과 기일원론을 주돈이로부터 비롯되는 태극-리 개념과 통합시킨 것으로 보았다. 그는 화담이 자연의 생성변화를 『주역』의 괘상과 상수를 통해 인식하는 소옹의 상수역학적 방식을 계승하여 우주의 본체와 작용을 파악하고자 했으며, 상수역학과 수비학적數秘學的numerological 해석56)을 통해

53) 선우훈만, 「花潭 徐敬德의 氣哲學 硏究」, 대전대 박사학위논문, 2001, 136쪽.

54) 성진숙, 「花潭 太極論에 대한 美學的 解析」, 성균관대 박사학위논문, 2009, 173~174쪽

55) 정병석, 「서화담의 역학적 세계관에 대한 기일원론적 해석」, 『철학논총』 8, 1992, 26쪽. 이밖에도 송항룡, 배향숙, 이상희 등이 화담의 철학을 기일원론적으로 해석하고 있다. 또 黃美喜는 화담의 철학을 기철학으로 규정하면서, 그의 기철학의 성격을 자연과학적 입장에서 재조명하고자 하였다.(황미희, 「서경덕의 기철학과 자연학」, 울산대 석사학위논문, 2009, 2쪽)

56) 수비학numerology은 사람, 사물, 장소, 그리고 문화 등에 숨겨진 숫자의 의미와 연관성을 탐구하는 수리인문적 학문이다. 피타고라스의 수비학, 칼데아의 수비학 등이 있다.

태허와 기, 본체와 작용, 선천과 후천, 일一과 이二가 맺는 관계를 불상리의 공존적 관계로 파악하면서 태허의 무형성, 일기一氣의 실재성, 그리고 태일太一의 전체성을 통합시키고 기의 자발적 운동성을 확보하고자 했다[57]고 보았다.

위의 연구 성과들을 간단히 요약하면 주제를 다음 세 가지 방향으로 구분할 수 있다. 먼저 화담의 철학을 기를 본체로 삼아 리를 여기에 종속시킴으로써 기일원론으로 볼 것인가, 아니면 기론적 특성을 가지면서도 리와 떨어지지 않는 측면으로서 이기원불상리理氣元不相離를 강조함으로써 리理의 지위와 역할에 대한 새로운 해석 가능성을 열어둘 것인가 하는 문제로 구분된다. 또 한편으로는 화담의 철학을 『주역』의 상수와 수리적 세계관의 관점에서 인식론적 관점을 끌어들임으로써 선천과 후천, 일과 이, 기와 리, 자연과 도덕을 일관되게 해석할 수 있는 근거를 탐색하는 방향이 있다. 서경덕의 철학은 인륜의 도덕적 실천을 목표로 삼으며 그 원리를 언급하고 있다. 그렇다면 불가피하게 이러한 도덕적 원리에 대한 우주본체론적인 근거를 언급하지 않을 수 없으며, 이런 근거는 태허太虛와 태극太極을 포괄하는 본체론과 함께 수리를 포함하는 상수역학, 그리고 이기불상리의 관점 등으로부터 이끌어내지 않을 수 없다.

따라서 이 장에서는 서경덕의 철학이 인간의 도덕적 실천 문제를 제기하고 있는 만큼, 도덕적 실천의 표준이 어떻게 그의 선천先天 태허太虛를 중심으로 하는 본체론과 이기불상리, 그리고 상수역학적 세계관에 근거를 두고 있는가에 대한 고찰을 통하여 우주 자연과 인간의 도덕적 실천의 일관성을

57) 장정림, 「화담 서경덕 철학사상의 역학적 考察」, 대전대 석사학위논문, 2011, 48~49쪽. 장정림에 따르면, 화담은 자연이 보여주는 천도의 보편적이고 객관적인 진리를 冬至를 통해 극적으로 드러나는 「復卦」로 파악했으며, 그러한 천도를 온전히 파악하기 위해 '忘吾物物'과 '持敬觀理'의 현상학적 인식방법을 통해 사물에 대한 객관적이고 보편적인 진리에 이르는 역학적 인식을 도모하고자 했다. 또한 그는 화담은 이러한 수양론적 태도를 매개로 「복괘」로 상징되는 우주적 보편원리를 「艮卦」를 통해 표상되는 '멈춤[止]'의 실천 원리로 연결시키고 선천에서 후천으로 이치가 구현되는 때에 맞게 적절한 윤리적 실천을 이루는 時中의 이상을 제시한 것으로 보았다.(49~50쪽)

규명해보고자 한다. 특히 서경덕의 상수역학 체계와 선천기론 사이의 상관적 관계와 일관성에 유의하고자 한다.

이러한 문제를 논증하기 위하여 다음 제2절에서는 서경덕에 있이서 선천기先天氣의 범주는 어떤 내포적인 의미를 함축하고 있으며 나아가 선천과 후천 사이의 관계는 어떻게 설명하고 있는가를 살펴보고자 한다. 제3절에서는 그의 상수역학의 내용이 어떻게 구성되어 있는가, 그리고 그것이 자연과 인간의 도덕을 어떻게 결합시키는 매개가 될 수 있는가 하는 점을 고찰할 예정이다. 제4절에서는 「성음해聲音解」에 포함되어 있는 상수역학적 의미에 대하여 살펴보고자 한다. 이어서 제5절에서는 상수역학의 목표와 도덕적 실천 사이의 상관성의 문제를 화담의 선천기론과 역학을 종합하는 측면에서 살펴보고자 한다. 마지막 결론에서는 본론의 내용을 요약하고 서화담의 선천기론과 상수역학이 지니는 의의를 정리할 예정이다.

2. 선천 태허의 지위와 선후천론의 특징

이 절에서는 선천先天 태허太虛 개념을 중심으로 하는 서경덕의 철학에서 선천先天과 후천後天의 의미 및 이들 사이의 상관관계, 그리고 '태극太極'이 그의 철학에서 차지하는 위치에 대하여 살펴보고자 한다. 서경덕의 철학에서 태허, 태일, 태극, 일기, 음양, 동정 등은 선천기론을 구성하는 중심 개념들이다. 그러면 이들 개념이 그의 철학체계 속에서 차지하고 있는 위치를 살펴보기로 한다. 서경덕의 철학의 핵심을 이루는 제일개념은 '태허太虛'와 '선천先天'이다.

서경덕은 장재의 기철학을 받아들이면서 그 핵심적 범주로서 태허太虛 개념을 수용하였다. 장재에서 태허는 감각으로 인식할 수 있는 형체가 없는 것으로서 기氣의 본체로 규정된다. 하지만, 이것은 모이고 흩어지는 운동성을 낳는데, 장재는 그 모이고 흩어지는 것을 변화로부터 나오는 '일시적인 형체[客形]'[58]라고 언급하였다. 또한 장재는 "기가 태허로부터 모이고 흩어지는 것은 마치 얼음이 물로부터 얼었다가 녹는 것과 같은 것으로 태허가 바로 기임을 알면 허무虛無는 없다[59]고 주장하였다. 장재의 이러한 관점은 노자와 불교의 허무적멸론虛無寂滅論을 비판하는 근거인 동시에 기는 취산을 통하여 현상세계를 구성하기도 소멸하기도 하지만 완전히 소멸되는 것이 아니고 본체로서 태허로 돌아가는 것으로 이해하는 것이다.

이것은 서경덕 철학의 관점에서 말하면 선천과 후천이 서로 소통하는 것으로 본체와 현상이 단절되지 않은 연속성을 강조하는 것이다. 서경덕은 장재철학의 '태허' 개념을 받아들여 그 본질적 의미를 설명하였다.

> 태허太虛는 맑아서 아무런 형체가 없으니 이것을 일컬어 '선천先天'이라고 말한다. 그 크기로는 밖이 없고, 그 앞서는 것으로는 시초가 없으며, 그 유래는 추구할 수 없다. 그 맑아서 텅 비고 고요한 것은 기氣의 근원이다. 밖이 없는 먼 거리까지 가득차고 완전하게 꽉 채우며 빈 공간이 없어서 미세한 터럭만큼이라도 받아들일 곳이 없다. 그러나 손으로 떠 올리려면 비어 있고, 잡으려면 없다. 그러면서도 도리어 차 있으니 '무無'라고 말할 수 없다.[60]

서경덕은 태허를 보거나 만질 수 있는 아무런 형체가 없이 감각을 초월하여 투명하고 깨끗한 것으로 규정하였다. 이것을 그는 감각할 수 있는 현상적 사물에 앞서 존재하는 것이라고 하는 뜻에서 '선천先天'이라고 말하였다. 서경덕에 따르면, 태허는 상대적인 크기를 넘어 무한대이며 처음과 끝의 한계가 없기 때문에 그 유래를 살필 수 없는 것으로 기氣의 근원이 된다. 이것은 상대적인 크기와 시종으로서 시공간적 한계를 초월해 있어서 감각적인 현상의 측면에서 비어 있고 없는 것처럼 보이지만, 실제로는 빈틈없

---

58) 張載, 『張載集』 「太和」, "太虛無形, 氣之本體, 其聚其散, 變化之客形爾."
59) 張載, 『張載集』 「太和」, "氣之聚散於太虛, 猶氷凝釋於水, 知太虛卽氣, 則無無."
60) 徐敬德, 『花潭集』 卷2-11, 「原理氣」, "太虛湛然無形, 號之曰'先天.' 其大無外, 其先無始, 其來不可究, 其湛然虛靜, 氣之原也. 彌漫無外之遠, 逼塞充實, 無有空闕, 無一毫可容間也. 然挹之則虛, 執之則無. 然而却實, 不得謂之無也."

이 기氣로 가득 차 있다. 이처럼 서경덕은 장재와 같이 태허를 현상적인 기가 가득 차 있는 근원이며 본체로 간주하여 태허의 세계에 허무虛無는 없는 것으로 보았다.

서경덕은 「이기설理氣說」과 「태허설太虛說」에서 태허의 이러한 특성들을 부연하여 설명하고 있다. 「이기설理氣說」에는 "밖의 한계가 없는 것을 '태허太虛'라고 말하고, 시초가 없는 것을 '기氣'라고 말하니, 허虛는 바로 기氣이다. 허虛는 본래 다함이 없고 기氣 또한 다함이 없으니 기氣의 근원이다"[61]고 하였다. 여기에서 서경덕은 밖의 한계가 없는 것을 태허로, 시초가 없는 것을 '기'로 말함으로써 '기'의 근원으로서 태허와 태허의 알맹이로서 '기'가 시공간의 한계를 초월하여 존재하는 것으로 해석하였다.

서경덕은 "태허는 허虛하지만 비어 있지 않다. 허虛는 바로 기氣이다. 허는 다함이 없고 밖이 없으니, 기 또한 다함이 없고 밖이 없다. 이미 '허虛'라고 말했는데 어떻게 기氣라고 말할 수 있는가? 말하기를, 허정虛靜은 바로 기의 본체이고, 취산聚散은 그 기의 작용이다. 허虛가 허무虛無가 아님을 알면 '무無'라고 말할 수 없다"[62]고 하였다. 서경덕의 견해는 기氣를 중심으로 보면, 그 본체는 허이고 취산은 그 작용이 된다. 또한 본체가 공간적 한계가 없고 비어 있지 않기 때문에 기 또한 취산의 작용을 하면서 허무가 아니라는 것이다. 다시 말하면, 서경덕은 장재와 같이 태허가 텅 비어 있으면서도 실제로 비어 있는 것이 아니라고 주장함으로써 노자와 불교의 허무적멸설虛無寂滅說을 구체적으로 비판하였다.

> 노자가 '유有는 무無에서 생긴다'고 말하는 것은 허虛가 바로 기氣임을 모르는 것이며, 또 '허가 기를 낳을 수 있다'고 말하는 것도 잘못됐다. 만약 '허虛가 기氣를 낳는다'고 말하면 아직 그것이 생기지 않을 때는 이것은 기氣는 없

---

61) 徐敬德, 『花潭集』 卷2-11, 「理氣說」, "無外曰'太虛', 無始者曰'氣', 虛卽氣也. 虛本無窮, 氣亦無窮, 氣之源."

62) 徐敬德, 앞의 책, 卷2-14, 「太虛說」, "太虛, 虛而不虛. 虛卽氣, 虛無窮無外, 氣亦無窮無外. 旣曰虛, 安得謂之氣, 曰虛靜卽氣之體, 聚散, 其用也. 知虛之不爲虛, 則不得謂之無."

> 고 허虛는 죽어 있는 것이다. 이미 기가 없으니 또 어디로부터 기를 낳겠는가? 시작도 없고 생성도 없다. 이미 시작이 없으니 어디에서 끝날 것이며, 이미 낳는 것이 없으니 어디에서 소멸할 것인가? 노자가 허무虛無를 말하고, 불가佛家에서 적멸寂滅을 말한 것은 이기理氣의 근원을 알지 못하는 것이니, 어찌 도道를 알 수 있겠는가?63)

서경덕은 노자老子의 학설에서 유有와 기氣가 각각 무無와 허虛에서 생긴다고 말하는 것은 허虛가 바로 기氣임을 모르는 것이라고 비판하였다. 여기에서 그는 예컨대 '기'가 '허'에서 생긴다는 것은 기에 시간적 시초가 있고 공간적 한계가 존재하는 것으로, 그것이 생기기 이전에는 기는 존재성이 없고 그에 따라 또한 허虛도 죽은 것이라고 보았다. 이것은 노자가 유有와 기氣를 생사를 가지고 시공간적 불연속성을 가지는 것으로 이해하는 것을 비판하는 것이다. 이어서 그는 허무虛無를 말하는 노자老子와 적멸寂滅을 말하는 불교는 이기理氣의 근원을 알지 못하고 도를 알지 못한다고 하였다.

요컨대, 서경덕의 철학에서 선천 태허는 기의 본체로서 감각적 인식과 시공간의 한계를 가지지 않아 시간적으로 무시무종無始無終하고 공간적으로 무내외無內外의 존재로 이해된다. 반면 '취산聚散'은 기의 작용으로서 시공간적 한계를 가지고 상대적인 특수성을 가지는 현상 세계의 만물을 낳는다. 서경덕에 있어서 기의 본체로서 태허는 노자나 불교에서 말하는 허무적멸한 것이 아니라 취산을 통하여 사물을 형성시키는 기의 본체로서 '알찬[實]' 실재성을 가지고 있다.

그렇다면 서경덕에서 기의 본체로서 태허가 어떤 메커니즘과 기능을 내포하고 있기에 시공적으로 내외시종內外始終의 한계를 가지지 않으면서 '취산'을 통하여 만물을 생성 소멸시키는 근원이 될 수 있는가? 이 태허 본체의 체계와 기능을 이해하기 위해서는 먼저 기의 본체와 상대되는 것으로서

---

63) 徐敬德, 앞의 책, 卷2-14,「太虛說」, "老氏曰, '有生於無', 不知虛卽氣也. 又曰'虛能生氣', 非也. 若曰'虛生氣', 則方其未生, 是無有氣而虛爲死也. 旣無有氣, 又何自而生氣. 無始也, 無生也. 旣無始, 何所終, 旣無生, 何所滅. 老氏言虛無, 佛氏言寂滅, 是不識理氣之源, 又烏得知道."

기의 작용을 뜻하는 '취산' 개념의 의미를 살펴볼 필요가 있다. 태허의 메커니즘을 이해하기 위해서는 불가피하게 태허가 포함하고 있는 것으로서 기의 작용을 가능케 하면서도 조리 있게 하는 태극太極과 리理의 역할에 대하여 검토해 보아야 할 것이다.

기氣의 본체로서 태허太虛의 메커니즘과 기능을 검토하기 위해서 기氣의 작용을 뜻하는 '취산聚散'의 의미를 분석할 필요가 있는 것은 작용하는 현상은 우선 이해하기 쉬우며 또한 현상 속에 일정한 법칙이 숨어 있기 때문이다. '취산'이란 말은 일반적으로 응결하여 모이거나 분산되어 흩어지는 것을 뜻한다.[64] 『장자莊子』 「측양則陽」 편에는 취산聚散 개념을 음양陰陽, 안위安危, 화복禍福 등 몇몇 상대적인 관념과 관련하여 언급하는 다음과 같은 구절이 나온다.

> 음양陰陽은 서로 비추어 상대적으로 가리기도 하고 다스리기도 하며, 사시四時는 서로 교대하여 상대적으로 낳기도 하고 죽이기도 한다. 바라고 싫어하는 것, 나아가고 떠나는 것이 여기에서 일어나고, 수컷과 암컷이 갈라지고 합하는 것이 여기에 표준을 둔다. 편안함과 위태로움이 번갈아 바뀌고 화복禍福이 상대적으로 생겨나고 완급緩急이 서로 밀치며 모이고 흩어지는 것[聚散]이 그로써 이루어지니, 이것은 그 명실을 적을 수 있고 정미한 것을 기록할 수 있다.[65]

장자莊子는 자연의 가장 커다란 변화로서 음양陰陽과 사시四時가 상대적으로 바뀌는 것을 표준으로 삼아 '욕欲'과 '오惡', '거去'와 '취就', '자雌'와 '웅雄'이 갈리고 '안安'과 '위危', '화禍'와 '복福', '완緩'과 '급急', '취聚'와 '산散'이 상대적으로 바뀌는 것으로 말하고 있다. 다시 말하면 이것은 자연과 인사의 모든

64) '취산'의 뜻 가운데는 '聚'와 '散'을 병렬적으로 보지 않고 '흩어진 사람들을 모이게 하는 것'이라는 뜻도 있다.

65) 『莊子』 「則陽」, "陰陽相照, , 相蓋相治. 四時相代, 相生相殺. 欲惡去就, 於是橋起, 雌雄片合, 於是庸有. 安危相易, 禍福相生, 緩急相摩, 聚散以成. 此, 名實之可紀, , 精微之可志也."

변화는 음양과 사시의 변화에 표준을 두거나 또는 음양과 사시의 변화가 특수화된 것으로 간주하는 것이다. '취산聚散'은 음양과 사시四時 사이의 관계에서 음과 양이 상대적으로 변화하면서 사시四時가 이루어지는 것과 같이 음양의 변화에 따라 취와 산이 상대적으로 바뀌면서 여러 다양한 현상을 전개시키는 것이다.66)

요컨대, 취산聚散은 음양의 동정과 합벽, 그리고 생극生克으로부터 드러나는 것이다. 그러면 취산을 낳는 계기로서 동정動靜, 합벽, 생극은 어디로부터 유래되는가? 이것은 음양의 성질에 말미암는다고 할 수 있다. 음양은 청탁淸濁, 승강升降, 부침浮沈, 동정動靜, 강유剛柔, 굴신屈伸 등과 같은 모순 대립하는 성질을 가지고 있다. 모순대립하기 때문에 음과 양은 서로 상반된 방향으로 나아가고자 하여 동정, 합벽, 생극의 변화를 낳을 수밖에 없다. 음양이기가 이와 같이 서로 모순대립하면서 현상의 변화를 이루는 모습을 장재는 다음과 같이 설명하였다.

> 저 음양陰陽의 기氣는 순환하면서 교대로 이르고, 모이고 흩어지면서 서로 밀치고 오르고 내리며 서로 구하고, 쌓이면서 서로 섞인다. 대개 번갈아 이기기도 하고 서로 제어하기도 하여 하나로 하려고 해도 할 수가 없다. 이것이 그 일정한 방향 없이 굴신屈伸하고 운행을 멈추지 않는데도 아무도 그렇게 시키는 자가 없는 까닭이니, '성명性命의 리理'라고 말하지 않으면 무엇이라고 말하겠는가?67)

장재는 음양의 기氣는 모순 대립하는 성질을 가지고 겸제兼制, 취산聚散, 승

66) 상대적인 관점에서 볼 때 '음양의 기가 응결되는 방향을 취하는 것이 '聚'라고 한다면, 음양의 기가 흩어지는 방향을 취하는 것이 '散'이라 하겠다. 다시 말하면 취산은 음양의 기의 상대적인 消長으로부터 말미암는 현상으로 이해할 수 있다. 여기에서 취산은 결국 음에서 양으로의 변화 또는 양에서 음으로의 변화에 의존하는 것이라 할 수 있다.

67) 張載, 『張載集』, 「參兩」, "若陰陽之氣, 則循環迭至, 聚散相盪, 升降相求, 絪縕相揉. 蓋相兼相制, 欲一之而不能, 此其所以屈伸無方, 運行不息, 莫或使之, 不曰'性命之理', 謂之何哉!"

강升降, 굴신屈伸을 멈추지 않으면서 정해진 방향 없이 현상의 변화를 이루는 것으로 설명하고 있다. 그러면서도 그는 이러한 음양의 운동변화를 추동하여 외적인 힘을 행사하는 어떤 주재자도 없으니, 이러한 음양의 변화를 성명의 리理라고 말하지 않을 수 없다고 주장하였다. 그는 음양의 굴신 승강의 운동변화는 어떤 외적 원인과 추동력에도 의지하지 않는 것으로 보는 것이다.

서경덕은 장재의 이러한 견해를 계승하여 변화의 추동력이 자체적인 기틀에 의지하여 음양의 동정과 합벽이 기계적 필연적으로 이루어지는 것을 '기자이機自爾'라고 표현하고 있다.[68] 그는 선천先天에서 갑자기 도약하고 홀연히 열려서 신기하고 신기하게 현상사물의 변화가 이루어지는데 '이것을 누가 시키는 자가 있는가?'를 자문하면서 '저절로 그럴 뿐이다[自能爾]'[69]고 언급하였다. 이처럼 그는 음양의 변화가 그 자체 안에 운동의 원인을 내포하고 있는 것을 '기틀이 저절로 그러하다[機自爾]'는 말로 설명하였다. 이것은 운동의 근거가 기氣 자체에 내포되어 있다는 의미로, 기의 운동인運動因을 기 자체에서 구하는 것은 기론氣論의 전통적인 설명방식이기도 하다.[70]

위에서 장재는 또한 기 자체의 운동체계에 따른 변화에 내재해 있는 일

---

68) 徐敬德, 「原理氣」『花潭集』卷2-12, "不能無動靜, 無闔闢, 其何故哉? 機自爾也."

69) 徐敬德, 앞의 책, 같은 곳, "是則先天. 不其奇乎, 奇乎奇, 不其妙乎, 妙乎妙. 倏爾躍, 忽爾闢, 孰使之乎? 自能爾也."

70) 정원재, 「서경덕과 그 학파의 先天 이론」, 『철학논구』 18, 1990, 71쪽. 장재는 태허로부터 기가 응취하여 만물을 이루는 과정에서 운동인이 기 자체에 내재해 있다고 하는 의미를 다음과 같이 설명하고 있다. "태허에는 기가 없을 수 없으니, 기는 응취하여 만물이 되지 않을 수 없고, 만물은 흩어져서 태허가 되지 않을 수 없다. 이것을 따라 출입하는 것은 모두 그렇게 되지 않을 수 없는 필연성이 있다.(太虛不能無氣, 氣不能不聚而爲萬物, 萬物不能不散而爲太虛, 循是出入, 是皆不得已而然也.:『正蒙』「太和」)" 이러한 견해는 곧 태허에서부터 氣가 聚散하는 과정은 기 자체에 운동인이 내재해 있는 것으로 보는 것이다. 장재는 특히 '모든 순환하는 사물에서 운동에는 반드시 '기틀'이 있다. '기틀[機]'이라고 말한 이상 그 운동은 밖으로부터 오는 것이 아니다(凡圜轉之物, 動必有機, 旣謂之機, 則動非自外也.: 『正蒙』, 「參兩」)고 하여 '기틀[機]'이라는 글자에 주목하여 이 '기틀'을 바로 기 자체 내의 운동인이며 근거가 되는 체계로 보고 있다.

정한 법칙이나 조리를 일컬어 성명의 리理라고 말하지 않을 수 없다고 하였다. 이와 연관하여 서경덕은 리는 기氣 밖에 있는 것이 아니면서도 기를 주재하는 의미를 가지고 있다고 보았다. 그는 다음과 같이 리의 주재성을 언급하였다.

> 기氣 밖에는 리理가 없다. 리는 기의 주재자이다. 이른바 '주재한다'는 것은 밖으로부터 와서 그것을 주재하는 것이 아니다. 그 기가 작용할 때 그 바른 소이연을 잃지 않을 수 있는 것을 가리켜서 '주재한다'고 말한다. 리는 기보다 앞서지 않으며, 기에 시초가 없으므로 리에도 본디 시초가 없다. 만약 '리가 기보다 앞선다'고 말하면 이것은 기에 시초가 있는 것이다.[71]

서경덕은 여기에서 리理가 기氣를 주재한다고 하였다. 그러나 그는 동시에 리가 기 밖에 있지 않으며 리는 기에 앞서지 않는다고 말하였다. 이것은 리가 기보다 앞에 존재하면서 밖으로부터 능동적이고 적극적으로 기氣를 제어하거나 통제하는 것과는 의미가 다르다. 서경덕이 말하는 주재主宰는 기가 작용하여 현상적 변화를 이루는 과정에서 변화가 그렇게 될 수밖에 없는 바름을 잃어버리지 않도록 하는 것을 뜻한다. 이때의 주재는 곧 사물에 내재해 있는 변화의 필연성으로서의 조리의 의미를 가진다. 그러면 선천 태허로부터 후천의 기의 동정, 승강, 취산이 이루어지는 체계를 좀 더 살펴보면서 리의 주재성과 연관하여 서경덕의 철학에서 '태극太極'의 의미를 해명해 보기로 한다.

---

71) 徐敬德, 「原理氣」『花潭集』卷2-14, "氣外無理, 理者, 氣之宰也. 所謂宰, 非自外來而宰之, 指其氣之用事能不失所以然之正者而謂之'宰'. 理不先於氣, 氣無始, 理固無始. 若曰'理先於氣', 則是氣有始也."

3. 선천 태허의 범주와 태극의 함의

서경덕의 철학에서 태극의 의미를 이해하기 위해서는 태극과 불가분의 연관성을 가지는 선천先天의 지위와 특징에 대하여 검토하는 것이 선결되어야 한다. 선천은 기의 본체로서 태허인데, 이것은 '태일太一'이라고도 하고 일'기一氣'라고도 하며 이 속에는 태극太極도 포함되어 있다. 서경덕의 선천 철학의 특징을 규명하기 위해서는 태허와 태일, 태극, 그리고 취산 작용이 있는 후천後天이 어떠한 상관적 의미를 가지는가 하는 점을 살펴볼 필요가 있다.[72]

먼저 서경덕은 선천 태허의 실질적 내용을 설명할 때 '일기一氣'와 '태일太一'이 상호연관성을 가지는 것으로 보아 다음과 같이 언급하였다. 그는 태허의 깨끗하고 맑은 체를 말할 때 일기一氣라고 하는 반면, 태허의 뒤섞여서 두루 미치는 것을 말하여 태일太一이라[73]고 보았다. 그는 태허의 깨끗한 본체의 실제 내용을 달리 말하여 '일기'라 하고, 태허 속에 뒤섞여서 분화되지 않고 두루 미치는 것을 '태일'이라고 규정하고 있다. 이렇게 볼 때 일기一氣가 태허의 깨끗한 본체의 측면을 가리키는 것이라면, 태일太一은 태허 중에 음양의 요소가 아직 분화되지 않고 하나로 융화되어 뒤섞여 있는 상태로서 태허의 현상적인 운동 작용을 말하는 것이다. 이처럼 그는 태일을 작용능력을 가진 태허 속에 음양이 하나로 융화되어 뒤섞여 있는 것으로 보기 때문에 한편으로는 음이 되기도 하고 또 한편으로 양이 되기도 하는 것이라고 하였다.[74]

서경덕은 이처럼 태허나 일기, 태일이 작용능력을 가지고서 현상적인 동정과 합벽闔闢, 생극生克의 변화를 낳는 것은 이들이 이미 이二를 함축하고

---

72) 이들 개념은 '神', '妙', '闔闢', '動靜', '生克', '宰', '誠', '理', '一'과 '二' 등과 같이 선천과 후천을 매개하는 개념적 틀이 연관되어 있다.

73) 徐敬德, 『花潭集』 卷2-11, 「原理氣」 "語其湛然之體曰'一氣', 語其混然之周曰'太一'"

74) 徐敬德, 앞의 책, 卷2-14, 「原理氣」, "易者, 陰陽之變. 陰陽, 二氣也. 一陰一陽者, 太一也."

있기 때문이라고 보았다. 그는 기일氣一이라고 말하고, 태허太虛를 하나가 된다고 하면 여기에는 이미 이二가 함축되어 있다는 것을 다음과 같이 말하고 있다.

> 기의 근원은 그 시초는 단일하지만, '기일氣一'이라고 말한 이상 곧 이二를 포함하고, 태허는 일一이 되지만 그 중에는 이二를 포함한다. 이二가 된 이상 여기에서 닫히고 열림[闔闢]이 없을 수 없고 움직임과 고요함[動靜]이 없을 수 없으며 생성과 소멸[生克]이 없을 수 없다.75)

서경덕은 「원리기原理氣」에서도 "일기一氣라고 말한 이상 일一은 스스로 이二를 포함하고, 태일이라고 말한 이상 일一은 이二를 포함한다. '일'은 '이'를 낳지 않을 수 없는데, 이二는 자체로 낳거나 소멸시킬 수 있다. 낳으면 소멸시키고, 소멸시키면 낳는다. 기氣가 은미한 데로부터 격동하며 변화하는 데 이르는 것은 그 낳고 소멸시키는 것이 그렇게 하는 것이다"76)고 하였다. 그는 기가 합벽, 동정, 생극을 이루고 격동하면서 변화하는 것은 단일한 태허, 일기, 태일이 이미 이二를 포함하여 현상적 변화를 낳을 수 있는 운동인運動因을 이미 그 안에 내포하고 있기 때문이라고 보았다. 이어서 그는 '일一이 이二를 낳는데, 이二가 무엇이냐 하면 음양陰陽이고, 동정動靜이며 또한 감리坎離가 되며, 일一은 음양의 시초이고, 감리坎離의 체이며, 맑고 깨끗하여 하나가 되는 것이라'77)고 설명하였다.

서경덕은 태허나 일기一氣와 같은 일자一者가 가지는 운동인으로서의 성질과 음양과 동정과 같이 구체적인 현상적 변화를 이루는 대상으로서의 이자二者의 특성을 언급하고 있다. 곧, "'이二'이기 때문에 변화하고[化] '일一'이기

75) 徐敬德, 앞의 책, 卷2-14, 「理氣說」, "氣之原, 其初一也. 旣曰'氣一', 便含二. 太虛爲一, 其中含二. 旣二也, 斯不能無闔闢, 無動靜, 無生克也."
76) 徐敬德, 앞의 책 卷2-11, 「原理氣」, "旣曰一氣, 一自含二, 旣曰太一, 一便含二, 一不得不生二, 二自能生克. 生則克, 克則生, 氣之自微, 以至鼓盪, 其生克使之也."
77) 徐敬德, 앞의 책 卷2-11, 「原理氣」, "一生二, 二者, 何謂也. 陰陽也, 動靜也. 亦曰坎離也. 一者何謂也, 陰陽之始, 坎離之體, 湛然爲一者也."

때문에 오묘하니[妙], 변화 밖에 별개로 '오묘하다'고 할 것이 없다"78) 여기에서 서경덕이 말하는 '오묘함[妙]'을 장재는 '신묘함[神]'으로 표현하였다. 서경덕은 신묘함에 대해서도 깨끗하면서 형체가 없는[湛然無形] 기와 연관하여 그 특성을 다음과 같이 언급하였다.

> 깨끗하여 형체가 없는 기의 오묘함을 일컬어 '신묘하다[神]'고 말한다. 기를 말하고 나면 바로 현상적인 자취에 연관되지만, 신묘함은 거친 형적에 국한되지 않으니, 실로 무슨 방향을 가지며, 어떻게 헤아리겠는가? 기氣의 그러한 까닭을 리理라고 말하고, 기氣가 오묘한 까닭을 '신묘한다[神]'고 말한다.79)

서경덕은 담연한 태허 기氣의 본질적 특성을 '신묘함[神]'으로 규정하는데, 이것은 기가 오묘하게 되도록 하는 것으로서 어떤 정해진 방향성을 가지는 것도 아니고, 쉽게 헤아릴 수도 없는 것이라고 설명하고 있다. 서경덕의 철학에서 기의 신묘함은 위에서 논증한 것과 같이 특정한 목적과 특정한 방향을 가진 어떤 외적인 운동인에 의해서도 작용하지 않고, 일기一氣 자체에 내재한 근본적 추동력의 기틀에 따라 움직이면서 특정한 방향을 가지지 않고 무상하게 변화하는 특성을 가진다. 이러한 변화가 일정한 조리를 잃지 않도록 '주재主宰' 역할을 하는 것이 바로 리理이다.

그렇다면 서경덕의 철학에서 태극은 어떠한 위상을 차지하고 있는가? 그

---

78) 徐敬德, 앞의 책 卷2-11, 「理氣說」, "二故化, 一故妙, 非化之外別有所謂妙者." 서경덕의 이 구절은 장재의 『정몽』 구절을 약간 변형한 것이라 하겠다. 장재는 『正蒙』 「參兩」에서 "하나이면서 두 몸체를 가진 것은 氣이다. 하나이기 때문에 신묘하고, 둘이기 때문에 변화한다(一物兩體, 氣也. 一故神, 兩故化)"고 하였다. 장재는 여기에서 기의 단일함은 신묘함을 함축하고 있는데, 이것이 음양 두 가지로 나뉘면서 변화가 이루어지는 것으로 본 것이다. 또한 장재는 '신묘함은 태허가 오묘하게 (변화에) 조응하는 것을 지목하는 것이다(神者, 太虛妙應之目:, 『正蒙』 「太和」)고 말하였다. 서경덕은 여기에서 장재가 언급한 구절에서 '神' 자를 '妙' 자로, '兩' 자를 '二'자로 바꾸어 一氣의 근원은 신묘하고 음양의 현상은 변화를 이루는 것을 설명하였다.

79) 徐敬德, 앞의 책, 卷2-13, 「原理氣」, "氣之湛然無形之妙曰神, 旣曰氣, 便有粗涉於迹, 神不囿於粗迹, 果何所方哉, 何所測哉? 語其所以曰理, 語其所以妙曰神"

는 주돈이의 태극太極 개념을 자신의 철학에 받아들여 도덕원리를 설명하는 데 한계를 가지는 기일원론의 약점을 보강하였다. 그가 태극 개념을 이용하여 음양 이기二氣의 분화로부터 이루어지는 현상적 변화법칙과 조리에 대한 근거를 세운 것은 중요한 의미를 갖는다. 그가 태극을 그의 철학 체계에 일정한 지위를 부여한 것은 그의 철학이 장재의 기일원론과 소옹의 수리철학을 넘어서 주돈이와 이정자, 그리고 주희에 이르는 정주성리학의 이기론과 일정한 연속성을 함축하고 있다는 점에서 매우 중요한 의의를 가진다. 서경덕이 태극 개념을 태허, 일기, 태일 등의 개념과 연관하여 어떻게 의미를 부여하고 있는지를 살펴보기로 한다.

서경덕은 그의 선천 태허를 중심으로 하는 철학체계에 주돈이의 태극 개념을 받아들여 태허 개념과의 종합을 시도하였다. 따라서 태허와 태극 개념 사이의 유기적 관계에 주목하는 것은 서경덕의 철학을 좀 더 의미 있게 이해하는 통로가 될 수 있다. 그러면 서경덕의 철학 체계에서 태극은 어떤 우주론적 또는 형이상학적 지위를 가지고 있는가? 그동안 서경덕의 철학에서 리에 대해서는 대체로 기를 벗어나 존재하지 않는 것으로 기가 자체적인 운동체계에 따라 작동할 때 기에 내재해 있는 조리로서 해석하는 것이 일반적이었다. 여기에 대해서는 대체로 이의를 제기할 필요는 없다.

서경덕은 그의 철학에서 리에 대하여 상세하게 언급한 내용이 별로 없다. 하지만 그는 「원리기原理氣」와 「이기설理氣說」을 지었다. 이들 논설에서 그는 태허와 선천 일기一氣를 주로 언급하면서도 중요한 맥락에서는 리와 태극 개념을 태허와 연관하여 설명하였다. 여기에서 리와 태극은 일차적 근원성을 가지는 기氣에 부속한 것으로서 단순한 조리條理를 넘어서는 의미가 간취된다. 서경덕은 먼저 태허의 다른 이름으로서, 깨끗한 체를 말하는 것인 일기一氣와 뒤섞여서 두루 운행하는 것인 태일太一에 대하여, 주돈이도 어찌할 수 없어서 '무극이면서 태극이다[無極而太極]'고 말했다고 하여 「태극도설」의 첫 구절을 인용하였다. 이어서 그는 이것이 바로 선천이라고 언급하였다.[80]

---

80) 앞의 책, 卷2-13, 「原理氣」, "語其湛然之體曰一氣, 語其混然之周曰太一, 濂溪於

서경덕의 이러한 언급은 상당히 중요한 의미를 갖는다. 왜냐하면 이것은 선천과 태극을, 장재가 기를 '일물양체一物兩體'라고 설명하는 것처럼 하나의 동일한 실체의 두 가지 다른 국면을 가리키는 것으로 이해하는 것이기 때문이다.

그러면 서경덕이 태극을 그의 선천 태허를 중심으로 하는 철학 체계에 끌어들일 수밖에 없었던 이유는 어디에 있는가? 만약에 리나 태극 개념이 없을 때 '신神'이나 일기一氣, '음양' 개념만 가지고 현상사물의 변화와 법칙을 설명하는 것은 일정한 한계를 가진다. 음양의 기는 서로 대립적인 성질을 가지고 치우쳐 있기 때문에 음과 양 각각은 어떤 방향성도 없이 맹목적으로 움직이거나 고요하여 어떤 조리나 법칙성도 자체 속에 충족시킬 수 없다. 단순한 신神 또한 위에서 말한 것처럼 어떤 방향성과 예측 가능성을 가진 가시적인 것이 아니고 알 수 없는 변화를 낳는 것으로 규정된다. 이렇게 볼 때 서경덕의 태허를 중심으로 하는 철학에서 현상 사물의 변화법칙과 조리를 가능케 하는 근거가 없으면 그의 철학에서 태허太虛는 아무런 규칙적 방향성이 없이 맹목적인 운동과 정지를 반복하는 잡다한 기의 근원에 불과할 것이다.

이러한 문제가 있기 때문에 서경덕의 철학에서 리와 태극은 중요한 의미를 갖는다. 그의 철학에서 리와 태극은 사물변화의 조리일 뿐만 아니라 태허 일기와 분리될 수 없는 묘합妙合의 연관성을 가지는 것이라 할 수 있다. 태극은 태허와 불상리不相離의 관계를 가지면서 현상적으로 이루어지는 모든 변화의 근거가 되는 것으로 이해할 수 있다. 이렇게 될 때 태허로부터 기의

此不奈何, 只消下語曰, 無極而太極, 是則先天."「태극도설」에 대한 小注에서 節齋 蔡氏는 주자의 태극에 대한 해석을 다음과 같이 인용하였다. 그는 주자가 "태극은 상수가 아직 드러나기 이전에 그 리가 이미 갖추어져 있는 것을 가리킨다." 또 "천지가 있기 이전에 필경 먼저 이 리가 있다."(節齋蔡氏曰, 朱子曰, "太極者, 象數未形而其理已具之稱", 又曰, "未有天地之先, 畢竟是先有此理")라고 말하였다고 하였다. 여기에서 주자는 태극을 상수가 드러나기 전에 리가 갖추어져 있는 것이며, 천지에 앞서서 존재하는 리로 보았다. 이러한 관점은 주자가 理를 근원 상에서 기보다 일차적으로 선재하는 것으로 보아 리를 중시하는 입장을 드러낸 것이다.

동정 취산에 의해 형성되는 사물의 변화는 일정한 조리와 법칙성을 가지게 될 것이다. 이것이 서경덕이 '무극이태극無極而太極'을 선천의 의미로 해석한 것이 중요성을 가지는 이유이다. 물론 그렇다고 하여 이 태극이 바로 기氣에 선재하여 기를 주재하는 의지적이고 주체적인 존재가 된다는 것은 아니다.

서경덕은 이어서 선천先天에서 갑자기 도약하고 홀연히 열려서 신기하고 신기하게 현상사물의 변화가 이루어지는데 '이것을 누가 시키는 자가 있는가?'를 자문하면서 '저절로 그럴 뿐이다[自能爾]'[81]고 언급하였다. 그는 신기한 자연의 변화는 외부의 어떤 의도적인 운동 원인도 없이 이루어지는 것이라고 하면서, 이것은 주돈이의 '태극이 움직여서 양을 낳는다'에 해당되는 것이라고 설명했다.[82] 여기에서 서경덕은 주돈이가 말한 '태극이 움직여서 양을 낳는다'고 하는 의미를 어떤 외부적인 힘에 의지하는 것이 아닌 상태에서 저절로 낳는 기틀에 의해서 생기는 것이라는 뜻으로 해석하였다. 따라서 그가 사용하는 태극 개념은 단순한 조리의 의미는 넘어서 있지만, 절대적으로 기氣를 주재하는 지위를 갖는 것이라고는 할 수 없다.

서경덕은 음양 이기가 생성 변화하면서 멈추지 않을 수 있게 하는 근거가 바로 태극의 '오묘함[妙]'이며, 만약 변화를 도외시하고서 오묘함을 말한다면 『역』을 아는 자가 아니라고 하였다.[83] 이러한 해석은 끊임없이 변화하는 사물에 나아가 그 사물이 변화를 지속하게 하는 원인이 되는 것을 태극의 신묘함으로 파악하는 것이다. 이것은 태극을 단순하게 조리의 수준에서 바라보는 단계를 넘어서 구체적인 변화가 이루어지는 근거[84]로서 이해

81) 徐敬德, 앞의 책, 같은 곳, "是則先天. 不其奇乎, 奇乎奇, 不其妙乎, 妙乎妙. 倏爾躍, 忽爾闢, 孰使之乎? 自能爾也."

82) 앞의 책, 卷2-12, 「原理氣」, "不其奇乎, 奇乎奇, 不其妙乎, 妙乎妙. 倏爾躍, 忽爾闢, 孰使之乎? 自能爾也. 亦自不得不爾. 是謂理之時也. 易所謂感而遂通, 庸所謂道自道, 周所謂太極動而生陽者也."

83) 앞의 책, 卷2-14, 「理氣說」, "二氣之所以能生生化化而不已者, 卽其太極之妙. 若外化而語妙, 非知易者也."

84) 현상사물이 변화하는 법칙이 어떤 목적 지향적인 주재자의 의지에 따라 이루어지는 것이 아니라, 결과한 현상으로부터 그 사물현상과 그에 대한 법칙을

하는 것이다.

물론 이러한 의미의 태극은 어떤 목적론적인 의지나 가치지향적인 방향성을 가지지 않는다. 서경덕은 음양 이기의 변화 양상으로서 닫히고 열리며, 움직이고 고요하며, 낳아 주고 소멸시킬 수 있는 것을 추구하여 이것을 이름할 때 '태극太極'이라고 말한다[85]고도 하였다. 이 또한 태극의 신묘함이라는 변화의 근거가 있기 때문에 합벽, 동정, 생극이 이루어질 수 있다고 해설하는 것이다.

그러나 서경덕의 철학에서 태극은 사물의 변화를 낳는 근거로서의 신묘함 이상의 의미를 가지는 것으로 해석할 수 있다. 서경덕에 있어서 리는 기본적으로 기에 종속된 것으로서 자체의 작동체계에 따라 움직이는 기氣의 조리에 지나지 않는 것이었다. 하지만 다른 한편 서경덕은 기와의 연관성에 있어서 리를 단순한 조리를 넘어서는 의미를 가지는 것으로 이해하기도 하였다. 곧 그는 "리理의 일一은 그 텅빈 것이고, 기氣의 일一은 그 뒤섞여 조잡한 것이다. 이들을 합하면 오묘하고도 오묘할 것이다."[86]라고 말하였다. 이것은 리를 특수한 변화의 조리를 넘어서는 하나의 통일적인 근원을 말하는 것으로서, 기氣의 일자一者와 상관성을 가지는 일자一者로서 태허의 근원과 분리되지 않는 측면에서 리를 해석하는 것이다. 여기에서 서경덕은 리와 기를 상관성을 가지는 것으로서 선천 태허의 텅빈 부분을 리일理一로 그 조잡한 부분을 기일氣一로 규정하면서 이것들이 결합됨으로써 오묘한 변화의 근원이 되는 것으로 보았다.

서경덕이 리理를 일자一者로 보면서 태허 가운데 텅빈 부분으로 보고, 이것이 기일과 결합하여 오묘한 변화의 근원이 되는 것으로 본 것은 그의 철학 체계에서 상당한 의미를 갖는다. 먼저 리를 일자一者로 본 것은 리가 기

일반화하여 그것의 근원을 신묘함을 갖추고 있는 태극에 둔다는 것이다. 따라서 서경덕에 있어서 태극은 사물의 조리와 법칙을 낳는 근거가 된다고 할 수 있다.

85) 앞의 책, 卷2-14, 「理氣說」, "原其所以能闔闢, 能動靜, 能生克者而名之曰太極."

86) 앞의 책, 卷2-13, 「原理氣」, "曰理之一, 其虛, 氣之一, 其粗, 合之則妙乎妙."

의 자율적 운동 속에 내재하는 조리의 의미를 초월한다는 것이다. 또한 이 리를 태허의 텅빈 부분으로 보고 기를 그 조잡한 부분으로 보는 것은 태허가 기의 본체이지만, 그 빈 곳의 실체는 리가 된다는 것이다.[87] 이것은 기의 본체로서 태허와 리가 불상리의 관계가 되며, 따라서 이 일리一理는 모든 현상적 변화를 낳는[生] 법칙의 근거가 되는 반면, 일기一氣는 구체적인 현상적 변화를 이루는[成] 물질적인 근원이 된다는 것이다. 또한 이들이 합하여 오묘하고 오묘한 변화가 이루어진다는 것은 이 리가 이미 기에 종속하는 조리로서의 의미를 초월해 있는 이상 이들이 합해지는 방식에 따라서 리가 기로부터 자율성을 가질 수 있는 가능성을 포함하고 있다고 하겠다.

나아가 서경덕은 이러한 일리一理를 포함할 뿐만 아니라 신神, 성誠, 도道를 총체적으로 포괄하는 태극을 언급함으로써 그의 철학에서 태극이 다양한 의미를 함축하고 있음을 보여주고 있다. 그는 자연과 인간을 함께 포괄하는 태극의 총체적 의미를 다음과 같이 설명하고 있다.

> 깨끗하여 형체가 없는 기氣의 오묘함을 신神이라고 말하고, 그 근거가 되는 것을 일컬어 리理라고 하며, 오묘하게 되는 근거를 신神이라고 한다. 그 자연스럽고 진실한 것을 일컬어 성誠이라고 하고, 그 약동하면서 유행하는 것을 일컬어 도道라고 하며 이를 총괄하여 갖추지 않음이 없는 것을 태극太極이라고 한다.[88]

---

87) 태허의 비어 있는 곳은 눈에 보이지 않는 기로 차 있어서 實하다고 하지만, 그 실함의 본질이 氣에 불과하다면 이것은 음양과 취산을 가지는 데 여기에는 필연적으로 리 또한 근원성을 가지고 있는 것이라 할 것이다. 만약에 여기에 리를 전제하지 않는다면 음과 양은 각각 맹목성을 가지고 질서잡힌 변화를 통하여 유행하지 못하고, 뒤죽박죽이 될 것이다. 이 점에서 텅빈 곳의 실체가 理라는 것은 그 속의 氣가 역동성을 가지고 움직이는 데 질서를 부여하는 실재로서 내재해 있다는 의미가 된다.

88) 앞의 책, 卷2-13, 「原理氣」, "氣之湛然無形之妙曰神, 語其所以曰理, 語其所以妙曰神, 語其自然眞實者曰誠, 語其能躍以流行曰道, 總以無不具曰太極."

서경덕은 선천의 태허와 음양의 기가 드러내는 다양한 국면을 '신神', '리理', '성誠', '도道'의 네 가지로 설명하면서 이들을 모두 총괄하는 것을 '태극太極'으로 간주하였다. 이렇게 볼 때 태극은 먼저 담연무형湛然無形한 선천의 본체인 기의 오묘함을 갖추고 있음으로써 모든 신묘한 변화의 근거가 된다. 또한 이것은 현상적 변화의 근거로서 리를 갖춤으로써 사물의 법칙과 질서의 근거가 된다. 뿐만 아니라 태극은 진실함[誠]과 도道를 갖추고 있음으로써 자연과 인간을 포괄하여 자연의 물리법칙과 인간의 규범법칙의 근거가 될 수 있는 의미를 함축하고 있다.

요컨대, 서경덕에 있어서 리는 가장 기본적으로는 자율적 작동원리에 따라 움직이는 기에 종속된 조리의 의미를 가진다. 그러나 서경덕은 일리를 언급하였는데, 이것은 기의 자율적 운동 속에 내재하는 조리의 의미를 초월하여, 모든 현상적 변화를 낳는 존재론적 근거가 된다. 또한 서경덕에서 태극은 태허와 불상리의 관계를 가지면서 현상적으로 이루어지는 모든 변화의 근거가 되는 것으로 이해할 수 있다. 이렇게 될 때 태허로부터 기의 동정 취산에 의해 형성되는 사물의 변화는 일정한 조리와 법칙성을 가지게 될 것이다. 뿐만 아니라 태극은 '신神', '리理', 진실함[誠]과 도道를 갖추고 있음으로써 자연과 인간을 포괄하여 자연의 물리법칙과 인간의 규범법칙의 근거로서의 의미를 함축하고 있다.

4. 수리와 상수역학에 관한 이해

윗 절에서는 서경덕의 선천 태허 이론과 태극의 함의와 주재성 여부에 대하여 주로 우주본체론적 관점에서 살펴보고, 나아가 천도天道의 인사人事의 도덕적 실천으로의 전환가능성 문제에 대하여 살펴보았다. 서경덕에서 태허는 감각적 인식과 시공간의 한계를 가지지 않아 무시무종無始無終하고 내외內外가 없는 기氣의 본체이다. 이 태허는 동시에 취산을 통하여 기의 작용을 가능케 하면서도 기의 조리로서 태극太極과 리理를 포함하고 있다. 그는 이 태극과 리를 주돈이로부터 계승함으로써 불가피하게 도덕적 법칙의 근원으로서 성誠, 리理, 인도人道와 같은 의미를 내포하고 있는 것으로 간주함으로써 단순한 조리를 넘어서는 현상적 법칙의 근거가 되는 지위를 부여하였다.

서경덕은 자연 현상의 존재론적 근원이자 본체로서 태허와 기의 세계에 태극과 리를 함께 문제 삼음으로써 인도의 실천과 도덕적 법칙의 근원을 자연의 우주 본체에 정립시켰다. 그는 동시에 역법曆法, 산학算學 등과 같이 자연의 필연적이고 기계적인 법칙과 같이 음양陰陽의 변화와 상수象數에 의지하는 상수역학적 세계에 대해서도 문제를 제기하였다. 예컨대, 그는 「황극경세수해皇極經世數解」, 「육십사괘방원지도해六十四卦方圓之圖解」, 「괘변해卦變解」, 「온천변溫泉辨」과 같은 글에서 음양陰陽, 수리數理, 자연현상의 법칙적 변화를 상징적 부호로 표시해 주는 괘변卦變에 대하여 해석하고 있다. 이들의 내용을 검토함으로써 상수와 수리를 중심으로 하는 서경덕의 상수역학적 견해를 살펴보기로 한다.

먼저 「황극경세수해」는 소옹의 「황극경세서」를 보고 지은 글로서 서경덕의 수리역학 사상의 특징이 현저하게 드러난다. 「황극경세서」에서 소옹은 다음과 같이 원회운세설元會運世說을 정리하였다.

> 해[日]가 원元이 되니, 원元의 수는 1이다. 월月이 회會가 되니, 회의 수는 12이다. 성星은 운運이 되니, 운의 수는 360이다. 진辰이 세世가 되니 세의 수는 4,320이므로 이것은 1원12회와 360운을 통괄하여 4,320세가 된다. 1세는 30년이므로 129,600년이 된다. 129,600년은 1원元으로 커다란 변화 중에는 1년과 같다.[89]

89) 邵雍, 『皇極經世書』 卷8-13, "日爲元, 元之數一, 月爲會, 會之數十二. 星爲運, 運之數三百六十, 辰爲世. 世之數四千三百二十, 則是一元統十二會三百六十運, 四千三百二十世. 一世三十年, 則一十二萬九千六百年, 一十二萬九千六百年, 是爲一元之數. 一元在大化之中, 猶一年也."

위에서 소옹이 제시한 것은 1원은 12회이고, 12회는 360운이며 360운은 4,320세인데 1세가 30년이므로 1원은 129,600년이라는 것이다. 이것은 달리 말하면 1원은 12회이고, 1회는 30운이며, 1운은 12세이고, 1세는 30년이라는 것이다. 그래서 소옹에 따르면 1원元에는 129,600세歲가 있고, 1회會에는 129,600월月이 있으며, 1운運에는 129,600일日이 있고, 1세世에는 129,600진辰이 있다.[90] 소옹이 말한 이러한 수리적 계산은 하루를 12진으로, 한 달을 30일로, 그리고 1년을 12월로, 1세를 30년으로 계산하여 이끌어낸 것이다.

서경덕은 여기에서 소옹이 도출해낸 원회운세元會運世의 수리적 원리를 포함하고 있는 129,600년을 기준으로 삼아 매우 복잡한 천문학적 계산과 연산演算을 행하고 있다. 그는 129,600년은 360에 360을 곱하여 이끌어낸 것이고, 16,796,160,000은 129,600에 129,600을 곱하여 얻은 숫자이다.[91] 그는 다시 16,796,160,000를 반복하여 곱한 수까지 이끌어낸 다음, 이것을 다시 12로 나누고 다시 10으로 나누기도 하였다. 이러한 수리 계산은 지나치게 거대한 숫자를 다루는데, 주로 역법曆法의 원리를 여러 가지 시각에서 바라볼 수 있는 시야를 제공해줄 수 있다고 보인다.

이어서 서경덕은 기수朞數, 세수歲數, 역수曆數의 일수日數 사이의 상관관계를 64괘 384효와 짝을 지어 원회운세元會運世와 역법의 수리적 원리를 『주역』의 변화 원리를 내포하고 있는 괘효와 연결시킴으로써 수리역학적 관점에서 역법을 해석하였다.

> 기수朞數는 366일이고, 세수歲數는 360일이며 역수曆數는 354일을 조금 넘는다. 자월子月에서 사월巳月까지 음양陰陽이 남거나 비는 곳이 각각 6군데이고, 오월午月에서 해월亥月에 이르기까지도 음양이 남거나 비는 곳이 각각 6군데

---

90) 邵雍, 앞의 책, 卷8-14, "一元有十二萬九千六百歲, 一會有十二萬九千六百月, 一運有십十二萬九千六百日, 一世有十二萬九千六百辰, 皆自然之數, 非有所牽合也."

91) 徐敬德, 『花潭集』 卷2-25, "三百六十乘三百六十, 爲十二萬九千六百年. 十二萬九千六百年乘十二萬九千六百, 則爲一百六十七億九千六百一十六萬年. 一百六十七億九千六百一十六萬年自乘, 則爲二萬八千二百一十一兆九百九十萬七千四百五十六億."

> 이다. 360일과 나머지 빈 데 24곳을 아울러서 384효를 짝지운다. 체수體數는 384이고 건곤감리괘乾坤離坎卦 24효를 제거하면 360이 되니, 360은 용수이다.[92]

서경덕은 세수歲數 360일에 '자월'에서 '해월'까지 여분의 빈 곳 24군데를 합하여 384에 『주역』 64괘 384효를 배당하여 이 384를 체수體數를 삼고, 이 가운데 건곤리감乾坤離坎 네 괘의 24효를 제거하여 360을 용수로 삼았다. 이처럼 자연의 시간과 계절의 변화 순서와 법칙을 『주역』 괘효의 변화에 짝하여 이해하는 학설은 한대의 괘기설卦氣說이다. 요컨대, 서경덕은 한대 상수 역학 이론을 받아들여 자신의 상수 수리 역학체계에 따라 역법이나 계절과 같은 자연법칙을 이해했다고 하겠다.

서경덕은 「육십사괘방원지도해六十四卦方圓之圖解」에서 소옹이 그린 「육십사괘방원도」에 제시된 내괘內卦의 사상四象관계, 64괘를 용수用數와 교수交數로 구분하여 사물을 낳거나 낳지 못하는 괘를 구분하는 것, 괘효의 음양의 숫자를 구분하여 분류하는 것 등을 설명하고 있다. 서경덕에 따르면 「육십사괘방원지도」는 내괘內卦 초효가 음의陰儀 32개, 양의陽儀 32개로 이루어져 있다는 것에 대하여 언급하고, 이어서 내괘內卦 이효二爻를 기준으로 다음과 같이 사상四象을 구분하였다.

> 내괘 32괘의 초효 중 양의陽儀가 있다. 내괘內卦 이효二爻 중에 「구괘姤卦」로부터 「사괘師卦」에 이르기까지가 소양少陽이고, 「둔괘遯卦」에서 「곤괘坤卦」까지가 태음太陰이다. 내괘 32괘의 초효 중에 음의陰儀가 있다. 내괘 이효 중에 「복괘復卦」에서 「동인괘同人卦」까지가 소음少陰이 되고, 「임괘臨卦」에서 「건괘乾卦」까지가 태양太陽이 된다.[93]

---

92) 徐敬德, 『花潭集』 「皇極經世數解」 卷2-26, "朞數三百六十六日, 歲數三百六十日, 曆數三百五十四日有奇. 子月至巳月, 陰陽餘空各六. 午月至亥月, 陰陽餘空各六. 三百六十日, 幷餘空二十四, 配三百八十四爻. 體數三百八十四爻, 去乾坤離坎卦二十四爻, 則三百六十也. 三百六十, 用數也."

93) 徐敬德, 『花潭集』 「六十四卦方圓之圖解」 卷2-30, "內卦三十二之初陰儀. 內卦二爻, 自姤至師爲少陽, 自遯至坤爲太陰. 內卦三十二之初陽儀.. 內卦二爻, 自復至同人爲少陰, 自臨至乾爲太陽."

서경덕은 위에서 소옹이 가일배법加一倍法에 따라서 64괘를 구성하는 것으로부터, 초효와 이효를 기준으로 양의兩儀와 사상을 구분하여 각각 여기에 속하는 괘들을 구분한 것이다. 소옹의 가일배법은 태극에서 양의가 나뉘면서 계속하여 2배수로 여섯 번 나누어 64괘를 만드는 방법으로 육십사괘가 이루어지는 과정을 2진법의 수리적 원리에 따라 계산하는 것이다. 여기에서 서경덕은 64괘의 형성에 대한 수리적 이해를 도모하고 있음을 알 수 있다.

다음으로 서경덕은 「괘변해卦變解」를 지어 주희가 그린 「삼십이도三十二圖」의 기우노소奇偶老少의 변화와 64괘의 변화원리를 상수역학적 입장에서 해설하였다. 그는 이 글의 첫머리에서 괘변은 64괘가 각각 64괘를 포함하는 것으로 4,096괘의 변화가 이루어지는 것임을 언급하였다.

> 시초蓍草를 쓰는 법은 대연지수大衍之數를 미루어서 그 나누고 걸며 세고 끼는[分掛揲扐] 순서를 펼쳐서 그 기우노소奇偶老少의 변화를 추구할 때 64괘를 모두 이룰 수 있다. 만나는 한 괘를 점치는 데 이르러서는 또 그 구육九六의 변화를 미루어서 그 길흉을 판별하지 않을 수 없다. 그것이 뿌리를 두고 있는 근원을 살핀 후에 그 효爻와 단彖을 점치니, 이것이 64괘의 변화가 각각 64괘를 갖추어서 모두 4,096괘를 이루는 까닭으로 이른바 '이끌어서 펼치고 유형에 따라 미루어 넓힌다'는 것이다.94)

서경덕에 따르면, 64괘는 대연지수로부터 설시를 통하여 처음 구성할 때부터 기우노소奇偶老少의 변화에 의지하며, 한 괘를 가지고 점을 치는 데 있어서도 구륙九六의 변화에 따라 그 길흉을 미루어 판단해야 한다는 것이다. 또 육십사괘는 다시 육십사괘로 변할 수 있기 때문에 모두 4,096가지의 변화를 이끌어낼 수 있다. 서경덕은 이어서 주희가 괘변卦變의 단계적 순서를 그린 「삼십이도三十二圖」에서 변하는 효의 숫자에 따른 가지 수와 변하는 효

94) 徐敬德, 『花潭集』 「卦變解」, 卷3-31, "用蓍之法, 推大衍之數, 布其分掛揲扐之序, 而究其奇偶老少之變, 便得恰成六十四卦, 及占所値一卦, 則又不得不推其九六之變, 而辨其貞悔, 觀其本之, 然後占其一爻一象, 此六十四卦之變, 所以各具六十四卦, 總成四千九十六卦, 所謂引伸觸長之者也."

의 숫자에 따라 점을 보는 방법을 구체적으로 설명하였다.95)

그는 주희의 괘변「삼십이도三十二圖」중에 변화하는 효의 숫자와 괘를 배치한 위치를「건괘乾卦」에서「곤괘坤卦」로 변하는 제1도를 예로 들어 다음과 같이 설명하였다.

> 괘변卦變의 행렬을 펼친 것을 보면 고저를 삼단계로 한 것이 모두 조리가 있다. 예컨대, 제1도에서「건괘乾卦䷀」는 본괘가 되므로, 홀로 행렬의 가장 상단에 드러내었다.「구괘姤卦䷫」는 일변一變의 머리가 되므로 또한 상단의 다음 왼쪽에 두었다.「둔괘遯卦䷠」는 이변二變의 머리이므로 또한 상단의 왼쪽에 두었다.「대과괘大過卦䷛」의 경우는「둔괘遯卦」의 변화 사례로서 한 장이 끝난다.「무망괘无妄卦䷘」「중부괘中孚卦䷼」「대축괘大畜卦」는 이변 가운데 있으면서 모두 변화 사례이므로 한 장 가운데 머리이기 때문에 중단의 다음에 두었다.「비괘否卦䷋」는 삼변의 머리이므로 상단 다음 왼쪽에 두었고「함괘咸卦䷞」에 이르러 변화 사례의 한 장이 끝난다.「환괘渙卦䷺」는 변화 사례 한 장의 머리인데도 유독 하단에 왼쪽으로 둔 것은 기우奇偶를 구별하여 따르게 한 것으로 옆으로 보면 알 수 있다.「익괘益卦䷩」,「비괘賁卦䷕」,「손괘損卦䷨」의 세 열 또한 그렇다.「관괘觀卦䷓」와「박괘剝卦䷖」는 사오변四五變의 머리가 되므로 또한 상단에 두었다.「곤괘坤卦䷁」를 홀로 가장 아래 행렬에 둔 것은「복괘復卦䷗」의 변화를 따르면서 또한 반괘反卦의 근본이 되기 때문이다.96)

---

95) 서경덕은 다음과 같이 설명하다. 곧 "한 효가 변하는 것이 모두 6가지, 두 효가 변하는 것이 15가지, 세 효가 변하는 것이 20가지, 그리고 네 효가 변하는 것이 15가지 다섯 효가 변하는 것이 6가지이고, 여섯 효가 변하는 것이 한가지, 그리고 변하지 않는 것이 한가지라고 하였다. 그리고 한 효와 두 효가 변했을 때는 本卦의 효사로 점을 보고, 네 효 다섯 효가 변했을 때는 之卦 효사로 점을 보며, 세 효가 변했을 때는 兩卦의 彖辭로 점을 보지만 前十卦는 본괘를 위주로 하고 後十卦는 지괘를 주로 한다."(一爻變者, 凡六, 二爻變者十五, 三爻變者二十, 四爻變者十五, 五爻變者六, 六爻變者一, 六皆不變者一. 值一爻二爻之變者, 在三十二卦之內, 則占本卦爻辭. 四爻五爻之變者, 在三十二卦之後, 則占之卦爻辭. 獨三爻之變, 通二十卦, 前十卦在三十二卦之內, 後十卦在三十二卦之後, 值三爻之變者, 雖占兩卦彖辭, 而前十卦以貞爲主, 後十卦以悔爲主.:『花潭集』「卦變解」卷2-32)

서경덕은 주희가 한 효가 변하는 것에서부터 여섯 효가 변하는 것까지 차례대로 그 변화하는 것을 순서대로 그린 그림에서 괘효가 고저 삼단계로 배치된 이유를 「건괘」에서 「곤괘」로 바뀌는 하나의 사례를 들어 설명하고 있다. 여기에서 그는 일효변一爻變부터 오효변五爻變에까지 각 변의 머리가 되는 괘는 가장 상단에 「건괘乾卦」와 같은 위치에 차례로 왼쪽에 두는 반면, 이효변 이후 각변의 중간에 있는 괘의 경우 가운데 단에 배치하며, 삼효변에서는 기우奇偶를 구별하여 하단에 두고 있다고 하였다.

괘의 변화는 상수역학파가 『주역』 괘효사를 해석하는 방법론으로 중시하는 것이다. 곧 이들은 괘효사를 해석할 때 주로 괘변론과 호체론을 이용하였다. 이런 점에서 볼 때 서경덕이 주희가 그린 괘변 「삼십이도三十二圖」의 내용 중 괘변에 따른 괘의 상하고저上下高低의 배치에 대하여 자세히 설명한 것은 상수역학적 원리에 관심을 표시한 것이다.

서경덕은 「온천변溫泉辨」이란 글을 지어 음양론陰陽論의 입장에서 온천溫泉이 생기는 현상에 대하여 설명하였다. 여기에서 그는 '천天은 양을 위주로 하고, 지地는 음을 위주로 하여 불은 뜨거운 반면 물은 찬 것이 그 성질이다. 그런데 불은 차가운 것이 있다는 것을 들어본 적이 없는데, 샘은 때로 뜨거운 것이 있는 것은 무엇 때문인가?'라고 의문을 제기하면서 그 이유를 설명하였다.

천天에는 음陰이 없었던 적이 없고, 지地에도 양陽이 없었던 적이 없어서 수화水火는 번갈아 그 머물 곳을 간직하고 있다. 또 천天의 양陽은 언제나 지地의 텅빈 곳에 관통하여 있어서 지地는 받아들이지 않을 수 없기 때문에 '천은 하나로 차있고, 지地는 둘로 비어 있다'고 말한다. 양陽이 땅속에 온축되어

96) 徐敬德, 『花潭集』 「卦變解」 卷2-32, "惟布卦變行列, 三次高低者, 皆有條理, 如第一圖, 乾爲本卦, 則獨標於行列之上. 姤爲一變之首, 則亦次於上. 遯爲二變之首, 則亦次於上, 至於大過, 則遯之變例, 一章盡矣. 其无妄中孚大畜, 在二變之中而皆變例, 一章中之首, 故次於中行. 否爲三變之首, 則亦次於上行, 至咸而變例一章盡矣. 渙爲變例一章之首, 而獨次於下行者, 奇偶分類從之. 橫看則可見. 益賁損三次之列亦然. 觀剝爲四五變之首, 則亦次於上行, 坤之獨置於最下之行列者, 從復之變, 而且爲反卦之本故也."

있어서 기氣가 때로 한 곳에 폭주하고 쌓여서 뜨거운 기운이 솟아오른다. 온천溫泉의 맥이 그것의 솟아오르는 기운에 의해 뜨거워진다. 「감괘坎卦」의 가운데가 차 있는 것 또한 그 양陽이 수중水中에 잠겨 있는 것을 보여준다.97)

서경덕은 온천이 생기는 현상을 양이 땅 속에 온축되어 열기를 뿜어 올리면서 땅 속에 있던 천맥泉脉이 뜨거워지면서 생기는 것이라고 보았다. 여기에서 그는 천지는 각각 음양이지만 상호적으로 음양陰陽을 간직하고 있기 때문에 천天의 양陽이 지地의 빈 곳에 통해 있다는 것을 온천이 생기는 근거로 삼고 있다. 그는 이어서 일반적인 음양론을 제시하여 온천의 필연성을 논증하고 있다.

그는 "수水는 천일天一에서 생겨서 지육地六에서 이루어지고, 토土는 천오天五에서 생겨서 지십地十에서 이루어진다. 여기에서 수水와 토土에는 양陽이 없은 적이 없으니 하물며 해가 지地의 상하上下로 출입하는데 있어서랴! 양陽이 융합되어 모이는 것이 애초에 내외內外가 없고 혼연하게 하나가 되면 지地가 어찌 기운을 솟구쳐서 혹 그 열기를 모으지 않을 수 있겠는가? 샘이 여기에서 아래로 떨어져서 그 흐르는 것이 끓어오르지 않을 수 없다"98)라고 하였다. 여기에서 서경덕은 천지생성의 수를 언급하면서 천天의 양陽이 지地의 음陰과 융합되어 열기를 낳는 것을 설명하고 있는데, 이것은 온천이 생성되는 현상을 음양의 상호의존성과 함께 천지의 생수와 성수의 수리적 관점에서 해석하는 것이다.

요컨대, 서경덕은 음양론과 수리론, 그리고 자연의 변화법칙에 대한 이론적 시각을 가지고 「황극경세수해」, 「64괘방원지도해」, 「괘변해」, 「온천변」 등의 글을 지었다. 그는 「황극경세수해」에서 원회운세元會運世와 역법의 수리

97) 徐敬德, 『花潭集』 「溫泉辨」 卷2-19, "天未始無陰, 地未始無陽, 水火互藏其宅, 且天之陽, 常貫乎地之虛, 而地不得不受, 故曰天一而實, 地二而虛. 陽蘊於地中, 氣或輻輳於一處, 積而蒸欝, 泉脉被他蒸薄而熱. 坎之中實, 亦見其陽潛於水中."

98) 徐敬德, 『花潭集』 「溫泉辨」 卷2-19, "水生於天一而成於地六. 土生於天五而成於地十. 是則水與土未必無陽也. 況日之出入於地之上下. 陽之融會, 初無內外, 渾然爲一, 則地豈得不蒸薄而或鐘其熱乎! 泉於是滲漉, 其流不得不沸蒸也."

적 원리를 『주역』의 괘효와 연결시킴으로써 수리역학적 관점에서 역법曆法을 해석하였고, 「64괘방원지도해」에서는 64괘의 형성에 대한 수리적 이해를 도모하였다. 그리고 「괘변해」에서는 주희의 「삼십이괘변도三十二卦變圖」의 기우노소奇偶老少의 변화와 64괘의 변화원리를 상수역학적 입장에서 해설하였다. 「온천변」에서는 온천이 생기는 현상을 음양론陰陽論과 함께 천지생성의 수리적 관점에서 해석하였다. 서경덕의 이러한 해석은 대체로 괘의 변화와 대비하면서 역법이나 온천과 같은 자연의 변화법칙을 수리와 상수역학적 측면에서 이해하는 것이다.

5. 「성음해聲音解」의 음운학과 상수론적 특성

『훈민정음』이 창제된 이후 조선시대 성음학 연구는 시무時務를 중심으로 하는 학풍과 주자학을 위주로 하는 학풍의 영향으로 위축되고, 실학이 유입되면서 부흥하던 시기까지 쇠퇴하였다. 하지만 이러한 공백 시기에 서경덕은 성리학자로서 유일하게 성음학에 관심을 가지고, 소옹邵雍의 「황극경세서皇極經世書」의 성음론聲音論을 받아들여 연구를 했다는 점에서 그의 성음학에 관한 연구는 큰 의미를 가진다. 서경덕은 여기에서 소옹의 성음론에 대한 이론을 기수이론氣數理論에 대입시켜 해석을 하였다. 이러한 서경덕의 연구는 최석정崔錫鼎1646~1715의 「경세정운經世正韻」 및 신경준申景濬1712~1781의 「운해훈민정음韻解訓民正音」의 사례에서와 같이 숙종肅宗 대에서 영조 대까지 「황극경세성음론」을 기초로 하여 이루어졌던 많은 운학韻學 연구에 중요한 길잡이가 되었다고 할 수 있다.[99]

그러면 서경덕의 「성음해」가 어떻게 해서 이루어졌으며 그 구체적인 내용은 어떤 특징을 가지고 있는가 하는 점을 살펴보기로 한다. 서경덕은 소

99) 姜鎬天, 「徐敬德의 聲音解 硏究」, 『論文論叢』 8, 9합집, 淸州大學校, 1993, 128쪽.

옹의 「황극경세서」에 토대를 두고 「성음해」를 저술하였다. 그러나 소옹이 성음도를 상수론을 이용하여 수리론적 측면에서 설명했다면, 서경덕은 소옹의 『황극경세서』를 역리적인 측면으로 이해하면서 이 운도韻圖를 해석했다는 점에서 구별된다.[100] 서경덕은 「성음해」 첫머리에서 소옹의 「경세사상체용지수도經世四象體用之數圖」의 내용을 해설하기 위하여 천지의 음양과 강유, 기질, 상형, 그리고 시時와 물物에 수數가 보존되어 있다는 것을 다음과 같이 설명하고 있다.

> 하늘에는 대소가 다른 음양의 기氣가 있고, 땅에는 대소가 다른 강유의 질質이 있다. 기氣가 위에서 변變하면서 상象이 생겨나고, 질質이 아래에서 화化하면서 형체가 갖추어진다. 일월성신日月星辰이 하늘에서 상을 이루고 수화토석水火土石이 땅에서 형체를 이룬다. 상象이 하늘에서 움직이면서 온갖 시간이 생기고, 형체가 땅에서 교차하면서 만물이 이루어진다. 시時와 물物에 수數가 보존되어 있다.[101]

여기에서 서경덕은 기와 상, 질과 형, 시와 물이 드러나면서 그 속에는 수가 갖추어져 있는 것으로 생각하였다. 이어서 서경덕은 천天의 용수用數가 112이고, 지地의 용수가 152이니, 여기에서 정성正聲과 정음正音의 자모字母를 미루어서 도표로 배열하였는데, 소리[聲音]에는 높고 낮은 것이 있기 때문에 '평상거입平上去入'으로 나누어지고, 열리고 닫히는 것[闢翕]이 그것을 따르며, 음音에는 굽히고 펴는 것이 있기 때문에 '개발수폐開發收閉'가 있으며, 청탁淸濁이 그것을 따르는 것이라고 보았다.[102] 서경덕의 설명은 정성正聲이 평상거입으로 나뉘어지고 이 사성四聲은 벽흡으로 분류되며, 정음正音은 개발수폐

---

100) 姜鎬天, 앞의 논문, 137쪽.

101) 徐敬德, 『花潭集』, 「聲音解」 卷2-20, "天有陰陽大小異氣, 地有剛柔大小異質. 氣變於上而象生焉, 質化於下而形具焉. 日月星辰, 成象於天, 水木土石, 成形於地. 象動於天而萬時生, 形交於地而萬物成, 時之與物, 有數存焉."

102) 徐敬德, 앞의 책, 같은 곳, "天之用數, 百有十二, 地之用數, 百有五十二, 於是推正聲正音, 列之爲圖, 聲有高下, 故分之以平上去入, 闢翕隨焉. 音有屈伸, 故別以開發收閉, 淸濁隨焉."

로 나뉘고 그 사음四音은 청탁으로 분화된다는 것이다.

소옹의 「경세사상체용지수도經世四象體用之數圖」에는 1성부터 10성까지 정성正聲 83글자를 평상거입의 순으로, 1음부터 12음까지 정음正音 132글자를 개발수폐의 순으로 배열하여 운도韻圖로 그렸다. 구체적으로 「경세사상체용지수도」는 일월성신을 중첩하고 평상거입의 사성四聲으로 구분하면서 각각 '벽흡闢翕'으로 나누어서 도표로 그린 것으로서 다음과 같이 내용을 정리할 수 있다.

【표7-1】「經世四象體用之數圖」의 四聲星宿闢翕照見圖와 四音四行淸濁照見圖

천지	四聲	星宿	闢翕	日	月	星	辰
天	平聲	日	闢	日日聲		日星聲	
			翕		日月聲		日辰聲
	上聲	月	闢	月日聲		月星聲	
			翕		月月聲		月辰聲
	去聲	星	闢	星日聲		星星聲	
			翕		星月聲		星辰聲
	入聲	辰	闢	辰日聲		辰星聲	
			翕		辰月聲		辰辰聲
천지	四音	四行	淸濁	水	火	土	石
地	開音	水	淸	水水音		水土音	
			濁		水火音		水石音
	發音	火	淸	火水音		火土音	
			濁		火火音		火石音
	收音	土	淸	土水音		土土音	
			濁		土火音		土石音
	廢音	石	淸	石水音		石土音	
			濁		石火音		石石音

서경덕은 「성음해」에서 소옹의 이 도표의 정성正聲 10성聲을 평상거입으로 구별하여 일월성신의 순으로 제시한 도표 내용 가운데 '평성平聲'에 해당하는 글자들에 대해서만 그 음양관계, 상호간의 변화, 그리고 벽흡闢翕등을 설명하였다.103) 소옹이 그린 「경세사상체용지수도」와 서경덕의 「성음해」에서 제시한 설명을 참고하여 평성의 유형과 음양, 성의 종류, 해당하는 글자, 그리고 그 벽흡을 도표로 표시하면 다음과 같이 그릴 수 있다.

【표7-2】 평성유별조견표平聲類別照見表104)

類別	陰陽	一聲	二聲	三聲	四聲	五聲	六聲	七聲	八聲	九聲	十聲	闢翕
日日聲	陽之陽	多	良	千	刀	妻	宮	心	●	●	●	闢
日月聲	陽與陰	禾	光	元	毛	衰	龍	○	●	●	●	翕
日星聲	太陽中之少陽	開	丁	臣	牛	○	魚	男	●	●	●	闢
日辰聲	太陽中之少陰	回	兄	君	○	龜	烏	○	●	●	●	翕

먼저 서경덕은 '일일성日日聲'에서 '일신성日辰聲' 까지의 소리를 각각 음양陰陽과 사상四象으로 특징지어 설명하고, '일일日日'과 '일성日星'에 해당하는 소리는 모두 벽자闢字로, '일월日月'과 '일신日辰'에 해당하는 소리는 모두 흡자翕字가 되는 것으로 규정하였다. 또한 그는 벽자에 해당하는 '일일성日日聲'과 '일성성日星聲' 보다 흡자翕字에 해당하는 '일월성'과 '일신성'에 대하여 훨씬 많이 설명하고 있다. 서경덕은 여기에서 음陰은 양陽을 따르는 것이고, 흡자는 벽자로부터 변한 것으로 보면서 구체적으로 다음과 같이 설명하였다.

103) 서경덕은 平聲에 대해서만 설명을 하고 나머지 상성, 거성, 입성에 대해서는 구체적인 설명을 하지 않았는데, 이것에 대하여 그는 '상성, 거성, 입성은 모두 평성을 미룬 것(上去入三聲, 皆平聲之推也)'이기 때문에 평성에 준해서 보면 알 수 있을 것이라고 보고 있다.

104) 姜鎬天, 앞의 논문, 140쪽. 위의 두 도표는 강호천의 논문과 소옹의 「경세사상체용지수도」, 그리고 서경덕의 「성음해」를 참조하여 그린 것이다.

> 일日은 더위가 되고, 월月은 추위가 된다. 추운 것은 더운 것에서 남겨진 것이며, 음陰은 양陽을 따르는 것이다. 그래서 월月의 성聲은 일日의 성聲을 따르니, 화禾의 성聲은 다多의 성聲이 변한 것이고, 광光의 성聲은 양良의 성聲이 변한 것이다. 일월日月이 같은 성聲이지만 다만 벽흡이 다르므로 궁宮과 용龍의 성聲을 달리 읽으니, 용龍은 바로 궁성宮聲이 변한 것으로서 벽闢이 흡翕으로 바뀐 것일 뿐임을 알게 된다.105)

서경덕에 따르면, 음은 양을 따르는 특성을 가지는 것이라고 하면서 음陰의 성聲에 해당하는 월月의 성聲은 일日의 성聲을 따르는 것으로 파악하고 있다. 그는 구체적으로 '다多'와 '화禾', '양良'과 '광光', '궁宮'과 '용龍' 등의 예를 들고 있는데, 그는 여기에서 일월성日月聲은 결국 일일성日日聲으로부터 바뀌어서 이루어진 것으로 이해하였다. 그리고 이것은 벽이 흡으로 곧 양이 음으로 바뀐 것일 뿐이라는 것이다.

다음으로 서경덕은 사성, 오성, 칠성에 있는 흰 동그라미[○]와 팔성, 구성, 십성에 있는 검은 동그라미[●]의 실체에 대하여 말하고 있다. 그는 '오직 심성心聲은 변하더라도 흡성翕聲이 되는 것을 미룰 수 없는데, 이것이 용자龍字 아래가 흰 동그라미가 되는 것으로서 바로 성聲은 있으나 글자가 없는 것이다. 만약 '심성心聲'을 변화시켜 흡성으로 삼는다면, 아마도 금자琴字가 될 것 같지만 흡성의 바른 것은 아니다. 흰 동그라미가 문자를 이루지 못하지만, 조화하면 금성琴聲과 비슷할 것이다. 세 개의 검은 동그라미로 각각의 「소리聲」아래에 배열한 것은 바로 제거한 음의 체수體數 48이니, 이것은 글자가 없을 뿐만 아니라 소리도 없는 것이다106)라고 말하였다. 곧, 심자心字의 성聲으로부터 나온 것으로 흡으로 바뀐 바른 글자가 없어서 공백으로 놔둔 것

105) 徐敬德, 앞의 책, 권2-20, 「聲音解」, "日爲暑, 月爲寒, 寒者, 暑之餘也, 陰從陽者也. 故月之聲, 從日之聲, 而禾之聲, 多聲之變也. 光之聲, 良聲之變也. 日月同聲而特闢翕異, 而讀宮與龍之聲, 則知龍聲乃宮聲之變也. 而變闢爲翕者爾."

106) 徐敬德, 앞의 책, 같은 곳, "獨心聲變之爲翕, 則推不得. 是爲龍字下白圈, 乃有聲而無字者也. 若使心聲變以爲翕聲, 則似可作琴字, 然非翕聲之正也. 白圈之不成字, 調之則琴聲之似也. 三箇黑圈, 列於每聲之下者, 卽所去陰體數四十八也. 是不唯無字, 乃無聲者也."

이라고 보았다. 이것이 흰 동그라미로 그린 것이다. 이것은 소리는 있으나 글자가 없는 것으로 굳이 말하자면 금자琴字가 심자心字로부터 바뀐 소리와 비슷한 것이라고 말하고 있다. 반면 글자도 없을 뿐만 아니라 소리도 없는 경우에 검은 동그라미[●]로 그린 것이다.

요컨대, 서경덕은 「성음해」에서 소옹의 「경세사상체용지수도」의 내용을 설명하면서 정성正聲과 정음正音을 천지의 음양과 강유, 용수用數, 기氣와 질質, 형상과 형체, 벽흡, 청탁과 같은 역학의 기본 원리와 결합하여 설명하였다. 또한 음은 양을 따르는 것이며 흡성은 벽성으로부터 변화되어 나온 것이라고 하여 음양의 벽흡과 같은 『주역』의 우주발생론 및 변화론에 근거하여 성음聲音의 발생과 변화를 설명하였다. 특히 서경덕은 천지의 용수用數를 써서 정성正聲과 정음正音의 자모子母를 설명하는 것에서는 음양의 기수론氣數論을 견지하고 있음을 알 수 있다.

서경덕은 소옹의 「경세사상체용지수도」에 기록되어 있는 정음正音의 내용에 대해서도 정성正聲과 마찬가지로 역학적 원리에 의거하여 '개음開音'을 중심으로 설명하였다. 그는 개음의 강유와 청탁 관계, 수화토석水火土石의 상호간 생성관계 그리고 천지의 용수의 변화에 대하여 설명하였다. 소옹이 그린 「경세사상체용지수도」와 서경덕의 「성음해」에서 제시한 설명을 참고하여 개음開音의 여러 종류와 강유剛柔, 음音의 종류, 해당하는 글자, 그리고 그 청탁을 도표로 표시하면 다음과 같이 정리할 수 있다.

【표7-3】 개음류별조견표開音類別照見表

類別	剛柔	一音	二音	三音	四音	五音	六音	七音	八音	九音	十音	十一音	十二音	淸濁
水水音	剛之剛	古	黑	安	夫	卜	東	乃	走	思	■	■	■	淸
水火音	剛與柔	□	黃	□	父	步	兌	內	自	寺	■	■	■	濁
水土音	太剛中之少剛	坤	五	母	武	普	土	老	草	□	■	■	■	淸
水石音	太剛中之少柔	□	吾	目	文	旁	同	鹿	曹	□	■	■	■	濁

서경덕은 '수수음水水音'에서 '수석음水石音'까지의 소리를 각각 강유 사질四質의 강유剛柔로 특징지어 설명하고, '수수水水'와 '수토水土'에 해당하는 음은 모두 '청淸'자로, '수화水火'와 '수석水石'에 해당하는 음은 모두 '탁濁' 자가 되는 것으로 규정하였다. 그는 수화토석의 음音도 기본적으로는 일월성신의 성聲과 그 변화의 규칙이 동일한 것으로 말하였다. 그는 나아가 '개발수폐開發收閉'의 사조四調가 청탁으로 갈리는 것과 수화토석의 사행四行의 청탁 및 이들 사이의 생성관계에 대하여 다음과 같이 언급하였다.

> 그 개발수폐開發收閉의 사조四調가 청탁淸濁으로 갈리는 것은 바로 평상거입의 사변四變이 벽흡闢翕으로 나뉘는 것과 같다. 성聲에 있어서만큼은 양陽이 벽闢이고, 음陰이 흡翕인데, 음音에서는 유柔가 청淸이고, 강剛이 탁濁이 된다. 그 까닭은 무엇인가? 수水는 밝은 반면 화火는 어두우며, 토土는 성근 반면, 석石은 견고하기 때문일 뿐이다. 수水는 화火의 바탕이므로 화火는 수水에서 생긴다. 그래서 화火의 음音은 수水의 음音을 따른다. 토土는 석石의 바탕이므로 석石은 토土에서 생긴다. 그래서 석石의 음은 토土의 음을 따른다. 이러므로 청탁의 차이는 있지만 음音은 서로 가까이 따른다.107)

서경덕은 하늘의 음양 벽흡은 땅에 있어서 강유청탁과 같은 것이라고 보면서도, 땅에서는 강剛이 탁濁인 반면 유柔가 청淸이라고 규정하였다. 그 까닭에 대하여 그는 수와 토는 밝고 성근 반면, 화와 석은 어둡고 견고하기 때문에 청탁이 구별된다고 보았다. 나아가 수와 화, 토와 석은 각각 하나가 바탕이 되어 다른 것을 낳기 때문에 청탁이 차이가 나기는 하지만 서로 가까이 따른다고 보았다. 여기에서 서경덕이 강유 기질의 청탁과 오행五行의 상생론을 적용하여 음音을 설명하는 것은 상수역학적 관점에서 정음正音을

---

107) 徐敬德, 앞의 책, 같은 곳, "其開發收閉之四調, 切以淸濁, 猶平上去入之四變, 分以闢翕也. 惟在聲則, 陽爲闢而陰爲翕. 在音則柔爲淸而剛爲濁. 其故何也. 以水則明而火則暗, 土則疎而石則確爾. 水者, 火之質, 化生於水, 故火之音, 從水之音. 土者, 石之質, 而石生於土, 故石之音, 從土之音也. 是則淸濁有異, 而音則相從而近也."

해석하는 것으로 볼 수 있다.

뿐만 아니라 서경덕은 성聲의 수數가 칠七에서 멈추고, 음音의 수數가 구九에서 멈추는 까닭을 해명하였다. 그에 따르면, "천天의 용수用數는 언제나 육六에서 채워져서 칠七에서 극에 이른다. 그래서 하늘의 빛나는 별 중에 볼 수 있는 것은 북두성北斗星이지만 일곱에서 멈춘다. 반면 지地의 용수用數는 항상 구에서 멈춘다. 구九에서 다하면 변화가 극에 이른다. 그래서 성聲은 일곱 개로 성조聲調로 배열을 이루지 않을 수 없고, 음音은 아홉 개 음조音調로 나열되지 않을 수 없다."108) 서경덕이 설명한 내용을 정리한 위의 평성平聲과 개음開音 유별표類別表 보면 성聲은 칠성七聲에서 멈추고, 음音은 구음九音에서 멈춘다. 이것을 그는 천지의 용수가 멈추는 수를 가지고 설명한 것이다.

서경덕이 성과 음이 멈추는 수를 설명한 수리적 원리를 좀 더 구체적으로 살펴보면 여기에는 『주역』의 6, 7, 8, 9의 음양노소의 수리 논리가 내포되어 있음을 추론할 수 있다. 그에 따르면 천天의 용수는 육六에서 채워지기 시작한다고 하였는데, 이것은 노음老陰의 육六에서 양이 움직여 성장하기 시작하는 것을 말한다. 반면 양이 칠七에서 극에 이른다는 것은 양이 계속 성장하여 소음과 노양을 거쳐서 다시 소멸하여 노음에 이르기 직전 소양少陽의 칠七에서 극에 이른다는 것이다. 반면 지地의 용수는 천天의 용수에 상대적이고 수동적으로 작용하므로 늘 노양老陽의 구九에서 멈추고 극에 이른다는 것이다. 이렇게 보면, 서경덕은 천지 대연지수로부터 이끌려지는 음양노소의 수의 원리에 근거하여 정성정음正聲正音의 수리와 변화를 설명한 것으로 추론할 수 있다. 이것은 그가 『역학계몽』을 중심으로 하는 상수역학의 수리적 원리를 통하여 성음聲音을 해석하는 것이다.

서경덕은 또한 『훈민정음』의 십육十六 자모字母는 요약되어 있으면서도 극진하다고 말하면서 그 수리적 원리를 소옹의 「경세사상체용지수도經世四象體

108) 서경덕, 앞의 책, 같은 곳, "天之用數, 常盈於六而極於七, 故天星之明, 可見者北斗而數止七. …… 地之用數, 常止於九, …… 究於九而變化極矣. 是則聲不得不七箇調列, 音不得不九樣調列."

用之數圖」의 수리와 연관하여 해설하였다. 그는 천지의 수는 십육十六에서 다하는데, 일월성신의 사성四聲과 수화토석의 사음四音을 서로 곱하면 모두 십육十六에 이르는 것으로 언급하였다.109) 이것은 『훈민정음』이 하늘의 음양 벽흡과 땅의 강유청탁을 함께 포괄하는 원리에 따라 이루어진 것임을 상징하는 것으로, 그것이 천지의 음양과 강유의 역학적 원리에 토대를 두고 있음을 말하는 것이다.

서경덕은 「성음해」의 뒷부분에서 음양 강유가 서로에게 뿌리가 되면서 상호의존적으로 존재하고 변화하는 것임을 성聲과 음音이 서로를 포함하고 있지 않을 수 없는 상호연관성을 설명하면서 제시하고 있다. 그는 성聲은 청탁을 주안점으로 삼고 음音은 벽흡을 위주로 하는데 이제 도리어 벽흡이 성을 따르고 청탁이 음을 따르는 것은 무슨 까닭인가라고 문제를 제기하였다. 여기에 대하여 그는 성음聲音은 음양이 상호의존하는 『주역』의 대대의 원리에 근거를 두고 있음을 다음과 같이 피력하였다.

> 그 평상거입平上去入은 바로 성聲의 청탁淸濁이고, 개발수폐開發收閉는 바로 음音의 벽흡闢翕이다. 그래서 청탁이 음을 따르고 벽흡이 성을 따라서, 상호적으로 갖추어서 성자聲字에 음이 없을 수 없고, 음자音字에 성聲이 없을 수 없음을 보인 것이다. 그래서 평상거입의 각각의 성 중에는 개발수폐의 글자가 갖추어져 있고, 개발수폐의 각각의 음 중에 평상거입의 글자가 갖추어져 있다.110)

서경덕은 평상거입과 개발수폐는 그 자체가 각각 성의 청탁이고 음의 벽흡이기 때문에 청탁과 벽흡이 반대로 성과 음을 따르는 것이라고 이해하였다. 이러한 논리를 이어서 그는 '성聲'자와 '음音'자에 각각 음과 성이 없을

---

109) 徐敬德, 앞의 책, 같은 곳, "有如諺書之十六字母, 約而盡矣. 天地之數, 窮於十六. 日月星辰之聲, 水火土石之音相乘, 而皆至於十六矣."

110) 徐敬德, 앞의 책, 같은 곳, "其平上去入, 卽聲之淸濁, 而開發收閉, 卽音之闢翕, 故淸濁隨音而闢翕隨聲, 互相備而以見聲字之不能無音, 音字之不能無聲也. 故平上去入每聲之中, 開發收閉字具焉. 開發收閉每音之中, 平上去入之字具焉."

수 없다고 말하면서 두 가지가 상호적으로 상대 요소를 갖추고 있다는 것을 지적하였다. 서경덕의 이러한 시각은 성과 음이 상호간에 독립적으로 존재하는 것이 아니라 서로 뿌리가 되는 호근互根의 상태를 이루면서 서로 상호의존적으로 대대對待하면서 변화하는 것으로 보는 『주역』의 음양의 원리를 기초를 두고 있다.

6. 상수역 원리의 도덕적 표준으로의 전환

서경덕의 역철학은 대체로 그의 선천태허론先天太虛論과 일관성을 가지면서 상수역학으로 특징져진다고 할 수 있다. 하지만 서경덕 또한 기본적으로 유학적 이념과 송대 성리학 이론을 계승하고 있는 만큼 도덕적 실천론이 없을 수 없다. 송대 이후 의리적 실천을 강조하는 대부분의 학자들은 『주역』의 음양론에 도덕적 실천원리를 부여하는 방법으로 양이 음을 포함하는 것으로서 음보다 귀한 것으로 이해하는 관점을 가지고 있다. 이것을 억음부양론抑陰扶陽論이라고 한다. 서경덕 또한 이러한 관점을 가지면서 음양론을 기본으로 한 상수학적 원리를 도덕실천론으로 설명하고 있다. 그는 음양 사이의 관계를 인사와 도덕적 측면 및 존비의 관점에서 해석하였다.

그에 따르면, "양은 음을 겸할 수 있으나 음은 양을 겸할 수 없다. 그래서 양은 온전하지만 음은 반이고, 양은 풍부하지만 음은 결핍되어 있으며, 양은 존귀하지만 음은 비천하다. 이것이 임금이 신하를 통어하고 남편이 부인을 제어하고, 군자가 소인을 부리고 중국이 이적을 복종시키는 것이니, 어찌 양이 일에서 시작되고 음이 십에서 이루어지는 것을 모르겠는가? 이것이 음양의 구분으로 필연적인 이치이다."111) 서경덕은 여기에서 음과 양이 존과 비, 군자와 소인, 중국中國과 이적夷狄으로 구분되는 것과 같은 것으

111) 徐敬德, 「溫泉辨」『花潭集』卷2-19, "陽得兼陰而陰不得兼陽, 故陽全而陰半. 陽饒而陰乏. 陽尊而陰卑, 是乃君統臣, 夫制婦而君子得以役小人, 中國得以服夷狄, 豈不知陽始於一而陰終於十, 此陰陽之分而理之必然者也."

로 보아 음양을 유가철학의 도덕적 실천적 의미로 해석하였다. 그는 바로 「복기견천지지심설復其見天地之心說」과 「동지음冬至吟」에서 이런 견해를 제시하였다.

동지冬至에 대한 시가詩歌는 조선시대 수많은 학자들이 한편 정도씩은 모두 지었을 정도로 동지는 실천을 위한 자연적 법칙적 표준을 상징하는 것으로 인식되었다. 서경덕은 「동지음」에서 「진괘震卦☳」로 상징되는 우레 소리와 뿌리내린 나무가 싹을 틔우는 것을 예로 들어 깊은 땅 속으로부터 양기陽氣가 올라오는 것을 묘사하였다.

> 양陽이 아홉 겹 땅속에서 우레 소리를 울리니　　陽吹九地一聲雷
> 기氣가 황궁에 응하여 불꺼진 재를 움직인다.　　氣應黃宮已動灰
> 우물 속의 물맛은 오히려 담백한데,　　泉味井中猶淡泊
> 흙속에 뿌리내린 나무는 처음 싹을 틔운다.　　木根土底始胚胎
> 사람이 머지않아 회복하는 도를 알 수 있다면　　人能知復道非達
> 세상이 도를 바꾸어도 다스림 회복할 수 있다.　　世或改圖治可回
> 광대한 공부의 요점은 행하는 데 달려 있으니,　　廣大工夫要在做
> 그대가 순치되는 것 보면 벗이 오게 될 것이다.[112]　　君看馴致至朋來

서경덕은 「진괘震卦」의 움직임으로 양기陽氣가 올라오는 것을 언급하는 동시에, 오래지 않아 양이 회복되는 것을 보여주는 「복괘復卦」의 도를 사람이 인식한다면 세상에 다스림을 회복할 수 있을 것이라고 하였다. 이어서 그는 회복되는 양기를 모범으로 삼아 커다란 공부를 실제로 행하는 것에 요체가 있음을 강조하였다. 이것은 서경덕이 양이 회복되는 것을 함축하고 있는 「복괘」를 개인과 국가에 있어서 도덕적 실천을 위한 표준으로 해석하는 것이다.

서경덕은 「복기견천지지심설」을 지어 「복괘復卦䷗」에 대한 이러한 해석을

112) 徐敬德, 「冬至吟」『花潭集』卷1-4.

보다 구체적으로 제시하고 있다. 그는 이 글 서두에서 「복괘」로 상징되는 지일至日에 대하여 공자가 천지지심天地之心으로 논하는 등 옛 성현들이 크게 마음을 기울인 것으로서 하나의 사물을 탐구하여 지식을 넓히는 일에 비할 것이 아니라고 하여 그 실천적 표준으로서의 의미를 중시하였다. 그는 지일至日의 의미를 이전 학자들의 견해를 인용하여 다음과 같이 규정하였다.

> 동지일冬至日은 천지가 회전하기 시작하는 때로 음양陰陽이 처음 변화하는 날이다. 그래서 '「복괘」에서 천지의 마음을 보리라'고 말하였다. 이전 학자들은 모두 정靜에서 천지의 마음을 본다고 여겼으나, 정이程頤만은 유독 움직임[動]의 시작이 천지의 마음이라고 말하였고, 소옹邵雍은 동정動靜 사이로 그것을 말하였다. 정이와 소옹이 말한 것은 다르지만 애초에 의견이 다른 것이 없다. 모두 동정을 일관하고 음양을 겸하는 상에서 그것을 말한 것이다. 아마도 소옹이 태극太極의 체體를 지적했다면, 정이는 태극太極의 용用을 말한 듯하다.113)

서경덕은 동지일은 바로 천지가 움직이기 시작하면서 음양이 바뀌는 때로서 이때가 바로 천지의 마음을 볼 수 있는 시기로 「복괘」가 상징하는 것이라고 보았다. 그는 양이 처음 나타난 「복괘」 초효初爻를 정靜에서 천지의 마음을 보는 것으로 인식하는 학자들이 있으나, 정이와 소옹이 동動 또는 동정動靜 사이에서 천지의 마음을 보는 것으로 이해하고 있음을 강조하면서 이를 받아들이고 있다.

「복괘」의 처음 양효陽爻를 고요함에서 천지의 마음을 보는 것으로 해석한 학자는 왕필王弼이다. 서경덕은 여기에서 왕필의 견해보다는 정이와 소옹의 견해를 받아들이고 있다. 그는 정이와 소옹이 「복괘」의 처음 양효를 각각 동動과 동정動靜 사이로 해석하고 있는 것은 표현상의 차이에도 불구하고

113) 徐敬德, 「復其見天地之心說」 『花潭集』 卷2-17, "至日乃天地始回旋, 陰陽初變化之日也. 故曰復, 其見天地之心乎. 先儒皆以靜見天地之心. 程子獨謂動之端, 乃天地之心, 邵子則以動靜之間言之. 程邵立言有異, 初無二見, 皆就一動靜兼陰陽之上而語之, 似邵指太極之體, 程謂太極之用也."

견해가 다르지 않은 것으로서, 소옹이 태극太極의 체體를 정이가 태극의 용用을 지칭한 것으로 이해하였다. 서경덕은 곧 「복괘」 초효初爻에서 양효가 처음 드러나는 것에 대하여 정이와 소옹의 견해를 연역하여 각각 태극의 체와 용이 드러난 것이라고 해석하였다. 그의 이러한 해석은 음양의 변화 체계로서 『주역』의 음양론을 성리학의 본체론의 견지에서 이해하는 것이다.

서경덕은 계속하여 「복괘」 초효의 양이 상징하는 의미를 여러 경전의 내용을 통하여 설명하면서 일양一陽이 처음 회복되는 상황을 다음과 같이 묘사하였다.

> 양기陽氣가 발동하는 것이 회복함[復]의 기틀이니, 유무有無의 표준도 여기에 비길 수 있으며, 선후천설도 따라서 알 수 있다. 『역』에서 이른바 '고요하여 움직이지 않다가 자극을 받아 마침내 통한다'고 한 것이 이것을 말하고, 『중용』에서 이른바 '성은 스스로 이루는 것이고 도는 스스로 행해야 하는 것이다'는 것이 바로 이것이다. 『맹자』에서 이른바 '반드시 일삼는 것이 있더라도 바로잡으려 하지 말고, 마음에 잊지 말고 조장하지 말아라'고 하는 것 또한 여기에서 체험한다. 바야흐로 천지가 깨끗하고 소탈하며, 현주玄酒의 맛이 담백하며 대음大音의 소리가 잘 안 들려 막막히 텅비고 고요하여 아무 일이 없는 듯하다가 일양一陽이 회복될 때는 갑자기 약동하여 스스로 그칠 수 없는 신묘함이 있으니 이것에서 천지天地의 마음을 볼 수 있다.114)

서경덕은 양기가 처음 발동하는 『복괘』의 기틀을 『역』에서의 '적연부동감이수통寂然不動感而遂通'115)이나, 『중용』에서 '성자성도자도誠自成道自道'116), 그리

---

114) 徐敬德, 「復其見天地之心說」 『花潭集』 卷2-17, "陽氣發動, 復之機也. 有無之極, 於此擬之, 而先後天之說, 從可知也. 易所謂寂然不動感而遂通者謂此也. 庸所謂誠自成道自道者謂此也. 孟子所謂必有事焉而勿正, 心勿忘, 勿助長, 亦於此而體之. 方天地淨洒洒, 玄酒之味淡, 大音之聲希, 漠然虛靜, 若無所事, 一陽之復, 倏爾而躍, 其不自容已之妙, 是可見天地之心也."

115) 『周易』 「繫辭 上」 10章, "易, 無思也, 無爲也. 寂然不動, 感而遂通天下之故, 非天下之至神, 其孰能與於此."

116) 『中庸』 25章, "誠者自成也, 而道自道也. 誠者, 物之終始, 不誠無物, 是故君子誠之爲貴."

고 『맹자』에서 ‘물망물조장勿忘勿助長’117)과 같은 수양의 덕목과 연관된 구절을 통하여 그 의미를 해설하였다. 뿐만 아니라 그는 일양이 회복되기 바로 이전 상태를 깨끗하고 텅비고 고요하며 담백하고 소리가 들리지 않는 것으로 묘사하고 있다.

하지만 서경덕의 해석을 따른다면 이 속에는 양이 없는 것이 아닌 태극의 본체로 만물의 모습과 이치가 갖추어져 있는 것으로 이해할 수 있다. 이것이 바로 ‘적연부동寂然不動’의 상태이며, ‘성자성誠自成’의 모습일 것이다. 반면 양이 발동하기 시작했을 때는 약동하는 듯이 움직여 그칠 수 없는 신묘한 이치를 드러내는데 여기에서 천지의 마음을 볼 수 있다는 것이다.

나아가 “지중至中과 지선至善과 지신至信의 덕은 다만 지일至日에서만 말할 수 있고, 다른 곳에서는 말할 수 없습니까?”라고 질문하는 것을 가정하여 서경덕은 지일至日의 의미를 다음과 같이 설명하고 있다.

> 그렇지 않은 때가 없고 존재하지 않는 사물이 없다. 360일의 운행과 34절기의 나뉨이 모두 지일至日의 유행 아닌 것이 없으니, 이른바 ‘시중時中’이라는 것이다. …… 온갖 변화가 말미암고, 온갖 만물이 근본으로 삼으니, 이것은 음양의 중요한 중추가 되는 곳으로 하나로 관통한 것이라고 할 수 있다. 나의 몸에서 돌이킬 때 인지仁智의 본성과 충서忠恕의 도道가 지일至日의 이치 아닌 것이 없으니, 잠시의 동정動靜에서도 행해지고, 순식간에도 미묘하게 드러난다.118)

서경덕은 양기가 처음 발동하는 동지일에 있어서만 지중至中과 지선至善과 지신至信의 덕을 말할 수 있는 것이냐는 질문에 대해 양기는 360일 24절기

---

117) 『孟子』 「公孫丑 上」, “ 我故曰告子未嘗知義, 以其外之也. 必有事焉而勿正, 心勿忘, 勿助長也.”

118) 『花潭集』 卷2-18, 「復其見天地之心說」, “或曰至中至善至信之德, 只得於至日上語之. 其於他不得語之乎? 曰, 無時不然, 無物不有, 三百六旬之運, 二十四氣之分, 無非至日之流行者, 所謂時中也. …… 萬化之所自, 萬殊之所本, 此陰陽大頭臚處, 可以一貫之者也. 反於吾身, 仁智之性, 忠恕之道, 無非至日之理, 暫於動靜, 微於瞬息.”

에 걸쳐 두루 운행되는 것이기 때문에 이것은 결국 지일至日이 도처에 그리고 모든 시간에 유행하는 것이라고 설명하였다. 그는 이것을 온갖 변화와 만물이 말미암고 근본으로 삼는 것이라고 하는 동시에 '시중時中'이라고 규정하였다.[119]

뿐만 아니라 그는 양기가 회복되는 지일至日의 이치를 나의 몸에 돌이켜 볼 때 인仁과 지智의 본성이고 충서忠恕의 도가 된다는 것이다. 다시 말하면 그는 "근원적으로 지일의 이치가 아닌 것이 없는 자연의 통찰을 통하여 그 덕목들이 당위의 규범으로 인식될 것을 역설하였다."[120] 환언하면, 이러한 견해는 지일至日의 이치를 바로 인간의 도덕적 본성과 인사의 도덕적 실천 원리로 해석하는 것이다.

또한 서경덕은 여기에서 '시중時中'이라는 개념을 통하여 지일의 유행을 설명하였는데, 그에 있어서 이와 연관된 용어로 '리지시理之時'라는 말이 있다. 「원리기原理氣」에서 그는 '리의 때'라는 것은 갑작스럽게 뛰고 홀연히 열려서 누가 시키는 것이 없이 저절로 그렇게 되는 것이라고 하였다. 서경덕에서 이것은 기氣의 생성을 가능하게 하는 리理의 기능을 말하는 것[121]이다. 하지만 여기에서 '리의 시時'는 기氣의 우연한 생성을 가능케 하는 원리만이 아니라, 기의 생성에 조리를 부여하는 것으로서 이것은 '지일至日'이 상징하는 구체적인 질서를 뜻하는 것이라고 볼 수 있다. 이렇게 해석하면 지일에 양기가 발동하는 것에서 드러나는 시중時中은 바로 리理의 시이며, 이것은 바로 시중時中의 리理가 되는 것이다.

서경덕은 지일至日의 이치를 도덕적 실천 원리로서 지중至中, 지선至善, 지신至信 등으로 해석하는 만큼 '멈춤[止]'이라는 개념 또한 중요한 의미를 가진다. 『주역』 「간괘」에서는 '멈춤[止]'에 도덕적 의미를 부여하여 실천적 원리

---

119) 서경덕의 이러한 해석은 至日을 각각 동의 시작과 동정 사이로 보는 程頤와 邵雍의 견해를 太極의 體와 用을 구별하는 것과 연관시켜 볼 수 있다. 곧 온갖 변화와 만물이 말미암고 근본으로 삼는 것의 측면이 太極의 本體라고 한다면, 時中은 태극의 作用으로 볼 수 있다.

120) 李楠永, 「徐敬德의 哲學思想」, 『韓國哲學史』(中卷), 동명사, 1987, 199쪽.

121) 최일범, 「徐敬德의 理氣論에 관한 試論」, 『東洋哲學硏究』 11, 1990, 138쪽.

를 강조하였다. 「간괘」「단전彖傳」에서 "간艮은 멈추는 것이다. 때가 멈출만 하면 멈추고, 때가 행할 만하면 행하여 움직임과 고요함이 그 때를 잃지 않으니 그 도가 빛나고 밝다"122)고 하였다. 여기에서 간은 인간이 특정한 상황에서 시의時宜에 맞게 행하는 것을 강조하고 있다.

서경덕은 이러한 의미를 중시하여 「간괘艮卦䷳」를 도덕적 수양과 실천의 원리로 삼고 있다. 서경덕은 「송심교수-의-서送沈教授-義-序」에서 「간괘」「단전」의 구절을 인용하여 '멈춤[止]'의 의미를 자세히 설명하면서 이것을 도덕적 실천의 궁극적 표준으로 삼았다. 그는 심의沈義를 보내는 데 가난하여 금은金銀을 주지 못하여 '멈춤[止]'이란 한마디 말로 보낸다고 하면서 다음과 같이 멈춤의 도리를 표명하고 있다.

> 대저 천하 만물과 여러 일에는 어떤 것도 제 자리에 멈춤이 없는 것이 없다. 나는 하늘이 위에 멈추어 있는 것을 알고 땅은 아래에 멈추어 있는 것을 안다. 산은 우뚝 솟아 있고, 개울물은 흐르며, 새는 날고 짐승은 기어 다니는 것에서 나는 그것들이 각기 제자리에 멈추어서 어지럽지 않은 것을 안다. 우리 인간에 있어서는 더욱 그 멈추는 것이 없을 수 없다. 하지만 그 멈추는 것 또한 하나가 아니므로 제 자리가 각각 다름을 알아서 거기에 멈추어야 하니, 예컨대 부자 사이에 은혜에 멈추고, 군신 사이에 의리에 멈추는 것은 모두 본성으로 삼으며 사물의 법칙이 되는 것이다. 음식이나 의복의 쓰임과 시청언동視聽言動을 행하는 것 또한 어찌 제자리에 멈출 곳이 없겠는가?123)

서경덕은 천지, 산천, 조수와 같은 자연 사물이 제자리에 멈추어 있는 것을 먼저 말하고 나서 우리 인간에서 멈추어야 하는 곳은 은혜[恩]나 의리[義]와 같은 도덕적 덕목이라고 말하였다. 또한 그는 시청언동視聽言動과 같은 행

122) 『周易』「艮卦」'彖傳', "艮, 止也. 時止則止, 時行則行, 動靜不失其時, 其道光明."
123) 『花潭集』「送沈教授義序」 卷2-34, "夫天下之萬物庶事, 莫不各有其止. 天吾知其止於上, 地吾知其止於下, 山川之流峙, 鳥獸之飛伏, 吾知其各一其止而不亂. 其在吾人, 尤不能無其止, 而止且非一端. 當知各於其所而止之. 如父子之止於恩, 君臣之止於義, 皆所性而物之則也. 至於飮食衣服之用, 視聽言動之施, 豈止之無其所也."

위와 연관되는 것에서도 바르게 멈추어야 하는 곳이 있음을 강조하였다. 그는 「간괘」 「단전」의 '멈춤[止]'이라는 개념으로부터 '멈춤'의 원리를 이끌어내어 그 의미를 다음과 같이 정의하고 있다.

> 『역』에서 '때가 멈출만하면 멈추고, 때가 행할 만하면 행한다'고 하였다. 대개 '때가 행할 만하면 행한다'는 것은 행하면서 멈추는 것이고, '때가 멈출만하여 멈춘다'는 것은 멈추면서 멈추는 것이다. 이미 멈출 곳에 멈추는 경지에 앉아 있으면 시詩로는 괴로움을 읊을 필요가 없고, 벼슬해서는 분망하게 움직일 필요가 없으며 몸 또한 반드시 분발하여 번거롭게 움직이며 사색할 필요가 없다. 어찌 이리저리 오가며 그치지 않을 수 있겠는가? 공자가 이미 노쇠하여 다시 주공周公의 모습을 꿈에서 다시 보지 못한 것은 그 멈출 곳에 멈출 줄 안 것이고, 소옹의 시에 '글을 읽지 않은 지 12년이 되었다'고 한 것은 그 글 읽기를 멈출 줄 안 것이다.124)

서경덕은 멈춤의 원리를 말하면서 '행하면서 멈춘다'는 것은 멈춤의 이치에 따라 행하는 것이고, '멈추면서 멈춘다'는 것은 멈춤의 이치에 따라 멈춘다고 하였다. 여기에서 뒤의 '멈춘다'가 '멈춤의 이치'가 된다. 그러면 '멈춤의 이치'란 무엇인가? 이것은 유가철학에서 말하는 의義 또는 『대학大學』에서 말하는 지선至善의 경지와 같은 도덕적 표준을 뜻하는 것이다. 의義를 가지고 말하면 소당연所當然의 도덕적 규칙에 대한 소이연所以然의 까닭이나 이유이다. 이것은 멈춤으로 말하면 '멈출 수밖에 없는 까닭'이 멈춤의 이치가 되며 의義가 된다. 서경덕은 위에서 시詩를 쓸 때나 벼슬을 할 때 모두 그 자리에서 행해야 할 천분으로서 의義에 힘쓰면 그것이 그 자리에서 지선至善의 경지에 멈추는 것이라고 보았다. 공자가 주공의 모습을 다시 꿈에서 보지 못한 것이나, 소옹이 책을 읽지 않은 지 12년이 된 것 또한 모두 그렇게

124) 『花潭集』 「送沈教授義序」 卷2-35, "易曰, 時止則止, 時行則行. 蓋時行而行, 則行而止也. 時止而止, 則止而止也. 旣坐止止之域, 則詩不必苦吟, 仕不必馳騖, 形亦不必抖擻煩動而思, 吳可憧憧往來而不止乎! 孔子旣衰矣, 則不復周夢, 知其止止也. 邵子之詩曰, 不讀書來十二年, 知其止讀也."

하지 않으면 안 되는 당위적인 의리에 따라 멈춘 것을 말한 것이다.

또한 서경덕은 멈춤에 있어서는 '무사무위無思無爲'의 경지에 멈추어야 한다고 강조하였다. 그는 이것을 불교의 적멸寂滅이나, 노자의 허무虛無, 열자의 잠구관潛九觀, 장자의 '여섯 가지 기운을 탄다'[御六氣], 위백양의 복연홍服鉛汞 등과 다른 것으로 대중지정大中至正하고 체용을 아우르며 동정을 하나로 하며 현미顯微가 틈이 없는 도로 보았다. 그는 무사무과無思無過의 경지에 머무를 수 있는 공부의 방법을 다음과 같이 제시하였다.

> 경敬을 지키고 리理를 살피는 것이 그 방법이다. 경敬은 하나됨을 위주로 하여 옮김이 없는 것을 말한다. 한 사물을 접하면 그 접하는 것에 멈추고, 하나의 일에 응하면 그 응하는 것에 멈추어 다른 것이 끼이지 않도록 하면 마음이 전일專一할 수 있다. 일이 지나고 사물이 떠나면 바로 거두어들여서 밝은 거울이 고요하게 텅빈 것처럼 해야 한다. 그러나 오히려 우리가 경敬을 지키는 것이 익숙하지 않으면 그 하나됨을 위주로 하려 할 때 멈춤에 고착되지 않는 경우가 드물다. 멈춤에 고착되면 또한 걸림이 될 뿐이다. 반드시 경敬을 오래도록 지켜서 고요함을 위주로 하여 움직임을 제어할 수 있고, 밖으로 멈춤에 고착되지 않으면서 안으로 멈춤에 정체되지 않은 후에 무사무위無思無爲를 기대할 수 있다.[125]

서경덕은 멈춤의 이치를 무사무위無思無爲의 인위적이지 않고 자연스러운 경지에 멈추는 것에 두면서 그 방법으로 경敬을 지키고, 리理를 살필 것을 강조하였다. 서경덕은 경을 지키면서 지선至善의 경지나 리理를 살펴서 어떤 장소와 상황에 처하더라도 그 멈출 곳을 알아서 실천하는 것을 궁극적 목표로 삼는다고 할 수 있다. 서경덕이 경을 강조한 것은 결국 멈춤을 아는 지지知止 공부이며 무사무과無思無過의 방법으로 언급된 것이다.[126]

---

125) 앞의 책, 같은 곳, 卷2-36, "然則如何用功, 而可止於無思無過之地也. 曰持敬觀理, 其方也. 敬者, 主一無適之謂也. 接一物 則止於所接, 應一事, 則止於所應, 無間以他也. 則心能一. 及事過物去便收斂, 湛然當如明鑑之空也. 然而顧吾持敬未熟, 則方其主一之時, 不爲泥止者鮮矣. 泥止則亦爲累爾. 必持敬之久, 而能主靜以御動, 外不泥止而內無滯止, 硏後無思無爲者, 可幾也."

요컨대, 서경덕은 계절의 절기와 연관된 「복괘」의 지일至日에서 양이 처음 회복되는 시점을 도덕적 실천의 원리가 드러나는 것으로 보았다. 또한 그는 「간괘」의 멈춤[止]의 이치로부터 도덕적 실천 원리를 이끌어냄으로써 『주역』을 의리적인 관점에서 이해하였다. 그는 이러한 멈춤의 이치를 성리학의 도덕적 수양 방법으로서 경敬을 통하여 체득하고 길러갈 것을 강조하였다. 이처럼 서경덕은 『주역』을 수리 상수역학적 관점에서 이해하는 경우가 많지만, 다른 한편으로 도덕적 수양과 실천을 강조하는 의리역학적인 시각에서 이해하기도 하였다. 서경덕의 이러한 입장은 그의 역학사상이 상수와 수리를 위주로 하면서도 그 목표에 있어서 도덕적 실천과 정치적 이상을 실현하는 것을 강조하는 의리역학을 지향하고 있음을 뜻하는 것이다.

7. 맺음말

본 장에서는 서경덕의 선천 태허를 중심으로 하는 본체론과 이기불상리, 그리고 상수역학에 대한 고찰을 통하여 우주 자연과 인간의 도덕적 실천의 일관성을 규명해보고자 하였다. 특히, 「선천도」를 중심으로 하는 역학의 기조 위에서 서경덕이 제기한 선천기론과 상수역학 사이의 상관관계에 주목하면서 이들이 도덕적 수양과 실천을 목표로 하는 지향성을 가지고 있음을 규명하고자 하였다.

서경덕은 태허와 선천이론을 전개하는 데, 여기에서 선천 태허는 기의 본체로서 감각적 인식과 시공간의 한계를 가지지 않아 시간적으로 무시무종無始無終하고 공간적으로 무내외無內外의 존재로 이해된다. 또한 태허의 기는 '신묘함[神]'으로 규정되는 것으로 기氣가 오묘하게 되도록 하는 것으로서 어떤 정해진 방향성도 가지지 않으며, 쉽게 헤아릴 수도 없는 것이다. 서경덕의 철학에서 기의 신묘함은 위에서 논증한 것과 같이 특정한 목적과 특정

126) 이남영, 위의 논문, 205쪽.

한 방향을 가진 어떤 외적인 운동인에 의해서도 작용하지 않고, 일기一氣 자체에 내재한 근본적 추동력의 기틀에 따라 움직이면서 특정한 방향을 가지지 않고 무상하게 변화하는 특성을 가진다.

이 태허는 기를 포함하고 있는데, 태허로부터 기가 동정하고 취산하면서 사물이 형성 변화될 때 일정한 조리와 법칙성을 가지게 하는 것이 바로 리理이다. 서경덕에 있어서 리는 기본적으로는 자율적 작동원리에 따라 움직이는 기에 종속된 '조리'의 의미를 가진다.

그러나 서경덕이 언급한 '일리一理'는 기의 자율적 운동에 속하는 조리의 의미를 초월하여, 모든 현상적 변화를 낳는 우주론적 근거가 된다. 또한 서경덕에서 태극太極은 태허와 불상리不相離의 관계를 가지면서 현상적으로 이루어지는 모든 변화의 근거가 되는 것으로 이해할 수 있다. 뿐만 아니라 태극은 '신神', '리理', 진실함[誠]과 도道를 갖추고 있음으로써 자연의 물리법칙과 인간의 규범법칙의 공통된 근거로서의 의미를 함축하고 있다.

서경덕은 또한 음양론과 수리론, 그리고 자연의 변화법칙에 대한 상수역학적 시각을 가지고 「황극경세수해」, 「64괘방원지도해」, 「괘변해」, 「온천변」을 지었다. 그는 「황극경세수해」에서 원회운세元會運世와 역법의 수리적 원리를 『주역』의 괘효와 연결시킴으로써 수리역학적 관점에서 역법曆法을 해석한 반면, 「육십사괘방원지도해」에서는 64괘의 형성에 대한 수리적 이해를 제시하였다. 그리고 「괘변해」에서 주희의 「삼십이괘변도三十二卦變圖」의 기우노소奇偶老少의 변화와 64괘의 변화원리를 상수역학적 입장에서 분석하였고, 「온천변」에서는 온천이 생기는 현상을 음양론陰陽論과 함께 천지생성의 수리적 관점에서 설명하였다. 서경덕의 이러한 해석은 대체로 괘의 변화와 대비하면서 역법이나 온천과 같은 자연의 변화법칙을 수리와 상수역학적 측면에서 이해하는 것이다.

서경덕은 「성음해」에서 소옹의 「경세사상체용지수도」의 내용 중에서 정성正聲과 정음正音을 천지의 음양과 강유, 용수用數, 기와 질, 형상과 형체, 벽흡, 청탁과 같은 역학의 기본 원리와 결합하여 설명하였다. 그는 음은 양을 따르는 것이며, 흡성은 벽성으로부터 변화되어 나온 것이라고 하여 음양의 벽흡과 같은 『주역』의 우주발생론 및 변화론에 근거하여 성음의 발생과 변화를 설명하였다. 그가 천지의 용수用數를 써서 정성과 정음의 자모를 설명하는 것에서는 음양의 기수론氣數論을 견지하고 있음을 알 수 있다. 또한 강유 기질의 청탁과 오행五行의 상생론을 적용하여 음音을 설명하여 상수역학적 관점에서 정음正音을 해석하기도 하였다.

마지막으로 서경덕은 「복괘」의 지일至日의 양陽이 처음 회복되는 시점을 도덕적 실천의 원리가 드러나는 것으로 해석하였다. 뿐만 아니라 그는 「간괘」의 멈춤[止]의 이치를 경敬의 수양의 근거로 삼고 이로부터 도덕적 실천 원리를 이끌어냄으로써 『주역』을 의리적인 관점에서 이해하였다. 서경덕은 『주역』을 수리 상수역학적 관점에서 이해하는 경우가 많았다. 하지만 다른 한편으로는 도덕적 수양과 실천, 정치적 이상의 실현을 강조하는 의리역학적인 시각에서 『주역』을 이해하기도 하였다.

서경덕의 이러한 입장은 조선전기역철학사에서 볼 때, 그의 역학사상이 상수와 수리를 위주로 하면서도 그 목표에 있어서는 도덕적 실천과 정치적 이상을 강조하는 의리역학적인 지향성을 가지고 있음을 뜻하는 것이다. 특히 서경덕이 소옹의 상수역학 이론을 받아들여 음운학에 적용한 것은 후대에 음운학의 선구가 되었다는 점에서 매우 커다란 의미를 가진다고 할 수 있다.

제 8 장

황효공의 『역범도』 체계와 도설의 상수학적 의미

1. 머리말

이 장에서는 조선 초기 황효공黃孝恭1496~1553[127]의 『역범도易範圖』에 내포되어 있는 상수역학 사상을 분석함으로써 이 저술의 역철학사적 의미를 살펴보고자 한다. 또한 그의 「역범도」가 조선전기 역학의 한 흐름을 이루었던 도상학圖象學의 전통에서 어떤 위치를 차지하는가를 조명해 볼 예정이다. 한편으로 「역범도」의 역학사적 지위를 검토하고 해명하는 것은 조선전기역철학사의 경향과 특성을 규명하는 작업이기도 하다.

조선 초기에 철학사상 또는 역학사상을 시각적인 도상과 그림을 통하여 제시한 효시가 되는 작품은 권근權近1352~1409의 「입학도설入學圖說」이다. 『입학도설』은 후대에 이황李滉1501~1570과 정지운鄭之雲1509~1561의 「천명신설天命新圖」와 「천명구도天命舊圖」에 결정적인 영향을 주면서 성리학의 발전

127) 황효공黃孝恭1496~1553은 조선 중기의 관료학자이다. 永川에서 태어났으며, 본관은 昌原이고, 자는 敬甫이며, 호는 龜巖이다. 1521년(중종 16) 문과에 병과로 급제한 이후 刑曹正郞·黃海都事·校理·持平 등을 지냈고 書狀官으로 중국에 다녀왔다. 이후 영천으로 낙향하여 정사(精舍)를 짓고 '구암'이라 자호하고서 독서와 후진양성에 힘썼다. 『易學啓蒙』, 『皇極經世書』, 「太極圖」 등을 깊이 연구하였다. 이황과도 교유하였으며, 圖象學과 易學에 밝았다. 저서로는 『龜巖逸稿』가 있다.

에 크게 기여하였다. 『입학도설』에는 『중용』, 『대학』을 중심으로 『논어』와 『맹자』, 그리고 『시경』, 『서경』, 『예기』 등과 같은 경전의 내용을 담은 그림과 도설이 포함되어 있다. 이러한 그림은 요점적인 내용을 시각적으로 분명하게 이해하도록 하는 효과를 가진다.

이와 같이 도상을 통하여 학설을 요점적으로 그리고 시각적으로 분명하게 보여주는 사례는 중국 당대唐代에 도교道敎 계통의 학자들이 「선천도」와 「태극도」를 전했던 전통이 대표적이다.128) 그 이후로 소옹의 「선천도」와 같은 도표를 중심으로 하여 중국에서는 도표와 그림을 통하여 학설을 요약하고 정리하는 전통이 지속적으로 이어졌다고 할 수 있다. 이러한 영향으로 조선시대에도 도표와 그림을 통하여 유가철학과 역학사상을 요점적으로 이해하고 해설한 전통이 계승되었다.

권근의 『입학도설』은 『중용』과 『대학』을 중심으로 하는 유가철학의 본성론과 형이상학적 내용뿐만 아니라, 『주역』과 관련한 도표와 그림도 상당히 많은 부분을 차지하고 있다. 구체적으로 보면 『입학도설』의 43가지 도표 가운데 『주역』과 연관된 도표는 약 16여 가지에 이른다.129) 권근이 구성한 이러한 도표와 그림은 조선시대 역학사상에서 그림과 도표를 통하여 역학을 설명하고 이해하는 전통의 효시를 이루고 있다고 해도 과언이 아니다.

---

128) 중국에서는 도서역학에서 「선천역」은 魏伯陽의 參同契에 근원을 두는 陳搏으로부터 衷旁, 牧修 李之才, 邵雍으로 전해지고, 「태극도」는 牧收, 周敦頤, 程顥, 程頤에게 전해졌다.

129) 『입학도설』은 권근1352~1409이 恭讓王 2년(1390)에 처음 공부하는 사람을 위해 지은 성리학 입문서이다. 이 저술은 단간본으로 구성한 전집과 전·후집으로 된 합간본의 두 가지가 있다. 전집에는 「천인심성합일지도」 등 26종류가, 후집에는 「십이월괘지도」 등 14종의 도설이 실려 있다. 이중 「天人心性合一之圖」는 성리학의 핵심 개념으로서 태극·천명·이기·음양·오행·사단·칠정 등을 하나의 그림 속에 질서지우고 이들의 특성과 상호관계를 설명하였다. 권근의 『입학도설』에서 『주역』과 연관된 도표의 구체적 명칭은 다음과 같은 것들이 있다. 「河圖五行相生之圖」, 「洛書五行相剋之圖」, 「太極兩儀四象八卦之圖」, 「先天方位圓圖」, 「先天方位方圖」, 「伏羲先天八卦」, 「文王後天方位」, 「陰陽六九爲老之圖」, 「天圓地方」, 「天地生成之數」, 「河圖中宮之數」, 「洪範九疇天人合一圖-上」, 「洪範九疇天人合一圖-下」, 「十二月卦之圖」, 「掛扐過揲之法」등이 그 사례이다.

그런데 권근이 작성한 『주역』의 상수학과 관련한 도표와 그림 중에는 뒤에 황효공이 『역범도』에서 제시한 그림과 동일하거나 비슷한 내용의 그림이 여러 종류가 있다. 실제로 황효공은 1547년에 권근의 『입학도설』에 발문을 작성하여 그것을 중간重刊하였다. 황효공은 『입학도설』의 그림과 글이 성리性理를 배우는 사람의 '표준적 목표[指南]'가 된다고 생각하여 이를 백운동서원白雲洞書院에 소장함으로써 강습에 도움이 될 수 있도록 하였다.130) 이렇게 볼 때 황효공이 권근의 『입학도설』에 대하여 구체적인 내용을 이해했을 뿐만 아니라 강학과 교육에도 이용하고자 하였고, 자신의 『역범도』를 작성하는 데도 준거로 이용했을 것이라는 추론이 가능하다. 이 점에서 황효공이 『역학계몽』과 『황극내편』의 그림들을 취하여 『역범도』를 작성한 것은 이러한 권근의 전통을 이은 것으로 판단된다.

또한 『역범도』에는 소옹의 「선천도」가 포함되어 있는데, 이 점은 조선전기 역학에서 이미 소옹의 선천역학을 대부분 수용하고 있었음을 의미한다. 특히 그의 『역범도』는 조선의 도상학의 전통에서 초기에 속한다는 점에서 의미가 매우 크다. 후대에 이황의 「성학십도聖學十圖」나 조식의 『학기유편學記類編』 속의 도표와 같은 것은 이런 전통을 계승한 것이라고 할 수 있다.

이황이 붙인 발문에 따르면 『역범도』는 황효공이 『역학계몽』과 『황극내편』을 읽으면서 핵심이 되는 도표를 뽑고 중국의 여러 역학 관련 학자들의 학설을 뒤에 붙이고, 마지막에 자신이 그린 도표 하나를 더하여 구성한 도상학 저술이다.131) 따라서 이 『역범도』의 그림들은 기존에 중국에서 그린

130) 유권종, 「입학도설과 조선유학 도설」 『철학탐구』 21, 중앙대 중앙철학연구소, 2007, 11~13쪽. 현존하는 국립중앙도서관 소장본 가운데 일본의 安田十兵衛開板本 『입학도설』 후미에는 龜巖 黃孝恭의 발문과 里村遇港子의 발문이 실려 있다.(유권종, 앞의 논문, 12쪽) 황효공이 『입학도설』을 重刊한 구체적인 내용은 유권종의 위의 논문에서 자세히 논의하였다.

131) 李滉, 『易範圖』 「跋」, "檜山黃敬甫, 以司諫罷歸, 居于龜城之龜巖, 閑中讀『啓蒙』『皇極內篇』等書. 得以研精於易範之數, 而心樂之謂. 圖書之在簡帙, 必待繙舒而後可見, 而又或此現則彼隱, 不便於參互玩索, 乃取二書中十圖, 幷濂溪太極圖, 而又自以其意, 作爲一圖, 卽最後所謂方位圓圖者, 是也. 合爲十二圖, 每圖下節取諸先生之說."

도표가 대부분이고, 도설 또한 소옹邵雍과 주희朱熹를 비롯한 여러 학자들의 설을 모아 붙인 것인 만큼, 황효공의 독자적 견해를 담은 저술이라고 할 수는 없다.

그러나 『역범도』에 수록된 도표의 순서와 구성 체계, 그리고 뽑아 놓은 도설의 내용은 그가 중요하다고 판단한 것을 가려서 체계화시켜 놓은 것으로 볼 수 있다. 따라서 『역범도』는 황효공이 바라보고 있는 상수역학이 어떤 모습이었는가 하는 점을 살펴보고, 그의 역학에 대한 이해와 조선 역학사에서의 도상학의 흐름에 기준을 제공해 준다는 점에서 상당히 중요한 의미를 가진다고 할 수 있다.

그러면 다음 제2절에서는 『역범도』의 구성 체계를 검토함으로써 그 특징을 제시해 보기로 한다. 제3절에서는 『역범도』에 수록되어 있는 도표들 중 앞의 여섯 도표의 내용을 검토할 예정이다. 다음 제4절에서는 『역범도』의 후반부에 있는 여섯 가지 도표의 내용과 특징을 검토하기로 한다. 제5절에서는 『역범도』의 상수역학적 의미와 함께 이 저술이 지니는 의리적 목표를 살펴볼 예정이다. 마지막 결론에서는 황효공의 『역범도』가 조선의 도상학적 흐름에서 어떠한 위치를 차지하는가 하는 점과 조선역철학사 전체에서 이 작품이 점하는 의의를 요약하고자 한다.

2. 『역범도易範圖』의 구성체계

이 절에서는 『역범도』의 구성체계와 도설의 전체적인 취지와 요점적인 내용을 살펴보기로 한다. 『역범도』는 기본적으로 『역학계몽』과 『황극내편』에서 뽑은 『주역』의 「하도낙서」를 필두로 복희와 문왕이 그린 도표를 비롯하여 역학과 연관된 도표圖表를 순서대로 배열하고 도표마다 바로 뒤에 중국 역대 여러 학자들의 설을 도설圖說로 붙인 형식으로 이루어져 있다. 구체적으로 도표는 위의 두 책 가운데서 뽑은 열 가지 도표와 함께 주렴계周濂溪

의 「태극도」를 합하고 또 황효공 스스로 자기의 뜻으로 그린 하나의 도표 등 12가지 도표로 이루어져 있다.

이어서 배열 순서를 살펴보면, 도표로 그린 그림이 맨 앞에 있고, 바로 다음에 「계사전」, 「설괘전」, 「홍범」 등에서 뽑은 도설圖說 원문을 위를 띄우지 않고 내려 썼고, 주석을 한 칸 아래로 내려 썼다. 원문이 여러 단락인 경우 중간에 다시 올려서 위를 띄우지 않고 쓰고, 주석은 다시 한 칸 내려 썼다. 12가지 도표 가운데 원문이 있는 것이 여덟 가지이고, 원문 없이 주석만 있는 것이 「복희육십사괘도伏羲六十四卦圖」, 「구봉황극내편범수지도九峰皇極內篇範數之圖」, 「염계선생태극도濂溪先生太極圖」, 「복희육십사괘방위지도伏羲六十四卦方位之圖」 등 네 가지이다. 이처럼 『역범도』의 체계와 내용, 학설을 제시한 제가諸家의 이름 등을 도표로 표시하면 다음과 같다.

【표8-1】『역범도』의 구성 체계와 내용

<table>
<tr><th>순서</th><th>도표이름</th><th>내용</th><th>제가도설</th><th>비고</th></tr>
<tr><td>1</td><td>하도
河圖</td><td rowspan="2">천지의 수를 1부터 10까지의 기수와 우수로 나누고, 이것을 다시 생수와 성수로 구별하여 천지의 생수와 성수의 교호적인 결합으로 설명하고 있다. 또 「河圖」와 「洛書」에서 수의 배치는 생수성수 또는 기수우수 중 어떤 것에 중점을 두느냐에 따른 것임을 설명하면서, 이를 방위와 결합하여 설명하고 있다.</td><td rowspan="2">▪ 원문:
계사전
▪ 주석:
공안국
유 흠
관자명
소 옹
주 자</td><td></td></tr>
<tr><td>2</td><td>낙서
洛書</td><td></td></tr>
<tr><td>3
계몽</td><td>복희팔괘차서지도
伏羲八卦次序之圖</td><td>육십사괘의 형성원리를 설명하는 도표이다. 먼저 태극에서 팔괘가 형성되는 단계적인 과정을 보여준다. 역에는 상수가 형성되기 이전의 一理인 太極이 이미 갖추어져 있음을 강조하고 있다. 이 과정이 加一倍法에 따라 형성되는 것이라고 언급하였다.</td><td>▪ 원문:
계사전
설괘전
▪ 주석:
주 자
소 자</td><td></td></tr>
</table>

4 계몽	복희선천팔괘도 伏羲先天八卦圖	八卦의 방위를 배열하고 있으며, 팔괘의 생성 순서를 순행과 역행으로 구별하여 팔괘를 과거와 미래의 괘의 발생 및 변화의 관점에서 보고 있다.	▪ 원문: 설괘전 ▪ 주석: 소 옹 쌍호 호씨 옥재 호씨	
5	복희육십사괘차서 伏羲六十四卦次序	팔괘에서 모든 음양기우의 효를 3번 반복하여 16, 32, 64괘를 형성하는 과정과 괘의 순서에 따른 배열을 보여주고 있다. 역의 구체적인 변화의 원리가 성립하고 64괘의 卦名이 구성되는 과정을 설명한다. 서산 진씨의 말을 인용하여 理는 하나이지만 氣는 둘로 분화되지 않는 경우가 없다고 보아, 태극으로부터 兩儀가 나뉘는 것을 정당화하며, 64괘가 순차적으로 분화되는 근거를 제시하고 있다.	▪ 원문: 계사전 ▪ 주석: 주 자 「답원추 答袁樞」 서산 진씨 西山眞氏 주자시 朱子詩	
6 계몽	복희육십사괘도 伏羲六十四卦圖	육십사괘를 음양으로 구분하여 「원도圓圖」와 「횡도橫圖」로 배열하고, 이를 음양으로 구분하여 괘를 순서지웠다. 양은 復卦에서 시작하여 乾卦에 이르고, 음은 姤卦에서 시작하여 坤卦에서 마치는 것으로 보았다. 소강절은 이 도는 문장이 없지만 천지만물의 리가 모두 여기에 있는 것으로 언급하였다. 주희는 이 도가 李之才, 穆修, 陳搏으로 소급되는 선천역학이라고 언급하였다. 또 이 도는 방위를 12진으로 구분하여 乾坤坎離 등의 괘를 방위에 배열하여 12지에 배당하는 것으로 설명한다.	▪ 주석: 소 옹 주 자 주자시 邵子詩	
7	기자홍범구주지도 箕子洪範九疇之圖	「낙서」 45개의 점을 상징으로 하여 자연과 인사를 통합하여 정치를 행하는 원칙을 9개 범주로 분류하여 도표화하였다. 이것	▪ 원문: 홍 범 ▪ 주석: 구봉 채씨	

		은 皇極이 5의 중앙의 자리에 중심을 이루고 있으며, 이를 둘러싸고 나머지 8가지 자연과 인사의 변화를 설명하는 내용으로 이루어져 있다.	주 자	
8 계몽	문왕후천팔괘방위도 文王後天八卦方位圖	八卦에 각각의 방위를 배당하면서 그 방위에 따른 괘의 성질을 규정하고 있다. 각각의 방위를 가진 八卦의 쓰임을 설명하는 것으로 소옹은 後天之學으로 언급하고 있다.	▪ 원문: 설괘전 ▪ 주석: 소 옹 옥재 호씨	
9 계몽	옥재총술주자괘륵과설도지도 玉齋總述朱子掛扐過揲圖之圖	大衍之數 50으로부터 태극을 상징하는 數 1을 제외하고 나머지 49의 수로 卦爻를 뽑아내는 방법과 과정을 제시한 주희의 방법론을 도표화한 것이다. 蓍草 가지를 일정한 방법으로 나누고 결합하여 陰陽老少의 수를 연역하고 이로부터 괘효를 도출한다. 이렇게 하여 자연과 인사의 변화를 포괄하는 음양노소의 6획괘를 이끌어 낸다.	▪ 원문: 사 전 ▪ 주석: 주 자	
10 내편	구봉황극내편범수지도 九峰皇極內篇範數之圖	「낙서洛書」의 수 9의 곱수인 81을 연역하여 이를 괘명을 포함한 새로운 괘를 만들어 원도와 「횡도」로 배치한 도표이다. 천지, 인물, 사시 등 만물의 변화를 상징한 것으로 「하도낙서」의 수의 변화를 반영하고 있다.	▪ 주석: 구봉 채씨	
11	염계선생태극도 濂溪先生太極圖	태극, 음양, 오행, 인간, 만물이 분화하고 형성되는 존재론적인 구조와 과정을 동시에 보여주는 것이다. 도설을 붙여놓고 있는데, 이 도설에는 성인이 中正仁義를 갖추고 정靜을 위주로 하는 것에 대하여 말하고 있다.	▪ 주석: 주렴계	
12	복희육십사괘방위지도	64괘를 태극으로부터 음양의 기우로 형성되는 과정을 차례로	▪ 주석: 황효공	

	伏羲六十四卦方位之圖	중복하여 도표화한 것이다. 64괘를 원도와 「횡도」로 배치하여 그 방위와 음양을 함께 그려 보여주고 있다. 옥재 호씨의 易說을 쉽게 규명할 수 없을 때는 그대로 그의 설을 따르기만 하였는데, 「횡도」와 원도로 그려 놓으니, 음양과 기우의 수가 분명하고, 음양의 對待, 理氣의 유행이 엄격하여, 一元, 一年, 一月, 一日의 변화가 눈앞에 분명히 드러나게 되었다고 강조하고 있다.		
	이황 발 李滉 跋	황효공이 사간원의 司諫 직임을 사직하고 고향 龜城의 龜巖에 살면서 한가한 가운데 『역학계몽』과 『황극내편』 등의 책을 읽으면서 역학의 모범이 되는 수리를 정밀하게 연구하여 『역범도』를 지은 내력과 함께 『역범도』의 구성에 대해 언급하였다. 이어서 황효공이 『역범도』를 그린 것을 퇴계에게 가져와 나중에 수정하여 병풍으로 만들고자 했는데 병풍이 완성되었을 때는 敬甫가 이미 죽은 후여서 애석하다는 내용을 적고 있다. 도표 가운데 마지막 도표 伏羲六十四卦方位之圖는 포운룡의 『天原發微』에 이미 있는 것이지만, 경보가 그것을 보지 않고 그린 것이어서 그의 저작이라고 해야 한다는 등의 내용을 기록하였다.		

위 도표들 중 많은 종류는 『역학계몽』에서 발췌하고 일부는 『황극내편』에서 취하였다. 그리고 마지막 「복희육십사괘방위지도伏羲六十四卦方位之圖」는 황효공 자신이 스스로 그린 것이다. 이렇게 볼 때 위의 『역범도』는 『역학계몽』에서 가장 많이 인용함으로써 『역학계몽』의 영향을 가장 많이 받았음을

알 수 있다. 위에서 언급한 바와 같이 황효공은 권근의 『입학도설』을 중간했는데, 이런 과정에서 그의 역학에 관한 시각은 많은 부분 권근에게 영향을 받았음을 알 수 있다. 이로부터 권근 또한 일찍이 『역학계몽』을 입수하여 읽음으로써 『역학계몽』을 그의 역학적 견해를 형성하는 데 기초가 되는 주된 저술로 간주하였음을 추론할 수 있다. 요컨대, 황효공이 자신의 역학적 견해를 형성하는 데 토대가 된 것은 권근으로부터의 영향과 함께 『역학계몽』을 접한 것에서 찾을 수 있다.

위의 도표 상호간의 구성 체계를 살펴보면, 「하도낙서」, 「복희팔괘」와 「복희육십사괘」, 「문왕팔괘」와 연관된 도표가 중심을 이루고, 다음으로 「옥재총술주자괘륵과설도지도玉齋總述朱子掛扐過揲圖之圖」, 「염계선생태극도濂溪先生太極圖」와 이황李滉의 「발문跋文」이 붙어 있는 체계로 구성되어 있다. 「하도낙서」와 연관된 도표는 1. 2번 「하도낙서」를 비롯하여, 「낙서」를 원리로 하는 「기자홍범구주지도箕子洪範九疇之圖」와 「구봉황극내편범수지도九峰皇極內篇範數之圖」가 있다. 「복희팔괘육십사괘」와 연관된 도표로는 「복희팔괘차서지도伏羲八卦次序之圖」, 「복희선천팔괘도伏羲先天八卦圖」, 「복희육십사괘차서伏羲六十四卦次序」, 「복희육십사괘도伏羲六十四卦圖」, 「복희육십사괘방위지도伏羲六十四卦方位之圖」, 「문왕후천팔괘방위도」 등이 있다.

위의 도표들은 대체로 천지생성의 수를 설명하고 있으며, 육십사괘의 형성 원리를 제시하고 있다. 또 대연지수 50으로부터 음양노소의 수를 연역하는 과설過揲의 과정을 제시하고 괘효를 도출하는 것을 그린 도표도 있다. 또, 「낙서」 45개수를 상징으로 인사의 정치적 원리를 아홉 범주로 나누어 설명하기도 하였다. 「구봉황극내편범수지도九峰皇極內篇範數圖」와 같은 그림은 「낙서洛書」의 수 9의 곱수인 81을 연역하고 나서 괘명卦名을 포함한 새로운 괘를 만들어 「원도圓圖」와 「횡도橫圖」로 배치한 것이다. 요컨대, 이러한 도표들은 대체로 『주역』의 상수학적 원리를 설명하는 데 기초가 되는 도표들이다. 그러면 다음 장에서는 이들 도표와 이들을 설명하는 도설圖說의 구체적 내용에 대하여 살펴보기로 한다.

3. 『역범도』 전육도前六圖와 도설의 내용

『역범도』의 그림은 열두 가지로 이루어져 있는데, 이 가운데 「하도」와 「낙서」는 첫머리에 붙여서 그려놓고 뒤에 도설을 합하여 붙였다. 따라서 『역범도』는 그림은 열 두 가지이지만 도설은 열 한가지이다. 황효공은 『역범도』에서 「하도낙서」를 서두로 하여 열 두 가지 그림과 여기에 대한 도설을 설명할 때 여러 학자의 글을 인용하였다. 이제 그 내용이 어떻게 이루어져 있는가를 살펴보기로 한다.

첫째, 「하도낙서」는 앞에 간단하게 그림을 그리고 이어서 몇몇 학자의 견해를 기록하였다. 「하도」와 「낙서」는 모두 기수奇數를 양陽으로서 희고 작은 원점을, 우수偶數는 음陰으로서 검고 작은 원점을 숫자만큼 그려 선으로 이어서 각자의 방위에 배치하였다.[132] 이어서 도설에는 공안국孔安國, 유씨劉氏, 소옹의 학설이 차례로 앞에 나오고, 다음으로 「계사전」의 1에서 10까지의 천지天地 수數를 설명하는 부분을 도설 원문으로 붙여 놓았다. 그리고 이 천지수에 대한 주희의 해설을 주석으로 붙여 놓았다. 그러나 『역학계몽』에 인용되어 있는 내용과 비교해 볼 때 주희가 언급한 내용들 가운데 너무 구체적인 부분이라고 생각되는 부분은 빼고서 기록하였다. 예를 들면 네 번째 "「하도」는 생수生數를 위주로 한다"고 하는 단락에서 황효공은 "「하도」에서의 구체적인 점으로서 천지의 수 1에서 5까지와 「낙서」의 천의 수 1, 3, 5, 7, 9에 대하여 각각이 천지의 상이다"[133]이라고 말한 부분은 생략하였다.

---

132) 「하도」는 아래와 왼쪽은 선으로 연결된 우수의 원점을 밖에, 기수의 원점을 안에 배치하고, 위와 오른쪽은 기수의 원점을 밖에, 우수의 원점을 안에 두었다. 가운데는 우수5의 원점을 안에 두고 우수10의 원점을 5개씩 상하로 배치하였다. 이리하여 「하도」는 아래와 위, 왼쪽과 오른쪽이 차례로 1·6, 2·7, 3·8, 4·9가 위치하고 중앙에 5·10이 위치해 있다. 이에 반해 「낙서」는 1에서 9까지의 숫자에 해당하는 선으로 연결된 흑백의 작은 원점이 상하좌우와 네 모서리 방향, 그리고 가운데 위치해 있다. 그 방위는 아래와 아래 오른쪽이 1·6, 위오른쪽과 오른쪽이 2·7, 왼쪽과 왼쪽 아래가 3·8, 위와 위 왼쪽이 4·9, 가운데가 5가 된다.

133) 『易學啓蒙』 「本圖書」, "河圖以生數爲主, 故其中之所以爲五者, 亦具五生數之象焉. 其下一點, 天一之象也. 其上一點, 地二之象也. 其左一點, 天三之象也. 其右

【표8-2】 하도낙서도설

단락	저자	주제	내용
1	孔安國	河圖洛書八卦九類	「하도」는 河水에서 용마가 출현하여 伏羲가 이를 본떠서 八卦를 그리고, 「낙서」는 禹가 홍수를 다스릴 때 神龜가 무늬를 가지고 나와 이를 본떠서 九類를 이루었다.
	劉歆	〃	「河圖洛書」는 서로 經緯가 되고, 八卦와 九類는 서로 表裏가 된다.
	關子明	河圖洛書 數의 方位	「하도」는 전후좌우에 7689가 있고, 「낙서」는 9와 1을 이고 밟으며, 좌우에 3과 7, 양어깨에 2와 4, 발에 6과 8이 있다.
	邵雍	河圖洛書方圓造易作範	伏羲와 文王은 「하도」의 수로 역을 지었고, 禹와 箕子는 「낙서」의 무늬를 펴서 「홍범」을 지었다.
2	註釋	天地之數	1에서 10까지 천지의 수는 천수가 5, 지수가 5로 다섯 자리가 相得有合하며, 천수의 합 25와 지수의 합 30을 합한 55가 변화를 이루고 귀신을 행한다.
3	朱熹	天地之氣 陰陽五行 「河圖洛書」의 同異	▪「河圖」의 수를 설명하면서 天數와 地數, 생수와 성수, 그리고 천지생성 수의 相得과 有合에 대하여 언급하였다. ▪「河圖」와 「洛書」의 자리와 숫자가 다른 까닭에 대하여 常數의 體와 變數의 用의 관점에서 구분하였다. ▪「河圖」와 「洛書」의 가운데 수가 모두 5가 되는 이유를 설명하였다. ▪「河圖」와 「洛書」의 중앙수 五는 각각 생수와 기수를 상징하고, 각각의 숫자가 위치하는 방위가 구별되는 까닭에 대하여 설명하고 있다. ▪「河圖」와 「洛書」의 기수와 우수의 숫자가 각각 많고 적음이 같지 않은 이유에 대하여 말하고 있다. ▪「河圖洛書」의 숫자의 순서가 같지 않은 이유

一點, 地四之象也. 其中一點, 天五之象也. 洛書以奇數爲主, 故其中之所以爲五者, 亦具五奇數之象焉. 其下一點, 亦天一之象也. 其左一點, 亦天三之象也. 其中一點, 亦天五之象也. 其右一點, 則天七之象也. 其上一點, 則天九之象也."

			에 대하여 生出과 運行의 측면에서 말하고 있으며, 특히 「洛書」에 대해서는 五行의 相克을 말하였다. ▪「하도」와 「낙서」의 7, 8, 9, 6의 숫자가 다른 이유를 각각 陰陽老少의 互藏其宅과 參五錯綜으로 설명하였다. ▪성인이 「河圖洛書」를 본떠서 각각 팔괘를 그리고, 洪範九疇의 강령을 지은 것을 말하였다. ▪「洛書」로부터도 八卦의 상징을 이끌어낼 수 있고 「河圖」로부터도 九疇의 상징을 이끌어낼 수 있음을 설명하였다. ▪「河圖」와 「洛書」는 선후의 시대와 수의 많고 적음이 다르지만, 그 이치는 같음을 大衍之數 50을 도출하는 것을 통해 설명하였다.134)

위의 주석 내용은 대체로 「하도낙서」가 그려진 연원을 설명하고 있으며, 이를 본떠서 팔괘八卦와 구주九疇가 지어진 것을 언급하였다. 그리고 「하도」와 「낙서」 사이의 생수와 성수, 기수와 우수, 7, 8, 9, 6의 수, 수의 방위와 상득相得 유합有合 관계에 있어서 같은 점과 다른 점에 대하여 언급하였다. 특히 주희의 주석에서는 「하도」와 「낙서」가 상호간에 동일한 대연지수大衍之數를 포함함으로써 서로 소통되는 측면을 강조하였다.

『역범도』의 세 번째 그림은 「복희팔괘차서도伏羲八卦次序圖」이다. 이 도표는 태극으로부터 음양이 분화되면서 양의, 사상, 팔괘가 도출되는 순차적인 모습을 흑색과 백색으로 음양을 표시하면서 제시한 것이다. 여기에서 팔괘의 차례는 건乾 1 → 태兌 2 → 리離 3 → 진震 4 → 손巽 5 → 감坎 6 → 간艮 7 → 곤坤 8로 이루어져 있다. 여기에 이은 도설 원문은 「계사전」에서 복희伏羲가 하늘과 땅을 앙관부찰仰觀俯察하면서 괘卦를 그렸다는 구절과 '태극이 양의를 낳는다[太極生兩儀]'는 구절을 인용하여 붙였다. 여기에는 각각의 단락 바로 뒤에 주희의 주석을 붙였다. 그 뒤에는 「설괘전」에 나오는 "역은 거슬러 헤아리는 것이다[易, 逆數也]"라고 하는 구절을 인용하고 나서, 소옹이 언급한 견해를 붙였다. 이 내용을 정리하면 다음과 같다.

134) 『易範圖』 『韓國經學資料集成』 87卷, 『易經』 1卷, 1996, 743~753쪽.

【표8-3】 복희팔괘차서도설

<table>
<tr><th colspan="2">단락</th><th>출전</th><th>주제</th><th>내용</th></tr>
<tr><td rowspan="2">1</td><td>원문</td><td>계사전 하2</td><td>始作八卦</td><td>易은 伏羲씨가 앙관부찰하면서 괘를 제작하면서 만들어 神明의 德에 통하고 萬物의 實情을 유별하였다.135)</td></tr>
<tr><td>주석</td><td>주희</td><td>渾然太極
陰陽之妙
畫卦運用</td><td>• 역은 「하도」에 의지해서만 지어진 것이 아니라, 성인이 渾然한 太極이 마음에 묵묵히 이해되어 이루어진 것이다.
• 太極으로부터 兩儀, 四象, 八卦에서 六十四卦가 분화되면서 이들에는 여전히 太極이 내재하여 百千萬億의 무궁한 변화에 응할 수 있다.
• 卦爻로 드러나는 것에 先後가 있다고 하더라도 이미 정해진 형상과 순서가 혼연한 太極 가운데 갖추어져 있어서 조금도 사려나 작위를 용납하지 않는다.
• 程子가 말한 加一倍法이나 획 이전에 易이 있다고 한 邵雍의 말은 망령된 것이 아니다.</td></tr>
<tr><td rowspan="2">2</td><td>원문</td><td>계사전 상11</td><td>易有太極</td><td>太極으로부터 八卦가 나오고 이로부터 吉凶과 大業이 생긴다.136)</td></tr>
<tr><td>주석</td><td>주희</td><td>太極八卦
吉凶生大業</td><td>• 太極은 象數가 형성되지 않았을 때 理가 갖추어진 것으로 圖書에서 虛中의 象이다.
• 太極이 갈라지면서 奇偶陰陽의 兩儀를 낳는다. 兩儀가 갈리면서 다시 9, 8, 7, 6의 음양노소의 사상이 생긴다.
• 四象에서 一奇一偶를 낳으면 三畫으로 八卦의 이름이 갖추어진다. 그 자리는 건에서 곤까지 8가지이고, 圖에서는 乾坤離坎은 네 곳의 實地에 있고, 震兌巽艮은 네 곳의 虛位에 자리한다. 書에서는 건곤리감은 네 방향에 나누어 있고, 진태손간은 네 모퉁이에 있다.</td></tr>
<tr><td rowspan="2">3</td><td>원문</td><td>설괘전</td><td>易逆數也</td><td>易은 아직 이르지 않은 것을 미리 헤아리는 것이다.</td></tr>
<tr><td>주석</td><td>소옹</td><td>八卦
未生之卦</td><td>乾兌離震巽坎艮坤의 여덟 괘의 순서는 未生之卦로 四時를 거꾸로 미루는 것과 같다.137)</td></tr>
</table>

위의 「복희팔괘차서도」에 대한 도설은 기본적으로 괘를 처음으로 그린 과정과 방법, 태극으로부터 양의兩儀 사상四象을 거쳐 팔괘를 구성하는 과정, 그리고 역은 아직 이르지 않은 미래의 일을 거꾸로 헤아리는 데 본질이 있다는 것을 말하였다. 이때 사물의 형상이 괘효로 드러나는 점에서 선후가 있더라도 이들은 이미 혼연한 태극 속에 구비되어 있기 때문에, 어떠한 인위적인 조작이나 사려도 낄 수 없다고 하였다. 또한 태극으로부터 팔괘가 생기는 과정에서는 음양노소의 사상四象이 있으며, 팔괘가 이루어지고 나면 각각의 위치와 순서가 정해져서 그 이름이 갖추어지고, 이로부터 길흉과 대업이 생긴다는 것이다.

그러면 『역범도』의 네 번째 그림은 어떤 것인가? 「복희선천팔괘도伏羲先天八卦圖」가 『역범도』의 네 번째 그림이다. 「복희선천팔괘도」는 건곤乾坤이 각각 남북에 위치해 있고, 리감離坎이 동과 서, 진태震兌가 동북과 동남, 손간巽艮이 서남과 서북에 위치해 있는 그림이다. 이 그림 뒤에는 「설괘전」에서 인용한 '천지天地가 자리를 정하고, 산택山澤이 기氣를 통한다'고 하는 것으로 시작하는 단락을 인용하여 붙여 두었다. 이 도설 원문에 대한 주석으로는 소옹邵雍, 쌍호 호씨雙湖胡氏, 옥재 호씨 등이 말한 설을 바로 뒤에 게재하였다. 이들의 견해를 요약하면 다음과 같이 정리할 수 있다.

135) 『周易』 「繫辭傳 下」 2章, "古者包犧氏之王天下也, 仰則觀象於天, 俯則觀法於地, 觀鳥獸之文與地之宜, 近取諸身, 遠取諸物, 於是始作八卦, 以通神明之德, 以類萬物之情."

136) 『周易』 「繫辭傳 上」 11章, "是故易有太極, 是生兩儀, 兩儀生四象, 四象生八卦, 八卦定吉凶, 吉凶生大業."

137) 『易範圖』 『韓國經學資料集成』 87卷, 『易經』 1卷, 1996, 757~762쪽.

【표8-4】 복희선천팔괘도설

단락	저자	주제	내용
1	설괘전	八卦의 交替와 逆數	천지, 산택, 뢰풍, 수화가 서로 교감하여 八卦가 섞이고, 지난 것을 헤아리는 것은 順이나 이르지 않은 것을 헤아리는 것은 逆이다.
2	소옹	八卦의 方位와 順逆	▪ 팔괘의 방위에서 震으로부터 乾에 이르는 것은 順行이고, 巽에서 坤에 이르는 것은 逆이다. ▪ 건곤이 세로로, 육자가 가로로 배치된 것은 역의 근본이다. ▪ 팔괘가 섞여서 64괘가 되는 것을 말하고 동시에 左旋하는 것은 已生卦로 순행하는 것이고, 右旋하는 것은 未生卦로 역행하는 것이다. ▪ 乾坤이 上下의 자리를 정하고, 감리가 좌우로 배열되면서 천지, 일월, 사시의 순환변화가 이루어진다.
3	쌍호 호씨	八卦의 定位와 對待	▪ 천지가 上下로 자리 잡고, 나머지 여섯 괘들이 각 방위에 자리를 잡으면서 천지와 함께 커다란 조화를 합한다. 그 자리와 획이 모두 乾坤, 兌艮, 離坎, 震巽이 각각의 수를 합하여 9를 이룬다. 9는 노양 數로 乾의 象으로 포괄하지 않는 것이 없다.
4	옥재 호씨	乾統天	乾은 하늘을 통어하는 것으로 先天卦位는 乾을 근본으로 삼는다.138)

위의 도설에서 소옹과 다른 학자들은 팔괘의 교감과 순역, 팔괘, 육십사괘의 좌선左旋과 우선右旋으로의 운행 등을 언급하였다. 또한 건곤, 태간, 리감, 진손 등 서로 교감하는 괘의 괘위卦位와 획의 합이 9가 되는데 이것이 모든 것을 포괄하는 수가 된다고 보았다. 이러한 해석에 이어서 건乾은 하늘을 통어하는 것이기 때문에 선천 괘위는 건乾을 근본으로 삼는다고 주장하고 있다.

다음으로 『역범도』의 다섯 번째 그림에 대해서 살펴보기로 한다. 『역범도』의 다섯 번째 그림은 「복희육십사괘차서伏義六十四卦次序」이다. 이 도표는 태

138) 『易範圖』 『韓國經學資料集成』 87卷, 『易經』 1卷, 1996, 765~768쪽.

극太極으로부터 음양, 사상을 이어서 팔괘, 16, 32괘를 거쳐 육십사괘에 이르는 순차적인 생성 과정과 괘의 순서를 아래에서 위로 올라가면서 도시圖示한 그림이다. 이 그림은 음과 양을 검은 색과 흰색으로 구별하면서 음양이 나뉘어지는 것을 차례로 쌓아 올라가기 때문에, 가장 위의 괘명을 포함하고 있는 부분을 세로로 자르면 음양의 괘획 형태가 그대로 나타난다. 이 도표에 대하여 도설은 먼저 「계사전」의 '팔괘가 배열을 이루니[八卦成列]'로 시작하는 문장을 뒤에 붙여 놓았다. 이어서 주석에는 주희의 견해, 주희가 「원추에게 보낸 답장」, 서산 진씨, 주자의 시詩 등에서 인용한 연관되는 내용을 수록하였다. 이 내용은 다음과 같이 요약할 수 있다.

【표8-5】 복희육십사괘차서설

단락	저자 출전	주제	내용
1	계사전하 1	八卦의 구성과 象·爻	八卦는 象이 그 중에 있지만, 중복하면 爻가 그 속에 있다.
2	-	八卦의 因而重之	▪ 앞의 「복희팔괘차서도」는 팔괘가 열을 이루었다는 것이고, 이 도표는 이어서 중복한 것이라는 것이다. 이 도에서 아래 세 획은 前圖의 팔괘이고, 위 세 획은 그 순서에 따라 중복한 것으로 아래 괘를 이어서 다시 각각 연역하여 여덟 괘가 된다.[139]
3	朱熹	八卦生六十四卦	八卦에서 六十四卦를 만드는 과정은 팔괘 위에 각각 奇와 偶를 놓아 네 획으로 된 것을 만든다. 이것은 兩儀 위에 八卦를 얹어 놓은 것으로 볼 수도 있고, 八卦 위에 兩儀를 얹어 놓은 것으로 볼 수도 있다. 네 획에 다시 양의를 놓아 32괘를 만들고 다시 64괘를 만드는 것도 같다. 64괘는 三才를 겸하여 두 가지로 중복하며, 여기에서 64괘의 이름이 성립하고, 易의 도리가 이루어진다.
4	答袁樞	聖人作易之義	성인이 역을 지은 근원을 잘 살펴보면 끊은 듯이 분명하여, 권 앞 橫圖에 처음에는 단지 두 획만 있었는데 점차 가득 차 여섯 획에

			이르니, 그 先後多寡에 차례가 있고 자리가 분명하여 논의를 더할 필요가 없다. 여기에서 64괘는 전적으로 천리가 자연스럽게 유출해 나온 것이다.
5	-	四爻五爻의 命名	八卦에 兩儀를 덧붙여 네 획의 卦를 만들 때, 네 번째 획은 팔괘를 태극으로 삼아 다시 생긴 兩儀이다. 그리고 다섯째 획은 八卦의 四象이고, 여섯 번째 획은 八卦중의 八卦이다.
6	西山 眞氏	'太極生兩儀'의 뜻	주희에 따르면 太極의 뜻은 理의 극치이다. 理는 하나이지만 氣는 둘 아님이 없으며, 태극은 음양 가운데 있고 음양 밖에 있지 않다. 그래서 이런 말은 太極은 理가 되고 氣가 아님을 밝혀 주며 이런 말은 배우는 자들에게 크게 기여한다.
7	朱子詩	學易須知根本	역을 배우고자 한다면 지엽이나 살피고 互體만 미루기 보다는 반드시 근본을 알아야 하며, 근본을 알 때 비로소 수많은 자손을 알게 될 것이다.[140]

위의 도설은 주희와 진서산 등의 「복희육십사괘차서」에 대하여, 주로 삼획괘三畫卦에서 육십사괘를 만드는 방법 및 과정에 중점을 두어 이해하고 있다. 여기에서 육십사괘는 가일배법加一倍法으로 만들어지는 것을 주로 언급하였다. 그러나 육십사괘를 구상할 때 삼획괘 위에 양의를 중복하여 사상, 그리고 팔괘를 이루고, 16괘, 32괘를 거쳐 육십사괘를 만든다고 해도 결국은 팔괘를 중복하는 것과 같은 결과가 나온다. 이것은 두 가지 방법이 서로 통하는 것을 의미한다. 위의 논의에서 주목할 점은 육십사괘가 이루어지는 전체과정 속에는 태극太極의 리理가 있어서 음양기우陰陽奇偶를 낳는 근원이 되는 것을 강조하고 있다는 점이다. 특히 주희가 시詩로 공허한 말단을 관찰하는 것보다 근본을 살피라고 읊은 것은 바로 육십사괘를 낳는 궁극적 근

139) 『易範圖』 16, 「伏羲六十四卦次序」, "右前八卦次序圖, 卽繫辭傳所謂八卦成列者, 此圖卽其所謂因而重之者也. 故下三畫, 卽前圖之八卦, 上三畫, 則各以其序重之, 而下卦, 因亦各衍而爲八也."

140) 『易範圖』 『韓國經學資料集成』, 87卷, 『易經』 1卷, 1996, 771~775쪽.

원으로서 태극의 의미를 살피라는 것이다.

『역범도』에 그려져 있는 여섯 번째 그림은 「복희육십사괘도伏羲六十四卦圖」이다. 이 그림은 안쪽에 가로 여덟 괘, 세로 여덟 괘로 육십사괘를 정방형으로 배치하고, 그 바깥에 「건괘乾卦」로부터 「복괘復卦」를 왼쪽에 반원으로 배치하고, 「구괘姤卦」로부터 「곤괘坤卦」까지 오른쪽에 반원으로 배치하여 「원도圓圖」 안에 「방도方圖」가 들어 있는 모습으로 이루어진 도표이다. 이 도표에 대해서는 소옹, 주희, 소옹시邵雍詩, 역대음易大吟, 유지劉砥의 질문 등의 주석이 그림 뒤에 붙어 있다. 이 도표를 설명한 이들의 도설 내용을 정리해 보면 다음과 같다.

【표8-6】 복희육십사괘도설

단락	저자	주제	내용
1	邵雍	太極生八卦 無極之前先天之學	▪太極에서 四象이 생기고 陰陽剛柔가 교차하여 각각 天과 地의 四象이 생기면서 팔괘와 육십사괘가 이루어진다. 乾坤이 자리를 정하고 나서 震巽이 一交하면 陰陽의 다소가 구별되나, 兌離坎艮이 再交하면 각각 陰陽이 점차로 많아진다. ▪어미는 장남을 낳아 復이 되고, 아비는 장녀를 낳아 姤가 되므로 陽은 復에서 陰은 姤에서 시작한다. ▪음이 양 속에 있고, 양이 음 속에 있을 때는 逆行하고, 양이 양 속에 음이 음 속에 있을 때는 順行한다. ▪復에서 乾까지 110陽, 姤에서 坤까지80 陽이 있고, 姤에서 坤까지 110陰, 復에서 乾까지 80 陰이 있다. ▪坎離는 陰陽의 한계인데 數는 항상 陰陽을 넘지만 數를 쓰는 것은 中을 벗어나지 않는다. ▪先天之學은 心法이며, 모든 변화와 만사는 마음에서 생긴다. ▪圖에는 문장이 없으나 종일 말해도 여기에서 벗어나지 않으니, 대개 천지만물의 이치가 모두 그 중에 있기 때문이다.

2	朱熹	伏羲四圖의 由來	伏羲의 先天四圖는 邵雍에게서 나왔는데, 그 근원은 李之才를 거쳐 穆脩로 이어지며 목수는 華山의 希夷선생 陳摶에게서 받았으니 이것이 先天學이다..
3	-	乾坤離坎의 生成 方位 陰陽動靜	乾坤의 위치는 각각 午中과 子中에서 다하고, 離坎의 위치는 卯中과 酉中에서 다한다. 陽은 子中에서 생하여 午中에서 다하고 陰은 반대이다. 양은 남쪽에 있고, 음은 북쪽에 있다. 陰陽待對의 數는 밖에서 圓이 되는 것은 陽이며 움직여 하늘이 되고, 가운데서 네모가 되는 것은 陰이며 정지하여 땅이 된다.
4	邵子詩	月窟天根을 살핌	乾坤陰陽이 처음 교감하면서 月窟과 天根을 보는 것에 대하여 말하였다.
5	易大吟	八卦의 交感	天地, 山澤, 風雷, 水火가 서로 交感하고, 八卦가 서로 섞여서 육십사괘를 이룬다.
6	劉砥	都是春의 의미	소옹의 詩에서 삼십육궁이 모두 봄이라는 표현은 천리가 항상 그 사이에 두루 흐른다는 뜻이다.[141]

위의 「복희육십사괘도」에 대한 도설에서 학자들은 건곤乾坤 팔괘八卦에서 음양이 교차하여 육십사괘를 이루는 과정, 음양의 시작과 끝, 순행과 역행, 음괘 양괘에서 음양의 숫자 등을 설명하였다. 그리고 선천학의 연원이 소옹으로부터 진단陳摶에게까지 소급하는 것을 언급하고, 선천학先天學은 괘획卦畫을 그리기 이전의 역易이며, 천지만물의 이치가 이미 그 속에 갖추어져 있다고 한다.

141) 『易範圖』 『韓國經學資料集成』, 87卷, 『易經』 1卷, 1996, 779~783쪽.

4. 『역범도』 후육도後六圖와 도설의 내용

이 절에서는 『역범도』의 후반부의 여섯 가지 그림에 내포되어 있는 의미를 도설의 내용을 통하여 살펴보기로 한다. 『역범도』의 일곱 번째 그림은 「기자홍범구주지도箕子洪範九疇之圖」이다. 이 도표는 「낙서」의 숫자가 위치한 자리에 황극皇極을 중심으로 하여 「홍범」에서 언급한 여덟 가지 정사政事와 관련된 내용을 그림으로 도시하고 있다. 예를 들면 「낙서洛書」에서 오른쪽 아래에 해당하는 육六의 자리에 삼덕三德으로서 정직正直, 강극剛克, 유극柔克을 그린 것이나, 삼三이 위치한 왼쪽 중앙에 팔정八政으로 식食·화貨·사祀·사공司空·사도司徒·사구司寇·빈賓·사師 등을 도시해 놓은 것 같은 경우이다. 이어서 도설 원문에는 『서경』「홍범」의 처음부터 아홉 가지 정사政事를 언급한 '위용육극威用六極'이란 구절까지 인용하여 적었다. 뒤에는 채침과 주희의 글을 차례로 붙여 두었다. 여기에서 채침의 주석은 『서경』「홍범」 집전에 있는 내용을 수록한 것이다.

채침蔡沈은 『서경』「홍범」에서 언급한 아홉 가지 정사政事는 바로 구주九疇의 강령이 되는 것이라고 말하였다. 특히 그는 아홉 가지 강령의 세목이 되는 여러 개념들의 의미를 그 기능을 중심으로 설명하였다.

> 오사五事는 경敬으로 몸을 성실하게 하는 것이고, 팔정八政은 농사로 삶을 두텁게 하는 것이며, 오기五紀는 협동으로 하늘에 합하는 것이다. 황극皇極은 표준으로 인극을 확립하는 것이고, 삼덕三德은 재단함으로써 백성을 다스리는 것이며, 계의稽疑는 밝은 것으로 미혹함을 변별하는 것이다. 서징庶徵은 사색으로 반성하고 돌아보는 것이고, 오복五福은 칭찬으로 권장하는 것이며, 유극六極은 위엄으로 징계하는 것이다. 오행五行에 대해 쓰임을 말하지 않은 것은 어디에서든 쓰이지 않음이 없기 때문이고, 황극皇極에 대해 수數를 말하지 않은 것은 수로 밝힐 수 있는 것이 아니기 때문이다.142)

---

142) 『易範圖』 『韓國經學資料集成』 87卷, 『易經』 1卷, 788쪽, "五事, 曰敬所以誠身也. 八政曰農所以厚生也. 五紀曰協所以合天也. 皇極曰建所以立極也. 三德曰乂

채침의 글은 바로 아홉 가지 정사의 본질적 의미를 제시한 것이라고 할 수 있다. 그는 이 가운데 오행五行의 경우는 여러 강령들 중에서도 그 토대가 되어 모든 곳에 쓰이기 때문에 특별히 쓰임을 말하지 않은 것이며, 황극皇極의 경우는 구체적인 수량으로 계량할 수 있는 것이 아니기 때문에 수數를 말하지 않은 것이라고 하였다. 이러한 해석은 그가 아홉 가지 강령 가운데서도 오행五行과 황극皇極을 다른 강령의 근본이 되는 것으로 보았다는 것을 표명한다.

반면 주희의 주석은 대체로 일一부터 구九에 이르기까지 정사政事의 강령이 순서 지워진 이유를 주로 설명하였다.

> 대체로 모두 천도와 인사를 번갈아 말하면 오행五行은 가장 시급하기 때문에 첫 번째 두었고, 오사五事는 또한 몸에서 살피기 때문에 두 번째에 두었다. 몸이 닦이고 나서 그것을 정치에 미룰 수 있기 때문에 팔정八政을 그 다음에 두었고, 정치가 이루어지고 나면 다시 그것을 천도에 증험하기 때문에 오기五紀를 그 다음에 두었다. 다시 그것을 이어 황극을 다섯째에 두었다. 대개 오행五行을 미루고 오사五事를 공경하며 팔정八政을 두텁게 하고 오기五紀를 닦는 것이 인극人極을 세우는 길이다. 여섯째 삼덕三德은 바로 이 황극을 헤아리는 것이다. 덕이 닦이고 나서 계의稽疑와 서징庶徵으로 그것을 이은 것은 그 증험을 드러내기 때문이다. 또 그것을 복극福極으로 이은 것은 선악이 드러나는 것이 여기에 이르러 더할 것이 없기 때문이다.143)

주희는 여기에서 아홉 가지 강령이 순서에 따라 배치된 이유를 수미일관되게 설명하고 있다. 이것은 바로 오행五行 ➛ 오사五事 ➛ 팔정八政 ➛ 오기

所以治民也. 稽疑曰明所以辨惑也. 庶徵曰念所以省驗也. 五福曰嚮所以勸也.六極曰威所以懲也. 五行不言用, 無適而非用也. 皇極不言數, 非可以數明也."

143) 『易範圖』『韓國經學資料集成』87卷, 『易經』1卷, 789쪽, "蓋皆以天道人事, 參互言之. 五行最急, 故第一, 五事又參之於身, 故第二. 一身旣修, 可推之於政, 故八政次之. 政旣成, 又驗之於天道, 故五紀次之. 又繼之以皇極居五, 蓋能推五行, 敬五事, 厚八政, 修五紀, 乃所以建極也. 六三德, 乃是權衡此皇極者也. 德旣修矣, 稽疑庶徵繼之者, 著其驗也. 又繼之以福極, 則善惡之效, 至是不可加矣."

五紀 → 황극皇極 → 삼덕三德 → 계의稽疑 → 서징庶徵 → 복극福極으로 이어지는 순서가 대체로 이들 항의 앞뒤 관계가 원인과 결과로 연결되기 때문인 것으로 보는 것이다.

「문왕후천팔괘방위도文王後天八卦方位圖」는 『역범도』의 여덟 번째 그림이다. 이 도표 아래에는 「설괘전」에서 팔괘八卦의 성질과 방위에 대하여 언급한 내용을 인용하여 붙여놓았다.144) 주희는 「설괘전」에서 인용한 내용 가운데 앞부분은 만물이 상제上帝로부터 나오고 들어가는 것에 대하여 설명하였는데, 괘의 방위에 대하여 추론하여 말한 곳 중 상세하지 않은 부분이 많다고 하였다. 이어서 뒷부분은 건곤乾坤을 제외하고 여섯 자식만 말하여 신神이 행해지는 것을 보여주었는데, 그 위치와 순서에 뜻이 분명하지 않은 부분이 많다고 하였다.145) 이 도표에는 소옹과 옥재 호씨의 다음과 같은 내용의 주석이 차례로 붙어 있다.

【표8-7】 문왕후천팔괘방위도설

단락	저자	주제	내용
1	소옹	後天之學 八卦材質	文王이 역을 지을 때 天地의 쓰임을 얻었으며, 건곤이 생기는 방위는 각각 子午이다. 팔괘가 교감하는 것은 震兌가 처음 교감하므로 朝夕의 자리에 있고, 坎離가 교감의 극에 이르므로 子午의 자리에 해당하고, 巽艮은 교감하지 않으면서 음양이 섞여 있어서 중을 쓰는 것이 치우친 자리에 있다. 乾坤은 純陰純陽이어서 쓰지 못하는 자리에 있다.
2	옥재 호씨	乾之主宰 震之司用	祭器를 주관하는 사람은 큰아들만한 자가 없기 때문에 後天卦의 지위는 震卦를 근본으로 한다. 이것이 乾을 쓰지 않으면 震이 동쪽에 있으면서 그 쓰임을 관장하는 까닭이다.146)

144) 『周易』「說卦傳」 5-6章.

145) 『周易』「說卦傳」 5-6章. 『本義』, "此言萬物之隨帝以出入也. …… 所推卦位之說, 多未詳者, …… 此去乾坤而專言六子, 以見神之所爲, 然其位序亦用上章之說, 未詳其義."

『역범도』의 아홉 번째 그림은 「옥재총술주자괘륵과설도지도玉齋總述朱子掛扐過揲圖之圖」이다. 이 그림은 주희가 시초로 괘륵掛扐과 과설過揲을 통하여 음양노소의 괘효를 뽑아내는 과정을 옥재 호씨가 총괄하여 서술한 내용을 도표로 만든 것이다. 이 도표는 횡선橫線으로 열세 칸[間]을 나누어 가장 위에 음양노소를 적고, 바로 아래 괘륵한 숫자를 적고, 그 아래 작은 원점圓點으로 1변마다 괘륵한 숫자를 도시하였다. 이어서 아래에는 기수가 세 번 나오는 것에 대하여 적었고, 아래쪽에는 다시 과설한 숫자와 네 번씩 아홉 번 덜어낸 숫자를 원점으로 그리고 있다. 그리고 가장 아래에는 음양노소의 괘효가 도출되는 전체적인 과정을 설명하였다. 이어서 「도설」에서는 「계사전」의 대연지수大衍之數를 언급한 내용을 다섯 단락으로 나누고 주희가 『역학계몽』에서 주석한 내용을 인용하였다.

【표8-8】 옥재총술주자괘륵과설지도설玉齋總述朱子掛扐過揲之圖說148)

단락	주제	내용
1	大衍之數	대연지수 50은 「하도낙서」의 中數 五를 부연하여 10에 이르는 수를 쌓아서 나온 것이고, 시초 50줄기에서 1을 쓰지 않는 것은 太極을 상징한다.
2	掛扐過揲	괘륵과 과설을 통하여 初揲할 때 9 또는 5, 再揲할 때 8 또는 4를 얻고 삼변에서도 재변과 같은 숫자를 얻어 음양노소의 효를 얻는다.
3	乾坤之策	乾策 216개, 坤策 144개를 합하여 360책은 한해의 날 수에 해당한다.
4	萬物之數	두 편의 책은 전체가 萬二千五百二十策이다.
5	成易成卦	四營하여 易을 이루고 十八變하여 卦를 이룬다.147)

146) 『易範圖』『韓國經學資料集成』87卷, 『易經』1卷, 1996, 793~796쪽.
147) 『易範圖』『韓國經學資料集成』87卷, 『易經』1卷, 1996, 801~805쪽.
148) 『易範圖』『韓國經學資料集成』87卷, 『易經』1卷, 成均館大學校出版部, 1996, 801쪽.

『역범도』의 도표 가운데 열 번째 그림인 「구봉황극내편범수지도九峰皇極內篇範數之圖」는 『주역』과 관련하여 특별한 의미를 갖는다. 이 「도표」는 기수奇數 1로부터 3을 연역하고 3으로부터 3×3하여 9를 이끌어내어 이것을 「홍범洪範」의 수로 간주하고, 다시 여기에서 9×9하여 81을 도출하여 이것들에 해당하는 각각의 괘효를 구성하여 이름을 붙였다. 이렇게 수를 연역한 것은 『주역』에서 2에서 4, 4에서 8이 되고 여기에서 8×8로 64괘를 구성하는 것과 비교된다. 구봉 채씨[149]는 『홍범황극내편洪範皇極內篇』 「자서自序」에서 다음과 같이 말하고 있다.

> 천지天地가 행하는 일을 체현體現한 것은 『역易』의 상象이고 천지가 행하는 일을 다스리는 것은 「홍범洪範」의 수數이다. 수數는 일一에서 시작되고 상象은 이二에서 이루어진다. 일一은 기수奇數이고 이二는 우수偶數이다. 기奇는 수數가 행해지는 근거이고, 우偶는 상象이 세워지는 근거이다. 그래서 이二에서 사四가 되고, 사四에서 팔八이 되니, 팔八은 팔괘八卦의 상象이다. 일一에서 삼三이 되고 삼三에서 구九가 되는데, 구九는 구주九疇의 수數이다. 이로부터 팔八을 중복하여 64가 되고, 64에서 4, 096이 되어 상象이 갖추어진다. 9를 중복하여 81이 되고 81에서 6, 561이 되어 수數가 두루 펼쳐진다.[150]

여기에서는 역상易象과 범수範數를 비교하여 『역易』의 상象은 우수偶數 이二에서 시작하여 4와 8을 거쳐 64괘의 상을 이루는 반면, 「홍범」의 수數는 기수奇數 일一에서 시작하여 3과 9를 거쳐 81의 수를 이룬다고 보았다. 이것은 역상이 우수에 근거를 두는 것이라면, 범수는 기수에 근원을 두는 것을 뜻

149) 채침蔡沈1167~1230은 중국 南宋의 程朱學者이고, 號는 九峯이며, 福建省 建陽縣 출신이다. 朱熹의 친구이자 수제자인 蔡元定의 아들로 주희에게서 배웠다. 주희의 가르침을 받아 주희가 미처 완성하지 못한 『書經』의 주석을 『書集傳』으로 저술하였다.

150) 「洪範皇極內篇」第1, 『性理大全』 卷22, "九峯蔡氏自序曰, 體天地之撰者, 易之象, 紀天地之撰者 , 範之數. 數者, 始於一, 象者, 成於二. 一者, 奇, 二者, 偶也. 奇者, 數之所以行, 偶者, 象之所以立, 故二而四, 四而八, 八者, 八卦之象也. 一而三, 三而九, 九者, 九疇之數也. 由是重之, 八而六十四, 六十四而四千九十六而象備矣. 九而八十一, 八十一而六千五百六十一而數周矣."

한다. 이렇게 구성한 81가지 각각에 이름을 짓고 괘효의 모양을 붙인 것이 「홍범내편범수지도」이다. 따라서 「홍범내편범수지도」는 구주九疇의 수數에 근원을 두고 있다고 할 수 있다.

이 도표에 붙은 도설은 채침蔡沈1167~1230이 지은 『홍범황극내편洪範皇極內篇』의 구절들 가운데 범수의 핵심을 드러낼 수 있는 내용을 뽑은 것이다. 인용한 내용은 『내편』 권1의 상중하上中下에서 발췌한 7단락으로 나뉘며 다음과 같은 내용으로 이루어져 있다.

【표8-9】 구봉황극내편범수지도설九峯皇極內篇範數之圖說

단락	內篇위치	주제	내용
1	上	冲漠無朕의 道	아무 조짐이 없는 道는 만상을 갖추고 있으면서 동정이 끝이 없고, 한가지와 萬가지가 순환하며, 數와 疇, 行이 여기에 토대를 둔다.
2	中	「河圖洛書」의 奇偶와 상호의존	「하도」는 奇數가 없는 것이 아니지만 그 쓰임은 偶數에 보존되고, 「낙서」는 偶數가 없는 것이 아니지만 그 쓰임은 奇數에 의존한다.
3	中	一者九者의 祖宗	一은 九의 효시이고, 九는 八十一의 근본이다. 天地와 四時가 사물을 덮고 실으며 이루는 근본이며, 조화의 體가 되어 빠뜨릴 수 없다.
4	中	「洛書」 九數와 十의 활용	「洛書」의 數는 九인데 十을 쓰는 이유는 十은 數의 완성으로서 數가 완성되어야 五行이 갖추어지기 때문이다. 十에는 九가 이미 갖추어져 있어서 그 체용이 서로 떨어지지 않아서 「河圖」와 「洛書」가 서로 경위가 됨을 보여준다.
5	下	「洛書」 6561數의 揲蓍	「낙서」의 수는 50에서 하나를 비우고 둘로 나누며 하나를 걸되 세 개씩 揲蓍한다. 初揲再揲을 통해 九數를 이끌어내고 이로부터 81數, 6, 561의 수를 도출한다. 여기에서 변화가 끝이 없고 천명인사와 길흉화복이 드러난다.
6	下	5단락의 註釋	十二木은 지름이 九分이고 두께가 一分이다. 이들 중에 8개를 취하여 세로로 두 개 가로로 4개를 놓는다. 나머지 쓰지 않는 4개는 쓰지 않음의

			쓰임이 있어서 앞뒤로 곱하여 數가 갖추어진다.
7	下	數의 吉凶悔吝	一과 九, 三과 七, 八과 二, 四와 六은 각각 吉凶祥災休咎吝悔로 나뉘어, 여덟 가지 수가 두루 운행하여 五의 中을 추구한다.151)

다음으로 『역범도』의 11번째 도표는 「염계선생태극도濂溪先生太極圖」이다. 황효공은 주렴계의 「태극도」를 수록하면서 「태극도설」을 그대로 뒤에 붙이고, 이어서 주석으로 『통서通書』 「성상誠上」을 인용하여 아래 내용을 붙여 놓았다.

> 성誠은 성인의 근본이다. 위대하구나, 으뜸이 되는 것이여! 만물萬物이 이로부터 시작하므로 성誠의 근원이다. 건도乾道가 변화하여 각각 자기의 본성을 이루니, 성誠은 여기에서 세워져서 순수하게 지극히 선한 것이다. 그래서 음陰으로 바뀌기도 하고 양陽으로 바뀌기도 하는 것을 도道라고 한다. 그것을 따르는 것을 선善이라 하고, 그것을 이루는 것을 성性이라 한다. 원형元亨은 성誠이 통通하는 것이고, 이정利貞은 성誠이 회복되는 것이다. 위대하구나 역이여! 성명性命의 근원이구나!152)

주렴계는 『통서』 서두에서 성誠을 언급하면서 이것이 성인의 근본이 된다고 주장하였다. 이렇게 성인의 근본이 되는 성誠은 다시 으뜸이 되는 하늘의 건乾에 근원을 둔다. 주렴계는 「태극도설」에서도 태극으로부터 음양오행이 만물과 남녀를 낳으면서 본성과 욕망을 부여하였으며, 성인이 중정인의中正仁義의 인극人極을 세웠음을 언급하였다. 이러한 언급은 자연이 변화하는 도에 인간이 행하는 인륜의 표준과 근원을 두는 것을 뜻한다. 이렇게 황효공이 「태극도설」을 『역범도』의 끝부분에 둔 것은 『주역』의 궁극적 목표가

151) 『易範圖』 『韓國經學資料集成』 87卷, 『易經』 1卷, 1996, 809~813쪽.
152) 『通書』; 『易範圖』 「濂溪先生太極圖說」註, "誠者，聖人之本。大哉乾元，萬物資始，誠之源也。乾道變化，各正性命，誠斯立焉，純粹至善者也。故曰：一陰一陽之謂道，繼之者善也，成之者性也。元亨，誠之通；利貞，誠之復。大哉《易》也，性命之源乎！"

인륜의 실현에 있음을 염두에 둔 것이라고 할 수 있다.

마지막으로 황효공은 「복희육십사괘방위지도伏義六十四卦方位之圖」를 그리고 여기에 스스로 주석을 붙였다. 그는 이 도표를 옥재 호씨가 '이른바 「복희육십사괘원도」가 실은 「횡도橫圖」에 나아가 그것을 구부려 둥글게 한 것이다'고 한 견해에 따라 그린 것임을 다음과 같이 적고 있다.

> 내가 역易에 처음 마음을 두고 그 괘획을 처음 접했을 때 선악이 아득하여 쉽게 연구할 수 없었다. 이에 옥재의 설을 써서 「횡도橫圖」를 두 갈래로 나누어서 「복괘復卦䷗」로부터 「건괘乾卦䷀」까지, 「구괘姤卦䷫」로부터 「곤괘坤卦䷁」까지 둥글게 「원도圓圖」를 만들었다. 이렇게 하니 기우奇偶가 분명하고 기수氣數가 엄밀하며, 음양陰陽의 대대對待와 이기理氣의 유행이 크게는 일원一元의 시종소장始終消長과 일년一年의 춘하추동, 일월一月의 회삭현망晦朔弦望, 일일一日의 주야혼명晝夜昏明이 모두 눈앞에 드러났다.153)

여기에서 황효공은 호씨의 설에 착안하여 「횡도」를 가운데로 잘라 원으로 만듦으로써 기우奇偶와 기수氣數, 그리고 음양과 원년월일元年月日의 변화를 삼연森然하고 분명하게 볼 수 있게 되었음을 강조하였다. 황효공은 주석 말미에 이 그림을 벽에 붙여두고서 완상하면서 정신을 기르면서 적적함을 면하는 바탕으로 삼고자 한다154)고 말하였다. 황효공이 말한 「횡도橫圖」는 앞의 「복희육십사괘차서도」를 지칭하는 것이다. 이 「육십사괘차서도」가 태극으로부터 팔괘가 생기고 팔괘로부터 차례로 양의兩儀를 반복하여 중복함으로써 육십사괘를 만드는 과정을 보여주는 데 중점이 두어졌다면, 황효공이 그린 이 도표는 음양이 대대對待하면서도 유행하는 변화를 보여준다는 데 특징이 있다.

---

153) 『易範圖』「伏義六十四卦方位之圖說」, "愚始有意於易, 卽其卦畫之初, 善惡茫然, 未易尋究. 乃用玉齋之說, 將橫圖截作兩股, 自復而乾, 自姤而坤, 規爲圓圖, 則奇偶分明, 氣數森嚴. 陰陽之對待, 理氣之流行, 大而一元之始終消長, 一年之春夏秋冬, 一月之晦朔弦望, 一日之晝夜昏明, 擧在目前."

154) 『易範圖』「伏義六十四卦方位之圖說」, "遂貼諸座壁, 玩想神怡, 以爲破閑之資, 非敢爲知易者道也."

5. 『역범도』의 상수역학적 의미와 의리적 목표

앞 절에서는 『역범도』에 그려진 도표와 도설의 내용을 일반적으로 고찰하였다. 황효공이 위에 언급한 여러 가지 도표를 모아서 도시圖示하고 여기에 여러 학자들의 관련되는 학설을 모아서 하나의 저술로 만든 것은 여러 도상들 사이의 유기적인 연관성을 고려함으로써 하나의 종합적인 도상학의 체계를 구성하기 위한 것이었다고 할 수 있다. 황효공이 하나의 책으로 모아 제시한 도표들은 대체로 『주역』의 골격을 이루는 「하도낙서」의 수리와 괘획, 팔괘, 육십사괘 등이 형성되는 과정, 그리고 이들을 둘러 싼 수리 및 상수적 원리를 제시하는 도표들이 대부분이다.

따라서 이 절에서는 황효공의 『역범도』의 그림과 도설이 드러내는 수리적 상수학적 측면에 주목하여 그 의미를 고찰하고자 한다. 또한 이 절에서는 특별히 『주역』의 궁극적 목표가 인간의 실천을 위한 방법 또는 준칙을 세우고자 하는 것이라는 점에 유의하여 『역범도』가 내포하고 있는 의리역학적 의미를 「도설圖說」을 중심으로 고찰하고자 한다.

먼저 황효공은 「하도낙서」에 관한 도설에서 공안국孔安國, 유흠劉歆, 관자명關子明, 소옹, 주희 등의 말을 인용하여 「하도낙서」의 수의 방위와 음양노소, 『역』과 「홍범」 제작의 표준, 천지의 수 등에 관하여 설명하였다. 여기에서 그는 「하도낙서」의 수는 천지의 수가 되는데, 「하도」의 수가 상수常數의 체體가 되는 반면, 「낙서」의 수는 변수變數의 용用이 된다고 하였다. 또한 주희의 견해를 인용하여 「하도」와 「낙서」가 각각 오행의 상생과 상극의 순서에 따라 유행한다고 주장하였다. 뿐만 아니라, 소옹의 주장을 받아들여 「하도」와 「낙서」를 본받아 문왕과 우禹 및 기자箕子가 팔괘八卦와 「홍범洪範」을 지은 것을 언급하였다.[155]

여기에서 황효공은 「하도」와 「낙서」를 형이상의 본체와 현상의 작용으로 구분하는데 주목하였으며 「낙서」로부터 「홍범」을 만든 것을 언급하였다.

---

155) 『易範圖』『韓國經學資料集成』87卷, 『易經』1卷, 1996, 743쪽.

「홍범」은 오행五行을 근본으로 삼고 황극皇極을 핵심으로 하여 백성들의 삶과 연관된 윤리적 정치적 이상을 실현하고자 하는 목표를 가진다. 따라서 이러한 내용은 「낙서」의 수리적 원리로부터 인문적 정치적 이상을 연역하여 실현하는 문제에 주목하는 것이라 할 수 있다.

『역범도』의 세 번째 그림은 「복희팔괘차서도」이다. 황효공은 도설에서 「계사전繫辭傳」, 「설괘전說卦傳」의 내용과 소옹, 주희 등의 견해를 인용하여 태극太極으로부터 팔괘八卦가 형성되는 과정을 언급함으로써 주로 태극이 지니는 발생론적 근원과 존재론적 지위를 언급하였다. 구체적으로 『역전』으로부터는 팔괘의 제작, 변화에 내재해 있는 태극, 역수逆數로서 역易에 대한 내용을 인용하였으며, 태극의 혼연함, 음양지묘陰陽之妙, 괘획의 운용, 그리고 태극이 팔괘를 낳는 것에 대한 주희의 해석을 언급하였다. 주희는 태극은 상수가 아직 형성되지 않았을 때에 리가 갖추어져 있는 것이라고 하여 괘효로 표현되는 현상적 변화의 근거를 리로 해석하였다. 여기에서 황효공은 『주역』이 팔괘와 64괘로부터 분화되어 나오는 무궁한 변화 가운데 태극이 내재해 있음으로써 태극이 온갖 변화의 근원이 되는 것에 주목하였다. 이러한 시각은 태극을 인사와 자연현상을 포괄하는 모든 변화의 본체로 바라보는 주희의 성리학적 관점을 그대로 받아들이는 입장이다.

다음 『역범도』를 구성하는 네 번째 도표는 「복희선천팔괘도伏羲先天八卦圖」이다. 이 도표에 대한 도설은 「설괘전」, 소옹, 쌍호 호씨, 옥재 호씨 등의 견해를 인용하여 팔괘八卦의 교체와 역수逆數, 방위와 순역, 정위正位와 대대對待, 건乾이 하늘을 통어하는 것 등에 대하여 언급하였다. 이 도설들 중에서 황효공은 소옹으로부터 팔괘의 방위와 순역에 대한 설명을 인용하였다. 이것은 바로 팔괘 중에 건乾으로부터 진震까지는 지나간 과거를 순행으로 헤아리는 것인 반면, 손巽에서 곤坤까지는 아직 이르지 않은 미래로서 역행으로 헤아리는 것이다. 또한 소옹은 건곤이 세로로 배치되고 육자괘가 가로로 배치된 것을 역의 근본으로 보고 있다. 이러한 견해는 팔괘를 가족적 관계로 해석하면서 부모를 자식의 근본으로 유추하는 것으로 팔괘를 인사의 의

리적 측면에서 해석하는 의미를 가진다.156)

『역범도』의 다섯 번째 도표는 「복희육십사괘차서도伏羲六十四卦次序圖」이다. 이 도에 대한 도설에서 황효공은 「계사전」, 주희, 「답원추答袁樞」, 서산 진씨, 주희의 시 등을 인용하여 팔괘의 구성과 상 및 효, 팔괘의 중첩, 64괘의 형성, 성인이 역을 지은 취지, 태극이 양의를 낳는 것 등을 설명하였다. 황효공은 팔괘에서 육십사괘를 구성하는 두 가지 방법으로서 16, 32괘를 거쳐서 육십사괘를 만드는 가일배법加一倍法과 팔괘를 중첩하여 바로 육십사괘를 구성하는 방법을 제시하였다. 그는 「답원추」를 인용하여 육십사괘는 천리天理가 자연스럽게 흘러나온 것이라고 하여 육십사괘의 변화를 천리의 발현으로 설명하였다. 또한 그는 태극은 리理이며 기氣가 아님을 밝혀준다고 말한 서산 진씨의 주장을 인용하여 성리학의 이기론의 관점에서 태극을 리로 규정하였다.157) 이러한 도설을 인용한 것은 「복희육십사괘차서」를 의리적 시각에서 이해하고자 하는 서산 진씨의 관점을 강조한 것이다.

『역범도』의 여섯 번째 그림은 「복희육십사괘도伏羲六十四卦圖」이며, 도설은 소옹, 주희, 소자시邵子詩, 유지劉砥 등의 주장으로 이루어져 있다. 이 도설은 태극으로부터 팔괘의 생성, 선천학, 복희 선천사도의 유래, 건곤감리의 생성과 방위, 음양동정 등에 대하여 언급하였다. 여기에서 소옹은 먼저 「곤괘坤卦䷁」와 「건괘乾䷀」가 각각 장남과 장녀를 낳아 「복괘復卦䷗」와 「구괘姤卦䷫」가 되는 것을 말함으로써 육십사괘 중 특정한 괘를 가족관계의 측면에서 설명하고 있다. 나아가 소옹은 감리坎離가 수數에 있어서는 음양陰陽의 한계로서 언제나 중中을 벗어나지 않는 것이라고 보았다. 이러한 시각은 팔괘 가운데 감坎과 리離를 각각 음과 양이 중中을 이룬 것으로서 이들 괘를 과불급과 치우침이 없는 중의 관점에서 이해하는 것이다.158) 이러한 시각은 인간의 도덕적 실천을 위한 표준으로서 중용中庸을 상징하는 것으로 연역될 수 있다는 점에서 의리역학적 함의를 가진다. 또한 소옹은 「복희육십사괘도」

156) 『易範圖』 『韓國經學資料集成』 87卷, 『易經』 1卷, 1996, 765~768쪽.
157) 앞의 책, 771~775쪽.
158) 『易範圖』 『韓國經學資料集成』 87卷, 『易經』 1卷, 1996, 779~783쪽.

에서 드러내는 것을 선천학으로 규정하면서 이것을 심법心法으로 간주하였다. 심법은 정치적 도덕적 실천을 위하여 마음의 표준으로 삼아 간직해야 할 것을 말하는 것이다. 이러한 견해 또한 「복희육십사괘도」를 의리적 관점에서 이해하는 것이라 할 수 있다.

황효공은 『역범도』의 일곱 번째 그림으로 「기자홍범구주지도」를 배치하였다. 그는 도설에서 「홍범」 원문과 함께 이에 대한 주희와 구봉九峰 채침蔡沈의 글을 인용하여 이 도표를 설명하였다. 채침은 아홉 가지 강령의 의미를 설명하면서 오사五事는 경敬을 핵심으로 하고, 황극皇極은 인극人極을 확립하는 것이며, 삼덕三德은 재량하여 백성을 다스리는 것이라고 하였다. 여기에서 채침은 구주의 내용을 도덕적 덕목과 정치적 실천의 원리와 표준을 세우는 관점에서 해석하고 있다. 반면에 주희는 아홉 가지 강령이 순서지워진 소이연으로서의 이유를 제시하면서 천도와 인사의 일관성을 강조하고 있다.[159] 이러한 두 학자의 시각은 바로 「낙서」를 본받은 「홍범」을 정치적 도덕적 실천을 목표로 삼는 것으로서 의리적인 해석을 지향하는 것이라 할 수 있다.

『역범도』의 여덟 번째 그림은 「문왕후천팔괘방위도」이다. 황효공은 이 도표에 소옹과 옥재 호씨의 글을 인용하여 후천지학後天之學과 팔괘의 재질, 그리고 건乾의 주재와 진震의 쓰임을 주로 언급하였다. 이 가운데 옥재 호씨는 '제기를 주관하는 사람은 큰아들만한 사람이 없기 때문에 후천괘의 자리는 동쪽에 있으면서 건乾의 쓰임을 관장하는 「진괘震卦☳」를 근본으로 삼는다'[160]고 보았다. 호씨는 「진괘」를 제사를 주관하는 큰아들의 위치에 있는 괘로 해석함으로써 가정과 국가를 통치하는 효도의 원리를 팔괘의 방위와 연관하여 「진괘」로부터 연역하였다. 이러한 견해 또한 「문황후천팔괘도」를 도덕적 정치적 실천과 관련하여 의리적으로 해석하는 것이다.

황효공이 『역범도』의 아홉 번째 그림은 「옥재총술주자괘륵과설도지도玉齋

159) 『易範圖』 『韓國經學資料集成』 87卷, 『易經』 1卷, 787~790쪽.
160) 『易範圖』 『韓國經學資料集成』 87卷, 『易經』 1卷, 796쪽, "玉齋曰, 以主宰之謂帝. 主器者, 莫若長子, 而後天卦位宗一震也. 此乾不用, 則震居正東而司其用也."

叢述朱子掛扐過揲圖之圖」이다. 이 도에 대한 도설은 「계사전繫辭傳」의 대연지수大衍之數에 대한 구절과 주희의 주석으로 이루어져 있다. 이 도표와 도설은 대연지수 50으로부터 사영四營하여 역易을 이루고 18변變하여 괘卦를 이루면서 괘륵하고 과설하는 과정에서 드러나는 경우의 수를 모두 제시하였다. 주희는 여기에서 쓰지 않는 시초蓍草 하나를 태극을 상징하는 것으로 해석하였으며, 나머지 49책으로부터 건곤乾坤의 책수策數와 만물의 수를 연역하였다.161) 이것은 대연지수를 역의 괘와 만물의 수가 표상하는 자연변화와 그 법칙의 근거로 이해하는 것이다. 또한 대연지수 50 가운데 하나를 태극으로 간주하는 것은 태극을 현상적 변화와 수리적 법칙의 근원으로 이해하는 것이다. 요컨대, 도설에서는 태극, 양의, 사시 등으로 유추되는 18변의 설시揲蓍 과정을 포함하는 「계사전」의 내용을 제시하여 음양노소의 수리적 원리가 자연과 인사의 변화를 상징하는 것으로 설명하였다.

『역범도』의 열 번째 도표는 「구봉황극내편범수지도九峰皇極內篇範數之圖」이다. 이 도표의 도설에서는 「황극내편」의 내용 가운데 충막무짐冲漠無眹의 도, 「하도낙서」의 상호의존관계, 천지사시天地四時의 근본으로서 1과 9, 「낙서」의 수 9와 10의 활용, 수 6561의 설시, 수의 길흉회인吉凶悔吝 등을 논의하였다. 도설에서 충막무짐의 도가 온갖 변화와 만상萬象의 근원이 되며 수數와 주疇와 행行의 토대를 이루는 것으로 해석된다. 또 수 1이 수 81과 9의 근본으로 사물을 이루는 근원이며 조화의 본체라고 보았다.

또한 도설에서는 「낙서」의 수와 연관하여 대연지수 50에서 하나를 빼고 둘로 나누어 세 개씩 설시揲蓍하여 9를 이끌어내고 여기에서 81과 6561의 수를 도출하고 이로부터 천명과 인사의 길흉화복이 드러나는 것으로 보았다. 황효공은 「황극내편」 하권에서 '오五'를 제외한 '일一'에서 '구九'까지의 숫자에 길흉吉凶, 상재祥災, 휴구休咎, 인회吝悔를 대응시킴으로써 각각의 숫자가 고유하게 인간의 가치론적 화복禍福을 지칭하는 것으로 해석하였다.162)

161) 『易範圖』『韓國經學資料集成』87卷, 『易經』1卷, 797~805쪽.
162) 『易範圖』『韓國經學資料集成』87卷, 『易經』1卷, 807~813쪽.

도설의 이러한 해석 또한 궁극적으로 「낙서」의 수를 의리적 관점에서 해석하는 것이라고 할 수 있다.

황효공이 『역범도』에서 열한 번째로 제시한 도표는 「염계선생태극도」이다. 그는 「태극도」와 함께 「태극도설」을 붙이고 「통서通書」에서 성誠에 관하여 설명한 내용을 도설로 인용하였다. 「태극도설」에는 성인이 중정인의中正仁義로 본성을 안정시키고 고요함을 위주로 하여 인극人極을 세우는 것을 언급하였다. 그는 「통서」를 인용하여 원형이정으로 순환하는 천도의 운행은 성誠이 통하여 실현되고, 성이 회복되어 돌아가는 과정이라고 보았다.163) 이처럼 황효공은 「태극도설」과 「통서」를 인용하여 「태극도」를 성인이 제시하는 인륜의 표준으로서 인극人極과 성誠을 실현하고자 하는 목표를 지닌 것으로 보아 의리적 관점에서 해석하였다.

황효공이 제시한 『역범도』의 마지막 그림은 「복희육십사괘횡도」를 반으로 잘라 둥글게 하여 그가 직접 그린 「복희육십사괘방위지도伏羲六十四卦方位之圖」이다. 이 도에 대해 그는 도설을 직접 달았다. 여기에서 황효공은 처음 역易에 마음을 기울일 때 선악이 불분명하여 옥재의 설을 이용하여 「복희육십사괘원도」를 구성함으로써 음양의 대대對待와 이기의 유행을 눈앞에서 분명히 볼 수 있었다164)고 하였다. 그는 이 「원도」로부터 선악의 갈래를 분명히 알고 음양의 대대와 이기의 유행을 살필 수 있는 것으로 해석하였다. 이러한 해석은 바로 「복희육십사괘방위지도」를 성리학의 이기론의 핵심개념을 가지고 의리적 관점에서 이해하는 것이다.

요컨대, 황효공은 『역범도』의 도설을 통하여 「하도낙서」로부터 「복희육십사괘방위지도」까지 열두 가지 도표가 표상하고 있는 『주역』의 상수 및 수리적 원리와 도덕적 실천을 포괄하는 의리적 목표를 제시하였다. 그는 「계사전」과 「설괘전」 등의 『역전』과 공안국, 소옹, 주희, 채침, 서산 진씨, 옥재 호씨 등의 주석을 인용하여 「하도낙서」와 복희팔괘 및 육십사괘도, 문왕팔

163) 앞의 책, 815~817쪽.
164) 앞의 책, 821쪽.

괘도 등을 포함하는 열두 가지 도표가 상징하고 있는 수리적 의리적 내용을 해설하였다. 여기에서 태극으로부터 팔괘와 육십사괘를 도출하는 과정과 대연지수로부터 역의 괘를 도출하는 것으로부터 자연의 변화와 인사의 의리적 실천 원리를 근거지우고자 한 것은 황효공이 여러 도설들로부터 도출하고자 한 중요한 목표였다고 할 수 있다. 이들 도표와 도설 가운데 특히 「기자홍범구주지도」 및 도설과 「염계선생태극도」 및 도설은 「낙서」의 수리적 원리와 태극의 형이상학적 본체에 근거를 두는 것이면서도 이들로부터 정치적 이상과 도덕적 실천원리를 이끌어 내고 있다는 점에서 의리적 목표의 전형을 제시하고 있다고 할 수 있다.

6. 맺음말

이장에서는 황효공의 『역범도』에 내포되어 있는 상수역학 사상을 분석함으로써 이 저술의 역철학사적 의미를 조명해 보았다. 또한 여기에서는 그의 「역범도」가 조선시대전기역철학사의 한 흐름으로서 도상학圖象學의 전통에서 어떤 위치를 차지하고 있는가 하는 점 또한 살펴보았다.

『역범도』는 『역학계몽』과 『황극내편』에서 뽑아 그린 「하도낙서」를 시작으로 복희와 문왕의 도표를 비롯하여 역학과 연관된 도표를 순서대로 배열하고 도표 바로 뒤에 여러 학자들의 설을 도설로 붙인 형식으로 이루어져 있다. 도표는 위의 두 책 가운데서 뽑은 열 가지 도표와 함께 주렴계周濂溪의 「태극도」를 합하고, 황효공 스스로 그린 하나의 도표 등 12가지 도표가 차례로 체계를 이루었다. 배열 순서를 살펴보면, 도표로 그린 그림이 맨 앞에 있고, 바로 다음에 「계사전」, 「설괘전」, 「홍범」 등에서 뽑은 도설圖說 원문을 위를 띄우지 않고 내려 썼고, 다음 주석을 한 칸 아래로 내려 썼다. 원문이 여러 단락인 경우 중간에 다시 올려서 위를 띄우지 않고 쓰고, 주석은 다시 한 칸 내려 썼다.

12가지 그림 중에서 「복희육십사괘방위지도伏羲六十四卦方位之圖」는 황효공 스스로 그림을 그리고 여기에 스스로 주석을 붙인 도표이다. 황효공은 이 그림에서 호씨의 설에 착안하여 「횡도」를 가운데로 잘라 원으로 만듦으로써 기우奇偶와 기수氣數, 그리고 음양과 원년월일元年月日의 변화를 분명하게 볼 수 있게 되었음을 강조하였다. 복희의 「육십사괘차서도」가 태극으로부터 팔괘가 생기고 팔괘로부터 차례로 양의兩儀를 반복하여 중복함으로써 육십사괘를 만드는 것을 보여주는 데 중점이 두어졌다면, 황효공이 그린 이 도표는 음양이 대대對待하면서도 유행 변화하는 흐름을 보여준다는 데 특징이 있다.

황효공은 『역전』과 여러 학자들의 주장을 통하여 「하도낙서」로부터 「복희육십사괘방위지도」까지 열두 가지 도표가 표상하는 『주역』의 상수 및 수리적 원리를 설명하였으며, 나아가 정치적 도덕적 실천을 포괄하는 의리적 목표를 제시하였다. 그는 「계사전」, 「설괘전」 등과 공안국, 소옹, 주희, 채침, 서산 진씨, 옥재 호씨 등의 주장을 통하여 「하도낙서」와 「복희팔괘도」, 「육십사괘도」, 「문왕팔괘도」 등을 포함하는 열두 가지 도표가 나타내고 있는 여러 수리적 의리적 내용을 연역하여 설명하였다. 특히 태극으로부터 팔괘와 육십사괘를 도출하고 대연지수로부터 역의 괘를 도출하는 과정으로부터 자연의 변화와 인사의 의리적 실천 원리를 근거 지우고자 한 것은 황효공이 여러 도설들을 인용한 중요한 목표였다고 할 수 있다. 이들 도표와 도설 가운데 특히 「기자홍범구주지도」 및 도설과 「염계선생태극도」 및 도설은 각각 「낙서」의 수리적 원리와 태극의 형이상학적 본체에 근거를 두는 것이면서도 이들로부터 정치적 이념과 도덕적 실천 덕목과 원리를 이끌어 내고 있다는 점에서 의리적 목표의 전형을 제시하는 것이다.

요컨대, 황효공이 『역범도』의 체계를 세운 것은 조선전기역철학사의 견지에서 볼 때 도표와 도설을 하나의 일관된 의미체계로 삼아, 의리적 목표를 함축하는 것으로 역학의 여러 가지 상수와 수리적 측면을 체계적으로 설명하고 있다는 점에서 커다란 의미를 갖는다. 특히 황효공의 『역범도』는 권근의 『입학도설』을 시초로 하여 도상학적 전통을 이어가는 초기 단계의 중요한 저작이라고 평가할 수 있다. 이러한 도상학의 전통은 이후 퇴계 이황이 군주의 성학을 위하여 제시한 『성학십도』와 『역학계몽』의 내용을 설명하는 『계몽전의』로, 그리고 남명 조식의 「학기유편學記類編」에 제시된 「학기도學記圖」로 이어지고 있다.

제9장
퇴계의 상수역학 이론과 의리역학적 목표

1. 머리말

본 장에서는 퇴계退溪 이황李滉1501~1570의 상수역학과 의리역학 사상을 검토하면서 그가 '상수象數'와 '의리義理' 사이의 상관관계에 대하여 어떠한 관점을 취하고 있는가를 그의 철학적 입장과 『주역』에 관한 이해에 근거하여 해명하고자 한다. 특히 본 장의 핵심 목표는 퇴계가 언급하는 상수와 의리 사이의 전환 또는 소통 가능성 문제를 검토하는 것이다. 여기에서 주된 관건은 퇴계 역학 사상의 철학적 근거가 어디에 있으며, 퇴계가 『주역』에 대한 이해를 통하여 상수와 의리를 어떻게 소통시키는가를 살펴보는 것이다. 특히 이것은 조선전기역철학사의 견지에서 상수와 의리 사이의 상관관계를 문제 삼는 것으로서 퇴계의 역학관을 자연과 인사를 포괄하는 관점에서 새롭게 검토하는 것을 의미한다.

조선 초기의 역학 이론은 고려후기의 역학으로부터 영향을 받았다. 고려 말의 학자들은 대체로 정이程頤1033~1107의 『역전易傳』을 수용하였고, 일부 학자들은 정이 『역전』에 대하여 상당히 깊은 연구를 진행하였다.[165] 이런

165) 『易程傳』이 처음 고려에 들어와 이를 연구한 학자는 禹倬이었으며, 鄭夢周도 『程易傳』을 매우 좋아하여 조예가 깊었다.(李丙燾, 『韓國儒學史』, 亞細亞文

흐름을 이어 선초에는 대체로 정이의 역학 이론을 계승하는 경향이 우세하였다고 할 수 있다. 선초의 권근權近1352~1409을 이어 이세응李世應1473~1528, 이이李珥1536~1584, 조호익曺好益1545~1609 등은 정이의 유가적인 도덕적 원리와 의리역학적 해석방법론을 부분적으로 받아들여 자신의 역학사상을 구성하였다.[166]

그러나 다른 한편으로 조선시대 초기부터 주희의 『역학계몽』에 관한 연구가 진행되어 『역학계몽요해易學啓蒙要解』가 지어졌으며[167], 이황에 이르러 『역학계몽』에 대한 비판적 해설서인 『계몽전의啓蒙傳疑』가 저술되기에 이르렀다.[168] 『역학계몽』을 받아들여 연구하면서 이에 대한 부연적인 저술이 이루어졌다는 것은 이 시기로부터 상수를 토대로 하여 의리를 종합하는 주희의 역철학적 관점에 따라 역을 이해하는 시각이 형성되었음을 의미한다.

이황이 『계몽전의』를 저술한 이후 한대漢代 이래 전개된 다양한 상수역학 이론이 상당한 비중을 가지고 학자들에 의하여 원용되었으며, 다른 한편으로는 도수론圖數論적인 수리역학數理易學의 시각 또한 하나의 경향을 이루었다. 그리하여 조선전기역철학사는 의리역학과 함께 상수역학 및 도수역학적인 경향으로 분화되었다고 할 수 있다. 이러한 시각에서 볼 때, 『계몽전의啓蒙傳疑』는 주희朱熹1130~1200의 『역학계몽』[169]의 상수적 · 수리적 원리를 비판적

化社, 1987, 89~94쪽.)

166) 權近은 정이의 의리역학적인 목표와 해석방법론으로서 중정, 비응 개념등을 원용하면서도 주희의 『本義』와 오징의 『易纂言』등을 인용하여 그 내용을 비판적인 시각으로 평가하였다. 반면에 李世應은 유가의 도덕실천적인 원리로서 역의 의미를 보다 강조하면서 부분적으로 '중정'이나 「序卦」의 의미를 개진하고 있다. 이에 비해 曺好益은 기본적으로 상수역학적인 해석방법론에 기초하여 中正이나 比應 개념을 부분적으로 활용하면서 유가의 도덕실천적인 목표를 견지하고 있다. 시대가 흐를수록 의리역학의 해석방법론은 쇠퇴하는 경향을 보이고 있다고 할 수 있다.

167) 이 책은 世祖가 崔恒과 韓繼禧에게 명령하여 1465년에 간행하였다.

168) 퇴계는 주자의 역학관에 補說이나 反論을 제시함으로써 보다 완전을 기하고, 이에 더 나아가서 역학을 현실에 유용하도록 응용연구하는 데 중점을 두었다.(金益洙, 「退溪 李滉의 易學 思想」, 『周易과 韓國易學』, 1996, 315쪽.)

169) 주희는 「서이천선생역전판본후書伊川先生易傳板本後」라는 글에서 漢代 이래 상수역학과 왕필의 도가적 의리역학을 비판하면서, 성인의 뜻을 계승한 것은

으로 분석함으로써 이후 의리역학과 상수역학의 상관관계 속에서 조선시대 역학의 흐름을 상수역학적 방향으로 나아가게 하는 데 주된 영향을 끼친 저술이라 할 수 있다.

퇴계 역학사상의 특징을 규명하기 위해서는 그의 역학에 관한 저술이 어떤 것이 있는가를 점검하고, 나아가 이들에 대한 현대의 연구 성과들을 검토할 필요가 있다. 퇴계의 역학 사상에 관한 저술 중에 가장 두드러진 것은 그가 1557년 주희의 『역학계몽易學啓蒙』을 상수 수리적 원리의 측면에서 비평한 『계몽전의啓蒙傳疑』[172]이다. 이 저술은 도서圖書의 수리와 괘획의 형성 과정, 그리고 점괘占卦의 이치를 통하여 상수적 원리를 밝히는 『역학계몽』에 대한 여러 학자들의 견해와 퇴계 자신의 의견을 제시한 저술이다. 따라서 『계몽전의』는 퇴계의 역학 가운데 도서圖書 또는 상수역학적 원리를 살펴볼 수 있는 저술이라 할 수 있다.

다음으로 퇴계의 역학사상을 살펴볼 수 있는 저작으로는 『주역석의周易釋義』가 있다. 『주역석의周易釋義』는 퇴계가 당시의 여러 학자들의 주석註釋을

오직 정이의 책(『역전』) 뿐이라 강조하여, 정이의 역학이론을 기본적으로 긍정하였다(『朱子大全』 卷81). 하지만 그는 정이의 역학 이론이 『易』의 본래 취지로서 '象數'의 기능을 소홀히 하고 '義理'에 치우치는 것을 지양하였다. 이 점과 관련하여 장입문은 주희가 상수를 위주로 했던 소옹의 역학과 의리를 위주로 했던 정이의 역학 이론을 계승하여 상수와 의리를 하나의 포괄적인 전체로 결합하고 있다고 보았다.(張立文(Chang Liwen), "An Analysis of Chu Hsi's System of Thought of *I*", *Chu Hsi and Neo-Confucianism,* Honolulu, University of Hawaii Press, 1986, p.307.) 그리고 주희는 『易』은 본래 占筮를 위해 지어진 것으로서, 그 말(괘효사)은 모두 상수에 의거하여 길흉을 판단하는 것이라고 강조하였다.(『朱子大全』, 「答劉君房」 卷60; Joseph, A. Adler, "Chu Hsi and Divination", *Sung Dynasty Uses of the I Ching*, Princeton University Press, 1990. p.182.) 주희는 위와 같이 언급하면서 각 학파가 象數와 義理에 치우쳐서 『주역』을 읽기 어렵게 되어 『易本義』와 『易學啓蒙』을 저술하게 되었다고 술회하였다.

172) 본 저술은 목판본과 安鼎福의 수택본이 있는데, 『퇴계집』 속집에도 1책으로 수록되어 있다. 「본도서」와 「원괘획」에서는 주로 董子와 邵子, 胡氏의 설에 대하여 주희와 비교하면서 퇴계 자신의 의견을 첨부하였다. 「명시책」과 「고점변」에서는 주로 점괘를 뽑아내는 설시와 뽑아낸 점괘를 읽는 방법을 제시한 『역학계몽』의 내용을 부연 설명하였다.

수집하여 교정하고 평가하면서 『주역』 괘효사에 대하여 부분적으로 언해諺解를 달고 있으며, 「계사전」에 대해서도 부분적으로 언해하였다. 『주역석의』는 괘효사에 대한 전면적 주석은 아니지만 『주역』 괘효사 및 「계사전」에 대한 퇴계의 대체적인 해석과 그 의리역학적 특징을 이해하는 데 없어서는 안 될 중요한 저작이다.

이 밖에 퇴계의 역학사상을 엿볼 수 있는 자료들로는 제자들과 문답하고 토론한 서신자료들이 있다. 이 가운데 이덕홍과 문답한 「주역질의周易質疑」와 『역학계몽』에 대해 우경선의 문목問目에 대답한 것은 퇴계의 상수역학적 관점을 살펴 볼 수 있는 중요한 자료이다. 성리학의 이기론, 태극도설, 『역전易傳』, 소강절邵康節의 이수理數 등과 관련하여 제자 문인들과 주고받은 편지에도 퇴계의 역학에 관한 견해들이 산견된다. 이들 자료들을 검토해 보면 퇴계가 『주역』에 관하여 어떠한 관점을 취하고 있는가를 이해할 수 있다.

그러면 퇴계의 역학에 대한 기존의 연구 성과들을 간단히 요약함으로써 퇴계 역학사상의 특징을 살펴보고 아울러 이 장의 필요성과 시의성을 제시하기로 한다. 퇴계의 역학사상은 그의 철학사상에 비하여 연구가 미진하였으나, 최근 10여 년간 착실히 연구가 진행되어 왔다. 그의 역학사상에 관한 연구는 이기심성론을 중심으로 하는 철학사상과 연관된 측면, 상수역학적 측면, 그리고 의리역학의 측면에서 연구가 진행되었다. 이 가운데 이기심성론과 연관하여 퇴계의 역학을 고찰한 연구에서는 주로 퇴계의 역학이 성리학의 토대가 되는 측면이 강조되었다. 이들 연구에서는 퇴계가 리의 절대성, 궁극적인 도덕원리로서 리理의 극존무대極尊無對, 거경궁리居敬窮理의 토대 등을 『주역』으로부터 이끌어내고 있는 것으로 보았다.[173]

반면 퇴계의 역학사상에 내포되어 있는 상수와 의리의 상관적 관계에서 '의리'에 중점을 두어 연구한 논문들도 다수 작성되었다. 이들은 대체로 퇴

173) 김학권, 「이황의 역학연구」, 『주역연구』 4, 1999. 113~129쪽; 송인창, 「退溪理發說의 易學的 硏究」, 『철학논총』 26, 새한철학회, 2001, 45쪽.; 곽신환, 「역학과 퇴계의 천명사상-자연과 인간에 대한 敬-」, 『퇴계학논총』 창간호, 1995. 591~606쪽.

계가 상수에 유의하면서도 의리에 보다 근본적인 목표를 두고 있음을 강조하였다. 이들 논문 가운데 정병석은 퇴계의 역학이 기본적으로 도덕적 수양을 위한 의리적 목표를 가지는 것으로 이해하고 있는데, 그 근거를 퇴계가 '전傳을 통해 경經을 해석하는 것[以傳解經]'과 '경經과 전傳을 합하여 이해하는[經傳合觀]' 입장을 취하고 있다고 하는 점에서 찾고 있다.[174] 김경천의 논문은 퇴계의 『주역』에 대한 기본 입장은 경전經典의 의리를 밝히기 위한 것이었다고 보고 있다.[175] 김인철은 퇴계의 『주역석의』의 훈석訓釋을 주로 검토하면서 퇴계의 『주역』에 관한 의리적 관점을 검토하였다.[176] 임영희는 퇴계가 주로 정이와 주희의 도덕 실천적 관점을 그의 역학관에서 제시한 것으로 보았다.[177]

다음으로 퇴계 역학사상 가운데 상수를 강조하는 논문도 여러 편 작성되었다. 이들은 대부분 『계몽전의』의 내용을 주된 주제로 삼아 이 저술에 반영되어 있는 「하도낙서河圖洛書」, 음양노소의 수 등의 수리적 원리를 검토하고 있다.[178] 특히 장입문張立文은 퇴계가 이수理數와 상수에 중점을 두면서 의리를 가볍게 여긴 것이 주희와 달랐다고 평가하기도 하였다.[179]

이처럼 퇴계의 역학사상에 관한 기존의 논문들은 대부분 퇴계의 역학사상을 성리학과의 연관성, 상수, 의리 등 특정한 하나의 관점에 중점을 두어 해명하였다. 이들 연구들은 퇴계 역학사상의 각각의 측면이 지니는 특징을 해명하고 있다는 점에서 일정한 의미를 가진다. 그러나 퇴계의 역학을 좀

---

174) 정병석, 「『주역』에 대한 퇴계의 의리적 관점」, 『퇴계학보』 115, 2004, 100~101쪽.

175) 김경천, 「퇴계의 경전인식」, 『퇴계학보』 110, 2001, 263쪽.

176) 김인철, 「退溪와 芝山의 『周易』 解釋」, 『퇴계학과 한국문화』 36, 2005, 13쪽.

177) 임영희, 「李退溪與朱熹易哲學比較研究」, 북경대박사학위논문, 1999, 21쪽.

178) 윤종빈, 「퇴계 이황의 『주역』이해」, 『한국역학의 논리』, 문경출판사, 2007, 62쪽; 엄연석, 「李滉의 啓蒙傳疑와 象數易學」, 『한국사상과 문화』 11, 2001, 224쪽; 최정준, 「퇴계의 계몽전의에 관한 연구-주역질의와 관련하여-」, 성균관대 석사학위논문, 1997, 93쪽.

179) 張立文, 「朱熹與李滉的易學思想比較研究」, 『退溪學報』 43, 1984. 92~129쪽. 보다 자세한 퇴계 역학사상에 관한 기존의 연구에 대해서는 엄연석, 「퇴계 역학사상 체계와 새로운 연구방향」, 『퇴계학논집』 제3호(2008, 66쪽이하)를 참조.

더 심층적으로 이해하기 위해서는 이러한 개별적인 관점들 사이에 내포되어 있는 전체적인 의미연관성을 종합적으로 해명할 필요가 있다. 실제로 『주역』에서 상수와 의리는 별개도 독립되어 있는 것이 아니라, 긴밀한 연관성을 가진다.180) 퇴계의 역학사상에서 상수와 의리 또한 상호간 긴밀한 연관성을 가지고 있으며, 이들은 그의 이기심성론과 수양론을 중심으로 하는 성리학 이론과도 긴밀한 연관성을 가진다.

이제 퇴계의 역학에 대한 연구를 한 단계 높은 수준에서 심도 있게 탐구하고자 할 때 그의 상수象數와 의리義理에 대한 이해와 이들 사이의 관계, 그리고 이들과 성리학의 이기심성론 및 수양론적 관점과의 연관성을 종합적으로 고찰하는 것이 매우 필요하다. 이러한 필요성에 따라 이 장에서는 퇴계가 바라보는 상수와 의리 사이의 의미연관성과 상호 전환 또는 소통 가능성을 그의 이기심성론과 수양론을 중심으로 하는 철학적 입장에 근거하여 해명하고자 한다.

따라서 제2절에서는 먼저 퇴계의 역학사상에서 자연과 인간, 그리고 상수와 의리 사이의 연속성과 통일적 의미를 검토하고자 한다. 이처럼 자연과 인간, 상수와 의리 사이의 유기적 전체성과 통일성이 전제될 때 비로소 그 중간에서 상수와 의리를 매개하는 인간의 주체적 능동성과 실천이 의미를 가질 것이다. 다음 제3절에서는 퇴계의 『계몽전의』에서 보여주는 「하도낙서」의 수론을 먼저 살펴보고, 괘효의 기계적인 변화와 괘상의 의미를 고찰하고자 한다. 제4절에서는 음양노소陰陽老少의 수와 그 변화가 대연지수大淵之數로부터 어떻게 연역되어 나오는가 하는 점을 괘효卦爻 형성 과정의 수리적 측면과 관련하여 고찰해 보고자 한다. 이어서 『역학계몽』에서 점을 치는 방법

180) 장선문은 '『주역』철학의 본질적 함의는 이미 象數와 義理라고 하는 이 두 가지 불가분한 요소를 포괄하고 있다는 것이다. 그러므로 『주역』철학의 본래 뜻을 드러내는 데 가장 취할 만하고 가장 이로운 역학의 방법은 당연히 상수와 의리를 함께 중시하고, 한쪽을 위주로 하여 한쪽을 없애지 말아야 한다는 것이다'(張善文, 『象數與義理』, 遼寧教育出版社, 1995, 311쪽)고 하였다. 여기에서 장선문은 『주역』의 본질이 상수와 의리를 포괄하는 만큼 이 두 가지를 균형을 가지고 바라보아야 한다는 것을 강조하였다.

론으로서 제시되는 것과 관련하여 효변爻變과 점서占筮의 상수학적 의미를 분석할 예정이다.

다음 제5절에서는 퇴계가 상수역학을 토대로 삼아 도덕적 실천을 지향하면서 의리적 관점에서 『주역』을 해석하는 구체적 내용을 검토하고자 한다. 제6절에서는 그의 의리적 관점과 상수적 관점에 대한 이해를 바탕으로 인간의 실천적 활동과 연관하여 상수와 의리, 자연과 인문 사이의 긴밀한 의미 연관성에 대하여 고찰할 예정이다. 마지막 결론에서는 본론의 내용을 정리하고 나서 퇴계 역학사상의 조선전기역철학사에서의 의의를 전망하고자 한다.

2. 상수와 의리 사이의 통일성과 구별의 계기

퇴계의 철학에서 태극이기론은 그의 심성론과 일관된 의미를 가지고 있다. 물론 다른 성리학자들의 경우에도 우주론과 심성론 사이에는 긴밀한 연관성을 가진다. 하지만, 이들 이기론과 심성론 사이에 내포되어 있는 의미체계는 학자들마다 다르다. 성리학에서 두드러지기는 하지만, 고대 이래 중국에서 자연을 존재론적 측면에서 설명하고자 하는 우주론은 인문적 가치론 및 심성론과 연속성을 가지는 것으로 이해되어 왔다. 예컨대, 한대漢代 이후 "음양陰陽 개념은 사회의 계급적 패턴을 사물의 구조에 덧씌움을 아주 분명하게 보여준다. 양陽은 높고 음陰은 낮고, 하늘은 양이며 고귀한 것으로 묘사되고, 땅은 음이며 비천한 것으로 그려진다. 그래서 부자와 군신 등과 같은 것 사이를 구별하기 위한 모델이 되었다."181) 이러한 관점은 바로 자연의 패턴을 설명하는 '음양' 개념을 인간의 가치론적인 질서 개념으로 읽는 것을 뜻하는 것으로, 자연과 인간을 하나의 연속적이고 일관성을 가지는

---

181) Donald J. Munro, *The Concept of Man in Early China,* California, Stanford University Press, 1969, pp.31~32.

것으로 이해하는 것이다.

『중용』 첫 장에서는 "하늘이 명령한 것을 성性이라고 말하고, 성에 따라 행하는 것을 도道라고 말하며, 도를 닦는 것을 교敎라고 말한다"182)고 하였다. 여기에 주희는 하늘이 내리는 명命을 '명령[令]'으로 성性을 '리理'로 해석하면서 '명'과 '성' 사이의 관계와 본질을 이렇게 말하였다. "'하늘이 음양오행으로 만물을 변화 생성할 때 기氣로 형체를 이루면 리理가 또한 거기에 부여되는 것이 마치 명령과 같다. 여기에서 사람과 동식물이 생겨날 때 각각 하늘이 부여하는 리를 얻음으로써 건순오상健順五常의 덕으로 삼는 것이 이른바 성性이다."183) 주희에 따르면 인간 그리고 동식물의 본성은 바로 하늘이 음양오행의 기氣로 그 형체를 이룰 때 건순오상의 덕德으로 부여되는 리理이다. 이러한 관점에 따르면 리理가 자연에 존재하는 성性이라면, 성性은 인간과 동식물에 내재해 있는 리理이다. 이것은 바로 동일한 실체에 대하여 존재 양태를 구별하여 말하는 것이다.

퇴계 또한 주희와 마찬가지로 자사子思가 말한 『중용』의 천명지성天命之性과 맹자의 성선性善의 성이 가리키는 본 모습이 어디에 있는가를 문제삼았다. 여기에서 그는 이 두 가지 성性은 바로 형체에 부여된 리理에 나아가 이 리理의 근원처를 가리켜 말하는 것이라184)고 보았다. 퇴계는 하늘이 부여하는 리理와 인간에 내재하는 성性을 동일한 실재를 가리키는 것으로 봄으로써, 자연과 인간을 통일적인 하나의 원리로 파악하였다.

퇴계는 『태극도설』의 "오직 사람만이 그 뛰어난 것을 얻어 가장 영명하다"185)고 하는 구절의 소주小註에서 "음양동정이 마음이다"라고 한 데 대하여 자연의 태극太極, 음양동정陰陽動靜, 금목수화토金木水火土의 오행이 바로 성

182) 『中庸』 1章, "天命之謂性, 率性之謂道, 修道之謂敎."

183) 『中庸章句』 1章, 『章句』, "命猶令也, 性卽理也. 天以陰陽五行, 化生萬物, 氣以成形, 而理亦賦焉, 猶命令也. 於是人物之生, 因各得其所賦之理, 以爲健順五常之德, 所謂性也."

184) 『退溪先生文集』 「答奇明彦」 卷16-9, "旦以性之一字言之, 子思所謂天命之性, 孟子所謂性善之性, 此二性字所指而言者, 何在乎? 將非就理氣賦與之中而指此理原頭本然處言之乎."

185) 周敦頤, 「太極圖說」, "惟人也得其秀而最靈."

性이고, 심心이며, 인예예지신仁義禮智信이라고 보았다.

> 천지의 태극은 사람에 있어서는 바로 본성[性]이고, 천지의 음양동정은 사람에 있어서는 바로 마음이며, 천지의 금목수화토金木水火土는 사람에 있어서는 바로 인의예지신仁義禮智信이다. 천지가 만물을 변화 생성하는데, 사람에 있어서는 만사萬事이다. 대개 음양으로 번갈아 바뀌면서 유행하여 사물을 생성 조화시키는 것이 바로 천지의 마음이다. 그래서 사람은 이것을 얻어 생겨났으며 또한 이것으로 마음을 삼는다.186)

퇴계에 따르면 인간에 있어서 성性과 심心, 그리고 인의예지신仁義禮智信에 대한 자연에서의 대응물이 바로 천지의 태극太極이고 음양동정陰陽動靜이며, 금목수화토金木水火土이다. 이러한 시각은 자연과 인간을 하나의 전체성의 측면에서 해석하는 것이다.

그는 또한 「천명도설天命圖說」에서 천天을 리理로 간주하는데, 사물을 시작하고[始] 통하게 하며[通] 이루고[遂] 완성시키는[成] 순환의 이치로서 '원형이정'을 그 덕목으로 규정하였다. 이것이 순환하여 그치지 않는 것은 바로 진실무망의 신묘함 아닌 것이 없는데 이것이 바로 성誠이라는 것이다.187) 그에 따르면, 천天의 리理는 사물을 생성 조화시키는 원형이정의 덕을 통하여 순환한다. 또한 "사람의 인의예지신과 사단이 바로 이 천의 네 가지 덕과 서로 조응한다"188) 이처럼 퇴계는 자연[天]과 인간 사이에는 틈을 둘 수 없는 통일적인 일관성이 있는 것으로 인식하였다. 그는 주희와 같이 음양오행의 기가 유행하면서 사물을 형성할 때 이 사덕四德으로서 원형이정의 리理가 거기에 내재하여 성이 되며, 그 조목이 인의예지신의 오상五常이 되는 것을

186) 『退溪先生文集』「答李剛而別紙」, "天地之太極, 在人便是性, 天地之動靜陰陽, 在人便是心. 天地之金木水火土, 在人便是仁義禮智信. 天地之化生萬物, 在人便是萬事. 蓋一陰一陽, 流行造化, 卽是天地之心, 故人得是以生, 亦以是爲心."

187) 『退溪先生續集』「天命圖說」卷8-12, "天卽理也. 而其德有四曰元亨利貞也. 蓋元者, 始之理, 亨者, 通之理, 利者, 遂之理, 貞者, 成之理, 而其所以循環不息者, 莫非眞實无妄之妙, 乃所謂誠也."

188) 앞의 책, 같은 곳, 卷8-17, "人之五性四端, 固與天之四德相應."

다음과 같이 강조하였다.

> 그래서 음양과 오행이 유행할 때 이 네 가지는 늘 그 가운데 깃들어서 사물에 명命을 내리는 근원이 된다. 그래서 모든 사물이 음양오행의 기氣를 받음으로써 형체를 삼는 것에는 원형이정의 리理를 갖추어 성性으로 삼지 않는 것이 없다. 그 성性의 조목에 다섯 가지가 있어서 인의예지신仁義禮智信이라고 한다. 그래서 사덕四德과 오상五常은 위아래가 하나의 리理로서 천인天人 사이가 갈려진 적이 없다.189)

자연에 있어서 원형이정의 사덕四德이 인간과 동식물에 부여되면 성性이 되며, 그 조목이 바로 인의예지신의 오상五常이 되므로 이 사덕과 오상은 하나의 동일한 리理가 되어 자연과 인간 사이에 어떤 간극도 없다. 이러한 관점은 퇴계가 자연과 인간의 생성변화를 하나의 통일적인 원리에 근거하는 것으로 이해하는 것이다.

하지만 퇴계는 자연에 있어서 음양오행의 유행과 원형이정의 덕의 실현에는 어떠한 틈도 없지만, 인간의 경우는 부여받은 태극의 리가 형체를 이루는 음양의 기氣가 지니는 맑고 흐림 순수하고 뒤섞임淸濁粹駁의 차이에 따라 가려져서 리理와 기氣 사이에 틈이 생긴다고 보았다. 이러한 관점은 장재의 기질에 청탁이 있다는 주장을 받아들인 것이다. 퇴계는 리理와 기氣를 가치의 우열을 가지는 것으로 보아 수직적으로 구별하여, 리理를 극히 존귀한 반면 기氣를 비천한 것으로 규정함으로써 '기'의 부정적인 측면을 강조하였다.

퇴계에 따르면 "리理는 매우 존귀하여 대적할 만한 것이 없으며, 사물에 명령하지만 자신은 그 무엇으로부터도 명령을 받지 않는 것으로서 기氣가 감히 이길 수 있는 것이 아니다. 그런데 기氣가 형체를 이룬 후에는 이 기氣

---

189) 앞의 책, 같은 곳, 卷8-12, "故當二五流行之際, 此四者常寓於其中而爲命物之源, 是以凡物受陰陽五行之氣以爲形者, 莫不具元亨利貞之理以爲性. 其性之目有五曰'仁義禮智信', 故四德五常, 上下一理, 未嘗有閒於天人之分."

가 리理를 위한 토대와 재료가 되기 때문에 리理가 발현될 때 기氣가 작용하는 경우가 많다. 이때 기氣가 리理에 순응하여 리理가 저절로 드러나는 것은 기氣가 약해서가 아니고 순응하기 때문이고, 기氣가 리理를 어길 때는 리理가 도리어 은폐되는데 이것도 리理가 약해서가 아니고 추세 때문이다."[190] 여기에서 리理와 기氣와 관계에 있어서 리는 주로 명령하는 지위에 있어서 기氣가 이길 수 없는 존재로 규정된다.

이러한 리와 기의 귀천우열의 지위는 장수와 병졸에 비유되어 "리는 기의 장수가 되고, 기는 리의 병졸이 됨으로써 천지의 공업功業을 이룬다"[191] 고 하였다. 하지만 퇴계는 사물이 형성된 후에는 리가 기에 의탁하면서 기가 작용하여 형세상 주도권을 가지는 경우가 있기 때문에 리가 기에 가려질 수 있다고 보았다.

퇴계는 「천명도설」에서 문답 형식을 빌어 사람들이 모두 바른 기氣를 얻었는데도 상지上智, 중인中人, 하우下愚의 등급이 다른 이유에 대하여 답하였다. 그는 음양의 기氣의 맑고 흐림[淸濁]과 순수하고 뒤섞임[粹駁]의 차이에 의해 이런 우열의 등급이 생겨나는 것을 다음과 같이 설명하고 있다.

> 사람의 기가 바른 것은 바르더라도, 그 기氣에 음과 양이 있으므로 타고나는 기질이 또 어찌 맑음과 흐림[淸濁], 순수함과 뒤섞임[粹駁]이라 할 만한 것이 없겠는가? 그래서 사람이 날 때는 하늘로부터 기를 받아 하늘의 기氣에는 맑은 것이 있는가 하면 흐린 것도 있으며, 땅에서 형질을 받으므로 땅의 형질에는 순수한 것이 있고 뒤섞인 것도 있다. 그래서 그 맑고 순수한 것을 얻은 사람은 상지上智가 되는데, 상지上智는 천리를 아는 것이 밝고 행하는 것 또한 극진하여 저절로 하늘과 합한다. 그 맑지만 뒤섞인 것이나, 흐리지만 순수한 것을 타고난 사람은 중인中人이 되는데, 중인中人은 천리天理에 대해 한편

190) 『退溪先生文集』「答李達李天機」 卷13-17, "理本其尊無對, 命物而不命於物, 非氣所當勝也. 但氣以成形之後, 卻是氣爲之田地材具, 故凡發用應接, 率多氣爲用事, 氣能順理時, 理自顯, 非氣之弱, 乃順也. 氣若反理時, 理反隱, 非理之弱, 乃勢也."

191) 『退溪先生續集』「天命圖說」 卷8-13, "理爲氣之帥, 氣爲理之卒, 以遂天地之功."

> 으로는 앎은 여유가 있으나 행하는 것이 부족하고, 또 한편으로는 앎은 부족하지만 행하는 것은 여유가 있어, 비로소 하늘과 합하는 것도 있고 어긋나는 것도 있다. 흐리고 뒤섞인 것을 타고난 사람은 하우下愚가 되는데, 하우下愚는 천리天理에 대해 아는 것이 어둡고 행하는 것 또한 사특하니, 하늘과 크게 어긋난다.192)

퇴계는 여기에서 기氣에 있어서 음양의 차이가 질質에 있어서 각각 맑음과 흐림[淸濁], 순수함과 뒤섞임[粹駁]의 구별을 낳는 것으로 인식하고 이에 따라 인간은 상지上智와 중인中人, 하우下愚가 갈리는 것으로 주장하였다.

이러한 차이에 따라 상지上智는 청명하고 순수한 기질에 따라 천리를 완전히 알아 실현하는 반면, 중인中人은 '맑지만 뒤섞이거나' '흐리지만 순수한' 기질에 따라 각각 행동[行]과 앎[知]에 있어서 천리天理에 어긋나는 경우가 생기고, 하우下愚는 자신의 흐리고 뒤섞인 기질에 따라 앎과 실천에서 모두 천리를 어기는 것으로 보았다. 요컨대, 사람이 천리를 온전히 실현할 수 있는 가능성 여부는 바로 기질의 맑고 흐림 순수하고 뒤섞임의 차이에 기인한다는 것이다.

그렇다면 퇴계는 자연에 있어서 리理와 기氣 사이의 존재론적 또는 가치론적 지위를 어떻게 이해하는가? 그는 「조기백趙起伯의 대학 문목에 답함」이란 글에서 "사람의 기질에 맑음과 흐림, 순수함과 뒤섞임이 있는 것이 그 마주치는 기氣로 인하여 맑거나 흐리고 순수하거나 뒤섞이게 된다면 천지의 기氣에도 사특하거나 바른 것이 있습니까?"라는 조기백의 질문을 받았다. 여기에 대해 퇴계는 다음과 같이 천지天地의 기氣 또한 음양의 순함과 어그러짐, 밝음과 어두움 및 오행五行의 많고 적음 순수하고 뒤섞임에 따라 각각

---

192) 『退溪先生續集』「天命圖說」卷8-18, "人之氣正則正矣, 而其氣也有陰有陽, 則其氣質之稟, 亦豈無淸濁粹駁之可言乎! 是以人之生也, 稟氣於天而天之氣, 有淸有濁, 稟質於地而地之質, 有粹有駁, 故稟得其淸且粹者, 爲上智, 而上智之於天理, 知之旣明, 行之又盡, 自與天合焉. 稟得其淸而駁, 濁而粹者爲中人, 而中人之於天理, 一則知有餘而行不足, 一則知不足而行有餘. 始與天有合有違焉. 稟得其濁且駁者爲下愚, 而下愚之於天理, 知之旣暗, 行之又邪, 遠與天違焉."

바르고 사특함의 편차가 생긴다고 주장하였다.

> 음양이 갈리면서 순함과 어그러짐, 밝음과 어두움을 고르게 하기 어려움이 있게 되고, 오행이 갖추어지면서 많고 적음, 순수함과 잡박함을 균일하게 하기 어려움이 있네. …… 무릇 천지의 커다란 덕德을 '생성[生]'이라고 한다는 것을 가지고 말하면 비록 사특함이 있다고 말할 수 없겠지만, 음양과 오행을 고르게 하기 어렵고 균일하게 하지 못하는 측면에서 말하면, 다만 바른 것만 있고 사특한 것이 전연 없다고 말할 수 없으니, 이것은 형세상 필연적인 것이네.193)

퇴계는 여기에서 천지의 기氣 또한 음양과 금목수화토의 오행五行으로 구체화되면서 순함과 어그러짐, 밝음과 어두움[順沴明暗], 많고 적음, 순수함과 잡박함[多寡粹駁] 등 각각의 고유한 성질에 따라 치우침과 바름이 갈린다고 보았다.

하지만 여기에는 퇴계의 이기심성론理氣心性論을 중심으로 하는 철학과 역학易學 사상 모두에 중요한 하나의 시각이 내포되어 있다. 이것은 바로 인간과 자연을 막론하고 기氣는 그 음양오행의 다양한 성질에 따라 각각 정사正邪가 있지만, 자연에 있어서 기는 필연적인 형세로서 어찌할 수 없는 것으로 간주되는 반면, 인간에 있어서 이러한 기氣는 리理에 의해 통제되어야 하는 것으로 이해된다는 점이다. 여기에서 퇴계가 자연과 인간 각각에 있어서 천리天理와 음양오행의 기氣 사이의 관계를 바라보는 관점이 드러난다. 그는 기氣에 의해 정사正邪를 가지는 자연적인 추세를 인간이 본성으로 타고난 도덕적 실체로서 리理(천리天理)와는 구별되는 것으로 인식하였다.

퇴계는 "초당이 답하여 말하기를 '『역』에 '팔괘八卦가 길흉吉凶을 결정하고,

---

193) 『退溪先生文集』「趙起伯大學問目」卷38-7, 問, "人之氣質, 有淸濁粹駁者, 當初妙凝之時, 緣氣所値, 故氣質不齊. 但以其所値之氣而爲淸濁粹駁, 則天地之氣, 亦有邪正之雜乎?" 答, "陰陽分而有順沴明暗之難齊. 五行具而有多寡純雜之不一, …… 夫以天地之大德曰生言之. 雖不可謂有邪. 以二五之難齊不一處言之, 其不能但有正而都無邪, 亦勢所必至也."

길흉은 중대한 일[大業]을 낳는다'고 하였는데, 여기에서 선악이 모두 천리天理에서 나오는 것을 알 수 있다'고 하였으니, 의심컨대, 이 논의가 과연 '선악이 모두 천리이다'고 하는 본래 뜻을 얻은 것인지요?"라고 하는 김이정金而精의 질문을 받았다. 여기에 대하여 퇴계는 "길흉이 비록 유형에 따라 선악에 조응하기는 하지만, 이 『역』의 구절을 인용하여 '선과 악이 모두 천리이다'는 설을 증명하려는 것은 전혀 가깝지 않은 것으로 이해할 수 없네"194)라고 대답하였다.

퇴계의 논리를 추론해 보면, 선한 것에 길한 것이 응하고 악한 것에 흉한 것이 응한다고 하는 점은 옳다. 하지만 '팔괘八卦'는 인간이 자연을 본받아 추상하고 여기에 천지수화天地水火 등의 자연사물을 대응시킴으로써 사태에 따라 길흉을 상징하도록 하였다. 그런데 여기에서 선악과 길흉이 정해짐으로써 하늘이 행하는 일 또는 인간이 행해야 하는 것으로서 '대업'은 바로 선하고 길한 방향으로 나아가고자 하는 것을 뜻한다. 이때 선하고 길한 방향으로 나아가는 것은 바로 천리를 행하는 것이다. 이렇게 볼 때, 퇴계의 입장에서 천리에 따라 선악과 길흉이 결정된다는 명제는 가능하지만, 선악이 모두 천리라고 하는 명제는 가능하지 않다는 것이다.

퇴계는 자연의 존재론적 차원에서의 음양이기陰陽理氣와 인간의 실천적 가치론적 관점에서 보는 음양이기陰陽理氣 사이의 상관관계를 각각 구별하여 보았다. 요컨대, 자연에서의 이기의 작용은 음양오행의 기氣의 다양성에 따른 가치론적 함의를 가지면서도 어디까지나 어쩔 수 없는 자연적이고 필연적인 추세로서 길흉吉凶으로 실현된다. 반면 인간에 있어서 이기의 작용은 수양과 공부를 통하여 부정적인 기氣를 리理로 제어함으로써 본성의 리理를 도덕적 실천으로서 당위로 실현해야 하는 것으로 이해된다. 달리 말하면 음양오행의 기氣의 작용에 의해 이루어지는 자연적 추세로서 리理는 바로 『역학易學』에서 말하는 '기수氣數' 또는 '이수理數'를 뜻한다.

---

194) 『退溪先生文集』「答金而精」卷29-22, "草堂答曰, '易曰, '八卦定吉凶, 吉凶生大業', 於此可見善惡皆出於天理也. …… 竊疑此論, 果得善惡皆天理之本義乎?' 答, "吉凶雖類應於善惡. 然引此以證善惡皆天理之說. 殊不貼近, 不可曉."

하지만 퇴계는 그의 이기론에서 자연에서의 리理와 인간의 도덕적 실체로서 리理를 구별하였으나, 역학易學에서는 상수象數 또는 이수理數를 인간 사회에서의 도덕적 리의 근거 또는 토대로 이해하고 있는 것으로 해석된다. 그러면 그가 자연적 이수理數에 대하여 어떻게 주장하는가를 다음 장에서 『계몽전의啓蒙傳疑』의 상수역학을 중심으로 검토하기로 한다.

3. 자연학적 토대로서 『계몽전의啓蒙傳疑』의 상수역학

퇴계의 역학사상은 공자의 『역전』을 비롯하여, 납갑설納甲說, 비복설飛伏說 등 한대 상수역학 이론, 정이의 의리역학, 의리와 상수를 아우르는 주희의 『역본의易本義』와 『역학계몽易學啓蒙』 등의 이론들을 수용하면서 부분적으로 주석 또는 해설을 함으로써, 중국역학사의 여러 이론을 종합적으로 살피고 있다. 따라서 그의 역학을 한마디로 규정하는 것은 매우 어렵다. 하지만 이 가운데서도 퇴계는 주희의 『역학계몽』에 대한 주석서로서 『계몽전의啓蒙傳疑』를 지음으로써 『주역』에 대한 상수象數 또는 이수理數 원리를 해명하는 데 상당한 노력을 기울였다.

여기에서 한 가지 의문점이 대두된다. 퇴계는 성리학설에 있어서 이기론을 주로 심성론과 도덕적 실천론에 종속시키고 인간의 도덕적 실천을 일차적인 목표로 삼아 리理와 기氣를 가치론적 우열을 가지는 것으로 해석하면서 리를 절대적으로 중시하였다. 이런 퇴계가 어떤 이유로 자연의 이수理數 또는 상수象數의 문제에 관심을 기울였는가 하는 점이다. 이 점은 이 장에서 핵심 주제로 설정한 상수象數와 의리義理의 가역적 순환 또는 전환가능성을 진단하는 문제와 긴밀하게 연관된다.

이 문제를 해명하기 위해서 이 장에서는 퇴계가 '도덕적 실천의 궁극원리로서 선험적이고 보편적인 리理 또는 태극太極이 어떻게 구체적인 현실에서 실현될 수 있는가?' 라는 의문과 함께 다음과 같은 하나의 가설을 설정하고자 한다. '퇴계가 강조하는 도덕적 실천의 원리로서 선험적이고 보편적인 일리一理가 현실적으로 실현되려면 특수한 상황에서 시의성을 가지는 분수리分殊理로 구체화되어야 한다. 그런데 퇴계가 강조하는 선험적이고 보편적인 일리一理(太極)는 실로 모든 이치를 구비하고 있는 것으로 이해되며 모든 사물에 고유한 특수한 분수리分殊理들의 총화로서 리理에 다른 것이 아니다.' 따라서 퇴계에 있어서 역학에서 말하는 상象과 수數는 마음의 리理와 조응하는 사물의 리理를 찾고 발견하는 창窓으로서의 의미를 가진다고 할 수 있다. 다시 말하면 퇴계에서 리理는 라이프니쯔가 말하는 외부로 난 창이 없는 단자單子로서 모나드Monad와 같은 것이 아니다.

요컨대, 퇴계는 한편으로 마음의 일리一理를 분수리로 실현시키는 데 요구되는 객관적 표준을 찾고자 하는 목적에서 상象과 수리적數理的 원리에 대한 탐색을 통하여 자연에 내재해 있는 객관적 이법을 도출하고자 했다고 할 수 있다. 아울러서 인간의 삶에는 인륜적 도덕만이 문제되는 것이 아니고, 인간의 삶의 외적 조건을 구성하는 실용적이고 수단적인 많은 일들이 요구된다. 예컨대, 역법이나, 율려, 수리적 계산 등과 같은 것 또한 인문적 삶에 필요한 것들이다. 따라서 퇴계의 상수象數와 이수理數에 대한 또 다른 관심의 이면에는 도덕적 실천의 전제조건이 되는 것으로서 실용적인 필요를 해결하고자 하는 동기가 내포되어 있다.

퇴계가 상수역학과 관련하여 저술한 작품은 『계몽전의』가 대표적이다. 이 밖에 도서圖書 또는 상수 문제와 관련하여 문인들과 질의 문답한 내용 또한 주요 자료들이다. 이 가운데 우경선禹景善과 『역학계몽』의 구체적 내용에 대하여 문답한 내용과 이덕홍李德弘이 『주역』에 관하여 질의한 자료가 대표적인 것들이다. 그리고 전제산田制算이나 율산도律算圖, 그리고 율려律呂와 관련한 수리적 계산을 행한 이중구李仲久와 주고받은 편지 또한 퇴계의 이수理數에 대한 관심을 살펴볼 수 있는 좋은 자료이다.

퇴계는 『계몽전의啓蒙傳疑』 「서序」에서 역학 중에 상수의 원리를 해명한 주희의 『역학계몽』이 이수理數의 학문으로서 심원한 뜻을 해와 별처럼 밝게 드러냈다고 언급함으로써, 상수역학에 대한 관심을 표명하고 있다. 그럼에도 불구하고 그는 이수의 학문이 넓고 미묘할 뿐 아니라 이리저리 얽혀서 탐색하기 쉽지 않음을 문제 삼으면서 『전의傳疑』를 지은 이유를 제시하였다. 나아가 그는 정자중鄭子中과 왕래한 편지에서 『주역』은 이수의 연원이 되면서 궁리진성窮理盡性을 행하는 학문에 필수적인 저술로서 읽지 않으면 안 될 중요한 저술로 규정하였다.

> 『주역』은 이수理數의 원천이 되는 책이라 실로 읽지 않아서는 안 되네. 하지만, 『논어』· 『맹자』· 『중용』·『대학』 만큼 배우는 사람의 일상 공부에 절실하지는 않아. 그래서 이전 학자들은 간혹 배움에 시급한 것이 아니라고 여겼지만, 사실 이치를 궁구하고 본성을 극진히 하는[窮理盡性] 학문보다 시급한 것은 없네. 편지에서 '배운 것을 실천하지 못하면 비록 아는 것이 있더라도 어찌 귀하겠는가!'라고 한 말은 실로 절실함을 다한 말이네. 『주역』을 읽을 때 만약 이런 뜻을 소홀히 한다면 점차 의리義理와 서로 상관없이 날로 멀어질 것이네.195)

퇴계는 『주역』이 일상의 실천 공부를 강조하는 『사서四書』 만큼 절실한 것은 아니라는 것을 인정하면서도, 『주역』을 공부하는 것은 실로 '궁리진성'을 행하는 공부로서 매우 시급한 것이라고 주장하였다.196) 특히 그는 이수

195) 『退溪先生文集』「答鄭子中」 卷25-10, "易乃理數淵源之書, 誠不可不讀. 但不如語孟庸學之切於學者日用工夫, 故先正或以爲非學之急. 其實莫急於窮理盡性之學也. 所喩學不踐履. 雖有所知, 奚貴. 此眞切至之言. 讀易時, 苟忽此意, 寖與義理不相交涉而日遠矣." 공자는 「설괘전」에서 '음양에서 변화를 보아 괘를 세우고, 강유로 펴서 효를 낳는다. 도덕에 조화롭게 순응하여 의리에 따르고 이치를 궁구하고 본성을 다하여 천명에 이른다(觀變於陰陽而立卦, 發揮於剛柔而生爻. 和順於道德而理於義, 窮理盡性以至於命; 「說卦傳」 第1章)'고 하여 궁리진성이 천명에 이르는 길이라고 언급하였다. 小注에서는 '窮理, 盡性, 至於命의 세 가지 일은 동시에 마치니, 원래 순서의 선후가 없는 것이었다. 궁리는 앎의 일이라고 해서는 안 된다. 理를 실제로 궁구하면 바로 성명 또한 마치게 된다'고 하였다. 곧 궁리는 천명을 다하고, 본성을 극진히 하는 것과 다른 일이 아니라 하나의 일이라는 것이다.

196) 퇴계는 한 문인이 상수의 이치를 주로 해설하는 『역학계몽』이 처음 학문을 하는 사람에게 절실하지 않은 것이 아닌가? 하는 질문에 대하여 그 절실함을

理數의 연원이 되는 『주역』을 궁리진성의 학문을 위한 저술로 간주하였다. 이것은 『주역』을 도덕적 실천 규범과 그 원리를 뜻하는 도리[理]와 함께 자연 사물의 이치를 궁구하기 위한 책으로 본 것이다. 아울러 그는 그러한 이치를 궁구하더라도 언제나 의리의 실천에 항상 유의하여 그런 공부가 실천이라는 목표에 부응해야 한다고 강조하였다.

퇴계는 그의 역학 중에 상수象數에 대해서 위에 언급한 바와 같이 『계몽전의』와 함께 우경선과 『역학계몽』에 대해 문답한 내용 및 이덕홍과의 문답 서신으로서 「주역질의周易質疑」에서 주로 논의하였다. 그러면 퇴계가 상수 및 수리와 관련하여 제기한 내용을 검토하면서, 이에 관심을 가지게 된 동기와 목표를 그의 실천적 학문과 연관하여 추론해 보기로 한다.

1) 「하도낙서」 수론의 실제적 적용

주희는 『역학계몽易學啓蒙』 「본도서本圖書」장의 「하도낙서河圖洛書」로부터 『주역』의 수적인 구성의 원리를 이끌어 내면서, 이를 오행五行, 방위方位 등과 관련하여 제시하였다. 퇴계는 주희가 제시한 수적 원리를 오행·방위方位뿐만 아니라, 천간지지天干地支·오운五運·육율六律 개념 등에 적용하여 설명하였다. 이것은 그가 「하도낙서」의 추상적인 수를 천지자연의 시간적·공간적 질서, 그리고 음악의 율려, 계절의 순환을 중심으로 하는 자연의 변화 등에 적용하여 설명하고자 한 것이다.

퇴계는 '다섯 음률音律이 날을 맡는다[五音司日]'고 하는 절에서 천간지지天干地支의 육십갑자六十甲子를 오행의 금·화·목·수·토에 배당하였다. 이어서

강조하였다. 그는 "만약 이 책에 대해 상세하게 숙독하여 점차 오래되면 실체가 드러나 눈앞의 사물 모두가 이것 아님이 없을 것이니 어찌 가깝고 절실한 것이 아니겠는가?"(門人問啓蒙書, 似不親切于初學, 如何? 答曰若于此書, 熟讀詳味, 久久實體呈露, 目前事物, 無非這個, 如何不親切.:『退溪學文獻全集』 卷19, 「退溪先生年譜補遺」)라고 강조하였다. 퇴계의 말에 따라 상수의 원리를 체득해 보면, 우리 앞에 구체적이고 특수한 상황으로 전개되는 일들이 모두 象數 아닌 것이 없다는 것이다.

토·금·목·화·수의 오행을 다시 다섯 음인 궁·상·각·치·우에 일대일 대응시킴으로써 육십갑자를 오음五音과 결합하였다. 퇴계는 이것을 지지地支를 중심으로 하여 "하나의 지지 가운데 각각 다섯 음씩 포함하고 있으므로 열두 지지가 합하여 육십음六十音을 받아들이고 있다."[197]고 연역하여 설명하였다.

퇴계에 따르면, 「납음도納音圖」를 가지고 책력을 연구하는 사람들은 이것을 날짜에 적용하여 배열하고, 음양을 연구하는 사람들은 수를 추론하고 계산하는데, 그 법이 양휘楊輝가 쓴 「양씨산법楊氏算法」에 상세히 나타나 있다.[198] 이것은 오음을 오행에 대응시키고 오행을 수數로 설명함으로써, 결국은 「하도낙서」의 수를 통하여 오행 또는 오음과 천간지지의 순환을 설명하고자 하는 의도로 해석된다. 퇴계는 이와 같이 납음과 관련되는 것으로서 십이율十二律을 십이지지十二地支와 일대일 대응시킴으로써[199] 지지의 시간적 순서를 음양으로 구분되는 음의 비례적인 높고 낮음과 연결시키고 있다. 이러한 사고는 자연과 인사의 여러 다양한 현상에 내재한 일정한 법칙적 질서를 하나의 수적인 원리로 설명하고자 하는 것이다.

그는 또 『소문素問』을 인용하여 오운육기五運六氣의 순환적 법칙성에 주목하였다. 오운五運은 어떤 한 해의 천간天干이 무엇이냐에 따라서 오행의 상생설相生說에 근거하여 그 해의 오행의 주된 요소를 결정하는 것이다. 반면에 육기六氣는 한 해의 십이지十二支가 어떤 것이냐에 따라서 음양의 수적 비율로 그 해의 특질을 결정하는 여섯 가지 세력을 뜻한다.[200] 퇴계에 따르면 이

---

197) 『啓蒙傳疑』 「本圖書」 1, 注, "納音圖見素問其說 曰, '此乃旋相爲宮之法也. 而一辰之中, 每含五音十二辰, 共納六十音也.'"

198) 앞의 책, 「本圖書」 4ㄴ, "今按五音五行之音聲 土曰宮, 金曰商, 木曰角, 火曰徵, 水曰羽, 故此圖之分五行, 而納音見矣. 卽曆家所用以配日. 陰陽家所用以推數者, 其法詳楊輝算法, 竝取于左以明之."

199) 앞의 책, 「本圖書」 5, "黃鐘 子, 太簇 寅, 姑洗 辰, 蕤賓 午, 夷則 申, 無射 戌, 六律司陽辰也. 大呂 丑, 夾鐘 卯, 仲呂 巳, 林鐘 未, 南呂 酉, 應鐘 亥, 六呂司陰辰也."

200) 앞의 책, 「本圖書」 6, "五運, 素問云, 甲己之歲, 土運統之; 乙庚之歲, 金運統之; 丙辛之歲, 水運統之. 丁壬之歲, 木運統之; 戊癸之歲, 火運統之. 化土之化, 猶運化也.; 六氣, 素問云, '子午之上, 少陰主之; 丑未之上, 太陰主之. 寅申之上, 少陽

오운육기는 한 해 단위로 말하는 것이지만, 60이 주기가 되고 '운運'과 '기氣'가 결합하여 하루하루의 날들이 되기도 한다.201) 이와 같이 오행의 상생 및 음양이 결합하는 비율의 크기 변화는 일년 또는 하루를 단위로 하는 시간적 순서의 변화를 반영해 준다.

퇴계는 또 한편 음양과 오행을 현상사물이 형성되는 과정의 관점에서 「하도낙서」의 생수성수설生數成數說과 관련하여 설명하면서, 음양을 오행에 나누어 귀속시키는 문제에 대하여 언급하였다. 그는 오행을 음양에 귀속시키는 데 대한 서로 일치하지 않는 면재勉齋 황간黃幹1152~1221의 세 가지 견해를 제시하였다. 면재는 수水를 양으로 화火를 음으로 말하기도 하고, 때로는 수를 음으로 화를 양으로 말하기도 하였다. 여기에 대해 퇴계는 오행으로서 양에서 생한 것은 음이 이루어 주고, 음에서 생한 것은 양이 이루어 주므로, 음과 양에 나뉘어 속하게 할 때는 서로 바꾸어 말할 수 있을 것이라고 주장한다. 동시에 수와 화는 기의 상태를 벗어나지 않은 것이기 때문에 이렇게 바꾸어 말할 수 있으나, 목木이나 금金의 경우는 질이 이미 정해진 것이므로 목은 양으로만, 금은 음으로만 된다202)고 하였다.

이러한 사고는 사물이 기氣로부터 질화質化와 형화形化 단계를 거쳐 형성되는 과정을 음양오행과 수를 결합하여 설명하는 이론이다. 여기에서 오행은 음과 양의 결합에 의하여 구성되는데, 이것은 생수와 성수라는 두 단계의 수가 결합되어 형성된다.203) 오행에서 음양의 수는 결합방식이 변화할 수 있

主之; 卯酉之上, 陽明主之. 辰戌之上, 太陽主之. 己亥之上, 厥陰主之.'"

201) 앞의 책, 「本圖書」 6ㄴ, 注, "五化六司, 皆以歲言. 而下文運氣相乘, 以日言之者, 大而歲周六十, 小而日周六十, 無異理也."

202) 앞의 책, 「本圖書」 7ㄱ, "按五行生於陽者, 陰成之; 生於陰者, 陽成之. 故其分屬陰陽, 皆可似互易也. 然自水火未離乎氣者, 言之互易而皆當矣. 若木若金, 已有定質, 則木但爲陽, 金但爲陰." 면재의 세 번째 설은 水를 음으로, 火를 양으로 보는 점에서는 제2설과 같으나, 木을 음으로, 金을 양으로 본다는 점에서 제2설과 다르다.

203) 여기에서 1, 2, 3, 4, 5를 生數로 6, 7, 8, 9, 10을 成數로 언급한다. 이 때 1, 3, 5, 7, 9는 奇數로서 陽으로 2, 4, 6, 8, 10은 偶數로서 陰으로 언급된다. 그런데 이 수는 1과 6, 2와 7, 3과 8, 4와 9, 5와 10으로 음과 양이 각각 하나씩 결합하여 곧 생수와 성수가 음양으로 결합하여 오행과 사물이 형성된다.

기 때문에, 오행 각각의 음과 양의 성질은 상황에 따라 변할 수 있는 것으로 본다. 그러나 음양 중에 어떤 성질이 중심적인 세력이 되느냐에 따라서 그 음 또는 양의 성질이 결정된다고 할 수 있다. 하지만 오행의 음양은 현상화되는 과정이 진전될수록 하나의 성질로 고정되는 경향이 강화된다. 그래서 위에서 목과 금의 경우는 보다 질화된 상태에 있는 것이어서 음 또는 양 중에 하나로 결정되어 있는 것으로 보는 것이다.

다음으로 퇴계는 한방기韓邦奇1479~1555가 쓴 『계몽의견啓蒙意見』의 그림을 취하여 「낙서」의 변과 모서리에 있는 각각의 숫자 사이의 생성관계를 중앙수 오五를 매개로 하여 인과관계로 설명하였다. 예를 들어 퇴계는 "우변의 점은 '하늘 수[天數]' 칠七의 형상[象]인데, 그로부터 오五를 빼면 서남西南 쪽의 이二가 그로 말미암아 생긴다. 상변의 점은 '하늘 수' 구九의 형상象인데, 그로부터 오五를 빼면 동남쪽의 사四가 그로 말미암아 생긴다."[204]고 하였다. 여기에서 변보다 모서리가 큰 육六과 팔八의 경우는 변의 일一, 삼三과 중앙의 오五를 결합하여 이끌어 내는 반면, 모서리보다 변이 큰 칠七과 구九의 경우는 반대로 변의 칠七과 구九에서 중앙의 오五를 뺌으로써 모서리의 이二와 사四를 도출한다. 이것은 현상사물을 생성시키는 수적인 원리에 있어서 수와 수 사이에 일정한 인과관계가 내재해 있는 것으로 해석하는 것이다. 이러한 견해는 나아가 수의 조합에 따라 오행五行이 결정되는 만큼 오행의 상생相生이나 상극相克 등에도 일정한 인과관계 또는 순환적 질서가 있음을 주장하는 것이다.

퇴계는 또 「하도」에서의 수와 관련하여 『역학계몽』에서 제시한 '나아가거나 물러나며 남거나 모자라는 것의 상도常道'와 '본래의 자리에 번갈아 갈무리하는 변화變化'에 대하여 언급하고 있다. 이것은 음양陰陽의 노老와 소少의 관계 그리고 이들 사이의 불변과 변화에 주목하는 것으로서, 현상의 다양한 변화가 음양陰陽의 노소老少라는 수의 변화에 근거하고 있음을 의미하는 것이다.

---

204) 『啓蒙傳疑』「本圖書」11, "啓蒙意見云云, 右一點, 天七之象, 退其五, 西南二之所由生也. 上一點, 天九之象. 退其五, 東南四之所由生也."

퇴계는 먼저 음양의 노소가 나아가고 물러나는 상도에 대하여 "양陽이 칠七로부터 구九로 나아가거나, 음陰이 팔八로부터 육六으로 물러나는 것이다"라고 하거나, "구九가 서쪽에서부터 남쪽으로 와서 소양의 칠七을 이루는 것을 양이 물러나는 것으로, 육六이 북쪽에서부터 동쪽으로 가서 소음의 팔八을 이루는 것을 음陰이 나아가는 것으로 여긴다."205)고 하였다. 또 그는 구九는 팔八과 비교하여 남고 칠七은 육六과 비교하여 남으며, 육六은 칠七과 비교하여 모자라고 팔八은 구九와 비교하여 모자라는 것을 '남고 모자라는 상도'로 보았다.206) 여기에서 퇴계는 소양이 노양으로 변화하는 것은 나아가는 것으로, 노양이 소양으로 변하는 것을 물러나는 것으로 본 반면, 소음이 노음으로 변하는 것을 물러나는 것으로, 노음이 소음으로 바뀌는 것을 나아가는 것으로 보았다. 이것은 음양의 노소는 각각 소少에서 노老로 변했다가, 다시 노老에서 소少로 순환적인 변화를 하는 것을 음양이 나아가고 물러나는 측면에서 본 것이다. 그런데 이 때 칠七에서 변화한 구九, 또는 구九로부터 변화된 칠七자체가 불변의 항구성을 가지면서 진퇴進退하는 것이 바로 나아가고 물러나거나, 남거나 모자라는 것의 상도常道라고 할 수 있다.

반면에 퇴계는 음양의 노소가 각각 자기의 자리에서가 아니라 노양은 노음의 자리에, 그리고 소음은 소양의 자리에 서로 엇갈려 배당되어 음양의 노소로서 자질이 서로 대립되는 자리에 있는 것을 '음양이 서로 번갈아 갈무리하는 변화'라고 주장하고 있다. 여기에서 퇴계는 '상도[正]'와 '변화[變]'를 다음과 같이 요약하여 언급하였다.

> '상도[正]'는 노와 소의 불변하는 본래 수로서 말하는 것인 반면, '변화[變]'는 노음老陰 · 노양老陽의 경우는 생수生數를 축적하여 형성하는 것으로 여기고, 소음少陰 · 소양少陽의 경우는 또 노음 · 노양에서 와서 형성되는 것으로 삼으니, 이것이 '상도[正]'와 '변화[變]'가 구별되는 까닭이다."207)

---

205) 앞의 책, 「本圖書」 13, "陽由七而進九, 陰由八而退六, 此進退之正也. …… 九自西而南以成少陽之七, 是以陽而退也. 六自北而東以成少陰之八, 是以陰而進也."
206) 앞의 책, 「本圖書」 13ㄱ, "九饒於八, 七饒於六, 六乏於七, 八乏於九, 此饒乏之正也."

여기에서 불변의 '상도'는 결국 음양의 노소가 불변하는 수로 고정된 칠구팔육七九八六을 뜻한다면, '변화'는 노음·노양이 생수로부터 형성되고, 또 이렇게 형성된 노음·노양으로부터 변화되어 소음·소양이 형성되는 이면의 과정을 말하는 것이다. 이처럼 퇴계는 생수로부터 음양노소의 새로운 수가 형성되는 것을 강조하고 있다. 이것 또한 자연과 인사의 여러 변화현상을 설명하기 위하여 음양의 노소를 형성하고, 이를 다시 수의 조합에 따른 수리적 원리로 제시한 것이다.

『역학계몽』「본도서」에서 주희는 「하도」를 본받아서, 태극太極, 양의兩儀로부터 팔괘八卦에 이르는 괘의 형성과정을 논하고 있다. 이처럼 「하도」의 수로부터 음양陰陽의 노소老少를 이끌어 내고 각각의 숫자를 팔괘에 배당한다는 것에는 옛날 복희씨의 본래 괘획이 이루어지는 수적 원리의 연원을 고찰하려는 동기가 있다고 할 수 있다. 이러한 사고를 이어서 퇴계는 「하도」의 수로부터 음양의 노소를 이끌어내고 이들에 팔괘를 배당하는 주희와 한방기韓邦奇의 이론을 함께 거론하여 그들 사이의 차이점을 언급하였다.

한방기는 태극, 양의, 사상을 「하도」의 수로 설명하였다. 그는 아득하여 아무 조짐이 없을 때에 오십오五十五라는 수가 십오十五 가운데 갖추어져 있는 것을 태극太極이라고 주장하였다. 오십오의 수 중에 십오十五를 중심으로 바깥에 일삼칠구一三七九가 양陽이 되고, 이사육팔二四六八이 음陰이 되는 것이 양의兩儀이다. 이것을 다시 일구一九의 태양, 이팔二八의 소음, 삼칠三七의 소양, 사육四六의 태음으로 조합한 것이 사상四象이 된다. 여기에서 그는 일구一九에 건태乾兌, 이팔二八에 리진離震, 삼칠三七에 손감巽坎, 사육四六에 간곤艮坤을 대응시켰다.208) 한방기는 다음과 같이 일육, 이칠, 삼팔, 사구는 오행五行이 생성

---

207) 『啓蒙傳疑』「本圖書」 13, "蓋正以老少本數之常言, 變於二老, 則以爲由生數積實而成. 二少則又以爲自二老而來成. 此正變之所以別也."

208) 앞의 책, 「本圖書」 21, "蓋冲漠無朕之際, 五十有五之數, 已具於十五之中矣. 是所謂太極也. 及其五十有五之數, 形布互錯於十五之外. 於是陰陽之象燦然黑白之分明. 一三七九爲陽, 二四六八爲陰, 所謂兩儀也. …… 由是分之, 一九爲太陽, 二八爲少陰, 三七爲少陽, 四六爲太陰, 所謂四象也. …… 由是分之, 一爲乾, 九爲兌. 二爲離, 八爲震; 三爲巽, 七爲坎. 四爲艮, 六爲坤."

하는 수이며 음양노소가 구분되는 수가 아님을 강조하였다.

> 이제 여기에서 일육一六은 노음老陰이 되고, 이칠二七은 소양少陽이 되며, 삼팔三八은 소음少陰이 되고, 사구四九는 태양太陽이 된다면 육칠팔구六七八九는 옳지만, 일이삼사一二三四는 어떻게 그러한가? 대개 일육一六, 이칠二七, 삼팔三八, 사구四九는 오행의 생수生數이며 성수成數이지, 음양노소의 수는 아니다.[209]

여기에서 한방기는 주희가 '일육', '이칠', '삼팔', '사구'를 음양노소의 수로 보면서 팔괘에 일대일 대응을 시키고 있는 것이 어떤 의미를 갖는 것인가에 대하여 의문을 제기하고 있다. 이점에 대하여 퇴계는 주희와 한방기가 「하도」의 수로부터 역괘易卦를 만드는 이론에 차이가 많다는 것을 언급하면서, 그 구체적인 의미에 대해서는 별다른 언급을 하지 않고 있다. 퇴계는 단지 「하도」의 수로부터 볼 때 오五와 십十을 비움으로써 태극을 상징하는 것이 복희역의 묘미인데, 주희가 오五와 십十을 합하여 양의兩儀가 나뉘어진다고 본 점은 복희역의 의미를 잃은 것이라고 비판하였다.[210]

전체적으로 볼 때 퇴계는 「하도」의 수로부터 역의 괘가 형성되는 수적인 구성의 원리를 주희와 한방기 이론을 통하여 제시하고 있다. 곧, 그는 주희와 한방기 사이의 견해의 차이점을 제시하면서 팔괘八卦 형성의 수리적 근거를 「하도」에서 찾고자 하였다.

---

209) 앞의 책, 「本圖書」 22, "今乃以一六爲老陰, 二七爲少陽, 三八爲少陰, 四九爲太陽, 六七八九是矣. 一二三四, 何爲者哉? 夫一六二七三八四九, 乃五行生成之數, 非陰陽老少之數也."

210) 『啓蒙傳疑』 「本圖書」 23ㄱ, "又況虛其中五與十, 以象太極. 最是則圖作易之妙處. 今乃幷五與十數, 以爲兩儀之分, 則已失羲易之本意."

2) 괘효의 기계적인 변화와 괘상의 의미

주희의 『역학계몽』 「원괘획」은 괘효의 형성과정을 구체적으로 보여준다. 이 절은 팔괘의 물상物象을 제시하며, 64괘의 구성 원리와 그 요소로서 팔괘를 이루는 효 사이의 상호관계 등을 분석적으로 고찰할 수 있는 기초를 제공하였다. 이것은 64괘의 괘효卦爻와 괘효사卦爻辭에 포함된 상징물들 사이의 정합적인 관계를 이해하도록 하여 상수역학적인 방법론을 적용할 수 있는 기초가 된다. 여기에서 『역학계몽』 「원괘획」 장211)에 대하여 퇴계는 자신의 견해를 제시하면서 팔괘와 육십사괘가 형성되는 단계적 과정과 법칙적인 변화를 시간적 계기와 관련하여 언급하였다. 그는 괘의 변화와 관련하여 한대漢代에 경방京房B.C.77~37으로부터 제기된 상수역학 이론인 비복설飛伏說에 대하여 언급하였다.

퇴계는 현상의 단계적, 법칙적 변화를 통해 시간적 계기를 이해함으로써, 역의 주요 기능은 지나간 자취를 헤아리는 것과 다가오는 시간을 거슬러 올라가 헤아리는 것이라고 파악했다. 그는 「원괘획」에서 인용된 "지나간 것을 헤아리는 것은 흐름을 따르는 것이며, 앞으로 올 것을 아는 것은 '미리 맞이하는 것[逆]'이다. 그러므로 '역易'은 거슬러 헤아리는 것이다."212)라고 하는 구절에 대하여 해설하고 있다. 그는 이 한 구절이 소강절의 「원도圓圖」와 「횡도橫圖」의 뜻을 곧바로 풀이한 것이라고 설명하였다.

퇴계는 「설괘전」에 대한 호병문胡炳文1250~1333의 소주小註를 인용하여 소강절이 팔괘를 배치한 「원도圓圖」와 「횡도橫圖」 그림을 거론하면서 "'지나간 것을 헤아리는 것은 흐름을 따르는 것이다'는 문단은 팔괘의 「원도圓圖」를 가리키는 것이고, '역은 흐름을 거슬러 헤아리는 것이다'는 문단은 「횡도」를

---

211) 「原卦畫」 절에서는 『周易』의 괘효가 형성되는 근원과 괘효의 형성과정을 분석적으로 고찰하였다. 곧 음양을 포함하고 있는 태극에서 음양으로 兩儀가 분화되고, 여기에서 四象, 八卦, 육십사괘가 형성되는 과정을 언급하고 있다. 그리고 「乾卦」, 「坤卦」로부터 다른 여섯 괘가 음양의 교체를 통해 이루어지는 과정과 팔괘의 방위, 성질, 그리고 그들이 상징하는 다양한 물상의 구체적인 내용을 언급하고 있다.

212) 『周易』 「說卦」第3章, "數往者, 順; 知來者, 逆. 是故易, 逆數也."

가리켜 말하는 것이다."[213]고 하였다. 이것은 결국 소강절의 「원도圓圖」와 「횡도橫圖」가 현상의 변화가 이루어지고 있는 흐름을 따르거나, 반대로 거슬러 헤아리는 단계적 변화를 보여주는 것으로 파악하고 있는 것이다.[214]

퇴계는 팔괘八卦로부터 육십사괘가 형성되는 과정에 대하여 두 가지 길이 있음을 주희의 주장을 통하여 제시하고 있다. 주희가 언급한 두 가지 방법은 팔괘八卦를 서로 곱하여 육십사괘를 만드는 방법이 하나의 길이고, 세 획 위에 다시 세 획을 차례로 더하여 16, 32, 64괘를 구성하는 방법이다. 이 두 가지는 구성 과정은 다르더라도 결과는 괘의 내용이 모두 일치한다. 이와 관련하여 주희는 태극이 음양 양의兩儀로 분화되는 때부터 64괘에 이르는 과정을 언급한 「원괘획」의 구절에 대한 소주小註에서 "두 가지 이수[數]는 방법은 다르지만, 약속하지 않아도 부절이 합하듯이 만나서 조금도 어긋남이 없으니, 이것이 바로 『역易』의 신묘한 부분이다."[215]고 말하였다.

주희는 이러한 논의를 「원기중袁機仲에게 답하는 서신」에서 설명하고 있는데, 퇴계는 이것을 인용하고 있다. 주희에 따르면, 팔괘八卦가 생긴 후에 한 효 한 효씩 쌓아 64괘를 구성한다면 세 번의 변화를 반복해야 64괘가 이루어지고, 팔괘 전체를 나란히 곱하여 64괘를 형성한다면 한번만 변하면 그것이 이루어진다. 그러나 이들 간에는 시간상의 빠르고 늦은 차이가 있으나, 모두 질서 있게 그리고 동일하게 이루어지는 것이라고 언급하였다.[216] 퇴계는 주희의 64괘 형성과정에 대한 이 두 방법을 설명하는데, 여기에서 그는 64괘가 분석적으로 효爻의 차례에 따른 중첩과 점진적인 변화로 이루어지는

---

213) 『啓蒙傳疑』 26, "雲峯曰, 本義依邵子, 以數往者順一段, 爲指圓圖而言. 卦氣之所以行易數一段, 爲指橫圖而言."

214) 「圓圖」가 팔괘가 구성된 후에 괘 사이의 음양의 단계적 변화를 보여주는 것이라면, 「橫圖」는 괘효가 양의로부터 구성되는 과정을 배열해 보여주는 것이다.

215) 『易學啓蒙』 「原卦畫」, 『性理大全』 卷15-24, "二數殊塗, 不約而會, 如合符節, 不差豪釐, 正是易之妙處."

216) 『啓蒙傳疑』 30, "答袁機仲書曰, '重卦之由, 不但伊川先生之說如此. 蓋大傳亦云, '八卦成列, 因而重之'. 是因八卦已成, 各就上面節次生出. 若旋生逐爻, 則更加三變, 方成六十四. 若併生全卦, 則只用一變便成六十四. 雖有遲速之不同. 然皆自然漸次生出, 各有行列次第, 皆是作易妙處.'"(『朱子大全』 卷38-9ㄱ)

것에 주목하였다. 퇴계는 괘卦 자체가 지니는 보편적인 의미보다는 64괘 각각이 형성되는 절차와 변화를 고찰함으로써 상수의 변화를 설명할 수 있는 근거를 마련하고 있다.

다음으로 퇴계는 한대漢代의 비복설飛伏說[217]을 인용하여 상수역학의 방법론을 강조하였다. 그가 언급하고 있는 비복설은 특정한 괘卦의 효가 고정된 것이 아니라, 시간의 흐름에 따라 음과 양이 각각 반대 성질로 변하는데, 여기에서 하나의 드러난 효에는 그 이면에 반대 성질의 효가 숨어 있다는 전제에서 출발한다. 구체적으로 비복설의 주요 내용은 아래 위의 소성괘가 같은 여덟 가지 순괘純卦 각각을 초효로부터 다섯 번째 효에 이르기까지 순차적으로 변화시켜 배열하는데, 이들 괘들은 본괘本卦와 관련하여 음과 양이 서로 서로 변화되는 것을 드러나고 숨어있다는 관점에서 설명하고자 하는 이론이다. 이 설은 여덟 가지 순괘純卦를 기준으로 하여 육십사괘가 중복되지 않고 변화하는 모습을 기계적이고 대칭적으로 보여준다는 점에서 괘효의 추이推移를 법칙적으로 제시한다는 의미를 가진다.

비복설은 「설괘전」에서 팔괘의 성질을 설명하는데 드러난 괘효만 가지고는 의미를 설명할 수 없는 문제를 드러난 것과 이면에 숨은 괘효를 동시에 고려함으로써 해결한다는 목표를 가지고 있었다. 이 학설은 나아가 육십사괘의 괘효와 괘효사 속에 반영되어 있는 괘상과 괘효사의 물상이 드러내는 의미 사이의 부정합의 문제를 해결하는데 유용하다는 점에서 제기되었다고 하겠다.

그러면 퇴계는 비복설에 관하여 어떻게 주장하고 있는가? 그는 「추비복례요결推飛伏例要訣」이란 글을 제시하고 나서 이 글은 이해하기 어렵기 때문에 「건괘」와 「곤괘」의 두 영역에서 비복을 통하여 변화된 괘를 순서대로 그림으로 설명하고 있다.[218] 그는 본괘本卦와 변화된 괘에서 '비飛'와 '복伏'이 어

---

217) 황종희는 『易學象數論』 「占課」에서 "世爻가 있는 곳에 드러난 것이 飛이고, 드러나지 않은 것이 伏이다.(世爻所在見者爲飛, 不見者爲伏.)"고 하여 飛伏의 의미를 규정하였다.

218) 『啓蒙傳疑』 35.

떻게 구분되는가를 언급하였다.

> 비신飛神은 모두 해당 괘에 있으므로 이른바 본래의 자리에 정해져 있다고 하는 것이다. 복신은 예컨대 「건괘乾卦䷀」의 궁에서 「구괘姤卦䷫」에서 「진괘晉卦䷢」에 이르기까지나, 「곤괘坤卦䷁」의 궁에서 「복괘復卦䷗」로부터 「수괘需卦䷄」에 이르기까지와 같이 모두 본 영역의 괘의 효가 되는데, 각각의 괘의 비신이 있는 효를 따라서 엎드려 있다. 그래서 복신伏神은 본괘를 따라서 순환한다.[219]

이것은 본괘本卦에서 비신飛神으로 있던 것이 효의 변화에 따라 각각의 괘로 순환하면서 복신伏神으로 되며, 비신으로 드러난 반대 성질의 효 뒤에 숨는 것을 의미한다. 예컨대 「건괘乾卦䷀」에서 비복飛伏의 과정을 통해 이루어진 「구괘姤卦䷫」는 「건괘」의 초구효가 초육으로 바뀐 것으로서 「건괘乾卦」에서 비신飛神이었던 초구初九는 「구괘姤卦」에서는 복신伏神으로 초육효初六爻의 뒤에 숨어버렸다. 이러한 과정은 두 번째 효에서 다섯 번째 효까지 반복되면서 순환한다. 퇴계가 위에서 언급한 것은 괘효의 순차적인 변화로서 비복飛伏을 음양이 상호간에 드러나고 숨는 관점에서 설명하고자 한 것이라고 추론할 수 있다.

퇴계는 순수한 본괘本卦에 대해서는 비복 관계를 다음과 같이 설명하였다. "순수한 본괘는 비신과 복신이 모두 맨 윗 효에 있으며, 번갈아 바꾸어 가면서 비飛와 복伏이 된다. 예컨대 「건괘乾卦䷀」의 맨 윗 효가 비신이면 「곤괘坤卦䷁」의 맨 윗 효는 복신이고, 「곤괘」의 맨 윗 효가 비신이면 「건괘」의 맨 윗 효가 복신이 되는 것과 같다."[220] 이것은 다시 말하면 상하괘가 같은 순수한 8괘는 상호간에 제일 윗 효가 서로 반대되는 효로서 비신과 복신을 삼

---

219) 『啓蒙傳疑』 36ㄴ, "滉按飛神, 皆在當卦, 所謂定於眞也. 伏神, 則如乾宮之於姤至晉. 坤宮之於復至需, 皆本宮卦之爻, 隨各卦. 飛神所在之爻而伏, 故曰, '伏神還從本卦輪也.' 若純卦, 則飛神伏神, 皆在上爻而遞相爲飛伏."

220) 『啓蒙傳疑』 36ㄴ, "若純卦, 則飛神伏神, 皆在上爻而遞相爲飛伏. 如乾上飛, 則坤上伏; 坤上飛, 則乾上伏之類, 是也. 不獨上爻爲然, 然歸魂卦之相爲飛伏, 亦同此例."

는 것을 의미한다. 그리하여 육십사괘의 변화는 순수한 팔괘 간의 비복을 통한 변화와 초효로부터 하나하나의 괘효를 순차적으로 변화시킴으로써 이루어지는 변화로 구분할 수 있다.

퇴계가 비복설을 통하여 제시하고자 하는 것은 현상적으로 드러난 괘효의 성질만을 가지고 괘의 의미를 판단하는 것이 아니라는 것이다. 이것은 괘가 변화되는 단계적이고 순차적인 흐름을 보여 줌으로써 괘효가 드러내는 상象의 순차적인 변화를 보다 역동적으로 이해하는 데에 목표를 두고 있다. 이것은 일정한 괘로 변화되기 직전의 상황과 바로 변화된 이후의 상황에서 각각의 상象이 달라지는 만큼, 특정한 괘상의 일정한 보편적 의미보다는 괘효의 변화로부터 이루어지는 괘상과 그 의미의 변화에 주목한다.

요컨대, 퇴계가 한대漢代 역학의 비복설을 주희의 『역학계몽』 「원괘획」 절을 주석하면서 언급한 것은 괘효의 비복관계를 통하여 특정한 효의 단계적이고 대칭적인 변화를 언급함으로써 한대漢代 상수역학의 역해석 방법론을 이해하고 있음을 시사하는 것이다. 이것은 또한 이황이 괘효卦爻 상호간의 변화가 자연의 기계적이고 법칙적인 변화를 반영하고 있다는 점에 주목하고 있음을 의미한다.

4. 음양노소의 수와 효변 · 점서의 상수학적 의미

『역학계몽』 「명시책明蓍策」 장에서는 「하도」의 중앙수 천오天五와 지십地十을 서로 곱하여 얻은 50이라는 대연지수大衍之數로부터 육칠팔구六七八九로서 음양노소陰陽老少의 수를 도출해 냄으로써 그로부터 음양노소의 괘효를 형성하고, 이들 효가 변하는 수리역학적인 과정과 근거를 고찰하고자 하였다.221)

221) 大衍之數는 「하도」에서 천지의 生數와 成數를 모두 합한 55로부터 중앙의 5를 뺀 수로 이해하기도 한다. 대연지수로부터 음양노소의 수를 도출하는 데는 '산가지[蓍策]'를 이용한다. 대연지수에서 산가지 하나를 빼내 이것을 현상의 궁극적인 본체로서 태극으로 간주하여 제외시키고 나머지 49로부터 음양노소의 효를 상징하는 수를 이끌어낸다. 이를 통하여 주희는 현상적인 변화

퇴계는 음양노소의 수가 도출되는 과정과 관련한 수리적인 설명에 대한 자신의 입장을 표명하고 있다.

그는 '노양老陽은 아홉 번 세어 얻었으며, 소양少陽은 일곱 번 세어 얻었다'고 하는 것은 '세 번째 변화[第三變]'에서 센 산가지의 횟수를 가리켜 말한 것이라고 하였다. 그래서 노양老陽은 산가지 36개를 센 것으로서, 네 개씩 헤아려 9회에 이르러 그것을 얻는다고 언급하고 있다.[222] 나아가 퇴계는 호방평胡方平이 음양노소陰陽老少의 수를 연역해 낼 때 최초의 시초 가지를 49로부터 나누는 구법舊法과 49에서 1을 덜어내고 48로부터 나누는 법을 비교하여 설명한 소주小註에 대하여 다음과 같이 언급하고 있다. 그는 49에서 1을 비우고 오직 48을 쓰는 것은 채씨蔡氏[223]가 가정하여 말한 방법이며, 호방평 본래의 설은 이처럼 잘못 오류를 가진 것이 아니고 50으로 썼다고 보았다. 그런데 후대에 그것을 옮겨 필사한 사람들이 주희가 채씨의 설을 인용하여 논한 것에 근거하여 50을 49로 고쳐 쓴 것이라고 보고 있다.[224]

이것에 대하여 퇴계는 "어떤 사람이 이것은 49로부터 1을 빼어 비운 것을 말하는 것이 아니고, 다만 쓰이는 수 49를 먼저 언급하고서 다시 소급하여 50에서 1을 비운 것임을 말한 것일 뿐이라고 하면, 이것은 일리가 있는 듯하다. 그러나 1을 비운다고 말하려면 반드시 50을 거론해야 하며, 49를 말하고 나서 50을 다시 소급하여 말해서는 안 된다. 그보다는 차라리 49를 50으로 고치는 것이 보다 합당할 것이라"[225]고 주장하였다. 이러한 논의는 퇴계가 음양노소의 수를 연역하는 최초 수의 기준을 49로 보느냐 아니면 48로 보느

에 대한 수리적인 근거를 규명하고자 하였다. 현상의 법칙적인 변화는 이처럼 대연지수로부터 음양노소의 수와 그 변화가 반영하고 있다.

222) 『啓蒙傳疑』「明著策」46ㄴ, "老陽九揲而得, 少陽七揲而得. 此指第三變揲數策數而言. 蓋老陽過揲三十六, 乃四九也. 故四四揲之, 至於九次而後得之."

223) 蔡元定1135~1198은 중국 宋代의 程朱學者이며 字는 季通이고 號는 西山이다.

224) 『啓蒙傳疑』「明著策」47ㄱ, "今按以四十九虛一, 只用四十八. 此卽蔡氏假設之法, 乃以是爲舊法與今法. 竊恐胡氏本說不應如此之謬得非, 本作五十蓍, 而後來傳寫者, 因上段朱子論蔡氏法四十九字, 而誤併此段五十字, 作四十九也."

225) 앞의 책, 같은 곳, "或云, 此非謂以四十九而虛一, 只是先說所用者四十九, 而復泝說五十而虛一耳. 此說雖若有理. 然欲言虛一, 則當擧五十; 旣言四十九, 則不當復泝說五十而虛一, 不如改四十九作五十之爲得也."

냐에 따라 4·5·8·9의 기우奇偶를 달리 보는 것을 문제 삼고 있는 것이다. 이것은 호씨胡氏가 '구설'과 '현재의 설'을 구분하는 것에 대하여 '현재의 설'을 '구설'로 일원화하는 것이 합당하다고 주장하는 것이다.

퇴계는 나아가 음양노소의 수 사이에 내재한 소장消長의 변화를 주로 기수奇數를 기준으로 보았다. 『역학계몽』「명시책」장에는 음양노소의 수가 자연의 법칙적 변화를 이루어 주는 만큼, 음양노소의 수 사이에도 하나가 다른 것과 상호간 원인과 결과의 관계를 이루고 있는 것으로 주장하는 부분이 있다. 이곳에서 49책으로부터 연역되는 음양노소의 수는 책수策數와 기수奇數[226]가 정해져 있는데, 이들 수는 양이 극에 이르면 음이 되고 음이 극에 이르면 양이 되는 것으로 언급하였다. 이곳의 소주小註에서 특히 채씨蔡氏는 음양의 수의 변화에 대하여 구체적으로 "소양은 노음이 '성장하여[息]' 이루어지고, 소음은 노양이 '줄어들어[消]' 이루어진다"[227]고 언급하였다.

퇴계는 채씨의 주장에서 '식息' 자와 '소消' 자가 서로 바뀐 것으로 주장하였다.[228] 그는 소양은 노음이 줄어들고, 소음은 노양이 성장하여 이루어진 것으로 보는 것이다. 이것은 음양노소의 소식消息을 바로 48개의 책 중에 세고 남은 기수奇數의 관점에서 보는 것이라 하겠다. 구체적으로 소양의 기수는 20인 반면, 노음의 기수는 24이므로 4가 줄어든 것이며, 소음의 기수가 16인 반면 노양의 기수는 12이므로 4가 성장한 것이다. 이처럼 퇴계는 음양노소의 성장 소멸을 통하여 이루어지는 법칙적인 순환관계를 기수奇數의 관점에서 보아 채씨의 설이 잘못된 것이라고 주장하였다.

퇴계는 음양노소의 수를 나누어서 센 수와 손가락에 낀 산가지의 수와 관련하여 그 다소多少를 언급한 『역학계몽』의 소주小註에서 호씨가 언급한 내용을 수정하고자 하였다. 그는 호씨가 '양陽의 기수奇數를 위주로 말할 때, 노양

---

226) 네 개씩 덜어낸 산가지의 숫자를 策數라고 하는 반면, 손가락 사이에 낀 산가지로서 네 개씩 덜어낸 策數 이외에 남은 산가지의 수를 奇數라고 한다.

227) 『易學啓蒙』「明蓍策」, "至於陰陽老少之所以然者'節, 少陽奇數二十, 以十二約之, 得一餘八. 由老陰而息. …… 少陰奇數十六, 以十二約之, 得一餘四, 由老陽而消."

228) 『啓蒙傳疑』「明蓍策」 47ㄴ, "至於陰陽老少之所以然 蔡氏說三天之象, 少陽奇數, 由老陰而息; 息恐當作消. 少陰奇數, 由老陽而消, 消恐當作息."

은 가장 적고, 소음은 다음으로 적다'고 한 구절에서 '소음少陰'의 '음陰' 자는 '양陽' 자의 잘못이 아닐까 하고 의심하였다.[229] 그에 따르면 만약 주희의 사상四象의 순서에 따라 펼쳐서 말한다면, 소음의 16은 노양의 12 다음으로 적고, 소양의 20은 노음의 24 다음으로 많다고 하는 것이 합당하다. 그러나 호씨는 양陽의 기수奇數를 위주로 하여 (음양을) 유별로 나누어 말하고 있으므로, 소양의 20은 노양의 12 다음으로 적고, 소음의 16은 노음의 24 다음으로 많다고 말하는 것이 합당하다고 주장하고 있다.[230]

퇴계는 음양의 노소를 분류하여 말하기 때문에 음양의 노소를 각각 비교하는 것이므로 손가락에 낀 산가지의 숫자가 소양의 20은 노양의 12 다음으로 적은 것이라고 언급할 수 있는 것으로 본 것이다. 이것은 곧 음양노소의 수의 다소를 기수의 관점에서 음은 음대로 양은 양대로 각각 비교하는 것과 관련하여 언급한 것이다.

퇴계는 또 음양노소의 소장消長과 관련하여 음과 양이 분리되고 결합하는 문제에 대하여 『역학계몽』 소주小註의 호방평의 설을 비판하였다. 호씨는 음과 양이 분리되고 결합하는 것에 대하여 '결합하여 음양 이물二物은 번갈아 성장소멸을 이루고, 분리되어 (음양은) 일물一物 가운데서 각각의 소장이 있다[231]'고 하였다. 이런 견해에 대해 이황은 부절이 분리되고 결합하는 의미와 맞지 않는다고 하면서, 분리와 결합의 의미를 해석하고 있다.

> 생각건대, 때로 노양老陽 노음老陰이 되거나, 소음少陰 소양少陽이 되는 것이 나뉘는 것이다. …… 채씨가 언급한 바와 같이 노양의 남은 수 12를 더하여 노음을 얻고, 남은 산가지 12개를 줄여서 노음의 산가지 수를 얻거나, …… 또는 소음의 남은 수 4를 더하여 소양을 얻고, 남은 산가지 4개를 줄여

---

229) 앞의 책, 「明著策」 48ㄱ, "胡氏說老陽極少, 少陰次少. 疑只此陰字是陽字之誤."

230) 『啓蒙傳疑』 「明著策」 48ㄱ, "蓋朱子以四象位次列敍言之, 故謂少陰之十六爲次少於老陽之十二, 少陽之二十爲次多於老陰之二十四, 宜矣. 胡氏主陽之奇, 而分類言之, 則以少陽之二十爲次少於老陽之十二, 少陰之十六爲次多於老陰之二十四, 亦所宜也."

231) 앞의 책, 「明著策」 48ㄴ, "玉齋以陰陽二物爲合, 其一物爲判."

> 소양의 산가지의 수를 얻는 등의 것이 이른바 '당연히 이물二物에 분리와 결합이 있다'는 것이다. 또 한 사물은 스스로 한 사물의 분리가 있다. …… (음양노소는) 어떤 것은 적은 것이 많은 것에 대응하거나, 또 어떤 것은 많은 것이 적은 것에 대응하면서 하나의 소장을 이루되 반드시 그 대응물을 얻는 것이 모두 일물一物에 분리와 결합이 있는 것이다[232]

여기에서 퇴계는 음양노소의 수 각각에 '일정한 수[4]'를 더하거나 빼어 대응되는 수를 얻는 것을 이물二物에 분리와 결합이 있는 것으로 본다. 반면에 음양노소가 상호 의존하여 하나의 소장消長을 이루면서 대응물을 얻는 것을 일물一物에 분리와 결합이 있는 것으로 파악하고 있다. 그리하여 퇴계는 옥재의 견해와 같이 본다면 이물二物에는 결합은 있으나 분리가 없게 되며, 일물一物에는 분리는 있으나 그 결합되는 근거를 분명히 말할 수 없기 때문에 주희의 본래의 취지가 아니라고 비판하였다.[233]

이렇게 하여 퇴계는 음양노소의 수가 49로부터 연역될 때의 기준이 되는 수에 관한 의견, 음양노소 사이의 수의 순환변화의 상관관계, 그리고 음양노소의 수의 분리와 결합을 통한 성장 소멸의 대대對待적 특성 등에 대한 이전 학자들의 견해를 비판적 시각에서 검토하고 있다. 여기에서 퇴계는 『역학계몽』「하도낙서」의 수에서 연역되는 대연지수, 그리고 여기에서 도출되는 음양노소의 수가 지니는 수리역학적인 원리를 분석하고, 괘효의 음양과 그 변화에 주목함으로써 그의 상수역학적 시각과 특징을 잘 보여주고 있다.

그러면 퇴계가 『계몽전의』에서 제기한 효변爻變과 점서의 상수학적 의미를 살펴보기로 한다. 효변은 어떤 효 또는 몇 개의 효가 음에서 양으로 또는 양에서 음으로 성질의 변화를 일으키는 것으로 이에 따라 괘의 성질도 변하여

---

232) 앞의 책, 「明著策」 48ㄴ, "竊意或爲老陽老陰, 或爲少陽少陰, 皆判也. …… 蔡氏所云, '老陽奇進十二, 而得老陰, 奇策退十二而得老陰策. …… 少陰奇進四而得少陽, 奇策退四, 而得少陽策'之類, 皆所謂'合是二物之有判合也'. 其一物之自爲一物判也. …… 或以少對多, 或以多對少, 一消一長, 必得其對, 皆所謂合是一物之有判合也."

233) 앞의 책, 「明著策」 49ㄱ, "若玉齋說二物有合而無判. 一物有判而又不明言其所以合, 恐非朱子本意也."

하나의 괘에서 다른 괘로 변하는 일련의 과정을 의미한다. 그런데 효변은 점괘로 뽑을 때는 변효變爻로 나타나는데, 이 변화는 구九와 육六으로 표시한다. 여기에서 구九는 양陽이 극성하여 음陰으로 변하는 효爻이고, 육六은 음이 극성하여 양으로 변하는 효이다.

하지만 이러한 효의 변화를 언급하기 위해서는 육십사괘의 구조적 특징을 전제해야 한다. 육십사괘는 자연의 다양한 변화와 질서 그리고 체계적 구조를 드러내는 방식으로 구성되어 있다. 육십사괘의 괘효사는 각각 독립적이고 고유한 의미를 가지지만, 괘효 자체는 법칙적이고 기계적인 변화의 체계로 이루어져 있다. 이러한 괘의 변화를 일으키는 기본 단위가 바로 효爻이다. 그리고 점을 칠 때 이 효의 변화는 변효變爻로 나타난다.

주희는 『역학계몽易學啓蒙』 「고변점考變占」에서 특정한 괘가 나올 때 점을 치고 괘효사를 해석하는 방법론을 제시하였다. 이것을 구체적으로 말하면 특정한 괘를 뽑아 점을 칠 때, 변효가 있느냐 없느냐, 또는 몇 개가 있느냐에 따라 본괘本卦 변효의 효사로 점을 볼 것이냐, 아니면 지괘之卦의 불변효로 볼 것이냐, 또는 단사彖辭로 점을 볼 것이냐를 결정하는 방법이다.[234]

퇴계는 『계몽전의啓蒙傳疑』에서 주희의 이러한 점사占辭 선택의 방법론에 대하여 의문을 제기하였다. 그는 한방기韓邦奇의 주장을 인용하여 주희의 견해와 비교하면서 이를 평가하였다.[235] 한방기는 주희의 변효變爻의 유무와 갯수에 따른 괘효사 또는 단사彖辭 선택의 방법에 대하여 주로 두 가지 점에서 의혹을 제기하였다. 첫째 그는 네 개 또는 다섯 개의 효가 변할 때 지괘之卦

234) 朱熹가 괘효사로 점을 치는 방법을 정리하면 다음과 같다. 괘에 變爻가 없을 때는 本卦의 彖辭로 점을 치는 반면, 모든 효가 변효일 때는 乾卦와 坤卦는 用九와 用六으로, 나머지 괘는 之卦의 단사로 점을 본다. 그리고 하나의 효가 변할 때는 본괘 變爻의 효사로 점을 보고, 다섯 효가 변할 때는 지괘의 不變爻의 효사로 점을 본다. 또 두 개의 효가 변할 때는 본괘의 변한 효의 효사로 점을 보되 위의 효를 중심으로 하고, 네 개의 효가 변효일 때는 지괘의 변하지 않은 효의 효사로 점을 보되 아래 효를 중심으로 한다. 마지막으로 세 개의 효가 변하면 본괘와 지괘의 단사로 점을 본다. 이상이 주희가 점을 볼 때 변효의 유무에 따라 괘효사 또는 단사를 선택하여 점을 보는 방법이다.

235) 『啓蒙傳疑』 「考變占」 卷4-70ㄱ.

의 변하지 않는 효로 점을 본다고 하는 주희의 견해에 대하여, 이렇게 되면 변효가 도리어 작용(또는 기능)하지 못하는 것으로 용구用九나 용육用六으로 변하는 음과 양의 의미를 볼 수 없어, 길흉의 감응이 서로 맞아 떨어지지 않게 된다고 비판한다.

둘째로 그는 5개 효가 변할 때 문제되는 것은 하나의 효로 이 때는 단사彖辭를 쓰지 않고, 세 개의 효가 변할 때는 오히려 단사를 쓰는데 대하여 세 개의 효는 소성小成의 괘를 이룰 수 있을 따름인데 어떻게 갑자기 단사에 대응할 수 있을까를 의문시한다.[236] 이황은 한방기의 『계몽의견』에 나오는 이런 비판을 인용하여 그의 의견에 대하여 평가하였다.

퇴계는 첫 번째 문제제기에 대하여 『역학계몽』을 읽을 때마다 의문을 가졌던 내용으로 한방기가 잘 지적한 것으로 평가하였다. 하지만 그는 음양의 구육九六을 쓰고 칠팔七八을 쓰지 않는 것은 『역』의 근본적인 취지로 주희가 이런 것을 몰랐을 리가 없었을 것이라고 하면서 주희를 변호하였다.[237] 퇴계는 그래도 이것이 옳다고 생각되지 않아 문제로 남겨두었다.

퇴계는 두 번째 문제로서 세 효가 변할 때 본괘本卦와 지괘之卦의 단사彖辭를 점사로 취하는 관점에 대해서는 한방기의 견해를 비판하면서 자신의 주장을 다음과 같이 제시하였다. 그는 "대개 세 효가 변하는 것이 반드시 하괘의 세 효가 되어야 할 필요는 없으며, 때로는 상·하괘를 합하여 세 효가 변할 수도 있고, 때로는 변효가 모두 상괘에 있을 수도 있다. 설령 순전히 하괘下卦의 세 효가 모두 변한다고 하더라도 반드시 여섯 개의 효가 모두 이루어진 후에 비로소 세 효가 변화되었다는 것을 알아 점사占辭를 정할 수 있다"[238]고 보았다. 여기에서 퇴계는 세 효가 변화했다고 하여 갑자기 점을 보

---

236) 『啓蒙傳疑』「考變占」70ㄴ. "至於四爻五爻變, 而占不變爻辭, 變爻反無所爲, 不唯不見用九用六之意, 以七陽之爻而附潛龍之九, 八陰之爻而附履霜之六. 竊恐吉凶之應自不孚矣. 又五爻之變所爭者, 止一爻耳. 尙不許以彖辭. 至於三爻之變, 反用彖辭. 夫彖辭斷一卦之吉凶者也. 三爻才小成耳. 豈可遽以彖辭當之哉.(『啓蒙意見·七占』卷4-1)"

237) 앞의 책, 「考變占」71ㄱ, "滉每讀『啓蒙』, 至四爻五爻變以不變爻占之說, 竊疑其與用九用六之義不相應, 及見苑洛子意, 見書其所論辯, 頗與滉前所疑者相類, 故引之于此. 但用九六不用七八, 乃易之大義. 朱子豈慮不及此, 而立無義之占例哉."

는 단사 또는 효사를 바로 결정할 수 있는 것은 아니라고 생각하였다. 결론적으로 이황은 세 효가 변할 때는 본괘本卦의 불변효不變爻와 수가 같으며, 어떤 효爻도 중심이 되지 못하기 때문에 다만 본괘와 지괘의 단사로만 점을 칠 수 있는 것으로 주희의 견해를 해설하였다. 퇴계는 나아가 이것이 바로 불역不易의 의미라고 보았다.[239]

하지만 퇴계는 주희의 변효變爻의 수효와 유무에 따라 점사占辭를 결정하는 방법에 있어서 변효가 불변효不變爻보다 많을 때 즉 네 효 또는 다섯 효가 변할 때 지괘의 불변효로 점을 보는 것을 의문시하였다.[240] 이 문제는 변효와 불변효, 그리고 본괘와 지괘 사이의 관계에 대한 보다 분석적인 고찰을 통해 해명할 수 있다. 먼저 변효와 불변효의 관계를 보면, 변효는 음과 양이 극성하여 음은 양으로, 양은 음으로 현저하게 바뀌는 상황에 있는 것이다. 그러나 변하지 않는 효 또한 음 속에 양의 요소가 있고, 양 속에 음의 요소가 있기 때문에 음양의 동적인 변화과정 중에 있는 것이다. 다만 그 음양의 본질적인 변화가 현저하지 않을 뿐이다. 따라서 불변효는 음과 양이 각각 극성한 변효로 되는 과정에 있다고 할 수 있다.

여기에서 변효變爻와 불변효不變爻, 본괘本卦와 지괘之卦 사이의 관계는 다음과 같이 규정할 수 있다. 곧, 본괘가 지괘로 되는 데는 변효가 계기가 되는데, 본괘에서 어떤 효가 변하여 지괘가 되면 지괘에서 그 효는 변하지 않는 효가 된다고 하겠다. 반면 본괘本卦에서 불변효不變爻로 있던 것은 지괘之卦에서는 변효變爻로 바뀌는 과정 중에 있다고 할 수 있다. 나아가 하나 또는 두 효가 변할 때와 달리 네 효 또는 다섯 효가 변효일 때는 지괘의 영향이 우세하여 지괘로 점을 본다.

따라서 지괘로 점을 본다면 본괘에서 변해온 효는 지괘에서는 변하지 않

238) 앞의 책, 같은 곳. 71ㄴ, "夫三爻之變, 不必在下卦三爻, 或參互於上下卦, 或皆在於上卦. 假使純在於下卦, 亦須六爻皆畢, 然後可知爲三爻之變, 而定所占耳."

239) 앞의 책, 같은 곳. 71ㄴ, "六爻旣畢而關所變. 只三爻, 則不論其上下所在, 而與本卦之不變爻, 分數均敵, 莫適爲主, 故只得占兩卦彖辭, 是爲不易之義也."

240) 앞의 책, 같은 곳. 71ㄱ, "滉每讀啓蒙, 至四爻五爻變, 以不變爻占之說, 竊疑基與用九用六之義, 不相應."

는 단계가 된 반면, 본괘에서 불변효로 간주되던 효는 변효로 되는 과정 중에 있다. 이것은 주어진 효를 변화되기 전의 관점에서 보느냐 아니면 변화된 후의 관점에서 보느냐에 따라 음과 양이 극성한 변효의 운동성을 달리 보아야 함을 의미한다. 네 효 또는 다섯 효가 변할 때 지괘의 불변효로 점을 보는 것은 바로 이런 이유가 있다. 이와 같이 이해할 때 이황이나 한방기가 제기하였으나 해결하지 못한 의문이 해결될 수 있다.

동적인 변화과정의 추세를 살펴보면 초효初爻에서 상효上爻까지는 일반적으로는 시간적 순서에 따라 변화되는 것으로 인식되고 있다. 똑같이 변효일 때는 아래 효는 위의 효보다 먼저 변한 것으로 간주된다. 여기에서 두 효가 바뀐 본괘의 불변효로 점을 볼 때는 본괘에서 변화되어 가는 쪽을 강조하여 상효上爻를 위주로 하고, 지괘에서 변화가 예상되는 측면에서는 하효下爻를 위주로 점을 보는 것이다. 이렇게 본다면 주희가 변효의 숫자가 네 개 이상일 때 지괘의 불변효로 점을 보는 것은 충분한 의미가 있다.

뿐만 아니라 주희는 음양의 효가 각각 다른 반대 성질의 효로 변화하는 동적 과정의 추세를 그 속에 고려한 것이라고 할 수 있다. 따라서 주희가 효변에 따라 본괘와 지괘의 괘효사나 단사彖辭를 포괄하여 점사로 취하는 방법에는 괘상의 법칙적이고 기계적인 변화에 주목하는 상수역학의 기본 관심이 그대로 반영되어 있다. 이 점에 대하여 퇴계는 주희가 분명히 지괘의 불변효로 점을 보는 것에 대하여 나름의 이론을 가지고 있을 것이라고 확신하여 주희를 따르는 입장을 취하고 있다.

반면 세 개의 효가 변한 경우에 대하여 이황은 먼저 괘의 여섯 효가 완전히 이루어지는 상태에서 비로소 세 개의 효가 바뀌었다는 사실을 이해할 수 있다고 하였다. 그리고 세 효가 바뀔 때는 본괘의 불변효와 숫자가 같아서 본괘도 지괘도 주도적으로 영향을 끼치지 못하므로 두 괘의 단사를 동시에 본다고 하였다. 여기에는 퇴계가 점괘를 보는데 있어 육획괘六畫卦의 완전한 완성을 중시하고 동시에 단사彖辭에 중점을 둔다는 점에서 한 괘의 전체적인 의미를 중시하는 것으로 해석할 수 있다. 이것은 퇴계가 주희 상수역학의 관점을 수용하면서도 부분적으로 괘의 전체적인 의미를 중시하는 의리역학의 입장을 염두에 두는 것이라 할 수 있다.

다음으로 퇴계는 「필담논납갑筆談論納甲」절에서 역의 이론에 납갑법納甲法이 있음을 제시하고 있다.241) 납갑법은 그 원리를 요약하면 『주역』 팔괘의 괘효를 십간十干과 십이지十二支로 이루어지는 육십갑자에 대응시켜 자연의 시간적 순서 또는 기계적이고 법칙적인 자연의 순환에 적용하여 이해하려는 방법이다. 퇴계는 이러한 납갑의 방법을 다음과 같이 천지자연이 사물을 생육하는 원리와 관련하여 설명하고 있다.

> 건곤乾坤이 갑을甲乙에서 시작하므로 장남長男과 장녀長女는 그 다음이 되므로 병정丙丁에 넣어야 하고, 소남少男과 소녀少女는 마지막에 있으므로 경신庚辛에 넣어야 한다. 그러나 지금은 이와 반대로 되어 있어서, 괘가 반드시 아래로부터 생겨서 초효가 먼저 이루어지고 다음에 가운데 효, 마지막으로 상효에 이른다. 이것은 역의 순서이지만 사물이 생육되는 이치이기도 하다. 사물이 태胎나 껍질에 있을 때는 거꾸로 태어나지 않는 경우가 없다. 아래로부터 생겨나는 것은 역의 순서로서 조화생성의 이치와 암암리에 부합하는 것이다. 이것은 지극한 이치로서 자연에 합하는 것이다.242)

퇴계는 납갑법納甲法에서 십간十干을 건곤이 장남·장녀를 낳고 소남·소녀를 낳는 순서와 반대로 대응시킨 것을 지적하면서, 역의 순서는 자연사물의 생육 순서와 동일하게 아래로부터 생성되는 것임을 강조하였다. 그는 「건괘乾卦」로부터 각각 「진괘震卦」, 「감괘坎卦」, 「간괘艮卦」가 이루어지고, 「곤괘坤卦」로부터 「손괘巽卦」, 「리괘離卦」, 「태괘兌卦」가 형성되는 순서를 간지干支에 배당한 것을 설명하였다. 퇴계는 「건괘」가 이들 괘를 낳는 것을 자연의 운행을

---

241) 『啓蒙傳疑』 「筆談論納甲」, 卷76ㄴ.

242) 『啓蒙傳疑』 「筆談論納甲」, 77ㄱ, "乾坤始于甲乙, 則長男長女乃其次, 宜納丙丁. 少男少女居其末, 宜納庚辛. 今反此者, 卦必自下生, 先初爻, 次中爻, 末乃至上爻. 此易之序, 然亦胎育之理也. 物之處胎甲, 莫不倒生, 自下而生者, 卦之序而冥合造化胎育之理, 此至理合自然者也."

상징하는 간지의 순서와 관련하여 순행順行하는 것으로, 「곤괘」가 이들 괘를 낳는 것을 역행逆行하는 것으로 보았다.243)

퇴계는 건곤乾坤 등 팔괘의 괘효를 간지干支에 배당하여 자연의 기계적이고 법칙적인 순환변화에 대응하는 것으로 이해하는 납갑법을 수용함으로써 상수역학적인 『주역』 해석의 응용원리를 강조하였다. 퇴계가 이것을 효변에 따라 점사를 취사선택하는 난에서 제시한 것도 이들 두 이론이 서로 상응하는 의미가 있음을 보여주는 것이다.

5. 의리역학적 목표와 도덕적 실천

퇴계는 성리학 중에서도 리理를 도덕형이상학적 실체로 간주하면서 이기론을 의리 실천적 측면에서 구성하였다. 그의 사단칠정론四端七情論은 자신의 도덕형이상학에 의거하여 도덕적 실천규범을 연역하기 위한 철학적 논변이다. 퇴계가 역학 사상에서 의리義理를 강조하였던 것은 강한 실천적 특성을 가지는 그의 철학과 부합하는 것으로 이론적 일관성을 가진다. 퇴계가 한대漢代 이래 여러 상수역학 사상을 수용하면서도 역학에서 의리를 강조했다는 것은 기본적으로 의리역학을 제시한 정이와 주희의 이론을 『주역』을 연구하는 근본으로 삼아야 한다고 언급한 것으로부터 추론할 수 있다. 그는 『주역』에 대한 해석서로서 『주역석의周易釋義』를 지었는데, 이 저술에서 그는 주로 정이와 주희의 해석을 수용하여 『주역』 괘효사의 의미를 비평하였다.

본 절에서는 퇴계가 역학을 연구하면서 의리義理를 강조하였던 이유와 목적에 대하여 살펴보고 나서, 『주역』을 해석한 저술로서 『주역석의』에 나타

243) 『啓蒙傳疑』「筆談論納甲」 卷4-77ㄴ. 陽卦는 乾卦에서 震卦가 형성되는 것에서 시작하여 子, 寅, 戌을 거쳐 다시 子에 이른다. 여기에서 震卦가 子일 때, 坎卦는 寅이며, 震卦가 午일 때 坎卦는 辛이다. 이러한 순서로 대응되는 것이 順行이다. 반면에 陰卦는 巽卦가 丑을 따르고 亥를 거쳐 卯에 이른다. 여기에서 巽卦가 丑일 때 離卦가 卯이고, 巽卦가 未일 때 離卦가 酉인 것은 모두 逆行이 된다.

난 의리역학적 관점에 대해 분석해 볼 예정이다. 퇴계는 세 가지 측면에서 의리를 강조하였다. 첫째, 그는 정이의 『역전』과 주희의 『본의』를 『주역』을 연구하는 착수처로 삼아야 한다는 것을 역설하였다. 둘째, 그는 상수와 의리 가운데 의리義理를 기본으로 하여 상수象數를 겸해야 하며 상수가 근본이 되어서는 안 된다는 것을 강조하였다. 마지막으로 그는 소강절의 역학처럼 상수 일변도로 나가는 것의 문제점을 지적함으로써 의리를 강조하였다.

『주역』을 연구하는 데 있어서 퇴계는 문인들과의 문답을 통하여 의견을 개진하는 경우가 많았다. 그는 조사경趙士敬과의 서신에서 주희가 언급한 것처럼 『주역』은 읽기가 어렵지만 정이의 『역전』과 주희의 『본의』에 따라 고대의 네 성인의 본원적인 학설을 잘 돌이키면 얻는 것이 있을 것이라고 말하였다.

> 『주역』 책을 읽기 어려운 것은 주희 선생이 이미 여러 번 말하였으니, 하물며 우리 같은 사람들은 어떻겠는가? 하지만 이제 『정전程傳』과 『본의本義』에 따라서 복희·문왕·주공·공자의 심법心法을 추구하되, 억지로 천착하여 학설을 제기하지 않고서 깨끗하고 정미한 옛 본의를 돌이키면, 이전에 이른바 '어렵다'고 하던 것이 아마도 끝까지 어렵지는 않을 것이며 나름대로 받아들여 쓸 만한 곳이 있을 것이네.244)

『주역』은 『경經』과 「십익十翼」을 포함하는 『전傳』으로 구성되어 있으며, 여기에서 「십익」은 경經에 대한 철학적 해석을 붙인 것이다. 퇴계는 이 글에서 『정전』과 『본의』를 따라 공부하되 고래의 본의를 회복하기를 기대하였다. 이것은 바로 퇴계가 공자 이래 유가적 의리를 강조하는 전통을 돌이키는 것을 목표로 삼고 있었다는 것을 말한다. 퇴계는 평소에 『본의』를 가장 먼저 읽기 시작하면서, 뭔가 부족한 병통을 느끼면서 『정전』을 함께 읽

244) 『退溪先生文集』「答趙士敬」卷23-3, "易書難讀, 紫陽先生, 已屢言之. 況我輩耶. 今但隨傳隨義, 求羲文周孔之心, 不穿鑿爲說, 以返潔淨精微之舊, 則向所謂難者, 將不至終難, 而庶有受用處."

어야 비로소 기대할 만한 소득이 있을 것이라[245]고 강조하였다. 퇴계의 입장은 바로 주희의 『본의』가 상수에 초점을 두어 의리를 드러내는 것의 한계를 경계하고 의리를 위주로 하는 정이 『역전』을 읽음으로써 균형을 유지할 것을 강조한 말이다.[246]

퇴계는 이정자二程子가 소옹의 학술을 높이지 않았다는 사실을 거론하면서, 상수보다 의리를 근본으로 삼아야 한다고 주장하였다. 그는 그 이유에 대하여 소옹의 학문은 계산하여 미래를 아는 것과 이수理數를 중심으로 하는데, 이런 상수象數에는 상변常變이 있어서 '변'의 경우 바른 의리에 부합하기 힘들기 때문이라고 주장하였다.

> 소강절邵康節의 학술을 이정 선생[程顥, 程頤]이 높이 평가하지 않은 것은 미루어 헤아려 미래를 아는 설을 가리킬 뿐만 아니라, 수학數學도 또한 훌륭한 것으로 여기지 않았네. 왜냐하면 …… 다만 리理를 위주로 하면 수數를 그 가운데 포함하지만, 혹시 포함되지 않는 경우가 있더라도 이해를 따질 것 없이 일이 모두 바르게 될 것이네. 그러나 수數를 위주로 하면 정상적인 일에서는 실로 리理가 그 속에 있겠지만, 변칙적인 일은 리理와 부합하는 것이 드물어서 비록 이익을 따르고 손해를 피하며 인륜과 의리를 해치고 없애는 일도 모두 거리낌 없이 행할 것이네. 이것이 이정자二程子가 소강절의 학술을 높이지 않았던 까닭이네.[247]

---

245) 『退溪先生文集』「答鄭子中」 卷26-4, "讀易, 欲以本義爲先, 此亦滉從來所見如此 世儒慮及此者自少, 雖或有之, 皆牽於講業而未果去取. 滉則方其讀時, 同於世儒之牽, 及見得此意, 後昏病炳不能. 讀主本義, 兼程傳, 以還潔淨精微之舊, 正有望於高明之今日也. 但所謂讀易之法, 先正其心者, 此又一大件不易言處."

246) 엄연석, 「퇴계 역학사상 체계와 새로운 연구방향」, 『퇴계학논집』 제3호, 2008, 85쪽. 퇴계는 정자중과 문답한 서신에서 "배우는 사람이 數를 위주로 하는 堯夫를 배우면서 理를 아우를 수 있기를 바라는 것은 실로 어려울 것이네. 주희처럼 理를 위주로 하면서 數를 겸하여 밝히는 것을 또한 어찌 힘쓰지 않을 수 있겠는가?"(然則學者欲學堯夫主數而能該理, 固難矣. 如晦菴主理而兼明數, 又安可不務哉.:「答鄭子中別紙」 卷25-28, 『퇴계선생문집』)라고 하였다. 여기에서 퇴계가 주희가 理를 위주로 하면서 數를 겸했다고 말한 것은 數에 완전히 치우친 강절과 비교하여 상대적으로 언급한 것이다.

247) 『退溪先生文集』「答鄭子中別紙」 卷25-27, "康節之術, 二程不貴, 非獨指推算知

유학과 성리학에서 말하는 의리義理는 인간이 마땅히 행해야 하는 소당연所當然의 행위규범과 그것을 행하지 않으면 안 되는 합법칙적인 이유로서 소이연所以然을 포함한다. 따라서 의리는 도덕적 선의지善意志와 같은 의미를 가진다. 반면 이수理數 또는 상수象數는 인간 사회와 자연에서의 선악과 길흉을 포괄하는 다양한 사물 현상과 그 법칙을 뜻한다. 이렇게 본다면 의리는 상수 속에 포함되어 있는 선善과 길吉함을 지향하는 도덕적 당위와 그 소이연, 또는 선의지라고 규정할 수 있다. 따라서 의리義理는 이수理數의 선善한 측면이라고도 할 수 있다. 반면 상수는 선善 및 길吉과 함께 이해관계에 얽매임으로 나타날 수 있는 악惡과 흉凶을 포함하고 있다.

이러한 관점에서 퇴계는 의리를 위주로 하면 행위의 표준이 선함과 길함에 있을 수 있지만, 상수象數를 중심에 두면 행위의 표준이 이해관계에 두어질 수 있다고 본다. 퇴계가 의리에 근본을 두어야 한다고 강조한 이유는 바로 상수를 위주로 하면 그 변고의 상황에서는 이해에 얽매이고 윤리를 소멸할 수 있기 때문이라는 것이다. 이점에서 퇴계는 상수를 강조한 주희보다도 의리를 중시한 정이程頤의 관점을 따르고 있다고 할 수 있다.

퇴계는 또한 상수象數에 얽매일 때 나타나는 폐단을 반복하여 강조하였다. 그는 「정자중鄭子中에게 답한 서신」에서 "상수象數라는 것은 지극한 이치가 깃들어 있는 것으로서 정미하고 깊고 미묘하나 또한 몸에서 벗어난 일이 아니네. 하지만, 밤낮으로 이것에만 골몰한다면 역시 덕성의 공부에 전심할 수 없어 일을 해치지 않음이 없음을 느낄 것이니, 하물며 다른 일에 있어서는 어떻겠는가?"248) 라고 하였다. 다시 말해 의리가 주재하는 상황에서 의리를 궁구하지 않고 상수를 탐구하는 데 전심하는 것은 덕성을 기르는 공부에 해를 끼칠 것이라는 것이다.

퇴계는 화담 서경덕徐敬德1489~1546의 학설을 비판하면서 의리에 근본하

來之術, 只數學亦不以爲貴. 蓋 …… 但主於理, 則包數在其中. 其或有包不得處, 不計利害而事皆得正. 主於數則其常者, 固亦理在其中. 其變者, 則鮮合於理, 而雖趨利避害賊倫滅義之事, 皆不憚爲之. 此二程所以不貴其術也."

248) 『退溪先生文集』「答鄭子中」 卷26-16, "但象數者, 至理所寓, 精微深妙, 亦非身外事. 然卻被日夜留心於此, 亦覺德性上工夫, 不能傳一, 不無害事, 而況他事乎."

지 않고 상수象數 또는 기수氣數에 얽매이는 것으로부터 말미암는 폐단은 석씨釋氏의 견해에 빠지게 되는 데 이를 것이라고 주장하였다.

> 화담공花譚公의 견해를 생각해 보면 기수氣數 쪽의 노선에 익숙하여 그 설한 견해가 리理를 기氣로 인식하는 것을 피하지 못하였으며, 또한 때로 기氣를 리理로 오인하는 경우도 있네. 그래서 이제 여러 배우는 자들이 또 그 설에 얽매여 반드시 기氣를 예로부터 지금까지 없어지지 않고 항존恒存하는 것으로 간주하고자 하네. 그래서 부지불식간에 석씨釋氏의 견해에 빠져버리게 되니, 여러 공들은 실로 잘못 이해하는 것이네.[249]

남언경南彦經은 조선 최초의 양명학자로서 서경덕의 일기一氣를 중심으로 하는 학설을 지지한 화담의 제자이다. 이러한 남언경에게 퇴계는 서경덕의 학설이 기수氣數에 치우쳐 있음으로써 이기理氣를 혼동하고 기氣를 항구적으로 존재하는 것으로 생각하는 것은 불교의 학설에 빠지는 것과 같은 것으로 비판하고 있다. 요컨대, 퇴계는 성리학적 의리를 강조하는 자신의 학문적 입장에 따라서 기수에 치우치고 빠지는 것을 이단異端과 같이 위험한 것으로 비판한 것이다.

퇴계는 『주역』 괘효사의 구체적인 내용을 해석하면서도 도덕적 의리를 강조하였다. 그러면 이 문제에 대하여 문인과의 문답 내용 및 『주역석의周易釋義』의 주석을 통하여 좀 더 구체적으로 살펴보기로 한다.

정자중의 강목講目에 답하면서 퇴계는 「손괘損卦䷨」 「대상전大象傳」에 나오는 '분노를 참고 욕심을 막는 것'은 정심正心과 같고, 「익괘益卦䷩」의 「대상전」에 나오는 '허물을 고쳐 선善을 따르는 것'은 수신修身과 같다고 하였다. 하지만 이 두 가지는 통하는 것으로 말할 수도 있기 때문에 「익괘」의 상에 대해 정이와 주희는 모두 수신이라고 하였으니, 그러면 「손괘」의 상은 정

---

249) 『退溪先生文集』 「答南時甫」 卷14-7b, "因思花譚公所見於氣數一邊路熟, 其爲說未免認理爲氣, 亦或有指氣爲理者, 故今諸子, 亦或狃於其說, 必欲以氣爲亘古今常存不滅之物. 不知不覺之頃, 已陷於釋氏之見, 諸公固爲非矣."

심으로 말할 수 있음을 알 수 있다[250]고 하였다. 『주역』 「손괘」와 「익괘」 「대상전大象傳」에 나오는 구절을 퇴계는 『대학』 8조목 가운데 각각 정심正心과 수신修身 공부로 이해하였다. 이것은 「손괘」와 「익괘」의 상象을 도덕적 수양공부로 이해하는 것으로서 『주역』을 의리적으로 해석하는 것이다.

퇴계는 주희의 『본의』를 중시하면서도 실제적으로 괘효사에 토吐를 달거나 해석할 때는 『정전』을 근본적인 표준으로 삼고 있다.[251] 그는 「진괘晉卦䷢」 초효初爻의 효사 '진여최여晉如摧如'에 대하여 『본의』보다 『정전』에 입각하여 해석하는 것이 좋다고 보면서 다음과 같이 주장하였다.

> "진晉ᄒᆞ미 최摧ᄒᆞ미니, 이제 이 구절의 토吐가 잘못되었기 때문에 해석한 것도 온당치 못하다. 『정전程傳』에서는 '그 나아감을 이루든 그 나아감을 이루지 못하든 오직 바름을 얻으면 길吉할 것이다'고 말하였다. 이것에 따르면 마땅히 '나아가든 물러나든 간에'라고 말해야 하며 또 '진晉커나 최摧커나 호매'라고 말해도 좋다. 만약 『본의本義』를 따른다면 토吐와 해석을 앞의 잘못된 것처럼 해야 한다.[252]

250) 『退溪先生文集』「答鄭子中講目」 卷25-19, "懲窒似正心, 遷改似修身. 然亦可以通言之, 故益之象. 程朱皆以修身爲言, 則損之象, 可以正心爲言, 可知矣." 『주역』에서는 실제로 정이와 주희가 修身을 언급한 것은 「익괘」상전에서가 아니라, 「손괘」상전이다. 「損卦」'程傳', "군자가 손괘의 상을 보고서 자기를 덜었다. 자기를 닦는 도에 있어서 덜어야 할 것은 오직 분노와 욕심뿐이다.(君子觀損之象, 以損於己. 在修己之道, 所當損者, 唯忿與欲.)"; 『'本義'』, "군자가 수신을 하는 데 덜어야 할 것은 이것보다 절실한 것이 없다(君子修身, 所當損者, 莫切於此.)"퇴계학연구원의 『增補退溪全書』본에는 윗 문장의 '益之象', '損之象'의 '益'이란 글자와 '損'이란 글자가 바뀌어야 한다고 하는 것을 '益恐損, 損恐益'이라고 기록하였다.

251) 김인철은 퇴계가 『본의』보다 『정전』을 표준으로 삼았던 것은 '世祖에 의해 처음 『정전』으로 口訣이 정해지고, 그 이후 지속된 『정전』 존숭의 영향력 때문이었을 것으로 추론하였다.(김인철, 「退溪와 芝山의 『周易』解釋」, 『퇴계학과 한국문화』 36호, 2005, 13쪽.)

252) 『增補退溪全書』「三經釋疑-易」「晉卦」, "晉ᄒᆞ미 摧ᄒᆞ미니. 今按此句吐誤, 故釋之亦未穩. 傳云遂其晉, 不遂其進, 唯得正, 則吉. 據此則當云晉如摧如애, 而釋云晉커나 摧커나호매, 可也. 若從本義則吐與釋皆當如上."

퇴계는 여기에서 『본의』보다 『정전』의 의미에 따라 괘효사를 해석하고자 하였다. 정이는 『진괘』 초육효初六爻의 상황에서 '진여최여進如摧如'를 '나아가든 물러나든'이라고 하여 객관적인 상황으로 보지 않고, 도덕적 주체의 행동의 방향으로 보며, '곧음을 지키는 것이 길吉하다'고 하여 행동의 주체가 지녀야 하는 도덕적 자세를 중시하고 있다. 반면 주희의 경우는 '진여최여進如摧如'를 이 '초효'가 음으로 아래 있으면서 호응하는 '사효'가 중정하지 못하여, 나아가고자 하나 꺾이는 상象이 있다[253]고 하여 객관적 상황의 어려움으로 보고 있다. 여기에서 퇴계는 『정전』의 견해를 표준으로 수용하고 있는데, 이것으로 볼 때 그가 정이의 견해에 따라서 의리적인 관점에서 괘효를 해석하고 있음을 알 수 있다.

『소축괘小畜卦䷈』「단전彖傳」에는 '씩씩하면서도 겸손하니, 강건하면서 중도를 얻어 행하는 데 뜻을 둔다'[254]고 하는 구절이 있다. 이 구절 중 '지행志行'을 '지志ㅣ 행ᄒᆞ야'라고 해석한 경우가 있는데, 이것은 『정전』의 '행行애 지志ㅣᄒᆞ야[행하는 데 뜻을 두어야]'고 해석해야 한다고 주장하였다. 이어서 그는 '지志ㅣ 행ᄒᆞ야'라고 해석하는 것은 진재서씨進齋徐氏[255]의 견해와 부합하는 반면, 『정전』과는 일치하지 않기 때문에 상세히 살펴야 한다[256]고 보았다.

여기에서 퇴계는 정이의 견해를 표준으로 삼고 있는데, 이 두 가지 해석 속에는 중요한 차이가 내포되어 있다. 진재서씨와 같이 '뜻이 행해져서'라고 하면 의지가 행해질 수 있다고 하는 뜻으로 여기에서 '의지'는 도덕적 실천

---

253) 『周易傳義大全』 『程傳』, "於始進而言, 遂其進, 不遂其進, 唯得正則吉也."; 『本義』, "以陰居下, 應不中正, 有欲進見摧之象. 占者如是而能守正則吉."

254) 『周易傳義大全』「小畜卦」, 「彖傳」, "健而巽, 剛中而志行, 乃亨."

255) 徐幾는 송나라 建州 崇安 사람으로 字는 子與이고 號는 進齋이다. 서기는 小註에서 '강건하면서 겸손한 것은 상하 두 괘의 덕으로 말한 것이고, 剛中은 二爻와 五爻로 말한 것이다. 志行은 陽의 의지가 행할 수 있음을 말한다.(進齋西氏曰, "健而巽, 以二德言. 剛中, 以二五言. 志行謂陽之志, 可以行也.": 『周易傳義大全』, 「小畜卦」「彖傳」, '小註')

256) 『增補退溪全書』「三經釋疑-易」「小畜」, '剛中而志行', "剛으로 中ᄒᆞ야 志ㅣ 행ᄒᆞ야. 今按程傳'志在於行', 恐當云'行애 志ᄒᆞ야', 可也. 而他釋云之ㅣ 行ᄒᆞ야. 此與徐氏說合, 而於程傳不合, 更詳之."

과 직접 연관되지 않는다. 반면 정이程頤의 견해에 따르면 '행行'이란 말이 지행知行의 '행行'으로 해석되어 도덕적 실천의 의미를 가지는 의미가 크다.[257] 이렇게 보면 여기에서 '지志'는 도덕적 실천에 뜻을 둔다는 의미가 되어 도덕적 함의를 가지게 된다. 여기에서 퇴계가 정이의 견해를 받아들임으로써 「단전彖傳」을 의리적 시각에서 해석하고 있음을 알 수 있다.

「익괘益卦䷩」에서 퇴계는 더욱 분명히 의리적 입장에서 그 괘효사를 해석하였다. 「익괘」 육삼효六三爻와 육사효六四爻에는 모두 '중행中行'이란 구절이 있다.[258] 이 '중행'에 대하여 정이와 주희는 중도中道, 또는 중행中行의 뜻으로 도덕적 의미로 해석하였는데, 퇴계는 이를 계승하여 괘효를 다음과 같이 의리적으로 주석하였다.

> 중행中行이면, 일설에는 '중中에 행行ᄒᆞ면'이라고 말하였다. 이제 살펴보면, 중행中行은 중도中道라고 말하는 것과 같다. 그래서 『본의』에서는 '중행에 합한다'는 말이 있다. 육삼효 『정전』에도 '중도中道에 부합한다'와 '중행中行에 합하지 않는다'는 문장이 있다. 그러므로 이 『정전』에서 '행行함에 중도中道를 얻었다'할 때의 행行 자는 중행中行의 행行이 아니다. 아래에서 '중中에 행ᄒᆞ면'이라고 말한 것은 잘못이다.[259]

---

257) '行'의 사전적 의미는 매우 다양하지만, 이 중에 道理, 사물의 발전규율이라는 의미가 있고, 品行, 德行 등의 의미가 있다.

258) 『周易傳義大全』 「益卦」, '六三', "益之用凶事, 无咎, 有孚中行, 告公用圭."; '六四', "中行, 告公從, 利用爲依, 遷國."

259) 『增補退溪全書』 「三經釋疑-易」 「益卦」, "中行이면 一云中에 行ᄒᆞ면. 今按, 中行猶言中道也. 故本義有合於中行之云. 六三程傳, 亦有合於中道及不合於中行之文. 此則此傳行得中道之行字, 非中行之行. 下說'中에 行ᄒᆞ면者, 非." 퇴계는 『주역석의』에서 「익괘」구오효의 효사 '有孚惠心'을 '惠心을 孚로 둔논디라'와 '孚를 두미 惠홀 心이라'라고 훈석한 것은 '惠心에 孚를 둬 ᄒᆞ논디라'라고 해석해야 한다고 주장하였다. 이에 대해 김인철은 퇴계가 이렇게 해석한 것은 정이가 '九五의 德과 재주와 지위로서 마음속의 극진한 정성이 남에게 은혜를 베풀고 이롭게 하려는데 있다(以九五之德之才之位, 而中心至誠, 在惠益於物)'고 한 주석의 견해를 받아들인 결과라고 보았다.(김인철, 앞의 논문, 13쪽.) 여기에서도 퇴계는 정이의 의리적 도덕 실천적인 해석을 이어받고 있다고 할 수 있다.

퇴계는 여기에서 '행行'자를 도덕적 의미를 가지는 것으로 보아 중도中道, 또는 중행中行의 의미로 해석한 주희와 정이의 견해에 따라서, '중행'을 '중中에 행하면'이라고 해석하는 것을 잘못된 해석으로 보았다. 뿐만 아니라 여기에서 그는 도덕적 의미를 가지는 '행'자와 단순한 행동을 뜻하는 '행'자 사이의 차이를 분명히 의식하고 있다.

요컨대, 퇴계는 주희의 『본의』와 정이의 『정전』의 입장을 계승함으로써 의리역학적 시각에서 『주역』을 해석하였다. 그러면서도 그는 의리를 상수보다 근본적인 것으로 중시한 정이의 『정전』을 우선시하는 면을 보였다. 이러한 관점은 주희 스스로 정이가 의리에 치우쳐 있는 것을 경계하면서 상수와 의리의 균형을 잡고자 하여 상수에 유의한 것에 대해 퇴계는 정이와 비교할 때 주희가 역시 상수 쪽에 방점을 찍은 것으로 이해하고 있음을 보여주는 것이다. 이처럼 퇴계는 정이를 표준으로 삼아 주희의 학설로 보완하면서 의리역학적인 시각을 가지고 『주역』의 괘효사와 상전象傳 및 단전彖傳을 주석하였다. 이렇게 볼 때, 퇴계가 역학을 연구했던 목표가 기본적으로 의리적 도덕실천에 있었음을 알 수 있다.

6. 상수와 의리 사이의 가역적 상관관계

위의 두 절에 걸쳐 '상수'와 '의리' 사이의 연관성에 유의하면서 퇴계의 상수역학과 의리역학의 특징을 살펴보았다. 그는 『주역』에 대하여 의리를 근본적 목표로 하여 상수를 아우르는 방식으로 이해하면서, 괘효사를 주로 의리적인 관점에서 주석하였다. 이 절에서는 퇴계의 역학사상을 좀 더 범위를 넓혀 이기심성론까지 고려하면서 상수와 의리 사이의 유기적 의미연관성과 가역적 전환가능성 등을 해명해 보기로 한다.

『주역』에서 상수와 의리는 성리학의 이기론에서 이기理氣 사이의 '서로 떨어지지 않음[不相離]과 서로 섞이지 않음[不相雜]'의 관계처럼 불가분의 연속성과 함께 섞일 수 없는 불연속성을 가진다. 그리고 이기理氣와 상수·의리 사이의 관계는 비유적인 관계가 아니라 실제로 서로 연쇄적으로 결합되는 관계에 있다. 곧 "리理가 있고 나서 상象이 있고, 상象이 있고 나서 수數가 있다. 『역易』은 상象으로 수數를 아는 것으로 그 뜻을 얻으면 상과 수는 그 가운데 있다"[260]고 하고, 또 "리理가 있으면 곧 기氣가 있고, 기氣가 있으면 곧 수數가 있다"[261]고도 하였다.

여기에서 리理가 사물의 본질을 이루는 원리라고 한다면, 기氣는 질료로서 구체적 형상과 형체를 가지는 사물을 생성하는 질료적 원인이다. 따라서 리를 근원으로 하고 기가 질료적 원인이 되어 사물이 형성되면 여기에는 상象과 수數가 내포된다고 할 수 있다. 이러한 관점에서 볼 때, 구체적인 사물에는 그 본질로서 리理와 질료적 원인이자 형체를 이루는 기氣, 사물의 양태, 속성, 또는 성질을 드러내 주는 상象, 그리고 사물의 조리와 법칙이 되는 수數가 내재해 있다고 할 수 있다.

그러면 퇴계는 상수象數와 의리義理 사이의 관계를 어떻게 인식하고 있는가? 퇴계가 생각하는 상수와 의리 사이의 관계를 이해하기 위해서는 먼저 그가 '의리'를 어떻게 규정하고 있는가를 살펴보아야 할 것이다. 성리학의 일반적 학설을 받아들이는 퇴계에 있어서 '의리'는 대체로 도덕적 주체가 행하는 당위적 행동으로서 소당연所當然과 함께 그 소이연所以然의 법칙을 뜻한다. 여기에서 소이연과 소당연은 상호의존 관계에 있다. 소이연이 소당연의 필연적 원인이라면, 소당연은 소이연의 필연적인 결과라 하겠다. '의리' 개념을 다시 분석하면 '의義'가 소당연이라면, '리理'는 그 의義에 대한 소이연이고, 역으로 '리理'가 소이연이라면, '의義'는 그 리理에 따른 소당연이다.

퇴계에 있어서 인간의 마음에 있는 리는 태극太極의 리理이며 도덕의 최고 원리이자 의리이다. 이러한 태극의 리는 실로 외부 사물에 내재해 있는 리理와 다른 것이 아니다. 그는 마음의 리와 외물의 리가 통일적이며 일관성

260) 『二程遺書』 卷21上-7, "有理而後有象, 有象而後有數. 易因象以知數, 得其義則象數在其中矣."

261) 『退溪先生文集』「答鄭子中別紙」 卷25-27, "蓋有理便有氣, 有氣便有數."

을 가지는 것을 다음과 같이 설명하였다.

'마음이 태극이다'는 것은 이른바 '인극人極'이라는 것이네. 이 리理는 물아物我의 차이도 없고 안과 밖도 없으며, 경계의 구분도 없고 고정된 형체도 없네. 그것이 고요하면 혼연하게 온전히 갖추어 있으니 이것이 하나의 근본[一本]이 되지. 본래 마음에 있거나 사물에 있는 것으로 구분이 없으므로, 그것이 움직여 사물에 응접할 때 사사물물事事物物의 리理는 바로 내 마음에 본래 갖추어져 있는 리理이네. 다만 마음이 주재가 되어 각각 그 법칙에 따라 응하니 어찌 내 마음으로부터 미루기를 기다리고 나서 사물의 이치가 되겠는가?262)

퇴계는 사물에 내재해 있는 리理는 바로 내 마음 속에서 주재하는 리와 다른 것이 아니라고 강조하였다. 다시 말하면 이것은 하나의 동일한 리가 사물과 내 마음에 함께 있다는 것이다. 여기에서 우리는 사물에 있는 리가 바로 내 마음의 리가 되고, 동시에 내 마음의 리가 사물의 리가 될 수 있음을 알 수 있다. 왜냐하면 이것은 동류 동형의 리理이기 때문이다. 여기에서 사람이나 사물이나 몸을 받아 태어날 때는 기氣를 질료로 하여 형체와 기질을 품부받아 각각 다양성과 특수성을 가짐으로써 마음의 리와 사물의 리가 언제나 합치하여 일관성을 유지하는 것은 아니다.

퇴계는 리와 기 사이를 존비와 우열을 구분하여, 리가 기에 명령하는 존재이면서도 때로 기氣에 의해 침해받고 가려지기도 한다는 것을 강조하였다. 이러한 해석은 리와 기를 함께 품부 받았기 때문에 인간에게나 사물에 있어서나 동일하게 적용된다. 그리하여 사물에 있어서도 어떤 기운을 받아 태어나느냐에 따라 리理가 기氣에 명령하는가, 아니면 기氣가 리理를 가려서 바르게 발현되지 못하게 하는가가 결정된다.

262) 『退溪先生文集』 「答鄭子中」 卷24-2, "心爲太極, 卽所謂人極者也. 此理無物我無內外無分段無方體. 其靜也渾然全具, 是爲一本. 固無在心在物之分, 及其動而應事接物, 事事物物之理, 卽五心本具之理, 但心爲主宰, 各隨其則而應之, 豈待自吾心推出而後, 爲事物之理."

이렇게 사물이 유형에 따라 각각 다양성을 가진 사물로 형성되는 것을 「계사繫辭」에서는 "사물의 성질[方]은 비슷한 형태에 따라 모이고, 사물[物]은 무리에 따라 나뉘어 길흉吉凶이 생긴다"263)고 하였다. 이것은 사물이 기氣를 품부받아 다양성을 가지면서도 대체로 길흉선악吉凶善惡으로 크게 나뉘는 방향성을 가지는 것을 뜻한다.

그러면 길흉의 방향성을 가지는 이러한 사물들의 성질이나 양상은 어떻게 알 수 있는가? 이것은 바로 사물의 양태를 드러내는 상징[象] 및 법칙과 조리[數]로서 상수象數를 통해서 알 수 있다. 『주역』「계사」에서는 "대개 상象은 성인이 천하의 심원한 이치를 보고서 형상에서 본뜨는 것이니, 그 사물의 의칙儀則을 모방하기 때문에 상象이라고 말하였다"264)고 하였다. 다시 말하면, 상象은 바로 성인이 이치를 깨닫고서 이를 구체적인 사물에 빗대어 형상으로 드러내는 것이다. 따라서 사물의 특성과 양태, 그리고 조리가 어떠냐에 따라 그 길흉吉凶이 상象으로 드러난다. 이렇게 보면, 역으로 상象을 보고서 사물에 내포되어 있는 리理의 특성을 인식할 수 있다. 곧, 상수象數는 그 배후에 내포되어 있는 리理의 특성과 길흉吉凶을 파악하는 인식론적 매개라고 할 수 있다.

그러면 퇴계의 역학에 있어서 상수象數와 의리義理는 어떠한 상관관계를 가지는가? 이것은 앞에서 언급한 것처럼 도덕적 실천과 연관된 경우와 인간의 문화적 실용성 또는 효용성에 연관된 것이 있다. 퇴계가 상수를 탐구한 내용은 한편으로는 「하도낙서」의 수리와 괘효의 변화를 설명하는 여러 이론들을 분석한 것으로 다른 한편으로는 율려, 역법 등과 같은 실용적 목적을 위하여 『주역』의 수리와 괘효의 변화를 적용한 내용이 있다. 이 중에 실용적 목적을 위해 역의 수리적 괘효 변화 원리를 실제적인 삶의 문화적 분야에 적용한 것들은 객관적 질서 자체를 생활세계의 특정한 분야에 적용

263) 『周易』「繫辭 上」1章, "方以類聚, 物以群分, 吉凶生矣." 여기에서 '方'은 일이 향하는 바로서 사물의 선악이 각각 유형에 따라 나뉘는 것을 말한다.(「繫辭 上」1章 『本義』, "方謂事情所向, 言事物善惡, 各以類分.")

264) 『周易』「繫辭 上」12章, "夫象, 聖人有以見天下之賾, 而擬諸其形容, 象其物宜, 是故謂之象."

한 것이다. 이처럼 실용적 목적을 위한 상수역학의 탐구는 인간의 도덕적 문제와는 구분된다고 할 수 있다.

반면, 「하도낙서」의 수리적 원리 그리고 비복설飛伏說, 음양노소의 변화와 같은 괘효의 변화 양상에 대한 분석 등은 사물의 길흉의 특성을 드러내 주는 의미를 가진다. 이러한 것들은 길흉의 특성들을 표상함으로써 인간의 행위의 표준적 방향을 지시한다는 점에서 도덕적 실천과 연관되는 문제라 할 수 있다. 퇴계는 설시揲蓍로 괘를 뽑아서 길흉을 알 수 있음을 "대개 신神은 그 스스로 길흉을 사람에게 말해 줄 수는 없다. 산가지를 덜어서 점괘를 뽑은 후에야 길흉을 알 수 있다. 이것이 괘를 뽑는 것이 '신묘한 변화의 경지[神化]'에 이르는데 도움이 있는 까닭이다"265)고 주장하였다. 여기에서 퇴계는 시책蓍策을 나누고 괘를 뽑아서 길흉을 점쳐서 이로부터 제시되는 실천을 위한 표준적 방향에 대한 통찰로부터 '신묘한 변화'를 인식하는 경지에 이를 수 있다고 보았다.

설시揲蓍를 통하여 뽑은 괘卦에는 다시 말하면 특정한 사태에 대한 길흉의 조짐을 드러내는 상수象數가 내포되어 있다. 「계사」에서는 '팔괘八卦는 상象으로 알리고, 효爻와 「단전彖傳」은 성질로 말한다. 강유剛柔가 섞여 자리를 잡으면서 길흉을 볼 수 있다'266)고 하였다. 요컨대, 상수는 괘를 뽑음으로써 드러나는데, 이것은 사물의 다양한 변화의 양상과 조리를 보여주면서 그 길흉의 방향을 지시함으로써 인간에게 실천의 표준이 된다는 것이다.

그러면 상수와 의리 사이의 관계를 이해하기 위해서, 이미 언급한 바 있는 사물에 내포되어 있는 리理와 인간의 마음속의 리理가 어떻게 연결되는가 하는 점을 좀 더 살펴보기로 한다. 인간과 사물에 각각 내재되어 있는 리는 위에서 통일적인 하나의 리로 규정되었다. 그런데 사물에 작용하는 리理는 인간적 노력과 연관해 볼 때 무위無爲하여 바꿀 수 없는 필연성을 가지

---

265) 『退溪先生文集』 「答李剛而別紙」 卷22-3, "繫辭上篇第九章之說註, 佑神謂造化之功, 蓋神不能自說吉凶與人. 因揲蓍占卦, 然後得以知吉凶, 此揲卦之所以有助於神化也."

266) 『周易』 「繫辭 下」 12章, "八卦以象告, 爻彖以情言, 剛柔雜居而吉凶可見矣."

는 반면, 인간의 마음에 내재되어 있는 리는 기의 제약을 통제하면서 유위할 수 있다는 점에서 구별된다. 이처럼 무위無爲와 유위有爲의 차이를 가지는 인간과 사물의 리理에 대해서 퇴계는 다음과 같이 언급하였다.

> 어떤 사람이 주자에게 질문하였다. "수가數家의 학문에서 소강절의 설은 '모든 것은 일정하여 바꿀 수 없다'고 했는데 어떻습니까?" 주자가 대답하였다. "다만 음양陰陽·성쇠盛衰·소장消長의 리理로 커다란 이수理數는 볼 수 있으나, 성현은 이러한 설을 주장하지 않았다"고 하였네. 채침蔡沈 또한 "기氣에는 순수한 것과 잡박한 것이 있으므로 수數에도 득실이 있으니, 수數에서 한번 이루어진 것은 천지天地는 그것을 바꿀 수 없고, 바꿀 수 있는 것은 사람이다"고 했네. 그렇다면 명命이 사물에 있어서는 실로 바꿀 수 없지만, 사람에 있어서는 바꿀 수 있는 리理가 있네.267)

퇴계는 주희와 채침의 설을 인용하여 한 번 이루어진 사물의 음양소장의 리理와 기수氣數는 자연에 있어서는 바꿀 수 없지만 인간은 바꿀 수 있다고 하여 도를 극진히 할 수 있는 인간의 능동적인 작용을 강조하였다. 이 점을 그는 "천지天地는 무위無爲하여 운명에 맡기지만, 사람의 도리는 선善을 쌓아서 천天을 회복한다268)고 하였다. 이처럼 퇴계는 자연과 인간의 중요한 차이점을 무위無爲와 유위有爲의 적선積善으로 구별하였다.

여기에서 상수와 의리 사이의 관계를 다시 한 번 검토해 보기로 한다. 상수象數는 사물에 내재해 있는 리理가 음양소장으로 드러나는 양상과 조리로서 일정한 길흉과 선악善惡의 방향을 가진다. 반면 의리義理는 인간이 행동해야 하는 소당연所當然과 그렇게 하지 않으면 안 되는 필연적인 이유로서 소이연所以然이다. 이렇게 보면 인간이 행동해야 하는 소당연의 의리는 례禮와

267) 『退溪先生文集』「答李宏仲」 卷35-30, "或問於朱子曰, '如數家之學, 康節之說, 謂皆一定而不可易, 如何?' 答曰, '也只是陰陽盛衰消長之理, 大數可見. 然聖賢不曾主此說.' 蔡九峯亦曰, '氣有醇漓, 故數有失得. 一成乎數, 天地不能易之. 能易之者, 人也.' 然則命之在物. 固不可易. 其在人也, 有可易之理."

268) 『退溪先生文集』「答李宏仲」 卷35-31, 問, "未知命之在天地, 則不可易而在人則可易者, 何也.?" 答, "天地無爲而任運, 人道積善以回天."

같은 규범으로 정해지는 반면, 그렇게 하지 않으면 안 되는 필연적 이유로서 소이연은 바로 음양소장의 리理가 드러내는 길흉선악吉凶善惡 가운데 선하고 길한 조리가 되어야 할 것이다. 이렇게 볼 때, 우리가 도덕적 의리를 실천한다는 것은 바로 상수象數가 드러내는 길흉선악의 방향을 가지는 것으로서 음양소장의 리理 가운데 길하고 선한 것을 가려내어 이를 소당연의 근거로서 소이연으로 삼는 것을 뜻한다.

여기에서 상수역학의 목표는 다양한 현상사물이 역동적으로 변화하는 양상과 패턴pattern을 괘효의 다양한 변화에 대한 이론을 통하여 드러냄으로써 그 길흉선악의 바른 방향을 선택하기 위한 근거를 제시하는 데 있다. 이렇게 볼 때, 상수와 의리 및 그 상관관계를 다음과 같이 정리할 수 있다. 곧, 상수가 지시하는 선한 방향의 실천을 강제하는 당위가 의리라면, 소당연의 의리에 대한 필연적인 이유로서 소이연의 리理를 찾아 가기 위하여, 길흉선악의 방향을 내포하면서 사물의 다양한 변화양상을 괘효 또는 물상으로 드러내는 징표가 상수라고 할 수 있다. 여기에서 음양소장의 변화를 포괄하는 사물의 리理로서 상수象數는 인간의 길흉선악吉凶善惡이라는 기준에 따른 가치평가를 거침으로써 의리로 전환된다.

반면 인간 행동의 도덕적 당위로서 의리는 그 행동의 합법칙적인 근거를 찾아 가는 과정에서 상수를 계기로 하여 선하고 길한 사태를 낳는 사물의 리理로 객관화된다고 할 수 있다. 여기에서 상수가 가리키는 사물 법칙의 선악으로의 방향을 잘 살펴서 상황에 적절한 것을 선택하여 이것을 당위적 의리로 실천하는 것이 바로 정이의 『역전』에서 언급하는 "역은 변화하고 바뀌는 것인데, 때에 따라 변화하여 도리를 따르는 것이다"269)고 하는 것이

269) 『周易傳義大全』 「易傳序」, "易, 變易也, 隨時變易以從道也." 키더 스미스Kidder Smith는 정이가 도덕적 행동의 기반을 세워서 전달하려는 데 깊은 관심을 가지고 있었는데, 이것을 해결하기 위하여 사건이 순간순간 전개되는 패턴을 찾아 그것에 적절한 행동을 하는 것에서 그 해결책을 찾았다'(Kidder Smith, etc., *Sung Dynasty Use of the I Ching,* Princeton University Press, 1990. p.161.)고 하였다. 「역전서」에서 '수시로 변역하여 도를 따른다'는 것은 바로 스미스가 말하는 바와 같이 '사건이 전개되는 패턴에 따라 행동을 적절하게 하는 것'을 뜻하는 것이라고 하겠다.

다. 따라서 의리義理는 상수象數가 드러내는 음양소장과 길흉선악을 가지는 사물의 리理에서 그 행위의 보편타당한 근거를 이끌어내는 것이다. 이처럼 인간의 소당연의 도덕적 행동의 규범인 동시에 그 소이연의 의리와 길흉선악 및 음양소장의 변화 법칙의 리理가 겉으로 드러난 상수象數 사이에는 상호 원인[270]과 결과의 관계를 가지며, 동시에 가역적으로 전환되는 관계를 가진다.

그러면 퇴계의 입장에서 볼 때 『주역』과 관련하여 상수와 의리가 상호 전환한다는 것은 어떤 실질적 의미를 가지는가? 위에서 언급한 바와 같이 『주역』에서 상수象數와 의리義理의 상호 전환 관계는 소당연과 소이연을 반복하여 일치시키면서, 행위의 합법칙적인 근거에 따라 소당연으로서 도덕적 의리를 반복적으로 실천함으로써 그 실질적인 의미를 가질 것이다. 퇴계에 있어서 경敬을 통한 수양의 과정은 바로 이러한 의미를 가지는 것 이외에 다른 것이 아니다.

퇴계가 경敬에 대해서 언급한 내용은 많지만 여기에서는 그가 『주역』의 괘효와 관련하여 언급한 사례 한 가지를 예로 들기로 한다. 그는 「수괘隨卦䷐」 「상전象傳」의 "어둠이 깃들면 들어가 편안하게 쉰다[嚮晦入宴息]"와 관련하여 경敬의 수양 과정을 다음과 같이 강조하고 있다.

> 군자君子가 낮에 밖에서 활동할 때는 온종일 부지런히 힘써서 스스로 쉬지 않고, 밤에 집에 있을 때는 경계하고 조심하며 속이지 않고 '잠잘 때에도 죽은 사람처럼 하지 않아[寢亦不尸]' 경敬하지 않는 때가 없네. 공자께서 『역경』을 지을 때 우레가 못 속에 숨어 있는 상象에 따라 이런 시의에 따르는隨時

---

270) 여기에서 상호원인이란 말에 대하여 所以然의 리가 所當然의 의의 원인이 된다는 것은 이해가 될 수 있으나, 소당연의 의가 소이연의 원인이 된다고 하는 것은 언뜻 이해되지 않는 면이 있다. 그러나 이것은 인간이 행해야 하는 소당연의 의는 한편으로 구체적인 규범이기도 하지만, 보편적인 행위의 원리이기도 한다. 그런데 사실은 구체적인 상황에서 행해야 할 도덕적 행동은 사람마다 여건에 따라 그 방법이 달라질 수 있기 때문에 행위 당사자가 원인이 되어 소이연의 리가 결정되기도 한다. 여기에서 바로 소당연의 구체적인 상황이 소이연을 결정하기 때문에 '상호원인'이라는 말이 가능하게 된다.

뜻을 드러낸 것이지, 이때에는 경敬하지 않고 그저 편안함을 구해도 좋다는 것을 말씀하신 것은 아니네.[271]

여기에서 퇴계는 『수괘』 「상전」에서는 '우레가 연못 속에 숨어 있다[雷藏澤中]'는 상象을 보고서 밤에 집에 들어가 편히 쉴 때는 경敬하지 않아도 좋다고 하지 않고 늘 경계하고 조심해야 한다는 취지로 「수괘」를 설명한 것으로 언급하고 있다. 공자는 어떤 상황에서도 소당연의 행위에 어긋날 수 있는 방만함을 경계해야 하는 것을 「수괘」의 상에서 제시하고 있는 것이다.

요컨대, 『주역』은 괘효의 상象을 통하여 사물의 음양소장陰陽消長의 리理와 함께 그 길흉선악을 드러냄으로써 인간이 소당연의 올바른 도덕적 행동을 가능케 하는 근거로서 소이연의 이유를 제시해 주는 표준이다. 이것은 상수象數는 주체의 당위적 의리로 전환되는 객관적 근거가 되는 반면, 의리義理는 사물의 객관적 길흉과 선악의 양상을 드러내는 상수로 객관화되는 실천적 당위이다. 이 점에서 상수와 의리는 상호간 가역적으로 전환되며, 이들 사이에는 상호인과적으로 근거가 되는 관계가 있다. 여기에서 성리학에서 언급하는 경敬의 수양 또는 공부 과정은 의리義理로서 소당연과 상수象數로서 소이연을 반복하여 일치시키면서, 행위의 합법칙적인 근거에 따라 소당위로서 도덕적 의리를 반복적으로 실천하는 과정에 다른 것이 아니다.

7. 맺음말

본 장에서는 퇴계 이황의 상수역학과 의리역학 사상을 검토하되, 그가 상수象數와 의리義理 사이의 상관관계에 대하여 어떤 관점을 취하는가를 성리학을 중심으로 하는 그의 철학적 입장과 『주역』에 관한 이해에 근거하여

271) 『退溪先生文集』「答申啓叔」卷38-28, "君子晝居於外, 則終日乾乾自强不息, 夜處於內, 則惕厲不欺, 寢亦不尸, 無時而不敬. 孔子贊易, 因雷藏澤中之象, 而發此隨時之義. 非謂此時可不以敬而惟安之求也."

규명하고자 하였다. 퇴계의 역학사상에서 상수와 의리 사이의 관계를 해명하기 위해서는 그의 이기심성론에서 리理와 기氣 사이의 관계에 대한 이해가 선행되어야 한다.

퇴계는 존재론적 차원에서의 음양이기陰陽理氣와 실천적 가치론적 관점에서의 음양이기 사이의 상관관계를 각각 구별되는 것으로 이해하였다. 그는 자연에서의 이기理氣의 작용을 음양오행陰陽五行의 기氣가 지니는 다양성에 따라 길흉吉凶의 가치론적 함의를 가지면서도 인위적으로 어쩔 수 없는 자연적이고 필연적인 추세를 가지는 것으로 해석하고 있다. 반면 인간에 있어서 이기의 작용은 수양과 공부를 통하여 부정적인 기氣를 리理로 제어함으로써 본성의 리를 도덕적 실천으로서 당위로 실현해야 하는 것으로 이해하였다.

퇴계는 『주역』에 대해 기본적으로 실천을 목표로 한 의리를 강조하면서도 동시에 자연의 기계적 법칙을 인식하기 위한 이해의 틀로서 「하도낙서」와 괘효의 상수象數 또는 이수理數에 유의하고 있다. 퇴계는 『역학계몽』의 논의에 따라서 「하도낙서」의 수적인 원리를 오행, 방위 뿐만 아니라, 천간지지天干地支, 오운五運, 육율六律 등에 적용함으로써, 자연과 인사人事의 다양한 현상에 내재한 일정한 법칙적 질서를 하나의 수적인 원리로 설명하고자 하였다.

그는 생수성수설生數成數說에 근거하여 오행五行을 기본적으로 음양의 생수와 성수가 결합하여 이루어지는 것으로 보면서도, 음양을 오행에 나누어 귀속시켰다. 또한 그는 비복설과 음양노소의 수의 변화를 통하여 괘효가 음양으로 성장하고 쇠퇴하는 변화의 순차적인 과정을 설명하였다. 또한 그는 납갑법納甲法을 살펴봄으로써 『주역』의 괘효를 간지에 배당하고 자연 계절의 순환과 연결하여 『주역』이 자연의 기계적이고 법칙적인 변화를 반영하는 측면에 주목하였다.

반면 의리와 연관하여 볼 때, 퇴계는 주희의 『본의』와 정이의 『정전』의 입장을 계승함으로써 의리역학적 시각에서 『주역』을 해석하였다. 그러면서도 그는 의리義理를 상수象數보다 근본적인 것으로 중시한 정이의 『정전』을 우선시하는 면모를 보였다. 이러한 관점은 퇴계가 주희 스스로 정이가 의리에 치우쳐 있는 것을 문제 삼으면서 상수와 의리에 대한 균형의식을 가지고 상수에 근본을 두고 있지만 정이와 비교할 때 여전히 상수 쪽을 강조한 것으로 이해하는 것이다. 이렇게 볼 때, 퇴계 역학의 목표가 기본적으로 의리적 도덕실천에 있었던 것은 분명하다.

퇴계에서 상수와 의리 사이의 관계를 다룰 때, 상수를 자연과 인문의 응용 영역에 적용하는 경우는 실천적 의리와 직접적 연관성을 가지지 않는다. 이런 경우 상수는 인간의 의리적 실천의 조건을 이루는 외적인 문화적 실용적 요소를 충족시켜주는 의미를 가진다고 할 수 있다. 이런 분야는 바로 율려律呂나 역법曆法, 천문天文과 같이 인간의 삶에 실용성과 문화적 욕구를 충족시켜 주는 역할을 한다. 이러한 내용들은 퇴계의 역학에 있어서 상수역학과 수리역학적인 관점을 충실하게 보여주는 것이다.

나아가 이런 관점은 조선 중기 이후 역학의 경향을 상수역학 또는 도수론으로 이끄는데 중요한 영향을 끼쳤다. 따라서 퇴계에 있어 이기심성론의 형이상학이 인간의 도덕적 이성으로서 리의 자발성을 강조하는 것이라면, 그의 상수역학은 자연의 기계적이고 법칙적인 측면을 강조함으로써 사회적인 규범의 구성이나 내면적인 도덕적 실천을 목표로 하여[272], 그에 대한 우주론적인 토대를 정립하는 의미를 가지는 것이다.

뿐만 아니라 퇴계는 주로 상수가 의리와 밀접한 연관성을 가지고 상호간 전환될 수 있는 것으로 이해하였다. 퇴계에 따르면, 『주역』은 괘효의 상象을 통하여 사물의 음양陰陽 소장消長의 리理와 함께 그 길흉선악을 드러냄으로써 인간이 소당연의 올바른 도덕적 행동을 가능케 하는 근거로서 소이연을 제시해 주는 역할을 하는 것으로 이해할 수 있다. 이것은 한편으로 상수는

---

272) 『주역』의 數를 후설과 비트겐슈타인의 數와 비교하여 고찰하면서, 이정복은 『주역』에서 象數와 數理는 서로 표리를 이루면서 윤리지평의 근거로서 易의 바탕이 되는 것으로 인식하고 있다.(이정복, 「후설, 비트겐슈타인의 수와 『주역』의 수」, 『주역과 한국역학』, 1996, 152쪽)

주체의 당위적 실천의 의리로 전환되는 객관적 근거가 되는 반면, 다른 한편 의리는 사물의 객관적 길흉과 선악의 양상을 드러내는 상수로 객관화되는 실천적 당위이다. 이 점에서 상수와 의리는 상호간 가역적으로 전환되며, 이들 사이에는 상호인과적인 근거가 된다.

이렇게 볼 때, 성리학에서의 경敬의 공부 과정은 물론 마음을 수렴하고 집중하는 것으로 이해되지만, 역易의 관점에서는 소당연으로서 의리義理를 소이연으로서의 상수象數에 따르게 하면서 도덕적 규범을 반복적으로 실천하는 과정에 다른 것이 아니다. 그리고 이것이 바로 의리義理로 밖을 방정하게 하는 것이다. 퇴계의 역학사상에서 상수象數와 의리義理 사이의 관계는 성리학의 공부로서 경敬 및 의義와 밀접한 관련을 가진다.

여기에서 우리는 퇴계의 역학사상을 검토하면서 한 가지 중요한 연구 과제를 해명할 필요를 느끼게 된다. 이것은 다른 것이 아니라 성리학에서 경敬과 의義 사이에 내포되어 있는 철학적 의미와 역학에서 상수象數와 의리義理 사이에 내포되어 있는 관계 사이의 상관성을 검토함으로써 퇴계의 역학사상을 그의 이기심성론을 중심으로 하는 성리설과 결합하여 좀 더 넓은 시각에서 살펴보는 것이다.

결론적으로 퇴계의 역학사상이 조선전기역철학사에 끼친 의의는, 한편으로는 『계몽전의』를 통하여 상수역학적 토대를 확고히 하면서도, 다른 한편으로 상수와 의리를 경敬과 의義라고 하는 성리학적 수양 문제와 결합함으로써 의리역학적 입장을 견지했다는 점이다. 특히 퇴계의 역학사상은 상수와 의리가 일관성을 가지는 것으로 통합하고자 했다는 점에서 의의가 있다. 이러한 두 요소는 후대 역학사상에서 함께 고려하게 되었는데, 여기에 그의 역학사상이 중요한 영향을 끼쳤다고 할 수 있기 때문이다.

제10장
남명 조식의 경의敬義의 실천과 의리역학 사상

1. 머리말

남명南冥 조식曺植1501~1572은 성리학에 대한 연구가 형이상학적으로 점차 심화되던 시기에 유학의 수양론과 실천론의 핵심 개념으로 경의敬義를 중심으로 실천 위주의 철학을 제시한 학자이다. 이 시기 퇴계退溪 이황李滉1501~1570이 리理를 도덕형이상학적 실체로 간주하는 동시에, 사단칠정四端七情을 중심으로 한 심성론 및 경敬을 위주로 한 수양론에 집중하는 동안, 남명은 퇴계와는 다른 방향에서 성리학에 접근하고 있었다. 본 장에서는 남명의 역학사상이 조선전기역철학사에서 어떤 지위를 가지는가에 유의하되 주로 리理와 경의敬義에 근거한 의리역학에 초점을 맞추어 규명하고자 한다. 이것은 남명이 역학사상을 리에 근거하고 있는 측면과 함께 경의와 관련된 실천적 방향을 의리역학적 관점에서 양면적으로 살펴보고자 하는 것이다.

남명은 성리학 및 유학의 여러 경전에 포함되어 있는 개념들을 통하여 경敬과 의義의 실천을 강조하면서도, 사회의 규범적 또는 정치적 현실에서의 실천을 중시하였다. 따라서 남명은 리의 절대적인 보편성에 대한 확신보다 구체적인 현실에서 적합성을 가진 행위의 원리 또는 규범에 대한 탐구와 그 실천 능력으로서 의義를 강조하였다. 남명의 학문 방향은 이 점에서 하

학인사下學人事를 지향하고 있다.[273]

남명은 이론적이고 형이상학적인 탐구보다 수양을 위한 노력과 실천을 위주로 하는 학문을 항상 강조하였다. 그는 「무진봉사戊辰封事」에서 학문의 순서는 인사를 앞세우고 나서 천리에 달하는 것이며 그렇지 않으면 단지 구호에 그치는 리理가 된다[274]고 하였다. 또한 그는 송대에 성리학이 전개된 이후 저술과 주해들은 학문의 단계를 해와 별과 같이 분명하게 보여주기 때문에, 학문의 깊이에 힘을 얻는 것은 오직 그것을 추구하는 '성실함[誠]'의 여부에 있다고 보았다.[275] 뿐만 아니라 그는 천리天理를 언급하기 전에 일상사에 있어서 쇄소응대의 규범을 실천하는 것을 중시한다.[276] 일부 학자들은 남명이 궁리론을 배제하며 실천적인 요소가 강하다는 근거에 따라 그의 철학이 육상산의 심학 또는 양명학적 요소를 다분히 포함하고 있는 것으로 주장하는 경우가 있다.[277]

---

273) 퇴계는 순선한 도덕적 이성 또는 도덕적 실체로서 理의 보편적인 실체성을 긍정하면서, 이를 마음으로 내면화하는 방법론과 이를 실현하는 심성론적인 구조에 주목하였다. 반면 남명은 경의를 통한 내면적 수양의 목표를 궁극적으로는 선진유학의 치인 또는 『대학』의 修齊治平이라는 방법론에 기초하여 도덕적 규범 및 정치적인 실천에 두고 있다. 곧 퇴계는 敬을 통하여 理를 내면화하여 실천할 수 있는 理의 절대적인 보편성을 추구하였다. 따라서 퇴계의 철학적 탐색 방향은 사물을 질서지울 수 있는 절대적이고 궁극적인 가치 표준으로서 보편적인 리에 대한 탐구이자 上達天理를 지향하는 것이다. 퇴계가 上達天理에, 남명이 下學人事에 치우친다고 해도, 성리학이 인성의 보편적인 도덕적 본질과 이를 통한 정치적 실천을 목표로 하는 한 그들의 학문체계에서 '하학'과 '상달'은 서로 간에 필수불가결한 두 가지 요소가 된다고 할 수 있다.

274) 『南冥先生文集』 「戊辰封事」 卷2-83ㄱ, "由下學人事, 上達天理, 又其進學之序也. 舍人事而談天理, 乃口上之理也."

275) 『南冥先生文集』 「行狀」 卷4-8ㄱ, "又言濂洛以後, 著述輯解, 階梯路脉, 昭如日星, 新學小生, 開卷洞見, 至其得力之淺深, 則只在求之誠不誠如何耳."

276) 『南冥先生文集』 「與退溪書」 卷4-21ㄱ, "近見學者, 手不知洒掃之節, 而口談天理, 計欲盜名, 而用以欺人, 反爲人所中傷, 害及他人, 豈先生長老無有以呵止之故耶."

277) 孫英植은 조식의 학문은 리와 기, 성과 정을 구분하는 이원론적 형이상학과 거경, 궁리의 수양론이 결여되어 있는 반면, 마음의 도덕 주체성을 확립하는 방법을 강조하고 있다는 점에서 정통성리학에서 벗어나 양명학의 경향이 있는 것으로 평가하였다.(孫英植, 「남명 조식의 주체성 확립이론과 사림의 정신(I)」,

하지만 남명은 송대 성리학의 핵심적인 이론이 한 단계 심화된 형이상학과 심성론에 관한 연구로 진행되던 16세기의 학문적 환경 속에서 활동하면서 성리학의 핵심적인 개념과 내용들의 대부분을 수용하여 그의 철학체계의 기초로 삼고 있다. 따라서 이 장에서는 남명의 철학이 기본적으로 정이程頤와 주희朱熹 성리학의 본체론과 의리적 실천론에 기초하고 있다는 점을 그의 역학사상의 측면에 주목하여 고찰하고자 한다. 다시 말하면 이 장은 그 동안 간과되어 왔던 남명의 철학이 지니는 성리학적인 본체론의 계기와 의리 실천론적 의미를 그의 역학사상을 중심으로 해명하는 것을 목표로 한다. 이러한 과제는 남명의 역학을 조선전기역철학사 속에서 유학과 성리학의 도덕적 실천을 중심으로 하는 의리역학적 견지에서 고찰하고자 하는 것을 의미한다.

나아가 이 장에서는 다음과 같은 몇 가지 문제를 중점적으로 규명하고자 하였다. 첫째 남명의 역학은 경의의 실천을 위한 우주론적인 본체를 정립하는 데 목표를 두며, 이를 위하여 그는 주희의 태극이기론太極理氣論과 상수역학象數易學 이론을 그의 철학에 그대로 수용하고 있다는 점이다. 두 번째로 남명은 수양과 실천적인 의미를 강하게 포함하고 있는 『주역周易』의 여러 괘효사와 「대상전」의 구절을 인용함으로써 정이의 의리역학의 관점을 관철하고 있다. 셋째로 남명은 도덕적인 문제와 관련하여 경의의 실천을 강조하였으나, 의義의 실천을 위하여 점진적이고 단계적인 궁리窮理와 치지致知를 필수불가결한 두 요소로 강조하였다.

이제 이와 같은 문제의식을 가지고 다음 제2절에서는 이기론에 기초하여 남명이 궁리와 경의의 실천을 어떻게 언급하고 있는가 하는 점을 고찰하기

『南冥學硏究論叢』 제4집, 1996, 79~91쪽) 또 朴洪植은 주자 말류의 형이상학적 공소화 경향을 비판하고 오히려 象山學에 대해 상대적으로 수용하는 자세를 취한 것으로 주장하고 있다.(朴洪植, 「南冥思想의 後代에 끼친 影響」, 『南冥學硏究』 제4집, 1994, 125~129쪽) 또 鄔昆如는 「南冥 社會思想의 硏究」에서 남명철학의 지행합일적 요소가 왕양명의 이론과 흡사하다고 주장하고 있다. 李樹健은 남명의 師友門人의 기질, 사상, 학문, 처세 등의 공통된 특질에 陸王的 일면이 있는 것으로 주장하였다.(李樹健, 「南冥 조식과 남명학파의 재조명」, 『영남문화』 제17집, 1984, 61쪽)

로 한다. 제3절에서는 의리역학적인 관점을 계승하는 측면에서 남명의 역에 관한 일반적인 이해와 함께 역에 있어서 신神 및 성誠 개념의 의미를 살펴 보고자 하였다. 제4절에서는 「하도낙서」의 수리를 도의 근거로 주장하는 남명의 관점이 내포하고 있는 의의를 제시하고, 아울러 자연과학적이고 기계적인 법칙의 의미를 가지는 리理 개념을 제시하고자 하였다.

다음으로 제5절에서는 남명이 수양과 정치적 실천의 원리를 『주역周易』「대상전」으로부터 인용함으로써 그의 역학이 의리역학적인 관점을 가지고 있음을 규명하고자 하였다. 그리고 제6절에서는 「경성도敬誠圖」와 「역서학용어맹일도易書學庸語孟一道」가 우주론과 실천 위주의 수양론을 결합하고 있음을 고찰하는 동시에, 선진고전의 수양론적 개념들을 그의 철학체계에 적용함으로써 원시유학의 실천적 특색을 드러낸다는 점에 주목하고자 하였다. 결론에서는 성리학의 우주본체론과 경의敬義를 중심으로 하는 유학의 수양론 및 실천론을 결합하는 남명 의리역학사상이 지니는 조선전기역철학사상의 의의를 본문의 내용을 중심으로 요약할 예정이다.

2. 경의敬義의 실천과 역학사상의 본체론적 토대

앞의 서론에서 개관한 바와 같이 남명의 철학은 일반적으로 성리학의 형이상학적인 본체론, 격물궁리론格物窮理論 및 심성론에서 벗어나 경의를 중심으로 하여 실천적인 성격이 강한 것으로 논의되어 왔다. 이러한 실천적인 특징으로 인하여 남명의 철학은 대체로 성리학의 중심적인 사유의 관점에서 벗어난 것으로 이해되었다. 그러나 남명 철학 사상의 핵심이라고 할 수 있는 경의敬義 개념이 비록 실천적인 함의를 가지고 있음에도 불구하고, 남명의 철학에서 경의를 실천할 수 있는 형이상학적 이기론과 궁리론의 토대는 간과할 수 없는 비중을 차지하고 있는 것 또한 사실이다.

이제 이 절에서는 그 동안의 남명의 철학에 관한 연구에서 주목하지 않거나 부분적으로 언급되었던 경의敬義의 실천을 위한 형이상학적, 궁리론적 토대가 어떻게 구성되어 있는가를 살펴보고자 한다. 그리고 이를 통하여 이들간의 상관적인 관계의 특징은 어떤 것인가에 대해서도 중점적으로 분석해 보기로 한다. 이러한 남명의 형이상학적 논의에 대한 해명은 그의 역학사상의 본체론적 토대를 규명하는 일이기도 하다.

역학사상의 본체론적 토대와 연관하여 남명의 우주본체론과 궁리론에 관하여 주목할 때 중심적으로 분석해야 할 문제는 다음과 같이 세 가지 측면으로 요약할 수 있다. 첫째는 남명이 태극과 이기 개념 자체 및 이들 개념과 수양론 사이의 관계를 어느 수준에서 어떻게 인식하고 있는가 하는 점이다. 둘째는 남명이 경의의 실천을 강조함에 따라 궁리에 관한 문제의식이 적다고 하는 시각을 반증할 수 있는 궁리론의 내용이 어떻게 구성되어 있는가 하는 점이다. 마지막으로는 경의의 실천을 강조한다고 할 때 우주본체론과 경의 실천론의 상관 관계가 어떻게 논의될 수 있는가 하는 문제이다.

첫번째 문제와 관련하여 남명은 리를 태극과 동일시하여[278] 우주본체론적인 의미를 가지는 것으로 이해하였다. 그는 근원적 본체의 의미로부터 연역된 것으로서 이기理氣의 선후문제를 주희의 저술로부터 그대로 인용하였다.[279] 여기에서 남명은 기氣에 앞선 리理의 일차적인 존재성을 언급하였다. 이것은 리를 근원에 있어 기와 독립된 본체론적인 존재로 간주하는 것이다. 또한 남명은 리의 존재론적인 특성을 언급하는 주희의 리 개념으로서 감정 또는 의지와 사려, 그리고 작용능력이 없는 상태를 언급하고 있다.[280] 요컨대 그는 주희의 이기론 중 핵심적인 주장 대부분을 거론하면서, 리의 본체론적인 측면을 자신의 철학 체계 속에 그대로 받아들였다.

남명은 리의 본체론적인 측면을 제시한 다음, 리를 자연의 이기理氣와 인

278) 『南冥先生文集』『學記類編』卷3-8ㄱ, "理爲太極."
279) 『南冥先生文集』『學記類編』 卷3-12ㄱ, "朱子曰, 理氣本無先後之可言. 然必欲推其所從來, 則先有是理. 然理非別爲一物, 卽存乎是氣之中."
280) 『南冥先生文集』『學記類編』 卷3-12ㄴ, "蓋氣則能凝結造作, 理却無情意, 無計度, 無造作."

간에서의 이기理氣로 구분하여 이들을 도표화하여 설명하였다. 그는 이기 중 기를 금목수화金木水火라고 할 때, 리를 인의예지仁義禮智라고 기술한 주희의 견해를 받아들이고 있다.[281] 동시에 그에게서 심心, 성性, 천天은 모두 일리一理가 된다. 이처럼 심성을 리理의 입장에서 봄으로써, 리는 심성의 도덕적 본질 또는 그 형이상학적인 근거가 된다. 이로부터 그는 심心을 태극이라고도 하고, 성性을 태극이라고도 하며, 때로는 심의 리를 태극이라고 하여 이들을 통일적인 것으로 이해하였다.[282]

결국 남명은 리를 형이상학적 본체인 동시에 인간에 내재하여 도덕적 본질로 보는 성리학적인 이기론과 인성론을 그대로 받아들인 셈이다. 단지 천天의 이기理氣와 인人의 이기理氣를 구분하면서 리의 물리 법칙적인 측면을 강조하고 있는 점은 그의 이기론의 중요한 특색이라 하겠다.

그러면 경의敬義를 위주로 하는 남명의 실천론에서 궁리론이 차지하는 비중과 내용은 어떤 것인가?[283] 남명의 철학은 주체의 사물에 대한 합당한 행위능력으로서 의義를 강조함으로써 실천적인 특성이 강한 것으로 인식되어 왔다. 그러나 그가 의를 강조하면서 궁리를 소홀히 했다고 할 수는 없다. 왜냐하면 궁리窮理와 의義는 인식과 실천의 내용이 되는 것으로서 상호간 불가분의 두 가지 요소이기 때문이다. 다시 말하면 의義가 배제된 궁리窮理가 있을 수 없으며, 반대로 궁리가 배제된 의義 또한 생각할 수 없다. 이처럼 궁리와 의는 서로 결합함으로써 인식이 실천으로 실현될 수 있다. 따

---

281) 『南冥先生文集』 『學記類編』 卷3-12ㄱ, "氣則金木水火, 理則仁義禮智."

282) 『南冥先生文集』 『學記類編』 卷3-8ㄱ, "性爲太極, 心爲太極, 道爲太極, 理爲太極, 心之理爲太極."

283) 본래 性理學에서 窮理는 致知의 과정에서 언급되는 것으로 학문을 진척시키는 방법이다. 성리학에서 致知는 敬과 표리를 이루면서 수양과 학문을 진척시키는 두 날개로 간주되어 왔다. 여기에서 致知는 사물에 나아가 그 이치를 탐구하는 격물궁리를 행함으로써 주체의 대상에 대한 인식을 확대하고 궁극적으로 그 인식을 철저히 하는 것을 의미한다. 그러나 이러한 인식의 확대와 철저히 함은 敬이라는 주체의 도덕적 각성 상태를 바탕으로 가능하다. 따라서 성리학에서 敬과 致知는 하나라도 결여되어서는 안 되는 것으로서 마음의 涵養과 학문의 진척을 위한 필수불가결한 두 요소이다. 여기에서 致知는 사물의 객관적인 리를 탐구하는 격물궁리를 통하여 가능한 것이다.

라서 남명의 경의론敬義論을 살펴보려면 이 점에 먼저 착안해야 할 것이다.

여기에서 남명이 궁리의 내용과 성격을 어떻게 규정하는가 하는 점이 문제이다. 그는 주로 정이와 주희의 궁리에 관한 언급들을 인용하여 자신의 궁리설을 제시하였다. 그는 이들로부터 궁리의 내용 또는 방법, 궁리와 치지致知와의 관계, 궁리와 의義의 선후 관계, 그리고 궁리와 경敬과의 관계 등 궁리와 관련한 성리학의 핵심적인 구절들을 대부분 받아들였다. 그는 궁리란 독서를 하여 의리를 강구하여 밝히고, 사물에 응하여 그 합당성을 추구하는 것 외에 다른 것이 아니라고 하였다.284) 궁리의 핵심적 본질은 바로 시비是非의 합당성으로서의 의義를 지적인 측면에서 밝히는 데 있다고 할 수 있다. 이와 관련하여 남명은 궁리의 본질을 규범으로서의 소당연所當然과 그에 대한 타당한 근거로서의 소이연所以然에 대한 이해로 규정하고 있다.285)

궁리와 의義의 불가분성을 전제하고 나서 남명은 주희와 그의 문인 간에 이루어진 궁리窮理와 집의集義의 선후에 관한 문장을 인용하여 궁리와 집의의 선후관계를 제시하고 있다. 여기에서 그는 '궁리'와 '집의' 사이에는 궁리가 앞서는 것이지만, 두 가지가 단절되는 것은 아니라고 주장하였다. 그리고 그는 주희의 의견에 따라 집의集義를 함양의 측면에서 보고 있다. 그는 함양하는 가운데 저절로 궁리공부가 있어 그 함양할 리理를 궁구하는 것이며, 궁리하는 가운데 본래 함양공부가 있어 그 궁구하는 리를 함양하는 것이라고 주장하였다.286) 그에 따르면, 군자는 궁리에 힘쓰면서 과단성 있는 것을 귀하게 여긴다.287) 요컨대, 이와 같은 주장을 통하여 남명은 지적인 요소로서 궁리와 실천적인 측면에서 의義의 불가분성과 병행을 강조하였다.

284) 『南冥先生文集』 『學記類編』 卷4-6ㄱ, "程子曰, 窮理或讀書講明義理, 應事接物, 求其當否而已."

285) 『南冥先生文集』 『學記類編』 卷4-3ㄱ, "窮理莫如隨事致察, 以求其當然之則.; 窮理欲知事物之所以然與其所當然者而已."

286) 『南冥先生文』 『學記類編』 卷3-61ㄱ, "問, '窮理集義孰先?' 曰, '窮理爲先. 然亦不是截, 然有先後.' 曰, '窮是窮在事物之理, 集是集處物之義.' 曰, '是窮理涵養, 要當竝進. 蓋非稍有所知, 無以致涵養之功. 非深有所存, 無以盡義理之奧. …… 涵養中自有窮理工夫, 窮其所養之理也. 窮理中自有涵養工夫, 養其所窮之理也.'"

287) 『南冥先生文集』 『學記類編』 卷3-60ㄴ, "君子務窮理而貴果斷."

그는 『대학』의 격물치지格物致知에 관한 주희의 견해에 따라 나의 인식을 극대화하는 것은 사물에 나아가 그 이치를 궁구하는데 있다[288]고 하여 궁리가 치지의 본질이 됨을 언급하고 있다. 성리학에서 격물치지란 단순히 지식 습득과정이 아니라, 실천을 전제로 하여 의리를 규명하는 작업으로서 그 안에 이미 실천성이 내포되어 있는 것이다.[289] 따라서 주체가 자신의 인식을 극대화하기 위하여 사물의 의리를 궁구하는 것은 그 자체로 이미 실천적인 과정이 된다. 남명은 격물치지를 중시하면서 당시 학자들이 육상산의 학문이 진학치지進學致知 과정을 소홀히 하는 것을 다음과 같이 비판하였다.

> 요즈음 학자들은 늘 육상산의 학문은 간략함으로 마치는 것을 위주로 하는 병통이 있다고 하면서도 그 스스로 학문하는 것은 먼저 『소학』, 『대학』, 그리고 『근사록』을 얻어 공부하지 않고, 먼저 『주역』과 『역학계몽』을 읽고, 격물치지의 순서를 통해 구하지 않고 반드시 먼저 성명의 이치를 말하고자 하니, 그 벗어나는 폐단은 상산의 경우와 같을 뿐만이 아니다.[290]

남명은 여기에서 동시대 학자들이 육상산의 학문이 소략함을 위주로 하는 것을 비판하면서도 자신들은 『주역』이나 『역학계몽易學啓蒙』과 같은 저술을 읽으면서 성급하게 성명性命의 리를 언급하여 격치성정格致誠正의 학문의 차례를 소홀히 하는 것을 비판하고 있다.

---

288) 『南冥先生文集』 『學記類編』 卷3-42ㄴ, "所謂'致知在格物'者, 言欲致吾之知, 在卽物而窮其理也." 조식은 여기에서 특히 심의 지각으로서의 인식능력을 인정하면서도 외부의 객관적인 사물에 내재한 리에 대한 궁리가 없으면 마음의 知를 다할 수 없다(人心之靈, 莫不有知, 而天下之物, 莫不有理. 惟於理有未窮, 故其知有不盡也)는 주희의 시각을 받아들인다. 이것은 남명의 철학이 陽明學의 특성을 가진다는 점에 대한 분명한 反證 사례로서 언급할 수 있는 것이다.

289) 金允濟, 「南冥 曺植의 學問과 出仕觀」, 『韓國史論』 第24輯, 1991, 188쪽.

290) 『南冥集』 「言行叢錄」, "先生嘗與同志之士, 慨然曰, '今之學者, 每病陸象山之學, 以終約爲主, 而其爲自己之學, 則不先得小學大學近思錄而做功, 先讀周易啓蒙, 不求之格致誠正之次序, 而必欲先言性命之理, 則其流弊不但象山而已也.'" 이런 견해는 남명의 학문이 육왕의 경향을 가진다고 하는 주장의 반증사례가 될 것이다.

그는 「치지致知」 절에서 궁리는 하나의 사물만을 궁구해서는 안 되고 많은 리가 모일 때 비로소 보편적인 리를 깨달을 수 있다고 하는 주희의 활연관통豁然貫通의 관점도 그대로 수용하였다.291) 나아가 그는 경敬을 유지하는 것이 궁리의 근본이라고 하여 경과 궁리와의 관계를 강조하고 있다.292) 이와 같은 견해는 경과 치지를 함양과 학문을 진척시키는 불가분의 두 계기로 파악하는 정이程頤 이래의 성리학의 입장을 충실히 반영하는 것이라 할 수 있다.

또 한편 남명은 주희가 『중용』의 이른바 '선을 밝힌다'는 것이 곧 격물치지格物致知의 일이라고 주장한 문장을 인용하였다.293) 여기에서 선을 밝히는 것은 구체적인 일의 실천을 통하는 측면이 강한 만큼, 격물치지를 실천적인 측면에서 설명하는 것이다. 남명은 이것을 궁리窮理와 결합하여 설명하고 있다. 그는 「무진봉사戊辰封事」에서 선을 밝히는 것을 궁리라고 한다고 언급하였다. 남명은 특히 궁리를 정치상의 다스림을 위하여 사물의 변화를 제어하는 것에 필수불가결한 요소로 언급함으로써 정치적인 일을 처리하는 것과 관련하여 강한 실천성을 가지는 것으로 해석하고 있다.294)

요컨대, 남명은 경의敬義를 실천하는데 있어 궁리窮理를 중시하였다. 남명이 경敬과 의義를 실천하는 데 있어 궁리를 중시하지 않을 수 없었던 까닭은 의가 근본적으로 궁리를 통하여 구체성을 가질 수 있기 때문이다. 다시 말하면 의義는 어떠한 일이나 사태의 보편적이고 추상적인 합리성 또는 마땅함이라는 형식적인 의미를 가지거나, 또는 그렇게 실천할 수 있는 실천적인 능력을 뜻한다. 그런데 이러한 의義에 구체적인 내용을 부여하는 것이

---

291) 『南冥先生文集』 『學記類編』 卷4-1ㄱ, "人要明理, 若只一物上明之, 亦未濟. 事須是集重理, 然後脫然自有悟處."

292) 『南冥先生文集』 『學記類編』 卷3-50ㄱ, "持敬是窮理之本."

293) 『南冥先生文集』 『學記類編』 卷3-54ㄱ, "朱子曰, '中庸之所謂明善, 卽格物致知之功.'"

294) 『南冥先生文集』 「戊辰封事」 卷2-82ㄴ, "所謂明善者, 窮理之謂也. …… 所謂敬者, 整齊嚴肅, 惺惺不昧, 主一心而應萬事, 所以直內而方外. 孔子所謂修己以敬者, 是也. 故非主敬, 無以存此心. 非存心, 無以窮天下之理, 非窮理, 無以制事物之變."

바로 궁리이다. 따라서 이 궁리는 구체적인 일에 나아가서 보편적인 의리를 탐구하는 것이라 하겠다. 곧, 도덕적인 실천을 위해 궁리와 의는 불가분의 두 요소이며, 바로 이들의 바탕에 경敬이 있다. 이러한 이유로 남명의 경의 실천론에서 궁리窮理는 결코 간과되어서는 안 되는 철학적인 의의를 가진다.

3. 『주역』에 관한 일반적 이해

남명은 『학기유편學記類編』의 여러 도표와 이들 도표 뒤에 인용한 여러 경전 및 학자들의 견해를 통하여 자신의 역학에 관한 일반적인 견해를 제시하였다. 그는 역학의 주요 전통으로서 상수역학과 의리역학의 관점을 동시에 수용하여 자신의 역학사상을 제시하였다. 그는 무엇보다도 「하도낙서」의 상수 또는 도수론적인 요소를 『학기유편』의 제1도로 내세워 이를 '도의 총체적인 본체'를 이루는 것으로 설명하였다. 여기에서 남명은 기본적으로 「하도낙서」의 수적인 원리를 자연현상과 그 법칙을 이루는 요소인 동시에, 우주의 본체로 간주하였다. 이러한 시각은 태극(또는 리)을 도덕적 규범의 궁극적 근거로 보는 견해와 별개로, 수적인 원리에 근거하여 순수하게 우주론적인 본체 또는 자연과학적인 법칙으로 이해하는 것이다.

남명은 『학기유편』의 여러 도표에서 우주론적인 질서를 인간의 규범적인 질서와 결합하여 도덕적 실천의 근거로 삼고자 하는 의도를 표명하였다. 그는 '무극이면서 태극이다[無極而太極]'로 시작하는 자연의 존재론적인 구조 및 발생론적인 질서로부터 성인聖人의 중정인의中正仁義라고 하는 도덕적 본질을 연역하는 주렴계의 「태극도설」을 인용하여 도덕적 주체의 확립을 강조하였다. 뿐만 아니라 그는 「인리기人理氣」, 「충서일관도忠恕一貫圖」, 「경성도敬誠圖」, 「역서학용어맹일도易書學庸語孟一道」, 「대학소학도大學小學圖」 등의 도표에서 천도와 인도를 유기적으로 결합하여 자연의 법칙적 질서를 인간의 도덕적 실천의 보편적 표준으로 삼고자 하였다. 이러한 의도로 볼 때 남명 역학사상의 기본적인 관점은 의리역학의 시각을 그대로 따르고 있다고 하겠다.

그러면 구체적으로 남명의 『역』에 관한 견해를 이기理氣와 신神, 도덕적 본질로서 인의仁義, 그리고 수양의 덕목으로서 성경誠敬 등의 개념과 관련하여 개괄해 보기로 한다. 그의 『역』에 관한 일반적인 견해는 『주역』의 구절 또는 대체로 장재張載1020~1077, 정이, 주희 등을 중심으로 한 성리학자들의 견해를 인용하여 제시하고 있다.

남명은 정이程頤가 제시한 몇 구절을 전거로 인용하여 '역易'을 천의 본체로 규정하였다. 다시 말하면, 그는 천天을 체體의 측면에서 언급하면 '역'이고, 그 '이치[理]'를 일컬어 '도道'라고 하였다.[295] 그는 주로 정이의 견해에 근거하여 '역'의 의미를 리理의 본체로서의 측면에서 보고 있다. '단지 천리天理를 극진하게 하는 것이 바로 역이다'고 한 정이의 말을 강조한 것[296] 또한 이러한 사례를 보여준다.

그러나 남명은 이치로서의 역을 드러내는 상象 또한 중시하여 '역에 상이 있는 것은 인간에게 예법이라는 규범이 있어 지키는 것과 같다'[297]고 지적하고 있다. 이처럼 역의 상象을 예법에 비유하는 것은 도덕성이 규범과 예법을 통해 실현되는 것처럼 역의 리가 상을 통하여 실현되는 것임을 강조하는 것이다. 이와 관련하여 남명은 정이가 마침 토끼를 파는 사람을 보고 나서 '토끼를 보고서도 역을 알게 된다'고 말한 내용을 인용하였다.[298] 여기에서 그는 보편적인 리가 '토끼'라는 상을 통하여 드러나는 것을 강조하는 정이의 의리역학적인 관점에 주목하고 있는 것이다.

또 한편 그는 '역은 사물을 낳고 낳는 것이다'[299]고 하는 것이나, '천지의

---

295) 『南冥先生文集』『學記類編』, 卷3-4ㄴ, "程子曰, '上天之載, 無聲無臭, 其體則謂之易, 其理則謂之道, 其用則謂之神.'"

296) 『南冥先生文集』『學記類編』 卷3-6ㄱ, "只是盡天理, 便是易." 남명은 理, 氣, 象, 數의 선후와 리의 일차적이고 본원적인 존재성에 관하여 '리가 있은 후에 기가 있고, 기가 있은 후에 수가 있다(有理則有氣, 有氣則有數)(卷3-14ㄱ)'고 하는 程頤와 朱熹의 기본적인 관점을 그대로 받아들인다.

297) 『南冥先生文集』『學記類編』 卷3-6ㄱ, "易之有象, 猶人之守禮法."

298) 『南冥先生文集』『學記類編』 卷3-6ㄴ, "程子適見有賣兎者曰, '見兎而知易.'"

299) 『南冥先生文集』『學記類編』 卷3-4ㄴ, "生生之謂易."

위대한 덕은 낳는 것을 일컫는다'[300]고 하는 『주역』의 구절을 인용하고 있다. 이것은 자연이 사물을 끊임없이 생성하는 변화의 법칙적인 측면과 무한한 생성력의 근원으로서의 의미에 주목하여 역을 이해하는 것이다.

남명은 '역'을 언급하면서 그 작용 과정을 중시하여 '신神' 개념을 특히 강조하였다. 그는 장재 또는 정이가 언급한 '신' 개념을 통하여 그 의미를 제시하였다. 그에 의하면 신은 천의 리理를 뜻하는 도道를 작용의 측면에서 언급하는 것이라고 하였다. 또, 천지가 자리 잡고 나서 역易이 그 속에서 작용하는 것을 일컫기도 하며, [301] 이것은 사물이 생성을 반복하는 작용을 의미하기도 하였다.[302] 남명에서 신은 운동변화를 가능케 하는 근거의 의미를 가지기도 한다. 이처럼 남명은 신神을 '역'에 의해서 이루어지는 자연현상과 그 법칙적인 변화를 가능케 하는 원인의 관점에서 보았다.

남명은 한걸음 나아가 '신神'을 자연의 법칙 또는 변화를 통찰하는 인간의 능력으로 이해하기도 하였다. 그는 『주역』의 구절을 인용하여 '기幾를 아는 것이 '신명하다[神]"[303]고 언급하였다. 여기에서 기幾는 아직 형체로 이루어지지 않은 사물의 리理가 상象으로 드러난 것이며, 사물의 필연적인 추세의 일단이 형상화된 것이다.[304] 그는 또한 정이의 구절을 인용하여 『중용』에서 말하는 성誠은 바로 신神이라고 언급하였다.[305] 이것은 바로 신神의 작용은 바로 성誠에 근거를 두거나 그 작용자체로서 주체가 마음을 통하여 성지誠之하는 기능을 뜻한다. 이처럼 남명은 역易의 중요한 본질로서 신神의 의미에 주목함으로써 이것을 심心의 주체적인 작용으로 해석하기도 하였다.

---

300) 『南冥先生文集』『學記類編』 卷3-15ㄴ, "易曰, '天地之大德曰'生.'"
301) 『南冥先生文集』『學記類編』 卷3-4ㄴ, "天地設位, 易行乎其中者, 神也."
302) 『南冥先生文集』『學記類編』 卷3-4ㄴ, "生生之用則神也."
303) 『南冥先生文集』『學記類編』 卷4-15ㄴ, "知幾其神"(『周易 · 繫辭 下』: 知幾其神, 精義入神. 皆豫之至也.) 장재는 神을 감응능력의 주체인 동시에 능동인으로 설명하며, 인간의 윤리적인 측면과 목표로 하여 聖, 聖人, 幾, 豫 등의 개념과 결합하여 이해하였다.(嚴連錫, 「張載의 氣論的 易哲學의 特徵」, 『泰東古典硏究』 제16집, 1999, 369~373쪽)
304) 『橫渠易說』「繫辭下」, "幾者, 象見而未形者也. 形則涉乎明, 不待神而後知也."
305) 『南冥先生文集』『學記類編』 卷3-11ㄱ, "程子曰, 中庸言誠, 便是神."

남명은 '역'을 인간의 도덕적 본질 및 실천과 관련하여 문제삼고 있다. 그는 주돈이의 주장을 인용하여 역은 원형이정元亨利貞의 과정을 통해 드러나는 것으로 언급하고 있다.[306] 곧, 역의 변화는 원형이정의 과정으로서 이는 바로 성誠이 통하고 복귀하는 과정이 된다. 여기에서 그는 성誠은 성명의 근원이 되는 것으로 언급하고 있다. 따라서 인간의 성명性命은 자연의 실리이면서, 인간의 심성의 진실성을 의미하는 성誠에 근원을 두고 이를 도덕적 실천의 궁극원리로 삼고 있다. 이것은 「학기유편」의 일부 도표에서 원형이정元亨利貞의 사덕을 인의예지仁義禮智와 결합하여 역의 변화를 도덕적인 덕목의 측면에서 설명하는 것과 일관되는 것이다.[307] 또한 그는 융산이씨隆山李氏의 견해를 인용하여 「건괘乾卦」와 「곤괘坤卦」에서 인仁과 의義를 언급하였는데, 인의仁義는 음양으로 구분되는 것이며, 이들 괘에서 상징을 취한 것이라고 하였다.[308]

요컨대 남명의 역에 관한 견해는 기본적으로 송대 성리학 특히 정이의 의리역학의 관점과 시각을 수용하여 자신의 역학의 기초를 구성하고 있다. 여기에서 그는 역에 있어 그 작용 과정 또는 변화를 인식하는 주체적인 능력과 관련하여 신神을 강조하였다. 또한 천리로서 역易을 성誠 개념으로 설명함으로써 인간의 주체적인 도덕적 능력 및 본질과 결합하여 이해하고자 하였다. 이러한 시각은 남명의 역학관이 정이의 의리역학적인 관점을 계승하면서, 도덕실천적인 행위의 근거를 역학의 우주론을 통하여 설명하고자 하는 특색을 가지는 것이다.

---

306) 『南冥先生文集』 『學記類編』 卷3-10ㄴ, "元亨, 誠之通, 利貞, 誠之復. 大哉, 易也, 性命之源乎!"

307) 조식은 「天理氣圖」, 「天道天命圖」등에서 '仁義禮智'와 '元亨利貞'을 대응시키고 있다.

308) 『南冥先生文集』 『學記類編』 卷3-32ㄴ, "隆山李氏曰, '乾象言仁, 坤六二言義. 仁義者, 陰陽之辨也. 仁義之用, 取諸此.'"

4. 「하도낙서」와 자연법칙으로서의 理

앞 절에서 도덕적 실천을 위한 본체론적 근거와 연관하여 『역』에 관한 남명의 일반적인 관점을 살펴보았다. 그러나 남명의 역학이 지니는 특징을 보다 구체적으로 이해하기 위해서는 그의 상수 또는 도상학적인 인식에 관하여 고찰할 필요가 있다. 남명의 상수론 또는 도상학에 관한 시각은 「학기유편」에서 제시된 도표 및 그에 관한 정이, 주희를 중심으로 하는 학자들의 인용 문장을 통한 설명에서 살펴볼 수 있다.

남명은 「학기유편범례學記類編凡例」에서 「하도」로부터 「충서도」에 이르는 15개 도표를 '논도체論道體'의 항목에 부속시키고 있다[309]고 언급하였다. 이것은 남명이 도의 본체를 매우 중시하고 있음을 보여주는 것이다. 『학기유편』에서 남명은 주희가 『역학계몽』의 머리에 두었던 「하도낙서」를 제일 앞에 두었다. 이것은 남명의 역학 및 우주론에서 중요한 의미를 가진다. 왜냐하면 「하도낙서」는 무엇보다도 상수역학의 입장에서 만물의 발생론적인 원리를 도표와 수리에 따라 설명하는데, 이것을 도의 본체로 설명하고 있기 때문이다. 남명은 「하도낙서」에 관한 이전 학자들의 견해를 통하여 자신의 우주 본체론을 정립한 것이다.

남명은 만물의 발생과정과 대응하는 것으로서 생수와 성수를 통한 수의 결합과 분리, 음양노소의 수, 수의 방위, 천지기우天地奇偶의 수 등 「하도」의 수적인 원리에 주목하였다. 그는 주희의 글을 인용하여 「하도」의 수가 방위에 따라 발생하고 변화하는 차례를 언급하고 있으며, 음양으로 구분되는 생수生數와 성수成數의 위치를 언급하였다. 또한 그는 음양노소의 수의 형성과 변화에 따른 법칙적 질서와 원리를 제시하였다.[310]

---

309) 『南冥先生文集』「學記類編凡例」 卷4-63ㄱ, "自河圖至忠恕十五圖, 附於論道體."
310) 『『冥先生文集』「論道之統體」 卷3-1ㄱ. 남명은 도의 원두처 혹은 근원처를 설명하기 위하여 「龍馬圖」, 「洛書」, 「孤虛王相」, 「伏羲八卦次序 · 文王八卦次序」, 「羲先天文後天圖」 등을 「三才一太極圖」 앞에 제시하였다. 이들 도표들 중 「龍馬圖」와 「洛書」는 자연의 변화법칙을 수리적인 원리에 기초지우고자 한 것이며, 「孤虛王相圖」 또한 음양오행의 消長을 天干과 地支의 변화와 관련하

이에 반하여 남명은 「낙서」에 관한 설명에서 주희의 견해에 근거하여 우주의 본체로서 태극으로부터 양의兩儀, 사상四象, 팔괘八卦의 발생을 수적인 원리에 따라 연역해 내고 있다. 그는 「낙서」의 가운데 텅 빈 부분을 태극으로 간주하고, 1, 3, 5, 7과 2, 4, 6, 8의 각각의 합으로서 20의 수로 이루어지는 음양기우의 수를 양의兩儀로 보았다. 그는 일이삼사一二三四가 구팔칠육九八七六을 포함하고 있는 것이 사상四象이며, 사방의 정위正位를 건곤감리乾坤坎離로, 네 모퉁이의 치우친 곳을 태진손간兌震巽艮으로 간주한 것을 팔괘라고 하였다.[311] 이러한 사고는 「계사전」의 대연지수大衍之數의 수리적인 원리로부터 연역된 것이라고 하겠다. 또 그는 채절재蔡節齋의 설을 인용하여 기우의 수는 각각 동정動靜이 되며, 이들 중 동은 정을, 정은 동을 쓰임으로 삼아 기우의 수가 생성되는 것으로 보았다.[312]

남명은 이처럼 주희의 『역학계몽』의 시각을 이어서 「하도낙서」와 『주역』 「계사전」으로 대표되는 우주론적인 시각을 자신의 우주론의 모델로 삼았다. 이것은 우주 자체에 내재한 법칙적인 질서와 그 변화의 본체에 관한 인식을 역학의 수리론적인 원리로부터 이끌어내는 것이다. 남명은 바로 이러한 역학의 원리에 경의敬義를 중심으로 하는 자신의 도덕실천론을 기초지우고 있다.

어 일시를 추산하는 것으로 엄밀한 수리적 원리에 입각해 있다. 또 「伏羲八卦次序 · 文王八卦次序」 도는 태극→음양→사상→팔괘로 이어지는 生生의 對待와 순환적 질서를 표현하고 있다. 반면 「羲先天文後天圖」는 8괘를 오행과 관련하여 8개의 방위에 배치하여 형이상과 형이하의 세계를 상징하였다. 이들 도표는 대부분 도의 본체 또는 원두처로서 자연을 수리적인 관점에서 설명하고자 하였다. 張立文은 남명이 이들 도표를 「太極圖」 앞에 둔 것은 「太極圖」는 도의 원두처가 단절된 것으로 이 원두처를 논하기 위한 것이라는 점을 강조하면서 이들 도에는 남명의 깊은 사유가 내재해 있는 것으로 평가하였다.(張立文, 「南冥性理哲學硏究」, 『南冥學硏究論叢』, 제3집, 1995, 61쪽.)

311) 『南冥先生文集』 卷3-2ㄱ, “朱子曰, 洛書而虛其中, 則亦太極也. 奇偶各居二十, 則亦兩儀也. 一二三四含九八七六者, 四象也. 四方之正以爲乾坤坎離, 四偶之偏以爲兌震巽艮, 則亦八卦也.”

312) 『南冥先生文集』 『學記類編』 卷3-2ㄴ, “節齋蔡氏曰, 河圖數偶爲十, 洛書數奇爲九. 偶者靜. 靜以動爲用, 故行合皆奇. 靜者必以動而後生也. 奇者動, 動以靜爲用, 故位合皆偶. 動者, 必靜而後成也.”

남명의 상수론적인 시각에서 간과할 수 없는 또 한 가지 요소는 그가 리理를 두 가지 구분되는 의미에서 이해하고 있다는 점이다. 그는 「학기유편」에서 「천리기天理氣」와 「인리기人理氣」를 구분하여 도표를 그리고 이기理氣의 두 측면을 설명하고 있다. 남명은 이 두 도표에서 인간의 차원과 자연의 차원에서의 이기理氣를 구분하여 언급하고 있다.

남명은 자연의 차원에서의 리理를 주로 기계적이고 물리적인 법칙의 측면에서 이해하였다. 그는 주희가 이기에 관하여 언급한 핵심적인 내용이라고 볼 수 있는 많은 부분을 인용하였다. 여기에는 리를 인간의 도덕적 본질로서 보는 내용도 그대로 제시된다. 그의 리에 관한 언급에는 인간의 도덕적인 근거 또는 본체로서의 의미와 자연과학적인 법칙의 측면에서 보는 리의 의미가 공존해 있다. 이 가운데 이 절에서 유의해야 하는 리는 주로 자연적인 차원에서의 이기에 관한 것이다.

남명은 순수하게 자연과학적이고 법칙적인 리에 관하여 관심을 가짐으로써 상수와 관련된 측면에서의 리의 의미에 주목하고 있다. 그는 리를 건순음양健順陰陽의 리로 언급하면서 이것을 음양오행과 결합하여 이해하고 있다.[313] 이것은 음양오행이라는 계기를 통하여 리가 자연의 기계적이고 법칙적인 변화의 의미를 가지는 것으로 해석하는 것이다. 그에게서 리理는 기氣 또는 신神과 동일한 것으로 해석되기도 한다.

> 리理와 기氣, 신神 세 가지는 단지 하나의 사물에서 갈려나온 것이다. 비유하면 심성정心性情의 종류와 같다. 리와 기가 발하면 바야흐로 신이 있다. 리理는 신神에서 정미해지니, 중리衆理를 묘하게 하는 것을 신神이라고 한다.[314]

여기에서 리理는 기氣 또는 신神과 독립된 본체로서 보다는 이들과 결합하여 언급됨으로써 현상의 법칙을 이루는 측면이 강조되고 있다.

---

313) 『南冥先生文集』 『學記類編』 卷3-12ㄱ.

314) 『冥先生文集』 卷3-14ㄴ, "理氣神三者只一物分出. 譬如心性情之類, 理與氣發, 方是有神, 理則精於神, 妙衆理之謂神."

그는 자연에서의 리를 『주역』 「건괘」의 덕인 원형이정元亨利貞의 사덕四德으로 보았다.315) 이것은 리를 천도가 운행하는 네 가지 양상으로 이해하는 것을 의미한다. 또한 그는 자연에 있어서 천지의 변화와 들쭉날쭉한 사물의 생성, 한서寒暑, 방위方位, 일월日月, 주야晝夜의 변화 등 기수氣數의 변화에 따른 자연의 법칙적인 변화를 강조하고 있다.316) 이러한 자연 현상에 관한 설명을 통하여 남명은 자연의 기계적인 법칙으로서 '자연지리自然之理'에 관심을 기울였다.

그러나 남명은 리를 이렇게 자연과학적이고 법칙적인 의미로만 본 것은 아니다. 그는 「인리기人理氣」에서도 인의예지신 등 도덕적 본질뿐만 아니라, 희로애락의 정이나, 오장五臟, 색깔, 맛, 감각의 기능, 금목수화토 등의 물리적인 대상들 또한 리에 배치하고 있다.317) 그는 「하도낙서」를 자연변화의 법칙을 수적인 원리에 따라 설명하고자 하는 것으로 이해하는 동시에, 이를 우주의 본체라는 시각에서 보고 있다. 따라서 리를 자연의 기계적인 법칙의 의미로서 보는 이러한 관점은 그의 「하도낙서」의 수론에 기초를 두고 있다고 해도 과언이 아니다.

이렇게 볼 때 남명이 「하도낙서」의 수적인 원리를 도의 본체의 관점에서 논한 이유는 바로 「하도낙서」를 이렇게 자연법칙적인 리를 형성하는 기초로 삼고자 한 데 있는 것으로 추론할 수 있다. 다시 말하면 도의 본체로서 「하도낙서」의 수적인 원리에 근거하여 비로소 순수하게 물리적이고 법칙적인 의미의 리 개념이 설명될 수 있다는 것이다. 요컨대 남명의 우주론은 「하도낙서」의 도수론圖數論에 근거하여 인성의 도덕적인 리와 자연의 물리법

---

315) 『南冥先生文集』 卷3-15ㄴ.

316) 『南冥先生文集』 卷3-15ㄴ~19ㄴ.

317) 『南冥先生文集』 『學記類編』 卷3-20ㄱ. 조식은 이 『圖』에서 氣에 대해서도 理와 마찬가지로 생리적 심리적 기능과, 감각, 장부, 기온과 한습, 오행 등 생리물리적인 변화를 부속시키고 있다. 張永儁은 기에 대한 이러한 圖視를 '자연철학적인 관점으로 사람의 생리세계와 심리세계 즉, 신체기관과 심리의식 작용의 연관성을 나누어 설명하고 있어 과학적 분석정신이 매우 풍부하다'고 평가하였다.(張永儁, 「南冥 先生의 理學 造詣와 人格成就」, 『南冥學研究論叢』 제1집, 1988, 194쪽.)

칙적인 리를 동시에 포괄하는 특징을 가지는 것이라고 규정할 수 있다.

5. 「대상전大象傳」의 실천적 적용

남명은 『학기유편學記類編』의 치지致知, 역행力行, 계근戒謹 등 개인의 도덕적 수양에 관한 항목과 출처出處, 임정처사任政處事 등 정치적 실천과 관련한 항목에서 『주역』 「대상전」의 비교적 많은 구절을 규칙적으로 인용하고 있다.[318] 남명이 「대상전」의 구절을 도덕적 실천과 관련하여 인용한 것은 그의 역학사상의 중요한 특징인 동시에, 그의 의리역학적인 시각을 잘 드러내고 있는 것이다.

『주역』에서 「대상전」은 다른 「역전」과 마찬가지로 『주역』의 철학적인 원리를 설명한다는 점에서 의리적 요소를 갖추고 있다. 특히 「대상전」은 유가적인 도덕적 실천의 당위적인 문제를 특정한 괘의 괘상과 관련하여 언급한다는 측면에서 유가적인 의리역학의 요소를 풍부하게 담고 있다.[319] 이것은

318) 남명은 「학기유편」에서 개인의 내적인 도덕적 수양 및 정치적 실천과 관련하여 여러 항목을 나누어 그 실천방법론을 제시하였다. 그는 『논어』, 『맹자』, 『시』, 『서』, 『역』, 『예기』 등의 구절을 인용하는 이외에, 주렴계, 정자, 주희 등의 주장을 인용하여 자신의 견해를 간접적으로 피력하고 있다. 그는 『주역』을 인용할 때 특히 『주역』의 여러 괘의 「대상전」 구절을 대부분의 항목에서 제시하였다.

319) 구체적으로 「大象傳」의 구절은 앞부분은 주로 上卦와 下卦의 卦象과 卦名을 밝힘으로써 괘상이 지니는 특징을 사실기술적으로 언급하는 반면, 후반부는 괘상과 괘명의 의미에 근거하여 정치상 또는 수양상의 도리를 가치론적 또는 당위적으로 제시하고 있다. 곧 「대상전」은 괘의 전체적인 상징성을 관찰하고 본받아서 괘상이 상징하는 도덕적 실천덕목을 제시하고 있다. 「대상전」에서 제시된 수양과 실천의 방법은 구체적이고 자세하다. 예를 들면 이 속에는 개인적으로 덕을 다스리는 것과 관련하여 德을 언급한 괘(坤卦, 蒙卦, 小畜卦, 否卦, 豫卦, 蠱卦, 大畜卦, 坎卦, 晉卦, 蹇卦, 夬卦, 升卦, 漸卦, 節卦 등)가 많은 편이다. 또는 군주가 백성을 다스리는 것과 관련하여 上下를 구별하거나(履卦), 도량형을 다스리거나(節卦), 상제에게 제사를 지낸다든가(豫卦, 渙卦), 달력을 바르게 정하는(革卦) 등 정치적 실천덕목들도 언급하고 있다. 戶田豐三郎은 「象傳」과 「繫辭 上下傳」이 여러 점사를 포함한 괘효사에 관하여 유가

유가적인 정치철학 또는 인생철학을 발휘하는 것을 뜻하기도 한다.[320] 「대상전」은 또한 정치 또는 수양의 도리를 행하는 주체를 군자君子, 선왕先王, 상上, 대인大人 등으로 언급함으로써 통치계층의 정치적 실천을 중시하고 있다.[321] 이와 같은 의미를 가지는 「대상전」에 주목하여 남명은 유가적인 실천의 덕목 또는 당위적인 실천의 원리를 개인의 도덕적 수양과 정치적인 실천의 영역에 동시에 적용하는 것이다.

먼저 남명은 「역행力行」조에서 「건괘乾卦」의 「대상전」인 "하늘의 운행은 강건하다. 군자는 이를 본받아서 스스로 힘써 노력하여 쉬는 일이 없다"[322]는 구절을 인용하였다. 뿐만 아니라 그는 「항괘恒卦䷟」와 「가인괘家人卦䷤」의 「대상전」에서도 역행의 기본적인 원리를 이끌어냈다. 그는 「항괘」로부터 덕성을 확립하여 자신의 자리나 마음을 바꾸지 않을 것을 강조하였다.[323] 「가인괘」에서는 말에 신실함이 있고 행위에 평상의 도리가 있어야 함을 강조하였다. 남명은 이들 괘의 「대상전」의 내용을 '역행'의 중요한 덕목으로 삼고 있는 것이다.[324]

남명은 '역행力行'에 요구되는 도덕적 실천의 보편적인 측면뿐만 아니라, 보다 구체적인 도덕실천의 방법으로서 극기克己라든가, 개과천선改過遷善, 징분질욕懲忿窒慾의 덕목을 제시하거나 함축하는 「대상전」을 인용하기도 하였다. 그는 「대장괘大壯卦䷡」에서 "우뢰가 하늘 위에 있는 것이 대장이다. 군

적인 판단을 행하지만, 「대상전」은 貞悔의 두 상을 구분하여 유가적인 교훈을 기술한 것으로 괘효사의 제한을 받지 않는 것이라고 하여 「대상전」의 특징을 언급하고 있다.(戶田豐三郞, 『易經注釋史綱』, 風間書房, 1968, 92쪽)

320) 李鏡池, 『周易探源』, 中華書局, 1991, 372쪽.

321) 劉操南, 「周易大象例說」, 『周易硏究論文集』 第2集, 25쪽. 64괘의 「대상전」에서 '君子'가 53회로 압도적으로 많으며, '先王'이 7회, '后'가 2회, 그리고 '大人'과 '상'이 각각 1회씩 언급되고 있다.(戶田豐三郞, 『易經註釋史綱』, 東京, 風間書房, 1968, 87쪽)

322) 『南冥先生文集』 『學記類編 下』'卷4-18ㄴ, 「力行」, "易曰, 天行乾. 君子以自强不息."

323) 『南冥先生文集』 卷4-18ㄴ, 『學記類編 下』 卷4-18ㄴ, 「力行」 "雷風, 恒. 君子以立不易方."

324) 『南冥先生文集』 『學記類編 下』 卷4-18ㄴ, 「力行」, "風自火出, 家人. 君子以言有物而行有恒."

자는 그것을 본받아 예가 아니면 밟지 말아야 한다"325)는 「대상전」을 인용하였다. 여기에서 남명은 예를 실천할 것을 강조함으로써 「대장괘」의 「대상전」을 극기의 중요한 방법으로 삼고 있다

남명은 또한 이와 같이 수양의 덕목으로서 부정적인 욕망을 제어하는 노력과 관련하여 '분노를 징계하고 욕망을 막는다[懲忿窒慾]'고 하는 「손괘損卦䷨」의 「대상전」을 인용하고 있다.326) 나아가 그는 「익괘益卦䷩」의 「대상전」을 인용하였던 서산 진씨西山眞氏의 설을 그대로 제시하면서 「익괘」의 상象이 드러내는 의미로서 '개과천선改過遷善'을 강조하였다.327) 그가 인용한 「손괘損卦」와 「익괘」의 「대상전」 구절로서 '징분질욕'과 '개과천선'은 도덕적 수양서로 조선시대 성리학자들이 커다란 관심을 가지고 연구하였던 『심경心經』의 조목에도 실려 있는 것이다.

반면 「출처出處」에서는 「대과괘大過卦䷛」, 「둔괘遯卦䷠」, 「비괘否卦䷋」 등의 「대상전」을 인용하여 출처의 방법을 제시하였다. 남명은 「대과괘」에서 "연못이 나무를 삼키는 것이 '대과괘'이다. 군자는 이것을 본받아 홀로 서서도 두려워하지 않고, 세상으로부터 은둔해서도 번민하지 않는다"328)고 하였다. 그는 여기에서 도덕적 교화를 펴는 것을 목표로 하여 정치적인 자리에 나아가고 물러나는 원리를 「대과괘」의 상을 통하여 설명하였다. 또 「비괘」에서 "천지가 교감하지 않는 것이 '비괘'이다. 군자는 이를 본받아 검소한 덕으로 혼란을 다스려야 하며, 녹을 가지고 영화롭기를 바라서는 안 된다"329)고 하는 「대상전」을 인용하였다. 여기에서는 천하가 다스려지지 않는 어려

---

325) 『南冥先生文集』 『學記類編 下』 卷4-18ㄴ, 「力行」, "易曰, '雷在天上, 大壯. 君子以非禮勿履.'"

326) 『南冥先生文集』 『學記類編 下』 卷4-20ㄴ, 「力行」, "山下有澤, 損. 君子以懲忿窒慾."

327) 『南冥先生文集』 『學記類編 下』 卷4-22ㄱ, 「力行」, "西山眞氏曰, '易曰, '風雷, 益. 君子以見善則遷, 有過則改.' 天下之至迅疾者, 莫如風雷. 故以此爲改過遷善之象. 此卽過勿憚改之意也.'"

328) 『南冥先生文集』 『學記類編 下卷4-23ㄱ, 「出處」, "易曰, 澤滅木, 大過. 君子以獨立不懼, 遯世無悶."

329) 『南冥先生文集』 『學記類編 下』 卷4-23ㄱ, 「出處」, "天地不交, 否. 君子以儉德辟亂, 不可榮以祿."

운 상황에서 덕을 중시하여 정치에 임하는 자세를 언급하였다. 「둔괘」에서도 정치적인 상황이 어려울 때는 소인을 멀리해서 미워하지 않더라도 엄격하게 대할 것을 강조하였다.330)

다음으로 남명은 「임정처사任政處事」에서 「간괘艮卦䷳」의 「대상전」을 인용하여 "군자는 「간괘」의 상을 본받아서 사색하는데 있어 자신의 본연의 지위를 벗어나지 않는다"331)고 주장하였다. 여기에서는 공자의 정치철학의 핵심이론인 정명론正名論의 관점에서 정치에 임하는 자세를 언급하였다. 이것은 '바른 자리에 멈춤'을 뜻하는 「간괘」의 덕을 본받아서 정사를 고려할 때는 자신의 지위를 벗어나 생각하지 않는 것을 실천원리로 삼아야 함을 의미한다. 남명은 「송괘訟卦䷅」의 「대상전」에서도 군자는 「송괘」의 상징적 의미를 본받아 일을 행함에 시작을 잘 도모해야 한다는 구절을 인용하였다.332) 이렇게 그는 정사를 행하는 기본적인 도덕적 원칙을 「간괘」와 「송괘」 「대상전」의 상징적인 의미로부터 이끌어내었다.

마지막으로 남명은 「계근戒謹」 절에서 「진괘震卦䷲」와 「기제괘旣濟卦䷾」의 「대상전大象傳」을 인용하여 조심하고 경계해야 함을 강조하였다. 「진괘」는 우레가 연속하여 이르는 상으로 「대상전」은 군자가 그 상象을 본받아 두려워하면서 자신을 닦고 반성한다는 덕목을 제시하였다.333) 또 「기제괘」는 만사가 이미 모두 이루어진 태평한 상황을 상징하므로 이런 상을 보고 군자는 환란을 염려하면서 미리 그것을 예방해야 한다고 언급하였다.334)

요컨대, 남명은 이들 여러 항목에서 이와 같이 개인적인 또는 정치적인

330) 『南冥先生文集』 『學記類編 下』 卷4-23ㄱ, 「出處」, "天下有山, 遯. 君子以遠小人, 不惡而嚴."

331) 『南冥先生文集』 『學記類編 下』 卷4-38ㄱ, '臨政處事', "易曰, '兼山, 艮. 君子以思不出其位.'"

332) 『南冥先生文集』 『學記類編 下』 卷4-40ㄱ, 「力行」, "易曰, '天與水違行, 訟. 君子以作事謀始.'"

333) 『南冥先生文集』 『學記類編 下』 卷4-45ㄴ, 「戒謹」, "洊雷, 震. 君子以恐懼修省."

334) 『南冥先生文集』 『學記類編 下』 卷4-45ㄴ, 「戒謹」, "水在火上, 旣濟. 君子以思患而預防之." 남명은 이 「戒謹」 절에서 「乾卦」 九三爻의 괘효사와 전의 내용 또한 '戒謹'의 원리로 삼으며, 「곤괘」 육사효의 내용도 마찬가지로 '戒謹'의 원리로 삼고 있다.

측면에서 유가적인 실천과 관련하여 이들의 실천에 적절한 상과 의미를 담고 있는 괘의 「대상전」을 인용하여 실천의 기준 또는 원칙을 제시하고 있다. 남명의 「대상전」의 구절에 대한 인용은 특히 개인의 도덕적 수양 방법론과 정치적 실천과 관련하여 매우 규칙성을 띠고 있다. 이러한 사실은 『주역』「대상전」이 괘효상의 상징성을 인간의 도덕적 실천의 문제와 직접적으로 연결시킴으로써 유가적인 의리역학의 특색을 가진다는 사실에 대하여 남명이 깊이 인식하고 있었음을 보여주는 것이다.

남명이 「대상전大象傳」의 구절을 규칙적으로 인용하고 있는 것은 두 가지 중층적인 의미를 가진다. 첫째는 유가적인 도덕실천을 위한 기준을 『주역』의 괘상이 드러내는 상징적인 의미로부터 이끌어내고 있다는 것이다. 이것은 행위 준칙을 자연의 법칙적인 질서와 현상에 근거를 둠으로써 행위에 대한 보편성을 확립하려는 것을 의미한다. 둘째는 『주역』에서 특히 도덕적 실천을 강조하는 것이 「대상전」이라고 할 때, 남명이 「대상전」을 인용한 것은 그의 실천위주의 철학에 중요한 증거가 된다는 점이다. 나아가 남명의 「대상전」에 관한 이러한 인용과 평가는 그가 비록 『주역』 괘효사에 관한 전반적인 주석이나 이론적인 설명을 제시하지는 않았지만, 그의 역학 사상이 기본적으로 의리역학의 시각과 목표를 가지고 있었음을 보여주는 것이다.

6. 「경성도」와 「역서학용어맹일도」의 의의

남명은 서론에서 언급한 바와 같이 유가적인 도덕실천을 목표로 한 자신의 학문체계를 구성하는데, 여러 유가경전과 송대 성리학의 형이상학적 이론 및 심성론, 수양론의 개념을 이용하였다. 특히 그는 도표를 구성하여 이들 개념을 간단하면서도 체계적으로 결합하여 이해하고자 하였다. 「학기유편」에 있는 여러 도표는 남명의 학문을 체계적이고 유기적으로 제시하고 있다는 점에서 매우 큰 의의를 갖는다.[335]

이들 도표 중에 남명의 의리적 역학사상을 살펴보기 위하여 중요한 관건이 되는 도표로서 특히 관심을 끄는 것에는 「경성도敬誠圖」와 「역서학용어맹일도易書學庸語孟一道」가 있다. 이제 「경성도」와 「역서학용어맹일도」의 구성체제 및 그 의의를 분석하고 해명하는 것은 남명의 역학사상의 의리적인 특징을 이해하는데 중요한 계기가 될 것이다.

먼저 「경성도」는 「학기유편」의 한 도표로서 경敬과 성誠의 정의를 기본 내용으로 하여 이들 개념의 존재론적 수양론적인 지위를 설명하고 있다. 이 중에 「경도敬圖」는 송대 정자程子와 그 문인들의 '경敬'에 관한 견해를 중심으로 하여 수양방법론으로서의 의미를 하나의 원圓 안에 간명하게 제시하였다. 반면에 「성도誠圖」는 『주역』 「건괘乾卦」 구이효九二爻, 구삼효九三爻, 「곤괘坤卦」 육이효六二爻를 중심으로 하여 우주론, 심성론, 및 수양론적인 의미를 유기적으로 결합하여 '성誠'의 의의를 제시하고 있다.[336] 따라서 「성도」는 특히 남명의 역학관의 특징을 잘 드러내주는 도표로 볼 수 있다.

이제 「성도」의 골격을 살펴보면, 남명은 이 도의 핵심 개념으로서 '성誠'

---

335) 「學記類編凡例」에서 「學記」는 한결같이 「近思錄」의 편목에 따라 분류된 것이라고 언급하고 있다. 이것은 만년에 남명이 수택본을 다시 베끼고자 했을 때 정인홍이 요청한 것이라고 한다. 吳二煥이 발굴한 판본으로서 丁巳本, 刊補本, 重刊本을 보면 丁巳本과 重刊本은 「近思錄」의 편차를 준용하였으나, 刊補本은 편차가 다르다.(琴章泰, 「南冥의 「學記圖」에 관한 硏究」, 『南冥學硏究論叢』 제2집, 1992, 84~87쪽) 그러나 「學記類編」은 「근사록」의 편차를 따르고자 함으로써, 그 체계에 성리학의 우주본체론과 실천론을 일관하는 성리학의 핵심적인 관점을 그대로 보여준다. 최근 이승환은 林隱 程復心의 저서 「四書章圖」初刊本에 실려 있는 성리학과 관련된 도표들을 『학기유편』에 실려 있는 도표들과 대조한 결과 14개의 도표가 일치하는 것을 확인하였다(「남명「학기도」自圖說 批正」 『철학연구』 46, 고려대 철학연구소, 2012.). 이승환은 『학기유편』 24도에서 14도가 「사서장도」에서 가져온 그림이고, 5도가 주자가 그린 그림이므로, 남명이 그린 도표는 5도인 것으로 확인하였다. 하지만 남명의 『학기유편』에는 도표뿐만 아니라, 남명이 송대 이래 학자들의 학설을 취사선택하고 나아가 『근사록』의 체계에 따라 자료들을 분류하여 도설로 삼고 있다. 따라서 『학기유편』의 도표 중 많은 부분이 남명이 직접 그린 그림이 아니라고 하더라도, 남명이 그린 5도는 도설과 함께 『학기유편』 전체적인 체계 속에서 고유한 의미를 가지는 것이다.

336) 『南冥先生文集』 『學記類編 上』 卷3-43.

자를 가운데 큰 원 안에 쓰고 그 위아래에 각각 '일태극一太極'과 '심성리心性理'라고 적고 있다. 이것은 '성'이 곧 '일태극'으로서 우주 본체로서의 의미를 가지는 것이라는 것을 표현해주는 것이다. 그리고 그가 '심성리'를 아래에 표기한 것은 '일태극'으로서의 '성'이 심성론적인 의미와 이기론理氣論적인 의미를 동시에 지니고 있음을 뜻하는 것이다. '성'자 좌우로는 무위無爲와 동정動靜 개념이 위치해 있다. 이것은 우주 본체의 의미로서 태극 또는 리의 존재 상태를 무위無爲로, 심성의 고요함과 작용을 동정動靜으로 간주하는 것이다. 그리하여 이 '무위'와 '동정'으로 규정되는 성誠은 인간에 내재하기 이전의 리의 존재 상태와 성性으로 인간에 내재한 이후에 이루어지는 유위有爲를 함께 언급하는 것이다.

남명은 이처럼 '성誠' 개념을 우주본체론과 심성론을 유기적으로 결합하는 계기로 삼고 있다. 이것은 다시 말하면 태극 또는 실리로서 성誠이 심성의 수양론적인 작용의 과정을 통하여 실천적으로 구현되는 계기가 되는 것을 의미한다. 이렇게 남명은 성誠 개념으로부터 우주론적인 기초를 이끌어낸 후 『주역』 「건괘乾卦」와 「곤괘坤卦」로부터 수양론의 방법이 되는 원리를 제시하였다.

그는 '성' 개념 주변으로 수사修辭, 한사閑邪, 경이직내敬以直內, 의이방외義以方外 등 경의를 중심으로 하는 수양의 방법론을 제시하고 있다. 뿐만 아니라 『중용』과 『대학』으로부터 학문사변독행學問思辨篤行 및 물격物格, 지지知至, 의성意誠 등 치지 또는 역행과 관련된 수양론적인 개념을 인용하여 실리로서 '성'을 실현하는 방법을 제시하기도 하였다.337)

남명에서 「경성도」는 두세 가지 측면에서 성리학적 관점을 계승하는 그의 역학관의 특징을 드러내 준다. 첫째, 그의 「경도」는 정이와 그의 문인들의 경敬에 관한 이론을 그대로 제시함으로써 성리학의 수양론의 관점을 그대로 보여주었다. 둘째, 남명은 「성도」에서 성誠 개념을 성리학의 핵심 개념

---

337) 『南冥先生文集』 『學記類編 上』 卷3-43, "物格知至意誠; 敬以直內, 義以方外, 天德王道; 修辭立其誠, 閑邪存其誠; 學問思辨篤行; 定靜安慮得; 忠信進德, 龍德而正中."

으로서 '일태극'으로 설명함으로써 성리학의 우주본체론적인 의미를 담고 있다. 셋째, 그는 「성도」에서 『주역』을 중심으로 하여 『대학』, 『중용』에서 제시된 여러 수양론적인 개념들을 원용함으로써 '성誠' 개념의 본체론적인 의미와 함께 수양론상의 상대적인 위치를 유기적으로 제시하고 있다. 여기에서 남명은 성誠 개념이 지니는 수양론적인 의미가 본체론과 밀접하게 결합되어 있음을 함축적으로 보여준다.

요컨대 남명의 「경성도」는 그의 경의의 실천론과 수양론이 우주의 자연적 질서와 인간의 규범적인 질서를 유기적으로 포괄하는 『주역』에 기초를 두며, 이를 결합시켜 주는 핵심 개념이 바로 '성誠'임을 강조하고 있다. 곧, 그의 역학사상에서 「경성도」는 그의 실천론이 우주본체론적인 기초 위에 있다는 점을 잘 보여주며, 남명 역학의 성리학적 특색을 잘 드러내 주는 도표이다.

그러면 「역서학용어맹일도易書學庸語孟一道」는 그의 역학에서 어떤 의미를 가지는가? 「역서학용어맹일도」의 의의를 분석하는 데는 남명이 『학기유편』에서 여러 도표를 그리면서 이들 도표 사이에 하나의 정연한 체계를 부여하는데 중점을 두었다는 사실을 간과해서는 안 된다. 다시 말하면 그는 『학기유편』의 모든 도표를 하나의 유기적인 연관성을 가지는 것으로 배열하고 정리했다는 점이다. 따라서 「역서학용어맹일도」의 내용과 의의를 해명하는 데는 전체적인 체계 속에서 이 도표가 차지하는 상대석인 지위가 어떤 것인가를 이해하는 일이 매우 중요하다.[338)]

이들 그림의 체계와 순서를 살펴보면 남명은 앞의 여러 도에서 도의 본체의 측면으로서 수리를 바탕으로 한 태극, 음양 등 우주의 본체를 문제 삼는 도표를 제시하고 있다. 다음으로 성리학의 리와 기를 설명하는 도표를

338) 남명은 「학기도」의 제일 앞에 「論道之統體」라고 하는 편명을 두고 여기에 「龍馬圖」, 「洛書」, 「第3圖」, 「伏羲八卦次序圖」, 「文王八卦次序圖」 등을 두었다. 그 다음으로 그는 「理氣」, 「天理氣」, 「人理氣」도를 그리고 있으며, 이어서 「心統性情」, 「天道天命」, 「仁說」, 「忠恕一貫」 圖 등을 그렸다. 이들 그림 다음에 남명은 「爲學之要」라는 편을 두어 「大學」, 「小學」, 「敬」, 「誠」, 「聖賢論心之要」, 「博文約禮」, 「不動心」, 「易書學庸語孟一道」의 그림을 그렸다.

제시하고 있으며, 이어서 심성론과 관련한 도표들을 제시하였다. 남명은 이어서 이들 태극음양론, 우주론적 이기론, 심성론을 포괄하여 학문의 방법을 제시하는 수양론과 관련된 도표를 제시하였다. 남명의 「학기도」의 체계 속에서 「역서학용어맹일도」는 바로 이 수양론과 관련한 도표들 중에서도 가장 뒤에 그려져 있다. 결국 「학기도」 전체의 관점에서 볼 때도 「역서학용어맹일도」는 가장 마지막에 위치해 있다.

요컨대 「학기도學記圖」의 전체적인 체계상에서 볼 때 「역서학용어맹일도易書學庸語孟一道」 그림은 우주본체론에 기초하여 여러 선진유가철학 경전의 수양론적인 개념을 유기적으로 결합하여 도덕실천을 위한 수양방법론을 제시하고 있다는 점에 그 특징이 있는 것이다. 그러면 남명은 「역서학용어맹일도」를 통하여 수양방법론의 구체적인 내용을 어떻게 체계화하고 있는가? 「역서학용어맹일도」에서 그는 『주역』과 『상서』, 『논어』, 『맹자』, 『중용』, 『대학』에 나오는 수양론과 관련된 개념들을 체계화하여 일관된 도표를 구성하였다.

이 도표는 전체적인 구성에서 볼 때 실리實理로서의 천도天道에 근거하여 앎과 실천의 문제를 수양론의 개념과 관련하여 제시하고 있다. 그리고 이 도표는 '군자가 종일토록 힘쓰고 노력한다[君子終日乾乾]'고 하는 「건괘」 「문언전」의 구삼효九三爻에 대한 해석으로부터 덕을 진척시키는 일과 행위를 닦는 일을 구분하여 이를 중심으로 여러 실천적인 덕목과 그 방법론적인 개념들을 제시하였다.

상단上段에서는 '정밀하게 함[精]'을 중심으로 극기克己, 박학博學, 격치格致, 명선明善, 방외方外, 진심盡心, 한사閑邪, 근독謹獨 등 지식과 관련된 개념들을 두고 '기미를 살피는 것'을 중시하였다. 그리고 가운데 단에서는 '한결같이 함[一]'을 중심으로 복례復禮, 약례約禮, 신성身誠, 의성意誠, 계신戒愼, 수사修辭, 입명立命, 내직內直 등 행위를 닦는 일과 관련된 개념을 두어 하나에 머물고 각성된 상태를 유지하는 경敬을 중시하여 이를 원안에 적고 있다. 그리고 하단下段의 원안에는 『주역』의 「대장괘大壯卦䷡」와 「무망괘无妄卦䷘」를 '뢰천

雷天'이라는 글자로 표시하여 거짓됨이 없고, 크고 장대함을 뜻하는 실리로서의 천도天道를 제시하고 있다.[339)]

이렇게 볼 때 「역서학용어맹일도」의 전체적인 목표는 실리로서의 천도에 근거하여 인간이 「건괘」, 「곤괘」, 「대장괘」, 「무망괘」 등의 덕을 본받아 지식을 넓히고, 행위를 닦는 방법론을 제시하는 데 있다고 하겠다. 남명은 이러한 목표에 적합한 수양론적인 개념을 여러 경전에서 인용하여 체계적으로 구성한 것이다. 결국 이 「역서학용어맹일도」는 천도로서의 자연에 근거를 두고 인사로서의 도덕실천을 위한 궁리와 내적인 덕성을 닦는 수양론을 제시한다는 점에서 의리역학적 요소를 충실히 드러낸다고 하겠다.

특히 수양론과 관련하여 사서四書에서 제시된 개념들 뿐만 아니라 '경'에 대한 성리학자들의 개념 또한 인용하고 있다는 점에서 성리학적인 수양론을 그대로 반영하는 경향이 강하다. 경敬 뿐만 아니라 남명은 방외方外 또는 정精 등을 제시함으로써 의義 또한 강조하였다. 따라서 이 그림은 유학의 여러 고전에서 인용한 수양론적 개념들을 통하여 경敬과 의義의 실천방법론을 제시하고 있다는 점에서 원시유학의 실천적인 경향을 보여주는 핵심적인 그림으로서의 위상을 가진다.[340)]

다른 한편으로 이 도표는 남명의 역학사상에 실천적인 의리역학의 특징을 부여하는 데 중요한 계기가 되는 그림이다. 이 그림은 역학 이론에서 보편적인 것으로서 자연과 인사를 결합하여 보여주고 있다는 점에서 「태극도」, 「하도」, 「낙서」 등과 구별되는 특수한 지위를 가지는 것이라고 하겠다. 또한 이 그림은 『주역』의 개념들과 다른 경전상의 개념들을 결합하여 자연과

---

339) 『南冥先生文集』「學記類編」 卷3-54ㄱ.

340) 또한 이 그림은 내적인 마음의 수양으로부터 생각으로 드러나는 것, 그리고 외적인 사물에 대한 지식 또는 인식, 사물의 義의 측면, 그리고 四勿과 관련한 禮 등 유가적인 도덕실천을 위한 지식과 수양에 관하여 종합적으로 언급하고 있다. 배종호는 이 도에서 윗단의 '惟精' 이하 進德, 致知, 明善, 義以方外, 克己와 博文, 盡心 등을 知로, 그리고 가운데 단의 '惟一' 이하 居業, 意誠身誠, 敬以直內, 戒愼, 修辭, 復禮約禮, 立命 등을 仁으로 보며, 아래의 大壯과 无妄을 勇으로 보아, 조식의 敬義夾持의 修道는 智仁勇의 三者에 집약된 것으로 이해하였다.(裵宗鎬, 「南冥聖學圖」, 『南冥學研究論叢』 제1집, 1988, 63쪽.)

인사를 결합하여 도덕실천적인 문제를 다루고 있는 도표라는 점에서 그 독창성을 드러내고 있다.

7. 맺음말

경의敬義의 실천을 중심으로 하는 남명의 철학사상은 일반적으로 강한 실천적 특성을 가지는 것으로 이해된다. 본 장에서는 남명의 '경의敬義'를 중심으로 하는 실천적 철학사상이 사실은 성리학의 우주본체론宇宙本體論과 경의敬義 및 궁리窮理를 중심으로 하는 수양론修養論에 근거하고 있음을 그의 역학사상을 중심으로 규명하고자 하였다. 이제 본론에서 살펴본 그의 역학사상의 중심적인 내용을 요약하면서 이 장을 맺고자 한다.

남명은 그의 역학사상의 기본적인 관점을 정이와 주희의 의리역학과 상수역학으로부터 받아들이고 있다. 그는 정이로부터 『주역』의 의리역학적 관점을 수용하며, 주희로부터는 태극이기론과 「하도낙서河圖洛書」를 중심으로 하는 수리적數理的 상수역학을 받아들였다. 그는 궁극적으로 「하도낙서」의 수리론을 우주의 본체로서 태극 또는 리와 결합하여 해석하면서 이를 역의 궁극적인 근거로 삼는다. 다른 한편으로 그는 「학기도學記圖」의 여러 도표에서 성誠을 자신의 역학에 중요한 개념으로 삼아 우주본체론과 인성론을 유기적으로 연결하는 계기로 사용하였다. 이러한 틀을 통하여 그는 심성心性과 리理를 하나의 통일적인 리로 이해함으로써 우주본체론과 심성론을 유기적으로 통일시켰다.

특히 그는 궁리窮理를 경의敬義의 실천에 필수불가결한 요소로 중시하였다. 그리고 「경성도敬誠圖」와 「역서학용어맹일도易書學庸語孟一道」에서 남명은 우주본체론과 수양방법론을 중심으로 한 심성론이 유기적으로 결합된 의리적 역학사상을 잘 표현하고 있다. 이들 도표는 특히 선진 유가의 고전에서 수양 방법론적인 개념들을 원용함으로써 도덕실천을 강조하는 원시유학의 특징을 그대로 드러내 준다.

또한 그는 의리역학적 관점을 드러내는 「대상전大象傳」을 인용하여 개인의 수양과 정치적인 실천을 위한 행위의 원리 또는 덕목을 언급하고 있다. 이 「대상전大象傳」은 바로 우주론적 본체인 리理를 드러내는 매개로서 상象이라는 인식론적 대상을 제시하는 것으로 그의 역학이 우주본체에 근거하고 있음을 보여주는 것이다. 이것은 또 한편 그가 정이 이래의 유가적인 의리역학의 관점을 그대로 계승하고 있음을 뜻한다.

이러한 남명 역학의 특색은 우주론적인 토대를 가진다는 점에서는 심성론을 중심으로 하는 조선 중기 성리학과 공통되는 것이다. 그러나 리의 실천을 위한 심성의 존재론적, 인식론적, 실천론적인 작용의 구조에 관한 문제에서 벗어나 역학사상을 중심으로 경의의 실천을 위하여 일상의 도덕적인 수양과 정치적인 실천을 중시한다는 점에서 이황이나 이이의 심성론적인 철학과 구별되는 것이다.

결국 남명의 의리역학사상은 기본적으로 심성론에 관한 고찰 없이 우주본체론을 도덕적 실천으로 연결하는데 『주역』의 의리역학적 특징을 이용하였다고 하겠다. 다시 말하면 그는 역학을 통하여 우주의 수리적인 원리를 본체로 삼아, 그의 철학의 본체론적 계기와 수양론을 위주로 한 도덕실천적인 의미를 유기적으로 결합하고 있는 것이다. 여기에서 그는 성리학의 태극이기론을 중심으로 한 우주본체론과 원시유학의 수양론적 개념을 함께 수용하였다. 그리하여 그의 역학을 중심으로 한 철학사상은 성리학의 우주본체론과 수양을 위주로 한 심성론과 궁리론이 견실하다 하겠다.

이 점에서 남명은 성리학의 핵심적인 이론적 틀에서 벗어나지 않으면서도, 원시유학과 성리학의 여러 수양론적인 개념에 근거하여 그의 철학에 내포된 강한 실천적 특징을 그의 의리역학사상을 통하여 관철시키고 있다. 이렇게 볼 때, 남명의 역학사상은 조선전기역철학사에서 도표를 통하여 자연과 인간의 도덕을 일관시킨 도상학적 의리역학 사상을 제시하고 있다는 점에서 특징적인 의의를 가진다.

제11장
율곡의 이기지묘理氣之妙 이론과 의리역학적 지향

1. 머리말

이 장에서는 율곡栗谷 이이李珥1536~1584의 역학사상을 그의 이기심성론理氣心性論 및 이기지묘理氣之妙의 철학적 관점과 연관하여 그 의리역학적 측면에서 고찰해보고자 한다. 율곡의 역학사상은 그의 이기론의 철학에서 언급하는 리理와 기氣 사이의 상관관계가 가지는 특징과 매우 긴밀한 연관성을 가진다. 다시 말하면 그의 성리학적 이기론은 그의 역학사상의 실체를 이루는 의미가 있다는 것이다. 따라서 본 장에서는 율곡의 역학사상이 지니는 특징을 주로 이기심성론과의 유기적인 상관관계의 측면에 초점을 맞추어 규명하고자 한다.

그동안 율곡의 역학사상에 관해서는 철학사상에 관한 연구에 비하여 매우 소수의 논문들이 작성되었다. 이들 가운데는 율곡이 젊었을 때 과거의 시험용으로 지은 「역수책易數策」을 중심으로 연구한 논문이 제출되었다.341) 그리고 율곡의 역학사상을 경전의 해석 관점에서 연구한 논문도 이루어졌

341) 최영진, 「율곡 역수책의 체계적 이해」, 『인문논총』, 전북대 인문학연구소, 1987.; 임채우, 「율곡의 역학사상」, 율곡학회발표, 2008. 8.; 곽신환, 「이율곡의 책문 연구」, 『유교사상연구』, 한국유교학회, 1994.

다.[342] 또 다른 경우는 율곡의 역학사상을 「획전유역부畫前有易賦」와 「공중루각부空中樓閣賦」라는 역학과 관련된 부賦를 중심으로 연구한 논문이 있다.[343] 이 밖에 율곡의 역학사상의 일반적인 내용을 중심으로 문제를 제기한 논문도 작성되었다.[344]

그러면 율곡의 역학사상을 살펴볼 수 있는 작품에는 어떤 것들이 있는가? 율곡은 역학과 관련하여 『주역』에 독립적으로 주석을 달거나 저술을 한 것은 없다. 따라서 그의 역학사상을 살펴보기 위해서는 단편적인 자료들에 의지할 수밖에 없다. 그에게는 과거 시험을 위하여 책문으로 썼던 「역수책」이 있다. 이 글은 『주역』에 관한 율곡의 정리된 시각과 입장을 살펴볼 수 있는 중요한 역학 자료이다. 다음으로는 앞서 언급한 「획전유역부」가 있다. 이 글에서는 역易은 괘획을 그린 이후만이 아니라, 괘획卦畫을 그리기 이전에 형체를 갖추지 않은 역이 이미 있다는 관점을 제시하면서 역의 괘상과 천지자연에서의 역, 그리고 인간의 성정性情에 대한 문제 등을 논의하고 있다. 이 「획전유역부」는 전체적으로는 소옹의 선천역학과 관련된 내용을 주로 다루고 있다고 할 수 있다.

다음으로 율곡의 역학사상은 『성학집요聖學輯要』에서 성학聖學에 중요하다고 여겨지는 괘효사 또는 「대상전大象傳」, 「단전」과 같은 곳에서 인용한 내용으로부터도 살펴볼 수 있다. 『성학집요』는 육경六經과 사서四書에 기록되어 있는 도학道學에 핵심이 되는 것으로 판단되는 내용을 뽑아서 세왕의 덕을 밝히기 위하여 1575년에 선조宣祖에게 지어 올린 책이다. 율곡은 특히 『성학집요』 안에 『주역』 괘사卦辭를 비롯하여 「대상전大象傳」, 「단전彖傳」, 그리고 괘효사卦爻辭, 「계사전繫辭傳」의 구절들을 인용하고 나아가 이와 연관된 정이의 주석 내용을 수록하였다.

---

342) 최영진, 「16세기 성리학자들의 경전해석-퇴계와 율곡의 역학사상 」, 『대동문화연구』 33, 1999.

343) 곽신환, 「율곡이이의 소강절 역학 이해-「畫前有易賦」와 「空中樓閣賦」를 중심으로-」, 『동양철학연구』 65집, 2011.

344) 김진근, 「이율곡의 주역철학」, 『동양철학』 10, 한국동양철학회, 1999.; 여소강, 「율곡이 역학사상천론」, 『율곡사상연구』, 율곡학회, 1997.

율곡이 『성학집요聖學輯要』에 인용한 이러한 내용은 유가적 도덕 수양과 실천을 목표로 삼는 내용이 대부분이다. 따라서 율곡이 『성학집요』에서 인용한 『주역』의 내용은 그의 역학사상이 기본적으로 유가적 의리역학의 특성을 가지고 있음을 보여주는 것이다. 이밖에도 그는 『주역』의 특정 괘효사를 인용하여 정치교화 또는 도덕적 실천 문제와 관련하여 설명하는 경우가 있다.

이제 이런 자료들을 중심으로 율곡의 역학사상이 의리역학을 지향하고 있음을 구체적으로 살펴보기로 한다. 그러면 제2절에서는 율곡이 이기론에서 강조했던 이기지묘理氣之妙와 연관하여 그의 역학의 특징을 해명해 보기로 한다. 제3절에서는 그의 과거시험 책문이었던 「역수책」에 드러난 그의 역학의 특징과 내용을 검토하기로 한다. 특히 「역수책」을 그의 이기심성론의 측면에서 해명함으로써 그의 역학이 상수론적 의미를 함축하고 있는 것에 대하여 유의하고자 한다. 제4절에서는 「획전유역부畫前有易賦」에 나타난 역학의 관점을 해명하고자 한다. 제5절에서는 『성학집요』의 목표와 『주역』에 대한 의리적 해석을 중심으로 그 의의를 살펴볼 예정이다. 제6절에서는 『주역』의 원리에 따른 경장론更張論의 구체적 내용을 검토하고자 한다. 맺음말에서는 율곡 역학사상에 내포되어 있는 의리역학적 지향점에 유의하면서 그의 역학사상이 조선전기역철학사에서 가지는 의의를 요약할 예정이다.

2. 이기심성론의 역학적 의미

「역수책」을 중심으로 하는 율곡의 역학은 역易을 기본적으로 태극의 체로 간주하며, 자연과 인사의 이치와 현상적 변화를 리理와 음양 이기의 상호작용을 통하여 설명하고 있다. 동시에 율곡은 역을 「하도낙서」의 상과 수, 육십사괘를 구성하는 수적 원리 등을 통하여 해명하였다. 또한 그는 역이 선악이 말미암는 기준이 되며, 길흉吉凶을 정하여 인사의 중요한 일을 처리하는 근거가 되기 때문에 성명과 사물의 이치와 현상을 잘 살펴야 한다고 하였다. 그리고 역에 근거하여 바른 이치를 인식하고 진실하게 행하기 위해서는 격물치지와 성의정심을 실천해야 한다고 주장하였다.

율곡은 역易을 이기理氣와 상수象數 개념을 통하여 자연과 인사를 포괄하는 시각에서 이해하였다. 다른 한편 그는 역을 유가적 의리역학의 관점에서 인사를 바르게 처리하기 위한 근거로 간주하면서 격물치지와 성의정심 또한 역의 이치를 인식하고 진실함을 행하는 데 불가결한 것으로 생각하였다. 다시 말하여, 율곡의 역학은 이기심성론을 핵심적 내용으로 삼고 있다고 할 수 있다. 율곡의 이기심성론은 그의 역학의 특징을 결정하는 기본 내용을 담고 있다. 따라서 율곡의 역학사상이 지니는 특성을 해명하기 위해서는 그의 이기심성론에 대하여 살펴보는 것이 필수적이다.[345)]

율곡의 이기론은 '이통기국理通氣局'과 '기발이승일도氣發理乘一途'로 특징져진다. 우주본체론적 의미에서 율곡은 "리理는 무형無形이고 기는 유형有形이므로 리는 통하고 기는 국한된다"[346)]고 하였다. 율곡에 있어서 리는 이처럼 형체가 없어 보편성은 가지지만, 무위無爲이기 때문에 현상에 대한 아무런 통제력을 발휘할 수 없다. 반면 기는 형체에 제약을 받지만, 유위有爲하여 운동성을 가지기 때문에 사물 현상을 낳는다.

율곡의 이기론에서 이기理氣는 각각 무위와 유위로 구분되므로 리는 현상으로 발현하지 못하는 반면 기만 발동한다. 율곡이 말하는 이기의 유위성

345) 율곡의 이기심성론은 첫째, 이기론의 측면에서 이기 개념의 의미와 상관관계, 理一分殊 또는 氣一分殊論, 그리고 理通氣局論 등의 관점에서 그 의미를 살펴볼 수 있다. 둘째, 심성론의 측면에서 심성정 사이의 관계, 인심도심설, 그리고 심성정의의 관계 등의 측면에서 그 의미를 살펴볼 수 있다. 셋째, 이기론과 심성론 사이의 상관관계에 주목하여 그 의미를 살펴볼 수 있다.

346) 『栗谷全書』 卷10-26, 「答成浩原書」, "理無形而氣有形, 故理通而期局." 정원재는 이이의 理通氣局論이 퇴계의 理動說에 대한 강력한 반명제가 되는 것으로 이해하였다. 그는 이이의 이통기국론은 그것이 지닌 강한 현실지향적 성격에 근거하여 이황의 이동설을 대치하려 의도하고 있다고 볼 수 있다고 보았다. (정원재, 지각설에 입각한 이이의 철학적 해석」, 서울대 박사학위논문, 2001. 63쪽.)

여부는 그의 '기발이승일도설氣發理乘一途說'의 근거가 된다.[347] 여기에서 리가 기를 타고 발현함에 따라 생기는 분수分殊된 리는 기가 발현하기 이전에 아무런 주재력을 가지지 않는 조리條理의 의미만 가진다. 이러한 관점은 리를 선험적이고 보편적인 도덕적 실체로 간주하는 것이 아니라, 변화하는 기의 법칙으로 규정하는 것이다. 따라서 율곡에서 리는 현상적 변화라는 결과로부터 그 현상이 일정한 질서와 법칙이 있음을 보고 이 기의 근거로서 질서 또는 법칙을 지칭하는 것이다.[348]

율곡은 또한 이기 사이에 섞이지도 않고 분리되지도 않는 관계를 상세하게 살펴보면, 여기에서 이기의 신묘함을 볼 수 있다고 주장하였다. 특히 음양이 동정하면서 태극이 타고 발하는 것은 기가 되며, 그 기의 변화체계에 타는 것은 리가 된다.[349] 그에게서 기와 결합하기 이전의 리는 아무런 선험적 실체성을 가지지 못한다. 이점에서 리는 현상의 근거라는 점에서 일리一理라고 할 수 있지만, 주로 현상과 분리되지 않은 법칙으로서 분수리分殊理를 뜻한다. 따라서 이 분수리들은 일리一理와 같은 보편성을 가지지 못하기 때문에 이들 사이의 통약가능성 또한 약할 수밖에 없다.

---

347) 앞의 책, 卷10-24, 「答成浩原書」, "若非氣發理乘一途, 而理亦別有作用, 則不可謂理無爲也. 孔子何以曰, '人能弘道, 非道弘人乎?' 如是看破, 則氣發理乘一途, 明白坦然."

348) 이러한 리는 오로지 얼마나 현실적 조건에 적합한가에 따라 그 선악과 도덕성 여부가 결정되는 그런 특성을 가진다고 하겠다. 이동준은 이이가 '리'의 체용이니 활동성 또는 주재성을 부인했다기 보다는 그 의미를 달리 파악한 것으로 보아, 理가 기를 통해 유행할 때 인간 존재 속에 진리가 그대로 드러나는 것의 측면을 강조한 것으로 보았다.(이동준, 「율곡철학에 있어서 리의 생동성에 관한 연구」, 『유정동화갑기념논문집』, 1981, 49~65쪽) 이동준의 이러한 시각은 인간 사회에서 드러나는 모든 현상을 리의 발현으로 보는 입장으로 이것은 기를 타고 발현하는 分殊理의 세계에 대해 모든 현상을 진리의 조화로운 구현체로 보는 豫定調和論의 관점을 취하는 것이라 하겠다. 이동준의 관점은 다양한 분수리를 그 고유한 특성 자체를 진리가 특수하게 발현된 것으로 본다는 점에서 이러한 해석은 다양한 가치기준올 시의에 따라 구성할 수 있는 이론적 토대가 된다고 하겠다.

349) 「聖學輯要」, 앞의 책, 卷20-59, "理氣渾然無間, 元不相離, …… 雖不相離, 而渾然之中, 實不相雜, …… 合二說而玩索, 則理氣之妙, 庶乎見之矣.; "陰陽動靜而太極乘之發者, 氣也. 乘其機者, 理也."

이렇게 볼 때, 율곡의 이기理氣에 관한 이론은 인간의 도덕적 이성과 수양을 중심으로 제시된 이론이라기보다는 자연의 법칙과 현상을 설명하는 데 효율적인 이론이라 할 수 있다. 율곡의 이기론은 그의 심성론과 연관하여 이해할 때 비로소 그 도덕적 의미를 체계적으로 파악할 수 있다. 율곡의 이기에 관한 이론적 특성은 그의 심성론에 대한 이해에 반영되어 있다. 율곡의 심성론은 리를 선험적 도덕실체로 간주하는 퇴계의 심성론과 구별된다. 그러면 율곡의 심성론은 어떤 특성을 가지는가?

율곡의 심성론은 그의 이기론과 연관성을 가지는 것으로 심성정心性情과 정의情意 사이의 관계를 중심으로 한 '인심도심설人心道心說'과 '심성정의일로설心性情意一路說'을 주된 이론으로 삼는다. 먼저 율곡에서 인심도심설은 심과 성정 사이의 상관관계와 밀접한 관련성을 가진다. 율곡은 무엇보다도 심心을 기氣로 규정하는 동시에 성정의性情意를 주관하는 자로 언급하였다. 그는 인심人心과 도심道心이 감정과 의식을 함께 포괄하는 것이라고 보았다.[350] 따라서 퇴계에게서 인심과 도심이 각각 리理와 기氣에 근원하는 사단四端과 칠정七情으로부터 상호 독립적으로 발현하는 데 비하여, 율곡에서 인심과 도심은 그 자신이 포함하고 있는 의식 작용을 매개로 하여 서로 전환될 수 있다. 이러한 관점을 드러내는 이론이 그의 인심도심설人心道心說이다. 그에게 있어서 도심과 인심은 정으로 발현되는 과정의 중간단계에서 의意의 사려기능을 통하여 각각 이와 기로 일정한 방향성을 가지는 마음이다. 여기에서 의가 어떤 방향으로 향하는가에 따라 마음은 도심이 되기도 하고 인심이 되기도 하며, 동시에 이 두 가지 마음이 서로 바뀌기도 한다.

율곡의 인심도심종시설은 그의 이기론과 밀접한 관련성을 갖는다. 그의 이기론에서 '리理'는 기를 타고 현상에 내재해 있는 것으로서 자연과 사회현상의 근거나 법칙이 된다. 그래서 인심도심 또한 발현한 측면에서는 모두 기가 되고 발한 근거를 따져 보면 모두 리가 된다. 여기에서 율곡이 리理에도 선악이 있다는 명제를 수용한 것은 중요한 의미가 있다. 이것은 본연의

---

350) 『栗谷全書』「答安應休」卷12-23, "人心道心, , 通情意而言者也."

리가 기를 통하여 발현될 때, 의意의 작용으로 본연의 기가 바르게 실현되면, 도심이 되지만, 과불급過不及이 생기면 인심이 되는 것이다. 따라서 율곡의 인심도심설의 특징은 경험 이전에 선험적인 리가 있어서 여기로부터 도덕규범이 필연적으로 연역되는 것이 아니라, 경험적 결과가 현실의 조건에 적합한가의 여부로 선악이 결정된다는 데 있다.

율곡의 이러한 시각 속에는 심성정의일로설心性情意一路說이 그 근저에 있다. 퇴계의 경우 심이 이기를 겸하고 성정性情을 통괄함에 따라 인심과 도심, 사단과 칠정이 각각 리와 기에 근원을 두어 이원적二元的 구조를 취하고 있다. 그러나 율곡은 마음을 기氣로 규정함으로서 마음을 중심으로 성정의性情意는 일관된 것으로 이해된다. 그는 "모름지기 심성정의는 하나의 노선을 이루면서도 각각 단계가 있음을 알아야 오차가 없다고 할 수 있다. 하나의 노선이라는 것은 무엇을 말하는가? 심心의 미발未發이 성性이고, 이발已發이 정情이며 발한 후에 계산하는 것이 의意이니 이것이 하나의 노선이다."351)라고 하였다. 그는 이처럼 심성정의가 하나의 길인 이유를 언급하고 있다.

이제 율곡의 이기심성론의 핵심적 의미를 요약하면 다음과 같다. 그에게서 '리理' 개념은 중의적으로 무형무위無形無爲한 형이상의 보편적 일리一理와 함께 기氣와 결합하여 묘용을 이루는 분수리分殊理로 구분된다. 그런데 그는 마음을 기氣로 규정하였다. 여기에서 마음은 기의 특성에 따라 무조건 지각과 감정이 발한 것으로 이해된다. 이러한 연유로 마음은 지각능력으로 사물의 이치를 인식한다. 그러나 마음의 지각능력은 서양철학 또는 칸트철학의 의미로 볼 때 실천이성 능력이라기보다는 도구적 또는 오성적 인식능력의 의미에 접근한다. 따라서 율곡에 있어서 오성적 인식능력에 접근하는 마음의 지각은 무형무위의 일리一理는 거의 인식할 수 없다. 율곡의 마음이 인식할 수 있는 대상은 오로지 기氣와 결합하여 실현된 분수리分殊理에 제한된다.

율곡의 심성론 가운데 중요 학설로서 '인심도심설'의 특징은 도덕성의 궁

---

351) 『栗谷全書』「雜記」卷14-33, "須知心性情意, 只是一路而各有境界, 然後可謂不差矣. 何謂一路? 心之未發爲性, 已發爲情, 發後商量爲意, 此一路也."

극적 원리로서 선험적인 '리'가 있어서 여기로부터 도덕적 실천규범이 연역되는 것이 아니라, 반대로 경험적인 결과가 현실적인 조건에 적합한가의 여부에 따라 결과론적으로 '리'의 선악 여부가 귀납적으로 결정된다는 점에 있다. 그리하여 율곡은 '리'를 의미하는 '성性'보다도 도덕적 원리를 분별할 수 있는 능동적 주체로서 '심心'의 '의意:思慮' 기능에 보다 중요한 의미를 부여하였다. 율곡이 성의誠意를 수양의 중요한 내용으로 삼고 있는 것도 바로 이런 이유 때문이다.

요컨대, 율곡의 '이기'에 관한 이론은 주로 인간의 도덕적 이성과 수양의 관점에 따라 제시된 이론이라기보다는 자연의 사실적 법칙과 그 현상을 설명하는 특징을 지닌다고 하겠다. 그러나 율곡에서 '리'가 유형유위성有形有爲性을 가지지는 않지만 보편성과 통일성을 가지는 만큼, 자연의 현상적 법칙을 가능케 하는 근거로 언급할 수 있다. 그러나 이것이 자율적인 작용능력을 가지는 것이 아니고, 작용능력은 '기'에만 부여하고 있는 만큼, 율곡의 이기론은 그의 심성론과 관련하여 이해할 때 비로소 그 도덕실천 규범의 원리로서의 의미를 파악할 수 있을 것이다. 뿐만 아니라 율곡의 '이기'에 관한 이론적 특성은 그의 심성론에 대한 이해에 반영되어 있다. 그의 심성론은 '리'의 능동성을 중시하는 이황 계열의 선험적인 도덕적 이성의 의미를 가지는 심성론과는 다른 특징을 보이고 있다.

이처럼 율곡의 이기심성론이 가지는 특색은 일리一理보나 분수리分殊理에 중점이 두어지는 구조를 가지고 있다. 이 점은 율곡의 역학 사상 또한 이러한 분수리에 대한 탐구의 방법론으로서 적절한 상수역학적 특색을 가지는 것임을 추측케 한다. 하지만 율곡의 역학 사상은 기본적으로 의리역학을 지향하고 있다. 따라서 율곡의 역학사상을 고찰할 때는 그의 이기심성론과의 연관성과 함께 상수역학과 의리역학이라는 역학의 두 가지 측면을 함께 고려하는 것이 중요하다.

3. 「역수책易數策」의 내용적 특징과 의의

「역수책易數策」은 율곡이 29세(1564년 명종19)때 명경과에 응시하여 과거시험의 책문으로 지은 역에 관한 논설이다. 『주역』에 관한 논술 또는 저작이 부족한 율곡에 있어서 「역수책」은 그의 역학에 관한 시각을 질서정연하게 보여주는 중요한 저작이다. 특히 「역수책」에서 제시된 질문이 모두 역의 원리에 관한 것이고, 그 질문 내용이 매우 체계적이며 거기에는 이미 그의 역학에 관한 일정한 관점이 들어가 있다.352)

반면 역학에 관한 율곡의 요약된 논술 안에는 그의 『주역』에 관한 여러 이론적 문제들에 대한 이해뿐만 아니라, 역철학사에 관한 관점이 매우 체계적으로 드러나 있다. 이렇게 볼 때, 『주역』에 관한 다른 저작이 부족한 율곡에 있어서 「역수책」은 그의 역학사상의 핵심 견해를 종합적으로 보여주고 있다고 할 수 있다.

나아가 율곡의 「역수책易數策」은 그의 이기심성론을 토대지우는 성리학적 도덕형이상학 또는 우주론을 잘 보여준다. 따라서 율곡의 「역수책」이 어떤 점에서 그의 이기심성론과 일관성을 가지며. 자연과 인사人事를 어떻게 통합시키고 있는가 하는 점에 유의할 때, 그 의의를 보다 분명하게 할 수 있다. 또 다른 관점에서 볼 때, 율곡의 「역수책」은 이기심성론 만으로 설명할 수 없는 자연의 여러 변화양상 뿐만 아니라, 인사와 어떤 관련성을 가지는가 하는 점을 드러내 준다. 그것은 음양, 오행, 수리 그리고 격물치지, 성의정심誠意正心 등의 문제들을 제기함으로써 율곡의 이기심성론의 취지를 보다 정밀하게 하는 의미가 있다. 본 절에서는 율곡의 「역수책」이 내포하고 있는 이러한 의의를 구체적으로 해명하고자 한다.

「역수책」에서 율곡의 역학사상은 무엇보다도 '사물의 이치를 궁구하고 본

352) 이 질문들은 역학의 여러 이론적 문제들을 전반적으로 포괄하여 다루고 있다. 이것은 바로 역학에 대하여 체계적으로 이해하고 있는가 하는 점을 평가하고자 하는 취지가 이미 문제 자체에 있음을 추론할 수 있다. 여기에서 「역수책易數策」 답안은 율곡이 시험을 준비할 때 이미 출제문제를 예상하여 일정한 시각을 가지고 모범답안을 미리 정리해 놓은 것이 아닐까 추측할 수 있다.

성을 다하여 천명에 이른다[窮理盡性以至於命]'거나, '상황에 따라 변화하여 도에 따른다[隨時變易以從道]'고 하는 유가적 의리역학의 관점에 입각해 있다. 이러한 시각에 따라 율곡은 상수를 중심으로 하는 한당대의 상수역학이 역易의 말단적인 것에 매여 있는데 반하여, 송대의 의리역학이 이전 성인들이 제시한 역학의 취지를 다시 밝혀 주고 있다고 주장하였다. 율곡은 한당대의 상수역학의 문제점을 비판하면서 역학사에 대한 도통론적道統論的 시각[353]을 다음과 같이 제시하고 있다.

> 자연의 역易은 팔괘를 가지고 규명할 수 없고, 복희伏羲의 역易은 문자로 구할 수 없으나, 문왕과 주공 이후 역의 도리가 세상에 밝혀졌으며, 공자가 일어나고 나서는 역학易學의 의리가 후세에 밝혀졌습니다. 그 후로 도통道統이 전해지지 않아 사람마다 이견異見을 가지고 역학을 규명하고자 했지만, 역易의 본래 뜻에 근거하지 않고 문장과 상수를 멋대로 하거나 거기에 구애되었습니다. 송나라의 참된 유학자들이 본래의 취지를 잘 이어서 이전 성인이 못다한 의리를 해명하면서 사도斯道가 다시 밝아졌습니다. 나는 이것에 따라 말씀드려 보겠습니다.[354]

여기에서 율곡은 한당대의 역학자들이 상수와 문장에 구애되고 멋대로 하는 것을 비판하였다. 율곡은 「역수책」의 뒷부분에서 한당대의 상수역학자들이 역의 근본 취지를 밝히지 못하고 지엽적인 곳으로 흐르게 된 이유를 구체적으로 제시하였다. 그는 양웅揚雄BC53~AD18, 이순풍李淳風602~670,

353) 인간의 도덕적 본성을 긍정하는 유가적 道統論에 입각해 있던 성리학에서는 성인이 『주역』을 저술한 목적을 자연사물과 인간 사회의 규범적 법칙을 드러냄으로써 인사의 문제를 해결하기 위한 실천의 준칙을 세우기 위한 것으로 보았다. 이러한 관점에 근거하여 程頤와 朱熹를 중심으로 하는 송대 성리학에서는 『주역』에 대한 이해에도 도통론적 관점을 적용하여 한당대의 역학이론이 상수에 치우쳐서 역의 근본취지를 드러내지 못하는 것으로 비판하였다.

354) 『栗谷全書』 「易數策」, 卷14-48, "自然之易, 則不可以八卦求也. 伏羲之易, 則不可以文字求也. 有文王周公然後, 易道之用, 明於世, 有孔子然後, 易道之義, 昭於後. 厥後道統不傳, 人懷異見, 雖窺易學, 不本其初, 文辭象數, 或肆或拘. 有宋眞儒, 克紹遺緖, 發前聖之餘蘊, 而斯道復明矣. 愚請因是而白之."

곽박郭璞276~324, 그리고 일행一行673~727 등과 같은 학자들이 태현경太玄經을 저술하고, 성명性命과 역수易數를 탐구하여 역의 일단만 이해하였다고 보았다. 그러나 그에 따르면 이들은 역에 대해서만 추구하여 그 리를 구명하지 않았는데, 이것은 현상적인 사물의 변화만을 보고 그 원인을 보지 않는 것으로 역의 근본취지를 상실한 것이다.[355]

율곡의 이러한 평가는 한당대 상수역학자들이 구체적 현상의 변화 자체에만 관심을 가지고 현상이 왜 그렇게 변화하는가 하는 까닭이나 원인에 대한 인식을 결여하고 있음을 비판하는 것이다. 요컨대, 율곡은 이들이 현상들 사이에 내재해 있는 인과관계와 사물의 변화를 근거지우는 보편적 이치에 대한 인식이 없음을 문제로 삼은 것이다. 이와 같은 율곡의 한당대 상수역학자들에 대한 비판은 그의 역학사상이 대체로 의리역학적 지향과 목표를 가지는 것임을 짐작하게 한다.

이처럼 율곡은 유가적 의리역학의 입장을 견지하면서 역의 목표를 성명의 리理에 따르고 사물의 실정實情[356]을 다하며, 또 길흉을 결정하여 행위의 커다란 준칙을 이루는 관점에서 이해하였다.[357] 그는 역의 도리를 설명할 때, 기본적으로 정이의 유가적인 의리역학의 핵심명제로서 '본체와 작용의 근원이 하나이며, 드러난 현상과 은미한 본질은 틈이 없다'[358]고 하는 시각을 받아들인다. 그는 동시에 리가 있으므로 상이 있고, 상이 있으므로 수가 있다[359]고 하여 현상과 수리에는 반드시 그 근거 또는 원인으로서 리가 있음을 강조하였다. 율곡의 이러한 주장은 리理를 상象과 수數의 존재근거로

355) 『栗谷全書』「易數策」卷14-51, "漢之揚雄, 晉之郭璞, 唐之李淳風一行之徒, 或著太玄, 或談性命, 或推曆數, 可謂知易之一端矣. 然而推求於易, 而不求於理, 徒見其然, 不見其所以然, 卒失易學之宗, 安能有補於四聖之遺意歟. 不知理而能知易者, 愚未之聞也."

356) 앞의 책, 같은 곳, 卷14-50, "大哉, 易也, 以之順性命之理, 以之通幽明之故, 以之盡事物之情, 其體至大, 而無不包, 其用至神而無不存."

357) 앞의 책, 卷14-51, "易者, 所以定吉凶, 而生大業者也."

358) 『周易傳義大全』「易傳序」, "體用一源, 顯微無間."

359) 앞의 책, 卷14-49, "聖人仰觀俯察, 天地之間, 萬物之重, 無非一陰一陽之理, 有是理, 則有是象, 有是象, 則有是數, 豈獨河圖爲然哉."

파악하는 정이程頤와 주희朱熹의 관점을 받아들이는 것이다.

특히 그는 격물치지와 성의정심을 통하여 그 리를 인식하고 실천할 수 있는 것으로 주장하여, 격물, 치지, 성의, 정심을 역 가운데 한 가지 일로 간주하였다.360) 이러한 주장은 궁극적으로 역의 취지를 인사의 실천 근거로 파악하고 있음을 뜻한다. 따라서 이것은 율곡의 역학이 성리학적 의리역학의 입장을 견지하고 있음을 분명하게 보여주는 것이다.

그러면 정주程朱 성리학을 대부분 수용하고 있는 율곡의 역학은 어떤 특징을 가지는가? 율곡의 역학은 본체와 현상, 존재와 생성, 수리와 의리 등 몇 가지 관점에서 살펴볼 수 있다. 그의 역학은 기본적으로 그의 성리학적 형이상학으로서 이기론과 심성수양론 개념 및 이론과 밀접한 연관성을 가진다.

먼저 율곡은 본체론 또한 생성론生成論과 연관하여 주렴계의 「태극도설」의 시각을 그대로 받아들여, 태극, 음양, 오행의 작용으로부터 만물이 생성되고 변화되는 것으로 이해하고 있다. 여기에서 그는 정호의 해석을 수용하여 태극의 본체를 역易으로, 그 이치를 도리道理로, 그 작용을 신묘함[神]으로 규정하였다.361) 이것은 만물을 낳고 음양과 오행이 작용하는 근원으로서 태극의 변화를 구조적인 체계의 측면에서 역이라고 하며, 그 변화의 이치를 도리라고 하며, 그 변화의 작용을 신묘함으로 보는 것이다. 여기에서 역은 특히 태극이 드러내는 작용과 이치가 근거하는 전체적인 변화의 시스템system이 됨을 뜻한다. 이처럼 율곡이 태극의 체를 역으로 설명하는 것은 태극을 불변하는 이치와 신묘한 변화를 모두 포괄하는 변화의 전체적인 체계로 간주하는 것이다.

율곡의 경우에 태극은 태허太虛로 해석되기도 하는데, 이때 태허는 이루 헤아릴 수 없는 묘유妙有를 포함하는 것으로서, 그 속의 이치는 형상을 빌어

---

360) 앞의 책, 卷14-53, "然而易之爲道, 體用一源, 顯微無間, 苟非格物致知, 則不得見其理, 苟非誠意正心, 則不得踐其實. 格致誠正, 易中之一事也."

361) 앞의 책, 卷14-48, "萬物一五行也, 五行一陰陽也, 陰陽一太極也. 太極亦强名耳. 其體則謂之易, 其理則謂之道, 其用則謂之神."; 「遺書」『二程全書』, "上天之載, 無聲無臭, 其體則謂之易, 其理則謂之道, 其用則謂之神, 其命于人則謂之性."

밝게 드러나는 것으로 이해된다.[362] 그는 한편으로는 태극의 불변하는 이치와 변화의 체계로서 역을 본체론적으로 이해하였다. 또 한편 역의 의미는 실제적인 이치일 뿐이라고 하면서도 동시에 조금의 멈춤도 없이 지속적으로 변화 생성하는 것이라는 점을 강조하였다.[363] 이것은 그가 낳고 낳는 것[364]으로서 역의 생성론적 측면에 주목하는 것이다.

율곡은 수리적인 측면에서의 역의 의미를 제시하기도 하였다. 역에서 언급하는 수는 보다 추상화된 수와 보다 구체적인 현상 속에서의 수로 구분할 수 있다. 예컨대, 「하도낙서」의 수, 음양노소와 생성의 수, 대연지수大衍之數, 64괘를 구성하는 사상, 팔괘 등의 수는 추상적인 수인 반면, 시간, 역법, 음률 등에 포함된 수는 보다 구체적인 현상에서의 수이다. 그에 따르면 「하도」의 수는 완전함을 위주로 하기 때문에 10에서 다하여 천지의 자연적인 상象이 되는 반면, 「낙서」의 수는 변화를 주로 하는 것이므로 9에서 다하여 인사의 당위적인 도리가 된다.[365]

「하도河圖」와 「낙서洛書」의 수에 대한 율곡의 해석은 다음과 같은 의미를 갖는다. 「하도」의 수[10]는 인위적인 조작이 배제되어 완전성을 가지는 자연세계의 불변의 필연적인 법칙과 보편적인 이치를 상징한다. 「낙서」의 수[9]는 인위적인 목적을 가지는 인사의 구체적인 상황에서 특정한 실천 원칙으로서 당위의 도를 상징한다. 하지만, 율곡은 「낙서」의 수로 팔괘八卦를 그릴 수도 있고, 「하도」의 수로 구주九疇를 그릴 수도 있으므로 「하도」가 애초에 「낙서」가 되지 못하는 것이 아니고, 「낙서」가 처음부터 「하도」가 되지 못하는 것이 아니므로, 이들의 이치는 다르지 않다[366]고 주장하였다. 그는 역

362) 『栗谷全書』「畫前有易賦」 卷1-16, "繄太虛之寥廓兮, 運妙有而不測, 諒厥虛之不虛兮, 理仮象而昭晰."

363) 『栗谷全書』「易數策」 卷14-50, "大易之義, 實理而已. 眞實之理, 不容休息, 則上天安得不生三聖, 三聖安得不衍大易哉."

364) 『周易』「繫辭 上」 5章, "生生止謂易."

365) 『栗谷全書』「易數策」 卷14-49, "河圖之數主全, 故極于十而天地自然之象也. 洛書之數主變, 故極于九而人事當然之道也."

366) 『栗谷全書』「易數策」 卷14-50, "洛書之數, 亦可因之以畫八卦. 河圖之數, 亦可因之以敍九疇. 圖未始不爲書, 書未始不爲圖, 奇偶生克, 雖曰懸絶, 而其理則一

을 불역不易의 관점에서 볼 때 「하도」가 되며, 변역變易의 관점에서 볼 때 「낙서」가 되지만, 이들의 본래 이치는 하나라고 강조하였다. 이것은 결국 자연의 상으로 드러나는 천도와 당위의 도로 드러나는 인사가 다른 것이 아님을 의미한다.

율곡은 64괘가 형성되는 수리 연역의 과정에서 근원적인 일자一者 속에 이미 현상으로 분화되는 특수한 다자多者가 내포되어 있음을 언급하였다. 이것은 보편적인 이치가 특수한 현상으로 분화되고, 반대로 특수한 현상이 보편적인 이치로 종합됨으로써 보편적인 이치와 특수한 현상 사이에는 가역적 상호관계가 내재되어 있음을 드러내는 것이다. 율곡은 이들 사이의 관계를 다음과 같이 제시하였다.

> 하나로부터 둘이 되면 하나는 둘의 근본이므로 어찌 둘은 많고 하나는 적다고 할 수 있겠습니까? 둘에서 넷이 되고, 넷에서 여덟이 되며, 여덟에서 예순 넷이 되는 것도 이와 같습니다. 예순 넷으로부터 무궁한 데 이르는 것이라면, 예순 넷도 무궁함의 근본이니 어찌 무궁함은 많으나 예순 넷은 적다고 할 수 있습니까? 그 괘는 예순 넷이지만, 그 이치는 무궁하고 그 작용 또한 무궁합니다.[367]

율곡은 바로 2의 승수[2^n]에 의한 수적 분화에 근거하여 통일자統一者로부터 무궁한 현상이 연역되는 과정을 설명하였다. 여기에서 그는 근원적인 통일자는 이미 현상의 다양성을 함축하고 있는 만큼, 현상의 다양함이 수가 많다고 하여 많은 것이 아니고, 근원적인 통일자가 수가 적다고 하여 적은 것이 아님을 강조하였다. 요컨대, 이 말은 어떠한 개별적인 사물도 불변의 근원적인 일자 또는 보편적인 이치를 내포하여 그것으로 종합될 수 있으며,

---

也."

367) 『栗谷全書』 「易數策」 卷14-50, "自一而二, 則一者, 二之本也. 其可謂二多而一少乎. 自二而四, 自四而八, 自八而六十四卦, 亦猶此也. 自六十四而至於無窮, 則六十四, 亦無窮之本也. 其可以無窮爲多, 而六十四爲少乎! 其卦則六十四, 而其理無窮, 其用亦無窮也."

반대로 어떤 근원적인 일자 또는 보편적인 이치도 특수한 변화와 구체적인 현상으로 분화될 수 있음을 뜻한다.

율곡은 이와 같이 근원적인 통일자와 현상의 다양한 변화를 포괄하는 역의 두 측면을 그의 이기론적 관점에 근거하여 설명하였다. 율곡에 따르면 하나의 이치가 온전하면서도 음양陰陽의 두 기는 두루 유행하여 거대한 천지와 사물의 변화는 모두가 리理와 기氣의 신묘한 작용 아님이 없다.[368] 자연사물의 무한한 변화는 리와 기가 신묘하게 결합하여 이루어진다. 하지만, 율곡은 리와 기를 본체와 현상으로 나누어 선후본말先後本末 또는 상하上下로 구별하지 않고, 구체적 현상사물에서 하나로 결합하여 작용하는 측면을 강조하였다.

율곡은 리理가 있으면 기氣가 없을 수 없고 기가 존재함에 따라 만물 또한 생성되지 않을 수 없다고 보았다. 또한 그는 움직이고 고요한 것은 기이며, 움직이게 하고 고요하게 하는 것은 리인데, 음양의 기가 나뉘어져 만물이 생성될 때 그러한 현상은 기인 반면, 그러한 까닭은 리이지만, 그것을 주관하는 자는 알 수 없으며 단지 저절로 그렇게 될 뿐이라고 보았다.[369] 다시 말하면 이것은 자연의 모든 변화는 기氣로 말미암아 이루어지고 리는 운동성 자체에 내재한 자기원인적인 조리條理가 된다는 것이다. 율곡의 이러한 관점은 인위성이 배제된 자연을 주로 말하는 것으로 운동하는 기氣 밖에 어떠한 독립적인 운동인運動因 또는 인위적인 주재자도 전제하지 않는 것이다.

율곡이 기에 독립적인 것으로서 외적인 운동인運動因을 전제하지 않는 것은 기를 주재하는 어떠한 초월적인 리도 가정하지 않는 것을 뜻한다. 율곡에 있어서 신묘한 작용을 이루는 리와 기는 언제나 우열이나 주종의 가치론적 차등성을 가지지 않고 상보적으로 일정한 변화를 가능케 하는 단일한

---

368) 『栗谷全書』「易數策」卷14-48, "一理渾成, 二氣流行, 天地之大, 事物之變, 莫非理氣之妙用也."

369) 『栗谷全書』「易數策」卷14-48, "有是理, 則不得不有是氣, 有是氣, 則不得不生萬物. 一動一靜者, 氣也. 動之靜之者, 理也. 陰陽旣分, 二儀肇闢, 二儀旣闢, 萬化乃生. 其然者, 氣也. 其所以然者, 理也. 愚未知孰主張是, 不過曰自然而然耳."

실재의 두 속성이다. 이기에 관한 율곡의 이러한 관점은 퇴계 이황이 인간의 도덕적 실천을 위주로 하여 이기理氣가 각각 존비귀천의 가치의 우열을 가지는 것으로 보는 시각과 구별된다. 율곡에서 리는 가치론적으로 평등하게 기와 결합하여 신묘한 작용을 이루는 반면, 퇴계에서 리는 절대적인 선善으로 기氣를 부리면서 '신묘한 작용'을 이룬다.[370] 곧, 율곡과 퇴계에 있어서 이기는 가치론적인 우열을 가지는 것과 가치중립적인 것으로 각각 그 의미가 구별되는 것이다.

율곡은 이처럼 현상의 변화를 가치중립적인 리와 기의 묘용에 의하여 이루어지는 것으로 보았다. 하지만 그에 따르면 『역』이란 모든 일의 근본으로서 선과 악이 이로부터 나오는 것이다.[371] 뿐만 아니라 역은 길흉을 결정하여 중대한 일을 처리하는 것이다.[372] 율곡은 역을 이와 같이 인사의 당위적인 도리를 행할 것을 목표로 하는 것으로 이해하는 만큼, 자연과 인사의 변화법칙에 대한 가치평가에 주목하지 않을 수 없었다. 그러면 현상사물의 변화와 법칙에 대한 선악길흉은 어떻게 평가할 수 있는가?

율곡은 『역』의 위대성을 다음과 같이 설명하고 있다. "역易으로 성명의 이치를 따르고, 역으로 현상과 이치가 작용하는 것에 통달하며, 역으로 사물의 진실된 모습을 모두 이해하므로 역의 본체는 지극히 커서 포함하지 않는 것이 없고, 그 작용은 지극히 신묘하여 보존하고 있지 않은 것이 없다."[373] 그에 따르면 이기의 묘용으로 이루어져서 모든 변화를 포괄하는 역에는 성명性命의 이치, 사물의 현상과 이치, 그리고 사물의 진실성이 내재해 있는 것이다. 요컨대, 율곡에서 인사와 사물에 대한 가치평가는 이들 인사와 사물의 변화 이치와 진실함을 바르게 이해할 때 비로소 가능하다고 하

370) 『退溪全書』「答奇明彦別紙」卷18-31, "是知無情意造作者, 此理本然之體也. 其隨寓發見而無不到者, 此理至神之用也."

371) 『栗谷全書』「易數策」卷14-51, "蓋易者, 萬事之本也. 善惡由是而生, 邪正由是而出."

372) 앞의 책, 같은 곳, "易者, 所以定吉凶, 而生大業者也."

373) 『栗谷全書』「易數策」卷14-50, "大哉, 易也. 以之順性命之理, 以之通幽明之故, 以之盡事物之情, 其體至大而無不包, 其用至神而無不存."

겠다.

그러면 율곡에서 역의 변화로 드러나는 인사와 사물의 이치는 어떻게 이해하고 실천할 수 있는가? 율곡은 『대학』에서 '격물치지格物致知'와 '성의정심誠意正心'을 통하여 바로 인사와 사물의 이치와 진실을 이해하고 실천할 수 있을 것이라고 주장하였다.

> 역의 도는 체와 용이 근원이 동일하고, 드러난 것과 은미한 것이 간격이 없다. 실로 사물을 탐구하고 지식을 극대화하지 않으면 바른 이치를 볼 수 없고, 실로 뜻을 성실히 하고 마음을 바르게 하지 않으면 진실하게 행할 수 없다. 그러므로 사물을 깨우치고, 지식을 넓히며 뜻을 성실히 하고 마음을 바르게 하는 것도 역 가운데 하나의 일이다.374)

율곡에게서 역은 자연과 인사의 모든 변화와 법칙을 포괄하는 것이므로, 인사의 실천을 위하여 격물치지와 성의정심을 통하여 이들의 이치와 진실을 탐구하고 실천해야 할 것이라고 보았다. 이렇게 율곡의 역학은 이기의 묘용妙用을 핵심으로 하는 이기론적 관점을 포괄하며, 격물치지와 성의정심을 통한 심성의 수양을 핵심과제로 함축하고 있다. 이것은 율곡의 역학이 이기론 및 심성수양론과 긴밀한 연관성을 가지는 것을 의미한다.

따라서 율곡의 역학사상과 관련하여 앞절에서 이기심성론의 구체적인 내용을 검토함으로써 그의 역학이 지니는 특징을 보다 정밀하게 규명할 수 있는 토대를 세우고자 하였다. 또한 본 절에서 「역수책易數策」을 중심으로 하는 율곡의 역학사상을 이기심성론의 측면에서 해명하고자 한 것은 그의 역학이 도덕적 실천과 심성 수양의 본체론적 근거가 되는 부분에 유의한 것이라 할 수 있다.

---

374) 앞의 책, 같은 곳. 卷14-53, "然而易之爲道, 體用一源, 顯微無間, 苟非格物致知, 則不得見其理, 苟非誠意正心, 則不得踐其實. 格致誠正, 易中之一事也."

4. 「획전유역부畫前有易賦」에 나타난 역학의 관점

윗 절에서는 『주역』의 철학적 원리와 일반적 내용을 다룬 「역수책」에 내포되어 있는 율곡 역학사상의 의리역학적 특성을 주로 검토하였다. 이 절에서는 율곡이 「획전유역부畫前有易賦」라는 글에서 소옹의 역학적 관점을 어떻게 해설하고 설명하고 있으며, 그 해석은 어떤 특징을 가지고 있는가 하는 것을 살펴보고자 한다.

『주역』은 추상적인 괘효를 그리고 여기에 괘효사를 붙임으로써 자연과 인간 사회의 모든 현상과 그 변화의 양상을 설명하고 여기에 대해 길흉 등으로 가치평가를 하는 체계로 구성되어 있다. 따라서 실제적으로 괘효를 그리고 괘효사를 붙여서 『주역』이라는 책을 만들기 이전에도 외부 자연과 인사에서의 변화 자체와 그 이수理數는 『주역』의 괘효와 무관하게 실재하고 있다고 할 수 있다.

정이는 토끼를 파는 사람을 본 것을 계기로 말하기를 '성인이 「하도낙서」를 보고 팔괘八卦를 그렸다. 하지만 어찌 반드시 「하도낙서」를 보아야만 하겠는가? 단지 이 토끼만 보아도 팔괘를 그릴 수 있으니, 수數는 바로 여기에서 생겨난다. 고대의 성인은 단지 신령한 물건 중에 지극히 드러난 것을 취했을 뿐이니, 수목과 같은 곳에서도 수數를 볼 수 있다'375)고 하였다. 이런 견해는 「하도낙서」만이 아니라 토끼나 나무 같은 것을 보고도 팔괘를 그릴 수 있는데, 이것은 이들 속에 이미 수가 내포되어 있기 때문이라는 것이다. 이것은 달리 말하면 괘를 그리기 이전에 변화의 법칙[易의 理數]이 이미 모든 사물 속에 있다고 생각하는 것이다.

이와 같이 '괘획을 그리기 이전에 역이 있다[畫前有易]'는 사고는 송대 소옹이 처음으로 명시적으로 제시했다고 한다. 정호에 따르면 소옹은 "누가 괘획을 그리기 이전에도 원래 역이 있다는 것을 믿겠는가? 하지만 괘를 그리

375) 『周易傳義大全』, 「易說綱領」, '程子曰', "因見賣兎者曰, '聖人見河圖洛書而畫八卦. 然何必圖書. 只看此兎亦可作八卦. 數便此中可起. 故聖人只取神物之至著者耳. 只如樹木亦可見數.'"

기 이전에 어찌 천지음양이 없겠는가?"[376]라고 하였다. 소옹의 이러한 말은 괘획卦畫을 그리기 이전에 음양으로 변화하는 역이 있음을 분명하게 말하고 있다. 주희의 「역서易序」 말미에도 "역에 괘가 있는 것은 역이 이미 형체화된 것이고, 괘에 효가 있는 것은 괘가 이미 드러난 것이다. 이미 형체로 되고 드러난 것은 언어로 알 수 있지만, 아직 형체가 없고 아직 드러나지 않은 것은 명칭으로 구할 수 없다면 이른바 역이라는 것이 과연 무엇인가?"[377]라고 의문을 제기하면서 괘를 그리기 이전의 형체로 드러나지 않은 단계에서의 역의 존재를 암시하였다.

이후 여러 학자들은 '획전역畫前易'의 의미에 대하여 많은 탐색을 하였다. 율곡 또한 「획전유역부畫前有易賦」를 지어 괘를 그리기 이전 단계의 역에 대하여 여러 의미들을 설명하였다.[378] 그러면 율곡이 이 글에서 괘획卦畫을 그리기 이전에 존재하는 역에 대하여 어떻게 말하고 있으며, 율곡의 역학에서 이 글이 어떤 위치를 차지하고 있는가를 살펴보기로 한다.

율곡은 「획전유역부」 앞머리에서 묘유妙有를 운용하는 광활함을 말하였고, 이어서 역의 실체와 묘용妙用, 역 이전에 모든 사물에 지극한 이치가 존재함, 역의 이치가 어두워져서 단彖이나 효爻에 얽매이게 된 것, 그리고 소옹이 역易이 없는 역易을 추구한 것이 성인이 미처 밝히지 못한 것을 밝혔음을 말하고 있다. 그는 괘획卦畫이 그려지기 이전의 태허太虛의 세계를 다음과 같이 기술하고 있다.

> 아! 태허太虛의 광활함은 묘유妙有를 운용하여 이루 헤아릴 수 없다. 실로 그 빈 것은 실제 빈 것이 아니니, 이치理致가 형상을 벌여 밝게 나타난다. 괘획을 갖추기 이전을 소급해 올라가 고요하게 생각하니 그 자연스러운 변역變易을 보겠다. 아득한 옛날 하늘과 땅[鴻蒙]이 처음 갈라질 때 건곤乾坤으로 높

---

376) 『擊壤集』附錄, "邵堯夫曰誰信畫前元有易, 畫之前豈無天地陰陽乎?"

377) 『周易傳義大全』, 「易序」, "易之有卦, 易之已形者也. 卦之有爻, 卦之已見者也. 已形已見者, 可以言知. 未形未見者, 不可以名求, 則所謂易者, 果何如哉. 此學者所當知也."

378) 곽신환, 「율곡 이이의 소강절 역학 이해」, 『동양철학연구』 65, 2011, 141쪽.

> 고 낮음을 정하였다. 여섯 자식을 품어서 온축蘊蓄을 하고 이의二儀를 열어서 관문으로 삼았다. 올라가서는 구름이 되고 내려와서는 샘이 되어, 산과 연못에서 기운을 통하는 것을 징험한다. 움직이면 더없이 빠르고 흔들면 더없이 펼쳐지니, 바람과 우레를 고무하여 서로 부딪친다. 해와 달을 드리워 밝음을 드러내니 물과 불이 서로 없애지 않는다.[379]

율곡은 현상적 변화가 이루어지는 이전의 세계를 태허太虛라고 하여 장재 철학의 우주론 개념을 끌어다 쓰고 있다. 여기에서 율곡은 장재와 마찬가지로 태허를 헤아릴 수 없을 정도로 온갖 신묘한 존재들을 운용하는 본체가 되는 것으로 규정하고 있다. 그리고 태허는 아무 것도 없는 공허한 세계가 아니라 이치가 상象을 통해 밝게 드러나는 현상의 본체이다.

이처럼 율곡은 괘획卦畫을 그리기 이전의 현상사물이 존재하지 않는 태허太虛의 세계를 이치를 갖추고서 신묘한 존재를 낳아 빈 것이 아닌 알맹이가 있는 실체로 간주하였다. 그리하여 그는 이어서 괘획을 그리기 이전에 자연스러운 변화의 역을 보게 된다고 주장하였다. 이것은 바로 율곡이 소옹의 입장을 따라 획전畫前에 역이 있음을 단적으로 드러내는 표현이라 할 수 있다.

이어서 율곡은 태허의 묘유妙有가 운용되어 드러나는 변역變易을 부모괘로서 건곤과 여섯 자식 괘를 가지고 설명하고자 하였으며, 이들 팔괘의 특성을 「설괘전」의 내용을 기준으로 설명하였다.[380] 또한 율곡은 무형의 이치와 역易의 실체를 태극太極에까지 미루어가고 동정動靜으로 변하는 것을 역의 묘용으로 간주하면서 천지 사이에는 삼재三才가 갖추어져 있고 모든 현상에 지극한 이치가 있음을 강조하였다. 그는 다음과 같이 획전畫前에 천지인天地人 삼재三才와 사물의 이치가 갖추어져 있다고 주장하였다.

---

379) 『栗谷全書』「畫前有易賦」 卷1-16, “緊太虛之寥廓兮, 運妙有而不測, 諒厥虛之不虛兮, 理假象而昭晰, 溯畫前而冥思兮. 覰自然之變易, 邈鴻蒙之肇剖兮, 定尊卑於乾坤, 包六子而爲蘊兮. 拓二儀而爲門. 升爲雲而降爲泉兮. 驗通氣於山澤, 動莫疾而撓莫舒兮. 鼓風雷而相薄, 懸兩曜而著明兮. 水與火其不相射.”

380) 『周易』「說卦傳」, “天地定位, 山澤通氣, 雷風相薄, 水火不相射, 八卦相錯.”

> 형체가 없는 것을 유형물로 드러내니 이치가 어찌 숨어서 드러나지 않겠는가? 소리도 냄새도 없는 것이 역易의 실체이니 태극太極의 경지에서 사려를 끊는다. 한편으로 움직이기도 하고 한편으로 고요하기도 한 것이 역易의 신묘한 작용이니, 천지 사이에 작동하는 기관을 세웠다. 천지 사이에 가장 영명靈明한 사람을 세워서 크게 그 틈을 채워서, 실로 삼재三才가 저절로 갖추어지니, 어찌 괘획卦畫을 기다림이 있겠는가? 아! 이 역易이 이전으로는 시작이 없고 뒤로는 끝이 없으니 누가 그 근본을 볼 수 있겠는가? 대저 누가 풀 한 포기와 나무 한그루에도 지극한 이치理致가 깃들어 있지 않은 것이 없음을 알겠는가?[381]

율곡은 소리나 냄새와 같은 감각을 초월한 은미한 이치를 다한 태극의 경지를 역의 실체[體]로 간주하고, 동정의 변화를 이루는 것을 역의 신묘한 작용[用]으로 간주하였다. 또한 여기에서 사람을 세워서 천지인의 삼재를 갖춤으로써 인사人事를 통하여 동정의 묘용을 실현할 수 있는 것으로 추론한다. 이것은 인간이 이치를 드러내는 것이다. 이렇게 '이치를 드러낸 인간은 그 이치를 실천하고 자연의 부족한 부분을 보충함으로써 천지의 작업을 돕는다. 결국 인간의 영명성이 그로 하여금 천지와 더불어 삼재三才가 되게 하는 것이다.'[382] 여기에서 그는 현상을 넘어서 있는 이치는 이미 괘획을 그리기 이전에 역의 실체와 묘용으로 천지와 인간을 관통해 있는 것으로 보고 있다.

하지만 율곡은 괘획으로 드러나기 이전의 역은 앞뒤로 시작과 끝이 없기 때문에 쉽게 그 근본을 미루어 알기 힘들다고 말하였다. 하지만 그는 한포기의 초목에도 모두 지극한 이치가 들어 있지만, 변화가 시종이 없기 때문에 현상적인 것만 보아서는 이러한 이치가 있음을 알기 어렵다고 강조하였

---

381) 李珥, 앞의 책, 같은 곳, "形無形於有形兮, 理何隱而不彰, 無聲無臭是易之實體兮. 絶思慮於太極, 一動一靜是易之妙用兮, 設機關於闔闢. 位最靈於兩間兮. 誕彌縫其罅隙, 固三才之自備兮, 奚有待於卦畫. 嗟茲易之前無始後無終兮, 孰厥本之能覩. 夫孰知一草與一木, 亶莫非至理之所寓"

382) 곽신환, 앞의 논문, 143쪽.

다. 율곡은 현상 이전에 이치에 따르는 획전의 역이 있지만, 획전의 역은 구체적인 현상물 또는 숫자로 그 상象을 분명하게 드러낼 수 있다고 말하고 있다.

그는 황하에서 용마龍馬가 지고 나온 그림은 바로 이 역易을 비추어주는 상징이라고 보았다. 그리하여 그는 위로 올려보면 볼 수 있고 내려보면 관찰할 수 있는데, 어찌 하늘은 꼭 셋이고 땅은 둘이라고 헤아릴 필요가 있겠는가를 문제삼고 있다. 여기에 대하여 율곡은 본래의 역易의 도道는 이처럼 상象을 밝게 드러내기 때문이라고 말하였다.[383] 이것은 바로 역은 본래 상으로 밝게 드러낼 수 있는 것이라는 말이다.

그러나 율곡에 따르면, 인자仁者는 주로 어진 것을 보고 지자知者는 주로 지적인 것을 보아서 각각 자신의 관점에서 사물을 바라봄에 따라 역의 이치를 전체적으로 이해하는 것에 어두웠다고 한다. 또 어리석은 백성들은 날로 쓰면서도 (역의 이치를) 알지 못하여 성인이 지혜를 쓰고 깊은 뜻을 찾아내며 어두운 곳을 드러내고서, 이어 상象을 세워서 이로부터 이치를 탐구할 수 있도록 하였다[384]고 주장하였다. 이것은 바로 인자仁者나 지자知者 그리고 어리석은 백성들이 모두 알기 쉬운 상象을 통하여 역의 이치를 이해할 수 있게 하기 위하여 성인이 상을 세운 것이라고 인식하는 것이다.

율곡은 여기에서 성인은 상을 통하여 이치를 궁구할 수 있게 하고자 한

---

383) 李珥, 앞의 책, 같은 곳, "彼河中之負圖兮, 亦此易之鏡象, 仰可觀兮俯可察, 何必數天參而地兩, 健立剛兮順立柔. 何必著陰偶而陽奇. 噫本然之易道兮. 炳垂象兮若玆."

384) 李珥, 앞의 책, 같은 곳, "然仁智各隨所見兮. 失全體而昧斯. 矧百姓之蚩蚩兮. 羌日用而不知. 肆聖人運以獨智兮, 極鉤深而闡幽. 爰立象而盡意兮. 理自此而可求"『周易』「繫辭 上」5章에서는 "음으로 한번 양으로 한 번 바뀌는 것을 道라고 말한다. 그것을 따르는 것을 善이라 하고, 그것을 이루는 것을 性이라 한다. 仁者는 그것을 보고 仁이라 말하고, 知者는 그것을 보고 知라고 말한다. 백성들을 매일 쓰면서도 알지 못한다. 그래서 군자의 도가 세상에 드물게 되었다.(一陰一陽之謂道, 繼之者, 善也. 性之者, 成也. 仁者見之謂之仁, 知者見之謂之知. 百姓日用而不知, 故君子之道, 鮮矣.)"라고 하여 어진 사람과 지혜로운 사람도 각각 자신의 관점에서 보고, 백성들은 날로 이용하면서도 역의 도리를 모르기 때문에 군자의 道가 드물어졌다고 말하고 있다.

것이었는데, 역의 도리가 어두워지면서 「단전彖傳」이나 효상爻象에만 얽매이거나, 수단으로서 상을 버리고 의미만 추구하려는 상반된 극단으로 치우치는 경우가 발생하는 문제를 지적하였다. 이어서 그는 소옹의 역학이 성인이 해명하지 못한 것을 설명하고 있다고 보았다.

> 그러면 어찌하여 역학易學이 점차로 어두워졌는가? 단지 단彖이나 효爻에 얽매이기도 하도, 통발이나 올가미를 버려두고서 물고기와 토끼를 잡으려고 했기 때문이다. 소옹邵雍에게서 취할 것이 있으니, 변화하지 않는 역易을 고요한 가운데 찾고, 사물이 아닌 물物의 이치에 마음을 기울이며, 성정性情을 읊으면서 묘리를 펼쳐서 이전 성인이 발휘하지 못한 것을 밝혔다. 아! 나는 천년 뒤에 태어나서 옛사람의 마음을 마음으로 삼아서 참된 근원으로 소급할 것을 깨닫는다.385)

율곡은 성인이 상象을 세운 것이 이치를 탐구하기 위한 의미 있는 수단이 되는 것인데도, 역학이 어두워지면서 사람들이 한편으로는 「단전」이나 효상과 같은 것에 얽매이고, 다른 한편으로는 물고기와 토끼를 잡는 수단으로서 통발과 올가미 없이 이들을 잡으려고 한다고 비판하고 있다. 여기에서 앞 문장이 한대 상수역학자들이 상에 구속되고 얽매여서 상象의 정합적 의미를 해석하려는 견강부회의 문제점을 지적한 것이라면, 뒷 문장은 왕필의 '득의망상론得意忘象論'과 같은 도가적 의리역학에서 상象을 무시하는 것을 비판한 것이다.

율곡은 이렇게 한편으로 역철학사에서 역학이 어두워진 한대와 위진시대의 문제점을 지적하면서도, 다른 한편으로는 소옹이 이전 성인이 밝히지 못한 역의 도리를 다시 밝힌 것으로 보고 그 내용을 열거하면서 그를 찬미하였다. 율곡에 따르면 소옹은 현상적인 변화가 없는 역의 이치를 고요하게 찾고 형체를 초월한 세계에서 사물의 이치에 잠심潛心하며 사람의 성정을

385) 李珥, 앞의 책, 같은 곳, "胡易學之漸晦兮, 惟象爻之是拘, 捨筌蹄而得魚兎兮. 竊有取於堯夫, 冥搜乎無易之易兮, 玩心乎不物之物, 詠性情而播妙兮, 發前聖之未發. 嗟我生後千載兮, 心古人之方寸, 悟眞源之可溯兮"

다스리는 것과 관련하여 신묘함을 펼친 것으로 이전 성인이 깨닫지 못한 것을 밝힌 것으로 언급하였다. 그에 따르면, 소옹은 성인이 세운 것으로 현상적으로 드러나는 상의 세계를 긍정하고 전제하면서도, 현상의 변화하는 사물을 초월한 변치 않는 이치를 찾고 사람의 성정을 닦으면서 신묘한 리를 펼쳐 보여주었다고 할 수 있다.

율곡은 「획전유역부」의 마지막에 획을 그리기 이전의 역의 의미를 노래 형식으로 다음과 같이 읊고 있다.

> 천지天地의 역易은 복희伏羲씨를 기다리지 않네
> 상象은 지극히 드러나지만, 이치理致는 지극히 은미하다.
> 팔괘八卦가 그려지고 나서 현기玄機가 새버리게 되면서
> 도도하게 끄트머리만 쫓으니 근본에 통하는 사람이 드물구나.
> 안락와安樂窩가 비었으니, 나는 누구와 함께 돌아갈까나?
> 그대에게 물고기 뛰고 소리개 나는 것 숨길 수 없다.386)

이 노래의 첫머리에서 율곡은 첫머리에서 복희씨가 팔괘와 육십사괘를 그리기 이전에 천지자연의 역이 있었음을 언급함으로써 획전역의 존재를 분명하게 말하였다. 다음 둘째 연에서 그는 상象과 리理의 상반된 특성을 지극히 현저하게 드러나는 것과 숨어서 감각으로 인식되지 않는 것으로 설명하여 두 가지가 일관된 연속성을 가지는 것임을 함축적으로 언급하고 있다. 이 구절은 정이가 「역전서易傳序」에서 "지극히 은미한 것은 이치이고, 지극히 드러난 것은 상象이다. 본체와 작용을 근원이 하나이고 드러난 것과 은미한 것은 틈새가 없다"387)고 말한 의미를 함축하고 있다. 이것은 체體로서 은미한 이치와 용用으로서 드러난 상象이 근원이 같으며 간극이 없이 일관성과 연속성을 가진다는 것이다.

---

386) 李珥, 앞의 책, 같은 곳, "歌曰天地之易, 不待庖羲, 象兮至顯, 理兮至微, 八卦旣畫, 聿洩玄機, 滔滔逐末, 達本者稀, 安樂窩空, 吾誰與歸, 無隱乎爾, 魚躍鳶飛."
387) 程頤, 「易傳序」, "至微者, 理也, 至著者, 象也. 體用一源, 顯微無間."

다음으로 셋째와 넷째 연은 성인이 팔괘를 그리면서 상象을 드러냄에 따라 깊이 숨어 있어 드러나지 않는 이치를 상징하는 현기玄機가 사라지면서 모든 사람들이 도도하게 상의 말단에만 구속되어 역의 근본 이치를 살피는 사람이 드물게 되었음을 탄식하고 있다. 이것은 율곡이 조선시대 『주역』을 연구하는 학문적 전통을 돌아보면서 대부분의 사람이 상수학象數學에 치우친 문제점을 지적하는 것이라 하겠다. 다음 다섯째 연은 소옹이 머무르던 집이 '안락와安樂窩'였었는데 이곳이 비었다는 것은 소옹이 강조했던 획전의 역의 이치를 탐구하는 사람들이 없다는 것이다. 그래서 율곡이 안락와로 돌아가 소옹이 지향했던 역의 근본이 되는 이치를 공부하고 싶지만 함께 돌아갈 사람이 없음을 유감스럽게 생각하는 것이다.

하지만 율곡은 마지막 연에서 사람들에게 연비어약鳶飛魚躍을 숨길 수 없다고 말하였다. 이것은 바로 천리의 이치가 형상으로 현저하게 구체화된 모습으로서 소리개가 하늘을 날고 물고기가 강에서 뛰어오르는 모습은 상으로 현저하게 드러나면서도 동시에 천리를 밝게 보여준다는 것이다. 이 마지막 연에서 율곡은 천리와 상이 근원이 하나이고 틈과 간극이 없다는 것을 말하고 있다.

이러한 율곡의 관점은 소옹의 역학을 기본적으로 정이의 역학과 연관되는 측면에서 이해하는 것이며, 유가적 의리역학의 관점에서 소옹을 해석하는 것이라 할 수 있다. 이러한 시각에 따라 율곡은 『성학집요』 「성현도통聖賢道統」에서 성현의 도통을 논하는 곳에서 소옹이 공맹의 내성외왕內聖外王의 정맥正脈을 이었음에도 불구하고, 선현들이 그를 도학의 정맥으로 인정하지 않았음을 유감스럽게 여기면서, 『성학집요聖學輯要』에 소옹을 싣지 못하는 것을 애석하게 생각하였다.388) 결국 율곡은 소옹의 역학을 받아들이면서도 상象과 이치를 일관성과 연속성을 가지는 것으로 보아 인사의 도덕적 실천을 목표로 하는 유가적 의리역학의 범위에서 해석하고자 하는 시각을 보여주고 있다.

---

388) 『聖學輯要』 「聖賢道統」, "臣按, 康節邵氏, 內聖王王之學, 安且成矣. 而先賢未嘗以道統正脈許之, 故不敢載于此."(곽신환, 위의 논문, 132쪽)

5. 『성학집요聖學輯要』의 목표와 『주역』의 의리적 해석

윗 절에서는 「획전유역부畫前有易賦」에서 율곡이 제기하고 있는 역학의 범위에 대한 기본적인 시각과 함께 소옹역학의 특징과 이에 대한 해석 관점을 주로 살펴보았다. 본 장에서는 윗 장에 이어서 보다 구체적으로 『주역』의 단전彖傳 및 상전象傳 그리고 괘효사의 내용과 정이의 해석을 주로 인용하여 성학의 원리를 설명하고 있는 『성학집요』에 있어서의 율곡의 역에 대한 의리적 해석을 중점적으로 살펴보고자 한다.

『성학집요』는 율곡이 육경六經과 사서四書에 기술되어 있는 도학道學의 정수를 뽑아서 편찬한 후 제왕의 길을 밝히기 위하여 1575년(선조 8)에 선조宣祖에게 지어 올린 성학서聖學書이다. 율곡은 『대학』이 제왕의 학문으로서 이념과 절차를 가장 잘 제시하고 있다는 판단에 따라 『대학』의 기본 이념에 입각하여 『성학집요』의 체계를 구성하였다. 그리하여 율곡은 『대학』의 이념과 절차를 반영하여 『성학집요』를 통설로부터, 수기修己, 정가正家, 위정爲政, 성현도통聖賢道統 등의 항목으로 순서지웠다. 다시 말하면 『성학집요』는 유가적 수기치인修己治人의 요점을 군왕에게 잘 전달하기 위하여, 육경사서六經四書를 중심으로 한 유가의 여러 경전에서 뽑아낸 구절들을 모아서 저술한 것이다. 이렇게 볼 때, 『성학집요』는 유가철학의 도덕적 수양과 실천, 그리고 이상적 정치를 위한 제왕의 지침서로서의 의미를 가진다.

율곡은 특히 『성학집요聖學輯要』에 『주역』의 괘사卦辭, 「대상전大象傳」과 「단전彖傳」, 그리고 괘효사卦爻辭, 「계사전繫辭傳」과 함께 정이의 주석 내용을 수록함으로써, 유가철학의 도덕적 이념의 실천을 위한 역학적 기초로 삼았다. 그가 『성학집요』에 인용한 이러한 내용은 유가적 도덕 수양과 실천을 목표로 삼는 내용이 대부분이다. 따라서 율곡이 『성학집요』에서 인용한 『주역』의 내용은 그의 역학사상이 기본적으로 유가적 의리역학의 특성을 가지고 있음을 증명해 주는 것이다. 그러면 구체적으로 율곡이 『성학집요』에서 『주역』의 어떤 내용을 인용하여 유가적 도덕실천의 근거로 삼았으며, 그의 역학사상이 의리역학 쪽으로 지향하게 된 계기가 어디에 있는지를 해명해 보기로 한다.

율곡이 『성학집요』에서 『주역』 구절을 인용한 것은 「괘사」, 「대상전」, 「단전」, 괘효사, 「계사전」 등이다. 이 가운데 「대상전」이 가장 많고 몇몇 괘의 「단전」과 괘효사, 그리고 「계사전」의 내용을 인용하고, 이들에 대한 정이의 주석을 제시하여 도덕적 수양과 통치의 원리를 설명하고 있다. 그러면 먼저 「계사전」과 「단전」에서 인용한 내용부터 살펴보기로 한다.

그는 『성학집요』 「수기修己」편의 '수렴[收斂]'장 중에 말을 거두어들이는 것과 관련하여 『주역』 「중부괘中孚卦䷼」 구이효九二爻의 "우는 학이 깊은 숲속에서 있으니 그 새끼들이 화답한다. 나에게 좋은 관직이 있으니 나는 그대와 함께할 것이다"389)고 하는 효사에 대한 공자의 다음과 같은 해석을 인용하였다.

> 군자는 방에 앉아 있더라도 말하는 것이 선하면 천리 밖에서도 호응할 것이니, 가까운 사람에 있어서랴! 방에 있더라도 말하는 것이 선하지 않으면 천리 밖에서도 어길 것이니 가까운 사람에 있어서이겠는가? 말은 몸에서 나와 백성에게 더해지고 행동은 가까이에서 나와 먼 곳에까지 드러난다. 말과 행동은 군자의 중추적 기틀이니, 중추적 기틀이 발하는 것이 영예와 치욕의 주인이 된다. 언행은 군자가 천지天地를 움직이는 수단이니, 삼가지 않을 수 있겠는가?390)

---

389) 『周易』 「中孚卦」'九二爻', "鳴鶴在陰, 其子和之. 我有好爵, 吾與爾靡之." 정이는 이 九二爻에 대한 해석에서 "믿음이 지극하면 감발하여 통할 수 있다. 학이 깊은 산속 은벽한 곳에서 울어 들리지 않아도 그 새끼들이 서로 감응하여 화답하는 것은 마음으로 서로 원해서 통하기 때문이다. 나에게 좋은 관직이 있어서 저 또한 흠모하고 기뻐함에 매이는 것은 관직을 좋아하는 뜻이 같기 때문이고, 마음에 미더움을 가질 때 사물이 호응하지 않음이 없는 것은 성실함이 같기 때문이다. 지극히 정성스러우면 멀고 가까우며 어둡고 깊숙한 차이가 없을 것이다.(孚至, 則能感通. 鶴鳴於幽隱之處不聞也, 而其子相應和, 中心之願相通也. 好爵我有而彼亦係慕說, 好爵之意同也. 有孚於中, 物无不應, 誠同故也. 至誠, 无遠近幽深之間) "라고 말하였다.

390) 『周易』 「繫辭 上」 8章, "君子居其室, 出其言善, 則千里之外應之, 其邇者乎! 居其室, 出其言不善, 則千里之外違之, 況其邇者乎! 言出乎身, 加乎民, 行發乎邇,

학鶴이 깊은 산속에서 울더라도 그 새끼들에게 있어서 어미의 울음소리는 자신들을 부르고 보살펴 주는 소리로 여겨 새끼들이 거기에 화답하는 소리를 낸다. 공자는 학과 그 새끼들이 정성으로 서로 부르는 상象으로부터 군자가 선한 말을 하면 천리 밖에서도 호응하는 만큼, 말을 선하게 하고 삼가지 않을 수 없다고 주장하였다. 율곡은 이 구절을 용지容止, 마음[心]을 수렴하고, 거경이 궁리의 기본이 된다[居敬爲窮理之本]는 절과 함께 언어를 수렴하는 것과 관련하여 경전적 전거로 인용하였다.

그는 특히 맹자가 말하는 것처럼 놓친 마음을 거두어들이는 것[求放心]을 학문의 기초로 간주하면서, 궁리를 행하기 이전에 경敬을 행하는 것이 필수적으로 선결되어야 하는 공부임을 강조하였다.391) 여기에서 율곡은 마음을 거두어들이는 하나의 방법으로 언어를 삼갈 것을 강조하면서 「계사전」 구절을 인용한 것이다.

『주역』 괘 가운데는 입[口]을 상징하는 것으로서 만물을 길러 주는 의미를 가지는 「이괘頤卦䷚」가 있다. 이 괘는 위가 산이고 아래가 우레인데, 「대상전」에는 군자는 이 괘의 상을 보고 언어를 삼가고 음식을 절제한다고 하였다. 율곡은 「위정爲政」편 '용현用賢'장에서 이 괘의 「단전」에서 "성인은 어진 이를 길러서 만민에게 미치게 한다"392)고 말한 구절을 인용하여 통치의 요체는 현명한 인재를 등용하는 데 달려 있음을 역설하였다. 여기에서 율곡은 「정이가 어진 이를 기르는 것을 논한 차자[程子論養賢箚子]」글에서 어진 이

見乎遠. 言行, 君子之樞機, 樞機之發, 榮辱之主也. 言行, 君子之所以動天地也, 可不愼乎!"

391) 『栗谷全書』 卷20, 『聖學輯要』 2-13~15, '收斂', "程子曰學者須敬守此心, 不可急迫, 當栽培深厚, 涵泳於其間, 然後可以自得."; 臣按, "收放心, 爲學問之基址. 蓋古人自能食能言, 便有斂, 動罔或悖, 思罔或逾, 其所以養其良心, 尊其德性者, 無時無事而不然, 故格物致知工夫, 據此有所湊泊."

392) 『栗谷全書』 卷24, 『聖學輯要』 6-35, "易曰, 聖人養賢, 以及萬民." 정이는 이 구절에 대하여 "성인은 어진 인재를 길러서 그와 더불어 군주의 자리를 함께하여 그로 하여금 天祿을 먹게 하고 천하 사람들에게 혜택을 베풀게 하였으니, 어진 이를 길러 만민에게 미치고 어진 이를 길러 만민을 길러 주는 것이다." (聖人則養賢才, 與之共天位, 使之食天祿, 俾施澤於天下, 養賢以及萬民也. 養賢所以養萬民也.)라고 주석하였다.

를 구하는 방법과 그들을 활용하는 방법을 피력하고 있다.

> 신이 이제 바라건대, 조정에서는 연영원延英院을 설치하여 사방의 어진 이를 대우하는데, 공론公論으로 추천한 사람과 초야 암혈의 현자를 반드시 불러서 예우해야 합니다. 자질을 보아서 봉급을 주되 갑자기 관직에 이용하지 말고 다만 '응조應詔'라고 일컫습니다. 무릇 정사가 있으면 그들에게 맡겨서 상세히 토론하여 결정하게 하고, 시행할 전례典禮가 있으면 그들을 시켜 토론하게 하여 계획을 거쳐서 진술해 올리게 하면 치란治亂의 방책을 강구할 수 있을 것입니다.393)

여기에서 율곡은 과거시험과 같은 공식적인 제도와 별개로 어진 이를 등용하는 방법을 제시하고 있으며, 구체적으로 인재선발을 관리하는 연영원延英院이라는 행정기구를 설치할 것을 건의하고 있다. 이것은 조광조趙光祖1482~1519가 현량책賢良策을 인재를 등용하는 하나의 방법으로 제시한 전통을 이은 것이라고 할 수 있다.

율곡은 「정가正家」편 '형내刑內' 장에서 「가인괘家人卦䷤」의 괘사를 인용하여 "집안사람의 도리는 여자가 바른 것이 이롭다"394)고 하였다. 그는 이어서 「단전彖傳」의 "여자는 안에서 그 위치를 바르게 해야 하고, 남자는 밖에서 그 위치를 바르게 해야 한다. 남녀가 바른 것은 천지의 대의大義이다"395)고 하는 말을 제시하였다. 율곡은 "가정을 다스리는 데는 반드시 먼저 내실內室을 바로잡아야 한다. 『시경』에서는 '아내를 바르게 하여 형제에게 이르고 이것으로 집과 나라를 다스린다'고 말하였다. 그래서 '효경'장 다음에 '형내'장을 두었다"396)고 하였다. 이처럼 율곡은 가정을 다스리는 데는 먼저

---

393) 『栗谷全書』 卷24, 『聖學輯要』 6-36, "臣今欲乞, 朝廷設延英院, 以待四方之賢, 凡公論推薦, 及巖穴之賢, 必招致優禮, 視品給俸, 而不可遽進以官, 止以應詔命名. 凡有政治, 則委之詳定, 凡有典禮, 則使之討論, 經畫得以奏陳, 而治亂得以講究."

394) 『栗谷全書』 卷23, 앞의 책, 5-20, 「刑內」, "易曰家人, 利女貞."

395) 『栗谷全書』 卷23, 앞의 책, 5-20, "女正位乎內, 男正位乎外, 男女正, 天地之大義也."

396) 『栗谷全書』 23, 앞의 책, 5-20, "臣按, 治家必先正內. 詩曰, '刑于寡妻, 至于兄

그 안을 잘 단속하는 것이 요체라고 여기면서 「가인괘」를 인용하고 있다. 요컨대, 그는 「가인괘」의 괘사와 단전을 전거로 『대학』의 제가齊家와 같이 '정가正家'의 필요성을 강조하였다.

다음으로 율곡은 「대상전大象傳」 구절을 인용하여 통치를 위한 수양과 실천에 대하여 설명하고 있다. 「십익十翼」 가운데서 「상전象傳」은 한괘 전체의 상에 대해 언급한 「대상전」과 각각의 효의 상에 대하여 기술한 「소상전小象傳」이 있다. 이 가운데 「대상전」은 일반적으로 괘 전체의 상을 상하괘上下卦 사이의 상관관계에 주목하여 그 상징적 의미를 파악함으로써 인사人事의 실천 덕목을 제시하는 전傳이다. 다시 말하면 이 전은 상하괘의 두 가지 다른 상징물이 결합함으로써 표상하는 의미를 수양과 도덕적 실천을 위한 덕목, 그리고 통치와 관련한 실천 문제를 유추하여 제시하고 있다.

율곡은 「리괘履卦䷉」의 「대상전」을 인용하여 군자는 「리괘」의 상을 본떠서 위아래를 구별하여 백성들의 뜻을 안정시켜야 한다[397]고 주장하였다. 「리괘」는 정이의 의리역학에서 기본적으로 예禮를 상징하는 괘로 해석된다. 이것은 예禮가 사람이 밟아서 실천하는 것이기 때문에 괘명의 의미와 괘상을 종합하여 예를 뜻하는 괘로 규정한 것이다. 정이에 따르면 이 괘의 상은 하늘[天☰]이 위에 있고, 연못[澤☱]이 아래에 있어서 위아래가 구별되고, 존귀함과 비천함을 나누는 뜻이 있는 것으로 리理의 당연함이며 예禮의 근본이다.[398]

율곡은 이어서 정이가 이 괘에 대해 주석한 내용을 인용하여 상하上下가 구별되어 백성의 뜻이 안정되었던 고대와 그렇지 못했던 후대를 구별하고 있다.

> 대개 위아래 직분이 분명해진 이후에 백성들의 마음이 안정되고 백성들의

弟, 以御于家邦,' 故孝敬之後, 以刑內爲先."

397) 『栗谷全書』 卷25, 앞의 책, 7-55, "易曰, '上天下澤, 履, 君子以辨上下, 定民志.'"

398) 『周易傳義大全』 卷5-1, 「程傳」, "爲卦, 天上澤下, 天而在上, 澤而處下, 上下之分, 尊卑之義, 理之當也, 禮之本也."

> 마음이 안정된 후에 다스림을 말할 수 있다. 백성들의 마음이 안정되지 않은 상태에서는 천하를 다스릴 수가 없다. 고대에는 공경대부 이하의 직책에 있던 사람들은 각각 그 덕에 걸맞게 평생토록 그 자리에 머물러서 자신의 직분을 얻었다. 지위가 그 덕에 미흡하면 임금이 등용하여 위로 진급시켰고, 선비가 그 학문을 닦아 학문이 일정한 경지에 이르면 임금이 그를 찾았지, 이들 모두가 자신의 마음에 미리 의도함이 있는 것이 아니었다. 농부와 공인, 그리고 상인들은 자기 일에 힘쓰면서도 누리는 것에는 한계가 있었기 때문에, 모두 항상된 마음이 있어서 세상 사람들의 마음을 하나로 할 수 있었다. 후대에는 낮은 관리로부터 공경公卿에 이르는 통치계층은 항상 존귀하고 영예로운 자리를 꿈꾸었으며, 농부와 공인, 상인들은 언제나 부유하고 사치스럽게 사는 데 뜻을 두었다. 억조 백성들의 마음이 이욕을 추구하는 데로 달려가 세상이 어지럽게 되었으니 그들의 마음을 어떻게 통일할 수 있겠는가? 그들이 혼란스럽지 않게 하기를 바라더라도 어려우니, 이것은 상층 계급과 하층민의 마음이 안정되지 못했기 때문이다. 군자는 「리괘履卦☱」의 상을 보고 상층 계급과 하층민을 구별하여 각각 그 직분에 맞게 함으로써 백성들의 마음을 안정시킨다.399)

여기에서 정이는 후대에 백성들의 마음이 통일되지 못하는 이유를 위아래가 구별되지 않아 통치계층은 하나같이 높은 자리를 꿈꾸고, 농공상農工商들은 하나같이 이욕을 추구하여 잘 살기를 바라기 때문에 혼란은 필연적인 것이라고 보았다.

율곡은 「위정爲政」편 '명교明敎'장에서 바로 이러한 정이의 주석을 인용하여 위아래를 구별하여 백성들이 뜻을 안정되게 하고 나서야 사람들의 마음을 통일하고 안정된 통치를 할 수 있을 것이라고 주장하였다. 또한 그는 공

---

399) 『栗谷全書』 卷25, 앞의 책, 7-55, "夫上下之分明, 然後民志有定, 民志定然後可以言治. 民志不定, 天下不可得而治也. 古之時公卿大夫而下位各稱其德, 終身居之, 得其分也. 位未稱德, 則君擧而進之, 士修其學, 學至而君求之, 皆非有預於己也. 農工商賈, 勤其事而所享有限, 故皆有定志而天下之心可一. 後世自庶士至于公卿, 日志于尊榮, 農工商賈, 日志于富侈. 億兆之心, 交騖於利, 天下紛然, 如之何其可一也. 欲其不亂難矣. 此由上下无定志也. 君子觀履之象而分辯上下, 使各當其分以定民之心志也."

자가 "귀천에 등급이 있고, 의복에는 분별이 있으며, 조정에서 지위가 구별되면 백성들은 사양하게 될 것이다"400)라고 말한 것을 제시하여 상하를 구별하는 예禮의 중요성을 강조하고 있다.

율곡은 「수기修己」편 보덕輔德 장에서 도덕적 수양의 과정으로서 허물을 고치는 것과 연관하여 「익괘益卦䷩」「대상전」과 정이의 주석을 인용하여 설명하였다. 「익괘」는 「손괘」가 위에 있고, 「진괘」가 아래 있어서 우레와 바람이 서로 더해주는 모습을 표상한다. 이 괘의 「대상전」은 "바람과 우레는 더하는 것이니, 군자는 이를 본받아 선을 보면 실천에 옮기고, 허물이 있으면 고친다"401)고 하였다. 율곡은 덕을 보완하고 성정을 닦는 데 선을 보면 열심히 행하고 허물을 고치는 것보다 좋은 방법이 없다는 인식을 가지고, 『주역』「익괘」에서 이것을 가능케 하는 상징적 의미를 찾았다. 그는 「익괘」에 대한 정이의 주석을 인용하여 사람에게 도움이 되는 것에는 좋은 것을 쌓으면서 동시에 나쁜 것을 줄이는 방법보다 나은 것이 없다는 것을 강조하였다.

> 바람이 맹렬하면 우레가 빠르고 우레가 격렬하면 바람이 사나우니, 두 사물이 서로 더해주는 것이다. 군자는 바람과 우레가 서로 더해주는 상을 보고서 자기에게 도움이 되는 것을 구한다. 이익이 되게 하는 도리는 선을 보았을 때 옮아가고 과실이 있을 때 고치는 것보다 나은 것이 없다. 선善을 보고서 옮길 수 있으면 천하의 선을 다할 수 있고, 과실을 고칠 수 있으면 과실이 없을 것이다. 사람에게 유익함이 이보다 큰 것은 없다.402)

율곡은 「익괘」의 바람과 우레의 맹렬하고 빠른 특성을 수양의 태도와 연

400) 『栗谷全書』 卷25, 앞의 책, 7-55, "孔子曰, '貴賤有等, 衣服有別, 朝廷有位, 則民有所讓.'"

401) 앞의 책, 4-13, "易曰, '風雷益, 君子以見善則遷, 有過則改.'"

402) 『栗谷全書』 卷22, 앞의 책, 4-13, "風烈則雷迅, 雷激則風怒, 二物相益者也. 君子觀風雷相益之象, 而求益於己. 爲益之道, 无若見善則遷, 有過則改也. 見善能遷, 則可以盡天下之善. 有過能改, 則无過矣. 益於人者, 无大於是."

결하여 언급한 주희의 말을 인용하여, "선을 실천으로 옮기는 것은 바람처럼 빠르게 해야 하고, 허물을 고치는 것은 사나운 우레처럼 해야 한다"403) 라고 하였다. 주희의 이러한 관점은 바로 자연현상의 특징을 도덕적 수양의 방법에 유추하여 적용한 것이며, 율곡 또한 이러한 주희의 유추를 이어서 「익괘」가 표상하는 성질을 심성의 덕을 보완하는 데 적용하고 있다.

「계사전」, 「단전」, 「상전」과 같은 「역전易傳」에서 뿐만 아니라, 『성학집요』에는 괘효사를 인용하여 통치의 원리와 도덕적 실천의 경전적 역학적 근거로 삼는 경우도 여러 군데 있다. 율곡은 「위정爲政」편 '취선取善' 장에서 「임괘臨卦䷒」 육오효六五爻의 효사를 인용하여 군주가 지혜를 가지고 백성들에게 임해야 한다는 상징적 의미를 이끌어 내고 있다. 「임괘」 육오효는 "지혜를 가지고 대하는 것은 위대한 군주의 마땅한 태도이니, 길하다"404)는 것이다.

백성들에게 임하는 군주의 태도를 말하는 육오효의 의미를 연역하여 정자는 "오효五爻는 부드러우면서 중中을 얻고 유순한 괘체로서 높은 자리에 있으면서 아래로 강건하고 중이 되는 두 번째 효에 호응한다. 이것은 둘째 효에 맡겨서 고생하지 않고도 다스리니, 지혜로 아래에 임하는 자이다. 대개 한 사람의 몸으로 넓은 천하에 군림하는데, 만약에 소소하게 자임한다면 어찌 만사를 두루 처리할 수 있겠는가?"405)라고 말하였다. 임금이 유순하여 아래 있는 어진 신하에게 천하의 일을 맡겨서 수고롭게 스스로 하지 않고 천하를 다스려야 지혜가 커진다는 것이다.

율곡은 「임괘」 육오효의 뜻을 해석하여 임금은 신하들의 눈과 귀를 통하여 견문을 넓혀야 하는데, 순舜임금이 백성들로부터 좋은 점을 취한 지혜가

---

403) 앞의 책, 4-13, 같은 곳, "朱子曰, '遷善, 當如風之速, 改過當如雷之猛.'" 뿐만 아니라 율곡은 허물과 관련하여 『논어』에서 공자가 말한 "잘못하고서도 고치지 않는 것을 '허물'이라고 말한다."(子曰, '過而不改, 是謂過矣')라는 구절을 인용하고 있다.

404) 『周易傳義大全』「臨卦」, '六五爻', "知臨, 大君之宜, 吉."

405) 『周易傳義大全』「臨卦」, '六五爻'程傳, "五以柔中順體, 居尊位而下應於二剛中之臣. 是能倚任於二, 不勞而治, 以知臨下者也. 夫以一人之身, 臨乎天下之廣. 若區區自任, 豈能周於萬事也."

바로 이런 것임을 다음과 같이 언급하였다.

> 대개 천하의 눈을 나의 눈으로 삼는다면 그 밝음은 보지 못하는 것이 없고, 천하의 귀를 나의 귀로 삼는다면 귀밝음으로는 듣지 못하는 것이 없으며, 천하의 마음으로 나의 마음을 삼는다면, 생각하지 못할 지혜가 없을 것입니다. 이것이 신성한 제왕이나 명철한 임금이 천하를 고무하면서도 마음을 수고롭게 하지 않아도 되는 까닭입니다. …… 아! 성지聖智를 자임하지 않고, 백성들에게서 좋은 것을 취하는 데 힘쓰는 것은 비루한 것 같으나 실은 위대한 순舜임금이 몸소 행한 것입니다. 순의 총명이 어찌 남만 못하였겠는가만 반드시 '남에게서 취하여 선을 했을 뿐이다'고 한 것은 무엇 때문입니까? 참으로 도리道理는 무궁하고 성인聖人의 마음은 광대공명廣大公明하여 하나의 착한 말을 들으면 거침없이 시원하게 그것을 따라 행해서 남과 자기 사이에 틈을 두지 않기 때문에, 세상의 선을 모아서 스스로 행하였으니 이것이 순이 지극히 성스럽게 된 까닭입니다.406)

율곡은 여기에서 순임금이 자신의 총명함을 자임하지 않고 남의 선한 점을 취하여 자신의 일로 행함으로써 신성하게 되었다고 주장하고 있다. 특히 율곡은 도리가 무궁하기 때문에 순임금이 자신의 주관에 따라 판단하지 않는 태도를 가졌던 것과 그의 광대공명廣大公明한 마음을 순임금이 성스럽게 된 두 가지 조건으로 제시하고 있다. 이처럼 율곡은 『주역』의 효시에 대한 해석을 통하여 통치의 방법론을 제시하고 있다.

율곡은 「위정」편 '용현用賢' 장에서도 아래로부터 어진 이를 구하는 것이 정치의 핵심이 되는 것임을 「구괘姤卦䷫」 구오효九五爻를 인용하여 설명하였다. 「구괘」 구오효는 "구기자나무 잎으로 오이를 싸서, 아름다운 무늬를 머

---

406) 『栗谷全書』 卷25, 앞의 책, 7-5, "蓋以天下之目爲目, 則明無不見, 以天下之耳爲耳, 則聰無不聞. 以天下之心爲心, 則睿無不思. 此聖帝明王, 所以鼓舞天下而不勞心力者也. …… 嗚呼! 不自聖智, 務取於人, 似乎卑下, 而實是大舜之所服行也. 以舜之聰明, 豈有所不及於人, 而必曰取人爲善, 何哉. 誠以道理無窮, 而聖人之心, 廣大公明, 聞一善言, 沛然由之, 無間於人己, 故集天下之善, 爲一己之用, 此舜之所以極其聖也."

금고 있으니, 하늘로부터 내려오는 것이 있다"[407]고 되어 있다. 정이는 이 효의 상징적 의미를 해석하면서 윗자리에 있으면서 아래에 있는 인재를 구하는 것의 훌륭함을 다음과 같이 주장하였다.

> 구기자나무[杞]는 키가 큰 나무이면서도 잎이 크다. 높이 있으면서 몸체가 커서 사물을 쌀 수 있는 것은 구기자이고, 아름다운 열매로 아래 있는 것은 오이이다. 아름다우면서 아래 있는 것은 미천한 지위에 있는 현인賢人의 상이다. 높은 임금 자리에 있으면서 아래 어진 인재를 구하여 지극히 높은 것으로서 지극히 낮은 것을 구하는 것은 마치 기杞나무 잎으로 오이를 싸는 것과 같다. …… 예로부터 임금이 지성으로 자기를 낮추고 굽히면서 중정中正한 도로 천하의 어진 인재를 구하여 만나지 못한 적이 없다. 은나라 고종高宗이 꿈속에서 부열敷說을 만나고, 문왕文王이 낚시터에서 강태공姜太公을 만난 것은 모두 이 도道에 말미암은 것이다.[408]

정이는 은나라 고종과 주나라 문왕을 구기자나무에 비유하고 부열傅說과 강태공을 오이에 비유하여 두 왕이 자신을 낮추어 어진 이를 구하는 데 노력한 사실을 강조하였다. 율곡은 이처럼 「구괘」 구오효의 상징적 의미에 대한 정이의 주장을 언급함으로써 어진 이를 찾아서 등용하는 것을 정치의 핵심 요소로 간주하여 중시하고 있다.

요컨대, 율곡은 『주역』 괘효사를 비롯하여 「단전」과 「상전」, 「계사전」 등의 문장을 인용하고, 여기에 대한 정이의 해설을 제시함으로써 『주역』의 상이 드러내는 의미를 유추하여 도덕적 수양과 실천, 그리고 다스림의 원리를

---

407) 『周易傳義大全』「姤卦」, '九五', "以杞包瓜, 含章, 有隕自天."

408) 『栗谷全書』 卷25, 앞의 책, 7-5, "杞, 高木而葉大, 處高體大而可以包物者, 杞也. 美實之在下者, 瓜也. 美而居下者, 側微之賢之象也. 九五尊居君位, 而下求賢才, 以至高而求至下, 猶以杞葉而包瓜, …… 自古, 人君至誠降屈, 以中正之道, 求天下之賢, 未有不遇者也. 高宗感於夢寐, 文王遇於漁釣, 皆由是道也." 율곡은 인재를 등용하는 방법과 관련하여 『논어』에서 중궁이 "어떻게 어진 인재를 알아서 그를 등용합니까?"라고 질문하였다. 공자는 "그대가 아는 사람을 등용하면, 그대가 모르는 사람은 남이 그를 버려두겠는가?" (仲弓曰焉知賢才而擧之, 曰擧爾所知, 爾所不知, 人其舍諸)라고 한 구절을 인용하였다.

연역해 내었다. 여기에서 그는 말을 삼가고 경건하게 할 것, 위아래를 구분하여 예禮를 확립할 것, 남의 선한 점을 널리 수용할 것, 아래로부터 어진 인재를 등용할 것과 같은 위정의 방법과 수양의 덕목 등을 제시하였다. 율곡이 이처럼 『주역』의 구절들이 드러내는 상징적 의미를 도덕적 수양과 치도治道의 원리로 삼은 것은 그가 『주역』을 의리역학적인 견지에서 이해하고 받아들이는 것이다.

6. 『주역』의 원리에 따른 경장론更張論

율곡은 형체를 초월하고 작위하지 않는 리는 보편성을 가지는 반면, 활동하고 형체를 가진 기는 특수성을 가지는 것으로 간주하였다. 하지만, 율곡은 무형의 보편적인 리보다는 기를 타고 유행하는 분수된 리를 강조하고 있다. 그에게서 분수된 리는 곧 이기理氣가 신묘하게 결합하여 작용하는 리이다. 이 리는 잠시도 쉬지 않고 운동하며 사물을 낳고 낳는 실리實理이며, 이러한 실리의 작용이 변화의 체계[易]를 이룬다. 이러한 리理는 달리 말하면 운동 변화하는 기를 근거지우는 일정한 법칙이나 질서가 된다. 이렇게 현상세계에 전개된 것으로서 분수된 리는 선험적으로 순선한 도덕적 실체가 아니기 때문에 그것의 진리성은 전적으로 외적 조건 또는 상황과의 적합성에 따라 결정된다.

역의 원리와 리에 관한 율곡의 이러한 관점을 고려할 때 그의 전반적인 철학체계는 내적인 마음의 선험적이고, 보편적인 도덕적 실체로서의 리보다 현실에 유행하여 구체화된 분수리分殊理를 강조하고 있다. 이러한 관점에 따라 율곡에게서 특정한 역사 문화적 전통 안에서 기능하는 제도의 진리성은 선험적 도덕실체로서의 보편적인 리에 따르지 않고, 현실적인 조건과의 적절성 여부에 따라 판단된다. 따라서 율곡에 있어서 제도를 시행할 때 가장 중요한 고려사항은 한시대의 특수한 역사적 상황과 변화를 객관적으로 판단하는 일이다.

이에 따라 율곡은 『주역』의 변증법적 변역變易의 논리를 자신의 현실적인 제도상의 개혁에 대한 철학적 근거로 삼고 있다. 그는 정자程子의 역에 관한 관점을 그대로 받아들여 변역變易을 보편적인 도리로 간주하였다.

> 정자는 역을 논하여 말하였다. “시의時宜를 알고 추세를 인식하는 것이 역易을 배우는 기본 원칙이다.” 또 말하였다. “시의에 따라 변화하는 것이 바로 변치 않는 도이다” 대개 법法은 시의에 따라 만들어지며, 시의가 바뀌면 법도 같지 않다.”409)

율곡은 『역』을 배우는 핵심원리를, 지속적으로 변화하는 상황과 추세에서 행동 또는 제도의 적절성을 살피는 데 두고 있다. 『역』은 바로 상황에 따른 변화를 보여주며 이 변화속의 특정 상황에서의 적절성을 상징을 통하여 드러내 준다. 이렇게 보면, 『역』이 보여주는 변화의 원리는 바로 제도를 개혁할 때 의거해야 할 표준(또는 기준)이 된다.

율곡은 특히 일정한 상황이 반대 또는 모순되는 상황을 속에 숨기고 있다고 하는 『역』의 변증법적 순환성을 언급하고 있다. 그에 따르면, 시의에는 비색否塞할 때와 태평할 때가 있고, 일에는 우연히 합칠 때가 있다. 비색한 때에도 다스려질 기미가 있고, 태평할 때에도 어지러워질 기미가 있다.410) 이러한 상황의 변화가 내포하고 있는 시의성과 적절함을 율곡은 권權과 의義로 규정하였다. 그리하여 ‘권’과 ‘의’에 따라 정치를 행하면 아무런 어려움이 없을 것이라고 강조하였다.411)

율곡은 정치는 상황을 아는 것이 중요하므로 정치를 하면서 ‘시의성[時宜]’

---

409) 『栗谷全書』「答安應休」卷5-13, ‘程子論易曰, ”知時識勢, 學易之大方也.’ 又曰, ‘隨時變易乃常道也. 蓋法因時制, 時變則法不同.’”

410) 『栗谷全書』 卷6-20, 「應 旨論事疏」, “時有否泰, 事有幾會, 時否而有治之幾, 時泰而有亂之幾.”

411) 『栗谷全書拾遺』 5-26, 「時弊七條策」, “隨時得中之謂權, 處事合宜之謂義. 權以應變, 義以制事, 則於爲國乎何有.”

을 모르면 정치적 효과를 얻을 수 없다[412]고 하여 제도를 시행할 때 특수한 현실적 조건에 부합할 것을 강조하였다. 여기에서 '시의성'이라는 것은 상황에 따라 바꾸고 법을 제정하여 백성을 구제하는 것을 말한다.[413] 특정한 제도의 진리성이 일정한 시대의 상황 적절성에 의존하는 경우 시대적 상황이 변화한다면 그에 따라 제도를 손익損益하고 수정하는 것은 필수적이다.

율곡은 시대와 제도 사이의 관계에 대한 이러한 인식에 따라 그 당대의 어리석은 타성을 각성시키고 오래된 폐습을 개혁하는 경장更張의 필요성을 역설하였다.[414] 하지만 율곡은 제도는 상황에 맞게 바꿀 수 있으나, 왕도王道, 인정仁政, 삼강오상三綱五常과 같은 것은 바꾸어서는 안 된다고 주장하였다.[415] 율곡에 따르면, 왕도나 인정과 같은 보편적인 도덕적 정치원리와 삼

412) 『栗谷全書』 卷5-12, 「萬言封事」, "政貴知時, 事要務實, 爲政而不知時宜, 當事而不務實功, 雖聖賢相遇, 治效不成矣."

413) 『栗谷全書』 卷5-13, 「萬言封事」, "夫所謂時宜者, 隨時變通, 設法救民之謂也."

414) 『栗谷全書』 卷25-10, 「聖學輯要」 7-10, "所謂更張者, 盛極中微, 法久弊生, 狃安因陋百度廢弛, 日謬月誤, 將無以爲國, 則必有明君哲輔, 慨然興作, 扶擧綱維, 喚醒昏惰, 洗滌舊習, 矯革舊弊, 善繼先王之遺志, 煥新一代之規模." 율곡이 정치제도의 수정 개혁更張을 강조한 것은 과학의 세계에도 비슷한 사례가 있다. 율곡이 언급한 정치제도 영역에서의 경장은 토마스 쿤Thomas S. Kuhn이 언급한 과학이론 영역에서 과학혁명을 통한 '패러다임'에 비유할 수 있다. 과학사가였던 쿤은 과학적 진리의 객관적 보편성을 비판적 시각에서 바라보면서 여러 과학이론들을 역사주의적인 시각에서 그 역사적 발전과정을 탐색하였다. 쿤에 따르면, 과학의 역사에는 일정한 시기에 몇 가지 표준에 따라서 과학자 공동체에서 보다 많은 동의를 얻은 과학이론이 진리성을 가지는 것으로 평가되어 정상과학으로 기능한다. 그러나 해당 정상과학 이론으로 증명할 수 없는 변칙anomaly현상이 나타나기 시작하고 이러한 현상들이 심화되어 기존의 정상과학이 기능할 수 없게 되는 시점에 이르게 된다. 이때 전제 자체를 수정하고 이론체계paradigm를 바꾸는 과정으로서 과학혁명이 발생한다. 과학의 역사에 관한 쿤의 이러한 관찰은 객관적 진리성을 가지는 것처럼 보이는 과학이론도 통시적 역사적 시각에서 볼 때는 통약가능한commensurable 어떤 객관성도 가지지 않는다고 하여 과학적 진리의 객관성을 부정하는 결과를 가져왔다. 쿤의 이러한 연구를 시발로 과학이론에 있어서 진리기준의 다원성이 강조되기 시작하였다.

415) 『栗谷全書』 卷5-14, 「萬言封事」, "大抵隨變者 法制也. 亘古今而不可變者, 王道也仁政也三綱也五常也."

강오상과 같은 기본적인 인륜의 도덕적 표준 등은 불변의 원칙으로 시행해야 한다는 것이다. 율곡에 있어서 무형무위無形無爲의 리理는 모든 사물에 두루 통하는 보편성을 가지는 반면, 유형유위有形有爲의 기氣는 현상세계 안에서 운동변화 한다. 이렇게 볼 때, 불변의 원칙과 윤리로서 왕도, 인정, 삼강, 오륜은 그대로 불변의 리이며, 가변적인 제도 법률은 그대로 기氣를 의미한다.[416]

율곡은 「성학집요」의 비교적 많은 항목에서 『주역』의 구절들을 인용하여 괘상의 뜻을 해석한 단사彖辭에 근거하여 현실세계에 대한 실천의 원리를 제시하고 있다. 그는 제2편 「수기하修己下」의 「돈독敦篤」 장에서 「동인괘 同人卦☰☲」의 단사彖辭를 인용하여 세상을 다스리는 문제와 관련하여 군자의 덕목을 언급하고 있다. 「동인괘」 단사에는 "오로지 군자만이 세상 사람들의 뜻에 통할 수 있다"[417]고 하였다. 여기에 대하여 율곡은 정이의 설명을 인용하여 세상 사람들은 다양한 생각을 가지고 있지만, 그 생각들이 지향하는 이치는 하나이기 때문에 군자는 이치를 밝혀 세상 사람들의 생각을 통찰할 수 있다[418]고 보았다. 율곡의 이러한 주장은 바로 구체적인 현실에서 분수리分殊理에 따른 일반인들의 다양한 사고를 일리一理로 통합할 수 있음을 강조한 것이다.

율곡은 『주역』의 다른 구절을 인용하여 많은 사람들의 생각들을 살펴보고 구체적 현실의 맥락을 이해함으로써 제왕이 천하를 어렵지 않게 다스리는 방법에 대하여 언급하였다. 「임괘臨卦☷☱」 육오효六五爻는 "지혜로 임하는

416) 이동인, 『율곡의 사회개혁사상』, 백산서당, 2002, 308쪽

417) 『周易傳義大全』 「同人卦」, "唯君子爲能通天下之志."

418) 『栗谷全書』 卷22-21, 「聖學輯要」 4-21, "易曰, '惟君子, 爲能通天下之志'; 程子曰, '天下之志萬殊, 理則一也. 君子明理, 故能通天下之志, 聖人視億兆之心猶一心者, 通於理而已.'" 여기에서 군자가 세상 사람들의 생각을 통찰할 수 있는 것은 理가 하나이기 때문이다. 정자의 "군자는 一理에 밝기 때문에 세상 사람들의 의지에 통할 수 있다"고 하는 견해는 세상 사람들과 생각은 매우 다양하게 다르지만, 그것들은 하나의 이치로 통하기 때문에, 군자가 하나의 리에 통하면 곧 하나의 리로 종합되는 많은 사람들의 다양한 생각으로서 '분수리'를 파악할 수 있음을 의미한다. 요컨대, 율곡에서 修己의 목표는 주로 구체적으로 많은 사람들의 의지에 포함된 '분수리'를 탐구하는 것을 의미한다.

것은 군주에게 마땅한 일이니 길하다[知臨, 大君之宜, 吉]"고 언급하였다. 이 구절에 대한 해설에서 율곡은 다음과 같이 주장하였다.

> 대개 세상 사람들의 눈을 빌어서 보면 밝게 보지 못하는 것이 없고, 세상 사람들의 귀를 빌어서 들으면 분명히 듣지 못하는 것이 없으며, 세상 사람들의 마음을 빌어서 생각하면 생각하지 못할 지혜가 없을 것입니다. 이것이 성스러운 황제나 총명한 임금이 힘들이지 않고도 천하를 훌륭하게 다스릴 수 있었던 까닭입니다.[419]

율곡은 군왕이 통치를 행하는 요체를 세상 사람들의 일반적인 여론을 잘 살펴서 구체적 역사현실에 가장 보편적인 제도를 시행하는 것에서 찾고 있다.[420] 이것은 고대 유가경전에서 일반적으로 제시하고 있는 것과 동일한 관점으로서 통치자의 입장에서 사회의 모든 특수한 여건에 따른 사람들의 입장을 고려하면서도 이들로부터 보편적인 여론을 이끌어내는 태도이다. 이러한 주장은 선험적으로 보편적인 진리를 전제하지 않고 역사적 현실이 드러내는 특수성을 고려하여 시의에 맞는 제도를 제정하거나 수정하는 태도와 일관한다. 이것은 현실적인 여건과 특수성을 고려하여 분수리分殊理로 다양하게 실현되는 경험적 진리를 구성하는 태도를 말해주고 있다.

율곡은 구체적으로 사회의 여러 현실적 문제를 개혁해야 한다고 주장하였다. 율곡은 구체적인 제도개혁의 하나로 토산물이 아닌 다른 지역의 산물을 바쳐야 하는 공납의 모순을 해결하기 위한 방안을 제시하였다. 그는 "각

419) 『栗谷全書』 卷25-5, 「聖學輯要」 7-5, "蓋以天下之目爲目, 則明無不見, 以天下之耳爲耳, 則聽無不聞, 以天下之心爲心, 則睿無不思, 此聖帝明王所以鼓舞天下而不勞心力者也."

420) 이것은 『서경』에서 "하늘은 우리 백성들의 눈을 통해서 보고, 하늘은 우리 백성들의 귀를 통하여 듣는다(天視自我民視, 天聽自訝民聽)(「泰誓 中」)고 하거나, 『묵자』에서 모든 이론의 표준으로 제시하고 있는 三表의 하나로서 '어디에 정당한 근거를 둘 것인가? 백성들의 이목의 욕구가 바라는 것을 살펴야 한다(何謂三表, 曰, '有考之者, 原之者, 有用之者, 惡乎考之, 古先聖大王之事, 惡乎原之, 察衆人之耳目之請. 惡乎用之? 發而爲政乎國, 察萬民而觀之, 此謂三表也.')(「非命 下」)고 하는 입장과 같다고 할 수 있다.

고을에서 어떤 물품이 생산되는가 하는 점과 토지의 많고 적음 그리고 가구의 숫자를 헤아려서 납품할 수량을 조정하여 한결같이 균등하게 해야 한다"421)고 주장하였다. 이것은 곧 각 지역의 현실적 여건과 실제적 상황에 대한 객관적인 인식을 토대로 공납의 양을 정해야 한다고 주장하는 것이다. 이론적 견지에서 볼 때, 이것은 각 지역의 특수성이 배제된 채 취해지는 현실과 모순된 제도를 비판하면서 실제 경험적인 여건에 맞는 분수리를 제도로 구성해야 한다는 것이다.

또한 율곡은 당쟁의 근원이 된 김효원金孝元과 심의겸沈義謙의 대립에 대하여 비판적인 시각에서 다음과 같이 언급하였다.

> 이 두 사람 사이의 시비를 가리는 일이 어찌 치란이나 안위와 관계되는 일이겠는가? …… 그 일을 논하면 두 사람 모두가 잘못이다. …… 설령 두 사람에게 분명히 시비가 있다고 해도, 이것이 국가와 관련된 일이 아닌데도 도리어 그것을 따졌기 때문에 사류의 논의가 어지러이 무너지고 인재를 망치고 국운을 손상시켜 커다란 환란의 빌미가 되었다.422)

율곡은 김효원과 심의겸 사이에 시비를 가리는 일은 결코 국가의 치란안위와 무관한 일임에도 불구하고, 이 둘 사이의 시시비비是是非非에 매달려 인재와 나라를 망치고 있다고 개탄하고 있다. 율곡이 이처럼 당쟁을 비판한 것은 사류들이 당파에 얽매여 자율적인 판단에서 나오는 견해를 왜곡할 가능성이 있음을 우려한 것이다. 그는 당파성이 현실의 실제 상황에 대한 객

---

421) 『栗谷全書』 卷5-32, 「萬言封事」, "因考列邑之物産有無, 田結多少, 民戶殘盛, 推移量定, 均平如一." 「만언봉사」의 앞 구절에서는 공납제도의 불합리성을 언급하였다. 곧 "생산물이 수시로 변하고 백성들의 토지는 수시로 늘었다 줄었다 하는데, 공납할 물건이 일정하게 정해진 것은 국초였으며, 연산군 때 단지 일정량을 더했을 뿐이니, 이것은 마땅함을 헤아려 조정하는 방식이 아니다.(物産, 隨時或變, 民物田結, 隨時增減, 而貢物分定, 乃國初. 燕山朝, 只就而加定耳, 亦非量宜變通之也.)"고 하였다.

422) 『栗谷全書』 30-34, 「萬言封事」, "斯二人是非之辨, 豈係於治亂安危哉. …… 論其事, 則兩人皆非也. …… 假使二人明有是非, 此非關於國家, 而反以辨之之故, 士論橫潰, 壞人才傷國脈, 爲世大祟."

관적 인식을 막을 수 있다는 점을 문제 삼은 것이다.

요컨대, 율곡은 인사와 자연 사물이 변화하는 규칙성을 보여주는 『역』을 여러 현실적인 제도개혁의 근거로 삼았다. 그가 이렇게 『역』을 제도를 개혁하는 이론적 근거로 삼은 것은 나름의 이유가 있다고 할 수 있다. 『역』은 자연과 인사가 변화하는 규칙과 질서를 상징물을 통하여 드러낸다. 특히 『역』은 상象을 통하여 변화 가운데 있는 자연사물과 인사의 특정한 상황에서의 길흉吉凶을 드러내는 것을 기본 과제로 삼는다. 이것은 바로 특정한 상황에서 인간이 어떻게 행동해야 할 것인가 하는 실천적 준거를 제공한다.

율곡이 『역』을 정치사회적 제도의 개혁을 위한 철학적 근거로 삼은 이유는 바로 끊임없이 변화하는 현실 사회를 어떻게 시의적절한 제도를 통하여 다스릴 것인가 하는 문제를 해결하기 위해서였다. 다시 말하면 『역』은 변화의 규칙성을 보여주며 특정 단계의 시의성과 적절성을 길흉을 통하여 제시해 준다. 따라서 『역』은 특수한 상황에서 제도가 지니는 시의성과 정당성을 판단할 수 있는 준거를 길흉을 통하여 드러낸다. 이것은 현실의 변화에 상응하는 제도의 개혁 또한 그 시의성과 정당성을 『역』이 제시하는 길흉을 기준으로 찾을 수 있음을 뜻한다.

그런데 율곡의 경우에 있어서 구체적 현실사회의 제도개혁이 중요한 이유는 그의 철학에서 보편적 일리一理보다 기를 타고 발현한 분수리分殊理가 보다 실제적인 의미를 가지기 때문이다. 다시 말하면 그에 있어서 리는 선험적 도덕실체가 아니라 아무런 주재적 의미가 없이 기의 운동에 의하여 우연히 실현된 리이다. 따라서 이때의 리는 필연적으로 실현되는 도덕적 선이 될 수 없다. 반대로 이 리는 특수한 역사적 전통을 이루는 사회적 맥락에서 현실적 상황과 적절성 여부에 따라서 그 선악이 결정된다. 이것은 리의 선악이 현실적 조건에 따라 결과론적으로 결정됨을 의미한다. 따라서 조건이 변화하면 분수리가 구체화된 것으로서 제도 또한 변화된 조건에 상응하여 수정을 해야 한다.

분수리分殊理 또는 이기理氣의 묘용妙用을 핵심으로 하는 율곡의 역학 사상을 다원적인 사회 문화를 구성하는 데 적용하여 평가한다면, 다양한 현상으로 드러나는 문화적 다원성을 긍정하는 함의를 가진다. 율곡의 리理 개념은 어떤 목적론적인 선의지를 가지고 기를 통제하면서 실현되는 퇴계에서의 리와 같은 도덕적 실체가 아니다. 그가 언급하는 리는 자연과 인사의 세계에서 기를 통하여 우연적이고 다양하게 운행되어 결과로 드러난 현상에 대한 근거 또는 법칙을 의미한다. 여기에서 현상의 법칙을 이루는 근거가 보편적 일리一理이고 법칙 또는 질서가 분수리分殊理이다.

이렇게 볼 때, 율곡은 리는 자연과 인간 사회를 포괄하는 다양한 현상을 귀납적으로 종합한 근거가 된다. 이때 리는 특수한 질서나 규칙을 드러내지만 그 자체 선험적으로 선악이 결정되어 있는 것은 아니다. 이러한 질서와 법칙은 현실적 조건에 적합함 여부라는 결과론적 기준에 따라 그 선악이 결정된다. 이렇게 하여 특정한 질서와 법칙의 구현체로서 제도나 규범 등이 현실적 여건의 변화에 따라서 바뀐다는 것은 제도 또한 그 자체로 불변의 보편적 진리성을 가지는 것이 아니라, 현실에 적합성을 가지도록 끊임없이 변화시켜야 하는 것을 의미한다. 공자가 규범과 제도를 손익 수정해야 한다고 말한 것은 바로 이런 의미이다.

선험적 진리성을 갖지 못하는 율곡의 분수리의 관점에서 볼 때, 이러한 제도의 수정은 바로 마음의 사려 작용으로서 의식[意]을 통하여 제도를 현실적 여건에 적합하게 바꾸어 그것에 질서를 부여하는 작업이다. 이렇게 볼 때, 율곡의 철학에서 분수리는 선험적으로 결정되어 있는 절대적인 선의 본체로서 리와 달리 현실적 여건을 일방적으로 제약하지 않는다. 그것은 반대로 구체적인 제도로 표현되어 변화하는 현실적 여건을 이루는 다양한 요소들이 모두 생생生生의 과정에 참여할 수 있도록 한다.

요컨대, 율곡에서 다양한 현상의 법칙을 의미하는 리는 자체로 선악과 같은 대립적 개념에 따라 가치의존적 의미를 가지지 않는다. 그러나 현상 속에서의 분수리는 실은 기氣에 포섭되지 않은 무형의 보편적 일리一理에 뿌리를 두고 있다. 이때 기를 타고 실현되는 리는 시의에 따라 그 선이 경험적으로 결정된다. 이러한 특성으로 인하여 분수리는 고유한 특성을 가지면서도 전체적으로 균형과 조화를 유지하는 자연계의 전체적 변화에 기여한다. 곧 자연계를 살펴보면 무수히 다양한 변화가 이루어고 있지만, 이들은 전체적으로 특유의 조화와 평형을 유지하고 있다.

이기묘용理氣妙用으로 펼쳐내는 율곡의 역학과 철학적 이상 또한 자연계와 사물 전체의 조화로운 균형에 있다고 해도 과언이 아니다. 이러한 관점을 사회문화에 적용해 보면, 율곡의 역학이 내포하는 의미를 실현하기 위해서는 특정한 사회 문화의 특수성에 대한 인식을 가지고 지속적으로 제도를 손익하는 것이 필수적이다. 이렇게 볼 때, 율곡의 이기심성론과 역학사상은 사회 문화적 특수성을 일관되게 설명할 수 있는 철학적 근거가 될 수 있을 것이다. 따라서 율곡의 역학 사상이 내포하고 있는 조선전기역철학사에서의 의의는 현상의 다양성을 포괄하면서도 의리역학적 견지에 서서 도덕적 실천 규범의 근거를 세우고자 했다는 점에서 찾을 수 있다.

6. 맺음말

이 장에서는 율곡의 역학사상의 특징을 검토하고 이것이 그의 이기심성론과 어떤 연속성을 가지며, 또한 그의 역학이론이 제도개혁론을 어떻게 일관되게 이끌어내고 있는가 하는 점을 고찰하였다. 이제 율곡의 역학사상의 핵심적인 내용과 특징을 요약함으로써 그의 역학 사상이 조선전기역철학사에서 차지하는 의미를 정리해 보기로 한다.

율곡은 그의 「역수책」에서 『역』에 대해서 기본적으로 유학의 도통론道統論에 근거한 의리역학적 관점을 견지하고 있다. 그에 따르면 격물치지格物致知나 성의정심誠意正心 또한 의리역학의 도덕적 실천을 위한 공부의 중요한 구성요소이다. 그는 『역』이 기본적으로 태극과 실리가 현현하는 생생生生의 세계를 의미하는 것으로 보았다. 또한 그는 『역』이 「하도」와 「낙서」의 그림에서 수리적 원리로 드러나는데, 이것은 한편으로 천지자연의 상과 보편적인 법칙으로 드러나기도 하고, 인간사회를 당위적으로 규정하는 규범으로 드러나기도 하는 것으로 보았다.

율곡은 「획전유역부畫前有易賦」라는 글을 지어 괘를 그리기 이전 단계의 역에 대하여 여러 의미들을 설명하였다. 그는 소옹의 역학을 기본적으로 정이의 역학과 연관되는 측면에서 이해하며, 유가적 의리역학의 관점에서 소옹을 해석하였다. 율곡은 『성학집요聖學輯要』 「성현도통聖賢道統」에서 성현의 도통을 논하는 곳에서 소옹이 공맹의 내성외왕內聖外王의 정맥을 이었음에도 불구하고, 선현들이 그를 도학의 정맥으로 인정하지 않았음을 유감스럽게 여겼고, 『성학집요』에 소옹을 싣지 못하는 것을 애석하게 생각하였다. 율곡은 소옹의 역학을 받아들이면서도 상象과 이치를 일관성과 연속성을 가지는 것으로 보면서 인사의 도덕적 실천을 목표로 하는 유가적 의리역학의 범위에서 해석하고자 하는 시각을 보여주었다.

율곡은 자연 사물의 변화는 리와 기가 신묘하게 결합하여 이루어지는 것으로 이해하였다. 여기에서 '리理'는 중층적으로 무형무위無形無爲의 형이상의 보편적 일리一理와 함께 기와 결합하여 묘용을 이루는 '분수리'로 구분된다. 이때 리는 자연을 위주로 말하는 것으로, 운동하는 기 밖에 어떠한 독립적인 운동인運動因이나 인위적인 주재자를 전제하지 않는다. 다른 한편 율곡은 심성론에서 마음을 기로 규정하였다. 이렇게 기가 마음을 이루므로 마음은 경험적 지각과 감정이 발한 것으로 이해된다. 곧, 지각능력을 가진 마음은 사물의 분수된 리理만 인식한다. 따라서 이렇게 인식된 리는 경험적 조건과 연관되지 않을 때는 어떤 도덕적 정당성도 가지지 않는다.

율곡에서 현상세계에 유행하여 분수된 리는 순선한 도덕적 실체가 아니기 때문에 그것의 진리성은 전적으로 외적 역사적 조건 또는 상황과의 적합성에 따라 결정된다. 따라서 율곡에 있어서 특정한 역사 문화적 전통 안에서 기능하는 제도의 진리성은 선험적 도덕적 실체로서 리理에 따르지 않고 현실적인 조건과의 적절성 여부에 따라 그 진리성이 판단된다. 특정한 제도의 진리성이 특정한 시대에 있어서 시의성에 의존하기 때문에, 시대적 상황이 변하면 제도 또한 그에 따라 수정하고 바꾸는 것이 필수적이다. 율곡에게서 '경장론更張論'이 그의 학문에서 중요한 위치를 차지하는 것은 그의 철학이 진리성의 기준을 인성人性의 내부에만 두기보다 외부의 규범 또는 제도와 역사적 상황이라는 여건을 함께 고려하기 때문이다.

그런데 율곡은 인사와 자연 사물이 변화하는 규칙성을 보여주는 『주역』을 여러 현실적인 제도개혁의 근거로 삼았다. 율곡이 『주역』을 제도개혁을 위한 철학적 근거로 삼은 이유는 『주역』이 제시하는 길흉이 그 시의성과 정당성의 기준이 된다고 보기 때문이다. 『주역』에 근거하여 제도나 규범 등이 현실적 여건의 변화에 상응하여 바뀐다는 것은 이들이 그 자체로 불변의 보편적 진리성을 가지는 것이 아니라, 현실에 적합성을 가지도록 끊임없이 운동 변화하는 것을 의미한다. 율곡에서 제도를 수정한다는 것은 바로 마음의 사려작용으로서 의식을 통하여 제도를 현실적 여건에 적합하게 바꾸어 그것에 질서를 부여하는 작업이다.

한 사회의 문화를 예로들면, "문화는 세계에 대한 일상적 인식의 공통성과 개인에게 동기를 부여하고, 공동체의 도덕적 지향에 토대를 제공한다. 그러나 한 문화가 계속 존속 번영하려면 자신의 관념, 가치, 관행들을 변화하는 환경에 맞추어 변천시켜야 한다."423) 이점에서 율곡의 경장론은 한 사회의 문화 정체성을 유지시켜주는 토대가 될 수 있다.

이기묘용理氣妙用의 이기론에 근거하는 율곡의 역학과 철학적 이상 또한 자연계와 사물 전체의 조화로운 균형을 실현하는 데 있다고 해도 과언이 아니다. 이러한 관점에 따를 때 율곡의 역학이 내포하는 함축적 의미는 특정한 사회 문화적 상황에서 분수리에 대한 탐구를 통하여 지속적으로 제도를 손익하는 데 있다고 할 수 있다. 율곡의 역학 사상이 내포하고 있는 조선전기역철학사에서의 의의는 분수리에 대한 탐구를 통하여 현상의 다양성을 포괄하면서도 의리역학적 견지에 서서 도덕적 실천 규범의 근거를 세우고자 했다는 점에서 찾을 수 있다.

---

423) 김여수, 『언어와 문화』, 철학과 현실사, 1997, 257쪽.

결 론

조선전기역철학사의 특징과 의의
조선 중기 · 후기 역철학사에 대한 영향

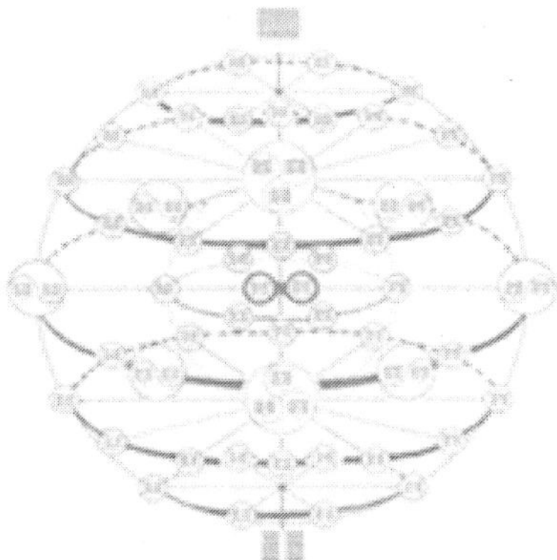

결론結論

1. 조선전기역철학사의 특징과 의의

본 연구는 조선전기역철학사를 주로 도상학, 상수역학, 그리고 의리역학의 상호 연관관계를 중심으로 하여 그 흐름을 주제별로 분류하고 분석하는 관점에 따라 보다 심층적이고 체계적으로 규명하고자 하였다. 본 연구에서는 상수역학과 의리역학, 그리고 『역학계몽』 및 역에 관한 일반적 이론에 대한 이해를 기본으로 하여 조선시대전기 역학 자료가 포함하고 있는 의미지평을 해석학적 태도hermeneutic attitude로 분석하고 해명하고자 하였다. 하지만 본 저술에서는 실제 조선시대 학자들의 역학이론이 위에서 분류한 역철학적 관점에 따라 엄격하게 구별되는 것이 아니고, 다만 강조점에서 차이가 나더라도 부분적으로는 이들 학설의 요소를 함께 가지고 있는 경우가 많다는 점에 유의하였다.

따라서 본 연구에서는 편의상 위의 주제별로 구별하는 기준을 가지고 개별 학자들의 역학 이론을 우선 인물 중심으로 분석하여 그들의 역학사상에 내포되어 있는 역철학적 경향을 해명하였다. 요컨대, 본 결론에서는 먼저 개별 학자가 제시한 역학이론의 세부 요소를 주제별로 고찰한 내용을 요약하고 나서, 두 번째 단계에 비슷한 역철학적 관점과 이론을 제시한 학자들을 유형별로 종합하였다. 그리고 이들을 다시 시대별로 배열하여 주제와 인물별 특성이 시대적으로 어떤 흐름을 가지는가 하는 점을 입체적으로 정리하였다. 이것은 다시 말하면 인물과 주제, 그리고 시대를 세 가지 축으로 삼아 함께 고려함으로써 조선시대 역철학사의 흐름을 입체적으로 살펴보는 것을 의미한다.

조선전기 역학을 연구한 학자들의 연구 경향을 개관해 보면 몇 가지 역철학적 방향과 관심을 살펴볼 수 있다. 그 내용을 요약하면 다음과 같다. 먼저 조선 전기 학자들 중 일부는 도덕실천의 모범을 제시하려는 『주역』 본래의 의도와 『역전』의 영향에 따라 중정론中正論, 비응론比應論과 같은 의리역학적인 해석방법론을 가지고 『주역』을 해석하고자 하였다. 둘째는 주희가 『역학계몽』에서 제시했던 「하도낙서」와 「복희선천팔괘도」, 「문왕후천팔괘도」 등의 도표에 대한 상수학적 연구가 일부의 학자들에 의하여 진행되었다. 이 중에서 이황의 『계몽전의』는 『역학계몽』에서의 수리와 상수역학적 관점과 한대의 상수역학 이론의 일부를 제시하며, 상수와 수리역학의 흐름을 주도하였다.

셋째는 상수역학의 방법론 중 괘변론, 호체론을 중심으로 하는 한대 상수역학 이론을 적용하여 『주역』의 괘효사를 해석하는 일부 흐름이 있었다. 이러한 상수역학적 해석방법론에 따른 연구는 정이의 『역전』에 영향을 받은 의리역학적 해석방법론과 함께 병행되었으며 한 학자가 동시에 이용하기도 하였다. 하지만 이 두 방법론을 이용하여 괘효사를 해석하는 비중은 시대가 지남에 따라 변화되었다. 조선초기에서 전기에 이르기까지 많은 학자가 『주역』 괘효사에 주석을 붙인 것은 아니기 때문에 바로 일반화할 수는 없다. 하지만 초기에 의리역학적 방법에 따른 해석의 비중이 높았다면 조선전기에 시대가 지날수록 상수역학적 방법에 따라 해석하는 비중이 높아지는 경향을 보인다.

넷째는 『주역』을 형이상학적 본체론 및 이기와 상수 사이의 연관성과 관련하여 성리학의 이기론과 결합하여 이해하고자 하는 경향 또한 하나의 흐름을 이루었다. 이 경우는 일반적으로 태극이기론과 『주역』의 상수 개념을 중점적으로 연관시키면서 『주역』에서 말하는 변화의 세계가 이기론의 실제 내용을 구성하는 것으로 보며, 태극이기론은 변화의 세계를 틀지우는 형식적 존재론적 근거로 이해된다. 성리학의 본체론에서의 태극이기와 『주역』에서 음양의 변화는 다시 말하면 형식과 내용으로 구분되면서도 하나의 전체적인 유기적 체계로 결합하여 일체가 되는 것이다. 정이와 주희가 이기상수理氣象數를 연속적인 일관성을 가지는 것으로 말한 것은 바로 성리학의 이기론과 『주역』의 상수를 중심으로 하는 변화체계 사이의 유기적인 일체성을 설명해 주는 것이다.

다섯째는 선천사도先天四圖를 중심으로 하는 소강절의 역학을 계승한 도상학적 선천역학의 흐름도 비교적 일정한 경향을 가지고 이어졌다. 먼저 권근은 『입학도설』에서 소옹의 「선천도」를 일부 받아들여 자신의 도상학 체계에 이용하였다. 이어서 서경덕은 「육십사괘방원도」에 대한 해석을 통하여 소옹의 선천역학의 원리를 설명하였다. 황효공도 「역범도」에서 「선천도」를 그려서 소옹의 선천학을 도상학의 전체적 체계 속에서 설명하고자 하였다. 이러한 선천역학의 전통은 이황을 거쳐서 조선 중후기에 이르러 서명응徐命膺, 이만운李萬運과 같은 학자에 의하여 계승 발전되었다.

여섯째는 약간 지엽적인 것으로 간주되긴 하지만, 『주역』의 원리를 음운학에 적용하여 그 법칙적 수리적 원리를 제시한 연구의 흐름이 발견되기도 한다. 조선 초기 세종과 집현전 학사들에 의해 지어진 『훈민정음』은 음운학에 『주역』의 원리를 적용한 두드러진 연구 성과이다. 또 서경덕의 「성음해」는 소옹의 「경세사상체용지수도經世四象體用之數圖」의 음운학적 내용을 비교적 자세하게 해설한 글이다. 이 「성음해」 또한 조선 전기에 『주역』의 원리를 음운학에 적용한 대표적인 사례라고 할 수 있다. 그러면 구체적으로 각 장에서 여러 학자들에 의해 전개된 조선전기역철학사의 몇 가지 경향을 의리역학과 상수역학의 방법론에 유의하여 요약하고 그 역철학사적 의의를 조망해 보고자 한다.

먼저 「하도낙서」를 중심으로 하는 수리적 원리와 도상의 역학적 의미를 탐구한 흐름은 권근에서 그 시원을 찾을 수 있다. 권근은 『입학도설』에서 역학과 연관된 여러 도표를 제시함으로써, 역학의 체계를 천인합일론적 관점에서 설명하였다. 그는『입학도설』에서 무엇보다「하도낙서」의 수리를 체용론적 관점에서 인식하는 것에 그의 상수역학 사상의 토대를 두었다. 이어서 그는 천지의 생수와 성수로 이루어지는 오행의 상생상극적 순환 구조, 팔괘의 생성순서와 차례에 대한 설명을 통하여 상수역학적 토대를 세우고 있다. 나아가 권근은 황극의 위치에서 천도를 잇고 인극을 세우는 핵심적인 방법을 경敬으로 규정하였다. 또한 그는 중정 개념과 비응관계를 통하여『주역』의 괘효사를 해석하는데 있어 정이의 의리역학적 시각을 대체로 수용하고 있다.

권근은『주역천견록』에서 주로 성리학의 의리역학적인 시각으로『주역』을 해석하였다. 특히 권근이 원용했던 정이의 중정과 비응 개념은 후대에 의리역학적 해석과 목표를 지향했던 이세응이나 조호익 등에 영향을 미치고 있다. 이렇게 볼 때, 경학사상과 관련하여 권근의『주역천견록』이 지니는 의의는 천도와 인도를 포괄하는『주역』의 기본적인 취지를 성리학의 형이상학적인 본체론과 결합시키는 동시에, 이를 유가적인 도덕실천의 목표 및 지향을 가지는 것으로 해석한다는 데 있다.

반면 정도전은 조선초기『주역』을 주로 의리역적인 관점에서 이해하고 현실의 정치적 원리에 적용한 대표적 인물이다. 그는 목화토금수의 오행五行 또한 인간의 도덕적 지성적 특성을 규정하는 우주론적 근거로 간주하였다. 정도전은 자연의 변화법칙을 설명하는 체계로서『주역』을 주로 의리역학적 관점에서 이해하는 시각을 보여주었다. 이것은 인간의 도덕적 실천 원리를 자연으로부터 이끌어내고자 하는 것으로 정이를 중심으로 하는 송대 의리역학의 흐름을 계승하고 있다고 할 수 있다.

그는 정이程頤『역전易傳』의 내용을 받아들여 재상 및 신하와 연관된『주역』괘의 이효二爻와 사효四爻에 대한 해석과 군주의 수양과 실천적 표준을 언급하고 있는『주역』괘의 오효五爻에 대한 해석을 각각 군주와 신하의 통치 주체로서의 역할을 설명하는 근거로 삼았다. 정도전은 여기에서 정이『역전』으로부터 군주, 재상 및 신하가 통치 지위에서 도덕적 자질을 함양하고 백성들을 다스리는 데 표준적인 구절들을 인용하여 통치의 기본원리로 삼았다. 그가 정이 『역전』의 관련 구절들을 제시하여 통치의 원리로 삼은 것은 정이가 의리역학의 방법론에 따라 『주역』을 주석하였던 입장을 받아들이는 것을 뜻한다.

다음으로 조선전기 역학을 특징짓는 연구 가운데 『주역』의 원리를 성음론에 적용하여 해석한 사례가 있다. 세종과 정인지를 중심으로 하는 집현전 학사가 지은 『훈민정음』과 서경덕의 「성음해聲音解」는 대표적인 저술이다. 먼저 『훈민정음』은 상수론이 그 제작의 근본 원리가 된다. 이러한 상수론적 원리는 「하도」에서의 수리적 원리가 음양오행과 연결되어 해석되는 것처럼 「훈민정음」에서도 음양오행론과 결합하여 해석됨으로써, 그것에 토대를 두는 것으로 설명된다. 「제자해」는 천지의 모든 사물이 음양을 기초로 이루어진 것처럼 사람의 성음도 음양의 이치가 숨어 있으며, 오행에 뿌리를 두고 있기 때문에 네 계절이나 오성五聲과도 서로 대응하여 조화를 이루고 있는 것으로 보았다.

『훈민정음』은 초성, 중성, 종성과 성음을 구성하는 데 천지인 삼재 사상을 기초로 삼으면서 특히 인간의 역할을 강조하였다. 이 점은 『훈민정음』이 음양의 변화로부터 이루어지는 천도로서 상수학적 요소와 함께, 성음의 구성단계에 인간적 실천과 연관된 의미를 부여함으로써 의리역학적 요소를 동시에 포함하고 있음을 설명해 주는 것이다. 이 천지인 삼재사상이 『훈민정음』의 글자 구성의 핵심원리가 되었다는 것은 백성들에게 편리함을 주고자 하는 실용적 목적의 실현과 함께 의리의 실천이라는 함의를 가지는 것이라 할 수 있다.

서경덕의 「성음해」에서는 소옹의 「경세사상체용지수도」의 내용 중 정성正聲과 정음正音을 천지의 음양과 강유, 용수用數, 기와 질, 형상과 형체, 벽흡, 청탁과 같은 역학의 기본 원리와 결합하여 설명하였다. 또한 음은 양을 따르는 것이며, 흡성은 벽성으로부터 변화되어 나온 것이라고 하여 음양의 벽흡과 같은 『주역』의 우주발생론 및 변화론에 근거하여 성음聲音의 발생과 변화를 설명하였다. 나아가 서경덕은 천지의 용수用數를 써서 정성과 정음의 자모를 설명함으로써 음양의 기수론氣數論을 견지하고 있다. 그는 강유, 기질의 청탁, 그리고 오행五行의 상생론을 적용하여 음音을 설명하여 상수역학적 관점에서 정음正音을 해석하기도 하였다.

다른 한편 조선초기 『역학계몽』에 대한 주석을 중심으로 한 연구는 주로 세조와 최항, 한계희의 『역학계몽요해』와 이황의 『계몽전의』가 그 중심적 위치를 차지한다. 먼저 『역학계몽요해』는 세조가 『역학계몽』을 주석한 것이라는 점에서 주목을 끈다. 세조는 『역학계몽요해易學啓蒙要解』에서 「하도낙서」 천지 생성의 수를 각각 음양오행과 방위, 그리고 형제·자매·부처의 혈연관계에 적용시키는데, 이것은 천지자연의 생성과 방위, 그리고 사회적 관계를 수리적 원리에 따라 설명하는 것이다. 세조는 여기에서 음양노소의 수가 성장소멸하는 것에 대해 진퇴進退가 곧 소장消長이라는 견해에 더하여 양음陽陰이 각각 진퇴進退의 특성을 가지는 것으로 보았다. 세조는 「본도서」에 나타난 상수적 원리를 자연의 필연적 추세와 법칙의 관점에서 설명하고 있는데, 이러한 해석은 『주역』의 상수론을 기초지우는 의미를 가진다.

특히 세조가 『역학계몽』에 주석을 붙인 것은 매우 두드러진 의의를 가진다. 왜냐하면 권근의 경우도 『역학계몽』을 읽고 주로 도표에 관심을 가지고 『입학도설』에서 연관되는 도표를 그린 사실 이외에 이 저술에 주석을 달고 연구한 경우가 없었기 때문이다. 요컨대, 세조는 『역학계몽』에 최초로 요점적인 주석을 붙임으로써 조선초기역철학사의 흐름에서 주희가 『역학계몽』에서 제시한 상수역학적 견해를 조선에 정착시키고 형성시키는 데 선구적인 역할을 하였다.

김시습의 『주역』에 관한 이해는 기본적으로 송대 성리학자들의 『주역』에 대한 관점을 수용하여 유가적 의리역학의 노선에 서 있다고 할 수 있다. 이것은 바로 천지자연의 생성과 순환 변화의 질서로서 역易과 인사의 도덕적·정치적 실천 규범 및 그 변화로서의 역易을 일관된 것으로 보는 입장이다.

김시습은 『주역』 괘효사와 「상전象傳」 등으로부터 유가철학의 정치적 도덕적 실천을 위한 핵심 덕목을 이끌어 내었다. 예컨대, 그는 「건괘」 「대상전」으로부터 유학의 본체론과 심성론의 핵심개념으로서 무망의 '성誠'을 그 상징적 의미로 도출하였다. 또한 팔괘八卦와 육효六爻, 그리고 「계사전」을 인용하여 '성誠', '경敬', '순順', '신信' 등의 유가적인 도덕적 원리와 덕목을 제시하였다. 뿐만 아니라 『주역』의 몇몇 괘로부터 지식인의 정치적인 출처진퇴와 은둔과 '의리'와 '시의'에 따라야 하고, 마음의 항상성을 유지해야 한다는 상징적 의미를 도출하였다. 김시습은 이처럼 『주역』의 팔괘, 괘효사의 상징과 「계사전」 등으로부터 유가적인 도덕적 정치적 실천 덕목을 이끌어내고 있다. 김시습이 의리역학적 관점에서 『주역』을 해석하는 것은 조선전기역철학사의 견지에서 볼 때, 조선초기 권근이 제시한 의리역학적 해석의 입장을 계승하는 것으로 평가할 수 있다.

조선 전기에 드물게 『주역』 원문에 주석을 붙였던 안재安齋 이세응李世應은 의리역학적 방법론과 함께 상수학적인 방법론을 병용하여 『주역』 괘효사에 주석을 붙였다는 점에서 권근 이후 역학 연구의 흐름에 특별한 의미를 갖는다. 그는 기본적으로 의리역학적인 괘효사 해석방법론으로서 중정中正과 비응比應 등의 관계를 이용하여 『주역』을 주석하였다. 그러나 그는 호체를 통해서도 괘효사를 해석하였다. 이것은 이세응에 이르러 한대 상수역학 이론을 받아들여 『주역』을 이해하기 시작했음을 의미한다.

이세응이 호체론을 통하여 괘효사를 해석한 것에는 두드러진 특징이 있다. 이것은 그가 유가의 도덕실천을 목표로 한 의리역학의 관점에 서 있는 만큼 괘효사 해석에 호체론을 적용하는 데 있어서도 호체괘를 의리역학적인 해석 목표에 따라 그 의미를 설명하고 있다는 점이다. 그는 이 호체론을 오히려 의리역학적인 목표에 부응하는 수단으로 간주하였다. 하지만 이세응은 상수역학적인 방법론으로 『주역』을 해석하는 하나의 전통과 흐름을 형성하는 데 중요한 역할을 한 학자로서 의미를 갖는다.

반면 서경덕은 선천先天 태허太虛를 중심으로 하는 본체론과 이기불상리理

氣不相離, 그리고 상수역학에 대한 분석적 고찰을 통하여 우주 자연과 인간의 도덕적 실천 사이에 통일성을 부여하고자 하였다. 그에게서 선천 태허는 기氣의 본체로서 감각적 인식과 시공간의 한계를 가지지 않아 시간적으로 무시무종無始無終하고 공간적으로 안과 밖이 없는 무내외無內外의 존재로 이해된다. 이 태허는 기를 포함하고 있는데, 태허로부터 기가 동정하고 취산하면서 사물이 형성될 때 일정한 조리와 법칙성을 가지게 하는 것이 리理이다. 그는 또한 태극太極은 태허와 불상리의 관계를 가지면서 현상적으로 이루어지는 모든 변화의 근거가 되는 것으로 이해하였다. 뿐만 아니라 태극은 '신神', '리理', 진실함[誠]과 도道를 갖추고 있음으로써 자연과 인간을 포괄하여 자연의 물리법칙과 인간의 규범법칙의 근거로서의 의미를 함축하고 있다.

그는 「복괘」에서 지일至日의 양陽이 처음 회복되는 시점을 도덕적 실천의 원리가 드러나는 것으로 해석하고 있다. 뿐만 아니라 그는 「간괘」의 멈춤[止]의 이치로부터 도덕적 실천 원리를 이끌어냄으로써 『주역』을 의리적인 관점에서 이해하였다. 서경덕은 『주역』을 기본적으로 수리 상수역학적 관점에서 이해하지만, 그 목표에 있어서는 도덕적 실천을 강조함으로써 의리역학적인 지향성을 가지는 것으로 해석하였다.

권근 이후 도상을 그림으로써 역학 체계를 연구한 학자로는 황효공이 있다. 황효공은 권근의 『입학도설』에 발문跋文을 지었는데, 이것은 그가 『입학도설』에 대하여 충분히 이해했음을 뜻한다. 따라서 황효공이 자신의 『역범도』를 작성하는 데 『입학도설』을 준거로 이용했을 것이라는 추론이 가능하다. 이 점에서 황효공이 『역학계몽』과 『황극내편』의 그림들을 취하여 『역범도』의 체계를 세운 것은 조선전기역철학사에서 볼 때 도표와 도설을 하나의 일관된 의미체계로 삼아, 역학의 여러 가지 상수와 수리적 측면을 체계적으로 설명하고 있다는 점에서 매우 커다란 의미를 갖는다.

조선전기역철학사에서 황효공의 『역범도』는 권근의 『입학도설』을 효시로 하는 이러한 도상학적 전통을 이어가는 초기 단계에 중요한 저작이라고 평가할 수 있다. 이러한 도상학의 전통은 이후 퇴계 이황이 군주의 성학을 제시한 『성학십도』와 『역학계몽』의 내용을 설명하는 『계몽전의』로 이어진다.

퇴계 이황은 『주역』에 대해 기본적으로 실천을 목표로 한 의리를 강조하였다. 하지만 그는 『계몽전의啓蒙傳疑』를 지어 상수역학에 기본적인 관심을 가지고 있었으며, 동시에 자연의 기계적 법칙을 인식하기 위한 이해의 틀로서 「하도낙서」와 괘효의 상수象數 또는 이수理數에 유의하고 있다. 퇴계는 괘효가 음양으로 성장하고 쇠퇴하는 변화의 순차적인 과정을 음양노소의 수數의 변화를 통하여 설명하였다. 반면 의리와 연관하여 볼 때, 퇴계는 주희의 『본의』와 정이의 『정전』의 입장을 계승함으로써 의리역학적 시각에서 『주역』을 해석하였다. 그러면서도 그는 의리義理를 상수象數보다 근본적인 것으로 중시한 정이의 『정전』을 우선시하는 면을 보였다.

이러한 관점은 퇴계가 주희 스스로 정이가 의리에 치우쳐 있는 것을 문제 삼으면서 상수와 의리에 대한 균형의식을 가지고 상수象數에 근본을 두고 있지만 정이와 비교할 때 여전히 상수 쪽을 강조한 것으로 이해하는 것이다. 이렇게 볼 때, 퇴계 역학의 목표는 결국 상수를 토대로 하여 의리적 도덕실천에 있었던 것은 확실하다.

하지만 퇴계 이황은 『계몽전의』에서 한대 상수학설에 의거하여 『역학계몽』의 내용을 보다 심화된 관점에서 해설하고 있다. 이황은 『역학계몽』에 대한 구체적이고 비판적인 해설서로서 『계몽전의』를 저술함으로써, 조선전기 『주역』에 대한 이해를 주희의 견해에 입각하여 주로 수리 또는 상수역학적으로 방향 지우는데 결정적인 역할을 하였다. 퇴계에 있어 이기심성론의 형이상학이 인간의 도덕적 이성으로서 리의 자발성을 강조하는 것이라면, 역학 사상은 자연의 기계적이고 법칙적인 측면을 강조함으로써 사회적인 규범의 구성이나 내면적인 도덕적 실천을 목표로 하여, 그에 대한 우주론적인 토대를 정립하는 의미를 가지는 것이다.

남명은 그의 역학사상의 기본적인 관점을 정이와 주희의 의리역학과 상수역학으로부터 받아들이고 있다. 그는 정이로부터 『주역周易』의 의리역학적 관점을 수용하며, 주희로부터는 태극이기론太極理氣論과 「하도낙서」를 중심으로 하는 수리론적인 상수역학을 받아들였다. 그는 궁극적으로 「하도낙서」의 수리론을 우주의 본체로서 태극太極 또는 리理와 결합하여 해석하면서 이를 역의 존재론적 근거로 삼는다. 다른 한편으로 그는 「학기도學記圖」의 여러 도표에서 성誠을 자신의 역학에 중요한 개념으로 삼아 우주본체론과 인성론을 유기적으로 연결하는 계기로 이용하였다. 이렇게 볼 때, 남명의 역학사상은 조선전기역철학사에서 도표를 통하여 자연과 인간의 도덕을 일관시킨 도상학적 의리역학 사상을 제시하고 있다는 점에 중요한 의의를 가진다.

율곡은 그의 「역수책」에서 『역』에 대해서 기본적으로 유학의 도통론道統論에 근거한 의리역학적 관점을 제시하고 있다. 그에 따르면 격물치지格物致知와 성의정심誠意正心 또한 의리역학의 도덕적 실천을 위한 공부의 중요한 구성요소이다. 그는 『역』이 기본적으로 태극과 실리가 현현하는 생생生生의 세계를 의미하는 것으로 보았다. 또한 그에 따르면, 『역』은 「하도」와 「낙서」의 그림에서 수리적 원리로 드러나는데, 이것은 한편으로 천지자연의 상象과 보편적인 법칙으로 드러나기도 하고, 인간사회의 당위적인 규범으로 드러나기도 하는 것이다.

이러한 철학적 관점에 근거하여 율곡은 인사와 자연 사물이 변화하는 규칙성을 보여주는 『주역』을 여러 현실적인 제도개혁의 이론적 근거로 삼았다. 율곡이 『주역』을 제도개혁을 위한 철학적 근거로 삼은 이유는 『주역』이 제시하는 길흉吉凶이 그 시의성時宜性과 정당성正當性의 기준이 된다고 보기 때문이다. 『주역』에 근거하여 제도나 규범 등이 현실적 여건의 변화에 따라 바뀐다는 것은 이들이 그 자체로 불변의 보편성을 가지는 것이 아니라, 현실에 적합성을 가지도록 끊임없이 운동 변화하는 것을 의미한다.

율곡에서 제도를 수정한다는 것은 바로 마음의 사려작용으로서 의식을 통하여 제도를 현실적 여건에 적합하게 바꾸어 그것에 질서를 부여하는 작업이다. 따라서 율곡의 역학 사상이 내포하고 있는 조선전기역철학사에서의 의의는 현상의 다양성을 포괄하면서도 의리역학적 견지에서 여러 제도적

합리성과 도덕적 실천 규범의 근거를 세우고자 했다는 점에 있다.

이제 조선전기역철학사의 흐름과 경향을 몇 가지로 요약하면 다음과 같이 말할 수 있다. 첫째는 조선 전기 학자들 중 일부는 도덕적 실천의 기준을 제시하려는 『주역』 본래의 의도와 『역전』의 영향에 따라 중정론中正論, 비응론比應論과 같은 의리역학적인 해석방법론을 가지고 『주역』을 해석하고자 하였다. 권근과 이세응이 대표적인 학자이다. 둘째는 주희가 『역학계몽』에서 제시했던 「하도낙서」, 「복희선천팔괘도」, 그리고 「문왕후천팔괘도」 등의 도표에 대한 상수학적 연구가 일부 학자들에 의하여 진행되었다. 이런 경향은 권근이 처음 기초를 놓은 뒤에 세조, 최항, 한계희, 황효공을 거쳐서 퇴계의 『계몽전의』에 이르러 심화된 단계에 이르렀다. 특히 퇴계의 『계몽전의』는 『역학계몽』에서의 수리와 상수역학적 관점과 한대의 상수역학 이론의 일부를 제시하며 후대의 상수와 수리역학의 흐름을 주도하였다. 셋째는 상수역학의 방법론 중 괘변, 호체론을 중심으로 하여 한대 상수역학 이론을 적용하여 『주역』의 괘효사를 해석하는 일부 흐름이 있었다. 이것은 이세응이 대표적으로 제시하였으며, 조선 중기에 이르러 조호익은 더욱 큰 비중을 가지고 『주역』 괘효사를 상수역학적 방법론에 따라 해석하였다.

상수역학적 해석방법론에 따른 연구는 정이의 『역전』에 영향을 받은 의리역학적 해석방법론과 함께 같은 학자에서 동시에 나타나기도 한다. 하지만 이 두 방법론에 따라 괘효사를 해석하는 비중은 시대의 선후에 따라 변화되는 경향을 보인다. 조선초기에서 전기에 이르기까지 많은 학자가 『주역』 괘효사에 주석을 붙인 것은 아니기 때문에 바로 일반화할 수는 없다. 하지만 초기에 의리역학적 방법에 따른 해석의 비중이 높았다면 조선전기에 시대가 지날수록 상수역학적 방법에 따라 해석하는 비중이 높아지는 경향을 보인다.

넷째는 『주역』을 형이상학적 본체론 및 이기와 상수 사이의 연관성과 관련하여 성리학의 이기론과 결합하여 이해하고자 하는 경향 또한 하나의 흐름을 이루고 있다. 이 경우는 일반적으로 태극이기론太極理氣論과 『주역』의 상수象數 개념을 중점적으로 연관시키면서 『주역』에서 말하는 변화의 세계가 이기론의 실제 내용을 구성하는 것으로 보며, 태극이기론은 변화의 세계를 틀지우는 형식적 존재론적 근거로 이해된다. 성리학의 본체론에서의 태극이기와 『주역』의 음양의 변화의 세계는 다시 말하면 형식과 내용으로 구분되면서도 하나의 전체적인 유기적 체계로 결합하여 일체가 되는 것이다. 정이와 주희가 이기상수理氣象數를 연속적인 일관성을 가지는 것으로 말한 것은 바로 성리학의 이기론과 『주역』의 상수象數를 중심으로 하는 변화체계 사이의 유기적인 일체성을 설명해 주는 것이다. 이 경우는 퇴계, 율곡과 같이 성리학의 이기론에 기본적인 이론을 제시한 학자에 있어서 일반적으로 적용될 수 있는 관점이다.

다섯째는 『주역』의 원리를 음운학에 적용하여 그 법칙적 수리적 원리를 제시한 부수적인 연구의 흐름이 있다. 조선 초기 세종과 집현전 학사들에 의해 지어진 『훈민정음』은 음운학에 『주역』의 원리를 적용한 두드러지고 대표적인 성과이다. 서경덕의 「성음해」는 소옹의 「경세사상체용지수도經世四象體用之數圖」의 음운학적 내용을 자세하게 해설한 글이다. 이 「성음해」 또한 조선 전기에 『주역』의 원리를 음운학에 적용한 대표적인 사례라고 할 수 있다.

요컨대, 조선전기 역학의 중요한 흐름은 기본적으로 의리역학과 상수역학이 서로 영향을 주고받으며 전개되었다. 조선 초기에는 권근, 정도전, 김시습을 중심으로 의리역학적 방법론에 따른 괘효사 해석과 『주역』에 대한 도덕실천론적 이해가 형성되었다. 동시에 권근이 『입학도설』을 통하여 『주역』의 상수 및 수리적 원리를 제시한 이후 대체로 그림과 도표를 통한 『주역』 이해의 기풍 또한 병행되었다. 조선전기 역학은 대체로 목표에 있어서 의리역학적 관점을 취하면서도, 방법에 있어서는 상수 역학적 관점을 취하는 경우가 많았다. 하지만 퇴계가 『계몽전의』를 저술하고 『역학계몽』을 주석하면서부터 조선 역학계에서는 의리역학과 상수역학이 균형을 이루는 흐름과 양상을 보여주었다. 조선전기를 지나면서 상수역학과 도상학적인 관점이 지속적으로 강화되는 국면을 형성한 것은 조선 초기 역학의 의리적인 목표에서 한걸음 나아가 윤리적인 실천을 위한 수론적인 또는 우주론적인 기초를 제시하고, 『주역』 괘효사의 상象과 수數가 지니는 법칙적인 변화에 관한 관심이 강화된 것을 의미한다.

2. 조선 중기 · 후기 역철학사에 대한 영향

인류의 역사와 철학, 사상, 문화의 전개와 발전에 비약이 없는 것처럼 조선시대역철학사 또한 선후 시대가 한편으로 일정한 연속성을 가지고서 이전시대의 여러 학문적 성과를 그대로 계승하면서도 다른 한편으로 새로운 시대적 경향과 흐름에 부응하고자 하는 특징을 가진다고 할 수 있다. 이제 조선시대역철학사가 전후시기에 일정한 연속성을 가지는 측면과 새로운 시대적 요청에 부응하여 전개되어 나아가는 과정을 정리함으로써 조선전기역철학사의 의의를 조명해 보기로 한다.

먼저 조선시대 중후기 역철학사에 영향을 끼친 조선전기역철학사의 특징은 다음 다섯 가지로 구별할 수 있다. 첫째는 권근과 이세응을 중심으로 중정론과 비응론에 입각한 의리역학적 경향의 연구가 형성되었다. 둘째는 의리역학과 밀접한 연관성을 가지는 것으로서 성리학의 이기심성론과 연관한 연구경향이 전개되었다. 셋째는 한대漢代 이래 호체론互體論 효변론爻變論과 같은 방법론에 입각한 상수역학적 경향이 전개되었다. 이어서 넷째는 주희의 『역학계몽』에 대한 해설을 중심으로 하는 연구가 전개되었다. 다섯째는 도상圖象을 중심으로 소옹의 선천역학 이론을 토대로 삼는 연구경향이 형성되었다.

그러면 먼저 의리역학적 경향의 연구는 어떻게 후대로 이어졌는가? 이것은 크게 세 가지 흐름으로 구별할 수 있다. 첫째는 의리역학적 『주역』 해석 방법으로서 중정 비응과 같은 개념으로 괘효사를 해석하는 것이고, 둘째는 정이와 주희의 『역전』과 『본의』를 비교하여 『주역』의 의리적인 측면을 강조하는 경우이다. 마지막으로는 성리학의 형이상학적 본체론의 관점에서 의리적으로 역을 해석하는 경우이다. 먼저 이유태李惟泰의 「역설易說」과 같은 논설은 의리역을 강조하는 정이 주희의 관점에서 소강절의 역학을 비판하고 있다.[1)]

이에 비해 중정론中正論, 비응론比應論과 같은 의리역학 방법론에 의거하여 『주역』 괘효사를 해석하는 흐름은 중후기의 유정원柳正源과 김상악金相岳 등이 있다. 유정원은 「역해참고易解參考」에서 상수에만 집중하여 의리에 근거하지 않는 것은 『주역』의 본래 취지가 아니라고 보면서 중정, 비응 등으로 『주역』을 해석하였다.[2)] 김상악은 「산천역설山川易說」을 지었는데 또한 같은 경향을 가지고 중정, 비응론에 입각하여 『주역』을 해석하였다.[3)] 오희상吳熙常 또한 『역易』에 대하여 언급하면서 역은 중의 도를 실현하기 위한 것으로서 시時와 위位를 보아 의리를 추구하는 것이라고 하였다.[4)]

이어서 의리역학과 밀접한 연관성을 가지는 것으로서 두번째 성리학적 이기론의 형이상학의 견지에서 『주역』을 해석하는 경우가 조선 중후기에 성행하였다고 할 수 있다. 이러한 경향은 『주역』과 성리학이 서로 영향을 주고 받았음을 보여주는 것이다. 대표적인 저술로는 박지계朴知誡의 『주역건곤괘차록周易乾坤卦箚錄』과 권거權榘의 「독역쇄의讀易鎖義」가 있다. 이들은 각각 성리학의 이기선후理氣先後의 세계관 또는 이기불상리理氣不相離의 철학적 관점에 따라 『주역』을 해석하였다.[5)]

다음으로 상수역학적 견지에서 『주역』을 이해하는 전통을 계승하는 흐름이 이어졌다. 먼저 조호익은 『역상설』에서 중정 비응 등 의리역학적 방법론으로도 『주역』을 해석하지만, 보다 많은 경우 상수역학적 방법론으로서 호

---

1) 최일범, 『韓國經學資料集成』-『易經』 5冊, 解題. 성균관대 대동문화연구원, 1996. 32쪽.
2) 안병걸, 앞의 책, 『易經』 15冊, 解題. 13~25쪽.
3) 임옥균, 앞의 책, 『易經』 19冊, 解題. 16-19쪽.
4) 김영호, 앞의 책, 『易經』 26冊, 解題. 22쪽.
5) 최일범, 앞의 책, 『易經』 5冊, 解題. 13쪽.; 최영성, 『易經』 11冊, 解題. 18쪽.

체론을 통하여『주역』괘효사를 해석하였다. 이어서 상과 수, 착종錯綜, 중효中爻, 납갑설納甲說 등과 같은 상수역학적 측면을 강조하여『주역』을 설명한 연구들이 중후기에 종종 이루어졌다. 김만영金萬英의『역상소결易象小訣』은 각각의 효가 서로 다른 상을 가지게 되는 연유에 대하여 상의 관점에서 고찰하고자 하였다.6) 계덕해桂德海의『경설經說-역』에서는 상수, 착종, 중효 등과 같은 상수역학적 방법에 관하여 설명을 하였다.7) 이어서 심정진沈定鎭의『역설易說』에서는 천간天干을 팔괘에 대응시키는 납갑설을 중심으로 한대漢代 상수역학이론을 설명하였다.8)

다음으로 복희 선천사도先天四圖를 중심으로 하는 소옹의 선천역학을 계승하는 흐름 또한 조선 중후기 역철학사의 중요한 분기를 이루고 있다. 신흠申欽은「선천관규先天窺管」에서 소옹의 선천학을 계승한 서경덕의 이론을 해설하였다.9) 또한 서명응은「선천사연先天四演」이란 저술을 통하여 소옹의 선천역학의 새롭게 연역하여 자신의 독자적인 선천학 체계를 세웠다.10) 이만운李萬運 또한「팔괘방도 외八卦方圖 外」에서「선후천도」를 비롯한 도상을 선천학과 연관하여 설명하고 있다.11)

이어서 조선중후기에 일부 학자들은 주자의『역학계몽』에 대한 전기 학자들의 주석과 이황의『계몽전의』에 대하여 일정한 평가와 함께 새로운 설명을 제시하였다. 대표적인 저술을 몇 가지 들면 정경세鄭經世의『사문록思問錄-역학계몽易學啓蒙』, 서명응徐命膺의『역학계몽집전易學啓蒙集傳』, 황윤석黃胤錫의『역학계몽해易學啓蒙解』, 그리고 홍대용洪大容의『주역변의周易辨疑』등이 있다. 먼저 정경세는 주자의『역학계몽』과 이황의『계몽전의』에서 문제가 있

6) 임옥균, 앞의 책,『易經』6冊, 解題. 22쪽.
7) 진재교, 앞의 책,『易經』14冊, 解題. 22쪽.
8) 최영성, 앞의 책,『易經』20冊, 解題. 13쪽.
9) 임형택, 앞의 책,『易經』2冊, 解題. 17쪽.
10) 조희영,「서명응의『선천사연先天四演』에 관한 연구」, 숭실대 박사학위논문, 2011, 1~6쪽.『선천사연』에서 '사연四演'이란 말은 서명응 선천사연의 다섯 가지 그림에 대하여 言-象-數-意라는 네 가지 방법으로 선천학을 연역하는 독특한 해석 방식을 말한다.(2쪽)
11) 최영성, 앞의 책,『易經』20冊, 解題. 25쪽.

는 부분을 지적하였다.[12] 서명응의 위 저술은 『역학계몽요해』와 『계몽전의』를 합본하여 『역학계몽』을 이해하기 쉽게 편찬한 책이다.[13] 또 황윤석의 『역학계몽해』는 『역학계몽』에서 난해한 부분을 뽑아 안설按說을 붙여 설명한 저술이다. 반면 홍대용의 『주역변의』는 상수를 중심으로 하는 저술로 주로 『역학계몽』의 일부 신비적인 내용을 비판하고 있다.[14] 이처럼 조선 중후기에 걸친 역학의 흐름에는 전기의 학문적 경향을 이어서 해설 비판하는 저술들이 유행하였다.

반면 조선 중후기 역철학사에는 변화된 시대적 요청에 부응하여 『주역』에 대하여 새로운 시각을 가지고 연구하거나 해석하는 경향이 드러나기도 하였다. 예컨대, 장현광의 경우 『역학도설易學圖說』을 지음으로써 윤리성과 합리성, 그리고 고증정신으로 『주역』을 연구하였다. 구체적으로 그는 태극, 음양, 오행, 지리, 시령時令 등과 함께 율려, 의학 등과 같은 응용역학의 관점에서도 『주역』을 해석하면서 자연과 인문을 포괄하는 다양한 현상을 설명하고자 하였다.[15] 이어서 성호星湖 이익李瀷1681~1763은 실학적 학문 경향의 기조 위에 『주역질서』를 써서 소옹의 선천 역학과 정이와 주자의 의리역학적 해석에 영향을 받으면서도, 독자적인 경학적 근거에 따르는 『주역』 해석을 시도하고 있다.

반면 성이심成以心의 『인역人易』은 성리학의 심성론으로 역을 재구성하여 독특한 체계를 구성하였다. 『인역』은 '의의擬議'의 방법을 통하여 역易을 성리학적 세계관 속에 융해시킨 것으로 정이의 의리역과도 뚜렷한 차이를 보인다. 여기에서는 성리설이 역을 해석하는 논리로 적용되는 것이 아니라, 역이 해체되어 성리학적 인식 속에 활용되는 것이다.[16] 『인역』은 역에 대한 새로운 이해와 독창적 시각을 보여주는 사례라 하겠다.

---

12) 최일범, 앞의 책, 『易經』 5冊, 解題. 19쪽.
13) 장호성, 앞의 책, 『易經』 17冊, 解題. 13쪽.
14) 최영성, 앞의 책, 『易經』 20冊, 解題. 17~20쪽.
15) 최영진, 앞의 책, 『易經』 3, 4冊, 解題. 13~22쪽.
16) 금장태, 『조선 유학의 주역사상』, 예문서원, 2007, 189쪽.

이어서 조선후기에 이르면 당시 학문의 추세와 연관하여 또 다른 방향의 역학에 관한 연구경향이 형성된다. 대표적인 것으로는 청대의 고증학적 학문 연구 기풍에 영향을 받은 고증학적 관점에 입각한 역학 연구 경향, 실학적 학풍과 관련하여 중국의 여러 시대 상수학적 경향을 종합하는 경향, 그리고 역학을 과학사상과 연관하여 재해석하는 경향 등이 형성되었다. 정약용, 서명응, 이원구 등과 같은 학자는 두드러진 사례라고 할 수 있다. 물론 역학 자체의 내적 주제와 관점에 따른 연구는 조선후기 역학에서도 일관성 있게 연구되는 측면이 있다.

정약용의 『주역사전周易四箋』은 기존의 상수역학 전통의 여러 학설들을 받아들여 종합하면서도 자신의 독특한 『주역』 해석 방법론으로서 역리사법易理四法을 통하여 당시의 시대적 경향에 맞추어 『주역』을 해석하는 체계를 확립하였다. 이러한 다산의 『주역』에 대한 해석 방법의 체계화는 역의 괘사나 효사를 자의적으로 해석하는 데 따른 혼란을 극복하기 위해 어떤 예외적인 경우에도 벗어날 수 없는 해석의 원칙들을 체계화하고자 한 것이다.[17] 이처럼 조선전기역철학사는 중후기의 역학에 연속적인 계승의 측면에서 영향을 주기도 하였고, 새로운 변화를 도모하는 측면으로 전환되는 토대가 되기도 하였다.

이렇게 조선전기역철학사의 후대에 대한 영향을 살펴볼 때, 조선전기역철학사는 기본적으로 중기 및 후기 역철학사의 다양한 흐름에 대한 연구의 단초를 이루는 의미를 가진다. 그런데 조선시대 역학은 역학 내적 요인에 따른 분석적·주제적 연구와 역학 외적 요인에 영향을 받은 종합적·외연적 연구를 병행할 때 효율적인 연구성과를 이룰 수 있다고 판단된다. 이 가운데 어느 한 방향에도 치우치지 않고 두 가지를 균형 있게 연구할 때 조선시대 역철학사의 경향과 흐름, 그리고 특징들을 보다 입체적으로 조망할 수 있을 것이다. 이러한 관점에서의 연구는 서론에서 언급한 바와 같은 역철학적 방법론에 속하는 상수, 의리, 그리고 도상과 같은 여러 학파적 의미

17) 금장태, 앞의 책, 247쪽.

를 가지는 개념들을 중심으로 하는 준거틀에 의거한 연구방법을 뜻하는 것이라 할 수 있다.

결론적으로, 조선전기역철학사의 의의를 요약하면 서론에서 세운 준거틀에 근거하여 여러 새로운 분야에 대한 연구를 진전시킬 수 있다는 점과 관련하여 몇 가지 전망을 제시할 수 있다. 첫째는 조선시대 역철학사 전체에 대한 상수와 의리, 도상학, 수리역학, 그리고 여러 응용 분야에 대한 주제적 연구를 체계적으로 진전시킬 수 있다. 다음으로 본 조선전기역철학사는 조선시대 성리학의 우주론과 도덕학을 매개하는 연결고리로서 조선시대 학문을 보다 체계적으로 연구할 수 있는 기반이 될 수 있다. 다음으로 본 연구는 경학적 관점에서 도덕적 실천 문제와 연관하여 다른 경학經學 저술과의 상관관계의 측면에서 연구를 진전시키는 바탕이 된다.

이러한 과정을 통하여 조선중기 및 후기 역철학사를 연구한다면 조선시대 역철학사 전체를 포괄하여 의미 있게 연구함으로써 조선시대 학문 전체에 대한 형이상학적·자연학적 토대를 확고히 하는 의의를 도모할 수 있을 것이다. 이러한 결과는 조선시대 전시기를 통하여 형성 발전되었던 전기의 실천학, 중기의 성리학적 형이상학, 예학, 실학, 고증학, 과학사상 등과 같은 학문적 흐름에 대하여 전혀 새로운 시각을 가지고 탐구할 수 있는 학문적 조망을 제시해 줄 것이다. 현대적 시각에서 볼 때, 본 연구에서 주제로 삼고 있는 『주역』의 여러 학설은 인문사회적 그리고 자연적 질서를 생명의 실현이라는 관점에서 문제삼고 있는 만큼, 현대 학문에서 환경문제를 다루는 생태학적 관점에서 접근할 수 있는 계기를 제공해 줄 수 있다. 이런 점에서 본 조선전기역철학사는 여러 분야와 방향에서 연구를 진전시키는 데 크게 기여할 수 있을 것이다.

추억과 감사

본 저작을 내는 기회에 학문 연구과정에서 커다란 은택과 영향을 주신 분들께 기억에 남는 일화와 함께 감사인사를 드리지 않을 수 없다. 필자는 학부와 대학원을 거치면서 여러 선생님들의 가르침, 선배 동료들과의 학문적 토론, 그리고 가족들의 헌신과 배려로 본 저작을 쓸 수 있었다. 이분들과 함께 했던 일을 추억하면서 감사 인사를 드리고자 한다.

먼저 학부 때 지도해 주셨던 분은 김여수金麗壽(경희대 미래문명원장) 선생님이다. 선생님께서는 언어분석철학의 여러 이론들과 함께 단조롭고 무미건조한 논리학을 흥미를 가질 수 있도록 가르쳐 주셨다. 주로 장학금을 신청할 때 연구실에 찾아가면 선생님께서는 온화하게 맞아 주시면서 늘 공부를 잘하고 있는지를 관심을 가지고 질문하셨다. 선생님께서 저술하신 『언어와 문화』(철학과 현실사, 1997)는 이후 분석철학 전통과 미래 지향적인 문화 종합의 목표를 이해하는 데 중요한 이정표가 되었다.

학부 3학년 이후 동양철학을 전공하기로 하면서 주로 지도해 주신 분은 이남영李楠永 선생님이다. 선생님께서는 중국유가철학의 경전 및 참고서에 대하여 세밀하게 안내해 주셨고, 『주자행장朱子行狀』과 속경남束景南의 『주자대전朱子大傳』을 강독하실 때는 주희의 생애와 철학을 세밀하면서도 생생하게 살필 수 있었다. 1994년 한림대 태동고전연구소를 수료하고 복학하면서 『주역』 64괘의 수리적 원리 문제에 관한 연구계획서를 선생님께 제출한 일이 있었는데, 이 때 선생님께서 박사학위논문을 『주역』과 관련하여 작성해 보는 것이 어떻겠는가? 라고 말씀하셨다. 이 때 선생님께서는 『주역』을 연구할 때는 보편적인 철학적 원리를 연구하는 경우도 있지만, 중국역철학사에서 중심 이론으로 논의되어온 상수象數, 의리義理 등과 같은 학파적 관점을 엄밀하게 따져서 연구하는 것이 중요하다고 말씀하셨다. 당시 선생님의 말씀이 마음에 깊이 와 닿았다.

선생님의 말씀에 따라 상수역학과 의리역학이라는 학파적 특징을 이해하는 데 중점을 두면서 북송 대에 유가적 의리역학을 제시한 정이의 역학이론을 주제로 학위 논문을 썼다. 본 조선전기역철학사를 『주역』의 상수와 의리, 도상, 그리고 성리학적 인식과의 연관성 등 역철학사적 계통과 특징에 초점을 맞추어 정리한 것은 선생님의 말씀이 커다란 영향을 미쳤다. 두 분 선생님의 자상한 가르침에 깊이 감사드린다.

심재룡沈在龍1943~2004 선생님과 송영배宋榮培 선생님으로부터는 불교철학, 중국선진 시대와 한대 철학 사상을 배웠다. 심재룡 선생님께서는 한국불교와 중국불교에 대하여 가르쳐 주셨다. 선생님은 특히 원효의 『대승기신론소大乘起信論疏』, 승조僧肇의 『조론肇論』, 그리고 「사십이장경四十二章經」과 같은 원전을 주로 강독하였는데, 이를 통하여 불교철학을 보다 생생하게 이해할 수 있었다. 송영배 선생님께서는 『관자管子』, 『손자병법孫子兵法』, 소공권의 『중국정치사상사』 등을 강독하면서 사회사상적 관점에서 텍스트를 이해하도록 가르쳐 주셨다. 심재룡 선생님의 영전에 경배를 올리고. 송영배 선생님께 각별히 감사드린다.

2000년에는 최재희崔載喜 연구기금에서 출연한 규장각 연구비지원에 따라 '퇴계학파의 의리역학적 목표와 상수역학'(『규장각』 26집, 2003.) 논문을 작성한 적이 있다. 박사학위를 받고나서 일정한 직책이 없던 시기에 허남진許南進(서울대 철학과) 선생님께서는 연구비를 지원받도록 적극 주선해 주셨다. 선생님께서 제자들에게 열성적으로 연구비를 주선해주셨던 것은 부업을 하지 않고 학문에 매진하도록 하기 위한 심모원려가 있었기 때문으로 생각된다. 당시 규장각 관장이셨던 정옥자鄭玉子 선생님께서는 좋은 연구 성과를 이루라는 취지로 사진자료를 선물로 주시면서 격려해 주셨다. 두 분 선생님의 각별한 배려에 깊이 감사드린다.

필자는 한국고등교육재단에서 이광호李光虎(연세대 철학과) 선생님으로부터 『주역』을 배우고 나서, 한림대 태동고전연구소에서 선생님께 사서삼경四書三經을 다시 배웠다. 재단 강의 때는 매주 수요일 저녁과 토요일 낮에 수업을 하시고 나서는 재단 건물 맞은편 중화장에서 늘 함께 식사를 하곤 했었다. 또 연구소에서 『맹자孟子』 총강總講을 할 때 다른 동료와 함께 연구실에 들어갔었는데 연장자부터 해보라고 말씀하시던 일이 기억에 남는다. 선생님으로부터 두 번에 걸쳐 『주역』을 배운 것이 필자가 『주역』을 전공하게 된 중요한 계기가 되었다.

『주역』과 관련하여 학위를 할 때 가르침을 주신 분은 성균관대 한국철학과에 재직하셨던 이동준李東俊(중봉조헌기념사업회 회장) 선생님이다. 필자가 정이 『역전易傳』으로 박사논문을 제출했을 때 선생님께서 심사를 해 주시면서 『주역』에 관한 여러 문제들에 대하여 세밀히 가르쳐 주셨다. 선생님께서는 논문을 꼼꼼히 읽으시고 여러 가지 수정보완 사항을 미리 정리해 두었다가 선생님 자택에서 식사까지 함께 하면서 논문을 다듬을 수 있도록 지적해 주셨다. 두 분 선생님의 두터운 가르침에 감사드린다.

학부 때 강중기姜重奇(한림대 한림과학원), 신정근辛正根(성균관대 동양학부)과 84학번 동기로 입학하여 여러 가지 공부를 함께 하였다. 당시 양일모梁一模(서울대 자유전공학부)는 『맹자』 스터디를 통해 우리 84동기들이 동양철학을 전공하는 데 크게 영향을 주었다. 이혜경李惠京(서울대 인문학연구원)은 당시 독문과에서 철학을 부전공했는데 독문학은 공부를 하는지 의심이 될 정도로 늘 철학과 쪽에 와서 필자의 동기들과 함께 공부하더니 철학과 대학원으로 와서 동양철학을 전공하였다. 강중기, 신정근 두 동기는 함께 동양철학을 전공하게 되었지만, 서양철학에 대한 관심도 가지고 있었는데 이들 동료들과의 일화가 기억에 남는다.

강중기와는 서양고전철학을 전공하신 김남두金南斗 선생님의 '서양고중세철학강독' 수업을 함께 들은 적이 있다. 당시 선생님께서는 아리스토텔레스 『형이상학』 감마(Γ)편을 강독하던 때였던 것으로 기억된다. 당시 선생님께서는 한번 강의할 때 영어본 텍스트로 한 페이지를 겨우 나갈 정도로 진도가 더뎠지만 텍스트 내용을 연관되는 여러 철학적 문제와 연관하여 다각적으로서 설명해 주셨던 것이 지금도 인상에 크게 남아 있다. 선생님께서는 언젠가 서양철학의 전통에는 수학이 토대가 되어 있는 만큼 서양철학을 의미 있게 학습하기 위해서는 수학에 대한 이해가 필수적이라는 것을 강조하여 말씀하셨다.

어느 날 수업을 듣고 나오면서 강중기에게 '오늘 선생님께서 매우 중요한 말씀을 하신 것 어떻게 생각해요?'라고 질문했다. 느닷없는 질문에 강중기는 '어떤 말씀이 중요하다는 거야?'라고 반문하였다. 선생님께서 '서양철학사는 수학이 토대를 이루고 있는 만큼 수학에 대한 선이해가 매우 중요하다'고 말씀하신 것 말이예요! 라고 했더니, 강중기는 '맞아! 그래!'라고 즉시 화답和答했다. 바로 이어서 필자와 강중기는 모종의 대화를 이어 갔다.(당시 대화는 대체로 '우리가 명색이 철학도인데, 서양철학을 올바르게 이해하려면 선생님께서 말씀하신 것처럼 수학에 대한 이해를 넓혀야 하는 것은 절대적 당위 또는 정언명법이다. 그러니 수학 과목을 반드시 수강하여 수학에 대한 이해를 넓혀야 할 것이다. 그런데 함께 듣는 것이 여러 모로 좋을 것이다. 함께 듣기로 하자. 그래 좋다.' 뭐 이런 내용이었다.)

우리는 의기투합하여 그 다음 학기에 당시 조승제趙升濟 교수가 강의하는 중급 수준의 '수학과 연습'이라는 이과생들이 듣는 과목을 생물교육과 새내기들과 함께 수강하는 모험을 감행했다. 두 사람은 교실 앞쪽에 함께 앉아서 수업을 들었는데 처음 접하는 이과 수학 가운데 행렬行列, 벡터vector 등 문과에서는 배워본 적이 없는 내용이 포함되어 있었다. 하지만 선생님께서 이과 과목이라 학생들이 선이해를 하고 있을 것으로 생각하고 강의를 하셔서 잘 이해되지 않는 부분이 많았다.

우여곡절 끝에 한 학기를 마쳤으나 시험을 잘 볼 리가 없었다. 학점이 한심한 수준으로 최저 학점[D]이 나오지 않을까 염려되어 강좌를 개설했던 수학교육과에 학점을 문의했을 때 당시 과에 근무하던 여자 조교가 "C0입니다"라고 하였다. "점수가 엉망이네요!"라고 하자, 조교는 바로 철학과생이라는 것을 확인했는지 상냥한 목소리로 "문과생들이 듣는 경우가 종종 있는데 C0 정도면 상당히 잘한 것이예요!"라고 말하는 것이었다. 속으로 '그럼 열심히 했다는 건가?' '그럼 이전에 들었던 문과생들은 어떻게 공부했다는 거야?'라고 생각하며 의아해 하였다.

당시 철학과생으로서 수학의 철학적 토대를 의미 있게 학습하려면 어떤 책을 읽는 것이 좋은가를 조승제 교수님께 여쭈어 보았다. 이 때 교수님께서 소장하고 계시던 책 한권을 추천해 주시면서 복사를 하도록 배려해 주셔서 복사를 한 기억이 있다. 책 이름은 바로 수학의 여러 기초적 원리를 담은 저술로 리처드 쿠란트Richard Courant가 지은 '수학이란 무엇인가?*What is mathematics*'라는 책이었다.

신정근 동료와는 음미대와 후생관 구내의 여러 식당의 구석자리를 순례

하면서 토마스 쿤Thomas S. Kuhn의 『과학혁명의 구조』*The Structure of Scientific Revolutions*를 강독한 적이 있다. 이 저술을 일독함으로써 쿤이 '패러다임paradigm'이란 개념을 전문용어로 쓰면서 자연과학 분야뿐만 아니라 사회과학과 인문학에 많은 영향을 주었다는 사실과 함께 과학철학과 과학사에서 쿤이 차지하는 특별한 위상을 이해하게 되었다. 당시 끊임없이 날리는 최루탄 분말의 공습으로 마른 눈물을 하염없이 흘리던 시기에 이덕보우以德輔友했던 동료들이 있어서 대학생활에 위안이 되었던 것 같다.

대학원에 들어오면서 함께 공부한 선후배 동료들 또한 오랜 기간 필자에게 많은 영향을 주었다. 대학원 과정에서 이남영 선생님께서 처음 구성한 『한국철학사상연구자료집韓國哲學思想硏究資料集』 번역을 위한 세미나는 비교적 오랜 기간 이어졌는데, 함께 연구하는 동료들 사이에 알차면서도 뜻 깊은 연구모임이었다. 인문대 자하서당紫霞書堂에서 주로 이루어졌던 이 모임에는 허남진 선생님을 중심으로 하여 강중기, 김영우金永友(인제대 인간환경미래연구원) 문석윤文錫胤(경희대 철학과), 이봉규李俸珪(인하대 인문학부), 정원재丁垣在(서울대 철학과), 조남호趙南浩(뇌교육종합대학원대학교 국학과), 박지현朴智顯, 정소이鄭素伊, 이상돈李相敦, 이선열李善悅, 이현선李賢仙 등이 참여하여 한국유가철학 이론을 담은 자료들을 번역하여 토론하고 수정하였다.

이때 동료들은 문장의 의미에 대하여 날카롭게 논쟁하고 서로 이견을 드러내면서 수정 보완하는 과정을 거쳤다. 토론과정에서 이봉규, 문석윤, 정원재 등이 엄밀하면서도 꼼꼼하게 따지는 현미경파였다면, 조남호는 지엽말단에 흐르지 말고 '중요한 잘못[*GREAT MISTAKE*]'을 중심으로 검토하고 넘어가자는 망원경파의 단독주자였다. 구성원들은 이러한 토론 과정을 통하여 문맥의 본래 의미에 접근하는 데 노력하였다. 언젠가 서양고전 철학을 전공하신 이태수李泰秀(인제대 인간환경미래연구원장) 선생님께서 고전원문에 대한 논의와 토론으로 이루어지는 우리 세미나와 같은 모임의 중요성을 특별히 강조하시면서 커다란 관심을 가지고 중화요리로 오찬을 베풀어주셨던 일이 있었는데, 선생님의 뜻 깊은 격려가 기억에 남는다.

한문고전 연구와 관련하여 커다란 영향을 주신 분은 태동고전연구소를 설립하신 청명靑溟 임창순任昌淳1914~1999 선생님이다. 4·19 당시 불의에 항거하다 대학교수직에서 강제로 사퇴당할 정도로 정의롭지 못한 일을 참지 못하고 의리를 실천하는 정신을 가지고 계셨다. 필자는 선생님으로부터 『장자莊子』 강독, '번역연습', 그리고 초서草書 강의를 들었다. 선생님께서는 전통학문을 배우셨던 만큼 한문 문장을 지으실 뿐만 아니라, 이전의 한국과 중국의 전통시대 학자들이 지은 문장의 수준을 평가할 정도로 한문에 대한 조예가 깊었다. 한번은 '번역수업' 마지막 시간에 수업 받은 학생들에게 기말시험용으로 번역수업을 받은 소감에 대하여 한문으로 작문을 하도록 하셨다. 여러 동료들이 경험이 별로 없는 한문 작문을 초등학생 수준으로 제출하자 선생님께서는 '모두 한심한 수준인데 문석윤이 지은 것이 그래도 가장 나아'라고 말씀하셨다.

태동고전연구소에서 공부할 때, 커다란 영향을 주신 분은 한림대학교 초대 윤덕선尹德善1921~1996이사장이다. 윤덕선 이사장은 동양문화와 사상, 국학분야에 관한 안목과 주체성의 확립을 강조하셨고, 주체적인 의식을 가지고 세계적인 보편성을 지향하는 인간을 교육시키고자 하는 숭고한 이상을 견지하셨다. 이러한 이상을 가지고 이사장님은 1985년 이후 태동고전연구소를 한림대학교에 소속시키고 적극적인 재정지원을 통하여 고전인문 학자를 양성하는데 절대적인 기여를 하셨다. 매년 2월 중순 연구소 졸업식이 있을 때면 수료생들이 나라의 '주춧돌'이 되어야 한다는 커다란 기대를 가지고 늘 '인절미引絶餠'를 해 오셔서 수료생들을 격려하셨다. 필자는 청명 선생님이 한문 고전학의 유서遺緖를 닦고 윤덕선 이사장께서 옥인玉印을 새겨 놓으신 태동고전연구소에서 연구하는 것을 커다란 기쁨이자 보람으로 생각하면서도, 선생님들의 숭고한 뜻에 부응하지 못하는 것 같아 늘 두려움이 앞선다. 두 분 선생님께서 베풀어주신 깊고 자상한 가르침에 머리숙여 경배敬拜를 올린다.

『주역』을 연구하면서 전공을 함께하는 선생님들의 여러 가르침 또한 몸에 좋은 양약良藥이었다. 김영우 교수는 동문으로 가장 가까이에서 여러 전공자들을 모아 『주역』에 관한 연구 논문 발표회를 함께 하면서 『주역』 이론에 관하여 많은 의견을 나누었다. 방인方仁(경북대 철학과), 최영진崔英辰(성균관대 한국철학과), 곽신환郭信煥(숭실대 철학과), 정병석鄭炳錫(영남대 철학과), 김연재金演宰(공주대 동양학과) 선생님은 여러 저술이나 논문, 그리고 학회의 발표, 국제학술회의, 논평 등을 통하여 『주역』에 관한 이해와 시야를 넓히는 데 각별히 배려해 주시고 가르쳐 주셨다. 선생님들의 두터운 배려에 감사드린다.

최원경崔源京(이아서실爾雅書室) 동료는 태동고전연구소에 1991년 13기로 함께 들어와 공부할 때 반장이었던 필자를 도와서 많은 일을 함께하였고 관심과 배려를 아끼지 않았다. 동료는 서예를 익히는 것으로 20여년을 일관하여 중국과 한국 역대의 많은 서예작품과 서체에 대한 조예를 닦았다. 동료는 창사蒼史 이춘희李春熙 선생님께서 표제를 써 주시도록 적극 주선해 주었다. 표제를 흔쾌히 써주신 창사蒼史 선생님께 깊이 감사드리고, 최원경 동료에게 감사의 마음을 전한다.

필자는 서울 대치동 한림국제대학원대학교 평생교육원에서 2006년부터 『논어』, 『주역』에 이어, 『서경』을 강의하였다. 이 수업에서 고전을 가르쳤지만, 수업을 들었던 선생님들께서는 오히려 여러 가지 경험과 지혜를 가르쳐 주셨다. 김명수金洺秀 선생님은 한문 고전에 대한 수준 높은 이해와 열정을 가지고 모임을 이끌었고, 성혜영成惠榮 선생님은 '추장님'이란 별명을 얻을 정도로 원시적인 카리스마와 함께 자상한 배려로 모임의 격을 높여 주셨다. 청담淸潭 장종학張宗學 선생님께서는 이루離婁의 시력으로 미리 수업자료의 오류를 점검하여 늘 자료를 교정해 주셨고, 황길수黃吉秀 변호사님은 의미가 불분명한 부분에 대해 자주 의문을 제기하여 수업에 활기를 더해 주셨다. 여러 학술 문화 기관에서 한자를 지도하시는 박경애朴敬愛, 황미숙黃美淑 선생님은 일인삼사역一人三四役의 분망한 생활 중에도 자원방래自遠方來하셔서 수업에 놀라운 집중력을 보여 주셨고, 모임의 정감을 두텁게 해 주셨다. 장인수張仁秀(한자진흥회) 교수는 한자에 대한 깊이 있는 뜻을 설명하여 수업 내용을 풍부하게 해 주셨다. 차영익車榮益 박사는 수업의 원활한 진행을 위하여 여러 가지 일을 맡아 처리하였다.

특히 여러 유가경전을 가르치고 배우면서 인상 깊었던 일은 몇 년 간 함께 주변국으로 여행을 떠났던 일이다. 이 가운데 『주역』을 배우던 2009년 가을에 대만臺灣에 갔던 일이 기억에 남는다. 당시 며칠 동안 타이뻬이시臺北市의 고궁박물관, 중정기념관, 화련시花蓮市, 태로각협곡 등을 관광했었는데, 타이뻬이시에 101빌딩이 있었다. 이 건물이 『주역』의 구성 원리에 따라 지어진 것을 아는 사람이 많지는 않을 것 같다. 이 빌딩은 25층 정도 위로부터 모양이 8층씩을 단위로 하여 역사다리꼴 모양의 나무토막을 8개 쌓아 놓은 듯한 모습이었다. 가이드의 설명에 따르면 이것은 『주역』의 8괘를 여덟 번 중첩하여 64괘를 상징한다는 것이다. 함께 갔던 분들 가운데 3명은 제일 꼭대기 층의 전망대에 오르고 나머지는 서점에 가서 책을 사거나 쇼핑을 하였다. 나중에 성혜영 선생님이 다른 분들과 가장 높은 곳의 전망대에 올라가서 360° 전체 전망을 찍은 사진을 보여주었다. 성 선생님은 『주역』 괘를 상징하는 64층 훨씬 위로 꼭대기 전망대에서 360°로 시가지 전체의 전망을 조감할 수 있었던 상징성이 남달랐다고 하시면서 올라가 보지 않은 사람은 후회할 것이라고 말씀하였다. 차영익 박사와 함께 서점에 갔던 필자는 올라가 보지 않은 사람은 전망을 직접 체험하지 못한 만큼 『장자』에서 말하는 하루살이 조균朝菌이나 계절곤충 혜고蟪蛄가 한 달이나 봄가을을 모르는 것처럼 '후회된다'는 생각 자체가 없을 것이라고 생각하였다. 대치동 고전 강독반 선생님들과의 학습은 고전을 통한 매우 각별한 함양공부라고 할 수 있다.

차영익 동료는 박사학위 논문을 쓰는 사이에도 본 저작의 원고를 읽고 교정을 해 주었다. 이원석李遠碩 동료 또한 강의와 연구로 바쁜 와중에도 역철학사상의 이론적 측면에서 원고를 꼼꼼히 읽고 교정을 해 주었다. 차영익, 이원석 박사에게 각별히 감사드린다.

필자에게는 가까이 함께 생활하며 한 솥밥을 먹는 제2의 가족이 있다. 태동고전연구소의 김만일金萬鎰 소장, 최광현崔光鉉 연구원, 홍미진洪美珍 사무원, 강진호姜鎭好 기사, 이효석李孝錫 조교, 취사炊事를 담당하는 이순연李順年 님이 이들이다. 태동고전연구소는 전공에 제한된 시야를 넘어서 유가경전에 대한 배송背誦을 핵심으로 하는 전통적인 '강講'을 기초로 하여 여러 경전과 고전에 대한 견실하면서도 심화된 교육과 학습, 그리고 연구를 지향해 왔다. 김만일 소장은 이러한 연구소의 취지에 따라 수준 높은 교육과 연구성과를 이루고자 하는 의지를 가지고 학생들과 연구원들을 이끌고 있다.

최광현 연구원은 1학년 학생들에게 사서四書를 가르치고 있으며, 이효석 조교는 연구소의 여러 교육 및 연구 업무를 담당하고 있다. 홍미진 님은 연구소의 행정업무를 종합적으로 담당한다. 그녀는 1990년대 중반 필자가 2층 도서관에서 근무할 때 일이 있으면 늘 아래층에서 큰소리로 '엄옹'이라고 외쳤다. 그러면 방에 있던 학생들은 '어몽among'이 무슨 뜻이야? 라고 의아해 하곤 했었다. 당시 필자는 재학시절 토요일에도 외출하지 않고 점심 식사 후에 연구소 건물 현관 앞 대나무 침상 위에 쪼그려 햇볕을 쬐곤 했었다. '엄옹嚴翁'이란 별명은 이렇게 앉아 있는 모습을 노인정의 노인 이미지로 사진 찍어 이원택李元澤(동북아역사재단) 박사가 필자에게 붙여 준 것이다. 필자는 대학 시절에 윌 듀란트Durant, Will1885~1981가 쓴 『철학이야기』*The Story of Philosophy* 번역본을 읽은 적이 있었는데, 그 책에서 번역자(황문수黃文秀)가 소크라테스를 '쏘옹'이라고 번역한 것을 읽은 기억이 있었던 때라 '엄옹'이라는 별명이 귀에 전혀 거슬리지 않았다. 홍미진 님은 연구자는 무엇보다도 연구 성과로 보여 주어야 한다고 강조하여 필자를 무색無色하게 하면서도 여러 가지로 늘 배려를 아끼지 않았다. 강진호 기사는 따뜻하게 공부할 수 있도록 겨울만 되면 늘 연구소 한옥채에 있는 연구실에 바람을 막아주는 비닐을 설치해 준다. 또 이순연 님은 15년 이상 필자가 기본 영양을 유지할 수 있도록 언제나 계획적인 식단에 따라 정성이 담긴 요리를 만들어 주셨다. 이순연 님이 만들어 주시는 식단 중에 동짓날 팥죽과 정월 대보름날의 산채나물과 오곡밥은 정성의 상징이고, 간장에 절인 깻잎과 민들레는 최고의 반찬이다. 아울러 본 저작에 실려 있는 그림도표를 스캔하고 정리해 준 강민우姜玟佑를 비롯하여 서민자래庶民子來하여 놀라운 순발력을 가지고 마지막 파일을 교정해 준 여러 연구생들에게 감사한다.

마지막으로 본 연구는 한의학을 업으로 삼으시면서 연구자의 길을 갈 수 있도록 적극적으로 지원해 주시고 격려해 주셨던 선친先親과 지금까지도 생활과 연구 방면을 늘 자상하게 보살펴 주시는 어머니, 그리고 형님께서 베풀어주신 커다란 은혜의 소산이다. 본 연구에는 십여 년 전부터 조만간 책을 쓸 것이라는 공약公約 아닌 공약空約을 들어오면서 같은 말을 반복하면 '앞으로도 10년은 더 걸리지 않겠어!'라고 냉소冷笑적인 반응을 보이면서도 내조를 아끼지 않은 아내(형미衡美)의 헌신과 정성이 점점이 수 놓여 있다. 두 딸 기정基晶, 기영基映에게도 더 많은 시간 함께하지 하지 못하여 미안하고 보다 많은 시간을 함께 할 것을 기약해 본다.

필자 識

부록附錄

I. 육십사괘명六十四卦名과 순서

64괘명과 순서							
1 重天乾 ䷀	2 重地坤 ䷁	3 水雷屯 ䷂	4 山水蒙 ䷃	5 水天需 ䷄	6 天水訟 ䷅	7 地水師 ䷆	8 水地比 ䷇
9 風天小畜 ䷈	10 天澤履 ䷉	11 地天泰 ䷊	12 天地否[비] ䷋	13 天火同人 ䷌	14 火天大有 ䷍	15 地山謙 ䷎	16 雷地豫 ䷏
17 澤雷隨 ䷐	18 山風蠱 ䷑	19 地澤臨 ䷒	20 風地觀 ䷓	21 火雷噬嗑 ䷔	22 山火賁[비] ䷕	23 山地剝 ䷖	24 地雷復 ䷗
25 天雷无妄 ䷘	26 山天大畜 ䷙	27 山雷頤 ䷚	28 澤風大過 ䷛	29 重水坎 ䷜	30 重火離 ䷝	31 澤山咸 ䷞	32 雷風恒 ䷟
33 天山遯 ䷠	34 雷天大壯 ䷡	35 火地晋 ䷢	36 地火明夷 ䷣	37 風火家人 ䷤	38 火澤睽 ䷥	39 水山蹇 ䷦	40 雷水解 ䷧
41 山澤損 ䷨	42 風雷益 ䷩	43 澤天夬 ䷪	44 天風姤 ䷫	45 澤地萃 ䷬	46 地風升 ䷭	47 澤水困 ䷮	48 水風井 ䷯
49 澤火革 ䷰	50 火風鼎 ䷱	51 重雷震 ䷲	52 重山艮 ䷳	53 風山漸 ䷴	54 雷澤歸妹 ䷵	55 雷火豊 ䷶	56 火山旅 ䷷
57 重風巽 ䷸	58 重澤兌 ䷹	59 風水渙 ䷺	60 水澤節 ䷻	61 風澤中孚 ䷼	62 雷山小過 ䷽	63 水火旣濟 ䷾	64 火水未濟 ䷿

II. 『주역용어사전周易用語事典』

◆ 대연지수大衍之數

용어가 『주역』「계사전」에 "대연지수는 50이고 그중에 쓰이는 것은 49이다"라고 나와 있다. 「계사전」은 『주역』의 대의大義를 드러낸 것인데, '대大'는 지극하다는 것이고, '연衍'은 연역하고 추론하는 것이다. 한강백韓康伯은 주석에서 왕필王弼을 인용하여 "천지의 수를 연역하면 그 의지하는 것은 50이다. 그 가운데 쓰이는 것이 49라면, 나머지 하나는 쓰이지 않는다. 쓰이지 않으면서도 그것으로 통하게 하고 헤아리지 않으면서도 그것으로 이루니, 이것이 역易의 태극太極이다. 49는 수의 극치이다. 대개 무無는 무無로 밝힐 수 없으므로 반드시 유有에 기인한다. 그래서 반드시 사물이 존재하는 극에서 그것이 말미암는 근본을 밝힌다"고 하였다. 순상荀爽은 "괘에는 각각 여섯 효가 있다. 6에 8괘를 곱하면 48이 되고, 여기에 건곤乾坤의 두 가지 쓰임을 더하면 모두 50이 된다. 「건괘」 초구에서 잠룡을 쓰지 않는다고 하였기 때문에 49를 쓴다"라고 말하였다.(『周易大辭典』, 33쪽)

◆ 본괘本卦

점을 칠 때 얻은 괘를 본괘 또는 정괘正卦라고 일컫고, 변한 괘를 지괘之卦 또는 변괘變卦라고 말한다. 『좌전』「장공」 22년에 "주사周史중에는 『주역』을 진후陳侯에게 보인 자가 있었는데, 진후가 점을 치게 하자, 「관괘觀卦☴☷」에서 「비괘否卦☰☷」로 가는 괘를 만났다"고 하였다. 이때 「관괘」는 본괘 또는 정괘가 된다. 주사周史는 처음 점을 쳐서 「관괘」를 얻었는데, 그 네 번째 효가 변화를 일으켜 음에서 양으로 바뀌어 「비괘」로 변했다. 「비괘」는 지괘 또는 변괘가 된다. 본괘는 '정貞'으로 일컫고, 지괘는 '회悔'로 일컫는다.(146쪽)

◆ 비응比應

역의 괘는 여섯 효의 위치와 성질 거리의 차이에 따라 승乘, 승承, 비比, 응應의 관계가 있다. 역의 범례에서 효가 서로 이어져서 나란히 있는 것을 '비比'라고 한다. 예컨대, 초효와 이효, 이효와 삼효, 삼효와 사효, 사효와 오효, 오효와 상효 사이가 그렇다. 하지만 엄밀히 말하면 인접한 두 효 사이가 음양 또는 양음으로 서로 다른 성질의 효가 이어졌을 때를 비比의 관계가 있다고 말하기도 한다. 하나의 괘에서 하괘 삼효와 상괘 삼효의 같은 자리에 있는 효끼리의 상호교감 대응관계를 '응應'의 관계에 있다고 말한다. 초효와 사효, 이효와 오효, 삼효와 상효가 응의 관계에 있다. 그런데 호응하는 효가 하나가 음이고 하나가 양일 때 교감할 수 있기 때문에 '응應'이라고 말하는 반면, 두 효가 모두 양이거나 모두 음일 때는 '무응無應'이라고 말한다.(133쪽; 279쪽)

◆ 삼재三才

첫째 여덟 순괘純卦의 초획, 중획, 그리고 상획이 각각 나누어 지地·인人·천天을 상징하는 것을 '삼재'라고 한다. 『주역』「계사 하」에는 "역이라는 책은 광대하게 모두 갖추어 거기에는 하늘의 도가 있고, 땅의 도가 있으며, 사람의 도가 있어서 삼재를 겸하여 그것을 중복하였다. 그래서 여섯이 된다."고 하였다. 둘째는 중괘重卦 여섯효의 위치를 둘씩 병렬하여 초이初二의 두 효는 땅을 상징하고, 삼사三四의 두 효는 사람을 상징하며, 오상五上의 두 효는 하늘을 상징한다. 여기에서 천지인天地人을 합하여 '삼재'라고 한다.(25쪽)

◆ 상象

상은 『주역』에서 의미를 드러내기 위하여 고안한 괘의 형상과 괘효사에 담겨 있는 물상을 주로 일컫는다. 『주역』「계사 하」에 "상이라는 것은 이것을 본뜬 것이다"라 하였다. '상象'은 형상, 상징이라고 말하는 것과 같다. '상'은 『주역』 경전의 명칭인데 그 뜻에는 두 가지가 있다. 첫째는 『주역』의 괘형과 괘효사이다. 『주역』「계사 하」에는 "역易은 상象이다"고 하였다. 둘째는 『역전易傳』가운데 「상전象傳」을 말한다. 『주역』 64괘에 붙어 있는 '상왈象曰'이라고 하는 것은 똑같이 두 번째 뜻이 된다.(689쪽)

◆ 상수학象數學

도상圖象과 수數로 『주역』을 해설하는 학문이다. 역대로 『주역』을 주석하고 해석하는 것은 주로 상수와 의리 두 파로 나뉘는데, 상수학은 그 중의 하나이다. 장기적인 발전과정 중에서 상수학은 팔괘를 기초로 하여 방대하고 번쇄하면서도 조리 있는 이론체계를 형성하였다. 『주역』은 본래 상象과 수數를 포함하고 있다. 한대의 맹희孟喜와 경방京房은 오직 괘기卦氣의 음양재이로 『주역』을 해설을 하였고, 상수로 우주의 도식을 묘사하였는데, 학자들은 이것을 '한대상수학'이라고 일컬었다. 북송대 소옹은 진단의 설을 계승하여 『황극경세서皇極經世書』에서 자신의 상수학 체계를 세워서 태극太極 또는 일一로부터 출발하여 상象과 수數를 우주가 형성 발전되는 근원으로 삼았다. 일一이 이二로 나뉘고, 이二가 사四로 나뉘며, 사四가 팔八로 나뉘는 등 등비의 추상적 개념을 운용하여 일종의 신비적인 수의 체계를 추론하였고, 아울러 이를 우주의 모든 사물과 결합하여 간지干支 수목數目의 가감승제를 가지고 천지와 만사만물의 변화를 해석하였다. 이것으로 과거를 소급하여 알고 미래를 미루어 예측하였다. 원명元明 양대에 이르러 도서학은 일시적으로 극성하였다. 청대 초기에 이르러서는 한대 상수학파가 다시 일어나 도서학은 다만 호위胡渭 같은 사람의 비판을 받았을 뿐이다. 하지만 그들은 한대 상수학과 함께 청대 상수학의 주요 구성요소가 되었다. 근대 이래 상수학은 점차로 근현대 자연과학지식으로 나아가면서

'과학역科學易'으로 발전되었다.(690쪽)

◆ 상전象傳

상전은 『역전』 가운데 하나이며, 간단하게 '상象'이라고 일컫는다. 이것은 고대인이 『주역』 경문을 해석한 저작이다. 여기에는 괘상을 해석한 것이 64개가 있으니 이것을 「대상전大象傳」이라고 일컫고, 효상을 해석한 것이 384개가 있고, 여기에 건괘乾卦 곤괘坤卦에 덧붙여진 용구用九, 용육用六 문장에 각각 한 개씩 덧붙여 모두 386개가 있으니, 이것이 「소상전小象傳」이다. 「대상전」의 해석체계는 종종 먼저 한괘의 상하괘상이 서로 중첩된 뜻을 해석하고 다시 중괘의 괘상으로부터 인사에 절실한 상징적 의미를 추론해 낸다. 「소상전」의 해석 체계는 종종 매효가 위치해 있는 자리의 성질과 특징, 그리고 효상과 효상, 효상과 괘상 사이의 상호관계에 의거하여 효가 지니는 뜻의 길흉이해의 방향을 분석한다. 「상전」은 원래 단일하게 통용되었는데, 후대에 경문에 들어가 함께 행해졌다. 일설에는 정현鄭玄이 「단전」과 「상전」을 경經과 합했다고 말한다. 일설에는 "무릇 단전彖傳, 상전象傳, 문언文言 등이 괘 가운데로 섞여 들어간 것은 비직費直으로부터 시작되었다" 고 하였다.(『周易大辭典』, 690쪽)

◆ 상체上體와 상괘上卦

육획괘는 삼획의 경괘經卦로부터 이루어지는데 사효에서 상효까지의 삼획을 상체上體라고 일컫는다. 상괘上卦는 곧 육획괘 가운데 위의 하나의 경괘經卦로, 사효에서 상효에 이르는 획을 가리킨다. 효획爻畫의 차례는 안에서 밖으로, 아래서 위로 올라가므로 또 외괘外卦라고 일컫는다. 옛 사람은 이것을 회悔라고 칭하였다.(41쪽)

◆ 선천先天

선천이란 말은『주역』「문언전」의 "대인은 그 덕은 천지와 합하고, 그 총명함은 일월과 합하며, 그 질서는 네 계절과 합하고 그 길흉은 귀신과 합한다. 하늘에 앞서도 하늘이 어기지 않고 하늘을 뒤따라 하늘을 받든다. 하늘도 어기지 않는데 하물며 사람에 있어서이며, 귀신에 있어서랴!"라고 하는 구절에서 나왔다. 이것은 수양이 최고 경지에 이른 사람이 행하는 일체의 행위가 규칙에 부합하고 천도와 인도가 서로 어긋나지 않는 것을 말한다. 선천先天은 시원적인 일을 말하고, 후천後天은 창조적이거나 선례를 가지지 않는 일을 가리킨다. 후대에 도교역학에서 차용하여 연단술을 강론하였다. 『도장道藏』에 「선천태극지도先天太極之圖」가 있고, 진단陳摶에게 「선천태극도先天太極圖」가 있다. 여기에서 선천은 타고난 고유한 것을 뜻하는 반면, 후천은 인위적인 수련을 가리킨다. 사람의 몸을 생각해 보면, 머리의 건과 배의 곤에는 수화水火의 두 기氣가 갖추어져 있다. 화기는 위로 올라가고 수기가 아래로 내려가는 것은 본래적인 고유한 체질이다. 내단법에서 화기火氣를 내려가게 하고 수기水氣를 올라가게 하여 기해氣海에서 마음의 화를 내림으로써, 거슬러서 단丹을 이룬다. 이것은 후천의 인위적인 일이다. 소옹에 이르러 선천역학의 선천은 복희가 그린 역을 말하는 것으로 『주역』에 앞서서 있었던 것이다. 후천은 또 이것과 상대하는 문왕의 역을 가리키는 것으로 복희역 다음에 존재하는 『주역』 경문을 가리킨다.(196쪽)

◆ 선천지학先天之學

북송대 소옹邵雍 역학의 주요내용이다. 소옹은 건곤감리乾坤坎離를 네 가지 정괘正卦로 삼는 도식이 바로 복희가 그린 것으로 간주하면서 「선천도先天圖」라고 일컬었고, 그 학문을 '선천지학先天之學'이라고 하였다. 반면 한대 역학 중에서 감리진태坎離震兌를 네 가지 정괘로 삼는 도식을 복희역을 문왕이 연역한 것으로 여기면서 그 학문을 후천지학後天之學이라고 말하였다. 소옹의 학문은 이지재李之才가 전한 진단의 「선천도」를 얻음으로써 복희역이 바로 『주역』의 기본원리로서 그에 앞서 존재했던 것으로 보았다. 소옹은 그의 선천학에서 「복희팔괘차서도」, 「복희육십사괘차서도」, 「복희팔괘방위도」, 「복희육십사괘방위도」 등 일련의 중요한 도식을 제시하여 더욱 해명하였다.(196쪽)

◆ 십이월괘十二月卦/십이벽괘十二辟卦

이것은 간단히 '월괘月卦'로도 일컫는다. 곧 십이벽괘十二辟卦로서 일년 12개월을 상징한다. 그 순서는 아래와 같다. 「복괘復卦」는 11월의 겨울이고 「임괘臨卦」는 12월의 겨울이다. 「태괘泰卦」는 정월의 봄이고 「대장괘大壯卦」는 2월의 봄이며 「쾌괘夬卦」는 3월의 봄이다. 또 「건괘乾卦」는 4월의 여름이고 「구괘姤卦」는 5월의 여름이며 「돈괘遯卦」는 6월의 여름이다. 또 「비괘否卦」는 7월의 가을이고 「관괘觀卦」는 8월의 가을이며 「박괘剝卦」는 9월의 가을이다. 마지막으로 「곤괘坤卦」는 10월의 겨울이다. 이 열 두 괘는 일년 절기의 중기中氣를 상징하며, 12괘의 72효는 72후候를 상징한다. 그런데 이 열 두 괘를 뽑아 12월을 상징케 한 것은 그 강유剛柔 두 효의 변화가 음양이기陰陽二氣의 성장과 소멸의 과정을 반영하고 있기 때문이다. 「복괘」에서 「건괘」까지 앞의 여섯 개의 괘는 양효가 점차적으로 증가하는 동시에 음이 점차로 소멸하는 과정을 보여준다. 뒤의 여섯 개의 괘는 반대로 음효가 점차적으로 성장하고 양이 소멸하는 과정을 보여준다. 이 십이벽괘十二辟卦는 또 24절기와 72후의 변화를 보여준다. 그래서 십이소식괘十二消息卦라고도 한다. 십이벽괘의 연원은 매우 오래되었다. 그 설이 『귀장』에 처음 "자복子復, 축임丑臨, 인태人態, 묘대장卯大壯, 진쾌辰夬, 사건巳乾, 오구午姤, 미둔未遯, 신비申否, 유관酉觀, 술박戌剝, 해곤亥坤"라고 하였다. '벽辟' 자의 뜻은 '군주' 또는 '주인'을 말하는 것으로 이 열두 괘가 열두 달의 주인이 됨을 말한다. 양이 자라는 것이 식息이고, 음이 비는 것이 소消이다. 그래서 「복괘」에서 「건괘」까지는 식괘息卦이고, 「구괘」에서 「곤괘」까지는 소괘消卦가 된다. 또 「건괘」와 「곤괘」는 소식消息의 모체이다. 십이소식괘의 뜻은 서한의 맹희孟喜, 경방京房으로부터, 동한의 마융馬融, 정현鄭玄, 순상荀爽, 우번虞翻을 거쳐 청대의 한학 대가에 이르기까지 모두 채용하였다.(8쪽)

◆ 육십사괘六十四卦

육획괘를 총칭한 것이다. 팔괘를 둘씩 중첩하여 이룬 것으로 괘 마다 모두 별괘別卦가 된다. 『주례』의 기록에 따르면, 『연산』, 『귀장』, 『주역』은 모두 64괘가 있다.(121쪽)

◆ 육효六爻

「문언전」에 '여섯 효가 발현되어 두루 사리에 통한다', 「계사전」에 '여섯 효가 움직이는 것이 천지인의 도이다', '여섯 효의 뜻은 변화과정으로 제시된다.'고 하였다. 『주역』 64괘는 모두 팔괘를 둘씩 결합하여 구성한다. 모두 여섯 획을 육효六爻라고 일컫는다. 육효가 차지하는 위치는 아래부터 초, 이, 삼, 사, 오, 상이라고 일컫는다. 이전에는 초, 이의 두 효는 땅의 자리를 상징하고, 삼, 사 두 효는 인의 자리를 상징하며, 오, 상 두 효는 천의 자리를 상징한다. 천지인을 합하여 삼재三才라고 한다.(119쪽)

◆ 의리역義理易

'의리역학'이라고도 한다. 역학易學을 연구하는 주요 학문의 하나이다. 『주역』의 철학적 의리를 천명하는 것을 위주로 하는 학파로 복서역卜筮易, 상수역象數易과 서로 대립된다. 어떤 사람은 의리역은 공자에서 시작되었다고 생각하는데, 공자의 역학사상을 대표하는 『역전』은 바로 의리로 역을 해석한 기본적인 저작이다. 위진 시대에 왕필은 『역주』를 짓고, 전으로 경을 해석하여, 상수를 모두 물리치고, 현학玄學 사상체계로 64괘를 정밀하게 해석하여 의리역학을 새로운 단계로 발전시켰다. 북송대 정이程頤의 『이천역전伊川易傳』은 리를 역학의 최고범주로 삼아 리理가 있은 후에 상象이 있고, 상이 있은 이후에 수數가 있다고 말하였고, 리가 있으면 기가 있고, 기가 있으면 수가 있다고 말하였다. 그의 역학은 송명이학의 이론적 기초를 정립하였으며 의리역학의 대표적 저작이 되었다.(44쪽)

◆ 이체二體

64괘는 모두 여덟 경괘經卦가 두 개씩 중첩되어 이루어진 것이다. 그래서 각각의 괘에는 모두 8괘에 속하는 두 개의 괘가 위아래로 결합되어 있다. 이 가운데 아래에 있는 것을 '하괘下卦'라고 일컫고 (또는 내괘內卦, 정괘貞卦로 일컫는다.), 위에 있는 것을 '상괘上卦'라고 일컫는다.(또는 외괘外卦, 회괘悔卦라고 일컫는다.) 64괘 각각이 위아래로 결합되어 있는 두 개의 괘를 이체二體라고 한다. 상하上下의 체는 사물이 변화 발전하는 두 단계를 상징한다. 하괘는 조금 이루어지는[小成] 단계라면 상괘는 크게 이루어지는[大成] 단계이다. 이것은 사물이 자리하고 있는 지위의 높고 낮음, 살고 있는 지역의 안과 밖, 원근 등을 상징한다.(6쪽)

◆ 중中과 중정中正

중은 『주역』에서 중요한 개념으로 120여 회 보이는데, 특히 『역전』에 많이 보인다. 그 뜻은 다섯 가지가 있다. 첫째는 중위中位로 여섯 효가 자리한 위치를 말하는 것으로 제이효는 하괘의 중간에 자리하며, 제오효는 상괘의 가운데 자리한다. 『역』에서 중中이라고 일컫는 것은 사물이 중도를 지켜서 치우침이 없음을 상징한다. 대개 양효가 중위에 자리하는 것은 강중의 덕을 상징하고, 음효가 중위에 자리하는 것은 유중의 덕을 상징한다. 둘째는 중간 또는 중에 합당하다는 의미이다. 『주역』「문언」에 "군자는 황색으로 중간을 얻어 이치에 통한다"고 말하였다. 셋째는 내심內心의 의미이다. 『주역』「문언」에서는 "군자가 황색의 중간을 얻어 이치에 통하고 바른 자리에서 체에 머물러 아름다움이 그 가운데 있어서 사지에 통하며 사업으로 발현되어 아름다움이 지극하다"고 하였다. 넷째 내內나 리裏의 의미이다. 『주역』「준괘」육삼효에 "사슴을 잡으러 가는데 우인이 없이 수풀 속으로 들어간다"고 하였다. 다섯째 적중 또는 합당함의 의미이다. 「계사전 상」에는 "역은 간단하면서 천하의 이치를 얻었다. 천하의 이치를 얻어서 자리가 그 적당함을 이룬다"고 하였다. 중정中正은 『주역』 64괘는 각각 두 개의 팔괘를 포함하고 있는데, 그 가운데 아래 있는 것을 하괘, 위에 있는 것을 상괘라고 일컫는다. 여섯 효의 자리는 아래부터 위로 차례대로 초初, 이二, 삼三, 사四, 오五, 상上으로 일컫는데, 이 가운데 이효二爻는 하괘의 가운데에 자리하고, 오효五爻는 상괘의 가운데에 자리한다. 이것을 역에서는 '중'이라고 한다. 또 육효의 위치에는 음양기우의 구분이 있다. 곧 초, 삼, 오효는 기奇로 양의 자리에 속하고, 이, 사 상은 우偶로 음의 자리에 속한다. 대개 양효가 양의 자리에 있고, 음효가 음의 자리에 있을 때 모두 '득정得正', '득위得位' 또는 당위當位라고 말한다. 만약 음효陰爻가 이위二位에 있고, 양효陽爻가 오위五位에 있으면 이것은 중中이면서 정正이 되므로 '중정中正'이라고 말한다.(99~100쪽)

◆ 팔괘八卦

경괘經卦·단괘單卦 또는 팔순괘八純卦라고도 말한다. 이것은 『주역』 가운데 여덟 가지 기본부호로서, 가장 기본적인 구성 단위인 음효 또는 양효가 세 번 중첩하여 이루어진 괘이다. 괘마다 괘 이름이 있으며 음 또는 양의 세효로 구성되므로 8괘는 삼획괘三畫卦라고도 한다. 그 형체와 괘명은 건·곤·진·손·감·리·진·태이다. 『역전』에서는 팔괘는 각각 하늘, 땅, 우레, 바람, 물, 불, 산, 연못 등 자연현상을 상징하는 것으로 보았으며, 괘 각각은 다시 다양한 사물을 상징한다. 팔괘의 기원에 관해서는 다양한 학설들이 있다.(14쪽)

◆ 하체下體와 하괘下卦

육획괘는 삼획의 경괘經卦로부터 이루어지는데 초효에서 삼획까지의 삼획을 하체下體라고 일컫는다. 하괘下卦는 곧 육획괘 가운데 아래 하나의 경괘經卦로, 초효에서 삼효에 이르는 획을 가리킨다. 효획의 차례로부터 안에서 밖으로, 아래서 위로 올라가므로 또 내괘內卦라고 일컫는다. 옛 사람은 이것을 '정貞'이라고 칭하였다.(41쪽)

◆ 호체互體와 중효中爻

중효中爻 또는 약상約象이라고 일컫는다. 중괘 가운데서 이효에서 사효까지, 그리고 삼효에서 오효까지 두 개의 괘체卦體+

는 다시 결합하여 하나의 괘상卦象을 이룬다. 한 괘의 이효에서 오효까지에서 교차하는 두 개의 괘를 뽑아 이것으로 다른 하나의 괘를 만들 때 이 교차하는 괘를 호체互體라고 한다. 호체설은 『좌전』에 가장 먼저 보인다. 『계사전』에서는 "이효와 사효는 기능은 같으나 자리가 다르고, 삼효와 오효도 기능은 같으나 자리가 다르다"고 하였다. "만약 사물을 섞어 덕을 뽑아내고 시비를 가리려면 중효中爻가 아니면 충분하지 않다"고 하였다. 이정조는 『주역집해』에서 "최경崔憬이 말하였다. '가운데 네 효는 주관하는 일을 섞어서 합하고 펼치는 덕을 뽑아 모았다. 그 시비를 판별할 수 있는 것은 모두 그 괘 가운데 네 효에 달여 있다"고 하였다. 그는 '중효'를 한 괘에서 가운데 있는 네 효로 보았다. 이것은 호체설의 이론적인 근거가 된다. 한대漢代 사람들은 역을 말할 때 호체를 많이 강론하였다. 이른바 '한 괘가 네 개의 괘를 포함하고 있다'고 하였는데, 하나의 중괘에서 상하의 경괘를 제외하여 두 개의 호체의 상을 뽑아내면, 상으로 괘효사를 해석할 수 있다.(98쪽)

◈ 효爻 · 효위爻位 · 효사爻辭

『주역』의 괘를 구성하는 가장 기본적인 단위는 ―와 --의 두 가지 부호로 이루어진다. ―은 양의 성질을 가진 사물을 대표하여 양효 또는 강효剛爻로 일컫고, 효의 표제는 '구九'로 일컫는다. --는 음의 성질을 가진 사물을 대표하고 음효 또는 유효柔爻라 칭하며, 효의 표제는 '육六'으로 표시한다. 세 효로 하나의 괘를 이룬 것이 팔괘이고, 팔괘를 중복한 것이 64괘이다. 64괘는 각각 여섯 효로 구성되어 있으며, 모두 384효이다. 반면 『주역』 64괘는 균등하게 여섯 효로 이루어져 있는데, 여섯 효가 각각 자리하는 위치를 효위爻位라고 한다. 효위는 아래로부터 위로 차례로 배열되는데 초初, 이二, 삼三, 사四, 오五, 상上이라고 일컫는다. 효위의 배열 순서는 『주역건착도周易乾鑿圖』에서 '역의 기운은 아래로부터 생긴다'고 해석하였다. 이러한 배열의 순서는 사물의 생장변화의 규칙이 저급에서 고급으로 발전함을 상징한다. 64괘는 각각 다른 상징적인 의미를 가지며, 효위 또한 구체적인 괘상과 효와 효 사이의 관계의 차이에 따라 각기 다른 상징적인 의미를 가진다. 효위는 또한 음양기우의 구분이 있는데, 초, 삼, 오는 기奇로 양의 자리에 속하고, 이, 사, 상은 우耦로 음의 자리에 속한다. 효사는 『주역』 64괘 각각의 효의 의미를 설명하는 문장이다. 64괘는 괘마다 여섯 효가 있고, 효 마다 효제와 효사가 있다. 예컨대, 「건괘」에는 '숨어있는 용이니 쓰지 말라潛龍勿用'고 하였고, 「곤괘」에서는 '서리를 밟으니 견고한 얼음이 언다履霜堅氷至'고 한 것이 모두 효사이다.(110~111쪽)

* 蕭元 主編, 『周易大辭典』(中國工人出版社, 1991)을 참조.

참고문헌參考文獻

원전

『韓國經學資料集成』,『易經』1~37卷, 成均館大學校 大東文化研究院, 1996.
『韓國經學資料集成』87『易經』1卷, 成均館大學校 大東文化研究院, 1996.
權近,『周易淺見錄』,『韓國經學資料集成』87『易經』1卷, 1996.
世祖,『易學啓蒙要解』,『韓國經學資料集成』87『易經』1卷, 1996.
李世應,『安齋易』,『韓國經學資料集成』87『易經』1卷, 1996.
徐敬德,『花潭集』,「六十四卦方圓之圖解」,『韓國文集叢刊』24卷
黃孝恭,『易範圖』,『韓國經學資料集成』87『易經』1卷, 1996.
李彦迪,『晦齋集』,『韓國文集總刊』24.
李滉,『啓蒙傳疑』,『韓國經學資料集成』88『易經』2卷, 1996.
李德弘,『周易質疑』,『韓國經學資料集成』88『易經』2卷, 1996.
曺好益,『易象說』,『韓國經學資料集成』88『易經』2卷, 1996.
張顯光,『易學圖說』,『韓國經學資料集成』89『易經』3卷, 1996.
徐命應,『保晩齋叢書』, 奎章閣本, 圖書番號, 古0270-11.
______,『啓蒙圖說』,『韓國經學資料集成』,『易經』18卷, 成均館大 大東文化研究院., 1996.
丁若鏞,『周易四箋』,『韓國經學資料集成』24卷, 成均館大 大東文化研究院, 1996.
胡廣 等篇,『周易傳義大全』, 保景文化社, 2000.
樓宇烈,『老子周易王弼注校釋』, 臺北, 華正書局, 1983.
京房,『京氏易傳』, 漢魏叢書.
王弼, 周易略例, 周易注, 樓宇烈 校釋,『老子, 周易王弼注校釋』, 臺北, 華正書局, 1983.
韓康伯, 繫辭傳注.
孔穎達,『周易正義』(十三經注疏本), 臺北:新文豊出版公司, 1977.
李鼎祚,『周易集解』, 上海古籍出版社, 1990.
邵雍,『皇極經世書』,『文淵閣四庫全書』803.
張載,『橫渠易說』,『張載集』, 中華書局, 2006.
張載 撰,『張載集』, 四部刊要, 子部.

程頤,『易傳』, 學生書局, 1983.
程顥·程頤,『二程遺書』,『文淵閣四庫全書』698卷, 驪江出版社, 1988.
朱震,『漢上易傳』, 臺灣商武印書館,『文淵閣四庫全書』, 第11卷.
朱熹,『原本周易本義』, 臺灣商武印書館,『文淵閣四庫全書』, 第12卷. 驪江出版社, 1988.
朱熹,『朱子語類』, 臺灣商武印書館,『文淵閣四庫全書』, 第700-702卷. 驪江出版社, 1988.
朱熹,『朱子文集』,『朱子大全』.
朱熹,『易學啓蒙』,『性理大全1』1, 2卷, 民族文化文庫, 1996.
蔡淵,『易象意言』
全祖望 補,『宋元學案』, 臺灣, 世界書局. 1963.
黃宗羲,『易學象數論』, 臺灣商武印書館,『文淵閣四庫全書』, 第40卷.
朱熹,『周易本義』, 湖南人民出版社, 2009.
朱熹,『朱子大全』, 景文社.
黎靖德 編,『朱子語類』, 北京, 中華書局, 1994.
胡廣 等編,『性理大全』, 孔子文化大全』, 孔子文化大全編輯部, 山東省出版對外貿易公司, 1989
胡廣 等編,『性理大全』, 保景文化社, 1994.
黃宗羲,『易學象數論』,『文淵閣四庫全書』40卷
『論語』,『孟子』,『中庸』,『大學』,『漢文大系』, 新文豐出版公司, 臺北, 1994.
『詩經』,『書經』,『禮記』,『春秋左傳』,『老子』,『莊子』,『荀子』,『墨子』,『淮南子』,『漢文大系』, 新文豐出版公司, 臺北, 1994.

『주역』 주석 및 관련 번역서

김석진,『대산 주역정해』, 대유학당, 2009.
성백효,『周易傳義』, 전통문화연구회, 2010.
정병석 역주,『주역』, 을유문화사, 서울, 2011.
료명춘 외, 심경호 옮김,『주역철학사』, 예문서원, 2004.
高懷民, 신하령, 김태완 공역,『상수역학』, 신지서원, 1994.
고회민, 정병석 역,『주역철학의 이해』, 문예출판사, 2004.
구스모토 마사쓰구, 김병화·이혜경 옮김,『송명유학사상사』, 예문서원, 2005,
김경방, 여소강, 한국철학사상연구회 옮김,『역의 철학』, 예문지, 1992.
다까다 아스시, 이기동 옮김,『주역이란 무엇인가』, 여강, 1993.
도전건차 저, 김석근·이근우 옮김,『주자학과 양명학』, 까치, 1998.
牟宗三 저, 정인재·정병석 옮김,『중국철학특강』, 형설출판사, 1993.
시어도어 드 베리 저, 표정훈 옮김,『중국의 자유 전통』, 이산, 1998.

야마다 케이지, 김석근 옮김, 『朱子의 自然學』, 통나무, 2006.
李光虎外(譯), 「解題」, 『國譯 三經淺見錄』, 1999
宇野哲人 저, 송영식 역, 『송대성리학사』, 울산대출판부, 2005.
존 헨드슨, 문중양 역주, 『중국의 우주론과 청대의 과학혁명』, 소명출판, 2004.
주희, 곽신환 외 공역, 『태극해의』, 소명출판, 2009.
주희, 김진근 옮김, 『역학계몽』, 청계출판사. 2008.
주희, 이광호 역주, 『근사록집해』, 아카넷, 2004.
陳來 著, 안재호 역, 『송명성리학』, 예문서원, 1997.
陳淳 著, 김영민 옮김, 『북계자의』, 예문서원, 1993.
馮友蘭, 박성규 옮김, 『중국철학사』, 까치, 2007.
今井字三郎 著, 『易經』(上·下) 『新釋漢文大系』 23 明治書院, 1987.

단행본

강문식, 『권근의 경학사상 연구』, 일지사, 2008.
곽신환, 『주역의 이해』, 서광사, 1990.
______, 『조선조 유학자의 지향과 갈등』, 철학과 현실사, 2005.
금장태, 『조선유학 주역사상』, 예문서원, 2007.
금장태, 『한국유학의 탐구』, 서울대출판부, 1999.
금지아, 『한중역대 서적교류사 연구』, 한국연구원, 2010.
김락진 외, 『조선유학의 自然哲學』, 예문서원, 1998.
김여수, 『언어와 문화』, 철학과 현실사, 1997.
김일권, 『동양천문사상-하늘의 역사』, 예문서원, 2007.
______, 『동양천문사상-인간의 역사』 예문서원, 2007.
김태영 외, 『순암 안정복의 경학과 사회사상』, 성균과대학교 출판부, 2012.
도현철, 『목은 이색의 청치사상연구』, 혜안, 2011.
문석윤, 『호락논쟁 형성과 전개』, 동과서, 2006.
박성래, 『한국과학사』, 서울신문사, 1984.
박재주, 『주역의 생성 논리와 과정철학』, 청계, 1999.
박주병, 『周易反正-정약용 역학을 중심으로-』, 서문당, 2002
송영배, 금장태 외, 『한국유학과 리기철학』, 예문서원, 2000.
윤사순, 『조선시대 성리학의 연구, 고대민족문화연구원, 1998.
윤종빈, 『한국역학의 논리』, 문경출판사, 2007.
이동인, 『율곡의 사회개혁사상』, 백산서당, 2002.
이병도, 『한국유학사』, 아세아문화사, 1987.

李崇寧, 『世宗大王의 學問과 思想』, 亞細亞文化社, 1981.
이창일, 『소강절의 철학-선천역학과 상관적 사유-』, 심산, 2007.
한국사상연구회, 『圖說로 보는 한국유학』, 예문서원, 2003.
한국주역학회 편, 『주역의 현대적 조명』, 범양사, 1992.
한국주역학회 편, 『주역과 한국역학』, 범양사, 1996.
한국주역학회 편, 『주역의 근본원리』, 철학과 현실사, 2004.
한영우, 『정도전 사상의 연구』, 서울대학교출판부, 1999.
한형조, 『주희에서 정약용으로-조선 유학의 철학적 패러다임 연구』, 세계사, 1996.
황준연, 『실사구시로 읽는 주역』, 서광사, 2009.
거자오광 지음, 이원석 역, 『이 중국에 거하라』, 글항아리, 2012
黃俊傑, 『朝鮮儒學者對儒家傳統的解釋』, 『東亞儒學硏究叢書』, 臺大出版中心, 2012.
朱伯崑, 易學哲學史, 北京, 華夏出版社, 1995.
李煥明, 比較易學論衡, 文史哲出版社, 1995
山田慶兒, 김석근 역, 朱子의 自然學, 통나무, 1992.

외국서

고 형, 『周易大傳今注』, 齊魯書社, 1987.
고회민, 『邵子先天易哲學』, 臺灣, 荷美印刷, 1998.
고회민, 『宋元明易學史』, 臺灣, 荷美印刷, 1995.
今井宇三郎, 『宋代易學の硏究』, 東京, 明治圖書出版, 1944.
김경방, 여소강, 『周易全解』, 吉林大學出版社, 1989.
金春峰, 『朱熹哲學思想』, 東大圖書股份有限公司, 1998.
牟宗三, 『心體與性體』, 臺北, 正中書局, 1990.
상병화, 『周易尙氏易』, 北京, 九州出版社, 2005.
束景南, 『朱子大傳』, 福州, 福建敎育出版社, 1992.
왕부지, 『周易內外傳』, 北京, 九州出版社, 2004.
왕 필, 루우열 교석, 『王弼集校釋』, 北京, 中華書局, 2009.
李峰 整理, 『河洛理數』, 北京, 海南出版社, 2007.
林忠軍, 『周易程氏學闡發』, 上海古籍出版社, 2005.
張善文, 『象數與義理』, 遼寧敎育出版社, 1995,
張立文, 『宋明理學硏究』, 北京, 人民大學出版社, 1985.
錢穆, 『朱子新學案』, 臺北, 三民書局, 1971.
朱伯崑, 『易學哲學史』, 北京, 崑崙出版社, 2004.
陳來, 『中國近世思想史硏究』, 北京, 商務印書館, 2003.

陳榮捷, 『朱子新探索』, 『陳榮捷朱子學論著叢刊』, 華東師範大學出版社, 2007.
馮友蘭, 『中國哲學史新編』, 北京, 人民出版社, 1998.
胡　渭, 『易圖明辨』, 北京, 九州出版社, 2007.
黃壽棋, 張善文 『周易譯註』, 上海古籍出版社, 2004.
黃宗羲, 『易學象數論』, 北京, 九州出版社, 2007.
岡田武彦, 『宋明哲學の本質』, 東京, 木耳社, 1984.
楠本正繼, 『宋明時代儒學思想の研究』, 東京, 廣池學園事業部, 1972.
島田虔次, 『中國思想史の研究』, 東京, 東京大學學術出版會, 2002.
三浦國雄, 『朱子』, 講談社, 1979(김영식 이승연 옮김, 『인간주자』, 창작과 비평사, 1996.)
小島毅, 『宋學の形成と展開』, 東京, 倉文社, 1999(신현승 역, 『송학의 형성과 전개』, 논형, 2003.)
市川安司, 『朱子-學問とその ユ 展開』, 評論社, 1975.
安田二郎, 『中國近世思想研究』, 東京, 筑摩書房, 1976.
吾妻重二, 『宋代思想の研究』, 大阪, 關西大學出版部, 2009.
友枝龍太郎, 『朱子の思想形成』, 東京, 春秋社, 1979.
諸橋徹次, , 『儒學の目的と宋儒の 活動』(諸橋徹次著作集1), 大修館書店, 1975.
土田健次郎, 『道學の形成』, 東京, 倉文社, 2002.(성현창 역, 『북송도학사』, 예문서원,2006)
平岡武夭, 『經書の成立』, 創文社, 1983.
戸田豐三郎, 『易經注釋史綱』, 東京, 風間書房, 1968.

논문 / 학위논문

강중기, 「양수명의 현대신유학」, 서울대 박사논문, 2000.
곽신환, 「周易의 自然과 人間에 관한 연구」, 성균관대박사논문, 1987.
구만옥, 「조선후기 주자학적 우주론의 변동」, 연세대 박사논문, 2005.
權仁浩, 「조선 중기 사림파의 사회정치사상연구」, 성균관대 박사학위논문, 1990.
권향숙, 「公私 개념을 통해 본 이익의 철학」, 서울대 박사논문, 2005.
김남일, 「王氷 素問註釋의 易學理論 활용에 관한 연구」, 경희대 박사논문, 1994.
김문갑, 「소옹의 선천역학에 관한 연구」, 한남대 박사논문, 2000.
김연재, 「宋明理學和心學派的易學與道德形上學」, 北京大 박사논문, 2002.
김영우, 「정약용의 역학사상연구」, 서울대 박사논문, 2000.
김왕연, 「다산 역학의 연구」, 고려대 박사논문, 1989.
김인철, 「다산의 주역 해석체계에 대한 연구」, 고려대 박사논문, 1999.
김일권, 「고대 중국과 한국의 천문사상연구」, 서울대박사논문, 1999.

김재갑, 「권근 『주역천견록』의 조선역학사적 위상 연구」, 동방대학원대 박사논문, 2010.
김진근, 「王夫之 역철학 연구-天人合一을 중심으로」, 연세대 박사논문, 1995.
김한상, 주희의 理 우위 철학이 갖는 형이상학적 특색에 관한 연구」, 서울대 박사논문, 2009.
문석윤, 「조선후기 호락논변의 성립사 연구」, 서울대 박사논문, 1995.
박성규, 「주자철학에서의 귀신론」, 서울대박사논문, 2004.
박주병, 「『주역』의 괘에 대한 연구-정약용 역학을 중심으로」, 영남대 박사논문, 2001.
박춘순, 「조선조 진경산수화의 『주역』 미학적 해석」, 성균관대 석사논문, 2009.
방　인, 「다산 역학사상에 대한 연구」, 한국정신문화연구원 석사논문, 1982.
서근식, 「조선후기 실학파의 주역 해석방법론연구」, 성균관대 박사논문, 2005.
선우훈만, 「花潭 徐敬德의 氣哲學 硏究」, 대전대 박사학위논문, 2001.
성진숙, 「花潭 太極論에 대한 美學的 解析」, 성균관대 박사학위논문, 2009,
소병선, 「소옹의 우주관」, 한국외국어대 석사논문, 1995.
손영식, 「송대 신유학에서 철학적 쟁점의 연구: 도덕형이상학의 원칙성・실천성・현실성 문제를 중심으로-」, 서울대 박사논문, 1993.
신정근, 「고대 중국 인사상의 형성과 발전에 관한 연구」, 서울대 박사논문, 1999.
심소희, 「황극경세 성음창화도연구」, 연세대박사논문, 1995.
양일모, 「근대 중국에 있어서 '자유'를 둘러싼 담론-엄복과 동시대의 사상가들」, 동경대 박사논문, 1998.
엄연석, 「정이 『역전』의 역학이론에 관한 연구」, 서울대 박사논문, 1999.
윤용남, 「주자의 체용이론에 관한 연구」, 성균관대박사논문, 1992.
이광호, 「이퇴계 학문론의 體用的 구조에 관한 연구」, 서울대 박사논문, 1993.
이　권, 「노장과 주역의 천인합일관 비교 연구」, 연세대 박사논문, 2000.
이규성, 「왕선산 기철학 체계 연구」, 서울대 박사논문, 1989.
이기훈, 「권근의 『周易淺見錄』 연구」, 계명대 박사논문, 2002.
이난숙, 「『周易』의 '中'에 관한 繫辭的 硏究 : 中正·時中 哲學을 中心으로」, 강원대 석사논문, 2011.
이동욱, 「육구연 철학 연구」, 서울대 박사논문, 2010.
이동희, 「주자학의 철학적 특성과 그 전개양상에 관한 연구」, 성균관대박사논문, 1990.
이봉규, 「송시열의 성리학설 연구」, 서울대 박사논문, 1996.
이상돈, 「주희의 수양론- 未發涵養工夫를 중심으로」, 서울대 박사논문, 2010.
이선경, 「一叟 李元龜의 역학사상연구-심성록의 구도육사론을 중심으로」, 성균관대 박사논문, 2002.
이선열, 「송시열과 우암학단의 심론 연구」, 서울대 박사논문, 2010.
이세동, 「주자 『주역본의』연구」, 서울대 박사논문, 1996.
이연승, 「동중서의 춘추학 연구」, 國立臺灣大學 박사논문, 1999.

이원석, 「북송대 인성론 연구」, 서울대 박사논문, 2011.
이창우, 『邵康節의 象數易學에 관한 硏究』, 성균관대 유학대학원 석사논문, 2012.
이창일, 「소강절의 선천역학과 상관적 사유」, 한국학중앙연구원 박사논문, 2004.
이현선, 「張載와 二程의 철학-二程의 張載 비판을 중심으로」, 서울대 박사논문, 2010.
이혜경, 「中國近代における天下観の崩壊と再生」, 京都大 박사논문, 1998.
임병학, 「역학의 하도낙서원리에 관한 연구」, 충남대 박사논문, 2005.
임영희, 「李退溪與朱熹易學哲學比較硏究」, 북경대 박사논문, 1999.
임재완, 「포저 조익의 四書學 연구」, 성균관대 박사논문, 2012.
임채우, 「왕필 역철학 연구-以簡御繁 사상을 중심으로」, 연세대 박사논문, 1996.
장동우, 「茶山 禮學의 硏究 : 『儀禮』「喪服」과 『喪禮四箋』「喪期別」의 比較를 中心으로」, 연세대 박사논문, 1998.
장원태. 「전국시대 이성론의 형성과 전개에 관한 연구」, 서울대 박사논문, 2005.
장정림, 「화담 서경덕 철학사상의 역학적 考察」, 대전대 석사논문, 2011.
장정욱, 「주역의 구성체계와 역상의 상징체계-다산 역학을 중심으로」, 경북대 박사논문, 2009.
정소이, 「정약용 심성론의 변천과 전개」, 서울대 박사논문, 2010.
정원재, 「知覺說에 입각한 李珥 철학의 해석」, 서울대 박사논문, 2001.
______, 「서경덕과 그 학파의 선천학설」, 서울대 석사논문, 1990.
정해왕, 「『주역』의 해석방법에 관한 연구-정약용의 역학을 중심으로」, 부산대 박사논문, 1990.
정해임, 「律呂의 易學的 硏究」, 영남대 박사논문, 2006.
전용원, 「주자 역학 연구」, 한양대 박사논문, 2006.
정병석, 「易經哲學中人與道德理念之硏究」, 中華文化大學 哲學硏究所, 1990.
조남호, 「나흠순의 철학과 조선학자들의 논변」, 서울대 박사논문, 1999.
조희영, 「서명응의 『선천사연』에 관한 연구」, 숭실대 박사논문, 2011.
차명희, 「통영 북춤의 易學的 原理 연구」, 성균관대 박사논문, 2009.
차영익, 「蘇軾의 황주시기 문학연구」, 고려대 박사논문, 2013.
최동춘, 「전통산수화와 易學 사상과의 상관관계에 대한 연구」, 조선대 석사논문, 1994.
최영진, 「역학사상의 철학적 탐구」, 성균관대박사논문, 1989.
최정준, 「여헌 장현광 역학사상의 철학적 연구」, 성균관대 박사논문, 2005.
최정준, 「퇴계의 『계몽전의』에 관한 연구」, 성균관대석사논문, 1998.
최진묵, 「漢代 術數學 硏究」, 서울대 박사논문, 2002.
한정길, 「왕양명의 마음의 철학에 관한 연구-본체와 공부에 관한 논의를 중심으로」, 연세대 박사논문, 1999.
한　훈, 「태극도의 도상학적 세계관과 그 매체성」, 공주대 박사논문, 2012.
허남진, 「조선후기 기철학 연구」, 서울대 박사논문, 1994.

황광욱, 「花潭 徐敬德의 哲學思想과 그 門人學風에 대한 硏究」, 성균관대 박사논문, 2002.
황미희, 「서경덕의 기철학과 자연학」, 울산대 석사학위논문, 2009.
황병기, 「다산 정약용의 역상학」, 연세대 박사논문, 2004.
박연규, "The Semeiosis of the Image (Xiang) : A Peircean Approach to the Yijing", Univ. of Hawaii at Manoa, 1998.

일반논문

강문식, 「주역천견록의 형성과 권근의 역학」, 『한국학보』 110, 일지사, 2003.
강신항, 「역학과 훈민정음 해례이론」, 『태동고전연구』 22, 2006.
강천봉, 「『계몽전의』 연구」 1-12, 『퇴계학보』, 퇴계학연구원, 1974~1977.
강호천, 『서경덕의 '성음해' 연구』, 『청주대논문논총』, 8 · 9합집, 1993,
곽신환, 「율곡이이의 소강절 역학 이해-「畫前有易賦」와 「空中樓閣賦」를 중심으로-」, 『동양철학연구』 65집, 2011.
_____, 「역학과 퇴계의 천명사상 : 자연과 인간에 대한 '경'」, 『퇴계학논총』 창간호, 퇴계학부산연구원, 1995.
_____, 「周易淺見錄과 陽村 權近의 易學」, 『精神文化硏究』 第21輯, 1984
_____, 「율곡 이이의 소강절 역학 이해-「획전유역부」와 「공중누각부」를 중심으로-」, 『동양철학연구』 65, 2011.
구만옥, 「16세기말~17세기초 주자학적 우주론의 변화-역학적 우주론과 심학적 천관을 중심으로-」, 『한국사상사학』 제13집, 한국사상사학회, 1999.
권상우, 「『주역』의 경영철학-의사결정을 중심으로」, 『東洋社會思想』 24, 2011.
琴章泰, 「南冥의 心 개념과 神明舍圖의 구조」, 『南冥 曺植의 生涯와 思想』, 南冥學會第1會國際學術會議, 2001,
琴章泰, 「南冥의 「學記圖」에 관한 硏究」, 『南冥學硏究論叢』 제2집, 1992.
금장태, 「역학의 이해와 한국문화」, 『세종학연구』 4, 1989.
김경천, 「퇴계의 경전인식」, 『퇴계학보』 110, 2001.
김교빈, 「서화담의 기철학에 대한 고찰-기에 내재한 시간성을 중심으로-」, 『동양철학연구』 5, 1984..
김락진, 「장현광의 역학과 세계이해」, 『퇴계학보』 제105집, 퇴계학연구원, 2000.
김병환, 「『주역』의 자연생명사상」, 『범한철학』 20, 1999.
김보경, 「고려후기 주역 인식의 특성과 그 의미-白文寶를 중심으로」, 『한국한문학연구』 32, 2003.
김성기, 「귀장역의 출토와 역학사적 의의」, 『동양철학연구』 48, 2006.

金承炫, 「五經淺見錄을 통해 본 陽村의 經學思想」, 『東西哲學硏究』 第4輯, 1983,

김연재, 「鄭齊斗의 易圖觀에 나타난 본체론적 사유방식-「先后天圖說」을 중심으로」, 『陽明學』 15, 2005.

金允濟, 「南冥 曺植의 學問과 出仕觀-退溪 李滉과의 比較를 중심으로」, 『한국사론』 제24집, 1991

金益洙, 「退溪 李滉의 易學 思想」, 『周易과 韓國易學』, 1996,

김인철, 「성호 이익의 역학관」, 『태동고전연구』 23, 2007.

______, 「「退溪와 芝山의 『周易』 解釋」, 『퇴계학과 한국문화』 36, 2005.

김일권, 「조선 중기 우주관과 천문역법의 주역적 인식-張顯光의 『易學圖說』에 나타난 상수역학을 중심으로-」, 『태동고전연구』 제22집, 2006.

김진근, 「이율곡의 주역철학」, 『동양철학』 10, 한국동양철학회, 1999.

김진근, 「호장기택에 관한 고찰」, 한중철학회발표논문, 2007.

金忠烈, 「南冥 性理學의 特徵(一)」, 『南冥學硏究論叢』, 2001.

金忠烈, 「生涯를 통해 본 南冥의 爲人」, 『大東文化硏究』 제17집, 1983.

김학권, 「이황의 역학연구」, 『주역연구』 4, 1999.

金恒洙, 「朝鮮前期 性理書 解釋의 推移」, 『同大論叢』 제25집, 1995.

남명진, 「南冥 周易觀의 특징」, 『南冥 曺植의 生涯와 思想』, 南冥學會第1會國際學術會議, 2001.

도현철, 「삼봉집과 권근의 역할」, 『민족문화』 제40집, 2012.

문중양, 「16~17세기 조선 우주론의 상수학적 성격-서경덕과 장현광을 중심으로-」, 『역사와 현실』 34호, 한국역사연구회, 1999.

박연규, 「易卦에 있어 '짜임' 관계 - 아도르노(T.Adorno) 짜임 존재론의 적용」 「한중철학」 8, 2002.

박종배, 「조선시대 유학교육의 변천과 그 특징」, 『한국교육사학』 제33권, 2011.

朴洪植, 「南冥思想의 後代에 끼친 影響」, 『南冥學硏究』 제4집, 1994,

裵宗鎬, 「南冥聖學圖」 『南冥學硏究論叢』 제1집, 1988.

서근식, 「권근 역학의 체용론적 구조에 관한 연구」, 『동양철학연구』 33, 2003.

孫炳旭, 「南冥 敬義思想의 基底로서의 靜坐修行」, 『南冥學硏究論叢』 제4집, 1996.

孫英植, 「남명 조식의 주체성 확립이론과 사림의 정신(Ⅰ)」, 『南冥學硏究論叢』 제4집, 1996,

송영배, 「세계화시대의 유교적 윤리관의 의미」, 『철학』 62, 2000.

송인창, 「退溪 理發說의 易學的 硏究」, 『철학논총』 26, 새한철학회, 2001.

申炳周, 「南冥 曺植의 學問 경향과 現實認識」, 『한국학보』 제58호, 1990.

심경호, 「조선전기의 註解本 간행과 문헌 가공에 대하여」, 『대동한문학』 20집, 2004,

엄연석, 「조선전기 역철학의 두 경향에 관한 고찰-상수역학과 의리역학을 중심으로-」, 『철학연구』 55집, 2001.

______, 「목은의 주역 인식과 그 의리적 특성」, 『영남학』 제14호, 2008.
______, 「포은 정몽주의 유가적 의리실천과 역사철학적 인식」, 『한국인물사연구』 11, 2009
______, 「조호익 역학의 상수학적 방법과 의리학적 목표」, 『대동문화연구』 제38집, 2001.
______, 「이황의 『계몽전의』와 상수역학」, 『한국사상과 문화』 제11집, 2001.
______, 「퇴계의 역학사상체계와 새로운 연구방향」, 『퇴계학논집』 제3호, 2008.12.
______, 「권근의 『주역천견록』과 의리역학」, 『주역철학과 문화』 창간호, 2003.11.
여소강, 「율곡역학사상천론」, 『국학논총』 제2집, 경상대학교 국학연구원, 1997.
吳二煥, 「南冥과 陸王學」, 『南冥學派硏究(上)』, 南冥學硏究院出版部, 2000.
吳進鐸, 「南冥學에 있어서 老莊思想의 位置」, 『南冥學硏究』 제1집, 1991.
우정임, 「조선초기 서적 수입간행과 그 성격-性理學書를 중심으로-」 「釜大史學」 24, 2000.
유권종, 「입학도설과 조선유학 도설」 『철학탐구』 21, 중앙대 중앙철학연구소, 2007.
______, 「여헌 장현광의 역학과 성리학의 철학적 연관성에 관한 연구」, 『동양학』 29집, 단국대 동양학연구소, 1999.
유미림, 「세종의 훈민정음 창제의 정치」, 『동양정치사상사』 4, 한국동양정차사상사학회, 2005
유장림, 「퇴계의 이기관과 역학」, 『퇴계학보』 85집, 1995.
유창균, 「『황극경세서』가 국어학에 끼친 영향」, 『석당논총』 15집, 1989.
李光虎, 「南冥과 退溪의 상호비판과 응답」, 『南冥 曺植의 生涯와 思想』, 南冥學會第1會國際學術會議, 2001,
李基東, 「南冥의 哲學思想」, 『南冥學硏究』 제4집, 1994.
이기훈, 「권근 역학의 하락론과 주희의 하락론」, 『중국철학』 9, 중국철학회, 2002.
______, 「권근 역학과 원대 오징 역학의 관련성 연구」, 『철학연구』 92, 대한철학회, 2004.
李南隨, 「白文寶의 性理學 受容과 排佛論」, 『한국사연구』 74, 1991.
이남영, 「徐敬德의 哲學思想」, 『韓國哲學史』 (中卷), 동명사, 1987.
이동준, 「율곡철학에 있어서 리의 생동성에 관한 연구」, 『유정동화갑기념논문집』, 1981
李東歡, 「曺南冥의 精神構圖」, 『南冥學硏究』 제1집, 1991.
이봉호, 「진단과 소옹의 역학의 관련성」, 『도교문화연구』, 2006.
이선경, 「학산 이정호의 훈민정음의 역리연구에 대하여」 -『훈민정음』의 구조원리를 중심으로, 『유교문화연구』 13, 2009.
______, 「易有太極, 是生兩儀에 대한 조선유학의 해석」, 『정신문화연구』 30권 3호, 2007.
李樹健, 「南冥 조식과 남명학파의 재조명」, 『영남문화』 제17집, 1984,
이숭녕, 「『황극경세서』가 이조후기 언어 연구에 끼친 영향」, 『진단학보』, 1970.
이승재, 「訓民正音의 言語學的 理解」, 『언어』 16, 1991.
이연승, 「董仲舒의 天人相關說에 관하여」, 『종교문화연구』 2, 2000

이정복, 「후설, 비트겐슈타인의 수와 『주역』의 수」, 『주역과 한국역학』, 1996,
임용기, 「세종 및 집현전 학자들의 음운이론과 훈민정음」, 『한국어학』 41, 한국어학회, 2008
장동우, 「家禮 註釋書를 통해 본 朝鮮 禮學의 進展過程」, 『동양철학』 34집, 2010.
張永儁, 「南冥 先生의 理學造詣와 人格完成」, 『南冥學硏究論叢』 제1집, 1988.
장원석, 「주역(周易)의 시간과 우주론 : 비교철학적 관점에서」, 『東洋哲學硏究』. 24, 2001.
張立文, 「南冥性理哲學硏究」, 『南冥學硏究論叢』, 제3집, 1995.
張立文, 「朱熹與李滉的易學思想比較硏究」 『退溪學報』 43, 1984.
장회익, 「조선 실학의 과학사상-정약용의 자연관을 중심으로-」, 『삶과 온생명』, 솔, 1998.
全炳玧, 「南冥 曺植의 神明舍圖 考察」, 『南冥學硏究』 제1집, 1991.
전용훈, 「조선중기 유학자의 천체와 우주에 대한 이해-여헌 장현광(1544~1637)의 「역학도설」과 「우주설」, 『한국과학사학회지』 제18권 제2호, 1996.
鄭家棟, 「南冥與性理學」, 『南冥 曺植先生의 生涯와 思想』, 南冥學會第1會國際學術會議, 2001
정달영, 「세종시대의 어문정책과 훈민정음 창제목적」, 『한민족문화연구』 22, 2007
정병석, 「『주역』 象의 실천적 성격」, 『철학논총』 70, 2012.
정병석, 「태극 개념 형성의 연원적 배경과 해석」, 『철학』 88, 2006.
______, 「『주역』에 대한 퇴계의 의리론적 관점」, 『퇴계학보』 115집, 퇴계학연구원, 2004.
______, 「서화담의 역학적 세계관에 대한 기일원론적 해석」, 『철학논총』 8, 1992.
정원재, 「서경덕과 그 학파의 선천 이론」, 『철학논구』 18집, 서울대철학과, 1990.
丁垣在, 「鄭道傳與羅欽順」, 『朝鮮儒學者對儒家傳統的解釋』, 『東亞儒學硏究叢書』, 臺人出版中心, 2012
趙壯衍, 「權近의 易學思想 硏究」, 『儒敎思想硏究』 第9輯, 1997.
조장연, 「장현광 역학의 원천에 관한 고찰」, 『한국철학논집』, 2004.
조희영, 「추연의 오덕설과 구주설의 의의」, 『동양의 미래철학』, 2008.
지부일, 「조선초의 대명 문화교류와 『성리대전』의 수용」 『동양학연구』 3, 1997
崔英成, 「周易淺見錄을 통해 본 權近의 經學思想(I)」, 『韓國哲學論集』 第 3集, 1993
최영진, 「周易에서 보는 인간과 자연의 관계」, 『동양철학연구』 13집, 2000.
______, 「16세기 성리학자들의 경전해석-퇴계와 율곡의 역학사상」, 『대동문화연구』 33, 1999.
______, 「율곡 역수책의 체계적 이해」, 『인문논총』, 전북대 인문학연구소, 1987.
최원진, 「권근의 의리학적 역철학 연구」, 『동서철학연구』 12, 1995.
崔一凡, 「徐敬德의 理氣論에 관한 試論」, 『동양철학연구』 11권, 1990.

韓寬一, 「朝鮮前期 小學敎育에 관한 硏究」, 『敎育科學硏究』 제2집, 1988.
황경수, 「훈민정음 중성의 역학사상」, 『언어학연구』 11, 2007.
여소강, 「율곡이 역학사상천론」, 『율곡사상연구』, 율곡학회, 1997.
鄔昆如, 「南冥 社會哲學의 硏究」, 『南冥學硏究論叢』 제1집, 1988.
成中英, 「『易經』之理想系統」, 『中國文化與中國哲學』, 深圳大學國學硏究所, 1988.
張善文, 『象數與義理』, 遼寧教育出版社, 1993,

Blackstone, W., "Ecology and Ethics", *Ethical Issues in Business -A Philosophical Approach*, Prentice-hall, 1983.
Carsun Chang, *The Development of Neo-Confucian Thought*, Vision P., 1957.
Cary F. Baynes, *The I Ching or Book of Changes*, Princeton University Press, 1987.
Chan, Wing-tsit, 1967, trans. Reflections on Things at hand, New York, Columbia U.P., 1967.
Chang Liwen, "An Analysis of Chu Hsi's System of Thought of *I*", *Chu Hsi and Neo-Confucianism*, Honolulu, University of Hawaii Press, 1986
Chung-ying Cheng, "The Trinity of Cosmology, Ecology, and Ethics in the Confucian Personhood", *Confucianism and Ecology*, The President and Fellows of Harvard College, 1998, pp.219; Tu weiming, "The Continuity of Being", *Confucianism and Ecology*, pp.108~109.
David Loy, "On the Meaning of the I Ching", *Journal of Chinese Philosophy* 14. 1987.
De Bary, William Theodore, *The Message of the Mind in the Neo-Confucianism*, New York, Columbia, U. P., 1989.
Donald Munro(ed.), *Individualism and Holism:Studies in Confucian and Taoist Values*, The University of Michigan, 1985.
Donald J. Munro, *The Concept of Man in Early China*, California, Stanford University Press, 1969,
Herrlee G. Creel, "On the Origin of Wu-Wei", *What is Taoism and Other* Studies *in Chinese Cultural History*, 1970
James Legge, *I Ching, - Book of Changes*, University Books, Inc., 1966.
Jang Wonseok, *Time and Creative in the Yijing*, Thesis(doctoral), University of the Hawaii, 1999.
Jesse Fleming, "A Set Theory Analysis of the Logic Of the I Ching", *Juornal of Chinese Philosophy* 20., 1993.

Joseph, A. Adler, "Chu Hsi and Divination", *Sung Dynasty Uses of the I Ching*, Princeton University Press, 1990.

Kidder Smith, etc., *Sung Dynasty Use of the I Ching*, Princeton University Press, 1990.

Larry J. Schulz, "Structure Motifs in the Arrangement of the 64GUA卦 in the ZHOUYI周易", *Journal of Chinese Philosophy*17, 1990

Mary Eveln Tucker and John Berthrong, *Confucianism and Ecology*, Havard U.P., 1998.

Michael Lafargue, "Nature as Part of Human Culture in Daoism", *Daoism and Ecology*, Harvard U.P., 2001.

Munro, Donald J, *Images of Human Nature*, Princeton U.P., 1988.

Paul W. Dixon, "Classical Taoism, the I Ching and Our Need for Guidance", *Journal of Chinese Philosophy* 20., 1993.

Pepper, D., *The Roots of Modern Environmentalism*, Croom Helm, London, 1984.

Peter D. Hershock, The Structure of Changes in the *I Ching*", *Journal of Chinese Philosophy* 18, 1991

Peter H. Lee, *Sourcebook of Korean Civilization*(I · II), New York, Columbia University Press, 1993.

Richard Wilhelm, *The I Ching or Book of Chang*, Pantheon Books, 1949.

R. J. Lynn, (trans.) *"The Classic of Changes" - A New Translation of the I Ching as intrepreted by Wang Bi -* , Columbia U.P, 1994.

Schwartz, Benjamin. *The World of Thought in Ancient China*. the United State of America, 1985.

Smith, Kidder, Jr. et al., *Sung Dynasty Uses of the I Ching*, Princeton U.P., 1990.

Stephen. E. Mckenna and Vitor. H. Mair, 'A Reordering of the Hexagrams of the I Ching', *Philosophy, East and West*, Vol. XXIX, No. 4, October, 1979.

Tu Wei-ming, *Humanity and Self-Cultivation*, Berkeley, Asian Humanities P., 1979.

Wilhelm, Hellmut, *Heaven, Earth, and Man in the Book of Changes*, University of Washington P., 1980.

William Galston, "Pluralism and Social Unity, " *Ethics* 102, 1992

Wm. Theodore de Vary, "Neo-Confucian Individualism", *The Liberal Traditional in China*, Columbia University Press, 1983.

찾아보기

인명

일반개념

(ㅅ)

(ㅇ)

(ㅈ)